中国社会科学院
庆祝中华人民共和国成立70周年书系
总主编 谢伏瞻

国家哲学社会科学学术研究史

新中国管理学研究 70年

黄群慧 / 主编

中国社会科学出版社

图书在版编目（CIP）数据

新中国管理学研究70年/黄群慧主编.—北京：中国社会科学出版社，2020.4
（庆祝中华人民共和国成立70周年书系）
ISBN 978-7-5203-5802-6

Ⅰ.①新… Ⅱ.①黄… Ⅲ.①管理学—研究—中国—1949-2019 Ⅳ.①C93

中国版本图书馆CIP数据核字(2019)第290458号

出 版 人	赵剑英
责任编辑	车文娇
责任校对	夏慧萍
责任印制	王 超

出　　版	中国社会科学出版社
社　　址	北京鼓楼西大街甲158号
邮　　编	100720
网　　址	http://www.csspw.cn
发 行 部	010-84083685
门 市 部	010-84029450
经　　销	新华书店及其他书店
印刷装订	北京君升印刷有限公司
版　　次	2020年4月第1版
印　　次	2020年4月第1次印刷
开　　本	710×1000 1/16
印　　张	44.75
字　　数	626千字
定　　价	259.00元

凡购买中国社会科学出版社图书，如有质量问题请与本社营销中心联系调换
电话：010-84083683
版权所有　侵权必究

中国社会科学院
《庆祝中华人民共和国成立 70 周年书系》
编撰工作领导小组及委员会名单

编撰工作领导小组：

  组　　长　　谢伏瞻

  成　　员　　王京清　蔡　昉　高　翔　高培勇　杨笑山

  　　　　　　姜　辉　赵　奇

编撰工作委员会：

  主　　任　　谢伏瞻

  成　　员　　（按姓氏笔画为序）

  　　　　　　卜宪群　马　援　王　巍　王立胜　王立峰

  　　　　　　王延中　王京清　王建朗　史　丹　邢广程

  　　　　　　刘丹青　刘跃进　闫　坤　孙壮志　李　扬

  　　　　　　李正华　李　平　李向阳　李国强　李培林

  　　　　　　李新烽　杨伯江　杨笑山　吴白乙　汪朝光

  　　　　　　张　翼　张车伟　张宇燕　陈　甦　陈光金

  　　　　　　陈众议　陈星灿　周　弘　郑筱筠　房　宁

  　　　　　　赵　奇　赵剑英　胡　滨　姜　辉　莫纪宏

夏春涛　高　翔　高培勇　唐绪军　黄　平
黄群慧　朝戈金　蔡　昉　樊建新　潘家华
魏后凯

协调工作小组：

组　　长　蔡　昉

副组长　马　援　赵剑英

成　　员（按姓氏笔画为序）

王子豪　王宏伟　王　茵　云　帆　卢　娜
叶　涛　田　侃　曲建君　朱渊寿　刘大先
刘　伟　刘红敏　刘　杨　刘爱玲　吴　超
宋学立　张　骅　张　洁　张　旭　张崇宁
林　帆　金　香　郭建宏　博　悦　蒙　娃

总　序

与时代同发展　与人民齐奋进

谢伏瞻[*]

今年是新中国成立 70 周年。70 年来，中国共产党团结带领中国人民不懈奋斗，中华民族实现了从"东亚病夫"到站起来的伟大飞跃、从站起来到富起来的伟大飞跃，迎来了从富起来到强起来的伟大飞跃。70 年来，中国哲学社会科学与时代同发展，与人民齐奋进，繁荣中国学术，发展中国理论，传播中国思想，为党和国家事业发展作出重要贡献。在这重要的历史时刻，我们组织中国社会科学院多学科专家学者编撰了《庆祝中华人民共和国成立 70 周年书系》，旨在系统回顾总结中国特色社会主义建设的巨大成就，系统梳理中国特色哲学社会科学发展壮大的历史进程，为建设富强民主文明和谐美丽的社会主义现代化强国提供历史经验与理论支持。

壮丽篇章　辉煌成就

70 年来，中国共产党创造性地把马克思主义基本原理同中国具体实际相结合，领导全国各族人民进行社会主义革命、建设和改革，

---

[*] 中国社会科学院院长、党组书记，学部主席团主席。

战胜各种艰难曲折和风险考验，取得了举世瞩目的伟大成就，绘就了波澜壮阔、气势恢宏的历史画卷，谱写了感天动地、气壮山河的壮丽凯歌。中华民族正以崭新姿态巍然屹立于世界的东方，一个欣欣向荣的社会主义中国日益走向世界舞台的中央。

我们党团结带领人民，完成了新民主主义革命，建立了中华人民共和国，实现了从几千年封建专制向人民民主的伟大飞跃；完成了社会主义革命，确立社会主义基本制度，推进社会主义建设，实现了中华民族有史以来最为广泛而深刻的社会变革，为当代中国的发展进步奠定了根本政治前提和制度基础；进行改革开放新的伟大革命，破除阻碍国家和民族发展的一切思想和体制障碍，开辟了中国特色社会主义道路，使中国大踏步赶上时代，迎来了实现中华民族伟大复兴的光明前景。今天，我们比历史上任何时期都更接近、更有信心和能力实现中华民族伟大复兴的目标。

中国特色社会主义进入新时代。党的十八大以来，在以习近平同志为核心的党中央坚强领导下，我们党坚定不移地坚持和发展中国特色社会主义，统筹推进"五位一体"总体布局，协调推进"四个全面"战略布局，贯彻新发展理念，适应我国社会主要矛盾已经转化为人民日益增长的美好生活需要和不平衡不充分的发展之间的矛盾的深刻变化，推动我国经济由高速增长阶段向高质量发展阶段转变，综合国力和国际影响力大幅提升。中国特色社会主义道路、理论、制度、文化不断发展，拓展了发展中国家走向现代化的途径，给世界上那些既希望加快发展又希望保持自身独立性的国家和民族提供了全新选择，为解决人类问题贡献了中国智慧和中国方案，为人类发展、为世界社会主义发展做出了重大贡献。

70年来，党领导人民攻坚克难、砥砺奋进，从封闭落后迈向开放进步，从温饱不足迈向全面小康，从积贫积弱迈向繁荣富强，取得了举世瞩目的伟大成就，创造了人类发展史上的伟大奇迹。

经济建设取得辉煌成就。70年来，我国经济社会发生了翻天覆地的历史性变化，主要经济社会指标占世界的比重大幅提高，国际地位和国际影响力显著提升。经济总量大幅跃升，2018年国内生产总值比1952年增长175倍，年均增长8.1%。1960年我国经济总量占全球经济的比重仅为4.37%，2018年已升至16%左右，稳居世界第二大经济体地位。我国经济增速明显高于世界平均水平，成为世界经济增长的第一引擎。1979—2012年，我国经济快速增长，年平均增长率达到9.9%，比同期世界经济平均增长率快7个百分点，也高于世界各主要经济体同期平均水平。1961—1978年，中国对世界经济增长的年均贡献率为1.1%。1979—2012年，中国对世界经济增长的年均贡献率为15.9%，仅次于美国，居世界第二位。2013—2018年，中国对世界经济增长的年均贡献率为28.1%，居世界第一位。人均收入不断增加，1952年我国人均GDP仅为119元，2018年达到64644元，高于中等收入国家平均水平。城镇化率快速提高，1949年我国的城镇化率仅为10.6%，2018年我国常住人口城镇化率达到了59.58%，经历了人类历史上规模最大、速度最快的城镇化进程，成为中国发展史上的一大奇迹。工业成就辉煌，2018年，我国原煤产量为36.8亿吨，比1949年增长114倍；钢材产量为11.1亿吨，增长8503倍；水泥产量为22.1亿吨，增长3344倍。基础设施建设积极推进，2018年年末，我国铁路营业里程达到13.1万公里，比1949年年末增长5倍，其中高速铁路达到2.9万公里，占世界高铁总量60%以上；公路里程为485万公里，增长59倍；定期航班航线里程为838万公里，比1950年年末增长734倍。开放型经济新体制逐步健全，对外贸易、对外投资、外汇储备稳居世界前列。

科技发展实现大跨越。70年来，中国科技实力伴随着经济发展同步壮大，实现了从大幅落后到跟跑、并跑乃至部分领域领跑的历史性跨越。涌现出一批具有世界领先水平的重大科技成果。李四光等人提出"陆相生油"理论，王淦昌等人发现反西格玛负超子，第一颗原子弹装置爆炸成功，第一枚自行设计制造的运载火箭发射成功，在世界上首次人工合成牛胰岛素，第一颗氢弹空爆成功，陈景润证明了哥德巴赫猜想中的"1+2"，屠呦呦等人成功发现青蒿素，天宫、蛟龙、天眼、悟空、墨子、大飞机等重大科技成果相继问世。相继组织实施了一系列重大科技计划，如国家高技术研究发展（863）计划、国家重点基础研究发展（973）计划、集中解决重大问题的科技攻关（支撑）计划、推动高技术产业化的火炬计划、面向农村的星火计划以及国家自然科学基金、科技型中小企业技术创新基金等。研发人员总量稳居世界首位。我国研发经费投入持续快速增长，2018年达19657亿元，是1991年的138倍，1992—2018年年均增长20.0%。研发经费投入强度更是屡创新高，2014年首次突破2%，2018年提升至2.18%，超过欧盟15国平均水平。按汇率折算，我国已成为仅次于美国的世界第二大研发经费投入国家，为科技事业发展提供了强大的资金保证。

人民生活显著改善。我们党始终把提高人民生活水平作为一切工作的出发点和落脚点，深入贯彻以人民为中心的发展思想，人民获得感显著增强。70年来特别是改革开放以来，从温饱不足迈向全面小康，城乡居民生活发生了翻天覆地的变化。我国人均国民总收入（GNI）大幅提升。据世界银行统计，1962年，我国人均GNI只有70美元，1978年为200美元，2018年达到9470美元，比1962年增长了134.3倍。人均GNI水平与世界平均水平的差距逐渐缩小，1962年相当于世界平均水平的14.6%，2018年相当于世界平均水平的85.3%，比1962年提高了70.7个百分点。在世界银行公布的人均GNI排名中，2018年中国排名第71位（共计192个经济体），比1978年（共计188个经济体）提高104位。组织实施了一系列中长期扶贫规划，从救济式扶贫到开发式扶贫再到精准扶贫，探索出一条符合中国国情的农村扶贫开发道路，为全面建成小康社会奠定了坚实基础。脱贫攻坚战取得决定性进展，贫困人口大幅减少，为世界减贫事业作出了重大贡献。按照我国现行农村贫困标准测算，1978年我国农村贫困人口为7.7亿人，贫困发生率为97.5%。2018年年末农村贫困人口为1660万人，比1978年减少7.5亿人；贫困发生率为1.7%，比1978年下降95.8个百分点，平均每年下降2.4个百分点。我国是最早实现联合国千年发展目标中减贫目标的发展中国家。就业形势长期稳定，就业总量持续增长，从1949年的1.8亿人增加到2018年的7.8亿人，扩大了3.3倍，就业结构调整优化，就业质量显著提升，劳动力市场不断完善。教育事业获得跨越式发展。1970—2016年，我国高等教育毛入学率从0.1%提高到48.4%，2016年我国高等教育毛入学率比中等收入国家平均水平高出13.4个百分点，比世界平均水平高10.9个百分点；中等教育毛入学率从1970年的28.0%提高到2015年的94.3%，2015年我国中等教育毛入学率超过中等收入国家平均水平16.5个百分点，远高于世界平均水平。我国总人口由1949年的5.4亿人发展到2018年的近14亿人，年均增长率约为1.4%。人民身体素质日益改善，居民预期寿命由新中国成立初的35岁提高到2018年的77岁。居民环境卫生条件持续改善。2015年，我国享有基本环境卫生服务人口占总人口比重为75.0%，超过中等收入国家66.1%的平均水平。我国居民基本饮用水服务已基本实现全民覆盖，超过中等偏上收入国家平均水平。

思想文化建设取得重大进展。党对意识形态工作的领导不断加强，党的理论创新全面推进，马克思主义在意识形态领域的指导地位更加巩固，中国特色社会主义和中国梦深入人心，社会主义核心价值观和中华优秀传统文化广泛弘扬。文化事业繁荣兴盛，文化产业快速发展。文化投入力度明显加大。1953—1957年文化事业费总投入为4.97亿元，2018年达到928.33亿元。广播影视制播能力显著增强。新闻出版繁荣发展。2018年，图书品种51.9万种、总印数100.1亿册（张），分别为1950年的42.7倍和37.1倍；期刊品种10139种、总印数22.9亿册，分别为1950年的34.4倍和57.3倍；报纸品种1871种、总印数337.3亿份，分别为1950年的4.9倍和42.2倍。公共文化服务水平不断提高，文艺创作持续繁荣，文化事业和文化产业蓬勃发展，互联网建设管理运用不断完善，全民健身和竞技体育全面发展。主旋律更加响亮，正能量更加强劲，文化自信不断增强,全党全社会思想上的团结统一更加巩固。改革开放后,我国对外文化交流不断扩大和深化,已成为国家整体外交战略的重要组成部分。特别是党的十八大以来,文化交流、文化贸易和文化投资并举的"文化走出去"、推动中华文化走向世界的新格局已逐渐形成,国家文化软实力和中华文化影响力大幅提升。

生态文明建设成效显著。70年来特别是改革开放以来,生态文明建设扎实推进,走出了一条生态文明建设的中国特色道路。党的十八大以来,以习近平同志为核心的党中央高度重视生态文明建设,将其作为统筹推进"五位一体"总体布局的重要内容,形成了习近平生态文明思想,为新时代推进我国生态文明建设提供了根本遵循。国家不断加大自然生态系统建设和环境保护力度,开展水土流失综合治理,加大荒漠化治理力度,扩大森林、湖泊、湿地面积,加强自然保护区保护,实施重大生态修复工程,逐步健全主体功能区制度,推进生态保护红线工作,生态保护和建设不断取得新成效,环境保护投入跨越式增长。20世纪80年代初期,全国环境污染治理投资每年为25亿—30亿元,2017年,投资总额达到9539亿元,比2001年增长7.2倍,年均增长14.0%。污染防治强力推进,治理成效日益彰显。重大生态保护和修复工程进展顺利,森林覆盖率持续提高。生态环境治理明显加强,环境状况得到改善。引导应对气候变化国际合作,成为全球生态文明建设的重要参与者、贡献者、引领者。①

新中国70年的辉煌成就充分证明,只有社会主义才能救中国,只有改革开放才能发展中国、发展社会主义、发展马克思主义,只有坚持以人民为中心才能实现党的初心和使命,只有坚持党的全面领导才能确保中国这艘航船沿着正确航向破浪前行,不断开创中国特色社会主义事业新局面,谱写人民美好生活新篇章。

---

① 文中所引用数据皆来自国家统计局发布的《新中国成立70周年经济社会发展成就系列报告》。

繁荣中国学术　发展中国理论
传播中国思想

70年来，我国哲学社会科学与时代同发展、与人民齐奋进，在革命、建设和改革的各个历史时期，为党和国家事业作出了独特贡献，积累了宝贵经验。

一　发展历程

——**在马克思主义指导下奠基、开创哲学社会科学**。新中国哲学社会科学事业，是在马克思主义指导下逐步发展起来的。新中国成立前，哲学社会科学基础薄弱，研究与教学机构规模很小，无法适应新中国经济和文化建设的需要。因此，新中国成立前夕通过的具有临时宪法性质的《中国人民政治协商会议共同纲领》明确提出："提倡用科学的历史观点，研究和解释历史、经济、政治、文化及国际事务，奖励优秀的社会科学著作。"新中国成立后，党中央明确要求："用马列主义的思想原则在全国范围内和全体规模上教育人民，是我们党的一项最基本的政治任务。"经过几年努力，确立了马克思主义在哲学社会科学领域的指导地位。国务院规划委员会制定了1956—1967年哲学社会科学研究工作远景规划。1956年，毛泽东同志提出"百花齐放、百家争鸣"，强调"百花齐放、百家争鸣"的方针，"是促进艺术发展和科学进步的方针，是促进中国的社会主义文化繁荣的方针。"在机构设置方面，1955年中国社会科学院的前身——中国科学院哲学社会科学学部成立，并先后建立了14个研究所。马克思主义指导地位的确立，以及科研和教育体系的建立，为新中国哲学社会科学事业的兴起和发展奠定了坚实基础。

——**在改革开放新时期恢复、发展壮大哲学社会科学**。党的十一届三中全会开启了改革开放新时期，我国哲学社会科学从十年

"文革"的一片荒芜中迎来了繁荣发展的新阶段。邓小平同志强调"科学当然包括社会科学",重申要切实贯彻"双百"方针,强调政治学、法学、社会学以及世界政治的研究需要赶快补课。1977年,党中央决定在中国科学院哲学社会科学学部的基础上组建中国社会科学院。1982年,全国哲学社会科学规划座谈会召开,强调我国哲学社会科学事业今后必须有一个大的发展。此后,全国哲学社会科学规划领导小组成立,国家社会科学基金设立并逐年开展课题立项资助工作。进入21世纪,党中央始终将哲学社会科学置于重要位置,江泽民同志强调"在认识和改造世界的过程中,哲学社会科学和自然科学同样重要;培养高水平的哲学社会科学家,与培养高水平的自然科学家同样重要;提高全民族的哲学社会科学素质,与提高全民族的自然科学素质同样重要;任用好哲学社会科学人才并充分发挥他们的作用,与任用好自然科学人才并发挥他们的作用同样重要"。《中共中央关于进一步繁荣发展哲学社会科学的意见》等文件发布,有力地推动了哲学社会科学繁荣发展。

——**在新时代加快构建中国特色哲学社会科学**。党的十八大以来,以习近平同志为核心的党中央高度重视哲学社会科学。2016年5月17日,习近平总书记亲自主持哲学社会科学工作座谈会并发表重要讲话,提出加快构建中国特色哲学社会科学的战略任务。2017年3月5日,党中央印发《关于加快构建中国特色哲学社会科学的意见》,对加快构建中国特色哲学社会科学作出战略部署。2017年5月17日,习近平总书记专门就中国社会科学院建院40周年发来贺信,发出了"繁荣中国学术,发展中国理论,传播中国思想"的号召。2019年1月2日、4月9日,习近平总书记分别为中国社会科学院中国历史研究院和中国非洲研究院成立发来贺信,为加快构建中国特色哲学社会科学指明了方向,提供了重要遵循。不到两年的时间内,习近平总书记专门为一个研究单位三次发贺信,这充分说明党中央对哲学社会科学的重视前所未有,对哲学社会科学工作者的关怀前所未有。在党中央坚强领导下,广大哲学社会科学工作者增强"四个意识",坚定"四个自信",做到"两个维护",坚持以习近平新时代中国特色社会主义思想为指导,坚持"二为"方向和"双百"方针,以研究我国改革发展稳定重大理论和实践问题为主攻方向,哲学社会科学领域涌现出一批优秀人才和成果。经过不懈努力,我国哲学社会科学事业取得了历史性成就,发生了历史性变革。

二 主要成就

70年来,在党中央坚强领导和亲切关怀下,我国哲学社会科学取得了重大成就。

马克思主义理论研究宣传不断深入。新中国成立后,党中央组织广大哲学社会科学工作者系统翻译了《马克思恩格斯全集》《列宁全集》《斯大林全集》等马克思主义经典作家的著作,参与编辑出版《毛泽东选集》《毛泽东文集》《邓小平文选》《江泽民文选》《胡锦涛文选》等一批党和国家重要领导人文选。党的十八大以来,参与编辑出版了《习近平谈治国理政》《干在实处 走在前列》《之江新语》,以及"习近平总书记重要论述摘编"等一批代表马克思主义中国化最新成果的重要文献。将《习近平谈治国理政》、"习近平总书记重要论述摘编"翻译成多国文字,积极对外宣传党的创新理论,为传播中国思想作出了重要贡献。先后成立了一批马克思主义研究院(学院)和"邓小平理论研究中心""中国特色社会主义理论体系研究中心",党的十九大以后成立了10家习近平新时代中国特色社会主义思想研究机构,哲学社会科学研究教学机构在研究阐释党的创新理论,深入研究阐释马克思主义中国化的最新成果,推动马克思主义中国化时代化大众化方面发挥了积极作用。

为党和国家服务能力不断增强。新中国成立初期,哲学社会科学工作者围绕国家的经济建设,对商品经济、价值规律等重大现实问题进行深入研讨,推出一批重要研究成果。1978年,哲学社会科学界开展的关于真理标准问题大讨论,推动了全国性的思想解放,为我们党重新确立马克思主义思想路线、为党的十一届三中全会召开作了重要的思想和舆论准备。改革开放以来，哲学社会科学界积极探索中国特色社会主义发展道路，在社会主义市场经济理论、经济体制改革、依法治国、建设社会主义先进文化、生态文明建设等重大问题上，进行了深入研究，积极为党和国家制定政策提供决策咨询建议。党的十八大以来，广大哲学社会科学工作者辛勤耕耘，紧紧围绕统筹推进"五位一体"总体布局、协调推进"四个全面"战略布局，推进国家治理体系和治理能力现代化，构建人类命运共同体和"一带一路"建设等重大理论与实践问题，述学立论、建言献策，推出一批重要成果，很好地发挥了"思想库""智囊团"作用。

学科体系不断健全。新中国成立初期，哲学社会科学的学科设置以历史、语言、考古、经济等学科为主。70年来，特别是改革开放以来，哲学社会科学的研究领域不断拓展和深化。到目前为止，已形成拥有马克思主义研究、历史学、考古学、哲学、文学、语言学、经济学、法学、社会学、人口学、民族学、宗教学、政治学、新闻学、军事学、教育学、艺术学等20多个一级学科、400多个二级学科的较为完整的学科体系。进入新时代，哲学社会科学界深入贯彻落实习近平总书记"5·17"重要讲话精神，加快构建中国特色哲学社会科学学科体系、学术体系、话语体系。

学术研究成果丰硕。70年来，广大哲学社会科学工作者辛勤耕耘、积极探索，推出了一批高水平成果，如《殷周金文集成》《中国历史地图集》《中国语言地图集》《中国史稿》《辩证唯物主义原理》《历史唯物主义原理》《政治经济学》《中华大藏经》《中国政治制度通史》《中华文学通史》《中国民族关系史纲要》《现代汉语词典》等。学术论文的数量逐年递增，质量也不断提升。这些学术成果对传承和弘扬中华民族优秀传统文化、推进社会主义先进文化建设、增强文化自信、提高中华文化的"软实力"发挥了重要作用。

对外交流长足发展。70年来特别是改革开放以来，我国哲学社会科学界对外学术交流与合作的领域不断拓展，规模不断扩大，质量和水平不断提高。目前,我国哲学社会科学对外学术交流遍及世界 100 多个国家和地区,与国外主要研究机构、学术团体、高等院校等建立了经常性的双边交流关系。坚持"请进来"与"走出去"相结合,一方面将高水平的国外学术成果译介到国内,另一方面将能够代表中国哲学社会科学水平的成果推广到世界,讲好中国故事,传播中国声音,提高了我国哲学社会科学的国际影响力。

人才队伍不断壮大。70 年来,我国哲学社会科学研究队伍实现了由少到多、由弱到强的飞跃。新中国成立之初,哲学社会科学人才队伍薄弱。为培养科研人才,中国社会科学院、中国人民大学等一批科研、教育机构相继成立,培养了一批又一批哲学社会科学人才。目前,形成了社会科学院、高等院校、国家政府部门研究机构、党校行政学院和军队五大教研系统,汇聚了 60 万多专业、多类型、多层次的人才。这样一支规模宏大的哲学社会科学人才队伍,为实现我国哲学社会科学建设目标和任务提供了有力人才支撑。

三 重要启示

70 年来,我国哲学社会科学在取得巨大成绩的同时,也积累了宝贵经验,给我们以重要启示。

坚定不移地以马克思主义为指导。马克思主义是科学的理论、人民的理论、实践的理论、不断发展的开放的理论。坚持以马克思主义为指导,是当代中国哲学社会科学区别于其他哲学社会科学的根本标志。习近平新时代中国特色社会主义思想是马克思主义中国化的最新成果,是当代中国马克思主义、21 世纪马克思主义,要将这一重要思想贯穿哲学社会科学各学科各领域,切实转化为广大哲学社会科学工作者清醒的理论自觉、坚定的政治信念、科学的思维方法。要不断推进马克思主义中国化时代化大众化,奋力书写研究阐发当代中国马克思主义、21 世纪马克思主义的理论学术经典。

坚定不移地践行为人民做学问的理念。为什么人的问题是哲学社会科学研究的根本性、原则性问题。哲学社会科学研究必须搞清楚为谁著书、为谁立说，是为少数人服务还是为绝大多数人服务的问题。脱离了人民，哲学社会科学就不会有吸引力、感染力、影响力、生命力。我国广大哲学社会科学工作者要坚持人民是历史创造者的观点，树立为人民做学问的理想，尊重人民主体地位，聚焦人民实践创造，自觉把个人学术追求同国家和民族发展紧紧联系在一起，努力多出经得起实践、人民、历史检验的研究成果。

坚定不移地以研究回答新时代重大理论和现实问题为主攻方向。习近平总书记反复强调："当代中国的伟大社会变革，不是简单延续我国历史文化的母版，不是简单套用马克思主义经典作家设想的模板，不是其他国家社会主义实践的再版，也不是国外现代化发展的翻版，不可能找到现成的教科书。"哲学社会科学研究，必须立足中国实际，以我们正在做的事情为中心，把研究回答新时代重大理论和现实问题作为主攻方向，从当代中国伟大社会变革中挖掘新材料，发现新问题，提出新观点，构建有学理性的新理论，推出有思想穿透力的精品力作，更好服务于党和国家科学决策，服务于建设社会主义现代化强国，实现中华民族伟大复兴的伟大实践。

坚定不移地加快构建中国特色哲学社会科学"三大体系"。加快构建中国特色哲学社会科学学科体系、学术体系、话语体系，是习近平总书记和党中央提出的战略任务和要求，是新时代我国哲学社会科学事业的崇高使命。要按照立足中国、借鉴国外，挖掘历史、把握当代，关怀人类、面向未来的思路，体现继承性、民族性，原创性、时代性，系统性、专业性的要求，着力构建中国特色哲学社会科学。要着力提升原创能力和水平，立足中国特色社会主义伟大实践，坚持不忘本来、吸收外来、面向未来，善于融通古今中外各种资源，不断推进学科体系、学术体系、话语体系建设创新，构建一个全方位、全领域、全要素的哲学社会科学体系。

坚定不移地全面贯彻"百花齐放、百家争鸣"方针。"百花齐放、百家争鸣"是促进我国哲学社会科学发展的重要方针。贯彻"双百方针"，做到尊重差异、包容多样，鼓励探索、宽容失误，提倡开展平等、健康、活泼和充分说理的学术争鸣，提倡不同学术观点、不同风格学派的交流互鉴。正确区分学术问题和政治问题的界限，对政治原则问题，要旗帜鲜明、立场坚定，敢于斗争、善于交锋；对学术问题，要按照学术规律来对待，不能搞简单化，要发扬民主、相互切磋，营造良好的学术环境。

坚定不移地加强和改善党对哲学社会科学的全面领导。哲学社会科学事业是党和人民的重要事业，哲学社会科学战线是党和人民的重要战线。党对哲学社会科学的全面领导，是我国哲学社会科学事业不断发展壮大的根本保证。加快构建中国特色哲学社会科学，必须坚持和加强党的领导。只有加强和改善党的领导，才能确保哲学社会科学正确的政治方向、学术导向和价值取向；才能不断深化对共产党执政规律、社会主义建设规律、人类社会发展规律的认识，不断开辟当代中国马克思主义、21世纪马克思主义新境界。

《庆祝中华人民共和国成立70周年书系》坚持正确的政治方向和学术导向，力求客观、详实，系统回顾总结新中国成立70年来在政治、经济、社会、法治、民族、生态、外交等方面所取得的巨大成就，系统梳理我国哲学社会科学重要学科发展的历程、成就和经验。书系秉持历史与现实、理论与实践相结合的原则，编撰内容丰富、覆盖面广，分设了国家建设和学科发展两个系列，前者侧重对新中国70年国家发展建设的主要领域进行研究总结；后者侧重对哲学社会科学若干主要学科70年的发展历史进行回顾梳理，结合中国社会科学院特点，学科选择主要按照学部进行划分，同一学部内学科差异较大者单列。书系为新中国成立70年而作，希望新中国成立80年、90年、100年时能够接续编写下去，成为中国社会科学院学者向共和国生日献礼的精品工程。

是为序。

目　　录

第一章　新中国 70 年管理学的发展……………………………（1）
　　第一节　管理学发展的基本逻辑………………………………（1）
　　第二节　中国管理学的基本发展历程…………………………（14）
　　第三节　中国管理学的基本发展经验…………………………（24）
　　第四节　中国管理学的未来发展使命…………………………（27）

第二章　管理科学与工程………………………………………（30）
　　第一节　学科发展历程…………………………………………（30）
　　第二节　学术研究状况…………………………………………（38）
　　第三节　结论与展望……………………………………………（61）

第三章　工商管理学……………………………………………（64）
　　第一节　学科发展历程…………………………………………（65）
　　第二节　人才培养………………………………………………（72）
　　第三节　学术研究………………………………………………（79）
　　第四节　社会贡献………………………………………………（88）
　　第五节　总结与展望……………………………………………（92）

第四章　公共管理………………………………………………（96）
　　第一节　发展阶段………………………………………………（97）
　　第二节　人才培养………………………………………………（101）

第三节　学术研究 …………………………………………（116）
　　第四节　未来的机遇与挑战 ………………………………（133）

第五章　战略管理 ……………………………………………（138）
　　第一节　引言 ………………………………………………（138）
　　第二节　基本发展历程 ……………………………………（144）
　　第三节　研究演进 …………………………………………（151）
　　第四节　实践演进 …………………………………………（172）
　　第五节　国外研究的简要梳理 ……………………………（186）
　　第六节　总结 ………………………………………………（190）

第六章　公司治理 ……………………………………………（192）
　　第一节　引言 ………………………………………………（192）
　　第二节　基本发展历程 ……………………………………（195）
　　第三节　研究进展 …………………………………………（206）
　　第四节　总结与展望 ………………………………………（218）

第七章　组织管理 ……………………………………………（222）
　　第一节　引言 ………………………………………………（222）
　　第二节　发展历程 …………………………………………（229）
　　第三节　重要理论阐释与案例研究 ………………………（251）
　　第四节　总结与展望 ………………………………………（259）

第八章　企业文化 ……………………………………………（262）
　　第一节　引言 ………………………………………………（263）
　　第二节　发展历程 …………………………………………（264）
　　第三节　未来展望 …………………………………………（301）

第九章　技术创新管理 (304)
- 第一节　引言 (304)
- 第二节　技术创新实践发展历程 (306)
- 第三节　技术创新管理研究梳理 (313)
- 第四节　总结与展望 (326)

第十章　市场营销 (338)
- 第一节　引言 (338)
- 第二节　中国市场营销的发展历程 (342)
- 第三节　中国市场营销研究的梳理与总结 (350)
- 第四节　结论与展望 (369)

第十一章　财务管理 (379)
- 第一节　基本发展历程 (380)
- 第二节　文献计量分析 (396)
- 第三节　理论发展 (410)
- 第四节　结论与启示 (434)

第十二章　人力资源管理 (438)
- 第一节　引言 (438)
- 第二节　基本发展历程 (440)
- 第三节　主要研究进展 (470)
- 第四节　评价与展望 (478)

第十三章　生产运营与供应链管理 (483)
- 第一节　引言 (484)
- 第二节　发展历程 (488)
- 第三节　中国经验 (497)
- 第四节　结论与展望 (502)

第十四章　旅游管理 ………………………………………（506）
第一节　发展状况 …………………………………………（507）
第二节　多维视角分析 ……………………………………（524）
第三节　主要问题研究 ……………………………………（530）
第四节　未来发展前瞻 ……………………………………（537）

第十五章　国际企业管理 …………………………………（542）
第一节　实践与学科的发展 ………………………………（544）
第二节　理论与学术研究 …………………………………（572）
第三节　总结与展望 ………………………………………（589）

参考文献 ……………………………………………………（594）

后　记 ………………………………………………………（692）

第 一 章

新中国 70 年管理学的发展

人类管理实践活动几乎是与人类文明的曙光同时出现的，探索管理活动规律的研究工作可以追溯到公元前的中国和古希腊。在古希腊的哲学家苏格拉底、柏拉图和亚里士多德等人的著作中可以找到有关管理规律的一些论述，而中国作为文明古国，对人类管理学也做出了重要贡献。公元前 5 世纪前后，先秦诸子学说着眼于解决如何治国平天下的问题，呈现出了"国家管理学"百家争鸣的局面，其中《孙子兵法》因探索战略的一般规律被认为是最早最系统的战略管理学著作。新中国管理学的建立和发展，则是以中国伟大的社会主义现代化建设为实践基础的。以 1978 年改革开放为节点，新中国成立后，中国的管理学发展可以划分为两大阶段，改革开放前 30 年计划经济体制下的发展阶段，改革开放后 40 年社会主义市场经济体制下的发展阶段。基于中国社会主义现代化建设实践，新中国的管理学吸收借鉴国外和我国历史上各类管理思想、方法和技术，"以我为主、博采众长、融合提炼、自成一家"，逐步发展而来。

第一节 管理学发展的基本逻辑

虽然管理活动自古有之，治国平天下的充满管理智慧的古代相关著作汗牛充栋，但现代管理学则是一门年轻的科学。一般认为，在19世纪末期和20世纪初期，随着现代工厂和现代公司制的发展，美国人泰罗开始使用秒表研究如何提高工作效率，而法国人法约尔在思考组织管理活动的普遍性和独立的规律，这标志着管理学作为一门科学的诞生。在过去的100多年历史中，管理从一种不可言传的非正式的活动，发展成为一个独立的职业，人们不仅认识到管理活动的普遍性——管理几乎存在于所有的人类组织和人类有组织的活动中，而且从各种可能的角度，采用各种可能的方法对管理活动和问题进行规范分析和研究。管理科学化进程不断被推进，管理学的知识体系不断地扩张，由于管理科学知识被广泛地用于指导管理实践而管理效率被大幅度地提高。经过100多年的发展，管理学已经发展成为具有庞大知识体系和学科分支的复杂学科，在人类文明进程和知识宝库中占有了重要地位。

管理学中庞大的管理学知识是怎样产生和发展的呢？纵观整个管理理论的发展史，管理理论和管理学知识的产生与发展的影响因素可以归结为两大类。一类是持续作用的长期因素，这主要有制度与文化变迁、科技进步、经济发展三方面因素，体现了制度与文化环境、科学技术环境和经济环境的作用。另一类是短期作用的临时因素，例如战争和其他重大突发事件（比如重大自然灾害）。这两类因素作用于管理理论和知识创新的能动主体，包括企业家和其他管理实践人员或者团队、专业管理研究人员或者团队、专业管理咨询人员或者团队等，这些人员提出管理理论和方法，创新管理知识，实践新的管理思想，从而促进管理学的不断发展。这个过程可以表述为管理学知识发展影响因素的"钻石模型"。当然，政府及其政治体制也在这里发挥重要作用。这如图1—1所示。[①]

"钻石模型"试图表明的是，科技进步、制度与文化变迁、经济

[①] 管理学知识发展的"钻石模型"最早提出参见黄群慧（2005），这里对该模型进行了完善和修改。

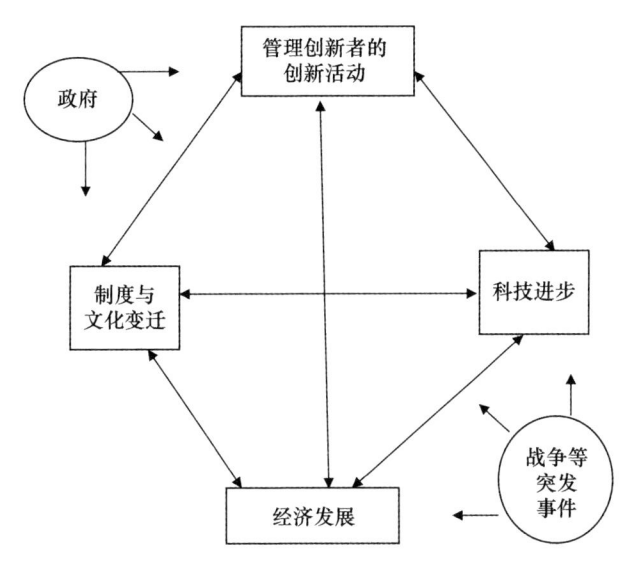

图1—1 管理学知识发展的"钻石模型"

资料来源：根据黄群慧（2005）完善和修改。

发展与管理创新者的创新活动相互作用最终推进了管理理论发展、管理学知识的创新与积累，而战争和其他一些临时重大事件对整个过程也有短期的推动作用。这里，科技进步因素具体包括认识世界的科学理论的发展以及改造世界的技术方法和工具的创新，科学发展不断为人类提供正确认识世界的思想和方法，而技术进步则不断为人类提供改造世界的工具和方法；制度与文化变迁是指有关宏观社会、经济、法律、政治和微观具体经济组织运行等方面正式有形规则的变化，以及社会文化等非正式的规则变化，这些规则变化会引导和约束人们行为选择；而经济发展则形成了管理创新者的经济环境因素，实际上在很大程度上管理创新者是为了适应经济环境变化而进行创新，而创新者的管理创新又推动了经济增长及经济环境变化。这里，管理理论的发展和管理学知识的积累，既包括管理思想、理论、方法等以各种形式体现的管理知识的丰富发展以及管理学的发展，也包括解决各种现实管理问题、提高管理效率的管理实践活动的创新与发展。这对应到管理科学化进程的内涵上，包括管理实践层面、管理理论问题研究层面、管理学科发展层面三方面的管理科学化进程。也就是说，上述"钻石模型"既是一般意义上的管理学理论与管理知识发展的影响因素模型，也是管理科学化进程的影响因素模型。这个模型是基于管理科学化历史进程建立起来的，因此从管理科学化的历史上看，该模型基本描述了管理科学化发展的逻辑关系，可以认为是一个管理学知识产生和发展的历史逻辑图。

除了从历史逻辑看管理学发展外，管理学作为一个科学性和艺术性统一的学科，其自身发展具有特殊性，这种特性体现为管理学家们对于管理学的学科属性、基础理论、方法论体系和发展途径等问题一直争论不休，还无法走出"管理理论丛林"。从管理学知识体系形成看，多学科研究方法的移植和研究范式的多元化成为管理学发展的典型方法论特征。我们将其概括为管理学发展的"多元学科方法论"（Multisubjects Methodology），或者说是"多元学科研究范式"（Multisubjects Paradigm）（黄速建、黄群慧，2005）。虽然影响管理学科学化进程与管理学发展的学科较多，但从学科方法论或者研究范式角度看，能够独立构成管理学发展的学科方法论基础，或者说能够成为管理学的一个独立的学科研究范式，形成独立学派的基础方法论的学科主要包括经典物理学、数学、心理学、经济学、历史学、社会学、系统科学等。对于整体管理学而言，也许还存在上述七个学科范式以外的研究范式，但总体上以这七个学科范式为主。这些学科范式在现在的管理学中是同时存在的，而且一个学派可以按照一种研究范式为主进行研究，但同时也可能使用其他研究范式下的研究方法和思想。显然，这与常规科学不同。对于常规科学而言，在一定时期存在单一的至少是主导的范式，新范式取代旧范式（范式转换）是学科进步的前提，而对于管理学而言，虽然管理学发展需要新的范式，但新的范式的出现并不意味着旧范式被抛弃，管理学是多元学科范式并存的。归结上述管理科学化的各个学科方法论，可以将这七个学科范式进一步归类为自然科学范式（经典物理学和数学）、社会科学范式（社会学、心理学和经济学）、人文科学范式（历史学）和哲学范式（系统科学和复杂科学）四种类型，或者按照人文社会科学分为"研究普遍原理"的科学、历史科学、法学和哲学学科的分类，把这七个学科范式归类为自然科学范式（经典物理学和数学）、研究普遍原理的社会科学范式（社会学、心理学和经济学）、历史学范式和哲学范式（系统科学和复杂科学）四种类型。这也从另外的角度反映了上述管理学知识"钻石模型"影响因素的复杂性。

上述对管理学发展的影响因素和学科方法论的分析，基本揭示了管理学发展的基本逻辑。对于新中国的管理学发展而言，需要把上述基本逻辑与新中国的具体国情情境结合起来进行具体分析。近年来，"情境"（Context）成为管理学研究的热词，进行跨文化的管理理论或者管理问题研究，都要首先研究情境差异。研究中国管理学、管理理论或者中国管理问题，以及在借鉴、移植西方管理学理论或者知识过程中，严谨的学者一般都会将"中国情境"作为一个前置条件。管理学是一门科学，也是一门艺术，管理学实践性的学科属性决定了"情境"因素对管理学知识的产生、传播和应用具有重要的影响，中国企业管理学的发展无疑就是"中国情境"下的产物。虽然接下来分析"中国情境"构成仍然会从经济、文化、技术、制度等与"环境"大致相同的分类视角来研究，但考虑的"情境"与"环境""背景"等用词相比，更加强调主客观因素的互动，更加强调环境、组织与人的交互影响及其这种影响随着时间变化的历史动态性，因此，这里选择用"情境"而非"环境"。因为这里是从整体描述中国企业管理学的发展，而不是具体某个企业，需要分析的是中国国家情境，而不是一般案例分析的企业情境或者组织情境。早在1964年韦伯（Weber）就提出国家情境的概念，蔡尔德（Child，2000）进一步把国家情境划分为由经济因素和技术因素组成的物质体系、由文化宗教等各类价值观组成的理念体系以及由政府和各种规则标准组成的制度体系。

新中国成立以后，中国走上了社会主义道路，开启了伟大的社会主义建设征程，经历了一个天翻地覆的"情境"变化；1978年以后，中国又开启了中国特色社会主义现代化建设，改革开放40年给中国带来了又一次天翻地覆的"情境"变化。中国的国家情境因素发生了天翻地覆的变化，中国管理学发展也就经历了不同的发展阶段。对应管理学发展的"钻石模型"，我们将中国影响管理学发展的情境因素分别归结到经济发展—工业化、制度变革—市场化与全球化、科技进步—信息化。在工业化、市场化、全球化、信息化的大潮中，中国管理学逐步发展，通过管理学习与研究形成新的管理知识，而管理知识的体系化、系统化形成管理学科，管理教育的发展推进了管理知识的普及，管理知识的应用就形成了在理论指导下的管理实践，而管理实践又是管理创新和管理新知识的源泉。新中国管理学发展的逻辑框架如图1—2所示。

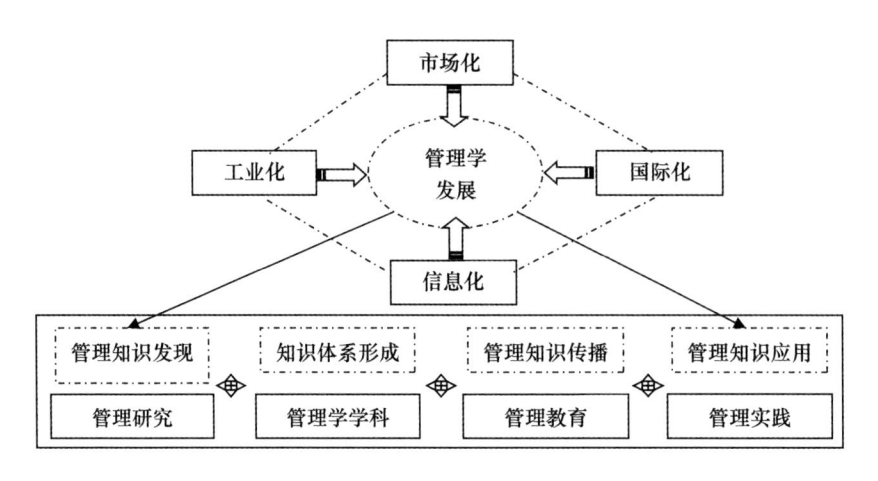

图1—2　新中国管理学发展的逻辑框架

资料来源：笔者自制。

具体来说，我们需要展开论述新中国以下几方面国家情境因素的变化，进而为下一节理解新中国管理学发展奠定基础。

一　经济情境因素——从工业化初期到工业化后期

描述一个国家经济发展，经济学提供的最好研究范式是工业化理论。工业化是发展经济学的核心概念之一，被认为是一个国家或地区由工业驱动的产业升级以及人均收入持续提高的过程，或者按照张培刚（1984）的提法，工业化是国民经济中一系列基要的生产函数（或生产要素组合方式）连续发生由低级到高级的突破性变化（或变革）的过程。一般工业化进程可以被划分为前工业化、工业化初期、工业化中期和工业化后期以及后工业化五个阶段。

中国最早的工业化思想甚至可以追溯到1840年鸦片战争失败之后以洋务思想为代表的近代工业思想，洋务运动标志着中国工业化的开端（赵晓雷，2010）。虽然辛亥革命后中国也逐步形成了一些现代工业基础，但是，几经战争破坏，到1949年几乎没有留给新中国多少经济遗产，当时中国的经济基础甚至还落后于同期的印度（巴里·诺顿，2010）。实际上，真正意义的中国大规模工业化进程是在新中国成立以后。新中国成立以后，中国开始了自己的伟大的社会主义工业化进程，这个进程可以划分为改革开放前和改革开放后两个大的历史时期，分别是计划经济体制下的社会主义工业化道路时期以及市场经济体制下的中国特色社会主义工业化道路时期。

1949—1977年是新中国计划经济体制下的社会主义工业化道路时期，这个时期工业化战略的核心是政府作为投资主体、国家指令性计划作为配置资源手段的封闭型的重工业优先发展。这个时期中，1949—1952年国民经济得到了恢复和重建，1953—1956年的"第一个五年计划"取得巨大成功，其中在1953年党的过渡时期总路线明确提出了要在相当长的一个时期内实现国家的社会主义工业化，"一五"时期开始布局的156个重点工业项目初步奠定了新中国工业化的基础，后又经历"大跃进"、"三线"建设和"文化大革命"等阶段。虽然这个时期经济政策很不稳定，经过了数次投资扩张和紧缩调整阶段，工业化进程也多次因政治运动而受阻，加之国家外部严酷的发展环境，总体上社会主义工业化建设并不顺利。但是，经过了近30年的工业化建设，新中国在工业建设中取得了重大成就，逐步建立了独立的比较完整的工业体系和国民经济体系，打下了较好的工业基础特别是重工业基础。

改革开放以后，中国工业化进程进入社会主义工业化建设的新时期——中国特色社会主义工业化建设时期，积极探索确立了社会主义市场经济体制下的工业化道路，工业化战略重心逐步转向市场在配置资源中发挥决定性作用、低成本出口导向、建设开放经济、基于产业演进规律不断促进产业结构优化升级。以市场化改革为维度，这个时期经历了1978—1992年社会主义市场经济方向探寻阶段、1993—2012年社会主义市场经济构建完善阶段，以及自2013年以来全面深化改革的中国社会主义市场经济建设新时代。在第一阶段，前期由于农村家庭联产承包责任制的农业发展迅速，后期随着城市改革的推进，轻工业发展迅速，呈现出矫正计划经济时代重工业优先发展战略造成的结构失衡的特点。在第二阶段，伴随着居民消费重点转向耐用消费品，这个阶段体现出重化工主导特征，促进了经济结构快速升级，同时这个阶段中国经济外向性极大提升，出口导向工业化战略取得巨大成效。2002年中国明确提出以信息化带动工业化、以工业化促进信息化、科技含量高、经济效益好、资源消耗低、环境污染少、人力资源优势得到充分发挥的新型工业化战略。在第三阶段中国工业化进程进入中国特色社会主义建设的新时代，工业化战略更加强调新型工业化、新型城镇化、信息化和农业现代化"四化"同步发展，更加强调满足创新驱动、包容和可持续的工业化要求，中国经济呈现出增速趋缓、结构趋优和动力转换的"新常态"特征，正从高速增长逐步转向高质量发展。

总体上看，中国的基本经济国情已经从一个落后的农业大国转变为一个工业大国。如果把中国的工业化进程放到世界工业化史中去看，中国的工业化进程是人类历史前所未有的伟大的现代化进程。具体而言，中国工业化进程有以下几方面突出的特征。第一，中国的工业化是一个具有13亿人口大国的工业化，中国的人口超过了所有工业化国家和地区人口的总和。从工业化史看，经过200多年的发展，世界上也只有约10亿人实现了工业化，而中国的工业化则是一个具有13亿人口大国的工业化，随着工业化水平的提高、人均GDP的不断增长，中国将成为世界最大的消费市场。第二，中国的工业化是一个长期、快速推进的工业化。利用人均GDP、三次产业产值比例、制造业增加值占总商品增加值比例、人口城市化率、第一产业就业占总体就业比重五个指标衡量，改革开放40年中国的工业化进程从初期阶段快速地发展到工业化后期阶段，按照党的十八大报告，到2020年中国将基本实现工业化，预计到2035年中国能全面实现工业化（黄群慧，2017）。第三，中国的工业化是一个区域发展极不平衡的工业化，中国各地区工业化进程差异之大在工业化史上实属罕见。由于梯度发展战略，以及各个区域资源禀赋、工业发展基础差异等原因，中国的工业化进程在不同地区发展极不平衡，形成了东部、中部和西部逐步降低的梯度差距。第四，中国工业化是一个外向型工业化，不仅得益于全球化，在"一带一路"倡议的推动下，中国工业化进程也会对未来全球化的影响日益深远。改革开放以来，在经济全球化背景下，中国成功推进了低成本的出口导向的工业化战略，在世界的每个角落都能够找到价廉物美的中国制造产品。从工业化视角看，"一带一路"推出，表明一个和平崛起的大国的工业化进程正在产生更大的"外溢"效应，在"一带一路"合作框架下，中国也将给全球化带来合作方所需要的一体化的服务方案。第五，中国实现的工业化是中国特色的新型工业化，是与信息化深度融合的工业化。中国所实现的工业化，并不是传统意义的工业化，而是信息化时代以信息化引导工业化、信息化与工业化深度融合的新型工业化道路下的工业化。具备上述特征的中国工业化进程的推进，是中国最大的经济情境变化。从企业发展角度看，企业必须认识和把握这个经济情境变化来进行战略选择和组织管理，中国企业的管理实践都是在这个大的国家经济情境下开展的，中国管理学的发展也离不开中国工业化进程的这个国家经济情境。

二　制度情境因素——从封闭计划体制转向开放市场体制

新中国成立以后，中国模仿苏联逐步建立起统一的计划经济体制。1949年新中国成立时，根据《共同纲领》，新中国逐步建立起以中国共产党领导为核心的、中央集权的、多层政府机构构成的计划经济管理机构，通过"统一财经""土地改革""调整工商业"和"三反""五反"形成了一个强大的宏观调控系统和对国营经济、供销合作经济实施直接计划管理的计划经济体制。计划经济体制下指令性经济具有以下几个特征：一是政府拥有城市中的国营企业，在农村农业集体拥有所有的土地所有权和经济管理权；二是政府对企业发布生产目标的指令，并在各个企业之间直接分配物资，政府全面负责制定价格体系；三是企业员工的全部生活与所在单位紧密联系，党组织和政府通过层级体制控制各类组织的人事制度、干部制度和工资福利制度；四是企业利润是政府财政的组成部分，金融更多是用来查账和监管经济运行。计划经济体制下，企业生产什么、如何生产、为谁生产完全由政府决定，从本质上看，当时并不存在真正意义的企业，企业只是政府的一个分支部分，企业也就是一个生产车间。与之相适应，因为没有市场且企业没有自主决策权，这个时期所谓企业管理，也仅仅是车间层面的生产管理。这种体制在整个30年的过程中也在高度集权和适当放权之间徘徊，经济政策不断变化，具有高度不确定性。这一时期计划体制的另外一个重要特征是逐步走向封闭性。新中国成立伊始，无论是为新中国工业化进程奠基的156项工程，还是新中国的管理模式，基本都是从苏联学习借鉴的，当时主要是面向以苏联为主的世界社会主义阵营的开放。随着中国和苏联关系走向恶化，中国的经济体制也日益封闭，更多强调自力更生，生产力布局更多转向内陆省份，大规模的"三线"建设旨在使中国有一个能够抵抗国外战争攻击的独立的完整的工业体系。这样下来整个经济体制日趋封闭。

中国最大的制度情境变化来自1978年开启的市场化取向的对内改革、对外开放的改革开放进程。这个过程是一个"摸着石头过河"的渐进方式，中国逐步从传统的计划经济体制转向社会主义市场经济体制。具体而言，40年的市场化改革过程可以划分为三个大的阶段。第一阶段是1978—1992年，这是一个社会主义市场经济方向探寻的阶段。这个阶段以1984年为界，整个经济体制改革经历了从农村到城市、从农业到工业的重点转变过程。1978年党的十一届三中全会决定全党的工作着重点从1979年转移到社会主义现代化建设上来，通过《中共中央关于加快农业发展若干问题的决定（草案）》和《农村人民公社工作条例（试行草案）》，揭开了围绕农村经济体制、积极推进农村家庭联产承包责任制的改革。而1984年党的十二届三中全会通过《中共中央关于经济体制改革的决定》，提出进一步对内搞活经济、对外实行开放的方针，要求加快以城市为重点、以增强企业活力为中心环节的整个经济体制的改革。这个阶段国有企业主要改革任务是对企业放权让利，经历了扩大企业自主权、推进经营承包制、转换企业经营机制等具体改革阶段，探索企业所有权和经营权的两权分离，使企业逐步适应商品化的经营环境。第二阶段1993—2012年，这是一个社会主义市场经济构建完善的阶段。1993年党的十四届三中全会通过了《关于建立社会主义市场经济体制若干问题的决定》，提出建立市场在国家宏观调控下对资源配置起基础性作用的社会主义市场经济体制，坚持以公有制为主体、多种经济成分共同发展的方针，并提出将金融市场、劳动力市场、房地产市场、技术市场和信息市场作为市场体系培育重点，从此开始了全面建设和不断完善社会主义市场经济的阶段。这个阶段有一个重大的制度变革，就是2001年12月11日中国加入了世界贸易组织，开始全面融入经济全球化的进程。在这个阶段，公有制为主体、多种所有制共同发展的所有制格局基本形成，构成了中国经济快速增长的多元混合动力。从国有企业看，这个阶段推进了以建立现代企业制度、推进国有经济战略性调整、组建管人管事管资产相统一的新国有资产管理体制为主要内容的一系列改革，国有企业总体数量逐步减少，国有经济布局持续优化，国有资本总量不断增大，公司治理结构日益规范；从非公经济发展看，这个时期非公经济大发展，在"两个毫不动摇"方针指导下，在稳定增长、促进创新、增加就业、改善民生等各方面都发挥了十分重要的作用。第三阶段是2013年及以后，这是全面深化改革的社会主义市场经济建设新时代。党的十八大以后，尤其是2013年党的十八届三中全会通过了《中共中央关于全面深化改革若干重大问题的决定》，强调经济体制改革是全面深化改革的重点，核心是处理好政府与市场的关系，使市场在资源配置中起决定性作用和更好地发挥政府作用，要求必须坚持和完善社会主义基本经济制度，坚持"两个毫不动摇"。党的十九大报告指出中国特色社会主义进入新时代，要坚定不移贯彻创新、协调、绿色、开放、共享的发展理念。这些都构成了中国制度情境的核心内容。在制度情境的大变革情况下，中国企业管理从计划经济体制下的单纯的生产管理模式，转变为适应市场经济体制的经营管理模式，绝大多数原有企业管理知识都被重构，而适应市场经济体制的新的管理知识又不断被创新。

三 技术情境因素——从第二次工业革命主导转向第三次工业革命主导

在1949年到2019年新中国成立70年的时期，世界科技革命处于从电力机械革命向信息通信革命的转换发展时代。18世纪蒸汽机、纺织机等机械的发明和应用，开启了第一次技术革命；进入19世纪后，电力技术、内燃机、炼钢、石油和新运输工具开启了第二次技术革命；20世纪中期以后，电子技术、计算机和互联网等开启了第三次技术革命。从产业发展看，美国经济学家佩蕾丝（2007）按照技术经济范式转变，认为自1771年第一次技术革命以来，人类大体经历了早期机械时代、蒸汽机与铁路时代、钢铁和电力时代、石油和汽车时代、信息与通信时代这五次产业革命。新中国成立以后，虽然信息技术正在酝酿阶段，但是世界上总体正处于钢铁、电力、石油和汽车主导的时代，对于新中国而言，建立以钢铁、电力为主导的现代大工业是经济工作的重要目标，156项建设项目实际上正是这种现代大工业布局，甚至还采用"大炼钢铁"这种运动方式来发展经济。

改革开放以后的新中国发展是与以信息化为核心的新一轮全球科技革命和产业变革的周期重叠在一起的。信息化是指充分利用信息技术、开发利用信息资源、促进信息交流和知识共享，使人类社会向数字化、网络化、智能化方向逐步转型发展的过程。全球信息化的历程大致可以划分为三个浪潮：一是20世纪70年代开始的以个人计算机普及为标志的信息化第一次浪潮，随着超大规模集成电路的发明和使用，电子计算机向着小型化、微型化、智能化、系统化发展，个人计算机开始逐步普及；二是20世纪90年代以互联网革命为核心特征的第二次信息化浪潮，这极大地加快了信息的传播交流，促进了科技革命和产业变革；三是21世纪前十年以物联网、云计算、大数据、人工智能、区块链等信息技术为标志的新一轮信息化浪潮，这个浪潮方兴未艾，正在推进人类社会向智能化方向快速发展。由于信息技术具有很强的全方位渗透性，能够广泛地融入人类社会经济的各个方面，因此对企业管理变革的影响也是全方位的、颠覆性的。尤其是在2008年以后，伴随着新工业革命逐步拓展应用，数字化智能化技术对企业管理理论和实践带来了颠覆性的变化，生产管理从大规模流水生产范式向个性化智能制造范式转变，人力资源管理从针对"传统简单劳动者"的科学管理向针对"现代知识型员工"的人本管理转变，营销管理从以生产者为中心的专业分工模式转向以消费者为中心的一体化模式，战略管理从核心能力战略主导向平台战略主导转变，组织管理从针对金字塔层级结构的机械管理模式向针对网络组织结构的有机管理模式转变。实际上，20世纪八九十年代以来，世界范围的企业管理的思想、理论和实践都始终处于不断的创新变化中，战略管理、生产管理、组织管理、人力资源管理、财务管理、营销管理等各个分支领域都因信息化浪潮而处于管理创新的高潮中，产生了大量的新的管理知识，信息化已经成为世界企业管理实践变革和学术研究创新的主线。而这个过程又与中国改革开放背景下中国学习借鉴西方现代企业管理知识融合在一起，这样的技术情境因素和制度情境因素在一定程度上使得中国企业管理学发展具有起点相对高的"后发优势"。

综上所述，从社会主义工业化初期到后期、从计划体制到市场体制改革、从封闭走向开放、从机械化到信息化，这些变化构成了中国管理学发展的主要国家情境因素。但是，这并不全面，对管理学发展的具有较大影响的文化情境因素也在发生巨大变化，尤其是伴随着全球化的进展，中国传统文化也在不断吸收融合外来文化元素而逐步变化，只是这种变化相对缓慢。但是如果放在40年的时间段中来考察，这种文化变革应该还是整体可被感知的，只是学术界还少有文献从霍夫斯泰德（Hofstede，2008）权力距离、个人主义与集体主义、男性度与女性度、不确定避免、长期取向与短期取向、个体放纵与约束等文化维度对文化变革进行具体严谨的实证分析。另外，市场化、工业化、全球化和信息化的进程也会对文化情境的变化产生相应的影响。归结起来，70年来新中国处于一个具有快速工业化、渐进市场化、全球信息化等突出特征的现代化进程中，这个进程改变了中国的经济社会文化环境，这种变化的环境在与组织及相关社会成员的交互作用中，促进了中国管理实践和中国管理学的发展。

第二节 中国管理学的基本发展历程

新中国70年的管理学发展，总体上可以分为计划经济体制下30年和转向市场经济体制下的40年两个时期，考虑到现代管理学的庞大知识体系主要是改革开放后40年发展的结果，我们把这两个大的时期又具体划分为1949—1977年的探索奠基阶段、1978—1992年的恢复转型阶段、1993—2012年的完善提高阶段、2013年及以后的全面创新阶段。具体而言，1949年新中国成立到1978年党的十一届三中全会之前，学习和引进苏联的管理模式和管理科学知识，探索有中国特色的管理经验和模式，管理学呈现出计划经济下生产导向型管理基本特征，社会主义管理学从无到有逐步建立，整体处在探索奠基阶段；1978—1992年，中国管理模式开始从计划经济生产型转向市场经济下的生产经营型，学习国外管理学知识的重点从苏联转向美、日、欧等发达国家和地区，管理学在学科建设、学术研究、教育培训等方面都有很大发展，中国管理学进入全面的恢复转型阶段；1993—2012年，中国进入建立和完善社会主义市场经济体制的新时期，这也开启了中国管理学的完善提高阶段；2013年及以后，进入中国特色社会主义建设新时代，这开启了中国管理学的全面创新阶段。[①]

一 探索奠基阶段（1949—1977年）

新中国成立到1978年改革开放，中国管理学发展具体又可以划分为三个时期，一是20世纪50年代初期的学习借鉴苏联模式的时期，二是20世纪50年代后期到60年代初期的探索建立中国社会主义企业管理模式阶段，三是1966年开始的十年"文化大革命"时期。

新中国成立初期，面对百废待兴的企业，开始通过民主改革和生产改革进行破旧立新，在企业民主改革方面，建立了工厂管理委员会实行民主管理，同时建立厂长负责制；在生产改革方面，建立健全企业管理机构，实行科学分工，形成生产管理和技术管理的责

[①] 这个阶段划分参考了陈佳贵、黄群慧（2009）以及黄群慧（2018）。本章关于改革开放以后40年的管理学发展的内容，大部分已在《管理世界》上发表，具体参见黄群慧（2018）。

任制度，推行经济核算制，贯彻按劳分配原则，尤其是开展生产竞赛运动，提高劳动效率。对于效果好的工人的日常生产工作经验和班组管理实践，总结、推广和表彰，比较有名的包括马恒昌小组（1949年）、郝建秀工作法（1951年）、李锡奎调车法（1951年）、苏长有砌砖法（1951年）、黄润萍仓库管理法（1951年）、马六孩小组（1951年）、刘长福小组（1952年）等。

20世纪50年代的第一个五年计划时期，随着156项建设的全面铺开，中国企业在全国范围内系统地引进了苏联的整套企业管理制度和方法，强调集中统一领导，推行苏联的"一长制"模式和"马钢宪法"，在计划管理、技术管理、经济核算制、质量管理、生产责任制等方面奠定了生产导向型管理的基础。当时苏联专家在北京石景山发电厂、第一汽车制造厂、大连造船厂、鞍山钢铁公司等各个行业的企业建立许多技术规程、管理制度，随着这些规章制度在全行业的推广，极大地提高了新中国企业的管理科学化水平，苏联专家和苏联模式对工业企业改进工艺、提高效率、节约成本、增加产量等发挥了重要作用。但是，当时也出现了对苏联模式盲目照抄照搬的问题。1956年4月毛泽东同志在《论十大关系》中还专门对那种盲目和机械照搬的错误学习态度进行了批评。这一时期，我国理论工作者对管理学的贡献表现在两方面。一是在管理科学与工程学方面推进了运筹学的研究与实践运用。1956年中国科学院成立了运筹学研究小组，许国志、刘源张编著了中国最早的《运筹学》，华罗庚编著了《统筹法》，向全国推广数量管理，取得了较好的效果和经济效益。二是在企业经济学方面，20世纪50—60年代，中国经济学界出现了孙冶方、顾准、卓炯等大胆探索商品经济（市场经济）的少数理论先驱，他们强调价值规律的作用，为企业内部进行经济核算提供了理论基础。

从20世纪50年代末60年代初开始，为克服照抄照搬苏联管理方法的缺点，针对管理学存在的问题，结合国情，中国开始探索与建立社会主义企业管理模式，"鞍钢宪法"及《工业七十条》就是有代表性的体现。"鞍钢宪法"主要包括三方面的内容，一是在指导思想上强调政治挂帅和群众性技术革命；在领导体制上形成党委领导下的厂长负责制；在管理制度上是"两参一改三结合"——干部参加集体生产劳动，工人参加企业管理，改革不合理的规则制度，在生产、技术、管理上实现领导干部、技术人员和工人相结合。"鞍钢宪法"是1960年3月毛泽东同志在《中共中央批转鞍山市委关于工业战线上的技术革新和技术革命运动开展情况的报告》的批示中提出的，批示指出"鞍钢宪法在远东，在中国出现了"。"鞍钢宪法"是针对苏联最大钢铁企业马格尼沃托尔斯克钢铁联合公司的管理模式"马钢宪法"而言的。"鞍钢宪法"是当时中国对国营工业企业民主管理和科学管理结合的综合体现，是社会主义企业管理模式的重要探索。而《工业七十条》是在1961年中央对北京第一机床厂等企业进行系统调查的基础上，在坚持尊重科学管理的原则下，制定的《国营工业企业工作条例（草案）》。《工业七十条》包括总则、计划管理、技术管理、劳动管理、工资奖励、经济核算制和财务管理、协作、责任制度、党委领导下的厂长负责制、工会和职工代表大会、党的工作11个部分，是新中国成立以来第一部关于企业管理的章程，系统总结了国营企业管理的各个方面的经验和教训，对我国企业管理实践和管理理论发展具有重要的意义。在这个基础上，1961年马洪主持，中国科学院经济研究所和有关大专院校的同志编写了60万字的《中国社会主义国营工业企业管理》，由人民出版社于1964年内部出版发行，该书是中国社会主义企业管理学的奠基之作。中国人民大学等单位也编写了许多企业管理教材。这表明，经过探索，我国社会主义企业管理学的学科开始形成。另外，在此时期，大庆创造了"三老四严"经验，具有很大的影响，体现了科学管理和精细管理的要求。

"文化大革命"期间，中国的经济和管理处于严重混乱状态，管理的重要性被否定，财经院校的管理学高等教育被迫取消。"文化大革命"结束后的两年里，遗留下来的政治、思想、组织和经济上的混乱还很严重,中国管理学的发展仍处于停滞阶段。

二 恢复转型阶段(1978—1992年)

进入1978年,各项工作逐步恢复,企业管理和管理学的发展也逐步得到重视。1978年3月,全国科学大会审议通过的《1978—1985年全国科学技术发展规划纲要(草案)》为中国管理学的发展破除了坚冰,该纲要将"技术经济和生产管理现代化的理论和方法的研究"列为第107项,新中国第一次在操作层面正式提出要推进管理学研究工作。1979—1992年,中国企业管理模式开始从计划经济下的生产管理型转向市场经济下的经营管理型,学习国外管理学知识的重点从苏联转向美、日、欧等发达国家和地区,管理学在学科建设、学术研究、教育培训等方面都有很大发展,中国管理学进入全面的恢复转型阶段。

这一阶段管理学的发展始于对西方管理学知识的引进吸收。1978年开始,政府推动大规模的企业管理人员学习现代化管理知识的培训活动。机械工业部1978年举办了第一个"质量月"活动,将全面质量管理(TQM)从美国、日本引入中国。1979年3月,国家经委举办国家层面的企业管理培训干部研究班。1979年5月8日在邓小平同志推动下,中美两国政府签订了《中华人民共和国国家科学技术委员会和美利坚合众国商务部科技管理和科技情报合作议定书》,按照这个议定书,成立了中国工业科技管理大连培训中心(现在的中国大连高级经理学院),这是改革开放后首个引进国外现代管理教育的办学机构。1980年8月,中美两国政府关于大连培训中心的第一个五年合作计划开始实施,主要培训对象为国家大中型企业的厂长经理,培训方式主要是半年到十个月的"精缩MBA"项目和三个月左右的"专题研讨班"。此后,该中心持续开展培训工作,为中国培养了一大批企业管理实践和研究人才。

这个时期一批管理学研究机构、期刊相继成立,一些重要文献陆续涌现,对管理学发展起到了重要推动作用。从研究机构看,

1978年11月中国管理现代化研究会成立，1979年3月中国企业管理协会在北京成立，1980年中国管理科学研究会、中国数学会运筹学会、中国系统工程学会相继成立，1981年中国工业企业管理教育研究会成立（现为中国企业管理研究会）。从学术期刊看，1979年1月由中国社会科学院主管、中国社会科学院工业经济研究所主办的中国第一本管理学学术刊物《经济管理》创刊，这本刊物影响巨大，最高发行量曾达到30多万份；1985年国务院发展研究中心主管、主办的《管理世界》创刊，为中国管理科学的发展提供了国家级重要的学术交流和知识传播平台。从重要文献看，1979年蒋一苇的《企业本位论》发表，提出企业是国民经济的基础，是整个国民经济这个机体的细胞，企业这个细胞有活力，国民经济这个机体才能充满活力，经济体制改革应以企业为本位、为基点，这为面向市场经济的中国企业和中国企业管理学奠定了基础（蒋一苇，2013）；1980年9月，由马洪主编的"国外经济管理名著丛书"开始由中国社会科学出版社陆续出版，这是国内最早系统地介绍国外管理科学名著的系列著作，这套丛书选题范围广泛，既包括美、法、德、日等国家的著作，也包括苏联、东欧等国家和地区的著作，时间跨度从20世纪初一直到20世纪80年代，内容既有宏观经济管理，也有微观企业管理，共有37本管理学名著，影响了一大批乃至整整一代管理学者；1983年，袁宝华提出中国企业管理理论发展的16字方针——"以我为主，博采众长，融合提炼，自成一家"，为建立有中国特色的管理理论和管理模式指明了方向；1983年12月朱镕基同志主编的《管理现代化》正式出版，从管理思想、组织、方法和手段四个方面介绍了管理现代化知识，1985年1月再版。

这个时期也是中国管理学教育全面恢复和发展的时期，在这一阶段管理学教育从"恢复元气"走向"生机勃勃"。自1979年开始，一些大学和研究机构相继恢复管理学教育，开始了管理学专业的本科和研究生教育；从20世纪80年代开始，中国人民大学陆续出版了《中国工业企业管理学》系列教材，开始探索具有中国特色的社会主义工业企业管理学；1984年4月以后，教育部陆续批准清华大学、武汉大学等成立或恢复（经济）管理学院；1986年2月，国家自然科学基金委员会成立，并设置管理科学组；1990年，MBA教育获得国务院学位委员会批准，中国九所大学开始试办MBA；1992年11月，中国技术监督局颁布国家标准的《学科分类与代码》（GB/T 1374592），管理学被列为一级学科。

与管理学研究和管理学教育发展相适应，这个时期企业也在不断尝试管理创新实践，尤其是应用现代化管理方法。1984年年初，国家经委推广18种在实践中应用效果较好、具有普遍推广价值的现代化管理方法，又被称为现代化管理"18法"，并确定了20家企业为全国第一批管理现代化试点企业，这对提高中国企业管理现代化水平具有重要意义。

三 完善提高阶段（1993—2012年）

1993年党的十四届三中全会以后，中国开始建立和完善社会主义市场经济体制，这也开启了中国管理学完善提高的新发展阶段。这一时期，企业呼唤企业管理学对如何在市场化环境中改善生产经营、提升竞争力提供指导；国有企业改革的推进要求企业管理学积极总结改革经验教训、探讨改革难题、研究改革方向；随着中国日益融入全球发展浪潮，企业管理实践者和研究者能够接触到更多国外先进企业的管理实践和管理学研究前沿，从而提升了中国企业管理学的水平，也推动其在学习、吸收的基础上结合中国实际不断创新；文化教育事业的繁荣为企业管理学教育的发展、管理人才的培养和管理知识的传播做出了积极贡献。总体上，这是一个管理学学科体系不断完善、研究水平不断提高的阶段。

在管理学学科建设方面，1997年管理学科被升格为一个大的门类；1999年，公共管理专业硕士学位（MPA）被批准设立；2000年9月，中国工程院正式成立了由32位首批院士组成的工程管理学部，诞生了中国首批工程管理院士；2002年8月，国务院学位委员会批准 30 所高等院校开展 EMBA 教育；2003 年，管理科学与工程领域的新学位——项目管理工程硕士学位（MPM）设立。2010 年国家社会科学基金将管理学单独列为一个学科进行项目评审，短短几年就发展成为申报量最大的学科。

这个阶段，涌现出大量管理学学术性期刊，中国管理学学术期刊呈现欣欣向荣、蓬勃发展之势。一批高质量的管理学学术期刊发展起来，国家自然科学基金委员会管理科学部认定的管理类 A 级重要期刊就达 22 种，《管理世界》《中国工业经济》《中国管理科学》《南开管理评论》《科学学研究》《管理评论》《中国软科学》《科研管理》《公共管理学报》《管理学报》等期刊在管理学界影响较大，具有高影响因子。从内容和研究方法看，这些学术性期刊均呈现出多元化发展的特征，学术期刊的研究领域分布日益广泛，几乎覆盖了所有的管理学分支。单本期刊的容量也日益扩大，很多期刊从创刊时的季刊逐步发展到双月刊、月刊，发表文献的数量迅速增加。根据尤树阳等（2011）的文献计量研究，1981—2010 年发表在影响因子最高的 10 本学术期刊上关于战略管理、国际企业管理、人力资源管理和组织行为四个领域的论文超过 5647 篇，其中绝大多数是在 20 世纪 90 年代以后发表的，2001—2010 年年均 418.1 篇，占 30 年总量的 74%。这些期刊的建设和发展，成为中国管理学研究成果发表的主要载体和管理学学术共同体的研究交流平台，对管理学发展起到极大的促进作用。

在管理学研究方面，这一阶段从学习引进西方成熟管理学知识为主转向研究追踪管理学前沿和针对中国本土管理问题深入研究为主，中国管理学研究能力大幅提高。一方面，中国学者开始追踪国外管理学研究前沿，国际管理学权威期刊逐渐为国内学者所熟悉，随着互联网的快速发展，追踪最新研究动态的时滞性问题在技术上得以解决；大批中国管理学研究者前往国外著名大学交流、深造，参加国际学术交流会，一些国内组织开始组织国际学术交流活动；中国管理学研究的规范性得以增强，实证研究方法受到重视，越来越多的管理学研究成果发表于国外顶级学术期刊。另一方面，随着中国经济发展，中国情境下的管理问题越来越受到国内外学者的关注，国际学术期刊发表的关于中国管理问题的学术论文也越来越多。根据贾根良等（2015）的文献计量研究，在1981—2010年的30年间，发表于7本顶级管理学国际期刊 Administrative Science Quarterly、Academy of Management Review、Academy of Management Journal、Strategic Management Journal、Journal of Applied Psychology、Organization Science 和 Journal of International Business Studies，有关中国情境的管理与组织研究的学术论文共270篇，1981—1990年年均发表0.6篇（占总数0.21%），1991—2000年年均发表5.5篇（占总数1.67%），2001—2010年年均发表论文数上升为20.9篇（占总数5.28%）。从中可以看出，进入20世纪90年代以后，中国管理学研究文献呈现了"井喷"状增长。总体而言，中国管理学学科正在逐步走向成熟，研究队伍日趋专业化，管理研究方法日趋规范——实证类文献逐步占据主导地位，由基于现象的讨论转变为理论导向的科学研究范式，研究领域和问题更趋于多元化。

在这一阶段，中国企业管理实践不断发展，取得了巨大成就，出现了大量的管理实践创新，中国企业结合自己的情况创新了很多很好的管理实践经验。1990年由国务院企业管理指导委员会、生产委员会批准同意开展全国企业管理现代化创新成果审定和推广活动，在全国企业管理现代化创新成果审定委员会领导推动下，到2017年该委员会已审定发布了24届共3051项国家级企业管理创新成果，形成了国家级、地区和行业级、企业级的成果审定推广体系，对推动中国各类企业不断深化改革、加强管理、促进创新发展起到了积极作用。其中，海尔集团公司的《以"市场链"为纽带的业务流程再造》、邯郸钢铁有限责任公司的《模拟市场、成本否决为核心的集约经营》等创新成果都有很大的影响。

四 全面创新阶段（2013年及以后）

党的十八届三中全会以后，中国步入全面深化改革的新时代，社会主义市场经济体制不断完善。从2013年开始，中国的经济运行已经呈现出增速趋缓、结构趋优、动力转换的"经济新常态"特征，中国步入工业化后期。中国经济成长的重点从追求快速成长转到追求质量提升，要实现从数量驱动、要素驱动为主转向效率驱动、创新驱动为主的动力变革，这要求完成推进供给侧结构性改革提高实体经济供给质量、积极顺应新一轮科技革命和产业变化趋势、大力培育新兴产业和利用新技术改造传统产业等各个方面重大任务。未来中国经济增长将面临产业升级路径、技术进步路径、消费升级等众多不确定性。应该说，2013年以后中国宏观环境发生了巨大的变化，国家制度情境日趋复杂，国家经济情境从宽松转向紧缩，国家技术情境不确定性增大，中国企业只能通过全面创新来实现进一步发展，中国企业管理实践不仅要通过学习应用国外现代管理知识来提高现代化管理水平，更要根据企业自身发展全面创新管理方式来提高现代化管理水平。近年来，无论是国有企业，还是民营企业和外资企业，都已经出现了大量的优秀的企业管理实践。中国管理学在整体学科体系基本完备、研究方法日趋规范、专业研究队伍不断扩大、优秀管理实践十分丰富的发展基础上，需要进一步结合中国国情和企业自身发展实践，全面创新发展中国情境下管理理论，丰富中国情境下管理知识。

近年来，中国管理学界已经认识到中国管理学发展不能仅仅停留在基于西方的理论框架和研究范式在中国开展演绎式研究、用西方理论解释中国管理现象，更要结合中国国情和社会发展趋势，创新出具有中国本土特色的管理学理论，提高中国管理学理论在世界管理学术社区的话语权，增强中国管理学的理论自信。于是，面对中国企业管理实践的丰富素材，一方面，出现了大量的对中国企业管理案例的研究，试图通过案例研究方法提出中国特色的企业管理理论，并将理论贡献作为中国企业管理案例质量的首要标准（毛基业等，2016）；另一方面，理论工作者开始重视对中国情境进行具体分析，提出中国管理理论创新研究的方向和领域，如魏江等（2014）研究了中国战略管理研究的制度环境的独特性、组织网络形态的无界性、全球竞争的深度融入性、商业伦理重塑的迫切性、创新创业范式的突破性和信息技术的全面渗透性等方面的情境因素，进而指出了中国战略管理研究若干前沿理论领域，包括组织双元性、网络化能力、全球化整合、商业模式创新、创业战略以及企业社会责任等；又如，谭力文等（2016）在文献计量的基础上对中国组织行为学的研究焦点、发展趋势进行分析，提出要在科学信念与学科范式上进行转换，注重理论原型构建，创新管理研究方法，以此推动具有中国特色组织行为学研究的发展；再如，张闯等（2013）认为，国内营销学研究在选题的前沿性和方法的规范性方面已经逐步与国际接轨，但出现了"轻视理论构建，崇拜工具和方法"的倾向，应该结合中国本土元素进入尝试性理论创新的阶段，理论创新研究的方向包括深化对关系的研究、制度转型过程中企业营销行为研究、文化融合与变迁过程中消费者心理与行为研究、其他本土文化构念在营销学研究中的概念化与理论化研究等。与此同时，国内外学术期刊也十分重视发表中国情境下管理研究问题的学术论文，甚至开辟中国管理学研究专栏，对中国管理理论创新起到了很好的推动作用。2017年第一本《中国管理学年鉴》出版，旨在为中国管理学发展奠定文献基础，这表明中国管理学开始注重整体学科积累，表明管理学学科走向成熟（黄群慧、黄速建，2017）。

第三节　中国管理学的基本发展经验

一是坚持马克思主义在发展中国企业管理学中的指导地位。由于管理学的学科特性,企业管理学的发展必须考虑到特定的社会制度、价值体系和意识形态,不能一味照搬西方管理学的形式和方法。中国的企业管理学的发展,必须以马克思主义为指导,兼收并蓄、博采众长、融合发展。早在1982年10月22日,蒋一苇就在《人民日报》发表了《为构建具有中国特色的管理科学而努力》的文章,一方面指出管理的科学性,另一方面也指出了世界上没有一套放之四海而皆准的完整的"现代管理学",管理还具有社会性和国情适应性。构建中国特色的管理科学只能在马克思主义原理的指导下,通过总结自己正反两方面经验和学习国外管理知识来创造,要"学"中有"创",以"创"产"新",从而创建一套中国特色的社会主义管理体系和模式,形成中国特色的管理科学。

二是重视企业改革、管理与发展的系统性。改革开放40年中国企业管理学发展的路径具有独特性,企业管理发展历程是与国有企业改革进程紧密相关的。从实践角度看,企业改革、管理与发展是一个相互促进的系统,尤其是对于中国的国有企业而言,企业改革的目标是为现代化管理体系的建立奠定企业制度基础,因此仅关注企业管理而不建立与之相匹配的现代企业制度,最终是不能促进企业发展的。从学术角度看,企业管理的学者,既要关注现代企业管理的方法、技术和理论,还要十分重视国有企业改革的研究。现代企业理论、现代公司治理结构等有关企业制度方面的内容一直在中国企业管理学中占据重要地位。实际上,中国管理学者也多是国有企业改革领域的研究专家。重视企业改革、管理与发展的系统性,从学科内容看,意味着中国企业管理学是一个有关企业的制度基础、组织管理和发展战略相协调的知识系统。

三是坚持跟踪国际学术前沿性与解决中国具体管理问题相结合。改革开放40年中国企业管理学成长路径是学习借鉴—吸收融合—模仿创新—全面创新。在这个过程中,管理学者必须正确处理国际化管理前沿与本土化管理问题的关系,重点关注那些既具有中国现实意义又具有国际学术前沿性的重大问题。一方面,中国管理学研究要关注国际学术前沿，追随国外管理学研究潮流和国际研究热点，及时学习借鉴和消化吸收，缩短与国际管理学发展的差距；另一方面，中国管理学还要更注重研究和解决中国的实际问题，关注中国本土化的重大管理问题的研究，分析中国管理科学化进程的规律，对中国企业管理实践和创新进行科学总结，从而建立具有中国特色的管理科学理论和学科体系，并进一步指导中国企业管理实践。

四是坚持自主创新思维与科学研究规范相结合。改革开放40年来，中国的企业管理学者不仅仅学习引进了一般管理学知识，同时还学习到了管理学的规范研究方法。尤其是近年来，在规范的学术期刊推动下，中国管理学研究日趋强调科学研究规范，突出科学方法特色，这也正是中国企业管理学这门学科走向成熟的标志，同时也是中国管理学走向国际的必经之路。但是，追求管理学研究的科学规范性，并不意味着仅追求科学的形式，用大量的数学语言和实证研究的形式"包装"没有新意的研究观点，创新性才是管理研究的最核心要求。而且，由于管理学的学科特性，实际上管理学的研究范式是多元的，黄速建、黄群慧（2005）将管理学研究归结为经典物理学、数学、心理学、经济学、历史学、社会科学、系统科学七种学科范式，这七种范式都可以应用到管理学研究中并为丰富管理学知识做出贡献，因此不能够过度追求实证规范研究的形式。要实现管理学的创新性和规范性的有效结合，一方面，管理理论的框架不能停留在描述性和启发性的层面上，要重视规范性的特性；另一方面，实证性研究要考虑特定的社会制度、价值体系和意识形态的情景因素。中国企业管理学的发展，既要立足区域特征和制度特点，也要辅以严谨的方法论支撑和大规模的经验研究，使中国管理学研究既在国际上受到认可，又具有强有力的解释问题和解决问题的能力。

五是坚持企业管理理论与企业管理实践相结合。从研究角度看，管理学是一门学以致用的科学，管理学研究必须注重管理理论与管理实践的结合，要从管理实践中归纳管理理论，同时致力于应用管理科学理论指导管理实践。中国企业管理学的发展，一方面要注重系统研究中国管理实践，对中国企业管理实践和创新进行科学总结，积极探索、提炼出相应的管理理论。改革开放以来中国企业已创造了大量的管理经验，进行了大量的管理创新实践，这对于形成中国企业管理理论提供了很好的实际素材。另一方面，中国企业管理理论要能够指导中国企业管理的实际问题，这要求管理学者关注中国本土化的重大管理问题的研究，注重研究企业管理理论如何应用于管理实践。从学科角度来看，企业管理学是一门科学，也是一门艺术。在学科发展上要正确处理管理学的科学性与艺术性的关系，形成既符合科学逻辑又注重实践应用的完善的学科体系。这不仅要求管理学科发展按照科学的逻辑积累管理学知识，而且要求管理学学科体系有利于管理知识指导实践，有利于转化为现实的管理生产力。因此，中国建立自己的管理学科体系时，不仅要拥有自己的学科理论、科学方法和系统的知识体系，还要有利于管理知识的传授和交流，有利于应用指导管理实践。这些年，中国十分重视管理学的案例库建设和案例教学，充分体现了这一点。

第四节　中国管理学的未来发展使命

改革开放 40 年来，中国企业管理学的发展取得了巨大的成就，但也必须清醒地认识到，中国企业管理学还没有成熟，还没有完全形成自己的特色、风格和气派。正如习近平总书记在 2016 年 5 月 17 日哲学社会科学座谈会上所指出："哲学社会科学的特色、风格、气派，是发展到一定阶段的产物，是成熟的标志，是实力的象征，也是自信的体现。我国是哲学社会科学大国，研究队伍、论文数量、政府投入等在世界上都是排在前面的，但目前在学术命题、学术思想、学术观点、学术标准、学术话语上的能力和水平同我国综合国力和国际地位还不太相称。"（习近平，2017）对于中国企业管理学而言，当前还存在很多问题，如学科基础发展不牢固，学科积累不充分、体系不完善，教育质量还有待提高，管理研究学术水平与国际水平还存在较大差距。尤其是面对高速发展的中国经济，还没有形成中国特色的社会主义市场经济条件下的企业管理理论，对丰富、活跃的中国企业管理实践还缺乏理论归纳和指导。重要的是，中国还没有独立提出的来自中国管理实践，但又能有国际影响、被国际管理学界所接受、对指导管理实践具有一定普遍意义的管理理论。

从世界企业管理史角度看，一个大国实现工业化和经济发展的过程，必然是以自己企业管理创新与发展为基础的，而且其管理理论和方法具有全球意义。美国崛起时，将美国大企业的经理革命与组织革命，推广到了全球；德国崛起，也使德国大企业出众的定制设计、强大的工程师技能系统享誉世界；日本在第二次世界大战以后进入了快速工业化进程，在20世纪七八十年代跨入工业化国家行列，以大规模精益制造、终身雇佣制等为核心内涵的日本企业管理方式以及一系列基于日本企业管理实践的系列研究成果都被世界管理学界认可。当前中国已进入工业化后期，成为经济总量世界第二的工业大国，到2020年将基本实现工业化，但客观地讲，迄今为止，中国还没有自己独特的企业管理方式被世界认可，中国企业管理总体水平仍然不尽如人意。中国管理学界亟须对中国特色的企业管理实践进行归纳总结，形成中国情境下的企业管理理论。因此，研究工业化、市场化、信息化进程中的中国情境下企业管理创新与发展问题，从国际视角分析经济发展"中国经验"的企业管理内涵，是未来中国企业管理学发展的重大使命，也是中国管理学者的义不容辞的重大责任。

党的十九大报告指出："深化国有企业改革，发展混合所有制经济，培育具有全球竞争力的世界一流企业。"这不仅为国有企业改革提出了要求，也为未来中国企业的发展指明了方向。所谓世界一流企业，是在重要的关键经济领域或者行业中长期持续保持全球领先的市场竞争力、综合实力和行业影响力，并获得全球业界一致性认可的企业（黄群慧等，2017）。展望未来，中国企业要发展成为世界一流企业，必须创新出世界一流的企业管理方式，这也正是上述创新发展中国情境下中国企业管理理论所要求的。中国企业创新世界一流管理方式和企业管理学发展出中国情境下企业管理理论，已经具备两大情境变化条件：一方面，中国正在推进"一带一路"建设，这将深刻影响全球化进程。在新一轮全球化中，伴随着中国企业的"走出去"，中国的企业管理方式将逐步走出国界，逐渐被国外所熟悉，并在新的国际情境下得到进一步的验证和发展，中国企业管理方式和中国企业管理理论也将逐步成熟。另一方面，以信息化、数字化、智能化为核心内涵的新一轮工业革命，给正步入工业化后期的中国企业带来了在高度不确定的新产业技术条件下谋求加速发展的难得机遇，中国企业需要充分展示中国式的企业管理智慧，创新巨大技术变革情境下的企业管理方式，而中国企业管理学界也需要在企业管理知识颠覆性变革时代创新出中国企业管理理论。在这两大情境因素变化下，我们相信，中国一定会产生世界一流企业，并向世界贡献中国特色的企业管理智慧与企业管理方式，中国管理学界也将会向世界贡献中国特色的企业管理理论。

习近平总书记指出："要按照立足中国、借鉴国外，挖掘历史、把握当代，关怀人类、面向未来的思路，着力构建中国特色哲学社会科学，在指导思想、学科体系、学术体系、话语体系等方面充分体现中国特色、中国风格、中国气派。"（习近平，2017）未来中国企业管理学，要以习近平总书记讲话精神为指导，按照体现"继承性、民族性、原创性、时代性、系统性、专业性"的要求，在不断创新中加快构建中国企业管理学，形成具有中国特色、中国风格、中国气派的企业管理理论和完善的学科体系。

第 二 章
管理科学与工程

1911年泰勒所著的《科学管理原理》一书的问世，拉开了现代管理科学的帷幕。管理科学与工程学科是泰勒"科学管理"理论的继续和发展，它以人类社会组织管理活动的客观规律及应用为研究对象，以数学、运筹学、系统工程、电子技术等为研究手段，是一门跨自然科学、工程科学和社会科学的综合性交叉学科，具有中国管理学科发展的特色（国务院学位委员会第六届学科评议组，2013）。

第一节 学科发展历程

管理科学与工程学科在经历了不同的发展阶段后，现在逐步形成了自身的学科内涵（国务院学位委员会第六届学科评议组，2013）：管理科学与工程学科以研究人类社会管理活动和各种现象的规律为目际，从操作方法、作业水平、科学组织等不同层次进行研究，为解决管理问题、支持管理决策提供科学的量化分析结果。管理科学与工程是自然科学、工程科学和社会科学等多种学科相互渗透、交叉融合而形成的综合学科。数学、行为科学、系统科学、技术科学、认知科学是该学科的理论知识基础。数学主要涉及概率论、统计学、运筹学和计算数学等；行为科学主要涉及经济学、社会学、心理学等；系统科学主要涉及系统论、控制论、耗散结构理论、协调论等；技术科学主要涉及信息科学、计算机科学、工业技术等；认知科学主要涉及脑神经科学、决策行为学等。从研究方法看，管理科学与工程学科以工程技术科学、数理科学和人文社会科学等为基础，运用数学建模、数理统计分析、实验、计算仿真、实际调研等方法，对各种管理问题进行设计、评价、决策、改进、实施和控制，为管理决策寻得一个有效的数量解。

中国的管理科学与工程学科发展历经了三个阶段，即学科初创阶段、学科重建调整阶段和学科繁荣发展阶段。

一　学科初创阶段（1949—1977年）

1949年新中国成立后，由于新中国社会经济建设的需要，社会和经济建设中的相关管理工作也必须紧紧跟上，中国开始主动学习苏联的经验，同时吸收西方的管理思想，并结合中国具体实践和优秀传统管理思想，进行中国自己的管理科学研究，创建自己的管理科学研究和教育机构，为新中国管理科学的发展奠定了基础。

1952年，全国各大学仿效苏联，教育部聘请苏联专家举办研究生班，由全国各所大学推荐教师参加，三年学成后返回原校，成为各校"生产组织与计划"和"工业企业管理"这两门课程的教学骨干（国务院学位委员会第六届学科评议组，2013）。1956年前后，一大批海外工作的科学家和留学生的归国对中国管理科学的发展起到了巨大的推动作用。他们的回国，不仅传播了先进管理理论和知识，也使先进的管理方法在中国管理实践中进行推广应用。正是由于这批专家的不懈努力，现代西方管理科学理论和方法才得以在中国社会主义建设中大量应用并有所发展，同时也形成了中国管理科学研究的基础。具有代表性的是钱学森于1954年在美国出版的《工程控制论》（英文版），其第一次提出在工程设计和实验中能够直接应用的关于受控工程系统的理论、概念和方法，奠定了现代控制理论的基础，提出了诸如用不太可靠的元件组成可靠系统等系统学的基本思想，并且在管理科学中得到广泛的应用。这是中国人在管理科学方面有世界影响的一个方面（徐伟宣等，2008）。回国后，钱学森运用系统工程的科学方法，推动"两弹一星"等大型工程项目管理与科技管理的发展。在中国管理科学的发展历程上，钱学森起了重要的作用，他是中国有杰出贡献的科学家，也是世界著名的系统工程专家，数十年来，他不仅在中国的国防及经济建设方面做出了卓越的贡献，而且在系统理论、系统工程以及自然科学和社会科学的许多方面提出了一系列重要的观点，对结合国情发展中国的科学技术及管理起到了巨大的推动作用（成思危，2001）。

在这一时期，另一具有代表性的是华罗庚的"双法"——统筹法和优选法的普及推广运动。从 20 世纪 60 年代开始，在华罗庚的领导下，中国大地开展了一场"双法"——统筹法和优选法的普及推广运动。此推广算得上是新中国历史上一次规模空前的管理科学化运动，是管理科学化道路上的一次思想解放运动，增强了国人对管理的科学性认识。"双法"推广的主要意义还在于：它最早提出建立中国自己的管理科学的构想，创出了普及科学管理推广方式的新路子，对日后的中国管理科学实践提供了宝贵的经验（劳汉生、徐康，2000）。

这些工作为后来中国管理科学的发展奠定了基础，成为中国管理科学的直接渊源，也标志着中国管理科学在 20 世纪五六十年代已经开始发展。

1966—1976 年，"文化大革命"使得中国管理科学陷入了整体停滞和局部发展的局面。

二 学科重建调整阶段（1978—1996 年）

党的十一届三中全会提出改革开放，以经济建设为中心。管理的理论方法研究与实践应用得到了迅速恢复和发展，西方各种管理理论、研究方法纷纷传入中国。1978 年 9 月 27 日，钱学森、徐国志、王寿云联名的文章《组织管理的技术——系统工程》在《文汇报》上发表。这篇文章的发表，引起了中国管理科学研究人员的普遍重视，就其理论性而言，标志着中国管理科学研究迈出了创立系统的中国管理科学的关键一步（王媛，2007）。1979年，清华大学等11所理工科大学申请成立管理工程专业，得到国家教委批准，我国大学的管理教育从此恢复。1980年开始，中国企业推行了定额管理、工业工程和工程管理，采用管理信息系统、运筹学、系统工程技术和方法优化管理过程，提出了管理现代化的目标，引进和推广了18种现代化管理方法和技术（国务院学位委员会第六届学科评议组，2013）。国务院于1986年2月14日批准成立国家自然科学基金委员会，极大地推动了中国管理科学的发展。80年代后期，中国众多管理学家吸收和借鉴国际先进的管理理论、方法，结合管理实践，使中国管理科学发展壮大起来，管理科学方法开始走向成熟。1990年，钱学森等提出了开放的复杂巨系统概念，提出从定性至定量综合集成的方法论，进一步引导管理科学与工程学科快速发展，使得这一学科向繁荣时代发展。

自20世纪80年代开始，先后在中国科协成立了诸多与管理科学相关的一级学会。这些学会通过各种活动，在管理科学与工程的研究、应用与普及方面起到了非常重要的作用（徐伟宣等，2008）。例如，由钱学森、许国志等专家、学者共同倡议并筹备，1980年11月，中国系统工程学会在北京正式成立，从此揭开了中国系统科学和系统工程发展的新篇章。该学会自成立以来，在促进系统工程学科知识的普及与推广、促进系统工程人才的成长与提高等方面做了大量卓有成效的工作。[①]

由华罗庚发起，1981年3月，中国优选法统筹法与经济数学研究会正式成立。该研究会是联系从事优选法、统筹法、经济数学等管理科学的研究、应用与教育的科技工作者的桥梁和纽带，是推动

[①] 中国系统工程学会，http://www.sesc.org.cn/htm/index.htm。

中国管理科学与技术发展的重要力量,在推动学术交流、企业管理咨询、普及科技知识方法等方面取得了显著的成绩。①

1991年,中国运筹学会成立。该学会积极组织广大运筹学工作者,广泛开展国内外学术交流活动,为中国运筹学的发展起到了极大的推动作用,也为后来的中国运筹学在国际运筹学界的地位奠定了基础。②

三 学科繁荣发展阶段(1997年至今)

20世纪90年代中期以后,关于构建中国管理科学、建立具有中国特色的管理模式成为理论界的热门话题,研究者甚多且众说纷纭。探索具有中国特色的管理模式,形成中国管理科学,是21世纪中国管理科学界的头等大事(许康、劳汉生,2001)。同时,中国社会主义市场经济体制逐步形成,企业经营机制逐渐转换,中国的管理理论研究和实践活动逐渐将重点放在企业层次上,着力全面促进中国产权明晰的现代企业制度建立和企业管理水平的提高。经过一段时间的发展,工商管理学、教育管理学、管理心理学越来越走向成熟,并且信息管理学、知识管理学、环境管理学等学科逐步建立,管理科学的学科结构越来越复杂(王媛,2007)。管理者和管理学家们开始思考管理科学的学科结构问题。

1996—1997年,国务院学位委员会、教育部、管理学界对管理科学(广义)专业进行了大的整合,在研究生学科目录中设立了管理学门类。1997年,国务院学位委员会、教育部批准在高校中设置管理科学专业(王媛,2007)。1998年8月教育部发布的《普通高等院校专业目录》中第一次将管理科学与工程作为管理学科门类的一级学科设置(梅世强等,2006),并明确将管理科学与工程和工商

---

① 中国优选法统筹法与经济数学研究会,http://www.scope.org.cn:83/default.aspx。

② 中国运筹学会,http://www.orsc.org.cn/default.php。

管理分为不同的一级学科，管理科学与工程学科也建立了包括管理科学、信息管理与信息系统、工业工程和工程管理四个专业的规范专业体系。这一变化标志着中国的管理科学与工程学科正式成立，并真正走上了规范化的发展道路。2000 年 6 月，中国工程院第五次院士大会通过了设立工程管理学部的决议，9 月正式成立了由 32 位首批院士组成的工程管理学部，诞生了中国首批工程管理院士。

进入 21 世纪，随着经济的迅速发展，中国先后出现了一批具有世界影响力和国际竞争力的企业，这些都是中国管理科学与工程理论、方法得以发展的沃土。在此期间，中国众多研究者、管理学家、企业家吸收和借鉴国际先进的管理理论、方法和经验，结合中国企业管理实践，使中国管理科学理论、方法和实践迅速发展。同时，管理科学与工程领域也涌现出一批重要成果，研究成果对国民经济和社会发展产生了重要的积极影响。例如，由合肥工业大学杨善林教授及其团队完成的"轿车整车自主开发系统的关键技术研究及其工程应用"荣获 2008 年国家科技进步奖二等奖。由北京交通大学高自友教授和北京航空航天大学黄海军教授分别为课题第一、第二负责人主持完成的"基于行为的城市交通流时空分布规律与数值计算"荣获 2011 年国家自然科学奖二等奖（吴登生等，2013）。

2007 年，由中国工程院院士李京文、王众托、汪应洛、刘源张发起，近百所院校的学者签名，建议在原"中国管理科学与工程论坛"的基础上，成立中国管理科学与工程学会。2009 年年初，这一建议得到民政部的正式批准，学会业务上接受国家教育部的指导，李京文院士担任理事长，学会秘书处依托于北京工业大学。[①] 该学会积极组织广大管理科学与工程领域的专家、学者和企业家，广泛开展国内外学术交流活动，为中国管理科学与工程的快速发展起到了极大的推动作用。该学会每年举办一次管理科学与工程年会，近几年参会人数达到千人，有力地促进了管理科学与工程领域的学术交

---

① 管理科学与工程学会，http://www.glkxygc.cn/index.php。

流，极大地提高了管理科学与工程学科的社会影响力。

近年来，在经济全球化、自然科学与社会科学日益协同发展的环境下，管理科学与工程面向社会与经济领域的复杂管理问题，在自然科学和社会科学两大领域的交叉过程中，从点到面、从面到体，现在逐步形成了自身的理论体系与方法论。一方面，应用广义建模原理（定量与定性分析），描述与揭示组织（人与人、人与物、物与物构成的系统）的特征和规律（形态、机制、模式）；另一方面，运用统计、评价、优化与决策等方法和技术，研究组织的运作与监控，使其达到理想性能目标（国务院学位委员会第六届学科评议组，2014）。学科发展呈现出以下明显态势。

（1）现代复杂的管理问题和现象使得中西方管理学者都在积极探索东西方管理思想、理论和方法的有效整合方式。运用复杂性科学的方法和数量思维，探索管理问题出现的新现象已成为新的热点。

（2）以互联网、移动通信技术和海量数据处理技术为代表的信息技术以及其他高新技术的快速发展，改变了人们的生活和生存方式以及社会服务体系，丰富了管理科学的研究内容，使信息技术与管理、知识管理、供应链管理、电子商务等热点问题的深入研究，有了新的支持平台和技术方法。信息技术与知识资本的发展，不仅丰富了管理科学的研究内容，也给管理科学研究提出了许多新课题。

（3）企业市场竞争更加激烈，客户需求更加多样化，管理科学与工程理论正在发生深刻的变化，如应急管理、服务科学、社会管理、工程管理等出现了许多新问题亟待解决。

（4）研究视角和研究手段出现了新的变化，信息技术、心理学、神经科学等学科的发展为管理科学与工程研究提供了更加精细的观察社会组织复杂管理行为的工具，能够通过过去无法实施的手段来探索管理理论，并进一步凸显了管理科学与工程的交叉学科特征。

目前，我国管理科学与工程学科已成为管理学门类下发展规模最大的一级学科之一。同时，管理科学与工程学科的发展，对管理科学其他分支学科的发展起到了重要的推动作用；该学科部分研究成果已经处于国际领先或接近国际先进水平。到 2017 年，有全国高校管理科学与工程一级学科博士学位授予权的单位则增长为 90 家，有管理科学与工程一级学科硕士点的单位超过 200 家。博士和硕士学位点的快速增加，反映了管理科学与工程已逐步形成了较为系统的学科体系和人才培养体系（徐伟宣等，2013）。

根据国务院学位委员会公布的审核增列的管理科学与工程学科博士、硕士学位授权点名单的通知，管理科学与工程近三年博硕士学位点新增情况如图 2—1 所示。由图 2—1 可知，2016 年该学科新增硕士学位点 4 个，新增博士学位点 1 个；2017 年新增硕士学位点 7 个，新增博士学位点 8 个；2018 年新增硕士学位点 3 个，无新增博士学位点。

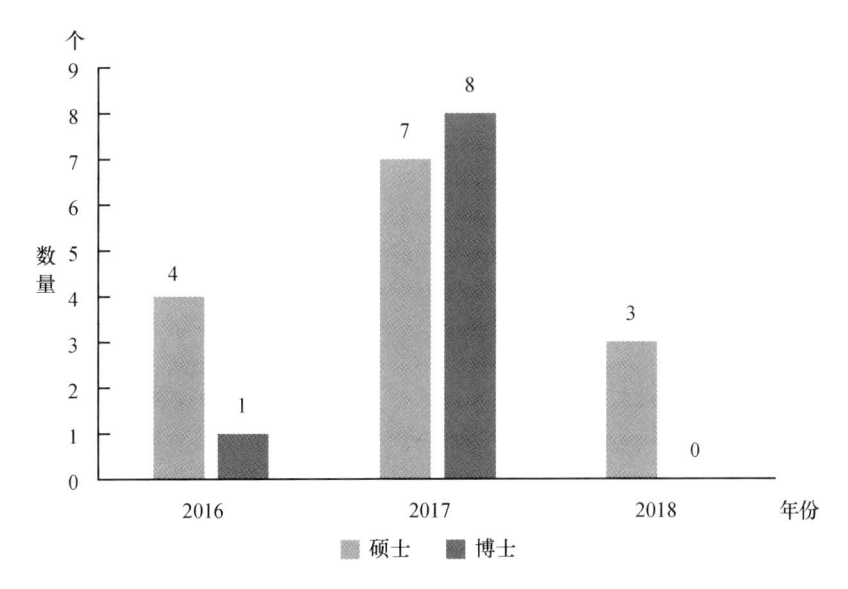

图 2—1　管理科学与工程近三年新增博硕士学位点数量统计

资料来源：笔者整理。下同。

根据教育部公布的 2017 年管理科学与工程专业学科评估结果中的高校名单，统计出管理科学与工程学科博硕士学位点分布情况，如图 2—2 所示。由图 2—2 可以看出，管理科学与工程学科博硕士学位点主要集中在北京、江苏、上海、湖北、四川等省市。管理科学与工程学科的博硕士学位点在北京地区的分布最为集中，包括硕士学位点 19 个、博士学位点 13 个；其次为江苏和上海，江苏地区包括硕士学位点 10 个、博士学位点 8 个，上海地区包括硕士学位点 9 个、博士学位点 9 个。

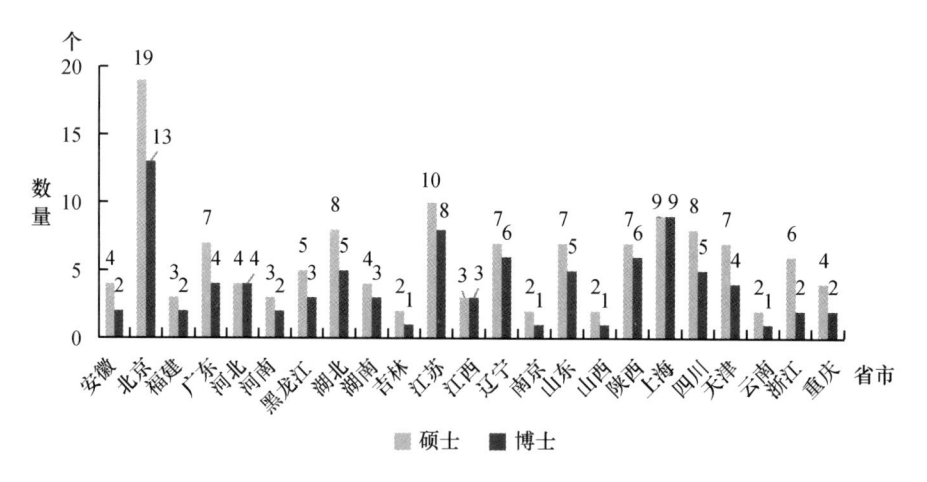

图 2—2 管理科学与工程博硕士学位点分布情况

根据教育部发布的 2017 年管理科学与工程学科评估结果中的高校名单，统计发现全国各高校的管理科学与工程学科硕士研究生导师数量已超 2700 人，博士生导师数量已超 1300 人；管理科学与工程学科全国硕士研究生在校生数量已超 8000 人，博士生在校生数量已超 3700 人。

第二节 学术研究状况

一 管理科学与工程学科范围及研究领域

目前，管理科学与工程学科覆盖面比较广，主要涉及的研究领域有管理科学、管理系统工程、工业工程、信息管理与信息系统、工程管理、社会管理工程、管理心理与行为科学、电子商务技术、科技与创新管理、服务科学与工程等（国务院学位委员会第六届学科评议组，2013）。

管理科学是应用逻辑推理、定量分析、实证研究等科学方法，为研究和解决各类管理问题提供基础理论、方法与技术支撑的学科。主要研究方向包括管理科学和管理思想史、一般管理理论与研究方法论、优化理论与方法、决策理论与方法、对策理论与方法、评价理论与方法、预测理论与方法、数量经济理论与方法、管理系统分析与仿真、风险管理技术与方法等。

管理系统工程是综合运用系统科学、管理科学、经济学、数学，以及信息技术及方法，揭示各类复杂社会经济系统和工程系统的规律，设计、运行和管理各类复杂社会经济系统和工程系统的基本理论、管理技术及方法的学科。它以复杂系统科学和管理科学为基础，以多学科知识为支撑，利用现代化手段和技术，进行各类社会经济系统和工程系统中的科学决策，以及管理实践中的理论和方法研究。主要研究方向包括系统分析与建模、综合集成、仿真、复杂管理系统维护等。

工业工程是研究生产和服务系统有效、经济、安全和协调运作的理论与方法的学科，从系统、集成和创新的视角，对制造业、服务业等企业或组织中的实际管理和工程问题进行分析、优化与设计，以达到系统在效率、效益和质量方面的目标，并获得最佳的经济与社会效益。主要研究方向包括：（1）现代工业工程理论与应用：工业工程基础理论方法、先进制造技术等；（2）运筹学与系统工程：数学规划、排队理论、库存理论、系统仿真、系统评价、马尔科夫决策、应急管理等；（3）生产运作与服务管理：各种生产与服务系统的分析、设计与运行、服务管理、项目管理；（4）人因工程：生理工效学、心理工效学和组织工效学等；（5）质量管理与可靠性；（6）物流工程与管理等。

信息管理与信息系统是研究组织中的现代信息系统规划、分析、设计、实施、维护管理和评价，先进信息技术的开发应用，数据资源的开发应用，信息管理的基本理论和方法的学科。它以系统的观点为指导，运用定性与定量相结合的研究方法、工程技术和行为科学相结合的研究手段，分析并解决各类组织中的信息系统与技术开发应用、数据资源的开发应用、信息管理等问题。主要研究方向包括：（1）信息系统开发：信息系统战略规划、信息系统分析与设计等；（2）信息系统应用：管理信息系统、决策支持系统、互联网与电子商务、知识管理系统；（3）数据资源的开发应用：数据挖掘、商务智能、大数据理论与应用等；（4）组织中的信息管理：信息系统价值评价、信息系统安全与维护、信息系统外包等。

工程管理是对大型工程项目进行统筹系统计划、组织、指挥、协调、控制和评价提供理论、方法和技术支撑的学科。通过对工程系统进行数学建模和求解，解决工程建设领域的项目决策和全过程管理问题，并为决策者选择方案提供定量依据。主要研究方向包括：工程投融资管理、工程资源统筹规划理论与方法、工程项目治理及分包管理、工程招标控制理论与方法、工程的风险与安全管理、工程集成控制技术、工程环境与生态技术、工程信息管理技术和国际工程管理等。

社会管理工程是协调各行为主体关系、规范社会行为、解决社会问题、化解社会矛盾、促进社会公正、应对社会风险、保持社会稳定的实践性学科。主要围绕社会发展进程中出现的重大问题、突发事件和热点问题，利用风险分析与预测、决策和评估、复杂科学等理论和方法进行数学建模与仿真，为不同行为主体决策提供依据。其主要研究方向包括：事故管理、劳动保护管理、环境及卫生管理、减灾防灾预案、危机管理等。

管理心理与行为科学是通过借鉴自然科学的实验或观察等定量研究方法，以及社会科学的深度访谈或文献追踪等质性研究方法来研究组织中不同层面（个体、群体、组织等）的人的心理与行为规律，从而提高组织运行效率的一门学科。其主要研究方向包括：（1）组织管理过程中领导者与被领导者的心理与行为规律；（2）组织运营管理中员工的心理与行为规律；（3）组织营销过程中营销对象的心理与行为规律等。

电子商务技术是指在全球各地广泛的商业贸易活动中，利用开放的互联网和其他信息技术实现买卖双方进行的各种商贸、交易、信息服务和金融等活动的新型商业模式。它综合运用计算机科学、互联网技术等信息技术和管理学、经济学、社会学理论与方法，利用设计科学、理论建模和实证研究的方法，研究基于网络环境下各种商务模式规律及其支撑平台技术。主要研究方向包括：电子商务战略与模式创新、数字经济、电子市场、网络信誉机制、协作商务、移动商务、电子商务平台系统开发与管理、大数据环境下的商务模式创新。

科技与创新管理包括技术实施过程的管理和整个创新过程链的管理。它涉及从创意产生、研究、开发到技术/发明的商业化整个创新过程。创新活动不仅包括技术活动、研发活动，也包括与这些活动相关的组织管理和社会发展等方面的创新，以及以技术创新为基础的商业模式创新。其主要研究方向包括：国家创新体系、区域创新体系、企业创新网络等创新体系建设，开放式创新系统，产学研合作联盟，技术产业政策，新产品开发管理，创新联盟，创新战略，专利与知识产权管理，创新与可持续发展等。

服务科学与工程是研究现代服务业发展规律、服务参与者行为与服务策略、服务创新与服务设计、服务运作的协调优化的一门学科。其侧重研究现代服务管理系统理论、服务创新设计、服务需求管理、服务运作管理的支持技术与应用等。主要研究方向包括：（1）金融工程；（2）交通运输服务管理；（3）物流与供应链管理；（4）服务信息工程等。

目前，国家自然科学基金委员会管理科学部管理科学与工程学科主要资助管理科学的理论、方法与技术的基础研究，资助领域主要包括管理理论与研究方法论、运筹与管理、决策理论与方法、博弈理论与方法、评价理论与方法、预测理论与方法、管理统计理论与方法、管理心理与行为、管理系统工程、工业工程与管理、物流与供应链理论、服务科学与工程、系统可靠性与管理、信息系统与管理、知识管理、风险管理、金融工程、工程管理与交通运输管理等。

二 管理科学与工程学科论文发表概况

发表学术论文是管理科学与工程领域研究成果的一个重要表现形式，研究学术论文的增长数量一定程度上衡量了学科研究成果的增长情况，并且一定程度上能反映我国管理科学与工程领域的发展态势。为了解我国管理科学与工程学科历年发表的中文研究论文情况，笔者在CNKI期刊数据库中，选择文献分类目录为经济与管理科学，以国务院学位委员会第六届学科评议组编写的《学位授予和人才培养一级学科简介》一书中的管理科学与工程的学科范围和国家自然科学基金委员会管理科学部管理科学与工程学科资助范围为依据，确定管理科学与工程学科相关论文检索关键词，各研究领域检索关键词如表2—1所示。以这些关键词进行相关文献检索，检索文献的发表开始时间不设限，截止时间选择2019年，检索日期为2019年6月13日，共检索得到384431篇期刊论文。管理科学与工程学科历年发表的中文论文情况如图2—3所示。

表2—1　　　　管理科学与工程学科各研究领域检索关键词

研究领域	检索关键词
管理科学	管理科学、管理思想、管理理论、管理研究方法、优化、决策、对策、评价、预测、数量经济、管理系统、风险管理、管理统计、博弈
管理系统工程	管理系统、复杂系统、系统分析、系统建模、系统综合集成、系统仿真、复杂管理系统

续表

研究领域	检索关键词
工业工程	工业工程、先进制造、运筹、系统工程、数学规划、排队论、库存理论、系统评价、马尔科夫、生产运作、服务管理、项目管理、人因工程、工效学、质量管理、可靠性、物流工程、物流管理
信息管理与信息系统	信息系统、管理信息系统、决策支持系统、信息系统开发、信息系统应用、数据资源、信息资源、知识管理、数据挖掘、商务智能、大数据理论、大数据应用、信息管理、信息系统安全
工程管理	工程管理、工程投资管理、工程资源统筹规划、工程项目治理、分包管理、工程招标、工程风险管理、工程安全管理、工程集成、工程环境、生态技术、工程信息管理
社会管理工程	突发事件、事故管理、劳动保护管理、环境及卫生管理、减灾防灾、危机管理、应急管理
管理心理与行为科学	管理心理、管理行为、领导者心理、领导者行为
电子商务技术	电子商务、电子商务战略、商务模式、数字经济、电子市场、网络信誉、协作商务、移动商务、商务模式创新
科技与创新管理	技术创新、创意、研发、国家创新体系、区域创新、创新网络、创新体系、开放式创新、产学研合作、技术产业政策、新产品开发、创新联盟、创新战略、专利分析、知识产权管理、创新与可持续发展、创新生态、商业模式创新
服务科学与工程	服务科学、服务设计、服务管理、服务创新、金融工程、交通运输服务管理、物流管理、供应链管理、服务信息工程

由图2—3所示,1981—2016年管理科学与工程学科相关论文发文数量整体呈现增长趋势,其中2013年发表论文数量最多,有24700篇论文发表。同时,从图2—3可以看出,1997年之前,中国管理科学与工程学科相关研究论文相对较少;而1997年之后,相关学术研究论文快速增长,特别是1998—2009年,中国管理科学与工

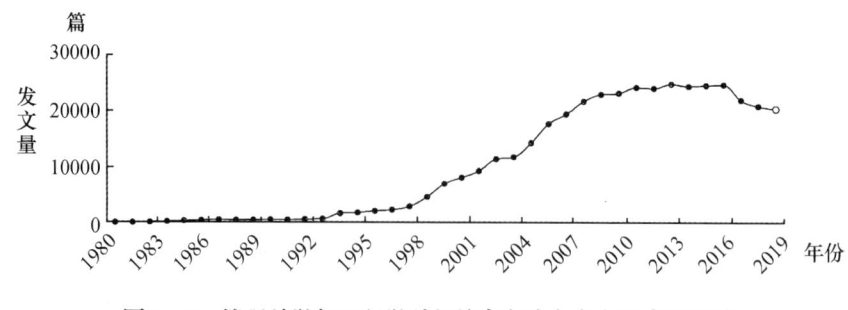

图 2—3 管理科学与工程学科相关中文论文发文量变化趋势

程学科相关研究论文数量呈直线快速增长趋势，2010—2016 年相关研究论文数量呈平稳发展趋势。这也表明，1997 年之后，中国管理科学与工程学科进入繁荣发展阶段。

三 管理科学与工程学科研究主题变化分析

"研究热点"反映着在某一时段内，学术界对一些特定问题或领域的关注程度。对于理论研究来说，这一关注程度指标可以用这一领域发表学术论文情况或相关关键词出现的频次来反映（吴登生等，2013）。高水平论文是科学研究的一项重要成果，论文中的关键词一定程度上反映了论文的主要内容（张玲玲等，2005）。通过对高水平论文关键词的分析，可以总结中国管理科学与工程学科的研究热点。本节以 CNKI 数据库为数据来源，以表 2—1 中的关键词为检索关键词，只检索管理科学与工程领域中 CSSCI 和 CSCD 期刊论文，并以检索到的论文为分析对象，通过分析其关键词，分析中国管理科学与工程领域研究热点及其动态演化特征。

（一）研究热点静态分析

由上述关于管理科学与工程学科发展阶段可知，1997 年之前管理科学与工程有关学术论文较少，而 1997 年之后，中国管理科学与工程相关学术研究论文快速增长。因此，本节仅对 1998—2018 年的学术论文进行分析。以上述检索到的管理科学与工程 CSSCI 和 CSCD 期刊论文为分析对象，将论文中的关键词按出现的频率由高到低排序，前 20 个高频关键词对应的频率如表 2—2 所示。由表 2—2 可知，1998—2018 年，"对策"相关研究最多，共出现 6643 次，其次是"技术创新"，出现 5110 次。这些高频词可以表明管理科学与工程的研究热点主要集中于技术创新、电子商务、知识管理、风险管理、供应链管理、项目管理、产学研合作、企业管理和创新网络等领域，评价、博弈、预测、优化等方法研究也是管理科学与工程学科的热门。

表 2—2　　　　　　　1998—2018 年高频关键词统计

编号	关键词	词频（次）	编号	关键词	词频（次）
1	对策	6643	11	企业	830
2	技术创新	5110	12	优化	737
3	评价	2155	13	科学管理	595
4	电子商务	2060	14	现状	515
5	知识管理	1938	15	项目管理	510
6	博弈	1767	16	中小企业	496
7	风险管理	1523	17	供应链	469
8	预测	1279	18	产学研合作	465
9	供应链管理	1074	19	企业管理	459
10	问题	946	20	创新网络	449

（二）研究热点的动态分析

为分析管理科学与工程的动态研究热点，本节将管理科学与工程学科在 1998—2019 年的发展分为 4 个时间段，即 1998—2003 年、2004—2009 年、2010—2015 年、2016—2019 年，并对每个时间段内前 20 个高频关键词进行对比分析（部分研究领域发文量少，某些时间段的关键词不足 20 个），探究管理科学与工程 10 个研究领域（管理科学、管理系统工程、工业工程、信息管理与信息系统、工程管理、社会管理工程、管理心理与行为科学、电子商务技术、科技与创新管理、服务科学与工程）内的研究热点的发展变化。

1. 管理科学研究领域内的研究热点动态分析

1998—2019 年管理科学研究领域内高频关键词如图 2—4 所示。由图 2—4 可知，对策、评价、博弈、风险管理、预测、决策、优化、科学管理、可持续发展等是管理科学研究领域内的研究热点。

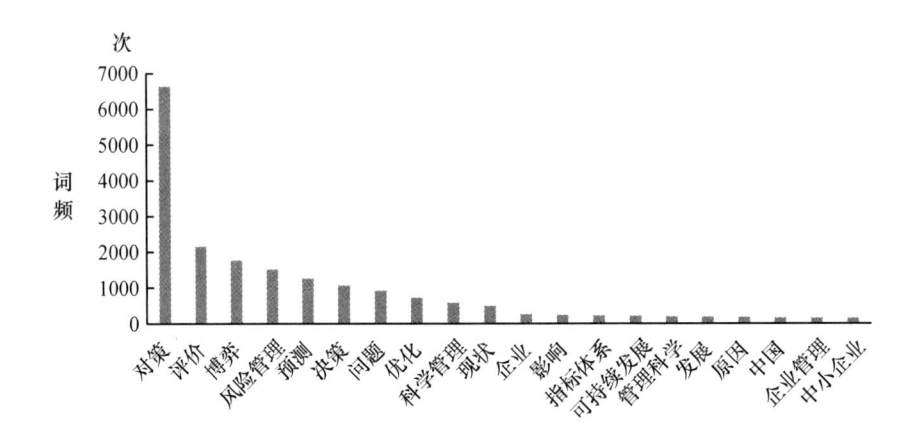

图 2—4　管理科学研究领域内高频关键词

1998—2019 年 4 个时间段内的管理科学研究领域内高频关键词如表 2—3 所示。由表 2—3 可知，对策、评价、博弈、风险管理、预测、决策、优化、科学管理、可持续发展等一直也是管理科学研究领域内的研究热点。1998—2015 年，企业管理、中小企业、技术创新也一直是管理科学研究领域内的研究热点；2016 年之后，神经网络等机器学习方法、互联网金融成为该领域的研究热点。

表 2—3　不同时间段管理科学研究领域内高频关键词统计

年份	高频关键词（先后次序按词频高低排名）
1998—2003	对策、科学管理、评价、博弈、问题、风险管理、预测、企业管理、优化、WTO、可持续发展、财政管理、经济、指标体系、管理科学、知识经济、投资、风险、电子商务、技术创新

续表

年份	高频关键词（先后次序按词频高低排名）
2004—2009	对策、博弈、评价、风险管理、问题、预测、决策、优化、现状、科学管理、企业、原因、指标体系、影响、商业银行、可持续发展、中小企业、技术创新、管理科学、循环经济、障碍
2010—2015	对策、评价、博弈、预测、风险管理、优化、问题、决策、现状、科学管理、指标体系、供应链、影响因素、可持续发展、中小企业、商业银行、困境、风险、金融危机、低碳经济
2016—2019	对策、评价、风险管理、预测、博弈、优化、决策、问题、科学管理、影响因素、土地利用、指标体系、管理科学、困境、现状、商业银行、BP神经网络、风险、可持续发展、互联网金融

2. 管理系统工程研究领域内的研究热点动态分析

1998—2019年管理系统工程研究领域内高频关键词如图2—5所示。由图2—5可知，复杂系统、系统分析、系统仿真、管理系统、系统动力学、可持续发展、复杂性、自组织、技术创新、指标体系、数学分析等是管理系统工程研究领域内的研究热点。

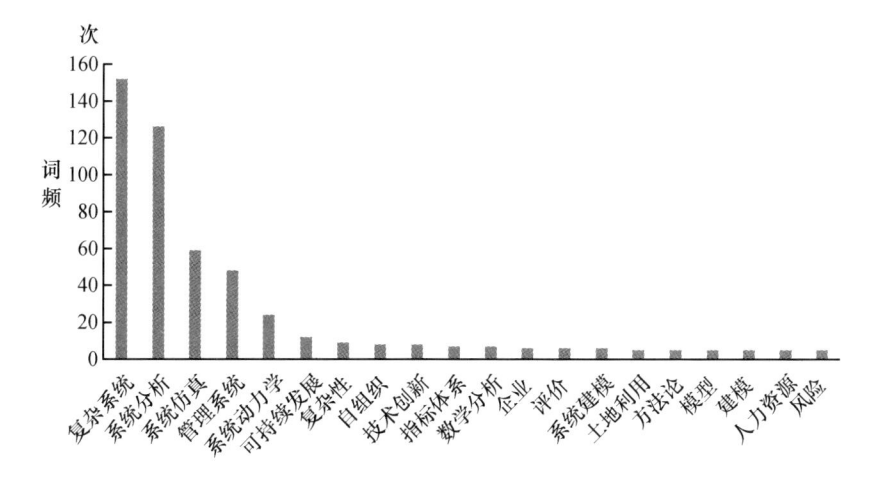

图2—5 管理系统工程研究领域内高频关键词

1998—2019年4个时间段内的管理系统工程研究领域内高频关键词如表2—4所示。由表2—4可知,系统分析、复杂系统、管理系统、复杂性等也一直是管理系统工程研究领域内的研究热点。2010—2015年,基于agent的复杂系统仿真成为学者们的研究热点,物联网的管理系统工程问题也成为学者们的研究热点。2016年之后,随着互联网金融逐渐兴起,科技金融环境下的系统分析与建模成为该领域新的研究热点。

表2—4　不同时间段管理系统工程研究领域内高频关键词统计

年份	高频关键词（先后次序按词频高低排名）
1998—2003	系统分析、复杂系统、管理系统、可持续发展、复杂性、数学分析、复杂性科学、系统设计、风险、管理、发展、土地利用规划、中小企业、系统仿真、知识经济、信息系统、战略控制、财政管理、综合评价、管理信息系统
2004—2009	系统分析、复杂系统、管理系统、指标体系、系统仿真、自组织、复杂性、企业、技术创新、可持续发展、战略管理、核心竞争力、演化、人力资源、数学分析、方法论、模型、产业集群、知识管理、协调度
2010—2015	复杂系统、系统仿真、系统分析、管理系统、系统动力学、建模、复杂适应系统、系统建模、土地利用、供应链、牛顿力学、可类比性、仿真、兼容性、反馈分析、物联网、agent、劳动价值理论、区域经济、可持续发展
2016—2019	复杂系统、系统仿真、系统分析、系统动力学、优化、动力机制、科技金融、技术创新、管理系统、路径依赖

3. 工业工程研究领域内的研究热点动态分析

1998—2019年工业工程研究领域内高频关键词如图2—6所示。由图2—6可知,项目管理、质量管理、可靠性、系统工程、质量控制、物流管理、物流工程、多目标规划、供应链、服务管理等是工业工程研究领域内的研究热点。

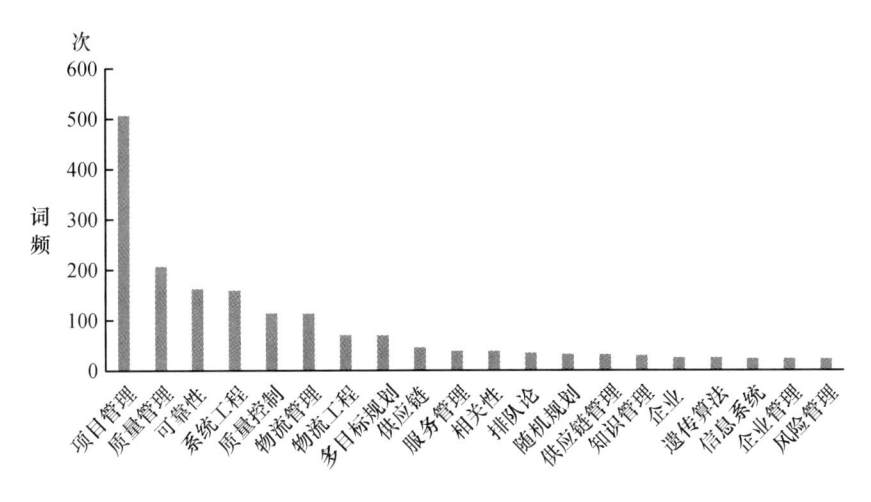

图 2—6　工业工程研究领域内高频关键词

1998—2019 年 4 个时间段内的工业工程研究领域内高频关键词如表 2—5 所示。由表 2—5 可知，项目管理、质量管理、可靠性、系统工程、质量控制、供应链等也一直是工业工程研究领域内的研究热点。2010 年之后，遗传算法、随机规划等方法开始成为工业工程领域中的热点方法。2016 年之后，先进制造、物流服务供应链、电子商务成为该领域新的研究热点。

表 2—5　不同时间段工业工程研究领域内高频关键词统计

年份	高频关键词（先后次序按词频高低排名）
1998—2003	项目管理、系统工程、质量管理、物流管理、企业、可靠性、企业管理、质量控制、供应链管理、相关性、服务管理、信息化、供应链、质量、工业工程、专案管理、名牌战略、会计信息、物流、创新
2004—2009	项目管理、质量管理、系统工程、可靠性、质量控制、物流管理、多目标规划、相关性、知识管理、信息系统、风险管理、供应链、工业工程、排队论、服务管理、创新、企业、物流、可持续发展、供应链管理

续表

年份	高频关键词（先后次序按词频高低排名）
2010—2015	项目管理、质量管理、可靠性、系统工程、质量控制、物流工程、物流管理、多目标规划、供应链、随机规划、排队论、服务管理、遗传算法、供应链管理、知识管理、线性规划、相关性、系统评价、风险管理、公允价值
2016—2019	项目管理、可靠性、质量管理、物流工程、系统工程、质量控制、先进制造、物流管理、多目标规划、服务管理、遗传算法、排队论、供应链、数学规划、物流服务供应链、不确定性、随机规划、电子商务、风险管理、项目组合选择

4. 信息管理与信息系统研究领域内的研究热点动态分析

1998—2019年信息管理与信息系统研究领域内高频关键词如图2—7所示。由图2—7可知，知识管理、数据挖掘、信息系统、信息资源、企业、信息管理、管理信息系统、决策支持系统、知识共享等是信息管理与信息系统研究领域内的研究热点。

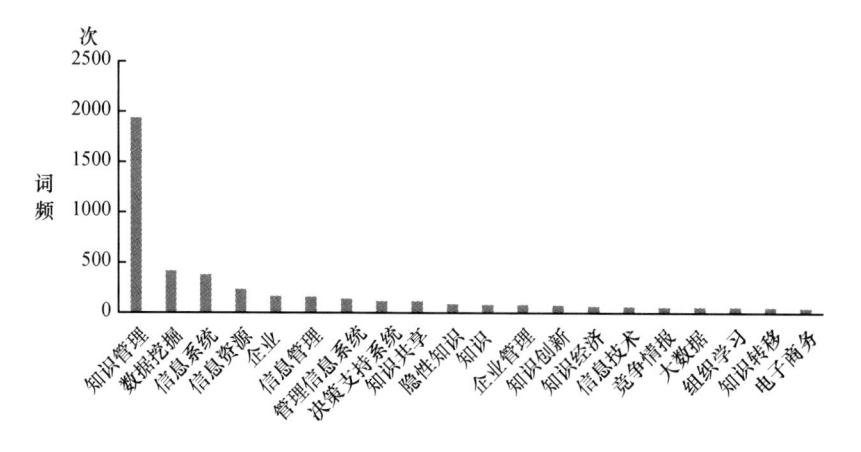

图2—7 信息管理与信息系统研究领域内高频关键词

1998—2019年4个时间段内的信息管理与信息系统研究领域内

高频关键词如表 2—6 所示。由表 2—6 可知，知识管理、信息系统、信息资源、管理信息系统、数据挖掘、决策支持系统等也一直是信息管理与信息系统研究领域内的研究热点。2010 年之后，大数据、商务智能也成为该领域的研究热点。2016 年之后，互联网 +、大数据应用成为该领域新的研究热点。

表 2—6　不同时间段信息管理与信息系统研究领域内高频关键词统计

年份	高频关键词（先后次序按词频高低排名）
1998—2003	知识管理、信息系统、信息资源、管理信息系统、企业、知识经济、决策支持系统、信息管理、数据挖掘、企业管理、知识、信息技术、知识创新、电子商务、组织学习、隐性知识、信息化、管理情报系统、计算机应用、数据仓库
2004—2009	知识管理、数据挖掘、信息系统、信息资源、企业、知识共享、信息管理、隐性知识、决策支持系统、知识、管理信息系统、知识创新、信息技术、数据仓库、企业管理、竞争情报、客户关系管理、核心竞争力、知识转移、知识管理系统
2010—2015	知识管理、数据挖掘、信息系统、信息资源、信息管理、企业、知识共享、管理信息系统、大数据、隐性知识、决策支持系统、竞争情报、知识创新、知识转移、组织学习、技术创新、企业管理、商务智能、绩效评价、核心竞争力
2016—2019	知识管理、数据挖掘、大数据、信息系统、信息资源、管理信息系统、数据资源、信息管理、大数据应用、专利分析、决策支持系统、创新、互联网 +、供应链、企业、知识图谱、决策树、技术创新、商业银行、电子商务

5. 工程管理研究领域内的研究热点动态分析

1998—2019 年工程管理研究领域内高频关键词如图 2—8 所示。由图 2—8 可知，工程管理、生态技术、工程招标、建设项目信息、中心站、工程风险管理、创新、建设工程、创新、博弈、可持续发展等是工程管理研究领域内的研究热点。

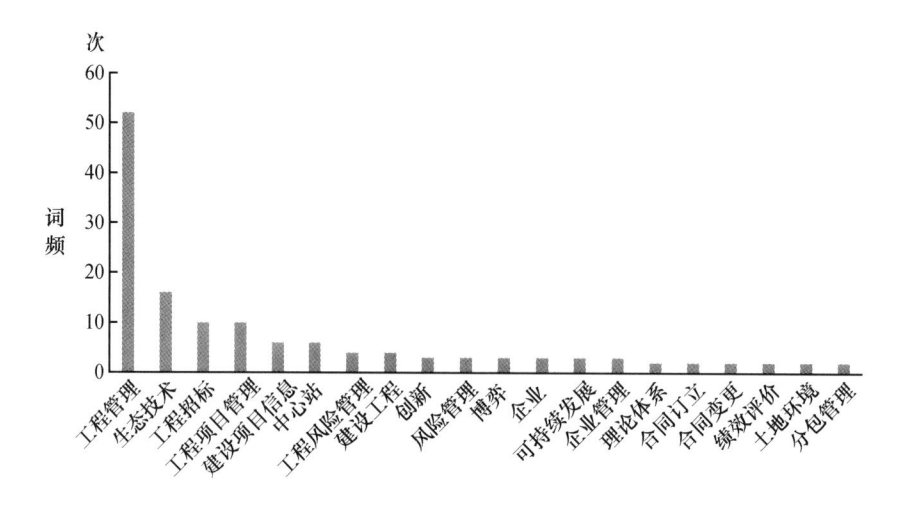

图 2—8　工程管理研究领域内高频关键词

1998—2019 年 4 个时间段内的工程管理研究领域内高频关键词如表 2—7 所示。由表 2—7 可知，2003 年以前，该领域的主要研究热点是工程管理、工程项目管理、生态技术等。2004 年之后，该领域开始关注风险管理、合同管理、投资等问题。2016 年之后，最优化模型、博弈、多属性决策方法等开始成为该领域的热点研究方法。

表 2—7　不同时间段工程管理研究领域内高频关键词统计

年份	高频关键词（先后次序按词频高低排名）
1998—2003	工程管理、工程项目管理、生态技术、可持续发展、体制改革、战略创新、大型施工企业
2004—2009	工程管理、生态技术、工程项目管理、工程招标、工程风险管理、合同订立、风险管理、合同变更、投资、土地环境、分包管理、合同索赔、质量、工程项目、低价中标
2010—2015	工程管理、工程招标、生态技术、建设项目信息、中心站、工程项目管理、合同管理、可持续发展、敏感性分析、企业管理、建设工程、企业
2016—2019	工程风险管理、风险管理、安全投资最优模型、工程招标、协同管理、投标、招标人偏好、多属性、博弈

6. 社会管理工程研究领域内的研究热点动态分析

1998—2019 年社会管理工程研究领域内高频关键词如图 2—9 所示。由图 2—9 可知，危机管理、突发事件、应急管理、闭环供应链、应急物流、供应链管理、企业管理等是社会管理工程研究领域内的研究热点。

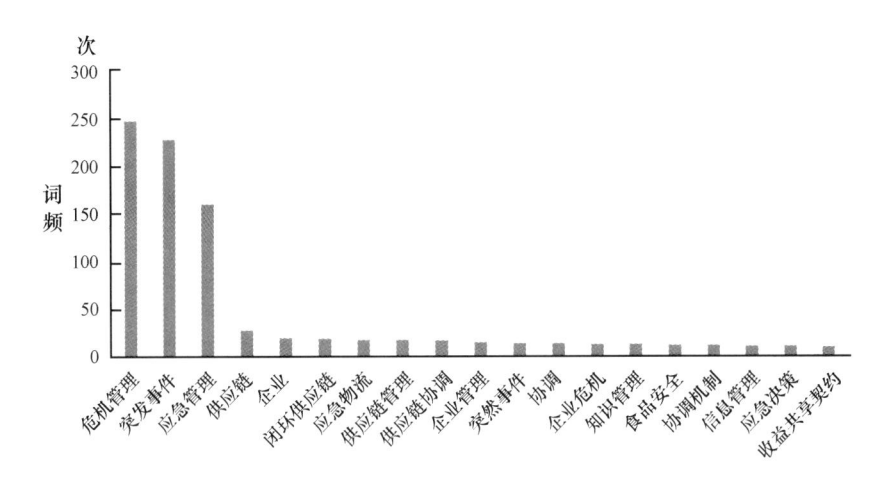

图 2—9　社会管理工程研究领域内高频关键词

1998—2019 年 4 个时间段内的社会管理工程研究领域内高频关键词如表 2—8 所示。由表 2—8 可知，1998—2003 年，危机管理、突发事件、突然事件、危机事件是这一时期的主要研究热点。2004—2009 年学者们除了关注危机管理外，开始关注战略管理、预警机制、危机预警的研究。2010 年开始，食品安全、网络舆情开始成为该领域内的研究热点。2016 年之后，大数据也开始成为该领域的研究热点。

表 2—8　不同时间段社会管理工程研究领域内高频关键词统计

年份	高频关键词（先后次序按词频高低排名）
1998—2003	危机管理、突发事件、突然事件、企业管理、减灾防灾、危机、企业、农村、经济、财务危机、危机事件、数据挖掘

续表

年份	高频关键词（先后次序按词频高低排名）
2004—2009	危机管理、突发事件、应急管理、企业、企业危机、危机、信息管理、企业管理、供应链、商业银行、应急物流、旅游危机、突然事件、战略管理、竞争情报、预警机制、危机信息管理、危机预警、旅游业、人才流失
2010—2015	突发事件、应急管理、危机管理、供应链、闭环供应链、供应链管理、供应链协调、应急物流、协调、知识管理、收益共享契约、食品安全、协调机制、危机、收益共享、应急决策、博弈论、网络舆情、不确定性、数量折扣契约
2016—2019	突发事件、应急管理、危机管理、供应链、应急决策、供应链协调、框架效应、闭环供应链、大数据、随机价格、网络舆情、数量弹性契约、风险决策、情绪、食品安全、系统动力学、协调机制、资本供应链、应对策略、品牌危机

7. 管理心理与行为研究领域内的研究热点动态分析

1998—2019 年管理心理与行为研究领域内高频关键词如图 2—10 所示。由图 2—10 可知，管理行为、人力资源、关系和高技术产业是管理心理与行为研究领域内的研究热点。

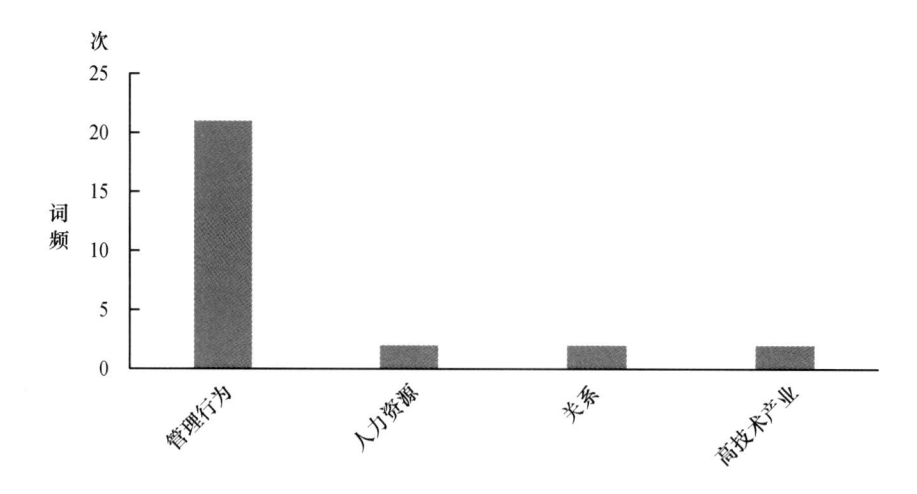

图 2—10 管理心理与行为研究领域内高频关键词

管理心理与行为研究领域的发文量较少，各时间段关键词变化不明显，因此本节对该领域论文进行整体分析。管理心理与行为研究领域内前20个高频关键词如表2—9所示。从表2—9中可以看出，该领域的研究热点主要是管理行为、管理者、行为效应、管理心理、员工心理等。

表2—9　　　　管理心理与行为研究领域内高频关键词统计

年份	高频关键词（先后次序按词频高低排名）
1998—2019	管理行为、管理者、企业管理、高技术产业、人力资源、科学管理、行为科学理论、行为效应、风险治理、公共管理、评价指标体系、公司治理、知识管理、管理公平、科研人员、成果转化、研究、管理心理、结构方程模型、员工心理

8. 电子商务技术研究领域内的研究热点动态分析

1998—2019年电子商务技术研究领域内高频关键词如图2—11所示。由图2—11可知，电子商务、数字经济、移动商务、物流、中小企业、商务模式、互联网、电子市场、供应链、网络经济、税收

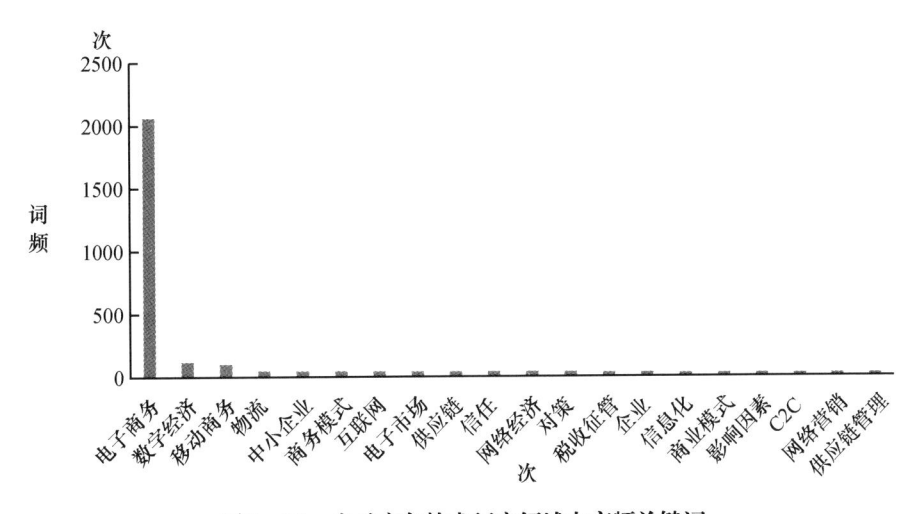

图2—11　电子商务技术研究领域内高频关键词

征管等是电子商务技术研究领域内的研究热点。

1998—2019 年 4 个时间段内的电子商务技术研究领域内高频关键词如表 2—10 所示。从表 2—10 中可以看出，1998—2003 年的高频关键词主要包括物流、企业、互联网、信息技术等。随着无线通信技术和智能手机的快速发展，2004 年之后"移动商务"关键词频繁出现，学者们开始越来越关注 C2C、B2B 电子商务模式。2010 年之后，云计算、物联网等新兴技术应用于电子商务中，并开始成为该领域的研究热点。2016 年之后，大数据、互联网＋、区块链、共享经济等成为该领域新的研究热点。

表 2—10　不同时间段电子商务技术研究领域内高频关键词统计

年份	高频关键词（先后次序按词频高低排名）
1998—2003	电子商务、物流、对策、网络经济、企业、互联网、因特网、数字经济、商务模式、ERP、信息技术、Internet、网络、信息化、第三方物流、企业管理、中小企业、企业信息化、供应链、国际贸易
2004—2009	电子商务、移动商务、信任、电子市场、商务模式、供应链、中小企业、供应链管理、物流、信息化、知识管理、商业模式、信用、互联网、创新、对策、交易成本、网络营销、C2C、推荐系统
2010—2015	电子商务、移动商务、C2C、中小企业、影响因素、税收征管、商务模式、数字经济、电子市场、商业模式、农产品、网络营销、供应链、物流、网络团购、B2B、信任、云计算、物联网、信息不对称
2016—2019	电子商务、数字经济、移动商务、互联网＋、共享经济、大数据、分享经济、税收征管、"一带一路"、农产品、鲜农产品、区块链、商业模式、结构方程模型、数字贸易、经济增长、演化博弈、互联网、信息社会、网络经济

9. 科技与创新管理研究领域内的研究热点动态分析

1998—2019 年的科技与创新管理研究领域内高频关键词如图 2—12 所示。由图 2—12 可知，技术创新、产学研合作、创新网络、区域创新、开放式创新、专利分析、国家创新体系等是科技与创新管理研究领域内的研究热点。

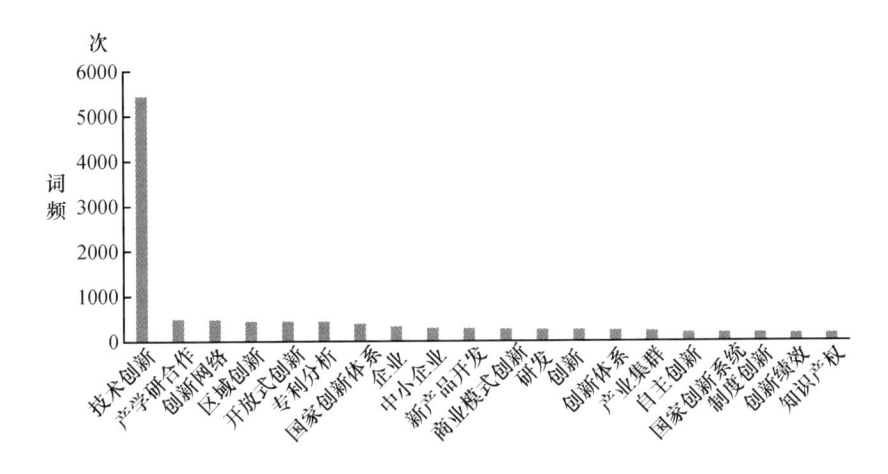

图 2—12 科技与创新管理研究领域内高频关键词

1998—2019 年 4 个时间段内的科技与创新管理研究领域内高频关键词如表 2—11 所示。由表 2—11 可知，2004 年之后，学者们开始关注自主创新、开放式创新、创新战略、知识产权管理、创新能力、专利分析等问题。2010 年之后，商业模式创新、协同创新、创新绩效逐渐成为该领域的研究热点。2016 年之后，环境规制、创新驱动成为该领域的研究热点。

表 2—11　不同时间段科技与创新管理研究领域内高频关键词统计

年份	高频关键词（先后次序按词频高低排名）
1998—2003	技术创新、国家创新体系、企业、国家创新系统、企业管理、中小企业、知识经济、创新体系、创新、制度创新、经济、区域创新、创新网络、新产品开发、对策、产学研合作、高技术产业、知识创新、专利、核心竞争力

续表

年份	高频关键词（先后次序按词频高低排名）
2004—2009	技术创新、国家创新体系、自主创新、中小企业、区域创新、产学研合作、产业集群、研发、创新、新产品开发、创新体系、制度创新、创新战略、知识产权、国家创新系统、专利分析、开放式创新、对策、知识产权管理、创新能力
2010—2015	技术创新、开放式创新、产学研合作、专利分析、创新网络、区域创新、新产品开发、研发、商业模式创新、创新绩效、产业集群、国家创新体系、协同创新、中小企业、战略性新兴产业、企业、创新体系、创新能力、影响因素
2016—2019	技术创新、专利分析、商业模式创新、开放式创新、创新网络、产学研合作、区域创新、创新绩效、环境规制、创新、协同创新、国家创新体系、经济增长、新产品开发、创新能力、创新战略、创新驱动、研发、人力资本、企业绩效

10. 服务科学与工程研究领域内的研究热点动态分析

1998—2019 年的服务科学与工程研究领域内高频关键词如图 2—13

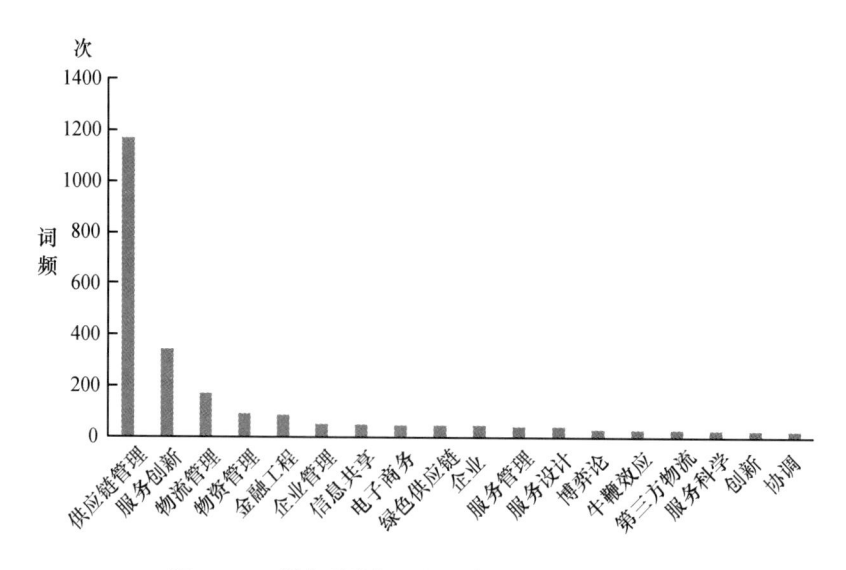

图 2—13 服务科学与工程研究领域内高频关键词

所示。由图 2—13 可知，供应链管理、服务创新、物流管理、物资管理、金融工程、企业管理、信息共享、电子商务等是服务科学与工程研究领域内的研究热点。

1998—2019 年 4 个时间段内的服务科学与工程研究领域内高频关键词如表 2—12 所示。由表 2—12 可知，供应链管理、物流管理、服务创新等也一直是服务科学与工程研究领域内的研究热点。2004 年之后，电子商务、绿色供应链、金融工程开始成为该领域内的研究热点。2016 年之后，供应链金融、大数据开始成为该领域内新的研究热点。

表 2—12　不同时间段服务科学与工程研究领域内高频关键词统计

年份	高频关键词（先后次序按词频高低排名）
1998—2003	供应链管理、物资管理、供应链、金融工程、企业管理、物流管理、服务创新、电子商务、ERP、客户关系管理、核心竞争力、服务管理、第三方物流、金融工程、集成、财政管理、信息共享、创新、企业资源计划、战略
2004—2009	供应链管理、供应链、服务创新、物流管理、物资管理、信息共享、物流、电子商务、绿色供应链、金融工程、服务业、企业管理、竞争力、牛鞭效应、信息技术、服务管理、知识管理、核心竞争力、第三方物流、产业集群
2010—2015	供应链管理、服务创新、供应链、物流管理、金融工程、物资管理、博弈论、信息共享、服务管理、物流、绿色供应链、博弈、服务设计、牛鞭效应、服务科学、电子商务、物流企业、协调、第三方物流、资金约束
2016—2019	供应链管理、服务创新、服务设计、物流管理、供应链、绿色供应链、价值共创、金融工程、服务管理、供应链金融、制造企业、大数据、合作创新、博弈论、服务主导逻辑、风险规避、商业信用、物联网、博弈、协调

四 管理科学与工程学科重点科研项目情况

国家自然科学基金委员会自成立以来,对管理科学与工程学科的发展给予了大力支持,极大地推动了管理科学与工程学科的发展。研究表明,国家自然科学基金委员会对管理科学与工程学科的资助在很大程度上推动了管理科学与工程领域研究成果的产生;同时,国家自然科学基金委员会选择的资助课题为管理科学研究提供了新的研究热点,起到了示范和向导作用(郭菊娥等,2004)。因此,通过对国家自然科学基金委员会历年对管理科学与工程资助的科研项目情况进行分析,可以了解管理科学与工程学科发展情况和研究热点演变脉络。2001—2018 年,管理科学与工程学科申请国家自然基金重点项目情况和国家自然科学基金资助管理科学与工程学科重点项目情况见表 2—13。由表 2—13 可知,2003—2018 年,国家自然科学基金重点项目中管理科学与工程批准资助项数整体呈上升并趋于稳定的趋势,且资助金额占全委资助比例和项数资助率也整体呈上升并趋于稳定的趋势,其中,2015 年批准资助项数最多,资助金额占比最大。这也反映了管理科学与工程学科在这一时期的快速发展和逐渐趋于成熟的趋势。

通过对 2000—2018 年国家自然科学基金委员会资助的重点项目进行分析,发现国家自然科学基金委员会资助的重点项目研究主题在不同时期内具有明显的变化特征,并具有明显的时代特征,也引领了管理科学与工程研究领域的研究热点的变化。而这些研究热点的变化与我国现实的管理实践需求也相一致。这也说明了管理科学与工程研究成果对我国经济社会管理实践决策提供了重要支撑,并对其发展发挥着重要作用。例如,2008 年资助的重点项目研究主题中开始关注国家外汇储备;2012 年资助的重点项目研究主题中开始关注房地产;2013 年资助的重点项目研究主题中开始出现大数据;近几年,大数据、服务运作管理、信用评价等成为重点项目资助的热点。

表2—13　　　　2001—2018年国家自然科学基金重点项目中
管理科学与工程申请及资助情况

年份	受理申请（项）	批准资助（项）	占全委资助金额比例（％）	占学部资助金额比例（％）	项数资助率（％）
2001	20	2	1.19	54.57	13.17
2002	—	—	—	—	—
2003	23	1	0.25	25.00	4.35
2004	20	3	1.17	43.33	15.00
2005	18	4	0.82	28.88	22.22
2006	15	2	0.36	11.53	13.33
2007	25	4	0.68	30.71	26.32
2008	30	5	0.67	30.06	16.67
2009	17	4	0.65	28.14	23.53
2010	23	7	1.10	39.26	30.43
2011	48	9	1.39	30.88	18.75
2012	41	8	1.25	27.00	18.32
2013	48	8	1.06	26.45	16.67
2014	31	8	1.02	33.33	25.81
2015	60	13	1.94	40.89	21.67
2016	32	8	1.07	36.36	25.00
2017	27	10	1.21	35.71	37.04
2018	24	8	0.92	23.53	33.33

资料来源：国家自然科学基金委员会。

第三节　结论与展望

管理科学与工程学科是我国管理学科中发展最早的学科之一。

新中国成立70年来，该学科历经学科初创、学科重建和学科繁荣发展三个阶段，目前已发展成为我国管理学门类下发展规模最大的一级学科之一。作为为研究管理活动规律及其应用提供理论和方法的学科，管理科学与工程学科的发展，对我国管理学和我国经济与社会的发展起到了重要的推动作用。同时，管理科学与工程学科的发展，对管理学其他分支学科的发展也起到了重要的推动作用。

从管理科学与工程学科发展规范历程上来看，该学科已逐步形成自身的学科内涵、学科培养目标，建立了学科管理制度，这也表明了该学科逐步形成了较为系统和完善的科学理论基础和学科体系。目前，我国管理科学与工程学科已经形成了一支较为成熟的研究队伍。随着该学科的教育体系和科研队伍逐步完善和壮大，国内一些大学的管理学院和科研院所培养了一批管理科学理论方法基础、科研能力强和有一定实践经验的师资队伍，研究成果得到了广泛的实践应用，也已经处于国际领先或接近国际先进水平。目前国内大部分高等学校的商学院、管理学院都设置了管理科学与工程专业，其相应的硕士点、博士点数量也日益增多，这成为推动管理科学与工程学科发展的重要力量，保证了该学科的可持续发展。

从管理科学与工程学科研究主题的变化分析来看，该学科方向的研究热点主要集中于供应链管理、项目管理、电子商务、风险管理、知识管理、技术创新和创新网络等领域，评价、博弈、预测、优化、决策等方法研究一直是该学科的热门研究方法。随着互联网和信息技术的迅速发展，大数据及其应用、互联网＋、区块链、共享经济等逐渐成为该学科领域关注的焦点，也成为该学科领域未来一段时间内的研究热点。随着互联网金融逐渐兴起，科技金融环境下的系统分析与建模、供应链金融、金融工程等将成为该学科领域未来关注的焦点。先进制造、物流服务供应链、供应链管理、服务创新等将继续成为该学科领域关注的焦点。创新管理、环境规制、创新驱动等也将成为该学科领域未来研究的热点。管理心理与行为也将成为管理科学与工程学科领域未来研究的热点。评价、博弈、预测、决策、优化等方法研究一直是管理科学与工程学科的热门研究方法。而随着机器学习、深度学习方法的快速发展及应用，这些方法将成为该学科的热点研究方法。

第 三 章

工商管理学

关于工商管理学科的范围，学界及有关部门有不同的界定。据国家自然科学基金委员会规定，"工商管理学科主要资助以微观组织（包括各行业、各类企事业单位）为研究对象的管理理论和管理新技术与新方法的基础研究和应用研究，资助包括战略管理、组织理论与组织行为、企业技术管理与创新管理、人力资源管理、财务管理、会计与审计、市场营销、生产与质量管理、企业信息管理、电子商务、运营管理、项目管理、创业管理、国际商务与跨文化管理等14个分支学科"[①]。而教育部相关文件则指出，工商管理属管理学学科门类，和管理科学与工程、公共管理、农林经济管理、图书馆情报与档案管理类等并列为该门类的一级学科[②]，工商管理学科下面有会计学、企业管理（含财务管理、市场营销、人力资源管理）、旅游管理、技术经济与管理等专业。[③] 可见，二者对工商管理学科研究的范围界定有所不同，前者范围更宽，既包括工商企业组织，又涵盖事业单位，后者则仅指企业组织。

---

① 《国家自然科学基金委员会 2019 项目指南》，http://www.nsfc.gov.cn/nsfc/cen/xmzn/2019xmzn/01/07gl/002.html。
② 中华人民共和国教育部：《学位授予和人才培养学科目录》（2018 年 4 月更新）。
③ 中国学位与研究生教育信息网（http://www.cdgdc.edu.cn/xwyyjsjyxx/sy/glmd/264462.shtml）。

同时也不难看出，二者皆把工商企业组织作为本学科的主要研究对象。据此，在对中国工商管理学科 70 年发展历程进行回顾和总结时，我们把工商管理学科看成一门研究工商企业管理活动规律及管理技术的科学，本学科中的"管理"专指"企业管理"。本章将探究中国工商管理学科的发展历程，总结其在人才培养、科研成果、社会贡献、学术交流等方面的成果。

第一节　学科发展历程

工商管理学科是近代工商业发展的产物。19 世纪三四十年代，在英、德、美等国家普遍建立了工厂制度，工厂成为资本主义生产的主要形式，从而引起如何对工厂进行管理的问题，导致了对懂得规范处理企业内部管理的人员的需求。1819 年，法国经济学家 Jean Baptisesay 在巴黎建立 Ecole Superieure de Commerce de Paris（即今天的 ESCP-EAP European School of Management），成为世界第一所商学院，开设了相对完善的商学课程。工商管理学科与机器大工业生产相伴而生，并且在以后的科学管理手段的进步和新的技术革命中逐步成为一门独立的学科。

鸦片战争后，随着中国近代工商业的兴起，中国出现了早期的工商管理学科的萌芽。此后伴随中国工商企业的发展，在政府政策的引导及西方管理思想的影响下，本学科不断向前发展。

一　中国早期的工商管理教育

在以自然经济为主体的传统社会中，家庭是从事生产经营活动的基本单位，并不存在真正的企业，当然也没有"工商管理"。中国近代工商管理教育起步于"洋务运动"时期，洋务派代表人物曾国藩、李鸿章、张之洞等主张兴办"洋务"和"西学"，创办了京师同文馆（1862 年）、湖北自强学堂（1893 年）等新式学校，开设方言、格致、算学、商务等课程（何晓明，2009），尝试培养社会急需的外语、技术人才。同时，一些在华教会学校如格致书院（1872年）等尝试开设了"富强治术"（包括富强总说、工业、轮船铁路、商贸利权、邮政、海军等）课程（尚智丛，2001）。这是我国工商管理教育的早期萌芽。

1895年甲午战争失败后，在资产阶级改良派变法维新的呼吁之下，北洋大学堂（1895年）、南洋公学（1896年）、山海关北洋铁路官学堂（1896年）、求是书院（1897年）等一批新式学校相继开办。根据《德宗景皇帝实录》卷四一九的记载，1898年7月3日，光绪帝批准了由梁启超代为起草的《奏拟京师大学堂章程》，京师大学堂的课程参考西方与日本学校的课程，分为普通学十门和专门学十门，商学为专门学之一。1901年，清政府在京师大学堂设立了商学科，这是中国工商管理教育的正式开端。

1902年，清政府颁布了《钦定京师大学堂章程》，京师大学堂学制四年，采用日本的七科制，即政治、文学、格致、农业、工艺、商务、医术，其中商科的课程设置主要有簿记学、产业制造学、商法学、商业地理学、商业语言学、商业史学。[①]

到1911年，全国有大学5所，各省办的高等学堂24所，专门学堂83所，学生2万人左右，商科学生所占比例在5%左右（潘懋元、刘海峰，1993）。这些新式公学、学堂、大学堂的教学模式、课程体系和教学内容基本是参照西方的，如南洋公学引进麻省理工学院的原版教材用于教学，享有"东方MIT"之誉（盛懿、孙萍、欧七斤，2006）；北洋大学堂则在专业设置、课程安排和学制规划方面都以美国哈佛大学、耶鲁大学为摹本。

辛亥革命后，国民政府于1912年10月公布了《专门学校令》和《大学令》。其中，《专门学校令》规定了十种专门学校，商业专

---

① 参见北京大学校史研究室《北京大学史料》（第一卷），北京大学出版社1993年版。

门学校为其中之一。① 《大学令》则将大学教育分为文、理、法、商、医、农、工七科,其中商科包括银行学、保险学、外国贸易学、领事学、税关仓库学、交通学六门。② 1913 年,民国政府又颁布《大学规程》,对各科/门的教育教学做出更细致的规定。随后,暨南大学、南开大学、厦门大学、上海交通大学等大学相继设立会计、航海、水产等与实业和商业相关的专业。1921 年成立的上海商科大学是中国第一所商科大学,该校设置普通商业、会计、工商管理、银行理财、国际贸易、交通运输和保险七个学系。

1947—1948 年,全国专科以上学生共 155036 人,商科学生占 11.4%。③ 总的来看,新中国成立以前,我国高等商科教育从无到有,历经曲折,参照日、美模式初步建立了适应社会需要的商科专业体系,课程设置比较规范,商科各个专业都十分重视有关商业环境的教育,如商业史、商业地理、商业政策、商业法律等,普遍注重学生商德的培养。

二 新中国成立后工商管理学科的探索

新中国成立后,在计划经济体制下,企业一度失去了独立的商务活动,工商管理教育也呈现缩减之势。1950 年颁布的《高等学校暂行规程》规定,高等学校的任务是培养工程师、教师、医师、农业技师、财政经济干部、语文和艺术工作者等专门人才。④ 1953 年

---

① 参见《教育部公布法政专门学校规程令》,载中国第二历史档案馆编《中华民国史档案资料汇编(第三辑教育)》,江苏古籍出版社 1991 年版,第 111 页。

② 参见《大学令》,载中国第二历史档案馆编《民国档案史资料汇编(第三辑教育)》,江苏古籍出版社 1991 年版,第 108—110 页。

③ 参见《中国教育年鉴(1949—1981)》,中国大百科全书出版社 1984 年版,第 270 页。

④ 参见《高等学校暂行规程》(1950 年),载上海市高等教育局研究室、华东师范大学高校干部进修班及教育科学研究所《中华人民共和国建国以来高等教育重要文献选编》(上),上海(出版者不详),1979 年,第 7 页。

按照苏联模式院系调整后，工商管理学科仅保留了会计学等个别专业，取而代之的是计划经济特色鲜明的财经教育，一些综合性大学和少数财经院校普遍开设政治经济学专业，培养政府经济管理干部。1963 年的专业目录中财经类专业包括国民经济计划、工业经济、农业经济、贸易经济、财政金融、统计学、会计学、对外贸易经济、世界经济和经济地理。与此同时，财经类大学生大幅减少，1965 年在校学生数仅 7 万多人，所占的比例不到 7%。

1966 年"文化大革命"后，全国仅有的几所财经院校也被撤销，高等学校的财经专业普遍被停办，或与哲学、历史学合并成政治学专业，或与法律、历史、马列主义一同合并到哲学系。1976 年，财经专业学生仅有 6569 人，占在校生总数的 1.2%[①]，工商管理学科发展陷入历史低谷。

同一时期，人们对于如何调动各方面的积极性搞好社会主义企业管理进行了有益的探索。1960 年 3 月，毛泽东同志在中共中央批转《鞍山市委关于工业战线上的技术革新和技术革命运动开展情况的报告》的批示中，强调要实行民主管理，实行干部参加劳动，工人参加管理，改革不合理的规章制度，工人群众、领导干部和技术员三结合，即"两参一改三结合"的制度。毛泽东同志把"两参一改三结合"的管理制度称为"鞍钢宪法"，对我国社会主义企业管理工作做出了科学总结。1961 年 9 月中共中央颁发《国营工业企业工作条例（草案）》，该条例共 10 章 70 条，故称《工业七十条》。该条例对中国工业企业的计划管理、技术管理、劳动管理、工资管理、奖励和职工福利、经济核算、企业财务、生产协作、责任制度、党委领导下的厂长负责制、工会和职工代表大会、党的工作等重大问题做了明确的规定和说明，对于提高工业管理和企业管理水平、加快工业发展、充分调动职工积极性等都发挥了重要的指导作用。

---

① 参见中华人民共和国教育部计划财务司《中国教育成就：统计资料（1949—1983）》，人民教育出版社 1984 年版，第 54 页。

20 世纪 60 年代出版了一批企业管理教科书,其中,1963 年中国人民大学工业经济系李铁城编写出版的《工业企业管理纲要》及 1964 年中国科学院经济研究所的马洪等人编写的《中国社会主义国营工业企业管理》等著作,提出了一系列适合当时中国国情的管理思想和管理方法。

三 改革开放后工商管理学科的恢复和发展

"文化大革命"结束后,恢复遭到严重破坏的国民经济成为重大课题,人们重新认识到管理科学的重要性。1977 年年底,国家成立了"经济管理协作组",次年成立了"中国管理现代化研究会"和"中国技术经济研究会"。1978 年 9 月 27 日,《文汇报》发表钱学森、许国志、王寿云撰写的《组织管理的技术——系统工程》一文,唤起了人们对管理学科的认知。党的十一届三中全会后改革开放政策被实施,企业开始向自主经营并对其经营效果负责的社会经济主体转变。企业经营管理活动的重要性日益突出,社会对企业管理人才的需求日益增大。浙江大学、西安交通大学、清华大学、哈尔滨工业大学、北京交通大学、天津大学、同济大学、上海交通大学、大连理工大学等院校复建、新建了以管理学科为主或者相关的系,有的称为管理工程系,有的称为工业经济系,拉开了工商管理学科建设的序幕。

这一时期,西方管理理论的引进对于本学科的建设和人才培养起到了重要作用。1978 年起源于美国、在日本得到广泛应用的全面质量管理(TQM)被引入中国,机械工业部在全国举办了第一个"质量月"活动。1980 年 9 月,由马洪主编的"国外经济管理名著丛书"由中国社会科学出版社陆续出版,这是国内最早系统介绍国外管理科学名著的系列著作,包括美、法、德、日等国的经典作家从 20 世纪初到 80 年代的著作。这套书的出版对管理学界和管理实践界都产生了深远的影响。1980 年,中国工业科技管理大连培训中心成立,这是改革开放后第一个引入国外现代管理教育的教学组织,先后有 200 多位美国学者前来授课,一大批大型骨干企业经理在此接受培训。

为了满足人才培养的需要,有关方面编写出版了一系列工商管理教材。1982 年前后,各省市自治区和中央各部委都组建了管理干部学院,国家经委组织力量按照一年制培训计划编著了厂长培训教材。与此同时,中国工业企业管理教育研究会、中国人民大学等也编写了企业管理教材,开展了厂长培训工作。这些都对提高企业家的素质发挥了积极作用,同时也丰富和发展了我国关于企业家的角色、职责、思维能力和工作能力以及工作作风等理论。1984 年,大连理工大学组织出版了一套较完整的管理学教材,共计 13 本。1985 年,大连培训中心成立管理案例研究中心,建设管理案例库,运用案例教学法提升教学水平。

这一时期,工商管理学科的定位也逐渐明确。1987 年的高校本科专业目录修订,将原来的财经类改为经济、管理学类。1992 年,中国人民大学、南开大学、对外经济贸易大学、江西财经大学等院校设立工商管理本科专业。1993 年高校本科专业目录再次修订时,将经济、管理学类又改为经济学类,下设经济学和工商管理两个门类。到 1996 年,全国 63% 的普通高校设立了经济学类和工商管理类专业,学生人数占在校大学生总数的 15.3%。1998 年,教育部颁布的《普通高等学校本科专业目录》分设哲学、经济学、法学、教育学、文学、历史学、理学、工学、农学、医学、管理学 11 个学科门类。管理学成为一个独立的学科门类,工商管理是该门类下的一级学科,从而确立了工商管理学在整个管理科学体系乃至在中国高等教育体系中的相对独立地位。

四 21 世纪以来工商管理学科的新成就

进入 21 世纪后,工商管理学科在人才培养、学术研究上都得到了巨大的发展。

在人才培养方面,突出表现为 MBA 教育的快速发展。自 1991

年中国首次设立 MBA 学位以来，MBA 培养数量逐年增加。1997 年，开始实行 MBA 全国联考（简称 GRK 考试）。2002 年，国务院学位办批准北京大学、清华大学、暨南大学等 30 所大学成为国内首批承办 EMBA 学位教育的院校，EMBA 成为诸多高端人士的"事业加油站"。2003 年，国务院学位办又批准暨南大学等几所高校成为工商管理博士（DBA）培养授权点。MBA、EMBA、DBA 项目培养了大量的高级工商管理职业人才。截至 2018 年 12 月，全国 MBA 累计招生已达 45 万余人（其中，EMBA 项目招生约 8 万人）。全国 MBA 培养院校共 244 所，分布在全国 30 个省市，21 所院校通过了中国高质量 MBA 教育认证。

21 世纪以来，中国工商管理教育国际化水平不断提高。在 2018 年英国《金融时报》全球 MBA 百强榜中，上海交通大学安泰经济与管理学院、中国人民大学商学院、复旦大学管理学院分别位列第 34 位、第 39 位、第 42 位。同样，在 2018 年英国《金融时报》全球 EMBA 排名中，清华大学经济与管理学院与 INSEAD（欧洲英士国际商学院）合作的 EMBA 项目、复旦大学管理学院与美国圣路易斯华盛顿大学奥林商学院合作的 EMBA 项目以及上海交通大学安泰经济与管理学院 EMBA 项目的排名均进入前十，分别位列第 3 位、第 6 位、第 8 位。截至 2018 年 12 月，我国大陆地区已有 16 所院校获得了 AACSB 认证，15 所院校获得了 EQUIS 认证，26 所院校获得了 AMBA 认证。

响应建设"一带一路"倡议，我国 MBA 教育积极探索"一带一路"教育实践。由 9 所国内知名大学商学院和 19 所国外大学商学院共同组建的"一带一路"商学院联盟于 2017 年 8 月成立，为"一带一路"沿线国家和地区搭建促进开展各项经济贸易活动、共享教育教学资源的开放性国际化平台。通过组织"一带一路"教育论坛，我国 MBA 教育界与社会各界探讨如何通过"共商共建、开放合作"促进我国工商管理专业学位教育的大开放、大交流、大融合。

工商管理学科的研究队伍不断壮大，一批学历层次高、学术能力强，有一定实践经验的青年学者正成为我国工商管理学科研究和教学的主体力量。据对近年来国家自然科学基金项目主持人的统计分析，面上项目主持人的专业技术职务以高级职称为主（包括正高级与副高级），在国家自然科学基金资助的面上项目、青年项目以及地区项目三类项目中具有博硕士学位的学者比例高达98%。本学科的学者在国际期刊，特别是相关领域的顶尖刊物上发表学术论文的数量逐年增加。

身处知识经济的新时代和全球化浪潮的环境，面对中国的产业升级、新兴产业的崛起以及企业增长方式的转变的时代课题，深入研究中国企业独特的管理实践问题，提炼具有中国特色的管理理论与研究范式，已成为国内外管理学者越来越热衷的研究话题，建立和发展具有中国特色的现代工商管理理论被作为学科发展的重要战略目标。工商管理学科研究不断关注实践、深化理论创新，展开各个领域前沿理论热点与难点问题的分析和研究，在组织管理、决策科学、创新创业、物流与供应链管理、电子商务、行为金融、公司治理等研究领域成果丰硕。中国工商管理学科已走过了对西方管理理论的梳理，管理技术与管理方法的模仿、引进和消化阶段，进入围绕中国管理实践进行管理理论创新研究的新阶段，这表明中国工商管理学科走向成熟。

第二节　人才培养

作为与社会实践联系紧密的应用型学科，工商管理学科70年来为社会培养了一批又一批管理人才。

一　人才培养目标

学科人才培养目标明确学科"培养什么样的人才"的问题，是学科专业培养方案的设计和制订的首要工作。在工商管理学科70年的发展历程中，因不同时期的社会经济发展需求不同，其人才培养定位、专业特色、培养模式和过程有所不同。新中国成立初期工商管理学科的目标是通过系列的财经教育和培训培养出适应计划经济体制需要的财经管理干部。这一时期的学科专业课程设置偏细、偏专、偏窄，学生所修多为必修课，可供学生自主选择的选修课很少（王兆峰、田官平，1999）。

改革开放以后，针对工商管理学科涉及领域广、学科关联性强、与现实联系紧密的特点，我国工商管理学科的人才培养目标从最早的"够用、实用"的要求，逐步向"基础扎实、增强后劲"转变，自觉地适应整个知识系统既高度分化又高度综合的发展趋势要求。

进入21世纪，我国管理教育开始步入现代化发展阶段，工商管理学科的人才培养目标有了更加具体的调整，即实现由培养"专门人才"向培养复合型人才转变。与此同时，相应的人才培养模式不仅建立新的课程体系，更加强实践应用环节，提倡培养高素质的综合应用型人才，即基础扎实、实践能力强，具有创新创业精神和社会责任感，以及较强的适应能力和可持续发展能力的人才（王鲁捷，2003）。具体而言，包含以下几个方面：（1）思想文化素质。这其中包括了政治、思想以及道德素质、社交礼仪修养、语言文字应用能力和多元文化知识等。（2）科学专业素质。学生在学习与实践锻炼后具备了科学的逻辑思维，行为处事符合客观规律，同时掌握快速学习能力、组织协调能力、经营管理能力和创新管理能力。（3）健康身心素质。这要求学生不仅具备健全的体魄，同时更应该具备责任感、积极进取以及乐观向上的态度。

2018年教育部发布的《普通高等学校本科专业类教学质量国家标准》指出，工商管理学科培养的是能够在企事业单位、行政部门等组织从事经济管理工作的应用型、复合型、创新型人才。对人才的要求：一是要践行社会主义核心价值观，具有社会责任感、公共意识和创新精神；二是要适应国家经济建设需要，具备人文精神与科学素养，掌握现代经济管理理论及管理方法；三是要具有国际视野、本土情怀、创新意识、团队精神和沟通技能。

培养目标的内容依据不同层次的培养对象有所不同。工商管理学科博士生相对于本科生而言，更侧重培养能够胜任现代企业管理理论研究、各类企业的管理实务工作，以及科研院所、高校的研究与教学工作的高级经济管理人才。工商管理硕士（MBA）相对于学术型硕士研究生，更侧重于培养务实、综合应用型高层次管理人才，在企业与经管部门的工作中兼具理论与实践能力。

二 人才培养体系

人才培养体系是指一系列实施人才教育的过程，即在一定现代教育理论和思想指导下，按照特定的培养目标，设置和执行相应的教学内容和课程体系、管理制度和评估方式。70年来，工商管理学科逐步形成了本科生教育、研究生教育及专业硕士教育等多层次的人才培养体系。

（一）本科生教育

近40年来工商管理学科本科生人才培养模式大致经历了四个时期（范徵，2015）。首先是1980—1992年，这一时期陆续有院校开始涉足工商管理学科领域，但在教学模式和课程体系上主要照搬国外，在内容上以西方管理知识教学为主，强调专业课程的学习，对学生综合能力的培养重视不够。其次是1993—2006年，伴随着经济市场化改革和中国加入世贸组织，社会经济对工商管理专业人才的需求激增。1998年管理学学科从经济学学科中独立出来，工商管理作为"管理学"所属的一级学科被正式列入教育部本科专业目录。1998—2002年连续5年工商管理人才年需求量不断增长，高达15万—20万人，全国各类高校纷纷创建工商管理类专业。自2007年，工商管理本科教育进入了短暂的彷徨期，针对学科建设的各类呼声和争论使得本科人才培养的探索暂时放缓，这一时期一些知名高校建议将管理学教学全部转移至MBA硕士教育或取消一级学科的设置，用"会计、营销、物流"等"实用型"专业代替"大而全"的工商管理学科。最后为2009年至今，在重新明确工商管理学科地位后，本科教育开始结合本土社会经济的发展实际，不再盲目跟随国外的教学经验和管理体制，而是追求差异化和办学特色，逐步形成了当前的本科人才培养体系。

目前，全国已有500余所本科院校设立了工商管理类专业。宽口径、厚基础、重通识的培养模式在工商管理学科本科生教学中逐步占据主导地位。本科生教育坚持了四年一贯制的学习体制，通过合理划分专业，明确培养口径，构建了相对完整、系统的理论教学体系，使学生具备扎实的基础理论和必要的人文社会科学知识与自然科学知识。教育部规定了工商管理学科应开设管理学、战略管理、财务管理学、人力资源管理、市场营销学等10门专业核心课程，这10门课是工商管理类10个本科专业都应该学的"学科基础课"，其目的是使学生建立作为一个管理者应具备的基本知识结构。高校普遍构建了由课程实验、课程设计、社会实践、毕业实习与设计等模块组成的课堂内外相结合的实践教学体系，从而强化实践教学，加强学生应用能力的培养。

同时，高校鼓励案例教学法、实地考察法、模拟训练法、拼盘式教学和双语教学等互动型教学方式，取代仅关注系统知识传授的传统方式，具备参与性高、启发性强的特点。具体而言，在本科教学中加入组织讨论与报告、口头演讲、自查与互查作业等形式，以及学科前沿、学术成果、理论与实践研究等内容，来提升创新创业的能力与素质，培养批判性与创新性思想。高等院校普遍建构了第二课堂与第一课堂有机结合的教学模式，两种课堂类型相辅相成，既激发学生的学习热情，又培养了学生理论与实践相结合的意识与能力。目前有高校开设学生创新实习基地和特色班，加强不同学科、专业的交叉，推进复合型、创新型人才培养，满足社会需求。

（二）研究生教育

研究生教育是我国教育体系中的最高层次，是高等教育大众化阶段中的精英教育，也是国家实施科教兴国战略、人才强国战略的重要保证。自新中国成立至 1978 年改革开放，各学科间的培养体系并无较大差异，因为研究生教育统一由国家管理，专业设置、招生及教学计划的制订等由中央直接决定。1980 年新中国颁布的《中华人民共和国学位条例》明确将我国的学位划分为学士、硕士和博士三级，规定全国研究生的培养应采用"指导教师和教研室集体相结合"的方式。20 世纪末至 21 世纪初，工商管理研究生教育正式发展，开始引入探索协作式培养模式即由大学负责培养、企业协助的一种方式。

进入 21 世纪，工商管理学科研究生人才培养体系进一步完善，重心由全面系统的基础教育逐渐转向以创新为核心的研究型教育，并由科研与教学两大板块构成。科研对学生创新能力有着较高的要求，旨在提升学生分析与判断、概括与总结及质疑问题等多方面的素质，是对问题与现象进行深度发掘与思考的探索性过程。教学作为培养体系中的一项基本活动，在研究生阶段，目的不仅在于传授知识和培养能力，还注重对学生创新能力与解决问题能力的培养，因此在教学内容上不拘泥于课堂与课本。

工商管理学科研究生人才培养更注重提升学生能力和个性化发展以及鼓励学生参与实践。为满足学科发展与社会发展的需求，学生可以从科研活动和探究式的教学活动中更加清晰地掌握专业知识并锻炼自身的能力。为激发学生的主观能动性，尊重其在学习过程中的个性化发展，对于研究生的培养，各高校注重在教研活动中加强对学生有效识别问题、判断问题能力的培养，鼓励学生质疑甚至对权威观点进行挑战。工商管理学科研究生教育的课程体系以专业课为核心、以通识教育课为基础、以通识选修课为延展、以实践课为强化，不仅与研究型人才的培养目标高度匹配，同时具有探究性、问题性、开放性、实践性、自主性和互动性的特点。

（三）工商管理专业学位教育

1990 年，国务院学位委员会第九次会议审批了我国第一个专业学位——工商管理硕士（MBA），标志着我国工商管理专业学位教育的起步。工商管理专业学位教育在工商管理学科人才培养中占重要地位，作为我国第一个专业学位，工商管理专业学位开创了专业学位教育的先河，在一定程度上代表了我国专业学位教育发展的方向（秦惠民，1991）。早期，我国 MBA 教育的人才招收以单位推荐、定向培养为主，课程与教学内容上与国家各个经济管理部门的业务需求相对口，因此缺少结合企业管理实际进行的案例分析。之后的 10 年，MBA 教育发展迅猛，案例教学成了 MBA 教育的主要手段，例如，中国人民大学在 21 世纪初校案例库已有的案例数达 2000 个，自编案例 40 个，核心课程使用案例 60 个（吴世农、全允桓，2001）。与此同时，英文教材和英语授课等内容被应用到教学体系中，改善了教学环境。

我国工商管理专业学位教育正积极主动地进行深化改革，以习近平新时代中国特色社会主义思想为指引，把培养担当民族复兴大业的时代新人以及高层次专门人才作为 MBA 教育的重要职责，为满足我国经济社会发展需要，从战略和全局高度落实立德树人根本任务，完善中国特色的 MBA 教育体系。

目前，我国 MBA 教育依据招生考试方式和办学主体的不同分为五种主要类型：参加全国统一联考的普通 MBA 教育、高级管理人员 MBA（EMBA）、独立设置的商学院提供的 MBA 教育、中外院校合作举办的国际工商管理硕士（IMBA），以及非学历、非学位性质的 MBA 教育。许多高校的 MBA 人才培养建立了先进的课程体系。例如，清华大学为提升教学质量，将社会环境、企业成长规律以及传统的价值观等内容创新性地融入教学与课程，加强了学生的学习积极性。西安交通大学将课程设置分为三大类：基础类与职能类，这两类均为 MBA 教指委规定的课程，还有一个是技能类，包括中国制度环境、企业伦理与社会责任、管理思维与沟通、领导力与组织行为等。近年来，我国工商管理专业学位教育在产教融合方面也有所突破。我国 MBA 教育在课程设计、教学方式、能力培养中越来越重视实践能力的训练，并且不断强调与行业企业的紧密合作，不断注重 MBA 教育的产学结合。全国 MBA 教指委也自 2017 年开始，将一批优秀企业以及市场主体，通过合作方式引入我国 MBA 教育，不断搭建平台，加强实践基地建设，让院校、教师、学生与行业、企业紧密相连。

三 人才培养成就

70 年来，工商管理学科培养了大批具备管理、经济、企业管理及生产运营等多方面知识和能力的专门人才，这些人才遍布国内外企业、事业单位及政府部门，从事管理以及教学、科研方面的工作。恢复高考后的 40 年来，工商管理学科边界清晰，体系日臻丰富和完善，培养规模也在逐步发展。网络高考信息平台数据显示，2017—2018 年，工商管理学科本科毕业生规模为 5.5 万—6 万人。而在就业方面，本学科就业率持续保持较高水平，根据麦可思研究院在京发布的《2018 年中国大学生就业报告（就业蓝皮书）》，管理学本科毕业生就业率达 93.2%，在所有学科中位居第二。具体而言，这些毕业生主要分布在企业的人力资源部、战略发展部、市场部、策划部等部门岗位。

工商管理专业学位教育的人才培养一直以来卓有成效，成就引人注目。自 1991 年设立工商管理硕士（MBA）专业学位和试办 MBA 教育以来，在国务院学位委员会和教育部的领导下，在社会各界的大力支持下，我国 MBA 培养院校数量从最初的 9 所扩大到 2018 年的 244 所，分布在全国 30 个省市。招生规模从最初入学人数不到 100 人到 2017 年起全国每年 MBA 录取人数超过 4 万人（含 EMBA），截至 2018 年 12 月，全国 MBA 累计招生已达 45 万余人（其中，EMBA 项目招生约 8 万人）。而近 5 年来，全国每年 MBA（含 EMBA）报考人数均超 10 万人次，每年录取人数均超 4 万人。

第三节　学术研究

70年来，中国工商管理学科的学术研究硕果累累，研究创新能力稳步提升。特别是近年来，工商管理学科的学术前沿、中国管理实践的需求和中国特色管理理论的探索这三个方面备受研究者们的关注。工商管理学科的分支众多，研究者们基于不同的学科分支不断地挑战前沿，在关注实践的同时深化理论创新。我们选取企业理论与战略管理研究、生产与运作管理、财务管理与会计研究、组织行为学与人力资源管理、市场营销、物流与供应链管理、交叉学科研究、中国管理思想研究八个主题进行梳理。

一　企业理论与战略管理研究

企业的发展离不开相关理论和战略的支持，围绕企业理论和战略展开的研究起步较早，也一直是工商管理学科的重点研究领域。1960年后，企业理论的研究更注重研究的方法论，具体体现在定量化研究方式在工商管理研究中的引入及系统科学理论的发展，使得对于企业理论的研究更加科学严谨。20世纪70年代末至80年代初，组织变革理论和企业战略发展是工商管理学科领域的理论框架主体内容，具体而言，这两大主体的发展脉络为从组织变革到心理计量理论，再过渡到信度测评，最后延伸至战略发展。改革开放后，工商管理作为一门学科在中国真正得到系统性的发展，并为社会与科学界所承认。随之而来的，涉及组织结构、组织分工等系列围绕企业组织理论展开的研究仍然是该学科理论研究的重要基础。伴随着经济社会的发展，企业所面对的环境越来越复杂而多变，组织战略研究更为学者们所关注。20世纪90年代后，随着社会主义市场经济制度的不断发展，企业的经营活动趋于丰富，在一定程度上促进了工商管理学科理论研究的分散化和多元化，如企业战略管理理论研究细化出战略资源理论、战略能力理论和战略信息管理系统理论等方向。

近年来，公司治理理论、组织变革理论以及企业产权与制度理论等问题成为我国企业理论研究的重点。受国际战略管理热点的驱使，竞争战略、利益相关者战略、创业战略、知识与创新战略等研究方向一直受到我国学者们的关注和研究。例如，浙江大学吴晓波教授及其团队始终致力于战略管理、创新管理、全球化制造与竞争战略、信息技术与管理变革、高新技术发展战略等方面的研究，在《管理世界》（吴晓波、付亚男，2019）、《南开管理评论》（吴晓波、丁婉玲，2010）、《科学学研究》（吴晓波、吴东，2018；吴晓波、朱培忠，2013）等国内期刊以及 *International Journal of Technology Management*（Wu, Dou, Du et al., 2015）、*International Journal of Mobile Communications*（Wu, Chen, Zhou et al., 2010）、*Journal of Purchasing and Supply Management*（Kang, Wu, Hong et al., 2014）等国际期刊发表学术论文 100 多篇，出版著作 10 余部，其中，《全球化制造与二次创新：赢得后发优势》获浙江省和教育部优秀成果奖。该团队先后主持国家自然科学基金项目、国家社会科学基金项目、国际合作科研项目 20 余项，这些研究成果获得了国内外学者的关注。

二 生产与运作管理研究

企业运作管理侧重于利用运筹学和优化理论等方法来解决企业在产品及服务的生产、运输、销售等环节中面临的运作层面的管理问题，以帮助企业优化资源配置、提高经营效率。运作管理研究起步较早，伴随着工商管理学科的设立，企业运作管理成为工商管理的一个重要研究方向。我国学者早期的研究集中在质量管理、敏捷制造和生产计划与调度方向（孙晓燕、席酉民，2002）。进入 21 世纪，传统的运作管理理论正在受到一些新兴行业（如服务业）的挑战，因此，服务运营研究、运营风险管理研究以及基于行为的运作管理研究逐步成为优先发展方向。

运作管理研究如今主要围绕以下几个方向发展：第一，基于实际生产背景的生产调度问题建模与优化。第二，通过全球范围优化资源配置和低成本、快响应的个性化的制造手段，提供个性化产品与服务方面的优化。第三，采用先进优化手段解决实际的生产调度问题。这一研究主题已经积累了不少的研究成果，如围绕"即时顾客化定制"（Instant Customerization，IC）提出了生产模式创新流程模型，从而揭示了"全面顾客参与"（Total Customer Participation，TCP）在实现 IC 中的作用机理；通过研究开发产品设计、制造过程和供应资源配置决策的集成平台，构建了中小企业的合作联盟供应链网络等（冯芷艳，2010）。学者们的研究成果在国际一流学术刊物如 *Industrial & Engineering Chemistry Research*（Ji, Tong, Khan et al., 2018）、*European Journal of Operational Research*（Li, Yang, Liang et al., 2009）、*International Journal of Advanced Manufacturing Technology*（Wang, Sun, Sun, 2010）、*Journal of Intelligent Manufacturing*（Jiao, Tseng, 1999）、*International Journal of Production Research*（Tang, Rongqiu, Ji, 2005）、*Journal of the Operational Research Society*（Huang, Kao, 2012；Yang, Shen, Zhang et al., 2014）上进行发表。

三　财务管理与会计研究

会计与财务一直是工商管理学科的重要分支领域，也是财政工作的重要组成部分，财务与会计承担了企业和单位的基础核算，同时能够提升管理水平及企业效益，并且支撑并促进社会经济发展。我国对财务管理和会计的研究起步较早，新中国成立初期主要依据国外的财务管理理论，围绕财务管理的本质、职能、内容与环节等方向展开研究（郭复初，1996）。例如，早期围绕财务管理职能和内容的研究，学术界提出财务具有分配、监督、筹资、调节等功能，包含成本管理、收入管理、利润管理、资金管理等几部分。改革开放后，研究者们放弃了传统财务理论与方法，进而探索了适应社会主义市场经济的财务与会计理论。随着工商管理学科的设立，学者们也对财务管理学建设，诸如财务与会计专业的办学等有关问题进行了研究和探讨。

近年来，该领域的相关研究成果丰硕。就该领域的理论创新而言，国内学者开始关注从宏观角度探讨微观企业问题（如政府干预、政治关联与企业财务会计行为、财务绩效的关系研究等），例如厦门大学戴亦一教授有关政治关系和公司财务及治理的研究先后在国内《会计研究》（戴亦一、余威、宁博、潘越，2017；戴亦一、陈冠霖、潘健平，2014）、《南开管理评论》（潘越、戴亦一、李财喜，2009）等期刊发表。这一理论视角不仅能增强宏观经济政策对微观企业行为研究的连续性和可推导性，同时有利于加强宏观理论影响微观经济行为和过程的推演，这对宏观经济政策提供有效的反馈和预判，增加宏观经济政策可靠性和准确性有重要的价值。而伴随着互联网时代的到来，会计与财务管理学科领域的理论探索也与时俱进，开始逐渐探索互联网背景下投资者行为、公司财务行为等问题，取得了一定创新成果。此外，中国特色的公司财务与会计问题（如社会网络关系、金字塔式股权结构、经理人薪酬激励与政府管制、媒体治理）也受到了学者们的普遍关注，因此发展出了一系列具有中国本土意义的财务会计理论。而在研究方法上创新也在持续，除了案例研究逐步发展，社会学的一些方法也被引入这一领域，同时，近似于自然科学研究的实验法也受到更多学者的关注。这一研究主题也有不少杰出的领军人物，诸如华中科技大学的张兆国及其团队先后在《管理世界》（张兆国、张庆，2006）、《南开管理评论》（张兆国、郑宝红、李明，2015；张兆国、刘亚伟、亓小林，2013；张兆国、张旺峰、杨清香，2011；张兆国、何威风、闫炳乾，2008）、《会计研究》（张兆国、曹丹婷、张弛，2018；张兆国、靳小翠、李庚秦，2013）、《审计研究》（张兆国、赵颖川、桂志斌，1999）、*Corporate Governance*（He, Zhang, Zhu, 2008）、*Energy Policy*

(Zhang, Jin, Yang et al., 2013) 等国内外重要学术期刊上发表学术论文近 300 篇，为我国财务与会计研究做出了巨大贡献。

四 组织行为与人力资源管理研究

20 世纪 80 年代，人力资源管理研究在中国逐步展开，作为"舶来品"，国内相关研究的缺乏及认知的不同使得国内各界将"人事管理"等价于"人力资源管理"，因此在学术研究上的成果较少（赵曙明，2018）。为了适应中国经济的持续发展，国内学者们开始尝试构建理论体系，探究人力资源管理模式及战略等，并探索这些理论在实践中的运用。短短十几年，伴随着国家对人力资源管理的重视逐渐提高，该领域在科学基金的资助和持续的科学研究方法培训与学术交流过程中，研究成果丰硕，在创业管理理论、组织学习与知识创造、领导与决策科学、中国特色管理等研究领域取得了重大进展，"组织学习与变革管理""特定员工管理"等方向受到较大的关注。

首先，部分学者通过对中国企业家的创业成长行为，企业内部高层次国际团队建设，企业与政府、高校共建的开放式产学研基地等方面的研究，使创业企业家成长理论取得重要理论突破；其次，在团队、冲突和领导力与企业文化研究上，学者们通过实证研究，深入论证了团队、冲突、领导力与企业文化之间的关系，取得了突出的学术成果，发现领导力强弱与企业文化的强弱之间的关系；最后，组织学习与学习型组织的研究取得重要进展。学者们通过建立理论模型，开发测量工具，构建评价体系，持续坚持研究组织学习、团队学习、个人学习以及相互之间的作用机理，在跨层次学习领域取得了重要突破。这一领域也有很多优秀的领军人才，例如清华大学陈国权教授的研究成果分别在 *Asia Pacific Journal of Management*（Leung, Chen, Chen, 2014）、*Journal of Management*（Zhang, Chen, Chen et al., 2014）、*The International Journal of Human Resource Management*（Chen, Tjosvold, 2014）、*Journal of Education for*

Business（Chen，Tjosvold，2002）等国际重要的学术刊物上发表。南京大学赵曙明教授不仅出版了十余本著作，同时在 *Human Resources Management Review*（Zhao，Du，2012）、*International Journal of Human Resource Management*（Zhao，Zhang，Zhao et al.，2012；Zhao，2008）、《管理世界》（赵曙明、孙秀丽，2016）、《南开管理评论》（赵曙明，2012）等国内外一流或核心期刊上发表了100多篇论文。

五 市场营销研究

改革开放前，由于社会主义计划经济体制的影响，中国大陆范围内市场营销学的研究一度中断（苏海林、陈信康，2010）。改革开放以后，西方的市场营销理论重新被引入，我国学者未完全照搬西方范式，而是结合中国企业发展实际，早期的研究以产品的定价及销售、价值传播为主。伴随着工商管理学科的设立，市场营销成为学科内薄弱方向之一，相对来讲研究方法不很规范，研究队伍也比较分散。为促进工商管理学科内各研究类别的均衡发展，市场营销研究因得到更多的支持和资助而发展迅速。这些年来，市场营销学科在营销战略研究、消费者行为研究、服务营销研究等领域取得了丰硕的研究成果，并在消费者决策、服务营销、渠道关系管理等研究方向上取得了突破性进展。

以贾建民教授团队（香港中文大学）为代表的学者在消费者决策研究领域取得了具有较大国际影响的学术成果，其以消费者选择行为、消费者购后评价行为以及消费者忠诚行为为主题的多篇研究成果发表在 *Journal of Consumer Research*（Luce，Jia，Fischer，2003）、*Marketing Science*（Rust，Inman，Zahorik，1999）、*Management Science*（Fischer，Jia，Luce，2000）等国际权威学术期刊及《管理世界》（陈晓红、徐戈，2016；唐小飞、贾建民，2009）、《南开管理评论》（高充彦、贾建民，2006；寿志钢、王峰，2011）等国内知名学术期刊上。此外，在基于互联网环境下的关系营销研究、围绕顾客资产的相关研究，如顾客资产的价值属性、顾客资产交易价值来源与特征，以及品牌管理与消费者行为研究领域和构建本土理论等方面，都取得了一定的创新成果（冯芷艳，2010）。而在未来，数据驱动的营销创新、网络时代的用户行为和商业模式创新以及中国本土营销理论构建将继续成为优先发展的研究方向，获得学者的广泛关注。

六　物流与供应链管理研究

物流与供应链管理研究是一个新兴的研究方向，最初的研究围绕"全球供应链""供应链风险""供应链柔性""供应链关系"等经典主题展开。全球供应链的研究文献分为国家和产业层面研究、公司层面研究以及买卖关系研究三个不同的层级。针对供应链风险的研究，学者们最初多集中于对风险来源的识别和界定的研究，随着研究的深入，逐渐演变为关注对风险的衡量、环节以及通用型供应链风险管理过程的开发方面的研究。供应链柔性旨在表明企业应对变化的能力和对不确定环境的快速反应能力，研究主题包括供应链的具体维度、供应链柔性的来源和供应链柔性的绩效等。而对于供应链关系的研究近年来也呈增长趋势，学者们的研究聚焦在价值萃取、买方实践以及买卖双方共同努力等方面。

近年来，这一研究领域受到国内学者们的广泛关注，"服务供应链""供应链金融""供应链与大数据""绿色供应链"等前沿问题引起了研究热潮，研究方法也从传统的问卷调研和案例研究向行为实验、二手数据等新兴方法转变（于亢亢、宋华，2016）。目前，我国学者取得了一大批与国内物流业迅猛发展的实践需求密切相关的高水平学术成果。首先，学者们立足于中国企业实践在供应链优化与协调方面取得了开创性的成果，提出了能够克服"双边际效应"的工具——供应链契约和利益分配机制，丰富了库存模型理论，解决了多级供应链的协调与优化问题，构建了产品生产过剩风险的有效分担的策略等。其次，有研究团队刻画了各周期最优决策的结构性质，并将其运用在航空机票定价方面，有效地解决了供应商能力限制和销售商固定订货成本的联合定价和订货的难题（冯芷艳，2010）。最后，学者们为解决经济社会快速发展给环境和资源带来的破坏以及绿色平衡失调等问题，对制造业供应链中的环境影响和资源优化利用进行了综合考虑，对多渠道的供应链管理、绿色供应链管理等展开了研究。一批国内学者的相关研究成果在国内期刊《中国管理科学》（李毅鹏、马士华，2018；张剑、张菊亮，2018；肖勇波、陈冰瑶、荣立松，2015）、《管理科学学报》（叶青、迟巍，2012），以及国际著名刊物 International Journal of Production Research（Yuan, Ma, He et al., 2015）、European Journal of Operational Research（Xu, Shi, Ma et al., 2010）、International Journal of Production Economics（Zhang, Chen, Lee, 2008）等发表，并受到了国内外学者的广泛关注。

七 交叉学科研究

随着单一学科的研究逐渐走向成熟，工商管理学科的发展速度逐渐放缓，学科交叉成了基础科学研究理论创新的重要途径。为了鼓励学科交叉研究，加大研究力度，近年来，在管理科学的研究中，其他学科（如心理学、经济学等）的理论与方法和最新的研究成果不断被引入，用来解释管理学研究中复杂的社会现象与管理问题，进而揭示管理的一般规律，这种研究已经被学界广泛重视。而工商管理学科交叉研究的方向大致可分为三个：一是学科内部不同分支领域的交叉研究；二是与管理学其他学科进行交叉；三是同其他学科之间的交叉。

这一研究主题在近几年取得了突出的理论创新。例如，北京大学徐信忠团队在研究投资者的基本心理特征和决策行为时，应用了心理学、金融学、经济学的研究方法，构建了更一般性的行为资产定价模型，建立了能够正确反映投资者实际决策行为和市场运作状况的描述性模型，全面深刻地揭示了金融市场的内在规律。清华大学陈国青教授领导的研究团队在对商务智能中的知识发现与管理方法以及新兴电子商务参与者行为规律进行研究时，不仅扩展了电子商务用户行为理论，而且建立了相应的数学模型并设计了相应优化决策方法，从而丰富了管理学科与工程领域的知识表达（冯芷艳，2010）。这些研究成果在国际顶尖学术期刊（*Journal of Financial Economics*、*Journal of Financial Quantitative and Analysis*）及国际一流学术期刊（*European Financial Management*、*Journal of Business Finance and Accounting*）上进行了发表，推动了工商管理、金融学、经济学等相关学科的发展，得到了国内外学术界的充分肯定，推动了中国的金融市场发展和经济改革。

八　中国管理思想研究

工商管理学科早期的研究由于处于萌芽和起步阶段，受国外影响较深，学术研究大多建立在西方已有的知识之上。改革开放40年来，中国经济社会发展的剧烈变动以及全方位的转型使中国特色社会主义进入全新时代，在新时代下对于新的发展理论指导全新的实践、解释新的问题及现象的需求更为迫切。中国独特的国家发展需求以及区别于西方的特殊国情要求中国管理学科的研究更加关注中国本土化问题，而不再仅仅是在中国情境下验证西方管理理论。学者们纷纷从不同视角探索中国管理思想研究。作为中国管理思想早期的创始人和代表者之一，复旦大学苏东水教授创办的东方管理学派影响广泛，历史悠久，在诸如中国传统文化与企业管理的关系等贴近中国管理实际的研究上成果丰富。吴照云研究团队系统地整理了中国各朝代、各学派（儒家、道家、兵家、佛家等）及代表人物的管理思想，撰写了"中国管理思想精粹丛书"，其主持的"中国古代管理思想史（多卷本）研究"获得国家社会科学基金重大项目立项支持，取得系列研究成果（吴照云、李晶，2012；吴照云、郭英，2019）。

目前，中国管理思想研究呈现出百家争鸣的繁荣景象，从学科建设到各分支领域的研究，学者们均尝试立足于中国企业管理实践探究出具有一般性和普遍性的管理原理。诸如成中英的 C 理论、席西民的和谐管理理论、曾仕强的中国式管理、黄如金的和合管理、齐善鸿的道本管理以及陈春花的"水样组织"等理论受到广泛关注并产生较大影响。从以上的研究主题可以看出，70 年来我国工商管理学科的学术研究由宽泛到聚焦，由整体到部分，由学习模仿到形成中国特色的理论，取得丰富成果。而在研究方法上，新时期中国企业的加速发展，为中国工商管理研究创新提供了大量鲜活案例，有力地推动了我国工商管理学科领域研究的范式转换和理论创新。学者们在高度关注企业经营环境变化等现实问题的基础之上进行大胆的设想和严谨求证的研究，高度重视对中国的管理理论的学术研究，加快本土化研究，进一步推动了基于中国管理实践的理论创新研究，这些研究与实践的互动同时也在促进着工商管理学科整体的发展并丰富着管理科学的知识体系。

第四节 社会贡献

70 年来，工商管理学科在为国家社会主义建设培养了一批又一批管理人才的同时，本学科学术研究还为企业改革和企业发展提供了相应的理论支持。

一 为企业改革提供理论支持

"改革"一词指的是对旧制度、旧事物进行改变。"企业改革"则是指改变企业原有的旧制度和旧事物，为企业发展提供强大动力。这里我们说的"企业改革"具体指向的是"国有企业改革"。国有企业改革是使国有企业形成适应市场经济要求的管理体制和经营机制，是中央实施做强做大国有企业方针的重大战略步骤。工商管理学科在这数十年间，不断为国有企业改革提供了新的理论支持，起到引导和促进作用。早在 1956 年高尚全就已经对企业自主权过小、主管机关集权过多现象进行了探讨。20世纪60年代初期，孙冶方提出应由国家掌握"大权"和应由企业自行掌握"小权"，正确地认识到企业与国家的关系是经济体制改革的中心问题（郑海航，2014）。1961年孙冶方提出将生产资料的所有权、占有权、使用权和支配权分离（张卓元，2011）。

真正的国有企业改革是在党的十一届三中全会后起步的，本学科的研究在一定意义上为企业改革作了理论准备。

改革开放之初，蒋一苇先生就提出了著名的也是影响深远的"企业本位论"。"企业本位论"对企业与国家的关系、社会主义企业的性质等进行了深入的分析与论述。首先，其认为企业是现代经济的基本单位。社会主义生产的基本单位是具有独立性的企业，企业具有独立性才能充分实现社会主义经济民主。其次，企业必须是一个能动的有机体。对劳动力、劳动条件、劳动对象等要素应当有增减权和选择权。最后，企业应当具有独立的经济利益，这是保障企业独立性的根本表现。蒋一苇先生的"企业本位论"将发挥企业主动性作为基本出发点，透彻地分析了改革开放初期的国情与企业的实际状况，为正处于探索阶段的经济体制改革指明了方向。①

马洪、吴家骏以"马中骏"的笔名于1978年9月9日在《光明日报》上发表文章《充分发挥企业的主动性》，文中指出解决经济体制问题应当着重于生产关系，正确处理国家和企业的经济关系，建立严格的经济核算关系，明确国家和企业双方的经济责任，实现国家、企业和劳动者个人三者利益的统一，承认企业在客观上所具有的独立性，赋予企业一定的自主权（马中骏，1978）。周叔莲在《中国的经济改革和企业改革》中提出的五种企业理论，即实行供给制的企业模式、实行经济核算制的企业模式、有简单再生产自主权

---

① 参见吴家骏在"中国管理学论坛2018——改革开放四十年中国管理学发展暨第七届'蒋一苇企业改革与发展学术基金奖'颁奖典礼"上的讲话，https://www.jfdaily.com/news/detail?id=78963。

的企业模式、有经营权的企业模式以及有法人所有权的企业模式为国有企业改革提供了理论依据（周叔莲，1989）。这五种企业理论模式反映了国有企业从完全无自主权到企业完全拥有自主权这一质的飞跃，这也是社会主义国有企业发展成为真正企业的过程。

改革开放前，传统国有企业在中国政府高度集权的计划经济体制下，只是无权、无利、无责的政府"附属物"。工商管理学科研究通过对企业本质进行思考研究和讨论，切实抓牢国有企业面临的瓶颈问题，提出了国有企业的改革方向，在一定意义上起到了为国有企业改革提供理论先导的作用。

在40年的国有企业改革的进程中，不管是国企改革的初步探索时期的放权让利、价格体制改革，还是建立现代企业制度、实现国企改革的制度创新、战略性改组、股份制和公司制试点、利用与发展资本市场，乃至国有资产管理体制改革、产权多元化和治理结构改革、国企改革与资本市场的改革等重要环节，本学科的研究活动都伴随其中，起到引导和促进作用。

二 为企业发展提供理论支持

"发展"指的是事物从出生开始的一个进步变化的过程，即事物不断更新的过程。"企业发展"则是指企业从成立之初开始成长、壮大的过程，其中既包括量的增加，如企业规模的扩大，也包括质的变化，如企业经营范围的变化等。如果说工商管理学科为企业改革提供理论支持是从宏观层面出发的，那么工商管理学科对企业发展的理论支持则是从微观层面进行的。

改革开放之初，邓力群、马洪、孙尚清、吴家骏等人就研究发现，当时的中国企业普遍存在着诸如生产效率低下、经济效果不佳等问题，归根到底就是企业管理问题（邓力群、马洪，1979）。为了解决企业管理中存在的问题，学者们大量引介了西方管理理论与方法。1978年钱学森撰写了《组织管理的技术——系统工程》一文，发表于《文汇报》上，这是中国第一篇系统阐述管理科学理念的文章；安索夫的战略管理著作《公司战略》于1980年被引入中国，这是中国首次引进国外战略管理著作。随后解读国外管理经验的文章和著作层出不穷，如1982年《战略管理——西方企业战略管理案例分析简介》发表于《科研管理》杂志；1987—1988年冯正虎对安索夫的战略管理思想进行了深入解读，并在《外国经济与管理》上发表了《安索夫与他的战略管理思想》和《论安索夫的战略管理模式》（徐二明、李维光，2018），泰罗的科学管理思想、法约尔的一般管理理论、彼得·德鲁克的目标管理等理论著作也被出版。这些西方管理理论和方法通过学者的推介被运用于中国企业管理实践，如在当时的青岛冰箱厂、扬子冰箱总厂、四川长虹等企业施行以产品质量为核心的全面质量管理等先进管理方法，实现了企业管理水平的极大提升。1984年国家经济委员会提出将目标管理、全面质量管理、滚动计划、决策技术、ABC管理法等18种现代化管理方法运用于企业实践，成效颇佳。

1993年党的十四届三中全会提出社会主义市场经济体制后，建立和完善公司法人治理结构成为企业面临的一个问题。学者们及时引介了西方公司治理理论，并结合中国国情和企业实际提出了公司治理的策略、方法。

2001年中国加入WTO，国际化进程加快。面对全球化的冲击，中国企业所处环境的复杂性和不确定性加大，竞争也日益加大，这对中国企业管理实践提出了更高的要求。面对全球化进程，企业的战略该如何制定，是这一时期研究的重点问题之一。2000—2010年，中国战略管理学发展十分迅速，提出了不少具有创新性和能够应用于中国情境的战略概念，对战略领导、战略创新、制度环境与战略、文化环境与战略等问题进行了深入研究和探讨。如许庆瑞围绕创新管理提出了全面创新管理范式，他认为创新是企业持续发展的动力和工具，务必提高企业的创新意识、动力、能力以及创新的效率和速度。赵晓庆等提出我国应采取自主创新模式，这种创新模式应以破坏性创新为主导，辅以技术跨越，深入了解客户需求，挖掘我国文化内涵（武亚军，2010）。

随着实践的发展和研究的深入，学者们认识到，中国的制度情境、市场情境和社会情境构成了中国特殊的管理情境（林海芬、苏敬勤，2017），西方管理思想、模式和方法适用于中国企业时存在一定的局限性，因而需要致力于中国本土管理研究，构建中国本土管理理论以指导中国企业管理实践。

第五节　总结与展望

回顾中国工商管理学科的发展历程，我们可以得到如下基本认识。

一　管理实践是工商管理学科发展的原动力

工商管理学科与近代机器大工业生产相伴而生，并在以后的新技术革命和产业发展中逐步成为一门独立的学科。"洋务运动"倡导实业救国，兴办了造船、机械等一批实业，需要大批管理人才，中国早期的工商管理教育也就应运而生，并在以后的产业发展中初步建立了近代工商管理学科的专业体系。新中国成立后的一段时间内工商管理学科虽然经历了曲折，但为了提升社会主义工业企业的管理水平进行了有益的探索。改革开放后企业逐步成为独立的市场经营主体，管理学成为一个独立的学科门类，工商管理成为该门类下的一级学科，从而确立了独立学科地位。进入21世纪后，面对中国的产业升级、新兴产业的崛起以及企业增长方式的转变的时代课题，工商管理学科研究不断关注实践、深化理论创新，在人才培养、学术研究上都得到了巨大的发展。从学科发展历史可以看出，工商管理学科响应管理实践的需求，并在管理实践的不断检验中向前发展，管理实践构成了工商管理学科发展的原动力。

二 学习外国与自主创新相辅相成

学习国外管理理论是中国管理学科发展的重要助力。泰罗科学管理诞生不久之后,中国学人就开始对其宣传、引介。穆藕初于1916年翻译出版了《科学管理原理》,著名实业家张謇为其写作序言,指出"佣主"要研究"工场管理",企业管理是"有定率"的。在西方科学管理思想的影响下,在20世纪20年代后期,中国企业界掀起了一场"科学管理改革"运动。经过这场改革,现代的工厂制度在中国真正确立起来,科学管理的理念由此深入人心。新中国成立后对苏联社会主义工业化经验的借鉴,改革开放后对西方管理理论的引进、消化、吸收,都极大地推动了中国工商管理学科的进步。

另外,中国工商管理的发展历程也是自主创新的过程。早在20世纪30年代前后,中国企业家在积极实践科学管理法的同时,自觉地将中国优秀的传统文化与现代企业制度相结合,在企业内部培育共同的价值观,创建企业文化,许多企业将其核心价值观概括为某某精神,如民生公司提倡"民生精神",东亚公司提出了"东亚精神",形成各具特色的企业文化。新中国成立后在学习苏联的同时又提出了不同于"马钢宪法"的"鞍钢宪法"。改革开放以来,中国企业的加速发展有力地推动了我国工商管理学科的理论创新。学者们高度关注企业经营环境变化,深入研究中国企业独特的管理实践问题,提炼具有中国特色的管理理论与研究范式,促进了工商管理学科整体的发展并丰富着管理科学的知识体系。

三 学术组织是助力学科发展的平台和纽带

70年来,本学科领域中形成了多种学术组织,开展了丰富的学术交流活动,为研究者和企业管理实践者建立了交流联系的纽带,助推了工商管理学科的发展。

创建于1981年的中国企业管理研究会承担着向政府反映企业管

理中出现的问题、提出企业管理政策建议、进行企业管理理论研究和学术交流的职责。研究会已组织召开学术研讨会 30 次、年会 17 次、顾问理事会议 12 次。近几年年会的主题分别是——2015 年："互联网＋"与传统企业战略转型，互联网与创新、创业管理，互联网与组织、营销管理，互联网与人力资源管理创新；2016 年：新经济的特征与管理创新的方向、商业模式的颠覆与创新、公司治理转型的有关问题、我国高校创新创业教育新探索、互联网的核心价值；2017 年："一带一路"与中国企业管理国际化；2018 年：改革开放以来中国管理学理论演进、新时代背景下的中国企业管理理论创新、中国特色企业管理研究。可见，这些主题都紧跟时代，紧密贴近企业管理实践。

中国管理科学学会成立于 1980 年，是中国管理科学研究、实践的工作者自愿结成的学术性的、全国性的、非营利性的社会组织。学会以学术委员会和管理科学奖基金管理委员会为核心，并有产业金融管理、企业管理、公共管理、人力资源管理、环境管理、文化管理、战略管理、项目管理、大数据管理、旅游管理等专委会。中国管理科学学会设立"管理科学奖"，通过对我国管理科学研究、管理实践，以及在管理科学推广普及工作中做出卓越贡献的机构、个人进行表彰奖励，展示其优秀成果和精神风貌，以调动广大管理科学工作者的积极性、创造性，促进我国管理科学的发展及应用。学会还每年举办东沙湖论坛，论坛以"管理科学真知之源，中国管理智慧之泉"为愿景，以"增进中外管理交流合作，推动中国管理走向世界，致力中华民族伟大复兴，促进人类社会和谐发展"为使命，致力于为所有关心中国管理的海内外同人们提供一个探讨管理理论、交流管理实践、分享管理经验、激荡管理思想的顶级学术交流平台。中国管理科学学会自 2014 年起每年发布"管理蓝皮书"等，跟踪与研究全球管理领域的前沿与态势，探索中国管理的理论与实践的发展创新。

中国会计学会创建于 1980 年。目前，中国会计学会已成为联系政府机构、工商界和学术界的桥梁和纽带，是会计精英就财务会计改革与实践进行交流的高层次平台。中国会计学会还编辑出版会计刊物、专著、资料，主办《会计研究》（会刊）、《中国会计研究》（英文版季刊）、《会计最新动态》（周刊）、《会计研究动态》（双月刊）电子期刊。中国会计学会积极组织开展中高级会计人员培养、会计培训和会计咨询与服务等，发挥学会联系政府与会员的桥梁和纽带作用。

另外，中国审计学会、中国商业会计学会、中国人力资源开发研究会、中国管理现代化研究会等学术组织都在专业领域为工商管理学科发展做出了重要贡献。

四 构建中国本土工商管理理论是本学科新时代的使命

从世界工商管理学科发展历史看，理论是实践的产物又是实践进一步发展的向导。当一个国家经济发展走向世界前列时也就会产生具有民族特色并具世界意义的管理理论创新。美国崛起时的科学管理和组织革命，第二次世界大战后日本经济奇迹中出现的以终身雇佣制、年功序列制、企业工会为核心的日本管理模式都被世界管理学界认可。当前我国已成为经济总量世界第二、制造业规模世界第一的工业大国，我国企业改革和发展的理论与实践为学科研究提供了十分鲜活的内容，中国丰富的文化底蕴和管理智慧也为学科提供了丰富资源，可以说，工商管理学科实现突破性的理论创新正当其时。中国工商管理学在与国际主流接轨的同时，应立足中国国情，总结中国特色的企业管理实践和中华五千年文明中的管理智慧，构建中国特色的工商管理理论，向世界贡献中国特色的企业管理智慧与企业管理方式。

第 四 章

公共管理

  2019年是新中国成立70周年。70年来，新中国在中国共产党的坚强领导下不断锐意进取、开拓创新，实现了经济社会发展的历史性变革，更在中国特色社会主义的建设中取得了举世瞩目的伟大成就。新中国社会经济发展的实践为高等教育和学术研究的发展奠定了重要根基。公共管理学科，伴随着中国古代漫长的国家治理历史和制度变迁，在我国有着悠久的研究传统，但在20世纪50年代初该学科被纳入行政主导的计划经济管理体系，直到改革开放之初，在邓小平同志关于政治学、法学、社会学以及世界政治的研究需要"赶快补课"的号召下，公共管理学科才开始恢复并真正成长起来。因此，在新中国成立70周年的重要时间节点，更有必要回顾公共管理学科70年的发展历程，评价成败得失并总结经验教训，才能更好地满足学科建设发展的现实需求，源源不断地为全面深化改革和经济社会的快速发展增添助力。

第一节　发展阶段

一　公共管理学科的内涵及其价值取向

（一）公共管理学科的内涵及性质

按照唯物辩证法的观点，任何一个学科都是以客观世界的某一类事物、现象或过程作为自己的研究对象，并探讨这类事物、现象或过程的内在联系和变化规律，从而形成学科的内涵、原理和方法的理论体系。从这一观点看，对公共管理学科的内涵进行科学界定，首先需明确该学科的主要研究对象。作为现代管理科学和社会科学的交叉学科，公共管理学具有广泛的理论探索与实践应用场域。公共管理学以公共事务的活动、管理及其规律为研究对象，是一门研究公共组织特别是国家或政府组织的体制、结构、功能及其与环境的关系，研究公共管理活动的过程及其环节（如组织、决策、沟通、协调、监控、评估等）的学科（陈振明，2017）。而伴随着全球化、信息化和技术创新对公共管理带来的挑战，公众对政府的服务需求与日俱增，由此引发的对政府的不满和信任流失则增加了政府改革的压力和动力，最典型的表现即为20世纪70年代西方国家兴起的新公共管理运动，其理论观点及实践也深刻影响着我国公共管理学科研究和政府改革的进行。由此，在当代公共管理和政府改革实践背景下，亦可将公共管理学科定义为研究公共组织如何有效地提供广泛而优质的公共服务、实现公共福利和公共利益的学问。

（二）公共管理学科的价值取向

公共管理学科的价值取向，决定、支配着公共管理实践的方向选择，直接影响着公共部门及公共管理者的理想信念、行政态度和心理偏好等观念意识的培育和树立，更决定着公共管理的行为模式、政策选择和制度建构等重要内容。关于公共管理学科的价值取向，在公共管理理论诞生之时学界似乎并未取得一致认同，而是经历着从"效率至上"到"效率优先、兼顾公平",再到"效率与公平并重"的发展演变过程。

从公共管理学缘起的初始阶段,即传统公共行政时期来看,无论是威尔逊在《行政学之研究》中关于提升政府效率的论述,还是韦伯从工具理性的角度出发,提倡不涉及价值判断的,有规范程序的,具有专门化、技术化、非人格化、官僚等级制等特征的公共行政,都充分体现出其"效率至上"的价值取向。到新公共管理时期,掀起了推行绩效管理和"顾客导向"的政府改革思潮,并将"经济、效率和效能"作为核心价值取向,从中可以看出,新公共管理相比于传统公共行政的"效率至上",拓宽了"效率"价值的内涵,并在核心价值中融入了"效能"理念,表明了新公共管理学者在关注实现效率的同时,也开始考量公共组织其他多元目标的实现问题。随着新公共服务理论的出现,公民、公民权利和公共利益开始被置于更重要的位置,新公共服务理论认为公共管理的本质在于为公民服务以增进共同的利益,并强调行政人员要服务于公民、追求公共利益、尊重和重视人的价值。由此,公共管理学公平、民主的价值取向得以真正体现。

公平一直以来是人类社会所追求的最高准则,即使不公平的现象在任何历史时期都无法从根本上消除,也不妨碍在承认差别的基础上借助某种力量,寻求相对公平的实现。这种力量在现代社会则指向以政府为主体的公共组织提供的公共管理和服务(王印红,2014),因此,追求公共性的体现和公共利益的维护应是公共管理学的根本价值取向。所谓公共利益,就是一个国家或者地区公民普遍的、共同的利益或是社会发展中长期的、根本的利益,其在社会生活中具体表现为公共物品和公共服务。现代社会的公共利益与民主的表达密不可分,而民主的实质是尊重每个人的平等权利,所以,公共管理活动及公共权力的运行能够达成共识并具有合法性基础的条件,就在于公共利益能得以公平的分配。因此,遵循公共管理学的价值导向,应引导公共组织通过科学的途径提供并合理而公平地分配优质的公共物品与公共服务，主动衡量公共管理的目的是否坚持和维护了最广泛的公共利益，政策制定与执行的出发点是否超越了公共部门的自利倾向，而考虑整个社会更长远的公共福祉。

二 公共管理作为独立学科在中国的演变

中国的治国理政和公共管理研究传统历时久远且实践成果颇丰，但作为一门独立学科，中国的公共管理学科是从西方引进，并在西方公共行政学基础上发展而来的。早在19世纪末20世纪初西方传统公共行政学诞生之时，该学科便传入我国，当时一些学者率先翻译出版了国外具有代表性的行政学和行政法著作，如《行海要术》《行政纲目》《行政学总论》《行政法撮要》等（薛澜等，2002）。但行政学作为一个学科在中国落地并取得国内的研究成果，则始于20世纪30年代中期，以1935年张金鉴的《行政学的理论与实际》和1936年江康黎的《行政学原理》两本教科书的出版为标志。

新中国成立后，北京大学、南京大学、南开大学、中山大学、厦门大学等都曾有行政学方面的研究和教育，其关注的内容也在不同时期表现在不同的方面。公共管理学科大致经历了如下几个阶段。

（一）公共管理学科的初创阶段

新中国成立初期，行政学的理论和实践研究注重借鉴根据地时期的行政经验，并以巩固国家政权和稳定经济作为主要任务，这一时期的行政权力高度集中，也推进了中国学习苏联计划经济的步伐。然而，1952年的院校及学科调整，使行政学受到严重冲击和发展限制。1956年开始了全面建设社会主义，掀起了"大跃进"和人民公社化运动，出现了浮夸风，行政学的理论研究与实践脱节，直到"文化大革命"，"左"的意识形态使得行政学与政治学等学科无法正常地结合中国的实际开展有价值的研究，行政学科建设处于停滞。

（二）公共管理学科的恢复与重建阶段

改革开放后，党和国家高度重视构建与经济体制改革相适应的上层建筑，并迫切需要能够帮助推进行政管理体制改革和政府自身建设的学科理论作为指导，对外开放政策也深刻促进了国内对国外先进公共管理理念方法的了解与学习，并从中获得有益启发，公共管理学科迎来了发展的新契机。1979年3月，邓小平同志在党的理论工作务虚会上的讲话中要求：政治学、法学、社会学以及世界政治的研究，我们过去多年忽视了，现在也需要赶快补课。在邓小平同志的号召下，包括行政学在内的中国社会科学得以恢复发展。1982年，夏书章先生在《人民日报》发表《把行政学的研究提上日程是时候了》一文，引起了人们对尘封已久的行政学或行政管理学（后发展为公共管理学）的关注，此后，中国公共管理学科的教学与研究工作开始了恢复和重建，并在其后40余年里不断整合提升，进入快速发展的轨道。

1982年，我国进行了改革开放后的首次政府机构改革，加强对行政学的研究和教育逐渐成为人们的共识。此后，面向行政学教学与研究骨干的行政管理学讲习班、来自我国及世界各国专家学者和官员共同参与的各类行政科学和行政管理专业教育研讨会纷纷开展，对建立有中国特色的行政管理学科起到了极大的启蒙作用。1985年，旨在推动行政学研究和教育交流的《中国行政管理》杂志创刊，全国行政管理教育研究会和中国行政管理学会也分别于1987年、1988年成立，此后全国各省市区也相继成立行政管理学会。至此，中国的行政管理研究与教育已经初步形成自己的体系（黄崴、陈武林，2011）。

（三）公共管理学科作为独立学科的确立阶段

1984年10月，周世逑先生主编的我国改革开放后首部行政学著作《行政管理》正式出版；1985年3月，由夏书章先生主编、刘怡昌先生担任副主编的教科书《行政管理学》也出版发行，为行政管理教育提供了重要理论基础和学习指南。1986年，行政学作为政治学一级学科中的一个二级学科正式进入我国研究生培养的专业目录；1997年，在国务院学位委员会重新修订并颁布的《授予博士、硕士学位和培养研究生的学科、专业目录》中，新设管理学学科门类，其中增设公共管理一级学科，并将行政管理正式纳入公共管理学科。行政学（行政管理）与政治学分离，并成为公共管理学科下的五个二级学科之一，标志着公共管理作为独立学科在我国的正式确立。

（四）公共管理学科的快速发展阶段

世纪之交，为满足市场经济发展和行政体制深化改革的现实需求，建设一支高素质的公共管理人才队伍，1999年国务院学位委员会正式批准在中国开始试点兴办公共管理专业硕士（MPA），此后的十几年时间里，公共管理专业硕士教育迅速发展起来，师资队伍、招生规模逐步扩大；与此同时，公共管理学科的纵深发展势头也日益强劲，行政管理、公共事业管理等公共管理类专业在全国各大高校院系如春笋般设立（黄崴、陈武林，2011），学科体系不断优化。2017年，党的十九大明确强调"实现高等教育内涵式发展"后，公共管理学科也在日渐成熟中，由原来的数量规模扩张转变为注重内涵质量的发展，丰富和完善学科理论形态和知识体系，以先进科学的公共管理理念和方法技术，有效回应和化解中国公共管理与公共政策实践的现实需求，向着"中国特色、世界一流"的公共管理学科发展道路坚实迈进。

第二节　人才培养

公共管理学科的蓬勃发展，需要以掌握先进公共管理理论知识和实践经验的优秀人才为核心推动力，同时，考量公共管理学科发展水平的重要指标也在于该学科为社会、党政机关及政府等公共组织输送人才的数量和质量。在20世纪80年代我国公共管理学科恢复重建并蓬勃发展后，越来越多的高校开设公共管理类专业，并在教育部发布的普通高等学校专业目录的基础上，结合自身办学背景设置了不同的公共管理学科发展模式。经过40余年的发展，公共管理学科本科、硕士和博士研究生专业设置及培养方案不断健全和完善，促进了招生规模的扩大；旨在提升我国公共管理学科国际影响力的留学生教育、致力于培养具有国际视野的公共管理人才的中国学生出国留学及国际交流项目快速发展，加速了本学科的国际化发展的步伐；国家、省部级的各类人才项目和选拔计划极大地推动了公共管理学科的师资队伍及研究团队的发展壮大，具有中国特色、服务于中国实践的公共管理学科正日益走向成熟。

一 公共管理学科专业的设置及其演变

公共管理作为一门独立学科在我国的正式确立及其专业设置，始于1997年国务院学位委员会和国家教育委员会对研究生专业目录的修订和颁布。新目录首次增加了管理学学科门类，作为12个专业学科门类之一，并在管理学门类下设包括公共管理在内的5个一级学科及14个二级学科、专业。其中，公共管理一级学科，包括行政管理（从政治学一级学科分离出来）、社会医学与卫生事业管理、教育经济与管理、社会保障和土地资源管理5个二级学科（见表4—1）。

表4—1　1997年研究生专业目录关于公共管理二级学科的专业设置

专业代码	学科门类、专业类、专业名称
12	管理学
1204	公共管理
120401	行政管理
120402	社会医学与卫生事业管理
120403	教育经济与管理
120404	社会保障
120405	土地资源管理

资料来源：教育部学位管理与研究生教育司《授予博士、硕士学位和培养研究生的学科、专业目录（1997）》。

在此基础上，国务院学术委员会和教育部也分别在1998年及2012年对本科专业目录进行了调整和修订，公共管理学科的专业设置伴随专业目录的更新而不断向科学化、规范化的目标发展演变。1998年教育部在公布的《普通高等学校本科专业目录》中也增加了管理学学科门类，并下设5个一级学科和18个二级学科、专业。公共管理类一级学科下则包括行政管理、公共事业管理（由原来的教育管理、体育管理、文化艺术事业管理、卫生事业管理、环境经济与管理5个传统专业整合而成）、劳动与社会保障和土地资源管理，共4个专业（见表4—2）。此后，公共管理类本科专业的人才培养也正式获得社会的认可，不仅在综合性院校，一些理工、财经、农林、医药等专门院校也都开设了公共管理类本科专业。1999—2009年，我国公共管理类专业的开设院校增加上百所。

表4—2　1998年本科专业目录关于公共管理类二级学科的专业设置

专业代码	学科门类、专业类、专业名称
11	管理学
1103	公共管理类
110301	行政管理
110302	公共事业管理
110303	劳动与社会保障
110304	土地资源管理

资料来源：教育部：《普通高等学校本科专业目录》，1998年。

2012年，为更好地适应国家和经济社会发展需要，教育部进一步优化学科专业结构，对1998年的《普通高等学校本科专业目录》再次进行了修订，颁布了《普通高等学校本科专业目录（2012年）》，并发布了新旧专业对照表（其中，公共管理类下设二级学科调整及新旧专业对照如表4—3所示）。修订后的公共管理类二级学科在1998年专业目录的基础上增加了城市管理专业，同时将十几年间全国各高校新增设的公共管理、公共安全管理、国防教育与管理、应急管理、高等教育管理、职业技术教育管理等专业统一合并为公共事业管理专业，将公共政策学和行政管理合并为行政管理专业。新版本的本科专业目录使公共管理学科的专业结构更加规范，公共管理类本科人才培养体系更加明确。

表4—3　　2012年本科专业目录对公共管理类二级学科专业的设置及新旧对比

2012年本科专业目录		1998年本科专业目录	
专业代码	学科门类、专业类、专业名称	专业代码	学科门类、专业类、专业名称
1204	公共管理类	1103	公共管理类
120401	公共事业管理	110302	公共事业管理
		110309W	公共管理
		110315S	公共安全管理
		110312S	国防教育与管理
		110318S	应急管理
		110306W	高等教育管理（部分）
		040337W	职业技术教育管理
120402	行政管理	110301	行政管理
		110307W	公共政策学
120403	劳动与社会保障	110303	劳动与社会保障
120404	土地资源管理	110304	土地资源管理
120405	城市管理	110308W	城市管理

资料来源：教育部《普通高等学校本科专业目录新旧专业对照表（2012）》。

但是，由于公共管理涉及众多学科分支或主题领域，加之其作为独立学科在我国发展的时间并不长，学术界关于公共管理学科的体系建设和专业设置仍存在争议和分歧。如董克用（2005）曾主张

"公共管理一级学科的研究生教育，可以从研究公共管理实施主体及其运行机制和研究公共管理具体职能两大领域，设置包括行政管理、非营利组织、公共政策、公共财政、公共人力资源管理、国民经济管理、社会发展管理、公共卫生与医疗管理、公共安全管理和公共资源管理10个二级学科"；陈振明（2018）则从学科分支划分的角度，主张将"公共管理划分为公共组织理论、政府改革与治理、公共政策分析、财政预算与管理、公共人力资源管理、公共部门战略管理、公共部门绩效管理、公共部门管理伦理、非营利组织（第三部门）管理、领导科学、危机管理（应急管理）、社会管理（社会政策）、公共服务管理、公共管理与法律、比较和国际公共行政、数据管理与研究方法、政府间关系、政府工具、司法行政、政治管理20个相对独立且成熟的学科分支或主题领域"。可以看出，这些领域中的许多问题，也是其他学科所关注的问题，而对于具有复杂性的公共事务问题，也必须通过多学科的共同研究才能取得科学的方案，而不是任何单一学科能够独立解决的。因此，公共管理学科的专业设置想要覆盖公共管理全部的研究领域，是十分困难的，也不切实际，而当前我国众多高校也在公共管理学科建设和专业设置中，以国家公布的专业目录为基础，并结合自身办学特色进行灵活、适当的调整。

二 公共管理学科本科人才培养

公共管理学科自从被确立为一门独立学科在我国发展以来，其规模迅速扩大。在近20年的时间里，全国数以百计的高校建立公共管理学院，并开设了1000余个公共管理类本科专业，截至2018年，在全国各高校所开设的公共管理类本科专业中，有公共事业管理专业468个、行政管理专业387个、劳动与社会保障专业150个、土地资源管理专业89个（李华业、张雪茜，2018）。公共管理大量本科人才的培养和输送，满足了经济社会发展对公共管理人才的需求，也提升了公共管理学科的社会认知度和影响力。

公共管理学科本科生人才培养的目标定位，在于通过本科阶段的学习，使学生具备良好的专业素养、掌握扎实的公共管理基础知识，使其具有一定的创新能力和科研能力、宽阔的国际视野，为政府和非政府机构、企事业单位的人事和行政机构以及教育和科研单位培养宽口径、复合型、应用型的公共管理人才。

从培养模式来看，自20世纪80年代后期北京大学提出"加强基础、淡化专业、因材施教、分流培养"的16字教学改革方针，并于2001年正式实施"元培计划"后，复旦大学、北京师范大学、南京大学、浙江大学等重点院校也相继按照自己的办学定位和学科专业特点，推行按学科大类招生与培养制度，实施本科阶段的低年级通识教育和高年级宽口径专业教育相结合的人才培养模式。在大类招生与培养渐成趋势的背景下，公共管理类按一级学科招生，并在阶段学习后进行专业分流的制度也被越来越多的院校所采用。公共管理类本科人才培养的大类分流模式，拓宽了学生获得通识知识的广度和宽度，使学生兼备深入学习公共管理类专业所必要的人文素养和科学素养，同时，也为学生提供更为充裕的时间和空间认清自己在公共管理领域专业和研究方向的偏好，更具理性地进行专业选择，并积极主动地完成理论学习和实践任务，有效地提升人才培养质量。

从人才培养类型来看，当前我国公共管理学科的本科人才培养致力于专业学术型人才和就业创业型人才的培养，并为实现高素质的人才培养目标，充分开发各种有利资源，全面进行配套的软硬件建设。在专业学术型人才的培养过程中，一方面，通过学术论坛、实地调研、大学生创新训练项目等途径，使学生体验和了解科学研究的整体过程，感知科研工作者的学术态度，从而激发学术研究兴趣，而学生在参与过程中围绕某一公共管理领域的问题集思广益，交流合作，开展系统研究并得出客观结论，更是对学生学术科研能力的全面训练；另一方面，通过鼓励跨专业学习拓宽学生的专业视角，增强知识底蕴，避免因过分局限于本学科和专业而导致交叉融合和综合性创新能力的不足，同时，创造和搭建与境内外公共管理院校联合培养或交换学习的平台，开阔学生学术视野，为进一步学习深造奠定基础和信心。在就业创业型人才的培养过程中，打通理论知识与实践知识的壁垒，通过课堂方法论训练和课外实践实习的结合提升学生的综合素质，开拓和完善校外各层级的教学研究和实务实践基地，为学生提供更多的课外拓展机会；此外，以全国公共管理案例大赛、公益大赛、挑战杯、大学生创新创业大赛、志愿者服务等活动为契机，锤炼学生的实际操作能力和创新管理能力。

三　公共管理学科硕士、博士研究生培养

随着改革开放的不断深入以及政府机构改革步伐的日益加快，社会公共管理现代化、科学化、专业化的发展要求呼唤面向党政机构、政府及其他公共部门的高层次专业管理人才，人才的需求期待着高等教育的回应。在这一背景下，我国公共管理学科的硕士和博士研究生培养也受到了前所未有的关注和重视，硕士学位和博士学位授权点大量增设，招生规模不断扩大，为社会培养高素质、专业化的公共管理干部和教学科研人才。目前，全国公共管理专业硕士招生院校共计219所；从1999年设立首批行政管理博士学位授权点开始到2018年，全国公共管理一级学科博士学位授权点共有48个，二级学科博士学位授权点4个。

公共管理学科的硕士研究生培养分为学术型和应用型两种，其中应用型硕士即公共管理专业学位硕士（MPA），成为硕士研究生主体，而学术型硕士，占公共管理硕士研究生的小部分。虽然二者均属于硕士研究生培养的范畴，但由于教育类型不同，侧重点也存在明显区别：在培养目标上，学术型硕士主要侧重于完善学生的理论知识体系，强化能够指导实践工作的理论基础，重点培养公共管理领域的教学人员和科研人员，应用型硕士则以培养党政机关、政府部门和其他公共组织等特定职业背景所需的专业化的领导者或高级管理者为目标，注重理论学习基础上的应用能力和工作能力、领导

能力和决策能力的训练与培养；在招生对象上，当前各高校公共管理学科的学术型硕士报名及招生以无就业经历的应届本科毕业生为主，应用型硕士则主要面向获得学士学位后、有一定实际工作经历的政府部门及非政府公共机构的工作人员；在培养方式上，学术型硕士以全日制在读为主，而应用型硕士以在职培养为主；在学位授予标准上，学术型硕士学位的获得是对学生在公共管理学科某一专业或研究方向所具有的学术水平和科研能力的认定，应用型硕士专业学位的取得则倾向于对学位获得者从事公共管理领域工作和理论知识实际应用能力的评价。

公共管理学科的博士研究生培养，则致力于使经过培养的博士研究生具有宽厚坚实的公共管理基础理论和系统精深的专业知识，了解本专业或研究方向的前沿动态，熟练掌握公共管理研究的分析工具和方法，有独立承担公共管理学科创新性科学研究工作的能力，成为能够在高等院校、研究机构、党政机关、非营利组织等部门从事公共管理理论研究、教学和实际工作的高级专业人才。在培养方式上，采取课程学习与科学研究同时进行的方式，并以科学研究为主，培养学生独立从事学术科研的能力，同时，导师负责与集体培养相结合，全面培养学生的严谨学风和治学态度，关注综合素质；博士研究生的培养一般要求脱产学习，在职博士生也要求保证有足够的时间和精力完成在读期间的学习和科研任务。

四 公共管理专业硕士（MPA）的设置及发展

公共管理专业硕士（Master of Public Administration，MPA）是以公共管理学科及其他相关学科为基础的研究生教育项目。我国的MPA教育启动于1999年，目标是培养从事公共事务、公共管理和公共政策研究与分析等方面的高级人才，为政府机关和非营利的非政府公共机构培养具有现代公共管理理论和公共政策素养，掌握先进分析方法及技术，精通某一具体政策领域的专业化管理者和政策分析者。在近20年的发展历程中，我国的MPA教育适应了经济社会发展需要，在国家党政机关、政府及非政府公共组织工作人员职业素质和能力提升需求的支撑下，得到了长足发展并日渐成熟，培养了大批能够担当起现代社会管理的领导与管理重任的新型高层次、复合型、专业化的高质量人才。

对公共管理专业硕士（MPA）在我国的设立及其发展历程的回顾，在此参照董克用、谢佳宏（2018）根据我国MPA发展规模和质量特征进行的五个阶段划分。

第一阶段是2000年以前的研究论证和设置筹备阶段。在这一阶段，经国家教育和人事部门牵头，以及有关学者的共同参与和论证，1999年国务院学位委员会正式批准在中国开始试点兴办公共管理专业硕士（MPA），并出台了一系列涉及MPA培养方案、培养单位申办和试点管理的基础性文件。第二阶段为2001—2004年的试点探索阶段。其重要标志是2001年2月全国公共管理硕士专业学位教育指导委员会（后于2011年更名为"全国公共管理专业学位研究生教育指导委员会"，以下简称"教指委"）的正式成立，全面指导和协调我国MPA教育工作的健康、顺利发展；同年10月，1.1万余名MPA考生走进考场，半年后，其中的3000多人被我国首批24所试点培养单位录取成为我国首届MPA研究生；2003年，MPA培养单位在原有基础上新增23所（见表4—4）。第三阶段则是2005—2009年的推广探索阶段。经过一段时间的试点发展，我国MPA教育已初具规模，招生保持良好发展态势，2005年培养单位规模进一步扩大；为深入摸查MPA教育发展实际，2007年针对首批24所培养单位的教学合格评估工作得以开展，评估结果显示，评估院校办学条件较好，师资队伍建设效果明显，具有中国特色的MPA教育体系雏形初现。第四阶段为2010—2015年的快速发展和综合改革阶段。这一时期我国MPA教育在培养单位和招生规模方面均经历了跨越式发展，与此同时，第三届全国MPA教指委启动MPA教育综合改革试点和推广工作，努力夯实基础，积极推动改革，保证MPA教育质量的稳步提升。第五阶段是2016年以后开始的内涵式发展阶段。从2016年开始，在坚持开展师资培训、案例库建设、优秀论文评选、专项评估等工作的基础上，第四届全国MPA教指委更加注重数据收集和调查研究，启动了中国研究生公共管理案例大赛，建立MPA培养单位分片区定期交流机制，积极推动院校交流、学术交流，不断健全促进MPA教育内涵发展的体制机制。未来，我国的MPA教育将继续沿着内涵式发展的道路快速前进，不断加强教学资源和软硬件建设，创新人才培养模式，进一步保证和提高公共管理人才培养质量。

表4—4 全国具有公共管理专业硕士（MPA）办学资格的240所院校

2001年第1批获批院校24所				
北京大学	中国人民大学	清华大学	北京航空航天大学	北京科技大学
中国农业大学	北京师范大学	天津大学	东北大学	吉林大学
哈尔滨工业大学	复旦大学	同济大学	上海交通大学	华东师范大学
南京大学	浙江大学	中国科学技术大学	厦门大学	武汉大学
华中科技大学	中山大学	西安交通大学	国防科学技术大学	

2003年第2批获批院校23所				
南开大学	山西大学	内蒙古大学	东北财经大学	苏州大学
南京农业大学	安徽大学	合肥工业大学	南昌大学	山东大学
郑州大学	华中师范大学	湘潭大学	湖南大学	中南大学
华南理工大学	四川大学	重庆大学	云南大学	西北大学
兰州大学	新疆大学	中国社会科学院研究生院		

续表

2005 年第 3 批获批院校 37 所				
北京理工大学	中央财经大学	中央民族大学	中国政法大学	天津师范大学
河北大学	山西财经大学	辽宁大学	大连理工大学	大连海事大学
东北师范大学	燕山大学	华东理工大学	上海财经大学	东南大学
中国矿业大学	浙江师范大学	福建师范大学	江西财经大学	中国海洋大学
山东师范大学	河南大学	武汉理工大学	湖北大学	中南财经政法大学
湖南师范大学	暨南大学	华南师范大学	海南大学	广西大学
西南财经大学	贵州大学	西北工业大学	西北师范大学	青岛大学
扬州大学	中国矿业大学（北京）			
2007 年第 4 批获批院校 18 所				
天津财经大学	内蒙古师范大学	辽宁师范大学	沈阳师范大学	黑龙江大学
哈尔滨工程大学	华东政法大学	南京理工大学	华侨大学	山东财经大学
中国地质大学（武汉）	西南交通大学	电子科技大学	云南财经大学	长安大学
青海民族大学	中国地质大学（北京）	宁波大学		
2010 年第 5 批获批院校 46 所				
北京交通大学	北京邮电大学	首都师范大学	对外经济贸易大学	首都经济贸易大学
中国人民公安大学	河北农业大学	河北师范大学	山西师范大学	内蒙古农业大学
东北农业大学	哈尔滨商业大学	上海理工大学	上海师范大学	南京航空航天大学
河海大学	南京师范大学	福建农林大学	江西农业大学	江西师范大学
山东农业大学	曲阜师范大学	河南农业大学	武汉科技大学	华中农业大学
中南民族大学	湖南农业大学	汕头大学	华南农业大学	深圳大学

续表

2010 年第 5 批获批院校 46 所				
广西师范大学	南宁师范大学	广西民族大学	四川农业大学	重庆医科大学
西南大学	西华师范大学	西南政法大学	西南民族大学	云南民族大学
西北农林科技大学	陕西师范大学	新疆农业大学	河北经贸大学	国家行政学院
第二军医大学				
2014 年第 6 批获批院校 76 所				
北京工业大学	北京化工大学	北京林业大学	外交学院	北京电影学院
华北水利水电大学	华北电力大学	河北科技大学	太原理工大学	山西农业大学
内蒙古民族大学	辽宁工程技术大学	辽宁石油化工大学	辽宁中医药大学	中国刑事警察学院
沈阳体育学院	延边大学	长春工业大学	吉林财经大学	黑龙江八一农垦大学
东华大学	上海海洋大学	上海体育学院	江苏科技大学	江苏大学
南京信息工程大学	南京医科大学	中国药科大学	江苏师范大学	南京财经大学
浙江工业大学	温州医科大学	浙江中医药大学	浙江工商大学	安徽工业大学
安徽工程大学	安徽医科大学	福州大学	南昌航空大学	山东科技大学
济南大学	河南理工大学	新乡医学院	河南师范大学	河南财经政法大学
湖北工业大学	广东财经大学	桂林理工大学	西南医科大学	四川师范大学
四川音乐学院	遵义医学院	贵阳中医学院	云南师范大学	西安电子科技大学
延安大学	西安体育学院	青海师范大学	宁夏大学	三峡大学
中国人民武装警察部队学院	北方民族大学	北京城市学院	浙江财经大学	中共中央党校
中国科学院大学	中共北京市委党校	中共吉林省委党校	中共上海市委党校	中共浙江省委党校

续表

2014年第6批获批院校76所				
中共山东省委党校	中共湖北省委党校	中共湖南省委党校	中共广东省委党校	中共四川省委党校
中共重庆市委党校				

2018年第7批获批院校8所				
中国传媒大学	河北工业大学	北华大学	上海海关学院	中国计量大学
河南中医药大学	南华大学	重庆工商大学		

其他授权院校8所				
中国劳动关系学院	西南科技大学	华东交通大学	黑龙江省社会科学院	湖南中医药大学
中共黑龙江省委党校	湖南工业大学	安徽财经大学		

资料来源：根据教育部发布通知及统计数据整理。

五 公共管理学科博士后流动站的建设

为进一步促进公共管理学科高层次、高质量学术研究的进行与发展，国家人事与人力资源管理部门在1999—2006年国务院学位委员会批准设立的13个公共管理一级学科博士点的基础上，开始设立公共管理博士后流动站。根据中国博士后网站设站单位查询显示，到2019年，我国公共管理一级学科博士后流动站的设站单位共28所（见表4—5）。各设站单位根据自身学科优势与特色分别设置不同的博士后培养和研究方向，涵盖公共政策、政府管理、非政府管理、公共危机管理、区域发展与战略研究等。博士后流动站为高校公共管理学科的学术进步搭建了更广阔的舞台，在站博士后在承担公共管理学科各级各类课题研究及优质学术成果产出等方面均取得突出成绩。

表4—5　　　　公共管理一级学科博士后流动站设站单位

设站单位	
北京大学	南开大学
北京航空航天大学	清华大学
北京师范大学	山东大学
东北财经大学	上海交通大学
东北大学	四川大学
复旦大学	武汉大学
华东师范大学	西安交通大学
华中科技大学	厦门大学
华中农业大学	湘潭大学
华中师范大学	浙江大学
吉林大学	郑州大学
兰州大学	中国人民大学
南京大学	中南财经政法大学
南京农业大学	中山大学

资料来源：根据中国博士后网站设站单位查询整理。

当前，我国公共管理学科博士后流动站建设秉承基础理论研究与应用对策研究相结合、本土探索与国际前沿相结合的理念，密切关注党和国家公共管理实践与公共政策制定重大问题，积极回应行政体制改革需要，为国家和社会输送了大批公共管理学术人才和技术人员，并已成长为教学、科研、管理等各个岗位的中坚力量。

六　公共管理学科的留学生培养及中国学生的出国留学

随着中国的快速发展，"中国学"（China Study）在国外学术界也悄然升温，外国执政者以及专家学者希望了解更多中国发展与转型的经验和教训。国家角色和责任的变化也对公共管理学科教育提出了新的要求。我国高校从学科责任和国际化视角出发，开始探索全球化背景下的公共管理教育发展问题。如2007年清华大学公共管理学院率先开设全球招生、全英文教学的国际发展硕士项目（MID）；2008年接受商务部和教育部委托，开始招收国际公共管理硕士（IMPA），为发展中国家培养高级公共管理人才，并纳入我国新时期援非人才战略计划（谢矜、王有强，2018）。

除此之外，也有越来越多的高校为推进我国公共管理学科人才培养的国际化、提升学科的跨文化交流能力和国际影响力，不断拓宽公共管理类专业的招生范围，面向世界各地对中国文化具有浓厚兴趣，并有志于投身公共管理学科学习和从事相关工作的学生进行招生。根据国家留学网招生院校统计显示，我国目前招收攻读公共管理类专业学士学位、硕士学位国际留学生的院校均超过百所，招收攻读博士学位国际留学生的院校也超过40所（见表4—6）。同时，为增进中国与世界各国人民的相互了解和友谊，发展公共管理学科领域的交流与合作，国家设立的中国政府奖学金覆盖到了几乎所有招生院校的公共管理专业留学生项目，以资助国外优秀学生在中国的学习和研究。

表4—6　　　　公共管理类专业国际留学生招生情况

学历层次	招生专业	招生院校统计（所）
学士	公共管理类	106
硕士	公共管理（含行政管理、公共政策、土地资源管理、社会保障、教育经济与管理，含MPA专业学位）	115
博士	公共管理（含行政管理、公共政策、土地资源管理）	41

资料来源：根据国家留学网招生院校统计数据整理绘制。

总体来看，我国公共管理学科相关专业的国际留学生培养目标在于，培养全面了解中国国情和当代国际政治经济发展形势，知华、懂华、友华、爱华，在掌握公共管理基本理论和研究方法的基础上，加深对中国发展经验的理解，适合从事有关国际公共事务和公共管理的研究与教学工作或从事外交、外事管理、对外文化交流等实际工作的复合型高级专门人才。经过40余年的对外开放以及公共管理学科的国际化发展，我国已培养出一大批来自不同国家、不同地区的公共管理国际留学生，并广泛服务于各国际组织、公共部门、非营利组织等。

在扩大国际招生与人才培养的同时，也有大量中国公共管理专业学生走出国门，探索和了解国际前沿，提升学术能力。目前，通过各高校公共管理院系的积极争取和努力，中国学生的国际化教育资源空前丰富，越来越多的公共管理专业学生，特别是硕士和博士研究生，在攻读学位期间通过本学院与国外优秀公共管理院校建立的联合培养或交换生项目获得海外研修机会；也有更多公共管理专业学生在毕业后成功申请到国外大学的公共事务、公共管理、公共政策等专业继续深造。中国公共管理专业留学生群体的不断扩大，也搭建起了沟通中国与世界各国公共管理学科的重要桥梁，如中国留美公共管理学会（CAAPA）就是由留美中国公共管理学者组成的，旨在促进访美学者与国内学者在公共管理领域互动交流的学术组织。

第三节　学术研究

科学研究是公共管理学科发展的应有之义，扎实优质的科研成果产出，不仅反映着公共管理学领域聚焦的热点问题和前沿动态，也促进公共管理学术研究与其他学科及相关社会领域实践的有机结合，增强公共管理学科的学术影响力。自20世纪末公共管理学科在我国恢复重建并确立为独立学科后，我国公共管理与公共政策领域的科学研究日益活跃，具体表现为学术专著或教材出版和学术论文发表数量的迅速增加、课题设置与申报呈现多样化趋势、专业学术刊物快速发展、案例编写和案例库建设不断成熟等。同时，大量的学术研究及其成果也清晰揭示出我国公共管理学科关注的主要问题及其变化趋势，并帮助理清公共管理学科的研究范式及存在的方法论争议。

一　公共管理学科的论文、专著等成果发表

我国公共管理学科的学术研究在论文、专著发表方面成果颇丰，其中，以公共管理和公共政策为研究核心，相关文献数量不断增加。大量国内专家学者翻译并引进国外公共管理与公共政策学的代表性论著，涵盖世界各国著名大学和公共管理学院所选用的经典教材、政府改革与国家治理世界级大师的代表作及畅销书、MPA经典案例，以及全球公共管理与公共政策领域最前沿的学术流派和学术观点，在此基础上推出"公共行政与公共管理经典译丛""公共政策经典译丛"等系列丛书，并以强大的学术影响力而多次再版。同时，国内学者自主编撰的公共管理专著和教材也显著增加，根据国家图书馆馆藏数据显示，截至2019年4月，收录出版的公共管理领域专著4852册，其中数量排在前5位的专著分别涉及"公共管理"（937册）、"国家行政机关"（243册）、"公共关系学"（163册）、"政策科学"（133册）和"公共经济学"（110册）主题词。

除此之外，越来越多的公共管理领域学术论文得以发表并广泛刊载于国内和国际重要学术刊物上，以中文社会科学引文索引数据库（CSSCI）为数据来源，对1997年以来以公共管理、公共政策、政府治理等为主题的文献发表情况进行检索，可以检索到共计58199条结果，且公共管理领域的发文量呈快速上升趋势，尤其在2016年达到峰值（见图4—1），研究层次覆盖基础研究、行业指导等方面（见图4—2），充分体现出公共管理学科研究的知识性、政策性、应用性相结合的特征。

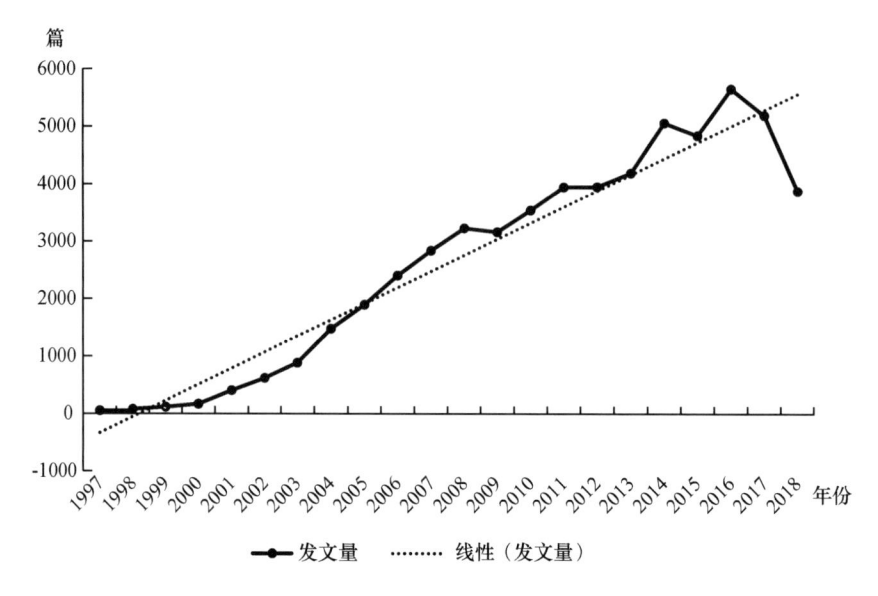

图 4—1 1997 年以来公共管理领域发文情况统计

资料来源：根据中文社会科学引文索引数据库（CSSCI）检索结果整理。

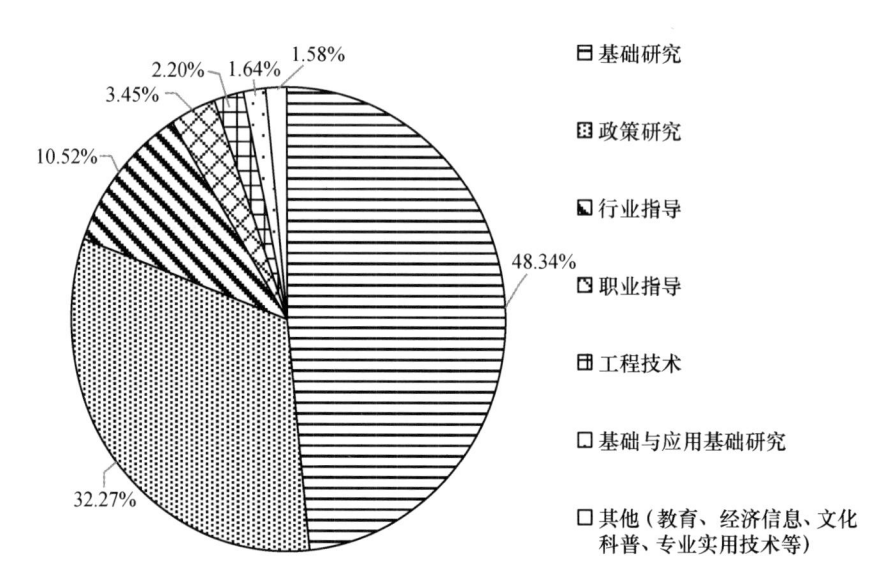

图 4—2 公共管理领域学术论文研究层次分布

- 基础研究：48.34%
- 政策研究：32.27%
- 行业指导：10.52%
- 职业指导：3.45%
- 工程技术：2.20%
- 基础与应用基础研究：1.64%
- 其他（教育、经济信息、文化科普、专业实用技术等）：1.58%

资料来源：根据中文社会科学引文索引数据库（CSSCI）检索结果整理。

在研究成果集中关注的热点领域和问题方面，司林波等（2017）曾运用文献计量可视化方法对包括《中国行政管理》在内的8种国内公共管理研究的核心期刊2006—2015年刊载的文献进行关键词知识图谱呈现和分析，并探测到10年内我国公共管理研究的热点领域主要集中在对公共管理理念和目标、公共管理主体、公共管理的手段和途径、政府职能、政府改革与创新、政府绩效等方面的研究。

特别值得一提的是，我国公共管理学者的国际刊物学术论文发表也呈现迅猛增长趋势，学科的国际影响力不断增强。中国科学院文献情报中心课题组的研究报告《管理科学十年：中国与世界》指出，根据汤森路透（Thomson Reuters）对Web of Science数据库的SCI/SSCI论文数据（2004—2013年）进行的文献计量分析显示，中国大陆公共管理的论文产出规模、引文和高被引论文量均名列世界第三位，且是中国管理科学的4个分支（管理科学与工程、工商管理、公共管理和经济管理）中增速最快的学科（丁洁兰，2016）。同时，公共管理学科"十三五"发展战略与优先资助领域遴选研究课题组在此基础上，对这十年中国大陆学者在91种公共管理学科国际重要刊物的发文数量进行统计与分析，结果显示发文数量从2004年的127篇，到2009年突破400篇，2013年则达到1107篇，是2004年的8.72倍（见图4—3）；从发文累计与世界各国的比较来看，中国大陆学者十年间共发文4652篇，已超过加拿大、荷兰、澳大利亚等发达国家，名列第三位（见图4—4）（薛澜等，2017）。

二 公共管理学科的课题设置及其研究

对学科发展状态和趋势的把握，除了在出版专著和刊载论文方面的体现，对特定资助课题项目的分析也是一个重要方面。国家社科基金项目代表着我国哲学社会科学的方向和水平（刘云山，2005），其资助哲学社会科学研究课题用于支持我国社会主义现代化建设和改革开放具有重大实践意义和理论意义，对学科建设和发展也具有重要意义。而管理学类国家社科基金项目亦是管理学研究者

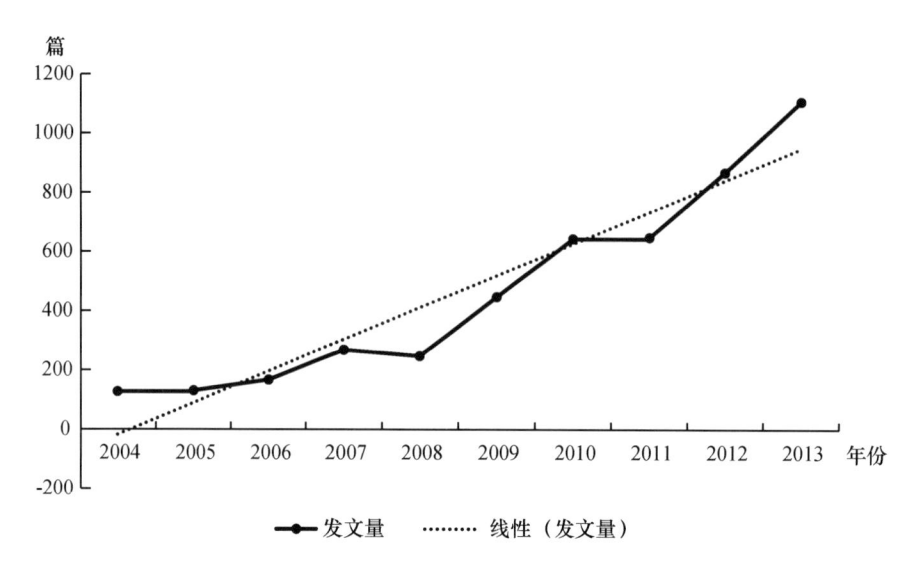

图4—3 2004—2013年中国大陆学者在91种公共管理学科国际重要刊物发文情况

资料来源：薛澜、梁正、杨列勋：《公共管理学科发展战略——暨公共管理"十三五"优先资助领域研究》，科学出版社2017年版，第51—53页。

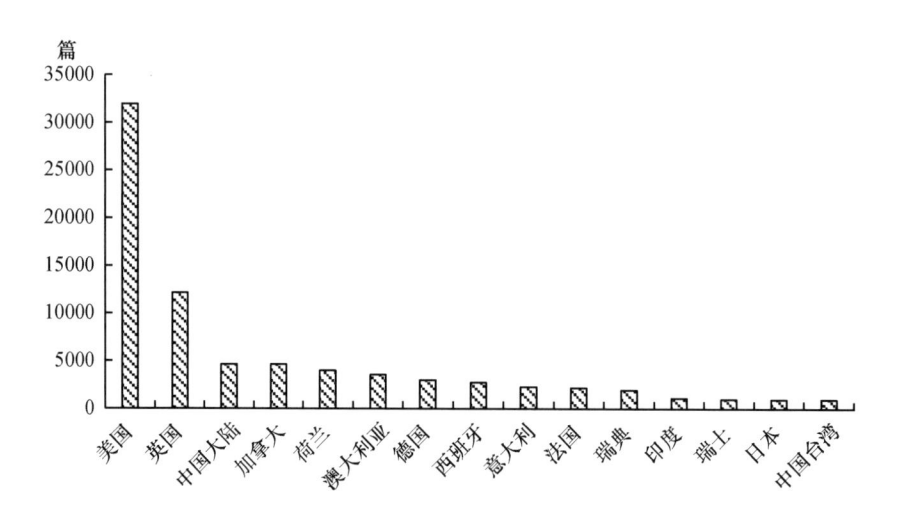

图4—4 2004—2013年91种公共管理学科重要国际期刊发文数量

资料来源：薛澜、梁正、杨列勋：《公共管理学科发展战略——暨公共管理"十三五"优先资助领域研究》，科学出版社2017年版，第51—53页。

发挥学科特长、推进管理学应用和实践的重要手段。根据国家社科基金项目数据库可查询到的项目数据结果显示，2010年以来管理学类国家社科基金立项数量总体呈上升趋势（见图4—5），在2013年达到峰值，之后略有下滑但趋于平稳。

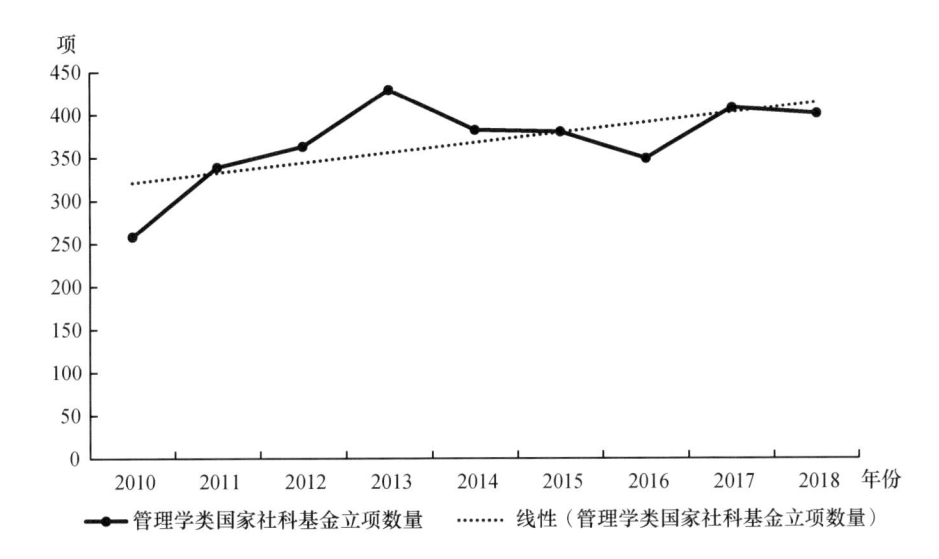

图4—5 2010年以来管理学类国家社科基金立项数目

资料来源：根据国家社科基金项目数据库查询结果整理。

而随着公共管理学科的快速发展，公共管理领域的研究课题在管理学类国家社科基金项目中的比重也越来越大，这一点通过课题项目名称的高频词汇统计可以得到清楚印证。项目名称是反映其研究主要信息的重要载体，因此，为了更好地挖掘管理学类课题项目名称中的信息，分析课题研究所关注的主要领域和问题，我们使用内容分析软件 Rost-cm6.0，先对2010—2018年立项的所有管理学类国家社科基金项目的名称进行分词处理，再对分词处理后的词汇进行词频统计，结果显示，管理学类国家社科基金项目名称中的高频词汇除"研究"和"机制"外，排在前30位的高频词汇可以说全部与公共管理学科立足以及所关注的重要问题紧密相连（见表

4—7），如"管理""政策""政府"是公共管理领域的常提常新之词，也是公共管理研究的核心主题；"创新""治理""社会""服务""绩效""改革""转型"等则充分反映了在加快政府职能转变、深化体制机制改革创新以及着力打造共建共治共享的社会治理格局背景下，公共管理学科的课题研究紧紧围绕国家宏观布局，并高度重视回应改革与经济社会的发展需要；"环境""农村""区域""应急""保障""医疗""城镇化"等词汇则均是公共管理学科研究长期以来致力于改善和解决的关乎国计民生的重要课题。

表4—7　　　管理学类国家社科基金项目名称中的高频词汇

排序	高频词汇	频数	排序	高频词汇	频数
1	企业	565	16	制度	141
2	创新	456	17	组织	123
3	我国	404	18	经济	122
4	管理	369	19	改革	106
5	治理	334	20	农村	93
6	社会	243	21	区域	88
7	政策	235	22	转型	87
8	风险	221	23	创业	85
9	体系	210	24	互联网	70
10	政府	196	25	保障	66
11	服务	189	26	应急	65
12	公共	178	27	决策	59
13	绩效	166	28	医疗	56
14	协同	155	29	危机	51
15	环境	146	30	城镇化	43

资料来源：笔者整理绘制。

为更直观地呈现高频词汇的内在联系，我们采用语义网络分析为项目名称中词汇的语义网络提供可视化的帮助。如图4—6所示，管理学类课题研究围绕着"研究"和"机制"两个核心词汇展开，而根据语义网络的描绘还可以从四个方面总结公共管理学科的课题研究特征：其一，"政府""政策""社会""治理"等公共管理学科研究重点均与"研究"和"机制"两大核心联系紧密；其二，"公共服务"也是课题研究的一个主要方面；其三，包括公共管理学科在内的管理学课题研究既注重"理论""背景""演化""机理"等基础理论和内在规律的总结，也不乏运用"实证"分析通过假设与验证对客观问题进行呈现；其四，"制度""改革""战略""构建""体系"等研究则充分体现了管理学特别是公共管理课题研究鲜明的现实取向，服务于并推动制度层面的创新与优化。

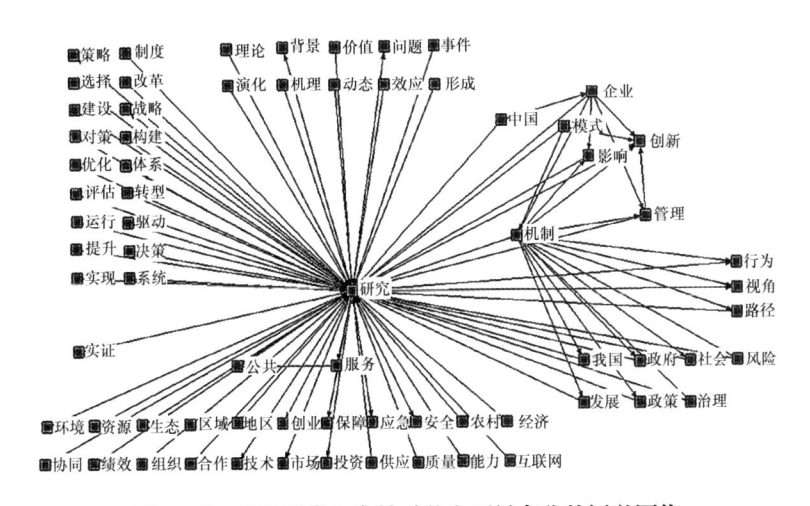

图 4—6　管理学类国家社科基金项目名称的语义网络

资料来源：笔者绘制。

但需强调的是，对国家社科基金中公共管理学项目的分析只是发现公共管理学科课题设置及其研究方向的一种可能手段，并不能代表我国公共管理学课题研究的全貌，还有很多公共管理学研究者虽然没有申请国家社科基金项目，但依然积极投身公共管理学的学术研究和社会服务，这些国家社科基金项目以外的大量课题研究及成果也同样代表并影响着公共管理学科课题研究的发展与进步。

三 公共管理学科的奖项设置及其评选

在我国公共管理学科的教育与研究工作飞速发展的进程中，也出现了一批卓越的公共管理理论和实践的专家，他们为引进国际上先进的公共管理思想和方法，并探索与我国国情和具体实践相结合的公共管理改革与创新做出了杰出贡献，对推动经济社会的发展是功不可没的。而随着公共管理学科社会影响力和认可度的提升，也有越来越多的青年学者投身公共管理领域的学习和教学科研中，不断为公共管理学发展开辟广阔的前景和空间。为充分肯定公共管理专家对学科发展的突出贡献，为后人树立榜样和动力开创中国公共管理科学事业更辉煌的未来，也为鼓励正在成长起来的公共管理领域的优秀青年学者，激励他们继续发扬优势，砥砺前进，公共管理学科领域也设置了各种奖项和竞赛活动，对在不同方面取得优异成绩的公共管理专家学者和在竞赛中脱颖而出的优秀博硕士研究生进行奖励。

"复旦管理学奖"，是由复旦管理学奖励基金会每年颁发的"复旦管理学终身成就奖""复旦管理学杰出贡献奖"和"复旦企业管理杰出贡献奖"三大奖项的合称。该奖项自2007年开始评奖，是中国管理学界的第一个大奖。而从设立该奖的目的来看，它面向全国，奖励在管理学领域做出杰出贡献的工作者，因此，也被视为中国管理学界的最高奖。其中，"复旦管理学终身成就奖"用于奖励在我国管理学领域为学科建设、人才培养等方面做出开创性、奠基性贡献的老一辈工作者，"复旦管理学杰出贡献奖"则用于奖励在管理学领域做出杰出贡献的工作者，并在"管理科学与工程""工商管理"和"公共管理"三个子领域分别进行评选。我国著名行政学家，中国当代行政学的主要奠基人，中山大学教授、政治与公共事务管理学院名誉院长，中国行政管理学会名誉会长夏书章先生于2016年荣获"复旦管理学终身成就奖"；黄季焜、胡鞍钢、郝模、薛澜、李树茁、王浦劬、马骏、彭希哲等公共管理专家学者先后于2008—2017年间荣获"复旦管理学杰出贡献奖"。

"费孝通勤学奖",是公共管理学科领域首次设立的学位论文奖,是一个以学术共同体的独立评判作为评审标准的奖项,代表了国内公共管理学科的学术共同体对本学科学位论文的综合性评议,并以此鼓励中国公共管理学科的学生致力于知识积累和创造,为国家的发展积极努力和贡献。该奖项面向全国公共管理学科领域的优秀博士、硕士和公共管理专业硕士(MPA)的学位论文,每年评选中国优秀博士、硕士、公共管理专业硕士(MPA)学位论文各1篇,以及提名奖各5篇。该奖项于2017年度启动首届评选,参与评奖的26487篇论文来自作者自愿申报、高校推荐和评审工作小组主动搜寻,并采用多轮评审模式,最终"费孝通勤学奖"评选结果为:优秀博士论文1篇,优秀博士学位论文提名奖3篇,空缺2篇;优秀硕士学位论文1篇,优秀硕士论文提名奖空缺5篇;优秀公共管理专业硕士(MPA)学位论文空缺,优秀公共管理专业硕士(MPA)提名奖2篇,空缺3篇。

"中国研究生公共管理案例大赛",是由教育部学位与研究生教育发展中心、全国公共管理专业学位研究生教育指导委员会于2016年设立的全国研究生创新实践系列大赛的主题赛事之一。该赛事旨在引导我国研究生尤其是MPA学生更加关注我国公共管理实践发展,进一步提高其综合运用公共管理理论和公共政策分析方法科学有效地解决实际问题的能力,同时,引导在公共管理高等教育中进一步推广案例教学方法,进一步推动高校与政府机关和非政府公共机构间的沟通,使公共管理研究生教育与国家发展大局更加紧密结合。2017年4月29日,"案例中心杯"首届中国研究生公共管理案例大赛经过初赛和决赛的层层竞争选拔,最终评选出"一等奖"4个、"二等奖"12个、"三等奖"16个、"优秀奖"68个、"最有价值队员奖"4个以及"最佳案例奖"2个。在2019年年初,第三届大赛赛事正在进行中。

除此之外，也有越来越多的地区和高校为表彰先进、促进公共管理学科发展和繁荣而设立相关奖项或举办形式多样的学科竞赛，如中国人民大学公共管理学院于 2015 年设立包括"最佳学术奖""学科贡献奖""教学贡献奖""优秀教材奖""跨学科研究团队奖"和"学院贡献奖"六个奖项在内的年度贡献奖；浙江省公共管理学会于 2017 年启动并每年主办浙江省大学生公共管理案例分析大赛；中国人民大学公共管理学院也于 2017 年开始连续三年举办面向本科生的"求是杯"全国公共管理案例大赛等。这些公共管理学科奖项的设置与评选，以及丰富的学科竞赛的开展，都促进着公共管理学科领域内积极竞争、拼搏进取的良好氛围的形成与扩散，并进一步推动学科的蓬勃发展。

四 公共管理学科专业学术刊物的发展

学术刊物是助益学科发展、促进思想交流并服务国家和社会的重要载体，随着公共管理学科在我国的发展壮大，也涌现了包括《中国行政管理》《公共管理学报》《公共管理评论》《公共行政评论》《行政论坛》等在内的一大批创办精良的专业学术刊物，刊发了许多具有创新性和前瞻性的学术研究论文，对推动公共管理理论的繁荣，促进公共管理实践的现代化、科学化发展做出了不可磨灭的贡献，成为广大公共管理学者的良师益友和公共管理共同体的精神家园。

《中国行政管理》杂志于 1985 年 7 月创刊，由国务院办公厅主管，中国行政管理学会主办，是新中国成立后创办的第一本研究行政管理的专业刊物，是反映政府行政管理理论与实践的全国中文核心期刊，也是目前我国行政（公共）管理学科大型综合性期刊，被全国中文核心期刊要目总览列为"管理学类"第一位。2012 年入选国家社科基金学术期刊首批资助名单。该杂志也是全国中文核心期刊、中国人文社会科学核心期刊、中国权威学术期刊（RCCSE）、中国社会科学引文索引（CSSCI）来源刊、中国期刊全文数据库

（CJFD）收录刊，在学术界和实践界享有广泛盛誉。2015 年是《中国行政管理》杂志创刊 30 周年，夏书章先生在其《记〈中国行政管理〉杂志创刊三十年》一文中，回顾了中国行政学的发展历程以及《中国行政管理》在此过程中表现出的巨大社会影响力。在 30 余年的发展中，《中国行政管理》杂志从初期的双月刊改为月刊，至 2019 年 3 月共出版 405 期，刊载文章近万篇，所研究内容既能保持对公共管理重点领域的密切关注，又能更快速跟进国家改革热点做出及时回应，对深化行政管理理论、推动中国行政管理体制全面改革和发展发挥了重要的引领作用。

《公共管理学报》（季刊）于 2004 年创刊，是哈尔滨工业大学管理学院主办的，面向全国发行的公共管理学术期刊。《公共管理学报》每期刊载 14 篇左右的学术论文，每篇论文一般在 15000 字左右，主要涉及政府管理、公共政策分析、公共卫生管理、社会保障等与公共管理学科有关的研究主题，在研究方法上注重以事实为基础的实证研究，强调研究成果在中国场景下的适用性和应用价值，旨在繁荣与深化中国公共管理学术研究、探索提升政府治理水平的方略与途径。创刊 15 年以来，《公共管理学报》为我国公共管理研究开辟了一块标领学科前沿、学理实证兼顾的重要学术阵地，已经成为我国管理类期刊中高水准的学术平台，其展现中国场景、关注现实问题、规范学术研究的办刊指导思想，公开、公平、公正的办刊原则已经得到我国公共管理学界同人的认可与支持。该刊目前是国家自然科学基金委员会管理科学部认定的 22 种管理科学 A 级重要期刊之一，已入选《中文社会科学引文索引来源期刊目录》（CSSCI）、《中文核心期刊要目总览》，其影响因子在中国"政治学"类期刊中曾连续七年位列第一，2017 年在"管理学"类期刊中位列第三，并荣获"2016 中国最具国际影响力学术期刊"。

《公共行政评论》（双月刊）创刊于 2008 年 1 月 1 日，是由广东省出版集团有限公司、广东省行政体制改革研究中心主办，教育部人文社会科学重点研究基地——中山大学中国公共管理研究中心、广东省行政管理学会协办的专业学术刊物，其办刊宗旨是，倡导规范严谨的研究方法，提升公共行政研究质量；回应公共行政实践，建构公共行政学本土化理论；跟踪国际公共行政理论前沿，展开建设性的学术对话；弘扬公共精神，服务我国公共行政实践。创刊十余年来，《公共行政评论》杂志密切关注国内外公共行政学研究的最新动向和前沿问题，强调以专栏反映热点问题和引领学术讨论，共刊载文章917篇，无论在研究主题的前瞻性、学术的原创性，还是内容的丰富性和观点的多元性等方面都得到了学界的认可与好评，不仅是公共管理研究与学术交流的重要平台，也为国家党政机关的管理实践与决策提供了重要理论参考和经验借鉴。该刊于2012年进入权威数据库《中国社会科学引文索引来源期刊目录》（CSSCI），同年入选中国人民大学"复印报刊资料"重要转载来源期刊，并在权威数据库《中国学术期刊影响因子年报》（人文社会科学2012版）中排名第五，2015年入选《中文核心期刊要目总览》。

五 中国公共管理学科的案例编写与案例库建设

一般认为，管理学领域的案例教育肇始于哈佛商学院的工商管理案例教学，到20世纪30年代中期在美国的公共行政与公共管理教学中得以使用和推广（司林波，2015）。作为一种启发式的教学方式，案例教学能够为解决传统教学理论与实践脱节的难题提供有效途径，因此，在20世纪80年代中期引入我国公共管理专业教学后得以快速发展。进入21世纪，案例教学已经成为我国公共管理学科人才培养的重要环节，而科学化的案例编写和案例库建设也是公共管理学科建设和教育改革的重要任务和必要途径。

在公共管理案例库建设方面，自2001年起，中国人民大学在"985工程"中设立了"公共政策与公共管理案例库建设"项目，目前已经进入项目建设的第二期并出版了多部教材。清华大学公共管理学院也从2001年开始与美国锡拉丘兹大学麦克斯韦尔学院联合开展案例教学培训工作，2004年引进哈佛大学在公共管理案例教学方面的方法和经验，成立了"中国公共管理案例中心"（China Case-Center for Public Policy & Management，CCCPPM），致力于公共管理教育领域的案例开发、案例写作和案例教学方法的研讨，"中国公共管理案例库"即是其历时九年精心研究自主开发的具有时效性、本土性和典型性的高品质教学案例库，并成为迄今为止国内最大的公共管理案例库。

"中国公共管理案例库"（网站界面如图4—7所示）主要用于公共管理领域的教学、培训和研究，亦可作为政府部门和机构的智库，服务于中国公共管理教育事业的发展，覆盖公共政策、公共部门战略管理、公共经济学、公共危机管理与决策、非营利与公共事业管理、国际事务和战略管理、廉政建设、领导科学与艺术、政府组织与管理、区域发展与城市治理十大方向。案例库中的每一篇案例均由清华大学公共管理学院教师指导，硕士和博士研究生等专业的案例写作人员基于实地调研和各类参考文献开发写成，其中，根据孙志刚事件、医疗改革、冰冻雨雪灾害等一系列深刻的现实事件而撰写的教学案例讲述着中国经济社会发展过程中面临的重大问题，

图4—7 "中国公共管理案例库"网站界面

新鲜生动的地方政府创新案例体现了中国特色的发展道路，是深入探索中国公共管理的最佳实践，因此，具有真实性、典型性和冲突性特征。清华大学公共管理学院教师的长期实践证明，课堂教学效果非常显著，能够培养 MPA 学生在公共管理理论框架下分析、解决问题的能力，实现了理论与实践的有效结合。同时，北京大学、复旦大学、厦门大学、暨南大学、华中师范大学等高校也都积极开展着公共管理案例库建设工作。

此外，2013 年在教育部和财政部的支持下，教育部学位与研究生教育中心启动了"中国专业学位教学案例中心"（网站界面如图 4—8 所示）建设，至 2019 年年初，案例中心已建成会计、公共管理、教育、工商管理等多个专业学位的案例库，其中公共管理案例 1026 个，位列第二。而结合全国 MPA 培养院校和 MPA 研究生教育的迫切需要，经全国 MPA 教指委研究并由国务院学位办同意批准，教指委在 2013 年新年工作座谈会上也举行了"全国公共管理案例中心成立暨揭牌仪式"。全国公共管理案例中心以"统一规范、共同建设、择优入库、资源共享"为宗旨，开展案例库建设、推广与共享、案例教学师资培训、优秀公共管理案例评审入库、案例基地建设以及国际交流合作等方面工作，致力于推动中国特色公共管理案例研究和案例开发，传播案例教学成果，促进案例教学的经验交流与质量提升，实现中国公共管理教育领域内的案例资源共享、师资共享、学术成果共享和国际合作资源共享。

总体来看，目前我国大多数高校在 MPA 教学中已普遍采用案例教学，公共管理类专业本科生教学中也在不同程度地引入案例教学。而关于进一步推动公共管理案例库建设，促进案例开发和案例教学广泛推广，也不乏学者予以关切和探讨，如宁骚（2006）对公共管理案例教学以及教学案例撰写的要求和注意事项进行了系统阐述；司林波（2015）则从科学化的案例库建设出发，提出了包括总体规划、主题选择、素材收集、案例撰写、试用检验、入库维护和推广应用七个核心步骤的公共管理案例库开发流程，并从案例撰写标准

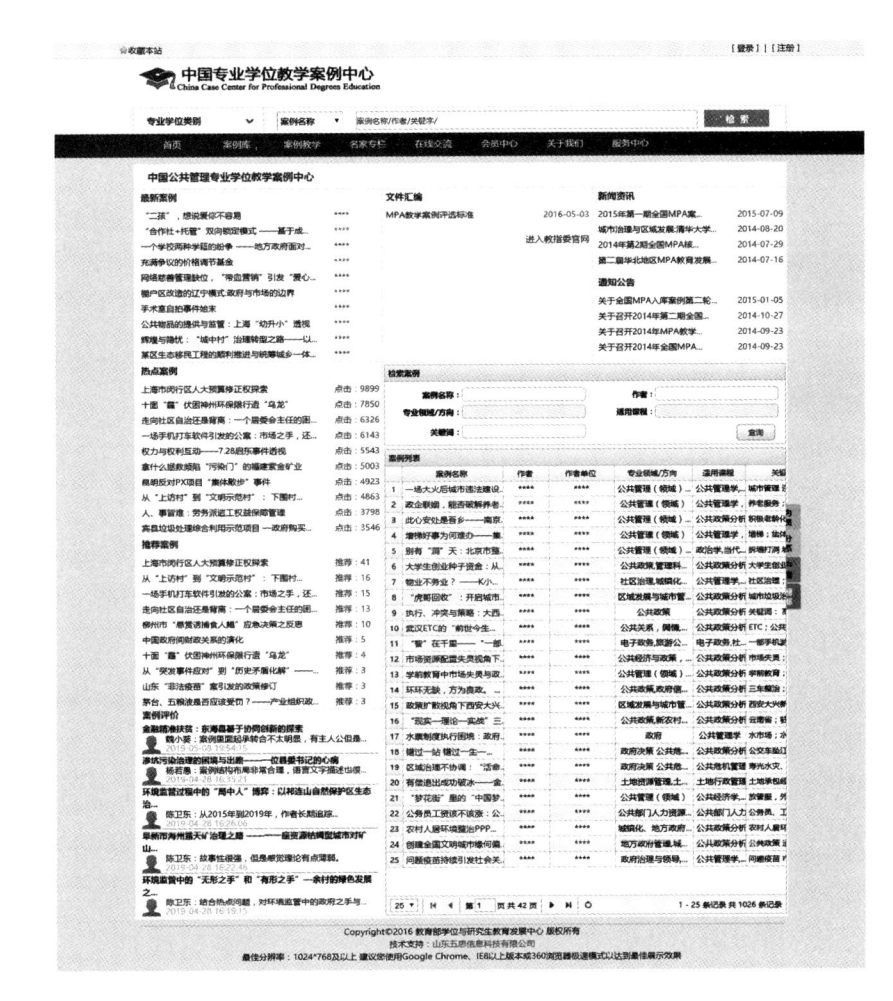

图4—8 "中国专业学位教学案例中心"网站界面

化、入库案例质量保证和案例库质量保证三个方面提出了具体标准和实践措施。

六 公共管理学科研究范式及方法论的争论

每一门社会科学都具有自己独特的研究范式和适合其研究活动的方法论，在公共管理学科发展演进并成为一门独立学科的历程中，也伴随着学者们对其研究范式和方法论的不断反思与争论，但正是这些争论客观促进了公共管理学科方法论体系的健全和完善，为公共管理研究者及学术共同体开展学科教学和研究，并取得具有科学性、应用性的高质量研究成果提供了多元化的工具选择。

公共管理学作为一门交叉学科，其研究范式与管理学存在着很多相似之处，而方法论则更多借鉴于经济学和统计学等学科。曹堂哲、孙智慧（2015）认为从20世纪40年代开始，西方公共管理学界便经历了三波关于方法论的论辩：第一波是以以西蒙为代表的实证主义和以沃尔多为代表的规范主义之间的争论为焦点，二者就公共管理的本体论、认识论和方法论等方面展开了旷日持久的争论。这场争论，加之当时学者们对公共行政的学术地位、研究范围、主题等方面认识存在的分歧，曾一度引发了公共行政学的"身份危机"和"思想危机"。第二波以批判主义和实证主义之间的争论为焦点。1979年丹哈特针对西蒙的理性实证方法，将批判方法论引入公共组织的研究中，引发了实证方法论和后实证方法论之间的争论。第三波则以倡导方法论的整合为主要特征。1986年怀特提出后经验论哲学用以整合公共管理研究的实证、诠释与批判三种取向；斯托林斯则认为成功的研究应该整合经验主义传统的量化研究与现象学传统的质性研究。

从中可以看出，西方公共管理学者们争论的主线，即是公共管理研究方法论层面实证主义与非实证主义的对立和融合，并在持续的反思和争论中经历了一个从偏重实证研究到强调实证研究与规范研究并重的过程。而公共管理学科方法论的探讨和发展在我国也遵循着同样的规律和逻辑，国内早期介绍和研究公共管理方法论的教材和文献，大多以介绍实证研究的定量和定性分析方法为主，之后则有学者过渡到对规范研究的强调。如周强（2014）、彭高亮（2018）等都曾从规范研究的认识和内涵、基本假设、隐含假设以及操作框架等方面对公共管理学研究中常用的规范研究进行阐释。近年来，也有国内学者在实证与非实证主义基础上开始探讨公共管理学研究的新范式，如曹堂哲、孙智慧（2015）辩证指出，实证主义者将公共管理现象看作"自然的",非实证主义者将公共管理现象看作"人文的",而事实上,公共管理并非单纯的"自然"存在,亦非单纯的"人文"存在,而是介于自然和人文之间的"人工物",但"在讨论人工物,尤其是设计人工物时,人们经常不仅着眼于描述性,也着眼于规范性"。因此,人们的思维应当从公共管理学方法论的论争史上关于"自然"和"人文"对立的争辩中解脱出来,在将公共管理作为"人工物"的基础上,形成清晰而完整的公共管理技术设计研究范式。

总而言之,关于公共管理学科方法论的持久争议和变迁,其最终目的都在于促使公共管理作为一门独立学科,能够根据自身的学科特点和问题需要,适当借鉴和吸收相邻学科的方法论工具,构建具有本学科特色的方法论体系,并在此基础上形成包括学术传统、共同体信仰、研究方法论、解释逻辑等在内的公共管理学科研究的独特范式。

第四节 未来的机遇与挑战

新中国成立的70年也是我国公共管理实践探索的70年,特别是改革开放以来人文社会科学得以重建与快速发展,我国的公共管理学科在学科建设、理论研究、人才培养以及社会服务等方面成就斐然。但总体来看,中国的公共管理学科在理论和话语体系的构建,以及实践功能的发挥上仍面临着诸多问题和挑战,尚不能将其称为一门发展成熟的学科。而中国特色社会主义进入新时代,党和国家在对经济社会发展做出新的战略部署的同时,也对包括公共管理学科在内的哲学社会科学提出了新的要求与寄望。新时代的公共管理学科必将充分把握这一历史性的发展机遇,不断优化学科体系,提升学科影响力,加快建设"中国特色、世界一流"公共管理学科的步伐,为国家发展重大需要提供强有力的智力支持。

一 中国公共管理学科发展面临的问题和挑战

关于中国公共管理学科存在的问题及所面临的挑战，是学科发展进程中持续受到关注与讨论的议题。公共管理学科"十三五"发展战略与优先资助领域遴选研究课题组在专家咨询和问卷调研分析的基础上，把中国公共管理学科存在的主要问题总结为五个方面（薛澜等，2017）：一是学科边界不够明晰、学科体系不够完整、学科共识有待提升、研究方法有待规范、研究范式有待统一；二是学科定位不够明确，对基础理论研究与应用政策研究之间关系、国际化与本土化之间关系的认识存在摇摆与混淆；三是学科基础不够牢固，与成熟学科相比，在基础研究、数据积累、工具方法等方面存在较大差距；四是公共管理理论研究与政策实践之间存在脱节；五是学科发展布局缺乏整体性、战略性、前瞻性。

陈振明（2018）也认为，目前我国公共管理的研究水平不高，存在着学科边界模糊，视野狭窄，基础不牢，知识体系不完整，研究方法不规范，知识创新不足，理论研究落后于实践发展，针对性、应用性不强，对国外公共管理领域的新思潮、新流派、新理论和新方法的跟踪研究、批判分析与消化吸收尚待加强等方面的问题。此外，也有学者在反思中国公共管理学科从分化向整合迈进的过程时指出，公共管理学科整合面临的挑战主要包括公共管理学科的概念、完整的学术体系以及内部各学科之间的内在逻辑联系尚未建立；公共管理学科的研究对象、研究边界还不够清晰；公共管理学科在多大程度上能够回应现实问题的挑战，以及在多大程度上能够正确对待其历史和传统尚未引起足够重视（李文钊，2016）。

可以看出，中国公共管理学科发展面临的问题和挑战集中反映在独立学科体系及话语体系的建构上。当然，这并不是公共管理学科所独有的问题，而是应用型学科从基础学科分化成独立的学科体系后普遍面临的来自学科边界界定和研究范式选择的挑战。也正是这些对公共管理学科价值、边界、范式、方法论的思考与批判，为丰富学科的内涵和外延、推动学科螺旋式发展提供了动力源泉。

二 中国公共管理学科未来发展面临的机遇

党的十八大以来，党和国家站在全新的历史定位和起点上，对全面深化改革、全面依法治国、全面建成小康社会以及深化党和国家机构改革做出了一系列重大部署，并提出完善和发展中国特色社会主义制度、推进国家治理体系和治理能力现代化的改革总目标。党的十九大更明确宣告，中国特色社会主义进入新时代，我国社会主要矛盾也已转化为人民日益增长的美好生活需要和不平衡不充分的发展之间的矛盾。社会主要矛盾的变化是关系全局的历史性变化，对党和国家工作也提出了许多新要求。

很显然，新时代中国公共管理学科发展迎来了又一次历史性机遇。新时代全面深化改革和社会主义现代化建设产生了大量亟待解决的重大理论与实践问题，在现有学科体系中，公共管理学科最有优势也负有责任予以有效回应，例如，国家治理体系和治理能力的现代化，党和国家机构改革，法治国家、法治政府与法治社会"三位一体"建设，"五位一体"与"四个全面"总体布局的战略与政策，民生发展与公共服务改善，科技创新与创新性国家建设，人才强国战略的制定与实施等（陈振明，2018）。这些问题的解决急需具有中国特色公共管理学科的理论、方法和技术的指导及应用，而根植于西方文化土壤和管理实践的公共管理理论无法真正解释和解决我国公共管理的实践问题。此外，习近平总书记在2016年5月召开的哲学社会科学工作座谈会上明确指出了加快构建中国特色哲学社会科学的重要性、目标、方向、原则、要求和措施，为加快构建包括公共管理学科在内的中国特色哲学社会科学的未来发展指明了方向。

因此，中国公共管理学科必须顺应时代发展需要，加速学科的本土化、规范化建设进程，形成具有中国气派的公共管理学科理论和话语体系，成为反映公共管理的中国实践、总结公共管理的中国经验、传递公共管理的中国声音、体现公共管理的中国智慧、彰显公共管理中国特色的重要载体。

三 高质量发展中国公共管理学科的对策和建议

直面挑战、把握机遇是中国公共管理学科得以不断发展成熟的必然选择。那么，如何促进公共管理学科克服发展中存在的突出问题，并在新时代背景下致力于回应和解决国家发展改革新需求？这是一个具有系统性、复杂性并需要长期探索积累才能充分解决的问题。在此，笔者仅针对当前公共管理学科发展中存在的本土化学科体系和话语体系不健全以及方法论质疑，提出初步的建议和参考，期望能够为促进中国公共管理学科的高质量发展拓宽思路，并丰富其对策和路径选择资源。

第一，寻求公共管理学科发展本土化与国际化的有机统一。如陈振明（2018）指出，要"在哲学与方法论层面思考、把握和处理好学科发展中的学术与政治、科学和意识形态、主观与客观、事实与价值、传统与现代、本土化与国际化以及地方性与全球化等方面关系。特别是处理好本土化与国际化关系问题对于中国公共管理学或行政学的发展极端重要"。对此，既要注重国外公共管理理论发展的方向和前沿的跟踪，又要具有强烈的现实关怀，立足并准确把握中国公共管理的实践轨迹，总结中国公共管理经验，探求中国公共管理规律，并将基于实践的经验话语，提炼上升到理论层面，转化为学科话语或学术话语，形成独立的公共管理学理论和话语体系，从而克服对西方理论的简单"追随"与"遵从"。

第二，进一步推动中国特色公共管理理论与实践的对接，探索从公共管理实践深化到公共管理话语，再演进为公共管理理论，并最终融合为公共管理学科的学术发展路径。尽管"理解问题"被认为是"解决问题"的前提依据，但其更主要的目的是在完善的理论基础上实现知识的应用和增进。中国特色公共管理学科要充分强调理论研究对国家治理和行政体制改革实践所产生的反馈作用，使学科的理论发展与中国特色社会主义的建设紧密相连,通过系统科学的研究推动问题的解决和实践发展。因此,公共管理学科的高质量发展要避免寻章摘句、坐而论道,密切关注并积极回应公共管理实践需要,不断探寻更有效的公共管理理论与实践相结合以及理论服务于实践之法。

第三,构建自主、有效并不断自我优化的公共管理学科方法论体系。系统、科学、独立的方法论体系是促进公共管理学科研究与创新的重要工具。公共管理作为一个典型的交叉学科,其方法论来自对大量学科研究基础和方法论的借鉴与运用。但要使公共管理学科发展成为独立的具有中国特色的社会科学,必须建立起适用于本学科领域自主、有效的方法论体系。一方面,从认识论层面奠定基础,揭示公共管理学科观察世界和解决问题的方式;另一方面,在吸收相邻学科方法论的过程中,根据自身学科特点和问题取向,平衡并明确实证研究与规范研究在本学科运用的重点和关系。此外,也需跟踪国际公共管理研究的方法前沿,开发运用行为研究、实验研究、预测研究、模拟仿真、数据挖掘等方法和技术,促进现有方法论体系的即时更新与自我优化,真正成为"中国特色、世界一流"公共管理学科的重要支柱。

第五章

战略管理*

第一节 引言

中国改革发展的独特路径和持续高速增长的经济受到世界的广泛关注,是世界发展历史中最激动人心的经济现象之一(Naughton,2010)。这个拥有世界约20%人口的大国,从改革开放以来,GDP从1978年的3678.7亿元增长到2018年的900309.5亿元①,成为21世纪世界第二大经济体。中国经济的飞跃增长不仅是全球商界和政界领导者必须面对的事实,而且对广大的经济管理甚至整个社会科学领域的学者而言都是一道"智力难题"(徐淑英、刘忠明,2004)。

对于中国经济奇迹,国内外很多学者从宏观、政府、组织以及社会等各个方面做过解释,也存在诸多的争议。尽管如此,但似乎有一个广泛共识,即中国的经济成就并不是偶然的,其进步离不开中国各类企业活力的释放和潜力的发挥。无论是从计划经济到市场经济的"转型",还是从传统农业经济到现代产业经济的"增长",

---

* 本章部分内容将在国内期刊发表,特此说明。
① 资料来源:中国国家统计局。

是以大量的中国企业诞生、成长与衰败为微观基础的（黄群慧，2018a）。新中国成立之初，我们在技术与管理水平方面相对落后，1979年以前还不存在正式的民营企业和外资企业，各行业的领导企业中并没有中国企业的身影，而在今天，中国各类市场主体已达到1亿户。① 随着中国经济总量的迅速增加，中国企业的规模也越来越大，据2018年最新的《财富》世界企业排行榜数据，中国企业已经超过100家进入世界500强。

在过去的70年中，无论是国有企业，还是民营企业、外资企业，各种各样的大企业、中小企业乃至个体工商户，都在中国改革开放的政策红利下奋勇前进，也带来了中国经济和社会等诸多领域的重大变化。这些数量庞大的各类企业，面对快速变化的技术环境和激烈竞争的市场环境以及日益复杂的国际环境，进行了大量的战略变革和管理实践活动，为经济管理领域的广大学者提供了令人兴奋的沃土。

中国企业从"摸着石头过河"的"探路者"到学习西方管理经验的"追随者"再到如今成为有所创新的"同行者"。针对中国企业丰富的管理实践活动，国内外也积累了一大批有影响力的研究成果，对于中国管理学者，也从研究上的借鉴和模仿逐步向批判和创造转变，开始为国际管理知识贡献自己的力量。

由于战略管理超越了某一具体职能的管理，其基本问题是企业如何获得和保持竞争优势（Rumelt，Schendel and Teece，1994），因此，战略作为企业发展的核心内容之一，尤其能反映中国企业的动态演化过程。于企业而言，对战略的规划和管理不仅关乎生存和成长，更体现了企业的最高层次的管理实践水平，伟大的企业无一不是通过战略调整变革推动组织创新而走向持续成长的。伴随中国企业从"蒙着打"到"想着打""瞄着打"的学习转变，中国企业的战略研究也逐渐形成从借鉴到探索再到创新的发展轨迹。目前来看，

---

① 资料来源：国家市场监督管理总局网站。

中国企业战略管理的相关研究已有相当进展，无论是学术研究方面的科学化、特色化，抑或是实践研究方面的多样化、情境化，甚至中国战略管理学科和培训体系以及知识传播，各个方面都呈现出勃勃生机。新中国成立70年之际，如何系统梳理和回顾中国战略管理取得的成就，如何挖掘和归纳中国战略管理的经验和规律，就成为当代国内学者面临的重要挑战和迫切任务。

中国企业与国家经济改革、结构调整及政策变化乃至技术变革、社会发展、国际关系错综复杂地交织在一起，因此，中国企业的战略演进也是具有多向维度的复杂过程。为了更好地理解这一幅中国企业战略管理发展的纷繁芜杂却又十分令人振奋的图景，我们立足文献综述的模式，从研究的"主题—层次—理论—方法"四个方面和实践性研究的"区域范围—企业性质—企业家角色"三个方面进行挖掘和拓展，对中国战略管理研究的70年图景做一个大致的梳理和描绘，并在反思与总结中提出了未来发展方向。

一　样本的选择

目前常用的文献检索方法有两种，一种是限定研究领域内的期刊，在期刊内筛选关键词；另一种是在检索库中直接检索关键词。为了确保文献样本的精准性，我们在确定论文研究样本时主要采用了先限定期刊再筛选论文的方式，通过文献检索、分组对照、专家咨询、问卷调查等方法，最终确定了本研究的文章样本。

（一）期刊的选择

为了保证所选文章的质量，首先我们限定了期刊的选择范围。对于中文期刊，一方面参考国家自然科学基金委员会管理科学部认定的管理类30种重要期刊，另一方面参考中国人文社会科学期刊AMI综合评价报告中收录的58种A刊。其次我们对这些期刊进行了进一步的筛选，删除掉该目录期刊中不包含或极少包含关于战略管理领域的期刊，或者没有设立过关于战略管理研究专题的期刊，进一步缩小期刊的选择范围。最后我们综合CSSCI影响因子和专家咨询以及访谈结果,确定了以下 14 种期刊为本研究文献的样本选择来源期刊:《管理世界》《南开管理评论》《中国工业经济》《经济管理》《外国经济与管理》《中国软科学》《科学学研究》《科研管理》《管理科学》《管理评论》《中国管理科学》《管理学报》《管理工程学报》《管理科学学报》。

英文期刊的选择标准同样是期刊是否为具有较高影响力的国际顶级英文管理类期刊,依据 Franke(1990)、Tahai 和 Meyer(1999)、Tsui(2004)对管理领域期刊的评估,同时我们也参考了苏勇和顾倩妮(2011)、韵江和鞠蕾(2010)、李瑜和武常岐(2010)等国内学者在综述文章中对国外期刊的选择标准和结果,最终我们选择了 *Academy of Management Journal*(*AMJ*)、*Administrative Science Quarterly*(*ASQ*)、*Academy of Management Review*(*AMR*)、*Strategic Management Journal*(*SMJ*)、*Organization Science*(*OS*)、*Journal of International Business Studies*(*JIBS*)、*Journal of Management*(*JM*)七种期刊作为外文文献的来源期刊。

(二)论文的选择

在确定了 14 种中文期刊和 7 种外文期刊作为本研究的期刊范围后,我们分别进行中英文样本文献的选择。对于中文样本文献,我们首先通过中国知网(CNKI)搜集,按照 14 种中文期刊检索主题与摘要中并含"战略"的文章,共获得 3865 条结果,由于我们研究的战略层面是企业或产业层次的战略,而这些文章中还包含国家战略、区域、城市战略等宏观层面的研究,因此我们又进一步通过在结果中检索主题中含有"企业"或"组织"或"公司"的文章,共获得了 3066 条结果。然后,我们建立了包含论文作者、篇名、期刊、年份、摘要、关键词等信息的数据库,由于从 CNKI 导出的数据有存在重复结果的可能,因此我们通过软件过滤掉重复的文献,经过上述数据库筛选后,我们对所选结果还进行了进一步的人工筛选,目的有二,其一是过滤掉书评、会议综述、期刊专栏介绍等与科研论文不相关的检索结果;其二是筛选出确实属于战略管理研究领域内的研究论文，在该环节我们通过确定战略管理研究领域的关键词作为筛选依据。

战略管理领域的关键词选择是重要一步。结合当前我国学者（许德音、周长辉，2004；武常岐，2010；朱振坤、金占明，2008）对战略管理研究的相关综述，又综合 Park 和 Gordon（1996）对于论文是否属于战略管理研究的判断方法，同时，咨询国内战略领域的权威学者，从战略研究的整个学科出发我们限定了战略管理研究的关键词，之后我们组建了一个 10 人的文献管理团队，该团队由 1 名教授、3 名博士生、6 名硕士生组成。我们划分为两个小组，通过关键词的确定，分别对上述样本文献库进行筛选和归类，最终对比两组的筛选结果，将有异议的结果通过与会讨论、咨询专家等方式进行筛选，最终有 2907 篇中文文献成为我们的研究对象，其年代分布及期刊分布分别如图 5—1、图 5—2 所示。其中，需要注意的是，样本期刊多建刊于 80 年代，加上我们关键词条件的筛选，样本中 1949—1981 年的文献实际上处于缺失状态，因此图中仅展示了 1982—2018 年的文献分布。

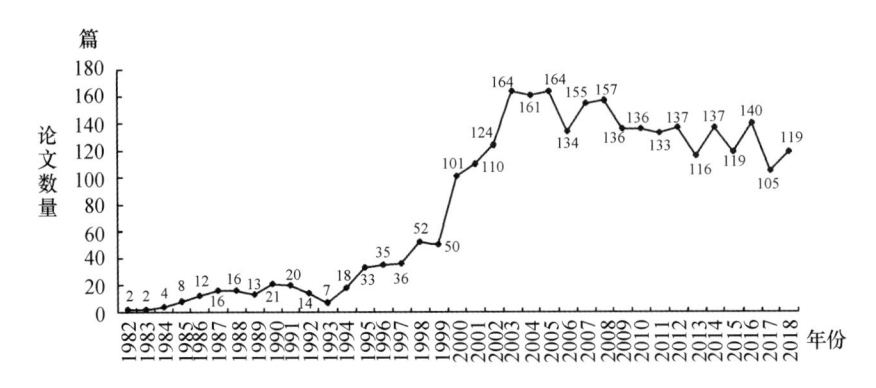

图 5—1 中国战略管理研究文献逐年分布示意

资料来源：笔者依据文献数据绘制。

对于英文文献，90 年代以前中国企业战略管理问题的论文数量相对较少，因此我们首先判断上述 7 种外文期刊的文章中是否为讨

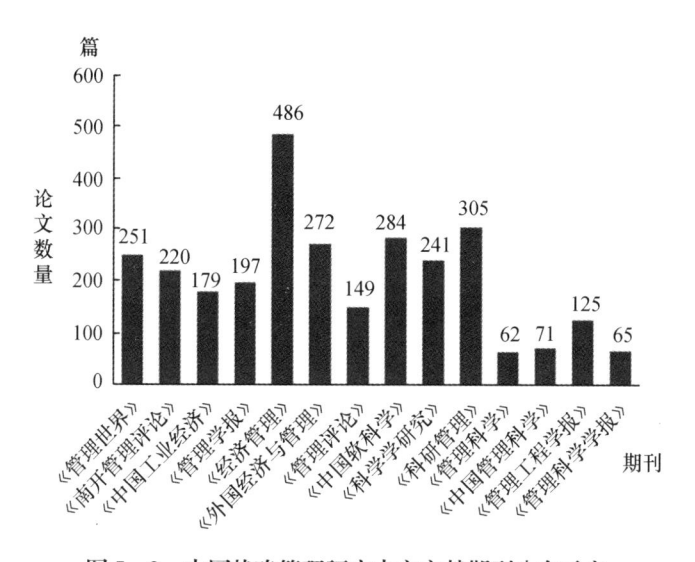

图5—2 中国战略管理研究中文文献期刊分布示意

资料来源：笔者依据文献数据绘制。

论中国问题的研究，通过在7种期刊中检索摘要中含有"China"或"Chinese"的文章，以保证其研究情境或研究问题是围绕中国管理问题展开或是涉及中国情境的分析，其后我们仍然通过前述提到的人工筛选和分组筛选方法，最终确定了样本英文文献302篇，其期刊分布如图5—3所示。

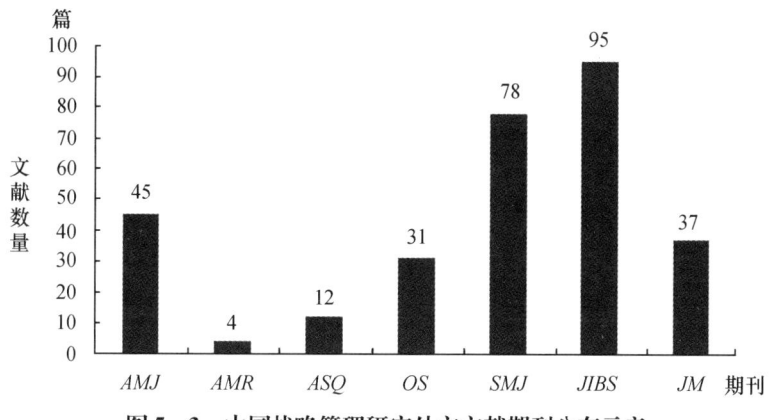

图5—3 中国战略管理研究外文文献期刊分布示意

资料来源：笔者依据文献数据绘制。

二 研究方法的选择

首先，从大量的文献中，根据上文所述的文献选择标准收集了研究文献，并对所选文献进行了系统的归纳，运用 Nvivo 对样本文献按照主题编码展开文本分析，解析出了中国战略管理研究的七大主线；另外，通过文献研究与专家咨询的方法，结合企业实践演进与国家政策制度变迁，将中国企业战略管理研究发展划分为五个阶段，分别为统筹化与战略缺失阶段、试错化与战略启蒙阶段、本土化与战略探索阶段、国际化与战略形成阶段、多样化与战略创造阶段。

第二节 基本发展历程

一 主要阶段的划分

中国战略管理的发展历程不仅同中国企业发展史紧密相关，也受制度因素的影响，很多学者都对中国战略管理研究从不同角度进行了阶段划分，如王钦（2008）将改革开放30年的中国企业战略发展分为防守型战略（1978—1992年）、进攻型战略（1993—2002年）和分析型战略（2003—2008年）三个阶段，徐二明和李维光（2018）划分为萌芽和产生阶段、发育和确立阶段、成长和国际化阶段，等等。我们在这些学者研究的基础上，基于中国情境，从制度因素、市场因素等方面，结合中国企业战略发展的阶段特征，将中国战略管理实践的发展分为五个阶段，分别为：统筹化与战略缺失阶段（1949—1977年）、试错化与战略启蒙阶段（1978—1991年）、本土化与战略探索阶段（1992—1999年）、国际化与战略形成阶段（2000—2008年）、多样化与战略创造阶段（2009—2018年）。其阶段发展特点如表5—1所示。

表 5—1 中国战略管理研究与实践发展历程

发展阶段	重要背景	企业实践	学术研究	学科发展
统筹化与战略缺失阶段（1949—1977年）	•新中国成立，工业基础薄弱，分布不均衡 •完成生产资料的社会主义改造之后计划经济全面推动	•探索与建立社会主义企业管理模式，出现单位体制与集权作坊的组织形式 •出现《工业七十条》、"鞍钢宪法"等企业管理制度 •企业缺乏自主经营权，很难制定、实施和评价战略	•引入苏联的企业管理体系和方法 •曾探索我国企业管理道路和特色理论，但"文化大革命"使管理研究遭到破坏 •基本从事宏观管理、工业管理研究，企业战略很少涉及	•独立企业尚未形成，缺乏围绕企业的管理学体系，导致战略管理教育基本没有 •大学体系受各种政治运动影响，管理学科在专业调整、合并与停办中弱化
试错化与战略启蒙阶段（1978—1991年）	•改革开放后中国开始由计划经济向社会主义市场经济转型 •随着一系列重要会议的召开和政策的实施，企业开始获得自主权	•以国有企业为核心的扩大企业自主权改革的试点开始启动 •外资企业陆续入驻中国 •以乡镇企业为代表的民营企业逐渐崭露头角 •承包制、租赁制、股份制等企业经营管理体制不断发展和普及	•开始探讨中国企业的体制改革和管理问题 •开始介绍西方企业战略管理的概念、理论和方法 •部分学者开始尝试运用中国古代军事战略思想思考企业战略 •新的管理研究组织和学术期刊陆续创立	•国家层面开始举办企业管理研究班，成立专门培训企业领导干部的机构 •部分高校成立或恢复管理类学院，从工业管理课程延伸出商业管理课程 •开始翻译和编辑出版企业战略管理方面的教材和论著

续表

发展阶段	重要背景	企业实践	学术研究	学科发展
本土化与战略探索阶段（1992—1999年）	•从改革开放开始进入新的历史时期 •社会主义市场经济地位得以确立 •一系列重要会议和政策推动企业自主权进一步扩大	•现代企业制度等一系列新的企业实践试点和改革启动 •企业内部开始组建专门的战略管理或规划部门 •中国企业战略管理咨询行业开始形成和兴起	•新学术交流平台进一步增多，但主要立足于国内 •很多学者系统地介绍西方企业战略管理的理论与发展 •国家支持的企业战略管理研究项目开始兴起	•MBA教育试点开始并逐渐展开，培养单位数量不断增加 •战略管理的教育教学不断增加 •管理学与经济学分离，成为独立的一级学科，战略管理属于工商管理下企业管理二级学科
国际化与战略形成阶段（2000—2008年）	•中国社会主义市场经济体制初步建立，开始进入完善社会主义市场经济体制的新阶段 •中国正式加入世界贸易组织	•一系列企业管理国际论坛连续举办 •大量的中国企业陆续"走出去" •中国企业在管理和经营上更加注重全方位与国际接轨	•开始更深入地探讨中国企业自身战略管理问题 •新的国内学术交流平台不断涌现，国际性交流平台也开始在国内兴起和壮大 •国际学术期刊发表的关于中国管理问题的学术论文越来越多	•部分高校建立战略管理系、战略研究所或类似机构 •战略管理成为各高校工商管理类专业的核心专业课程 •EMBA教育项目不断发展并将战略管理作为必修课程，战略管理在管理学科中的地位更加凸显

续表

发展阶段	重要背景	企业实践	学术研究	学科发展
多样化与战略创造阶段（2009—2018年）	•"走出去"战略和"一带一路"倡议被上升为国家战略 •中国经济运行呈现出"经济新常态"特征，步入工业化后期 •中美贸易摩擦不断升级，海外投资监管进入制度化建设阶段	•企业广泛参与到更加激烈、复杂和多变的国际竞争中 •企业跨国经营从追求投资规模转向投资质量和经营效益，由粗放投资转向高质量投资，由盲目经营转向依法合规经营 •新兴技术涌现，平台互联共生共享成为企业发展与转型的新方向	•确立了独立的实践和研究领域的定位，战略管理研究和教育人才队伍壮大 •众多高校相继建立了多个企业战略研究机构 •中国企业战略问题获得国际战略研究的广泛关注，大量的中国战略学者活跃于国际学术界	•企业战略管理的教育教学体系更加完善 •中国高校的管理学院、商学院以及一些MBA/EMBA项目陆续参与世界权威体系的认证或排名 •战略管理专业本科、硕士、博士不同培养层次结构不断优化，质量不断提升

资料来源：笔者依据徐二明和李维光（2018）、刘建丽（2018）并结合相关资料整理而成。

改革开放之前，是中国企业的统筹化与战略缺失阶段。新中国成立后国家通过资本市场的金融改革、企业改革以及流通市场改革等方式实行计划经济体制，1956年年底三大改造完成后，企业家阶层在中国彻底退出历史舞台，计划经济体制建成，由政府全权支配企业活动，企业没有自主经营权，这种权力的剥离使企业无从制定、实施和评价战略（徐二明、李维光，2018）。该阶段的重要特征即为国家统筹发展。

1978—1991年是中国企业的试错化与战略启蒙阶段。中国的经济改革首先从政策上解放和催生了诸多形式的企业,从农村的包产到户实践开始,到鼓励城乡劳动者自主创业,乡镇企业突起,同时,国家也相继出台了关于扩大国企自主权的政策,四川省最先推进试点改革,重庆钢铁公司等6家地方国营工业企业率先"扩大企业自主权",另外,以可口可乐为代表的外资企业也陆续登陆中国市场。这一时期企业逐渐恢复了自主经营权,企业家在不断试错与摸索中总结经验,战略启蒙阶段的主要特征即为没有发展经验的企业家在试错中前行。

1992—1999年是中国企业的本土化与战略探索阶段。社会主义市场经济体制确立,国家颁布了《全民所有制工业企业法》的实施条例——《全民所有制工业企业转换经营机制条例》,国有企业开始拥有14项经营权,明确了企业经营机制的目标和自负盈亏的责任等,另外为探索建立现代企业制度的有效途径,国务院决定选择100家国有大中型企业,按照《公司法》进行现代企业制度试点,这些政策与决定为中国企业的自由发展带来了更多的机遇,加之在前一阶段的试错中总结的经验,中国企业进入了战略探索阶段。

2000—2008年是中国企业的国际化与战略形成阶段。2000年中国加入WTO,"引进来"与"走出去"战略推动了很多企业的跨国行为,推动了中国互联网行业的兴起与发展,国家还颁布了一系列关乎企业"走出去"战略发展的文件,例如《外商投资商业领域管理办法》《中华人民共和国外资金融管理条例》《中国与东盟全面经济合作框架协议》等,这些政策的颁布为企业战略发展提供了良好的政治基础,此时中国企业于改革开放后已有20多年的探索经验,并在"走出去"过程中学习西方企业发展战略,企业战略规划与发展不断引起企业的重视,因此该阶段是中国企业战略形成阶段,其特征是诸多企业纷纷探索"走出去"战略,发展国际化战略。

2009—2018年是中国企业的多样化与战略创造阶段。国际金融危机发生之后,中国企业经历了巨大的历史考验,产业结构转型成为重要任务。这一阶段国家在政策上更加鼓励创新，例如2016年国务院颁布了《国家创新驱动发展战略纲要》，大数据、物联网、O2O创业、智慧城市、产业互联网、工业4.0、共享经济、平台生态圈、互联共生、区块链等都是该阶段涌现出的关乎企业战略与发展实践方面的热词，同时国家"一带一路"倡议的推进，为诸多企业走出国门带来了良好契机，中国企业在战略发展的探索方面已经成熟，像海尔的平台生态圈战略、华为的技术创新战略等，在商业模式创新与实践的探索中不断创造出独特的发展之路，因此该阶段是中国企业战略的创造阶段，其主要特征是战略上的多样化，不论是技术创新、组织创新，还是模式创新，发展路径不同，但在全球舞台的表现上却实现了"殊途同归"。

二　中国战略管理研究的历史基础：改革前的积累

如前所述，1978年之前的中国企业战略处于"缺失状态"，计划经济体制下严格意义上的企业组织形式尚未形成，企业没有自主经营权，这种权力的剥离使企业无从制定、实施和评价战略，加之数据的缺乏，本章无法系统地介绍1978年改革前30年的中国企业战略管理研究的细节。但我们认为，如果研究中国企业的战略发展，不能忽视这一阶段的背景基础。虽然改革前30年我们走了很多弯路，经济发展曲折艰辛，但从中国经济发展、企业发展的各类资料中可以发现，改革前30年发展而积淀的生产能力（尤其是相对较为健全的工业体系）正是1979年改革开放后不断发展的物质基础（杨德才，2009）。本章认为，除了一般性的宏观体制，改革前30年在宏观层面和微观层面上所做的积累对后来中国企业的战略发展具有良好的助益。

一是宏观基础上积累了较为完整的工业化体系。优先发展重工业的工业化战略一直是改革开放前的国家战略重心。虽然由于重工业化战略所出现的重工业快速过度发展而轻工业和农业相对滞后或萎缩，被很多学者所批评，但不可否认的是，中国工业化取得的成绩却是我们无法视而不见的。在不到 30 年的时间里，在基本上"关门搞建设"的背景下，中国独立自主建立了较为完整的工业体系和国民经济体系，这不但将中国带进世界工业大国的行列（杨德才，2009），也为 1978 年改革开放后的中国快速发展奠定了比较厚实的工业基础，同时为中国企业战略和运营管理培育了物质土壤。

二是微观基础上在生产制造环节积累了较为科学的管理体系和模式。宏观体制的推进离不开微观企业制度或组织的持续变革。伴随计划经济体制的建立和工业化建设的曲折推进，工业生产的制度和组织形式也在逐步调整和摸索。新中国在企业管理上并没有多少经验，因此，在企业管理领域自然引进了苏联的"一长制"（即厂长负责制）和"马钢宪法"①，而"马钢宪法"承袭的是将泰罗制（分工和标准化）与流水线生产结合的"福特制"（胡国栋、韵江，2011），但"马钢宪法"过于强调分工、标准、等级控制和权威，缺乏团队合作意识和员工激励，与中国情境和文化难以完全契合，因此，毛泽东批评了照搬苏联教条主义，党的八大强调党委领导下的厂长负责制，中国企业对苏联模式借鉴和改造，逐渐形成了以政治挂帅、群众性技术革命、党委领导下的厂长负责制以及"两参一改三结合"② 等多个内容，并构建了中国特色的"鞍钢宪法"③。伴随"鞍钢宪法"、大庆精神以及中国工业管理的其他改革，1961—1966 年中

---

① 指以马格尼沃托尔斯克钢铁联合公司经验为代表的苏联"一长制"管理方法。马格尼沃托尔斯克钢铁联合公司是苏联最大的钢铁联合企业，对工厂的管理是建立在"专家治厂"的基础上，有一套完整的、严格的规程、规范和标准，甚至上升到法律的高度，这就是著名的"马钢宪法"（罗仲伟，2005）。

② 即工人参加管理，干部参加劳动，改革不合理的规章制度，工人、干部、技术人员三结合。

③ 1960 年 3 月，毛泽东同志在《中共中央批转鞍山市委关于工业战线上的技术革新和技术革命运动开展情况的报告》的批语中，高度评价了鞍钢经验，将"两参一改三结合"的概念赋予鞍钢，并把鞍钢在"大跃进"期间实行的以政治挂帅和群众运动为核心内容的一套企业管理做法誉为"鞍钢宪法"，使之与"马钢宪法"相对立，要求全国大中企业学习这些经验。

国企业各项管理工作水平显著提高，生产突飞猛进，许多技术经济指标都创造了历史的最好水平。虽然鉴于政治需要的变化和经济形势的变化，"鞍钢宪法"等并没有长期贯彻落实，但这是新中国成立后中国国有工业企业有意识地探索计划经济条件下中国自己的企业管理道路，创建有中国特色的现代企业管理体系的首次努力。

总体而言，战略是企业高水平的综合性决策和管理活动，既离不开外部经济基础的构建，也需要内部管理机制的科学化，因此，在新中国成立后的经济低下、基础落后的一穷二白现状下，奢谈企业战略毫无助益，国家统筹发展而导致企业的战略缺失是不得已之路，当然，改革前30年间工业化体系积累和企业管理体系改革因受限制而大打折扣，但这些积累对于中国企业以后发展仍然不啻是有益的基础。

第三节 研究演进

回顾中国战略管理研究的历史，从邯郸学步到奋勇突破，中国战略管理领域的学者逐渐呈现出了百花齐放的丰硕成果。鉴于研究文献纷繁庞杂，为了避免主观判断，我们受科学哲学家托马斯·库恩（Thomas S. Kuhn）"范式"（Paradigm）的启发，主要从研究主题、研究层次、研究理论和研究方法方面来梳理中国企业战略管理研究成果。[①]

[①] 虽然托马斯·库恩并没有严格给出明确的单义性界定，但在《科学革命的结构》中他还是对"范式"做出基本解释，"在科学实践活动中某些被公认的范例——包括定律、理论、应用以及仪器设备统统在内的范例——为某一科学研究传统的出现提供了模型"，以后学者们趋于认同"范式"既包含科学共同体（由从事某一特定学科研究的科学家们在这一学科领域内共有的世界观、共识和基本观点构成），也涵盖范例（即某一学科研究的概念的、理论的、工具的和方法的等具体范例）（罗珉，2006）。因此，本章综合范式内涵，分解为主题、层次、理论和方法四个方面。

一 研究主题："内容—过程—情境"的脉络

依据 Lynch（2003）的研究，每个战略决策和管理体系都应包含内容（Content）、过程（Process）和情境（Context）三个要素，回顾中国战略管理研究的主题轮廓，实际上也呈现出"内容—过程—情境"交织演进的图景，三大主题既各成体系又互相联结，从观点对立到观点融合，不断地促进了中国战略管理研究的成长与发展。

（一）内容主题：从单一化到系统化和多样化

战略的内容主题是战略管理学科中的传统和核心内容，强调"企业有效定位以及关注的环境""注重于企业范畴和与市场竞争的方式"（Huff and Reger, 1987），主要是为探究保持或提高绩效，企业所采取的战略是什么（What Is），以及应该是什么（Should Be）（Boyne and Walker, 2004）。具体而言，内容主题涵盖了业务战略、公司战略、职能战略及其构成的要素。

在战略启蒙和探索阶段，中国战略管理研究在内容上关注一般战略类型居多，展现出"单一化"的研究特征。在早期启蒙阶段，研究内容围绕着介绍国外研究成果展开，并对战略管理的概念知识进行了诸多探索，一些学者做了系统的翻译引入工作，如徐二明（1985a，1985b）翻译了迈克尔·波特（Michael E. Porter）的竞争战略，一些学者介绍了国外理论，如冯正虎（1987，1988）对安索夫战略管理思想，捷生（1990）和宋华（1991）对战略联盟理论进行了介绍。还有些学者的研究围绕多角化战略（李贵硕，1981）、外向型企业发展战略（段云程，1986）、合资企业发展（罗珉，1988）。1992 年以后到了战略探索阶段，现代企业制度试点改革推进，企业自主权扩大，行业中较大规模企业开始显现，逐渐在产业战略（芮明杰、余光胜，1997）、多角化经营（王永贵、马剑虹，1998；王公义，1994）、大企业战略（郑新立、李量，1995；沈志渔，1996；张茅，1997）、战略联盟（李新春等，1998；周建，2000）、战略人力资源管理（赵曙明，1996）方面涌现出大量成果。但总体上 21 世纪前的国内战略管理研究是以提出现实情况的解决对策为重心，而对于深度挖掘抽象化的理论创新方面还未有深入。

21世纪以后的战略形成阶段，中国加入WTO，高校中战略管理课程体系不断完善，战略管理成为商学的核心课程，国内国外市场大幅放开，中国企业开始面临国际化的竞争。学者们逐渐对战略微观内容予以重视，研究更加细化，思辨性或对策性文章逐渐减少。例如，资源、能力及其与竞争优势相关的研究成为重点，不仅有理论剖析（李海舰、聂辉华，2002）也有宏观地讨论企业集群的竞争优势（魏守华、石碧华，2002；蔡宁、吴结兵，2002），还有微观角度探讨企业自主创新与竞争优势的关系（黄德春、刘志彪，2006）以及资源能力整合与竞争优势的关系（夏清华，2002；宝贡敏，2005）。除竞争优势的相关主题，企业并购（陈佳贵、黄群慧，2002；焦长勇、项保华，2002；李燕萍等，2008）、战略联盟（刘益等，2003；王凤彬、刘松博，2005）、企业家（贺小刚，2005；陈传明、孙俊华，2008）、产品（叶广宇、蓝海林，2002；薛有志、周杰，2007）、技术创新（陈劲、郑刚，2004；宝贡敏、杨静，2004）等相关主题也备受关注。

伴随中国经济崛起、全球化加剧、互联网及其移动互联网成熟，尤其是近年来"云大物移智"技术的涌现，战略管理研究进入多样化创造阶段，该阶段围绕平台型企业（罗珉、杜华勇，2018）、网络效应（蔡宁等，2015；孙军、高彦彦，2016）、共享经济（何中兵等，2018）、生态系统（欧阳桃花等，2015；李强、揭筱纹，2012，2013）、商业模式创新（吴晓波等，2013；龚丽敏等，2013）、战略转型（许晖等，2009；薛有志等，2012；欧阳桃花等，2016）等产生了大量多样化的研究。

（二）过程主题：从程序探讨到政治/社会和认知行为

战略中的过程主题被认为是如何进行选择或制定目标和行动（Hart，1992），涉及一系列不同活动的组合（Mintzberg et al.，2003），特征是随着时间的推移而发展，并且同内容和情境交互影响

(Quinn，1980；Lynch，2003）。其主要内容包含"程序集合""政治/社会活动""认知行为"和"复杂系统"等几大视角（韵江，2011），具体而言，涵盖战略规划、选择、制定、实施及变革等一系列过程，也涉及战略者的认知、决策及形成机制等。

对过程主题的探讨是从战略萌芽阶段后期与战略探索阶段开始的，研究的最主要特征即为学者对战略过程的认知是基于"程序探讨"的观点，例如周健临（1991）将企业战略计划工作视为发展制定战略的过程的观点以及捷生（1990）对战略计划过程、苏罡（1998）对企业退出战略的制定与实施步骤的讨论等，尽管没能出现对战略过程整体流程与顺序的讨论，但这些学者对有关战略过程的讨论多是基于战略过程是"程序的集合"的认知，讨论了战略选择（章建英，1992；严建援，1999）、战略制定（陈奋奇，1985；卜阙，1987）、战略实施（李崇强，1994；于立，1998）、战略评价（唐廷川，1988；刘可新等，1998）及企业成长（宋培林，1995；张玉利，1999）等方面的内容。

在战略形成阶段，国内对战略过程的研究逐渐丰富起来，对过程主题的讨论除了对"程序"的认知以外，涌现了"政治/社会"视角的认知，即主张战略过程是一种涉及众多参与者的"政治/社会活动"，并围绕政治活动的相关内容描述战略过程，例如张敏和陈传明（2005）论述的企业文化同企业战略调整之间的关系、黄卫伟和黄志伟（2007）在战略选择中提出的"价值权力"以及项国鹏（2007）对战略变革中权力阻力与文化阻力的讨论等，这些研究拓宽了学者对战略是一种程序认知的视野，丰富了战略过程主题的研究。另外，除了在萌芽与探索阶段学者们讨论的战略过程主题，该阶段还涌现出大量的有关战略变革（周长辉，2005；陈传明、刘海建，2005，2006）的文章。

在战略创造阶段，战略过程主题的研究已经非常丰富，以心理学为基础将战略过程视为一种"认知行为"是该阶段的新突破，例如武亚军（2013）提出的企业领导人的"战略框架式思考"和"超越性价值观"就是突出了个人认知或心理在战略过程中的关键作用。该阶段还涌现出了很多基于"认知"的战略过程研究，包括对战略领导力（任延东、揭筱纹，2013；李鹏飞等，2013）、CEO 变更（刘鑫、薛有志，2013，2014，2015）、CEO 开放性（连燕玲、贺小刚，2015）与 CEO 家长式领导（陈璐等，2010）或 TMT 特质（杨林、芮明杰，2010）、TMT 注意力（董临萍、宋渊洋，2017）、创业团队先前经验（田莉、张玉利，2012）等个体特质或行为对战略过程（如对战略选择、战略决策、战略变革、战略转型等）各方面的研究，扩展了战略过程的研究主题。

回顾中国战略过程主题的研究，其视角不断扩展，从基于"程序探讨"的认知，到对"政治/社会"的理解，再到对"认知行为"的关注，战略过程的主题研究逐渐深入。

（三）情境主题：从情境钝感到情境敏感和情境效应

情境主题曾经在战略管理研究中并不是主流内容，它常常被作为假设条件或一般环境而脱离研究学者视野。但技术变化、制度差异、文化变迁等对企业影响日益增强，特别是 VUCA 情形的出现，使学者们逐渐意识到情境研究的重要性，衍生了很多关于"适应性企业"（罗仲伟，2001）的研究，战略的情境主题指的是战略决策的外部境况，它明确和限定着战略决策发展的方式（Lynch，2003），情境不仅仅指企业的各种物质或技术条件，更主要地体现在制度和文化特点的集合方面（Child，2000），从情境视角出发的学者认为战略是通过企业与企业之外的各种因素的前后、内外、上下关系及其交互作用而产生的（蓝海林，2012）。

第一，制度作为重要的战略情境要素逐渐成为战略学者关注的重要主题。刘海建（2012）认为制度观能够更好地解释企业的战略行为，因此有关制度背景（李玉刚、张江华，2009）、制度距离（吴晓云、陈怀超，2013；宋渊洋，2015；贾镜渝、李文，2016）、制度压力（刘洪深等，2013；涂智苹、宋铁波，2016；蔡宁等，2017；陈力田等，2018）、制度支持（林亚清、赵曙明，2013，2014；李召敏、赵曙明，2016）等方面的研究逐渐增加。相关地，还有很多学者讨论了政府角色，像有关政府介入（苏竣、陈玲，2002）、政府引导（周殷华等，2008）、政府干预（马忠、刘宇，2010；王铜安、肖亮，2016）、政府监管（杨震宁、李东红，2010）、政府支持（李雪峰、蒋春燕，2011）的研究也成为战略情境研究的重要主题。

第二，文化是影响战略的重要情境因素，最开始很多学者都关注了战略与文化匹配的重要性（项保华、周亚庆，2002；张敏、陈传明，2005），并且形成了如"战略—文化—结构"（李相银，2002）、"战略—能力—文化"（黄速建、王钦，2007）、"文化控制—战略类型"（陈志军等，2018）等协同匹配模型，后来随着企业跨国经验的累积，不论是实践还是研究方面都意识到了文化认同与本土化（康伟等，2005）和跨文化吸收能力（孟凡臣、赵中华，2018）的重要性。另外，中国古代哲学思维，像阴阳观点（Chen，2018）、中庸思维（杜旌、姚菊花，2015；成中英等，2014），以及中国社会特有的"关系化组织"（潘安成等，2016）等作为文化情境因素也对企业战略产生重要的影响。

第三，市场因素作为企业外部环境对企业战略的影响日益重要，有关海外市场如海外市场多元化战略（蓝海林等，2018）和海外市场进入模式（黄速建、刘建丽，2009；吴小节等，2018）、市场分割如市场分割性对中国企业构成的压力与影响（蓝海林、皮圣雷等，2011）和市场分割程度与战略的关系问题（宋渊洋、黄礼伟，2014）、非市场战略如对市场与非市场战略模型的整合（樊帅、田志龙，2010）及其绩效表现（邓新明、朱登，2013）等相关研究都是战略情境的重要主题。

回顾中国战略管理研究，国内学者在战略形成和战略创造阶段重点关注本土情境。在此之前的中国战略研究大多处于情境钝感状态，基本较少考虑情境影响。蓝海林等（2012）分析其原因有两个，即学者对理论情境关系与中国情境合理性认知的不清，但我们认为还存在一个重要原因，在中国战略启蒙与探索阶段，研究多引用国外研究理论与成果，不论是中国实践还是理论讨论，都严重缺乏理论自觉，因此一直处于情境钝感的状态中。

21世纪初伴随中国加入世贸组织，文化、制度、市场等情境因素对企业战略影响的差异性日益受到关注。许德音和周长辉（2004）曾评估了2003年中国战略管理研究的现状，并认为中国战略管理研究缺乏情境认知，需要在中国的社会和制度的背景下创造适合本土的新理论。所以，此后国内学者开始注重中国特殊情境下的战略管理，对情境的关注日益敏感，涌现出武亚军等（2005）、李骥（2005）、吴晓云（2005）等学者的战略研究，不过这些研究敏感性还尚不够深厚，仅关注了上文所提的文化情境与战略的互动，而有关制度与市场的分析，主要还是对政府角色与职能的讨论。

在2008年以后中国战略研究创造阶段，有关情境的认知进一步加深，制度作为重要的情境要素得到学者的关注，重要特征即为该阶段情境因素逐渐成为战略研究中的重要变量，例如讨论制度环境对升级战略（毛蕴诗等，2009）、战略突变（李自杰等，2011）的关系，讨论组织环境与战略的关系（邓新明、田志龙，2010）等问题，从而拓展了情境主题的研究深度与研究广度，并逐渐形成中国战略管理研究的"情境效应"。

二 研究层次："宏观嵌入—产业发展—微观组织—网络生态"的主线

在战略管理学科的传统内容中，层次意指公司层—业务层—职能层的架构体系。但是由于中国企业脱胎于政府体系逐步走向市场经济的特殊性，国内战略研究的深度和广度，从政治任务等外部视角逐步过渡到管理创新等内部视角，形成了一条"宏观嵌入—产业发展—微观组织—网络生态"的主线。

（一）宏观嵌入：从简单分析到复杂联系

宏观层面的战略主要是指企业在不同国家政策下，基于国家或跨国层面，发展企业并兼顾国家利益而考虑的一些战略问题。由于很多中国企业特别是国有企业脱胎于计划经济，宏观社会经济政策的支持对中国企业非常必要，加上计划经济过渡到市场经济的长期性，很多中国企业对政策变化尤为关注。而对政策的关注也是中国战略管理研究的重要视角，这种关注从早期依赖政策与企业事实而展开的具体的描述性研究，到解释和分析国家情境与制度的研究，再到系统地研究国家情境与企业行为问题，形成了一条研究问题的"简单分析—复杂联系"的进程。

在战略启蒙与探索阶段，其简单分析主要表现为孤立地研究影响战略的宏观要素。改革开放以后，在中国战略启蒙与探索时期，从宏观层次上看，中国企业战略研究具有一定的滞后性，也即一种"有啥吃啥"的具象化研究状态，当时的研究选题大多是沿着企业实践的路线寻找契机，而那些对由国家政策推动而展开的企业行为的研究，也就成为早期从宏观层次上研究中国企业战略问题的文章。例如在引进外资与社会主义市场经济制度确立的政策背景下，国内涌现出了诸多跨国公司，同时这些跨国企业的发展问题也成为学者们关注的重要对象，例如国际化战略（厉以京等，1991）、跨国经营战略（孙维炎等，1992；李怀勇，1995）、跨国公司的全球战略（林浩，1992；卜永祥，1994）、跨国投资战略（段云程，1992；夏友富，1997；成志明，1997）等是对企业国际化或跨国公司的战略问题进行的探讨，这些研究主题实际上都是基于特定问题的具体宏观要素的研究，而对要素之间的复杂性联系尚未有深入的探讨。

到 21 世纪初进入战略形成阶段，除了对企业事实的描述，很多从宏观层次上分析企业战略的文献开始出现。例如，对制度、政府等宏观情境方面的关注，像制度安排（苏竣、陈玲，2002）、制度创新（李新春等，2008）、制度环境（郭毅等，2006）、制度变迁（沈能、刘凤朝，2008）、企业—政府关系（张建君、张志学，2005）、政府角色（陈力田、赵晓庆，2008）等，都是战略探索阶段涌现出的变量构念，这些构念不仅丰富了从宏观层次上对企业战略的分析，也使这一模块的研究内容朝着复杂联系的方向发展。

到了战略创造阶段，随着国内外环境的快速变化，企业战略研究问题更加复杂，在研究结构上，更加倾向于系统地建构战略研究的宏观变量，同时在战略研究上更是涌现出众多抽象化与专业化的构念，像政府行为（李奋生、梅大海，2015）、制度趋同（杜运周等，2009）、制度距离（陈怀超等，2013；宋渊洋、黄礼伟，2014）、制度压力（刘洪深等，2013；涂智苹、宋铁波，2016）、制度逻辑（杨书燕等，2017）、制度空隙（付婕，2018）、制度导向战略（邓新明、田志龙，2010）、制度选择（林毅夫、龚强，2010）、制度转型（魏江等，2011；刘海建，2012）等都是该阶段战略学者关注的研究主题。

综上所述，从宏观视角分析中国企业战略管理的研究实际上经历了一个由浅入深、由简单到复杂的演化进程。

（二）产业发展：从特殊到新兴和集群

产业层次主要是指企业针对行业政策或行业规则来发展或探讨企业问题。产业层次的研究在21世纪以前大多从宏观角度出发，对工业、农业等产业展开整体的战略分析，多集中于高新技术产业，如马洪（1996）、李春好等（1997）、李国友（1990）、张正铀（1998）等人的研究。21世纪以后从产业层次研究企业战略主要包含三方面的内容。

一是讨论特殊行业的企业发展问题（例如银行业、农业企业、医药行业企业等）。譬如尚航标（2014）对国有森工企业的发展进行了深刻剖析，再如学者对商业银行的境外战略投资或公司治理与绩效的研究（姚铮、汤彦峰，2009；朱盈盈等，2008；赵昌文等，2009）、对医药行业企业战略的剖析（龙勇、李薇，2008；张妍、魏江，2016），又如学者对制造业的战略问题进行的阐述（武亚军、吴剑峰，2006；黄永春等，2013；赵杰等，2013；苏敬勤、单国栋，2017）。对特殊行业企业的战略发展问题进行讨论有利于关注这些行业企业的特殊性，具体问题具体分析。

二是聚焦于企业如何进入战略新兴产业的研究。例如，一些学者剖析了"互联网+"背景下企业发展的问题（吴义爽等，2016；杨德明等，2018），蔡宁等（2017）对"互联网+"背景下的制度压力与企业创业战略选择进行了探讨，更深一步地，冯海龙等（2018）对基于"互联网+"竞争情境的时间竞争行为变革进行了探讨。此外，在"互联网+"背景下，平台型企业层出不穷，很多学者对传统企业的平台化、数字化转型等问题也进行了深入的探讨（罗珉、杜华勇，2018；谢治春等，2018；严若森、钱向阳，2018；张小宁，2014）。

三是对产业集群的研究。21世纪头几年国内学者便开始关注产业集群现象，蓝海林等（2002）对中小企业集群战略进行了阐述，后来朱英明（2003）对产业集群的创新优势进行了分析，此后李永刚（2004）、刘友金（2006）、苏依依和周长辉（2008）等人的研究都与产业集群的创新问题相关。在21世纪的头十年，关于产业集群的战略的研究，也有涉及对不同类型、不同行业的产业集群进行的分析，如农业产业集群（王保利、姚延婷，2007）、地方产业集群（吕文栋、张辉，2005；柴中达，2005；邬爱其，2009）等。近年来，学者关于产业集群的研究多集中于集群升级问题，对集群中核心企业合作能力和创新网络（郑胜华、池仁勇，2017）、产业集群升级的情境与内容（吴义爽、蔡宁，2010；郑准等，2014）、集群升级的过程（黄纯、龙海波，2016；吴义爽，2016）等内容展开了深入探讨。此外，得益于信息技术的发展，诸如中关村（陈劲等，2014）等创新产业园区的战略发展与转型问题也逐渐吸引了学者们的注意。

（三）微观组织：从向外到向内再到内外平衡

微观组织层次的研究更加关注企业自身的发展问题，关注战略决策、战略过程、战略变革、战略领导、组织结构等方面内容，但研究趋势总体呈现出"向外"重视环境适应—"向内"重视内部管理—"内外平衡"的演化路径。

第一，"向外"的研究趋势更加重视企业的环境适应，即讨论如何适应环境以提高企业竞争优势。在我国战略研究尚处于引进西方战略管理理论阶段之时，中国战略管理研究对企业微观层面的讨论都集中于对企业多元化战略、竞争战略、跨国并购、企业发展等方面的研究，企业最开始关注的是如何通过整合自身的资源与能力，实现企业的竞争优势或持续的竞争优势，早期的基于微观层次的战略管理研究多数是从这一研究动机出发的，甚至在相当长一段时期内中国战略研究都关注了这一研究主题，例如许强和陈劲（2001）、李海舰和聂辉华（2002）、冯海龙（2002，2003）、贺小刚（2002，2005）、宝贡敏（2002，2005）、李维安和周建（2004）、吴晓波等（2006）、武亚军（2007，2013）、龙勇等（2008）、陆亚东和孙金云（2014）等人都是围绕企业竞争优势展开研究的。

第二，"向内"的研究趋势更加重视企业的内部机制。随着学者对企业战略管理研究的逐渐深入，对微观组织层次的研究也逐渐增加，例如从学习理论、认知理论等视角讨论企业战略决策相关问题（朱镇、赵晶，2011；于晓宇、蔡莉，2013；尚航标、李卫宁，2015），再如从企业家背景（张建君、李宏伟，2007；陈传明、孙俊华，2008）、企业家能力（贺小刚，2005；王红军、陈劲，2007；许爱玉，2010；郭立新、陈传明，2011，2014）、企业家政治关联（李健等，2012；朱益宏等，2016；刘海建等，2017）等方面关注战略企业家行为。此外，SWOT分析、平衡记分卡、PEST分析等战略分析工具在战略管理研究中也有被提及。

第三，"内外平衡"的研究趋势更加重视企业的内外融合。基于微观组织层次的战略研究是战略管理研究的重要内容，近年来，随着现代技术的发展，除了继续从资源能力视角讨论企业战略选择（王晓文等，2009；马蔷等，2018；刘刚、于晓东，2015）与变革问题（王钦、赵剑波，2014；连燕玲等，2016）等，在转型经济背景下进行企业战略转型（胡查平、汪涛，2016）、商业模式创新（李东等，2010；刘刚，2018）、数字化战略（余江等，2018）等微观层次的研究也逐渐成为学者讨论的热点。

(四)网络生态:从关系到平台和生态

从网络生态层次关注企业或组织的战略与发展是从生态学视角对组织关系与战略选择进行的探讨,近年来随着平台型组织的发展与壮大,从网络与生态层面分析企业的战略发展问题逐渐形成了新的研究趋势。

实际上,中国关于网络生态层面的战略研究最早可追溯到20世纪末21世纪初,严建援(1999)通过对完全信息条件及不确定条件下的网络战略选择进行分析,最终提出了信息在网络化组织战略规划中的重要意义,罗珉(2001)从种群生态理论的视角解释了企业的组织关系,这些研究可以视为中国战略管理的网络生态层次研究的初步探索。近年来,"云大物移智"等数字化技术不断升级,为企业转型带来了更多的机遇和挑战,企业网络层、生态层战略逐渐成为企业战略转型与变革的方向,网络型组织、平台生态圈建设、共生关系等也逐渐被企业家及战略学者所关注。

其一,一部分学者从网络"关系"切入研究,如供应商网络(李随成、高攀,2010)、联盟网络(彭伟、符正平,2015)、网络关系与企业成长(杨锐、夏彬,2016)。罗珉(2001)从种群生态理论的视角解释了企业的组织关系,严建援(1999)关注了网络的经济性,并讨论了网络用户的零集中模式与区域集中模式,丁焕峰(2001)提出了区域创新网络的构成,陈立敏和谭力文(2002)提出了网络经济中经营方式、竞争战略和组织结构的关系等。

其二,"平台"也是从网络生态层次讨论企业战略问题的重要课题,关于平台领导,罗珉和杜华勇(2018)认为平台领导作为平台的创建者及生态的协调者,其战略选择才是构成平台领导的充要条件,丁玲和吴金希(2017)讨论了核心企业与商业生态系统的关系并提出了互利共生与捕食共生战略及其平台生态圈问题,赵振(2015)的研究认为"互联网+"模式在商业生态圈、制造生态圈及研发生态圈形成了三重报酬递增循环,对传统企业造成了"创造性破坏"。

其三，很多学者还围绕着"生态"系统展开了研究。例如，梁运文和谭力文（2005）对商业生态系统中价值结构和企业角色进行了分析，潘剑英和王重鸣（2012）对商业生态系统的模型研究进行了回顾与展望，李强和揭筱纹（2012，2013）还对商业生态系统的战略创新模型、战略行为等方面进行了分析，夏清华和陈超（2015）也对商业生态系统的5C模型进行了评述，有关商业生态系统的研究逐渐深入与细致。近几年，还有学者探讨了品牌生态圈（许晖等，2017）、产品创新生态系统（欧阳桃花等，2015）、平台型商业生态系统（龚丽敏、江诗松，2016）等，丰富了企业在网络生态层次的研究。另外，数字化转型也是网络生态层次对企业战略研究的重要内容。王永贵和邹鹏（2017）、谢治春等（2018）、严若森等（2018）、余江等（2018）等人都对数字化转型进行了探讨。

三 研究理论："引用借鉴—吸收深化—批判创新"的进程

虽然现在国内战略管理研究中的理论已成为不可或缺的组成部分，但从新中国成立70年的研究脉络来看，我们对理论学习和应用创新经历了由浅入深的长期渐进，呈现出"引用借鉴—吸收深化—批判创新"的研究进程。

（一）引用借鉴：从理论忽视到理论介绍

战略管理研究于中国起步开始时的重要特征是思辨或对策性强但缺乏理论基础，对文章的理论背景较为忽视。战略启蒙与战略探索阶段的战略研究在理论的应用上展现出"引用借鉴"的阶段特点，并实现了从无到有的突破。

第一，战略启蒙阶段的研究呈现出理论忽视的状态。如图5—4并未显示战略启蒙阶段（1978—1991年）存在引用图中理论的文章，是因为在战略启蒙时期很多理论尚处于引入阶段，如前文所述，这个时期在《管理世界》《外国经济与管理》这些期刊上出现了个别翻译和描述介绍国外理论及研究成果的论文，而除此之外的文献，大多止于对现象或问题的讨论，因此，从理论或文献基础上来看，该阶段只能是在战略管理理论的边缘探索。

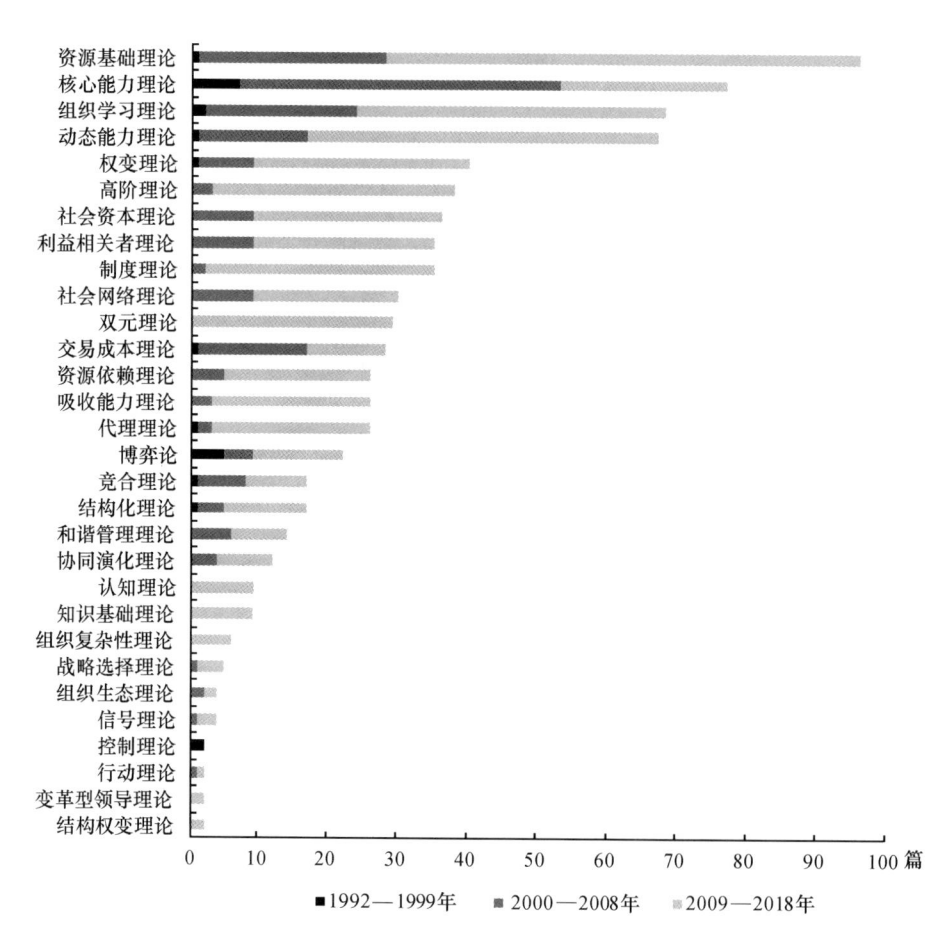

图5—4 中国战略管理研究的理论引用数量和变化

注：本研究的文献库中，战略启蒙阶段（1978—1991年）未发现严格意义上的理论应用的文章，故未显示这一阶段的理论引用数量。

资料来源：笔者整理。

第二，到了战略探索阶段一些理论开始被引用到战略管理研究中来，尽管只是出现了一些对图5—4中理论的描述或介绍，但已经使中国战略管理研究的理论基础实现了从无到有的转变。其中，引用最多的是核心能力理论（Core Competence Theory），像芮明杰和余光胜（1997）、简兆权等（1999）、康荣平和柯银斌（1999）等学者都是核心能力理论的早期关注者，不仅阐述了核心能力的理论溯源，还对核心能力理论在战略管理中的一些问题的应用展开讨论（康荣平、柯银斌，1999；简兆权等，1999）。同时，相对于80年代思辨对策研究，更加进步的是，该阶段开始出现了"准理论"的综述性文章，有对中国战略管理研究的评述（武亚军，1999；项保华，1999），还有对具体的企业柔性战略（汪应洛等，1998；李垣、赵强，1999）、战略联盟（李迅雷，1991；李新春等，1998）、产品创新（胡树华，1999）等方面的研究回顾与展望。

中国企业战略管理研究主要处于理论引进和介绍阶段，尽管在理论创新方面很少涉及，但诸多学者对国外战略管理研究的引进介绍与借鉴应用，对国内战略管理研究进程产生了深远影响，上述这些研究使中国战略管理研究实现了从无到有，并且在迷茫与探索中奠定了中国战略管理研究的基础。

（二）吸收深化：从解释应用到延伸拓展

在战略形成阶段（2000—2008年），国内战略管理研究成果中应用和讨论理论的比例大大提高，并展现出了从"解释应用"到"延伸拓展"的吸收深化的特征。这一阶段除了核心能力理论，学者还重点关注了资源基础、组织学习、动态能力、交易成本等理论，并且对这些理论的吸收深化，经历了从对构念及内涵进行解释和应用到对理论进行延伸和拓展的过程。

核心能力的研究从静态的解释应用发展到动态的延伸和拓展，静态角度下，一些学者探讨了核心技术的意义（甘路明等，2003；郁培丽、樊治平，2003）、核心能力与竞争优势的关系（周亚庆等，2004）；一些学者则从动态视角研究了核心能力的培育过程（过聚荣、周三多，2004）、形成演化（王毅，2002；谭力文等，2007）等问题。而其他理论研究也经历了从解释概念、内容等方面的应用到理论延伸和拓展的过程。资源基础理论（Resource-Based View）在这一阶段被逐渐重视，项保华和罗青军（2002）、杜慕群（2003）

对资源基础理论进行了回顾与评述，后来资源基础理论逐渐拓展到企业战略联盟（颜士梅、王重鸣，2002；林季红、何帆，2003；李玉剑、宣国良，2004）、战略人力资源（程德俊、赵曙明，2004）、战略选择（潘镇、鲁明泓，2003；陈传明、孙俊华，2008）等方面的研究中；动态能力理论（Dynamic Capability Theory）的研究从讨论动态能力的内涵与本质（黄江圳、谭力文，2002；孟晓斌等，2007）和动态能力的绩效影响（曹红军、赵剑波，2008）方面拓展到对动态能力的影响因素［如创业导向（焦豪等，2008）、经济结构（贺小刚等，2006）］的研究；组织学习理论（Organizational Learning Theory）也频繁出现，从涵盖学习和能力（焦豪等，2008）的研究拓展到讨论战略联盟中的组织学习问题（罗文军等，2004；王宏起，2005；张明等，2008）；同时，交易成本理论（Transaction Costs Theory）也被开始用于解释战略联盟（黎群，2005；徐飞、徐立敏，2003）、战略采购的问题（徐金发、卢蓉，2006）。

除了上述理论，如图5—4所示，这一阶段还有一些理论如社会网络理论（吴剑峰、吕振艳，2007；谢文武，2008）、社会资本理论（温晓俊、陈传明，2008；巫景飞等，2008；周小虎，2006）、利益相关者（贾生华、陈宏辉，2002；王凌云、张龙，2003）、权变理论（张正堂，2005；李东等，2006）、资源依赖（吴剑峰、吕振艳，2007；张毅、刘志学，2008）等被应用到企业战略管理领域中来，尽管在数量上相对较少，且并未形成主流，不过其吸收深化过程也和前几个主流理论的过程相似。

（三）批判创新：从多元嵌入到综合创新

战略创造阶段是中国战略管理研究在理解深化西方战略管理理论的基础上进行批判创造的阶段。一方面，理论引用的种类数量及深度不断增加，呈现出了多元嵌入的特点，另一方面，国内学者不论是在西方理论深化还是在本土理论开发方面，在研究理论的选择上都更加注重问题导向，并最终呈现出综合创新的研究特点。

其一，多元嵌入不同的理论是该阶段的一个特点，该阶段涌现出了很多新理论。高阶理论是在战略创造阶段被引用且被用次数较多的理论，多集中于对 CEO 继任类型（刘新民等，2013）、高管团队特质（杨林、芮明杰，2010）、CEO 自恋（吴建祖、龚敏，2018）等与战略变革之间的关系与影响的研究中。当然，也有对企业家社会资本（郭立新、陈传明，2011）、TMT 团队氛围（李卫宁等，2016）、高管团队异质性（李冬伟、吴菁，2017）等对企业或组织绩效影响的研究。制度理论也是在这一阶段新增的理论，多是基于制度理论讨论制度压力（刘洪深等，2013）、制度支持（林亚清、赵曙明，2014）、任务导向型战略领导行为（李召敏、赵曙明，2016）、先动型环境战略（迟楠等，2016）同企业或组织绩效的关系等问题，此外还有市场进入战略或模式的问题（任颋等，2015；贾镜渝、李文，2016；吴小节等，2018）。另外，一些学者对制度压力（涂智苹、宋铁波，2016）、制度逻辑（杨书燕等，2017）、制度复杂性（邓少军等，2018）的理论回顾与评述，推动了这一时期制度理论在战略领域的应用。

双元理论也是这一阶段被重视起来的理论，像讨论高管认知（邓少军、芮明杰，2013）、公司创业导向和双元能力（张玉利、李乾文，2009）与组织绩效之间的关系的研究，还有以双元创新作为中介，讨论战略柔性（李桦、彭思喜，2011）、战略选择（马鸿佳等，2016）对组织绩效影响的研究，以及对战略导向与双重网络嵌入关系（彭伟等，2017）、创新生态系统的核心企业创新悖论（胡京波等，2018）等问题的研究，都用到了双元理论。另外，代理理论也频繁出现于该阶段的研究中，多集中于研究战略剥离（吴剑峰，2009）、CEO 激励与企业国际化战略（宋渊洋、李元旭，2010）、董事会结构与战略选择（杨林、芮明杰，2010）、家族凝聚力与战略先动性（谢绚丽、赵胜利，2011）、新任 CEO 与战略变革动因（刘鑫、薛有志，2013）、公司内部治理与财务多元化战略（周建等，2017）、所有权类型集中度与董事会主导功能以及多元化战略（王垒等，2018）等内容。

其二，该阶段对理论的综合创新表现为学者立足本土，尝试对理论进行整合与开发。一方面这表现为对西方理论的整合与应用，如认知理论（朱镇、赵晶，2011；张文慧、王辉，2013；杨林、俞安平，2016）、知识基础理论（龚丽敏等，2012；马永远、江旭，2014）、组织复杂性理论（吕鸿江、刘洪，2009，2010，2011；吕鸿江等，2016）、变革型领导理论（卫海英、骆紫薇，2014；赵曙明、孙秀丽，2016）、结构权变理论（简兆权等，2017）。而另一方面学者对本土战略管理理论的开发和尝试成为该阶段研究的一个重要贡献，例如陆亚东和孙金云（2013，2014）提出适合中国情境的战略管理理论复合基础观（Composition-Based View），肖建强等（2018）提出知行合一观等；另外，对管理学中出现的一些现象与问题用中国古典哲学来解释也是该阶段的一个亮点，例如从东方文化视角提出的"合"理论（陆亚东等，2015）、"水"隐喻（Water Metaphor）在管理学中的应用（陆亚东、符正平，2016）以及水样组织（Water-Form Organization）（陈春花、刘祯，2017）等。

四 研究方法："描述侧重—实证主导—问题导向"的路径

理论和方法具有互动（Interplay）和互构（Mutual-Construction）的关系（Edmondson and Mcmanus，2007），针对不同理论，方法在其形成过程中发挥了重要的作用，同时受具体研究问题的制约，构造不同类型的理论又需要选择合适的方法与之匹配（韵江，2011）。回顾中国战略管理研究的发展，在研究方法上从分散的不规范的研究逐渐走向规范的研究，经历了"描述侧重—实证主导—问题导向"三个阶段。

（一）描述侧重：直面现象的解释

21 世纪以前，中国战略管理研究在方法的运用上是相对薄弱的，如图 5—5 所示，在 2001 年以前有明确研究方法的论文数量很少，甚至当时像《外国经济与管理》这样的期刊多以介绍西方理论与研究成果为主，因此在研究方法方面多侧重于描述与介绍，总体来说，思辨式论文数量偏多，不过，这些思辨式论文仍然是以描述或介绍为主，"思"与"辨"的成分较少，更多的论文采用描述一个理论或描述一类现象，然后提出问题、解决对策的研究模式。也就是说，该阶段在研究方法上侧重对现象或问题进行思辨的描述或解释，缺乏严谨规范的定量或定性研究。

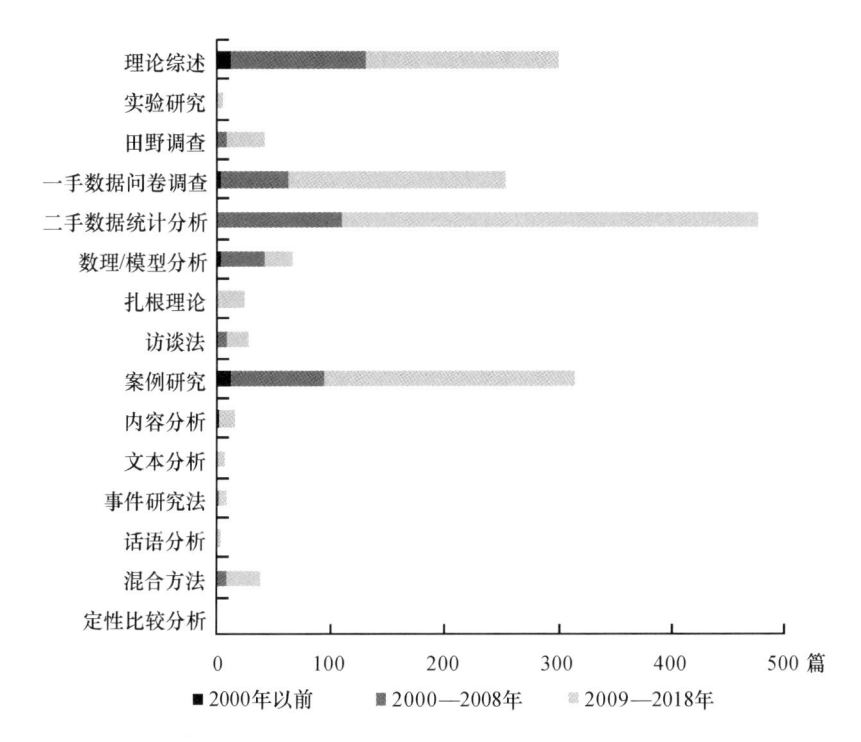

图5—5 中国战略管理的研究方法的阶段分布

资料来源：笔者依据研究文献统计制作。

除了思辨或理论介绍的文献，该阶段还出现了许多关于案例分析的论文，但大都属于描述性的案例研究，通过描述一个案例来说明某个理论的应用，如张玉利（1999）通过案例研究分析了战略适应与中小企业的成长，有的案例论文单纯是为了研究某一具体的案例，如武亚军和唐箭云（1999）、容和平等（1995）、张秀玉（1999）等。这些案例分析对当时的企业实践具有一定的指导意义，然而受制于当时学术研究范式的不规范，总体来看当时的案例研究在方法的运用上还十分不成熟，甚至一些案例研究只能算是举例分析，并且解释性与探索性案例研究极为少见，缺乏理论的开发与创新。

不过，值得注意的是，该阶段战略管理研究中也零星出现了一些统计分析、模型验证等实证研究方法，但受制于国内研究方法方面的不成熟，在实证统计分析方法上，不仅验证性的量化分析非常少见，而且还缺乏二手数据的实证分析，采用实证研究方法的论文多采用问卷调查的一手数据分析，例如中国企业家调查系统，从1993年开始每年都围绕着企业家选题进行一些描述性的统计分析，这应该算是当时客观严谨相对规范的实证研究了。尽管如此，这些研究还是迈出了中国战略管理领域采用科学严谨的研究方法的第一步，像田志龙等（1995）、许庆瑞等（1997）、石小玉（1988）、官建成和张华胜（1999）、张元萍（1988）等人，都可以视为中国战略管理领域采用实证研究方法的先行者。

（二）实证主导：严谨规范的走向

进入战略形成阶段，实证研究的论文数量不断增加，实证研究逐渐成为高质量研究论文的主流研究方法。

从量化研究上看，该阶段的实证研究方法逐渐由"粗放"走向规范和严谨，该阶段涌现出了一些开发量表的相关论文。例如，陈传明和张敏（2005）对企业文化的测度开发、贺小刚等（2006）对动态能力的测量与功效、陈传明和刘海建（2006）对企业战略变革的测量开发以及焦豪等（2008）开发的企业动态能力测量量表等，推动了基于一手数据的问卷调查研究方法的增加。另外，采用二手数据的大样本统计分析（姚俊等，2004；屈耀辉等，2007；谭伟强等，2008）的论文数量也不断增加，这样采用量化研究开始成为该阶段论文规范与严谨的标准，从关注描述性统计分析，发展到重视相关性分析、结构方程模型等检验方法的应用，并且在论文数量上也得到了迅速的增长。

从质性研究上看，采用案例研究分析的论文逐渐重视观点与理论的归纳，探索性案例研究的论文数量逐渐增加，不论是单案例分析（周长辉，2005；韵江、刘立，2006；王铁民、周捷，2005）还是多案例分析（许庆瑞、顾良丰，2004；杜丽虹、朱武祥，2003）都在一定程度上丰富和提升了战略管理研究领域中的案例研究的数量与质量，尤其是很多与案例研究相关的学术会议的举办召开，提高了案例研究在战略管理领域的影响。同时，实验研究（徐细雄等，2008）、田野调查（刘周平等，2004；张建君、张志学，2005）、访谈法（贺小刚等，2006；潘镇、鲁明泓，2003）等研究方法尽管不是主流研究方法，但是在这一阶段也逐渐被应用到战略管理领域中来。

该阶段的研究仍然是思辨式论文比较多，然而这些论文已经不再是对理论或现象的描述与介绍，而是逐渐侧重于阐述学者的一些观点（如周三多、周建，2002；蓝海林，2007），尽管如此，实证研究方法仍然在战略管理领域日益占据主流，并引领了中国战略管理研究的实证风向，以往的那种侧重描述的论文在高质量期刊上已经难以发现，中国战略管理研究逐渐走向科学化与规范化。

（三）问题导向：混合研究的趋势

在战略创造阶段国内学者对研究方法的应用已经十分娴熟，国内研究逐渐与国际水平接轨，开始使用多种研究方法来解释现象和验证理论，一些新方法也在该阶段得以应用，学界对研究方法的应用标准逐渐转向"问题导向"。

第一，量化分析在战略管理领域内的应用已经十分成熟，并且采用统计分析的文章在数量上已经远多于采用其他研究方法的论文，像李东等（2010）、王辉等（2011）、冯米等（2012）、贺小刚等（2015）、孙健等（2016）、祝振铎等（2018）的研究都是基于统计分析方法展开的。就验证理论模型而言，当前的量化分析已经不再是拼凑变量就能完成论文的时代了，这使得目前的研究更重视理论创新与贡献。

第二，一些质性分析方法如案例研究（田志龙等，2014；尚航标等，2014；谢康等，2016）、行动研究（肖静华等，2013；施建军等，2012）、扎根理论（吴先明、苏志文，2014；苏敬勤、刘畅，2015；朱方伟等，2018）、话语分析（彭长桂、吕源，2016；李文博，2014）、文本分析（吴建祖、毕玉胜，2013；陈万思、赵曙明，2010）等战略管理研究领域内重要的研究方法逐渐增多，尤其是近年来如人大中国企业管理案例与质性研究论坛等一些讨论质性研究方法的会议的举办，使质性研究方法也逐渐走向规范与成熟。

第三，战略管理领域还出现了诸多方法，依据研究问题而选择合适的方法是近年来战略管理研究领域内选择研究方法所考虑的重要因素，尤其是定性比较分析在国内的传播，为战略管理研究探讨非对称的、复杂的因果关系（杜运周、贾良定，2017）提供了参考。

综上所述，中国战略管理研究从方法上沿着"描述侧重—实证主导—问题导向"的路径，并沿着以问题为导向，以更加严谨化、科学化、规范化的方向发展。

第四节　实践演进

一　中国企业战略的实践范围："本地区域化—国际全球化—网络生态化"的扩展

随着国家制度情境、市场环境、技术环境等外部条件的改变，中国企业战略实践的范围也逐渐发生着变化，回顾中国企业发展史，不难发现其战略实践范围基本沿着"本地区域化—国际全球化—网络生态化"的路径不断扩展。

（一）本地区域化：地区竞争的发展动力

在战略启蒙与探索阶段，中国企业战略发展呈现出区域化特征，地方政府之间的竞争成为早期中国企业区域崛起的动力。市场分割加剧了早期中国企业战略区域化的形成，改革开放以后，具有较大经济自治权利的地方政府之间通过竞争来获得更多的财政税收、国企利润和其他经济权利寻租，降低了区域之间的合作（蓝海林、杨京京，2009），地方政府间的竞争加剧了中国企业发展的区域化特点，政府间的竞争造成了市场分割，但也成为地方企业发展的动力，并且更加看重区域内的发展创新。

有关于本地区域化研究主题的探讨，比较典型的是多角化经营或企业多元化战略，李贵硕（1986）、梁智（1990）、王公义（1994）等都对企业多角化战略进行了阐述，而此期间诸多企业也尝试采用多元化战略，例如首都钢铁、海尔集团等，但是20世纪90年代末，伴随市场环境不确定性的增加，一些企业在多元化经营中失败，部分学者开始理性看待多元化战略问题，如芮明杰（1998）和迟爱敏（1998）对多元化战略的理性思考与分析等。除了对企业多元化战略的讨论，也有诸多学者关注了竞争战略（秦海菁，1995；汪涛，1997；刘世锦、杨建龙，1999）、品牌战略或名牌战略（石耀东，1996；冯玉芹，1999；索颖、金占明，2001）等，这些研究围绕中国市场，对当时的中国企业在本地或本区域的发展提供了一定的借鉴与启示。

此外，中国战略管理研究的本地区域化特征还表现为该阶段对特殊区域战略的探讨。受信息通信、物流、交通等工具的限制，诸多企业的市场选择具备一定的地域特征，国家政策重点关注的地区，如长江三角洲经济带、珠江三角洲经济带、环渤海地区等，逐渐成为企业落户地的首选，从而促进了这些区域经济迅速发展，形成了具备一定竞争优势的经济发展区域。对这些区域战略的讨论也是20世纪八九十年代战略管理学者关注的重要课题，宋栋（1999）以珠三角为案例，对区域经济转型发展的制度创新展开了分析，同样对珠三角企业与产业发展战略进行过阐述的还有梁世彬和张烈（1995）、吴永华（2000）等；另外，长三角地区是20世纪90年代我国规模最大且实力最强的经济区（甘丽、王彪，2000），一些学者也对长三角区域企业发展或产业发展战略问题进行了阐述（如张颢瀚、张鸿雁，1999；许长新、严以新，1999）；此外，钱智等（2000）、陈质枫（2000）、芮杏文（1998）等还讨论了环渤海地区的发展问题。以上学者都从区域发展的视角对区域产业结构与企业发展战略进行了阐述，充分展现出这一时期中国战略管理研究的本地区域化特征。

（二）国际全球化：国际竞争的做强压力

中国对外开放政策的实施吸引了大批外企入驻中国，为中国本地企业注入了新鲜血液，诸多学者也在这一期间展开了有关跨国企业经营战略的研究（如张桁，1991；林浩，1992，1993；孙维炎等，1992；夏友富，1997）。后来伴随中国加入世贸组织进程的推进，中国诸多企业开始尝试探索国际市场，尤其是 2001 年中国正式加入世贸组织，为拓宽中国企业战略范围奠定了基础，中国加入世贸组织前后关于中国企业跨国经营、国际化战略等方面的研究（如赵昌文、毛道维，2000；马青山，2001；张其仔、李俊，2002）数量颇多，像张世贤（2000，2002）还讨论了"走出去"企业的竞争力与品牌战略。而在企业实践方面，诸多企业将战略视野对标国际，如 2000 年网易与搜狐于美国纳斯达克上市、2004 年联想用 12.5 亿美元购入 IBM 的 PC 业务、2005 年年底时任海尔总裁的张瑞敏也提出全球化品牌发展战略、2007 年百度正式宣布"走出去"并将日本作为国际化战略第一站等。中国入世为企业"走出去"提供了重要政策便利与发展平台，而此后中国企业国际化与全球化战略也一直是企业市场与资源配置优化、提升自身竞争能力的战略选择。

值得一提的是，近年来"一带一路"倡议的推进与实施带动了诸多中国企业的国际交流与合作，"一带一路"建设秉承"共商、共建、共享"原则，为中国企业"走出去"、制定全球化战略提供了诸多机会，推动了更多中国企业国际化与全球化战略发展的步伐，而战略管理学术领域内很多学者也对"一带一路"企业"走出去"中面临的诸多问题进行了讨论。例如，张述存（2017）对优化中国对外直接投资布局的探讨；宋彪等（2018）对企业合作及政府监管的机会主义行为的分析；杨连星等（2016）对双边政治关系与对外直接投资的关系研究等。

（三）网络生态化：互联趋势的创新活力

网络生态化是近年来中国企业实践范围的进一步扩展，相比本地区域化、国际全球化企业二维的地域实践范围，网络生态化战略的实践是企业三维空间的扩展，不仅包含地域实践范围，还体现在企业跨界经营的边界开放，可以说网络生态化战略推动企业与企业、企业与环境、企业与用户等之间形成联结共生的网络生态系统。"互联网+"等新技术的涌现既为企业战略创新提供了重要技术基础，更为很多中国企业提供了从"追赶"到"超越"的活力，中国企业的战略创新成为焦点，并展现出网络化、平台化及生态化特征。

一方面，从企业实践来看，网络生态化战略已成为当前企业生存与发展的重要抉择。企业网络生态化战略的实践得益于"云大物移智"现代技术的成熟，新时代中国企业在商业模式创新方面的探索不输于国外企业，中国企业越来越注重联结与共生，海尔的网络化战略、小米的商业生态圈、美团的超级平台战略等都充分体现了中国企业在商业模式与跨界经营方面的创新，近年来共享经济与平台型企业的崛起与发展，更是推动了中国企业数字化转型（詹晓宁、欧阳永福，2018；严若森、钱向阳，2018）、定标网络生态战略（欧阳桃花等，2015；许晖等，2017）的演进。

另一方面，学术界关于网络生态课题的研究俨然成为战略管理研究领域内的新热点，数字化转型、平台转型、平台网络、平台生态圈、自组织、网络效应、共享经济等相关研究不断丰富。罗珉和杜华勇（2018）对作为平台的创建者与生态的协调者的平台领导进行了研究，欧阳桃花等（2015）基于战略逻辑与组织合作剖析了航天复杂产品创新生态系统经历的从中心—轮辐式到共生式的动态演化的过程；此外，还有一些学者通过案例分析了网络平台化的战略变革（王钦、赵建波，2014）与组织结构（简兆权等，2017），蔡宁等（2017）也是通过案例研究，对平台企业制度压力与创业战略选择问题进行了研究；值得一提的是，围绕网络生态的主题涌现了许多综述文章，如张小宁（2014）对平台战略的综述、龚丽敏和江诗松（2016）对平台商业生态系统战略管理的回顾与评述等，这类研究总结和深化了平台生态战略领域内的研究内容。此外，在国内战略管理领域的一些重要学术会议中（如中国战略管理学者论坛等），战略平台与生态也已成为研究的热点，转型经济背景下，企业如何实现数字化、平台化、网络化、生态化转型已成为学术领域与实践领域共同关注的话题。

综上所述，中国企业战略的实践范围从最初的本地区域化到后来发展到国际全球化再到现今的网络生态化，其实践范围的变化既受时代情境的影响又取决于企业自身战略的选择，当今在"一带一路"建设与网络生态建设的情景下，中国企业的实践范围在地域上不断向全球化拓展，业务上不断探索跨界经营，逐渐向形成共生互联的网络生态系统方向拓展。

二 多样化性质的中国企业的战略实践比较：国企、民企与外企的交相辉映

（一）国有企业：从战略盲动到战略稳定

作为国民经济支柱的国有企业承担了中国经济发展的重任，尤其是国企改革也推动了国企战略变化，改革开放以来，国有企业在战略布局上也经历了从"战略盲动"到"战略稳定"的变化。其中，战略盲动指的是脱离于计划体制的早期国有企业，在战略上展现出多元化布局和盲目扩张等不成熟特征，而战略稳定是指不断改革试错的新型国有企业在战略上展现出优化布局和聚焦能力及创新的特征。

1978年之前，计划经济下政府替代企业进行决策，基本很难有严格意义上的企业战略。1978年特别是80年代以后是战略启蒙期，国家在保证所有权的前提下，也逐步放松了对国有企业经营权的控制，扩大了企业经营自主权。多元化经营是当时国企的重要战略，

首都钢铁是该战略的典型践行者，除了发展钢铁业务，还将业务拓展至电子开发、宾馆、服装、家具等领域（李贵硕，1986）。在国企改革的初级阶段，脱离于计划体制的早期国有企业，在战略上展现出多元化布局和盲目扩张等不成熟特征。

20世纪90年代市场经济体制确立后，进入战略探索期，国有企业在战略上除了开展多元化布局与扩张，也逐渐聚焦于企业内部建设，以提高其市场竞争能力，国企改革开始向"建立现代企业制度"迈进。国有企业在战略性布局调整（杨明洪，1998）方面不断探索，改革逐渐进入"抓大放小、三年脱困"的战略阶段，国有企业进一步转换经营机制，企业技术中心的建设成为国有企业改革的重要内容（李尚昆、连燕华，2000），邯钢就是通过组织创新，将市场机制引入企业内部管理体系从而推动了其在90年代的迅速崛起（聂正安，1999）。不过国有企业在管理制度方面依然存在诸多问题，从张元萍（1998）对500家国有企业的调查报告中可以看出，当时国企在向现代企业制度方向发展进程中，在基础管理、企业战略、技术进步、生产、财务、人事、市场营销管理等方面还存在着一些问题，但是这也为以后的国企改革指明了方向。此阶段国有企业的内部管理如改革与重组（沈志渔，1996；王左，1998）和管理创新（谢泗薪、王迎军，2000）是被关注的重要内容，而面对日渐发展的市场经济，国企的核心竞争力（刘世锦、杨建龙，1999）、名牌战略（石耀东，1996）、联合发展（森林战略）（王韬等，1996）等方面也是当时在国企研究中涌现出的重要主题。

随着中国加入WTO，开始进入战略形成期，此时国有企业的体制改革也经历了20多个年头，并开始进入国有资产管理体制改革阶段（李骥，2005）。国务院国有资产监督管理委员会（以下简称"国资委"）的成立、国企引入董事会制度以及国务院颁发国资委起草的《关于推进国有资本调整和国有企业重组的指导意见》等都标志着国有企业改革进入以股份制为主要形式的现代产权制度改革新阶段，国有企业战略性再造成为重点，例如中石油吉林石化分公司就是通过企业文化再造、组织结构与分配制度再造、生产流程与生产管理再造、供应与营销流程再造、财务结构与管理再造等实现了企业扭亏为盈（任佩瑜、玲敏，2004）。此外，国有企业也逐渐在全球化战略中展露锋芒，中石化、中海油、宝钢、鞍钢、北方工业公司和中国船舶工业集团等（吴晓云、张峰，2007）都是全球化战略的重要实践者。

党的十八届三中全会开启了全面深化国企改革的"分类改革"阶段（黄群慧，2016），全球环境动态复杂性及移动互联的时代背景，对企业的反应速度提出了更高要求，该阶段国企在战略布局上展现出了更加成熟的态势，在不断改革试错中新型国有企业（黄群慧等，2017）在战略上的优化布局和聚焦能力及创新特征更加明显，很多国企也开始探索转型，王凤彬等（2014）就104家央企在转型过程中的管控问题进行了定性比较分析。另外，从政策导向层面，伴随"一带一路"建设政策的落地，国家也鼓励国有资本"引进来"和"走出去"，中国高速铁路的专利策略（冉奥博等，2017）、央企的海外并购模式（王庆德、乔夫，2017）就是这样"走出去"的战略，新时期国企发展也越来越重视创新体系的建设（陈劲、黄淑芳，2014），在发挥国企资源优势的同时更加注重创新战略的选择（徐二明、张晗，2011）。

（二）民营企业：从力求生存到勇于创新

民营企业的成长路径同国企有所差异，经历了从"力求生存"到"勇于创新"的艰难历程。改革开放初期，个体、私营经济萌动，经营业务主要集中于商业、餐饮服务行业，随着改革开放的深入以及国家的政策支持，民营企业由小到大，由弱变强，成为中国的经济发展的重要力量。

第一，品牌战略是早期民营企业在求生存中探索出的重要战略。从创名牌战略（王巍，1991）到品牌国际化战略（张世贤，2002），品牌战略是诸多民营企业发展的重要战略选择。万向集团（郑江淮，2003）、农夫山泉（高定基，2003）等企业都对品牌战略进行过探索。中国加入WTO为中国企业"走出去"提供了平台，国际化品牌战略逐渐被重视（张世贤，2002），而近些年互联网的发展与平台企业崛起为民营企业树立品牌提供了更多机会，例如阿里巴巴、美团、百度、滴滴等通过创建一流品牌，成为行业翘楚。

第二，由于民企之间的差异性，中国民营企业很早就体现出了战略多样化的特点，这也是民营企业力求生存的另一表现。在1992年的"南方谈话"中，邓小平同志提出"让一部分人先富起来"，在国企还在探讨股份制改革的时候，民营企业展现出在市场经济体制下的强大力量，并且在战略制定上呈现出多样化的特点。其中，国际化战略（许晖，2003）、联盟战略（龙勇，2010）、全球化战略（吴晓波、倪义芳，2001；吴晓云、张峰，2007）、差异化战略（姚时卫，2002）、竞争战略（贺小刚，2002）、柔性战略（徐国华、杨东涛，2005）、市场战略（孔瑗，1990）、非市场战略（谢佩洪等，2008）、"走出去"战略（罗仲伟，2008）、政治战略（江诗松等，2011）等都是在民营企业中大量涌现的战略内容，而在企业实践中，很多民企的发展战略也在不断地调整，像海尔集团的战略就经历过品牌化战略、多元化战略、国际化战略、全球化战略以及网络化战略等（刘海兵、许庆瑞，2018），阿里巴巴也经历了"自我突破"型战略、进攻型战略和防守型战略的战略变化（吴晓波等，2013）。

第三，勇于创新成为知名民营企业保持持续竞争力的源泉。架构创新和标准创新将成为未来中国制造业核心能力提升的途径之一（黄群慧、贺俊，2015），而围绕服务创新（李飞等，2010）、产品创新（魏江等，2014）、创新战略（李长娥、谢永珍，2017）、战略创业（杨桂菊，2013；戴维奇、魏江，2015）、创业决策（周文辉等，2017）、创新绩效（于海云等，2013；解学梅、刘丝雨，2015）等创新创业相关研究对其他企业的战略规划具有一定的借鉴意义。阿里巴巴（吴晓波等，2013；姚明明等，2017）通过商业模式创新与技术创新，实现了后发企业的快速追赶；腾讯的微信也通过技术范式转化从而实现创新战略（罗仲伟等，2014）。民营企业的战略发展方向紧跟时代创新，小米通过价值共创增加用户体验从而提高其创业绩效（周文辉等，2017），诸多民营企业的生态战略实践日渐丰富（梁强等，2017；许辉等，2017；胡京波等，2018），而像华为更是在技术创新方面通过5G引领新方向。

近年来，伴随新技术的发展以及企业面临的外部环境的模糊性与复杂性的增加，企业转型是民营企业发展的重要话题（薛有志等，2012），百度经历过两次战略转型，欧阳桃花等（2016）讨论了百度能力重塑如何推动其战略转型，谢康等（2016）对真维斯、茵曼等企业在互联网转型中的战略风险进行了识别，这些在复杂的环境中探讨变革之路的民营企业，是学界关注的重点，为企业变革实践提供了宝贵经验。

（三）外资企业：从市场交换到持续嵌入

中国高速发展的经济、巨大的市场潜力、廉价的劳动力资源，都令中国成为最具吸引力的投资目的地。外资企业作为中国经济发展的重要组成部分，在带动我国本土企业技术进步的同时，也在不断探寻未来自身发展的方向，外资企业在中国的发展实践大体上经历了"市场交换—持续嵌入"的转变。

"市场交换"是早期外资企业进入中国市场的重要动因，外资企业早期"以技术换市场"，主要聚焦于合资战略及延伸跨国优势。在改革开放初期，国外企业进入中国市场的唯一途径即为创办合资企业，1980年北京航空食品有限公司被批准建立，这是中国第一家中外合资企业（李维安、李宝权，2003），其他的像惠普、松下、宝洁等人们熟知的企业都在80年代这一时期以合资企业形式涌入中国。松下是首家进入中国内地的外资企业，此后，东芝、日立、索尼先后进入中国市场。但这一企业形式在确定市场战略时遇到了不同程度的问题。部分合资企业"以产顶进，进口替代"，"以市场换技术"（唐厚兴，2017）的发展战略在实践过程中暴露出了诸多弊端（罗珉，1988，1991），也引发了企业如何进行战略选择的思考（张保中，1988）。90年代以后，随着市场经济与制度的发展，外商在华投资进入了第二次高峰,辉瑞(Pfizer)、默克(Merck)以及葛兰素(Glaxo)等医药企业也相继在华设立生产和销售实体(王铁民、周捷,2005),大批外商进驻中国增加了中国市场环境的竞争特性,一些开展"本土化"战略的外资企业例如摩托罗拉(石耀东,1998)最终获得了竞争优势。

"持续嵌入"是外资企业在战略形成阶段以后呈现的重要特征,外企更加注重与国内企业的相互协同,主要呈现出战略本土化及开放合作趋势。进入21世纪以后,伴随我国经济的持续高速增长、我国正式成为WTO成员以及投资软硬环境的日益改善,外商在华直接投资进入持续发展阶段(宋岚,2003),法国米其林于2002年在中国设立投资控股公司作为中国总部,为发展中国市场提供条件(李维安、李宝权,2003),此时外资企业在华的区域性外商投资(宣烨,2006;张正华、杨先明,2007;赵军、方卉,2008)、专利行为(曹莉莉、陈向东,2007;毛昊等,2009)、股权结构战略(李维安、李宝权,2003)、本土化战略(康伟等,2005;汪旭晖、李飞,2006)等得到了关注。随着我国的外资政策发生变化(孙明贵,2002),外商投资目录和发展规划成为我国引进外资的导向性文件,引导外商投资重点由注重数量转向注重质量,像西门子、丰田汽车等当时的世界500强(吴晓云等,2005)都在中国发展业务。

新时期我国对于吸引外商投资的策略有了巨大变化(孙早等,2014),外资经济的投资领域进一步拓宽,中国在区域性外资银行(邓光军等,2012;吴晓云、陈鹏飞,2016)、国有企业与外资的关系(周煊,2012;戴璐,2013)、跨国技术战略联盟(杨振宁等,2016)、外商投资(孙早等,2014)、在华外资研发生态系统(刘启雷等,2018)等诸多问题上有了更为清晰的思路,在为外商提供更为开放、自由市场的同时,也为中国的国企、民企带来了新的发展契机,例如江诗松等(2011)即从国企(上汽)与民企(吉利)同跨国公司建立直接联结机会的角度讨论了转型经济中后发企业的创新能力的追赶路径。值得一提的是，外资企业对中国企业合作中技术要求的降低，引发了中国企业在海外的并购战略，同时外资企业在华研发生态网络逐渐形成（刘启雷等，2018），这些"进来"与"出去"的企业实践为中国企业实现"技术追赶"（吴先明、苏志文，2014）提供了重要契机。

综观多样化性质的中国企业的战略实践比较，随着中国经济制度由计划经济向市场经济的转化再到市场经济体制的完善，国有企业、民营企业与外资企业从最开始的不同战略状态、不同战略地位的竞争模式逐渐演变为更为自由、公平的同平台竞争，基于政策、技术等内外部环境的变化，三者的战略模式选择也从趋异逐渐转向趋同，呈现了多样性的中国企业的战略实践图景。

三 中国企业战略的企业家角色："学习者—思考者—创造者"的转变

企业家作为一个群体，在中国战略管理的舞台上不可或缺，其角色也随着时间与情境的发展而不断转变，依据中国企业发展的历史事实以及企业家角色的不同特点，我们将中国企业家发展划分为三个阶段，并分别扮演战略的学习者、战略的思考者以及战略的创造者角色。

（一）第一阶段：学习者角色的企业家

第一阶段的中国企业家伴生于改革开放中"摸着石头过河"，扮演了学习者角色，在不断的试错中学习和总结经验。从国家赋予企业制定自身发展战略权力的时候开始，中国企业家对企业战略的制定与决策是没有或者缺少实践经验的，很多企业家"摸着石头过河"，不断地在试错中总结经验。尤其是在战略管理理论尚未完善的年代，《孙子兵法》是被企业家奉为圭臬的良书，很多学者认为，基于市场竞争环境，企业家对《孙子兵法》中战略思想与权变思想的应用能使企业制胜（蔡清生，1994）。年广久（傻子瓜子）、宗庆后（娃哈哈）、柳传志（联想）、张瑞敏（海尔）、王石（万科）、鲁冠球（万向集团）、李东生（TCL）、麦伯良（中集集团）、侯为贵（中兴通讯）等都是从实践中、从不全面的理论中不断汲取知识从而将企业发展起来的重要代表。

建立现代企业制度（郭晓军等，2000）无疑是这一时代企业家重点探索的目标。90年代初，企业家逐渐总结出发展规律，并对现代企业制度进行了诸多探索，多元化（或多角化）经营与品牌经营是当时战略研究的重点，也是企业家进行战略选择的重要内容。80年代很多企业家在创业初期选择了多元化战略（李贵硕，1986），但随着市场竞争的增加，逐渐意识到了多元的弊端（郭跃进，1997；王永贵、马剑虹，1998）和品牌战略的好处，如张瑞敏提出了决定海尔未来发展的名牌战略（王巍，1991），为海尔的后期发展奠定了基础；而万向集团的鲁冠球也是在试错和探索中由多元化战略转向品牌战略（霍心一，1994）。这一时期的企业家在企业战略管理的舞台上扮演着"蒙着打"和在"蒙着打"中不断学习的角色，企业家成为当时引领企业发展的重要因素，战略管理学术界也专门成立了中国企业家调查系统（1993年），并对当时企业家背景与人口特征进行了统计分析，这是战略领域最早关注企业家特征的组织，同时也引起了战略学者对企业家的关注。在当时，中国战略管理研究尚处于萌芽与探索阶段，学者们关注了企业家精神（王汉生、程静川，1992）、企业家激励（张玉利，1999）等方面的内容。

上述这些研究尽管不是很规范，但这类研究将战略管理研究问题扩展到对企业家展开分析的层面，对丰富战略管理研究内容以及理解和明确企业家角色与行为具有启发意义。

（二）第二阶段：思考者角色的企业家

21世纪初伴随社会和经济的不断发展，中国企业家进入第二阶段，他们蜕变于计算机行业和早期互联网行业发展，扮演了思考者角色，在吸收国外先进商业模式中思考创新。中国加入WTO后，国外互联网技术逐渐在中国扩散，这一阶段诞生了很多企业家。他们没有经历过计划经济的束缚，并且其中的很多人都具有海外留学背景（项兵，2007），他们不断吸收国外先进经验，开阔自己的思维意识，并通过商业模式创新不断冲击中国市场，开启了中国战略管理实践过程的新时代。马云（阿里巴巴）、张朝阳（搜狐）、马化腾（腾讯）、李彦宏（百度）、王志东（新浪）、沈南鹏（携程、如家）、丁磊（网易）、陈天桥（盛大网络）、江南春（分众传媒）、王卫（顺丰）等都是互联网时代企业家的杰出代表。

第二阶段的企业家创业并没有太多的原始资本积累（项兵，2007），他们在不断思考与学习中形成了独特的战略思维模式，这一时期，企业家截然不同的战略表现和管理风格吸引了诸多战略学者的研究兴趣。从对企业家个体层面的分析如企业家禀性（郑江淮，2003）、企业家类型（冯进路等，2004）、企业家背景（张建君、李宏伟，2007；陈传明、孙俊华，2008）、企业家能力（贺小刚，2005；王钦、贺俊，2008）、企业家远见（韵江、刘立，2006）到围绕企业家延伸的其他概念，如企业家战略（李兴旺，2004）、企业家激励（付玉秀、张洪石，2005）、企业家社会关系（贺小刚等，2005）、企业家导向（汪涛、郭锐，2008）、企业家精神（林祥等，2008）等方面的研究，展现了在中国战略管理研究形成阶段有关企业家内容的研究已形成一类专题，为企业家思考自身在战略管理过程中扮演的角色提供了理论基础。而在实践方面，张瑞敏先后采用差异化战略（姚时卫，2002）和国际化战略（周亚庆等，2004），其创新管理模式（许庆瑞、顾良丰，2004）为诸多企业提供了借鉴；万向的鲁冠球在企业内部实行企业家职能网络化（郑江淮，2003），表明该阶段企业家开始关注企业发展的全方面内容，为其他同时代的企业家提供了关于企业未来发展方向的新思路。

上述有关企业家的研究为企业家战略实践提供了很好的理论基础，同时相比第一阶段在学习中探索的企业家而言，第二阶段的企业家更加重视对战略的思考，他们拥有独特的战略思维，不一味照搬国外的模式，并通过创新商业模式与战略变革，推动着中国战略管理实践的进程。

（三）第三阶段：创造者角色的企业家

伴随移动互联网等大量新兴技术的涌现，中国企业家开始进入第三阶段，扮演了创造者角色，既有传统企业家的自我突破亦有新生代企业家的成长创新。全球化时代的到来，对各国的经济、企业、人才等各方面都提出了严峻的挑战，同时对企业家提出了更高的要求。这意味着中国企业家同样也要面向全球竞争，不断提高自己全球布局的意识，提升自身的战略竞争力。在这一时代背景下，很多企业家用独特的战略领导力，带领企业"走出去"，并为其他企业的发展提供借鉴。雷军（小米）、董明珠（格力）、刘强东（京东）、任正非（华为）、张瑞敏（海尔）都是这一阶段企业的杰出领导。另外，随着互联网的兴起，张一鸣（头条）、王兴（美团）、程维（滴滴）、姚劲波（58同城）等新型互联网企业的领导者逐渐登上企业家的舞台。他们以战略创造者角色为企业战略实践提供了很多范例，例如张瑞敏开创的人单合一、倒三角形组织与跨界经营平台生态圈战略（刘海兵、许庆瑞，2018）使海尔走了组织创新与战略创新实践的前端，而由任正非带领的华为作为技术公司也在国际化战略（吴建祖、毕玉胜，2013）、服务创新战略（赵立龙、魏江，2015）和技术创新战略（徐雨森等，2018）等方面不断探索。在数字经济与全球网络化时代，这种战略领导力与创造力是企业成长和发展不可或缺的重要因素，也是扮演创造者角色的企业家的重要精神内涵。

同前两阶段的企业家相比，第三阶段的企业家有很多不同的表现，"云大物移智"社会背景下互联共生成为企业家的重要关注方向，雷军是基于这种价值共创的理念带领小米不断壮大的（周文辉，2017）。对商业模式创新与技术追赶方面进行探索也是这一阶段的企业家的关注重点，如马云带领阿里巴巴实现商业模式创新与技术创新的共演（吴晓波等，2013），董明珠带领的格力在新型技术追赶方面不断探索（郑刚、郭艳婷，2017），这些探索为后发企业追赶与创新实践提供了借鉴。

第三阶段的企业家正处于中国战略管理研究的战略创造阶段，

中国企业家成长与发展专题调查报告指出（中国企业家调查系统，2017），中国企业家创新投入意愿不断增加，且更加注重创新，而同时，战略学者对企业家的关注也带有浓厚的当今时代的特征，更专注于领导与创造力的研究，像任正非思维所具有的"战略框架式思考""认知复杂性""悖论整合"等特征（武亚军，2013）是当代企业家需要具备的重要能力。这一阶段的企业家基于转型经济与数字变革时代背景，经历了学习者到思考者的迭代，成为新时期企业战略的创造者，他们通过前瞻性且具有创造力的战略认知与思维引领着中国企业战略管理实践走向国际的舞台。

综上所述，中国企业家经历了 70 年的磨砺，在企业经营与管理中所扮演的角色从探索试错的学习者转变为吸收经验的思考者，如今正向商业模式创新的创造者转变，尤其是面对 VUCA（易变、复杂、不确定、模糊）的市场环境，新时代对塑造创造者角色企业家的需求愈加迫切，尽管中国已经出现了一些充满创造力的企业家，但从中国企业在世界企业之林中的地位来看①，中国企业家任重而道远。

第五节　国外研究的简要梳理

作为世界第二大经济体，中国的战略管理研究受到了国外学者的持续关注。针对中国企业战略发展问题，国外研究除了对战略内容主题与过程主题的讨论外，像中国的转型经济、国企战略等均是研究的热点课题，与此同时，丰富的理论和方法也被应用到诸多研

---

① 2018 年《世界品牌 500 强》排行榜入选国家共计 28 个。从品牌数量的国家分布看，美国占据 500 强中的 223 席，继续保持世界品牌第一强国位置；欧洲传统强国法国和英国分别有 43 个和 42 个品牌上榜，分列二、三位；日本、中国、德国、瑞士和意大利是品牌大国的第二阵营，分别有 39 个、38 个、26 个、21 个和 15 个品牌入选。

究当中。国外对中国企业战略管理的研究主要有以下六个特点。

第一,"转型经济"(Transitional Economy)是国外研究中国企业战略中情境主题的最重要视角。由于经济增长方式、发展模式的变化,转型时期外部环境的影响因素对企业的影响研究更值得关注。其一,从政治法律环境来看,政府权力(Liang,2014;Xu et al.,2017;Luo et al.,2017)、制度约束(Zhou and Van Witteloostuijn,2009)、制度变迁(Zheng et al.,2017)、知识产权(Huang et al.,2017;Buckley et al.,2017)影响着转型期中国企业战略。其二,从经济因素来看,市场特征(Luo and Park,2001;Li and Tang,2010)、新兴市场(Sun and Thun,2010;Zhang et al.,2014;Huang et al.,2016)、国际全球化(Liu,2007;Gaur et al.,2018)影响着转型期中国企业战略。其三,从社会和文化因素来看,中国社会的"关系"(Guanxi)(Peng and Luo,2000;Yan and Chang,2018)、文化约束(Birnbaum and Wong,1985)、跨文化特征(Easterby-Smith and Malina,1999;Chen and Li,2005;Aycan et al.,2013;Zheng et al.,2019)对中国企业战略产生了一定影响。

第二,对中国国有企业战略的研究一直是国外研究关注重点,国外不仅对国有企业的战略选择、改革过程、创新效率等方面进行了关注,还将国有企业同其他性质的企业进行了比较研究。例如,White(2000)研究了在经济改革和特定组织与制度环境背景下,中国国有企业在获取互补资产的可行战略中进行选择的影响因素,Ralston(2006)探讨了国有企业改革过程中提升全球竞争力的方法与路径,而Zhou(2017)则是关注了国有企业创新效率的问题;此外,一些对比的研究,如Ralston(2006)的实证研究将当今中国国有企业(SOEs)、国内私营企业(POEs)和国外控制企业(FCBs)进行了组织文化比较,而Zou和Adams(2008)也比较了不同性质的企业并对其股权风险与利润问题展开了分析。总的来说,中国国有企业形成于特殊的意识形态背景与特殊的经济制度背景中,对国企的研究成为国外认识中国企业的重要路径。

第三，在研究主题上国外对中国企业战略管理的讨论主要聚焦于四类主题，即国际合资经营战略（International Joint Venture, IJV）、战略联盟（Strategic Alliances）、多元化战略（Diversification Strategy）以及网络基础战略（Network-Based Strategies）。有关国际合资经营战略的研究主要讨论了合资企业的特征（Pan, 1997），合资企业的控制、合作、效率及绩效（Luo, 2001；Chen and Newburry, 2009；Li, 2009），以及成长与生存（Lu and Xu, 2006）等问题；有关战略联盟主题的研究关注了制度环境（Hitt et al., 2004）及联盟绩效（Murray et al., 2005）等方面的问题；国外对多元化战略的研究主要讨论了多元化战略绩效的问题，例如，Luo（2002）在实证研究的基础上证实双边多元化绩效要高于单边多元化绩效，而Murray等（2005）认为产品多元化和需求不确定对资源—绩效关系的影响较小；此外，国外对网络基础战略的讨论主要从组织与管理者的层面展开，从组织层面出发讨论了网络基础战略对组织绩效（Park et al., 2006；Zhou et al., 2006）、企业成长（Peng and Heath, 1996）、竞争优势获得（Park and Luo, 2001）和国际投资（Filatotchev et al., 2007）等，从管理者出发的研究讨论了管理者网络化程度的影响因素（Luo, 2003）以及管理者社会网络关系对绩效的影响（Peng and Luo, 2000；Li and Zhang, 2007；Acquaah, 2007）等。

第四，国外关注中国战略管理过程主题的研究提出了对中国企业战略反应的观点，认为是一个从战略"适应"到战略"选择"的过程，经历了从被动到主动的演化（Tan and Tan, 2005）。Branzei等（2004）将战略有机地视为一组适应性目标和行为，Davirs和Walters（2004）提出了对中国企业来说"演化适应"在于"有益的惯性"的观点，Tan和Tan（2005）认为组织环境和企业战略适应性随着时间的推移而共同发展。另外，战略选择作为战略过程中的重要环节，Tan和Litschert（1994）基于环境的不确定性情境对其展开了讨论，这些都是国外研究中国战略过程主题的重要成果。

第五，国外对中国战略问题研究主要建立在以下几个理论的基础上：一是制度理论，例如 Hoskisson 等（2000）提出制度通过降低不确定性和建立稳定结构进而影响组织的进程与决策；Peng 和 Heath（1996）提出正式与非正式制度对个人、组织以及战略选择过程产生影响。二是交易成本理论，例如 Hoskisson 等（2000）认为交易成本高会提高效率，理性管理者会在交易成本、市场模式、政府控制程度以及层级管理成本之间进行权衡。三是资源基础理论，例如 Peng 和 Heath（1996）基于 RBV 解释了企业如何通过"模糊企业边界"而成长。四是代理理论，例如 Liang（2014）将代理理论与国际商务中的制度分析相结合，对政府控制机制问题进行了分析。五是资源依赖理论，例如 Davies 和 Walters（2004）对中国企业所采用的战略、环境及绩效之间的关系展开了分析。此外，权变理论（Lin and Germain，2003）、动态能力（Kotabe et al.，2017）等其他理论也被国外研究应用到了中国战略管理问题的研究中。

第六，国外对中国战略管理的研究是以实证研究为主。如 Child 和 Möllering（2003）通过对 615 家在中国内地经营业务的香港公司的调查，探讨其组织信任与情境自信的相关问题，Trevor（2008）以实证的研究方法探讨了高管薪酬与公司业绩之间的关系等。值得一提的是，在国内案例研究数量不断增长的同时，国外对中国战略管理研究方法方面也涌现出很多案例研究的论文，如 Liu（2007）以联想为案例，从高管的视角探讨中国企业走向国际化、全球化的具体路径；Tsui-Auch 和 Möllering（2009）对两家在华外资企业进行了深入的案例研究，建立了宏观环境感知与微观管理的理论模型等。

综上所述，国外对中国企业战略管理的关注主要还是基于对中国特殊情境（制度、经济、文化）的理解，对中国企业战略管理方面的关注实际上是不够全面的，且讨论中国企业战略问题的多数为华人学者，由于制度、文化、经济等各方面的差异，如何将中国战略管理问题的特殊性与本土化理论推广至英语世界，华人学者任重而道远。

第六节 总结

回顾中国战略管理研究的基本轨迹、研究路径与主线,可以得出以下结论:第一,中国战略管理研究主题基本依照"内容—过程—情境"的研究脉络,其中,内容主题日益从单一化向多样化过渡,过程主题从程序化向认知化演进,情境主题则从将情境作为外部条件的"钝感"定位不断进入核心模型的"效应"研究。第二,中国战略管理研究层次按照"宏观嵌入—产业发展—微观组织—网络生态"的研究主线,经历了从地区竞争的发展动力到国际竞争的做强压力,再到互联趋势的创新活力的过程。第三,中国战略管理研究理论经历了"引用借鉴—吸收深化—批判创新"的逐渐深化的路径,即从理论忽视到理论介绍、从解释应用到延伸拓展、从多元嵌入到综合创新的演化。第四,中国战略管理研究方法遵循"描述侧重—实证主导—问题导向"的研究演化方向,即从侧重思辨的描述和解释,到热衷实证方法学习和精确检验,再到更强调直面真正的问题而综合应用多种方法。第五,中国企业战略的实践范围沿着"本地区域化—国际全球化—网络生态化"的方向扩展,既清晰表明了中国企业各阶段战略演进的范围动力,也展示了中国企业从侧重地区竞争到关注国际化竞争,再到强调网络生态化竞争的演化特征。第六,多样化性质的企业在中国战略管理的实践过程中有不同的战略选择、战略实现路径以及战略管理问题,丰富和发展了中国本土战略管理研究。第七,中国企业家在战略管理实践中实现了角色升级,实现了从学习者到思考者再到创造者的转变。

未来中国战略管理研究应基于上述七个方面不断发展与拓展:第一,中国战略管理在研究主题上应化解内容主题与过程主题的悖论,并基于中国本土情境,实现内容主题、过程主题与情境主题的统一与融合。第二,不断丰富和拓展中国战略管理研究层次,围绕

"宏观嵌入—产业发展—微观组织—网络生态"依层拓展研究范围，延伸研究框架，细分研究内容。第三，致力于创新和创造中国本土战略管理理论，用辩证和批判的眼光看待舶来理论的同时创造中国本土战略管理理论，聚焦中国传统文化与古典哲学并从中汲取精华，归纳本土理论，结合本土情境分析企业事实，发展从概念创造到理论体系创新，实现适用于本土情境的中国战略管理理论。第四，实现多种研究方法的百花齐放，不论是以量化数据为主的大样本分析还是以质性数据为主的案例研究，应沿着更加科学化、严谨化、规范化的方向发展，同时在研究方法上还应该向国际化水平看齐，坚持问题导向，包容地吸纳国外前沿的新兴的研究方法。第五，推动企业战略实践范围的扩展，在地域上不断向全球化拓展，业务上不断探索跨界经营，逐渐向形成共生互联的网络生态系统方向拓展。第六，中国不同性质的企业在新时代 VUCA 的大背景下，尤其是面对不稳定的国际环境，企业战略制定需要更加谨慎，以此来看，有关企业战略试错、企业成长的相关研究应不断被拓展。第七，在推动更多中国战略企业家向战略创造者角色转换的过程中，也应该在战略研究中聚焦企业家行为与思想、活动与认知，从企业家实践中归纳中国本土战略管理理论。

总之，中国战略管理研究在经历了邯郸学步的模仿阶段，在夯实理论、方法与实践的基础上，更应该独辟蹊径，从跟跑者向同行者甚至领跑者角色转变，在发展理论与创新理论方面形成中国企业战略管理特色。

第六章

公司治理

中国的经济增长离不开企业的发展，而企业的发展又离不开公司治理的变革。新中国成立70年来，公司治理历经前公司治理、萌芽、起步、发展和完善阶段，取得了显著的成就；公司治理研究也从无到有，快速发展，研究成果丰硕。回顾这段发展历史，揭示现象背后的逻辑，把握未来的发展趋势，是时代赋予我们的机遇和责任。基于此，本章首先回顾新中国70年来公司治理的基本发展历程，然后从内部治理、外部治理和新兴治理三个方面综述国内外相关研究的进展，最后从实践演进、改革经验和发展趋势等方面对中国公司治理的发展进行总结和展望。

第一节　引言

新中国成立以来，公司治理伴随着中国企业改革和现代企业制度的建立和完善而持续发展。历经70年，公司治理已经受到越来越多的学者的关注和重视，由最初的一个孤零零的"矿山"，发展到目前已经吸引了无数"采矿者"；已经从单一的某一方面的问题研究转向知识体系研究，成为中国管理学领域中发展迅速的一门新兴交叉学科。

公司治理概念较早出现在经济学文献中。Williamson（1975）比较全面地提出"治理结构"的概念，即"公司治理就是限制针对事后产生的准租金分配的各种约束方式的总和，包括：所有权的配置、企业的资本结构、对管理者的激励机制、公司接管、董事会制度、来自机构投资者的压力、产品市场的竞争、劳动力市场的竞争、组织结构，等等"。自此之后，涉及公司治理内涵界定的文献逐渐增多。目前国内应用较多的是李维安等（2001）从治理结构和利益相关者两个角度对公司治理概念的解析。他们认为：狭义的公司治理主要是股东对经营者的一种监督与制衡机制，即通过一种制度安排合理地配置所有者与经营者之间的权利与责任关系；广义的公司治理则不局限于股东对经营者的制衡，涉及广泛的利益相关者，它是通过一套包括正式的或非正式的、内部的或外部的制度或机制来协调公司与所有利益相关者之间的利益关系，以保证公司决策的科学化，从而最终维护公司各方面的利益。从广义的概念出发，公司治理理论体系涉及的核心概念包括治理主体和治理边界、内部治理和外部治理、治理结构和治理机制、治理成本和治理风险等。

（1）治理主体和治理边界。治理主体主要回答"公司是谁的"，公司治理的主体不仅仅局限于股东，而是包括股东、经营者、债权人、雇员、供应商、竞争者、顾客和社区等在内的广大公司利益相关者。公司治理边界是指公司治理主体在公司中专用性资产的维度和半径所形成的范围，其主要内容包括关键主体的组织结构以及各主体之间形成的相互制衡关系，其主要类型为有限责任公司与集团子公司的治理边界、集团母公司的治理边界、网络组织中的公司治理边界、跨国公司扩展的治理边界。

（2）内部治理和外部治理。内部治理是一种正式的制度安排，构成公司治理的基础，主要是指股东（会）、董事（会）、监事（会）和经理层之间的博弈均衡安排及其博弈均衡路径。外部治理主要是指外在市场的倒逼机制，主要体现在资本市场、产品市场、劳动力市场、国家法律和社会舆论等。

（3）治理结构和治理机制。治理结构明确规定了治理各个参与主体的责任和权利分布，规定了股东大会、董事会、经理层和监事会如何发挥作用，具体包括：如何配置和行使控制权、如何监督和评价董事会和经理层、如何设计和实施激励机制，等等。治理机制是保护投资者（利益相关者）的利益不受侵害的一套制度安排，不仅包括内部治理机制，如股东大会投票机制、董事会决策机制，而且包括一系列通过证券市场、产品市场和经理市场来发挥作用的外部治理机制，如公司法、证券法、信息披露、会计准则、社会审计和社会舆论等。

（4）治理成本和治理风险。公司治理成本是指在公司治理中发生的成本，主要包括治理主体之间的交易成本、公司投资者之间及投资者与管理者之间的代理成本、保证治理结构发挥作用引发的成本和市场治理成本等。公司治理风险是指公司在动态的公司治理环境下，由于治理结构或机制不完善、治理行为（如决策）不科学以及治理对象复杂化，无法适应内外部治理环境变化以及突发事件的影响，导致在一定时期内发生治理目标偏离或治理系统失灵的可能性。治理成本和治理风险在某种程度上是治理绩效对企业价值影响的一个很重要方面。

纵观新中国 70 年公司治理的基本发展历程，主要分为改革开放前和改革开放后两个时期。改革开放前，政府直接管理企业，是典型的前公司治理阶段。改革开放以后，随着企业控制权和经营权的不断分离，各类企业逐步建立起股东会、董事会、监事会等日益清晰的治理结构，开始探索建立和强化独立董事和中小股东保护等治理机制，人们逐渐认识到企业是众多利益相关者相互结合的组织，需要公司治理理念和理论来统领企业改革，于是公司治理经过萌芽、起步、发展和完善等阶段，取得了丰硕的成果，进入一个崭新的时期。

通过中国学术期刊网检索"公司治理"题名可以发现，1993 年以前国内几乎没有直接的文献，1978—1992 年公司治理实践先行于理论。1993 年以来，一些学者把"公司治理结构"这一概念从国外引入国内，并为国内学者所接受，公司治理研究开始正式起步。经过多年的理论研究，公司治理作为一门独立的学科的存在条件已经成熟，围绕治理结构、治理机制和治理有效性以及网络治理和绿色治理等新兴治理话题，中国公司治理研究取得了丰富的成果。回顾过去是为了更好地面向未来，仔细审视新中国成立 70 年来公司治理的发展变化，也会发现公司治理在实践演进、改革经验和发展趋势等方面有一些规律性结论。

基于以上思考，本章将以新中国成立 70 年来公司治理体系的建立与完善为主线，以公司治理在政策领域、实践领域和研究领域的重要事件为线索，系统梳理公司治理的基本发展历程，并总结发展历程中的成就；在此基础上，从内部治理、外部治理和新兴治理方面综述 70 年来（尤其是 1993 年以来）公司治理的研究进展，以期为公司治理领域的研究提供有益的启示；最后总结公司治理的实践演进主线、改革经验和发展趋势，希望对中国公司治理改革和发展起到积极的借鉴作用。

第二节　基本发展历程

新中国成立 70 年来，以公司治理在政策、实践和研究等领域的重要事件为线索，公司治理的基本发展历程大致可以划分为五个阶段，分别是前公司治理（1949—1977 年）、公司治理萌芽（1978—1992 年）、公司治理起步（1993—1999 年）、公司治理发展（2000—2012 年）、公司治理完善（2013 年至今）阶段。

一　前公司治理阶段（1949—1977 年）

1949—1977 年，中国国内经济建设刚刚起步，面对物资匮乏、供应紧张的特殊情况，如何提高有限资源的配置效率是政府最为关心的事。为此,政府找到了直接管理企业的模式。政府直接管理企业实行"国有国营",突出特征是经营目标的行政化、资源配置的行政化和高管任免的行政化(李维安,1996)。

第一,经营目标的行政化。在生产经营目标方面,政府直接下达生产经营计划,企业没有决策权、经营权、收益权、分配权等权利,企业只需要按照政府下达的指令性计划组织生产,不存在盈亏问题,只是有没有完成计划而已。

第二,资源配置的行政化。当时的企业统称为"国营企业",属于政府下属的经济部门,企业生产经营所需要的人、财、物等资源全部由国家以计划供应的方式解决,原材料由政府统一调拨,生产出的产品由政府统一调配。

第三,高管任免的行政化。在这个阶段,国营企业的管理体制非常类似于政府机关,政府采取下管两级的方式对国营企业的领导人员直接管理,企业领导体制初期实行的是党委集体领导制,1954年以后改为党委领导下的厂长负责制。企业领导人员同政府机关的干部一样,统称为"国家干部",有行政级别,在人才培养和选拔任用的标准、考核评价办法和程序等方面都参照党政机关执行。

在前公司治理阶段政府直接管理企业,在促进国民经济尽快恢复与发展以及保证社会稳定方面发挥了积极作用,但企业控制权和经营权高度合一,也造成一段时间内企业缺乏活力甚至效率低下等弊端。伴随着改革开放这一创举的出现,1978年以后理论界和实践界开始探讨如何通过控制权和经营权分离提高企业活力,公司治理渐渐被提上日程。

二 公司治理萌芽阶段(1978—1992年)

1978年以后,中国开始由计划经济向有计划的商品经济转轨,这一时期的企业改革以放权让利为主线,同时开始发展非国有企业。一方面实现了从政府经济单位向企业的回归,另一方面出现了明显的政企分开的趋势,作为主要股东的国家和企业(主要经营者)之间初步出现了控制权和经营权的分离,形成公司治理的萌芽阶段。

为增强企业活力,1978年放权让利改革试点首先选在四川省进行。随着试点范围的扩大,截至1980年,大约60%的国有企业获得了一些有限的企业自主权。1984年5月国务院颁布《关于进一步扩大国营工业企业自主权的暂行办法》,提出国企可以拥有生产经营计划权等十项自主权,以调动企业的积极性。1987年1月开始实施承包经营责任制,以进一步解决对管理者的财务激励问题。1988年2月国务院发布《全民所有制工业企业承包经营责任制暂行条例》,同年4月,全国人大发布了《全民所有制工业企业法》,之后国有企业纷纷与国家签订承包经营合同,以此确定国家与企业的责权利关系,承包制成了改革的主流。这种"一厂一策"的做法,与过去相比不仅让企业有了"自主权"而且有了"自主钱",增加了企业的活力。

在国有企业的经营管理上,单一的政府直接管理转变为政府直接管理和企业适度自主经营相结合的"双轨制"管理。"双轨制"管理实施了一段时间后,政府和相关部门开始提出社会主义股份制的新思路。1990年,政府允许在有条件的大城市建立证券交易所,上海证券交易所和深圳证券交易所在1990年12月先后开始营业,此后两大交易所迅速发展。1992年邓小平同志的"南方谈话"针对股份制问题,指出"允许看,但要坚决地试"。随后,由国家体改委等部门发布的《股份制企业试点办法》《股份有限公司规范意见》等文件先后出台,指导股份制改革试点。截至1992年年底,全国股份制试点企业达到3700多家。

这个时期国内虽然还鲜有学者研究公司治理理论,但已经有学者开始介绍以科斯、威廉姆森的交易费用为主的企业理论。由留美学者汤敏、茅于轼主编,于1989年出版的《现代经济学前沿专题》(第一集)刊载了当时还在哈佛大学攻读博士学位的钱颖一撰写的《企业理论》一文,该文较全面地介绍了企业理论的主要观点及对公司治理的影响(汤敏、茅于轼,1989)。这篇文章掌握的资料比较系统、提炼较好,对当时学界影响较大。

随着国外理论的引入，也有学者开始关注中国公司治理问题。1980年4月，当时还是北京大学经济系副教授的厉以宁，在中央书记处研究室和国家劳动总局联合召开的劳动就业座谈会上，第一次公开提出股份制，认为可以通过组建股份制形式的企业来解决就业问题。作为第一个提出股份制的学者，厉以宁在1986年9月《人民日报》发表《我国所有制改革的设想》一文，文章指出经济改革最好的手段是利用股份制的形式来改造现有国有企业以及现有的大集体企业（厉以宁，1986），这一思想和理论成为推进中国资本市场建设和国企改革的重要理论支撑。1985年，曹凤岐在《北京大学学报》第一期发表《试论社会主义条件下的股份制度》一文，是国内较早系统探讨股份制和股票市场的文章（曹凤岐，1985）。李维安和朱光华在1988年出版的专著《社会主义股份经济探索》突破了当时仅把股份制看作所有制形式的观点，而是从所有制形式、企业组织形式和经营形式等视角系统分析了股份制企业，提出了国有股份制企业如何通过股东会与董事会等结构来实行两权分离，说明了社会主义股份制企业的产权独立化机制，即在股东拥有终极所有权的前提下，从根本上保证企业自主经营决策（李维安、朱光华，1988）。张军1989年在《经济研究》发表《产权结构、所有制和社会主义企业制度》一文，开始涉及企业治理结构问题。他提出企业制度改革的目标之一是借助于产权结构克服现代协作群生产中的要素所有者的偷懒和道德风险问题，产权的结构安排受到企业财产所有制的影响和牵制（张军，1989）。

三 公司治理起步阶段（1993—1999年）

1993—1999年是中国公司治理的起步阶段，理论界和实践界开始探讨公司治理结构导入的问题，为后续公司治理改革和研究奠定了基础，中国第一个专门的公司治理研究机构——南开大学公司治理研究室（现为南开大学中国公司治理研究院）也在这一阶段产生（1997年）。

1993年4月国务院证券委员会出台《股票发行与交易管理暂行条例》，初步明确了董事、监事以及高级管理人员等作为公司治理架构的要素。1993年11月党的十四届三中全会通过《中共中央关于建立社会主义市场经济体制若干问题的决定》，开始建立社会主义市场经济体制，让市场发挥对资源配置的基础性作用，并开始根据市场经济要求，建立现代企业制度，标志着公司治理结构正式导入国企改革。1993年12月29日通过的《公司法》，首次将"法人治理结构"明确表述为股东大会、董事会和监事会三个公司机构及其相互关系。1999年9月召开的中共十五届四中全会公布的《中共中央关于国有企业改革和发展若干问题的决定》，第一次以党的中央全会政治报告的形式，明确了大型国有企业的改革方向是建立公司制，并且明确提出"公司法人治理结构是公司制的核心"，"充分发挥董事会对重大问题的统一决策、监事会有效监督的作用"，是公司治理结构引入中国，并对中国企业改革实践发挥作用的重要标志。以上背景促使大家开始关注公司治理以及治理结构问题。

在中国较早公开提出治理结构概念，认为治理结构问题是中国企业制度改革重要议题的学者是吴敬琏和钱颖一。他们在1993年8月24日的《经济日报》上发表了《关于公司化》一文，认为公司化改革要明确法人性质、界定产权关系并明确投资者对公司法人财产的股权，并且明确"建立公司治理结构"是公司化的核心（吴敬琏、钱颖一，1993）。吴敬琏同年出版的《大中型企业改革：建立现代企业制度》较全面地论述了公司治理的基本概念，对国有大中型企业改革与公司化、股份化改革的关系以及有关治理结构问题做了较全面的探讨。此后，中国学者开始从经济学、法学等理论以及中国企业改革的实践等不同角度，掀起了研究公司治理问题的第一个高潮。

一个标志性事件是1994年8月23—26日在北京京伦饭店召开的"中国经济体制的下一步改革"国际研讨会（以下简称"京伦会议"）。该会议由国家经贸委和吴敬琏、周小川、荣敬本所领导的

"中国经济体制改革的总体设计"课题组以及楼继伟领导的"中国税制体系和公共财政的综合分析与改革设计"课题组联合召开。"京伦会议"以微观经济学为主线，特别是围绕着转轨时期的产权、公司治理结构、债务重组和破产程序等议题展开讨论。与会学者有哈佛大学的奥利弗·哈特（Oliver Hart），斯坦福大学的保罗·米尔格洛姆（Paul Milgrom）、青木昌彦（Masahiko Aoki）、罗纳德·麦金农（Ronald MaKinnon）、刘遵义，圣克鲁斯加州大学的黄佩华以及钱颖一、许成钢等。在这次会议上发表了相关学者以现代企业制度和公司治理为主题的一组论文，论文涉及治理结构（控制权配置）在国有企业改革中的重要意义，介绍了转轨经济国家的企业"内部人控制"问题。

该阶段关于中国公司治理和治理结构的早期观点在主流期刊相继发表。吴敬琏（1994）认为公司治理是指由所有者、董事会和高级执行人员（高级经理人员）三者组成的一种组织结构，继而提出要完善公司治理，就要明确划分股东、董事会、经理人员各自权利、责任和利益，从而形成三者之间的关系。陈小洪（1994）指出企业是包括投资者、债权人、经营者等利益相关者关系的结合物，理顺企业财产的所有权、经营权、债权关系是企业制度改革的核心。卢昌崇（1994）探讨了新、老三会的关系，并提出进一步完善中国公司治理结构的对策建议。钱颖一（1995）认为公司治理是一套制度安排，用以支配若干在企业中有重大利益关系的团体投资者（股东和贷款人）、经理人员、职工之间的关系，并从这种联盟中实现经济利益。张维迎（1996）认为狭义上公司治理指有关公司董事会的功能、结构、股东的权利等方面的制度安排；广义上讲是指有关公司控制权和剩余索取权分配的一整套法律、文化和制度性安排，或者更准确地讲，公司治理只是企业所有权安排的具体化，企业所有权是公司治理的一个抽象概括。李维安（1996）指出中国公司治理是中国企业在制度环境和市场环境变迁大背景下结合自身特征进行积极探索，结晶出的公司治理机制或结构等方面的"创新物"，而不是简单引进或模仿中构建的"衍生物"。林毅夫和李周（1997）指出公司治理是所有者对一个企业的经营管理和绩效进行监督和控制的一整套制度安排。杨瑞龙和周业安（1998）认为改制后的国有企业形成了有别于"内部人控制"的"行政干预下的经营控制型"企业治理模式，这种治理使国有企业改革陷入了困境。

这一时期的一系列研究，不但重视理论探讨，而且开始在实证研究、案例研究方面出现一些有价值的成果。李维安1995年12月出版的《股份制的安定性研究》一书，实证分析了影响公司股权安定结构的诸多因素，提出了公司股权适度安定构造等观点；通过对丰田、日产等10家企业法人和住友、大和银行等金融法人经营财务实态的分析，揭示了安定股份的财务弹性效果（李维安，1995）。刘守刚（1999）通过对百隆股份与爱使股份的案例分析，揭示了接管机制在公司治理中的积极作用。谷书堂等（1999）通过调查中国上市公司的内部治理机制和决策机制的状况，分析了上市公司的内部治理特征。孙永祥和黄祖辉（1999）以1993年年底在沪深交易所上市的174家A股公司为样本，检验了股权结构对公司绩效的影响，并探讨了不同股权结构所发挥的公司治理机制的差异性。

四 公司治理发展阶段（2000—2012年）

历经股份制改革、公司治理结构构建等阶段，企业的治理改革已初见成效。中国公司治理改革下一步该怎么走？学术界和实践界开始探讨独立董事制度引入、国有独资公司董事会试点、股权分置改革等治理机制，改善中小股东等利益相关者参与公司治理的效果。2000年以后，改进公司治理机制逐渐成为重点话题，中国公司治理进入发展阶段。

2000年11月李维安在《光明日报》发表文章，明确了当时中国公司治理实践中遇到的问题及其突破策略。李维安指出，中国公司治理实践中遇到的六大焦点问题是"国有企业的有效治理机制如何培育""公司治理如何跨越单个企业治理边界""公司治理模式的选择""我国是否需要公司治理原则""证券市场的治理空位问题""新经济时代的公司治理问题",并且提出"从治理结构到治理机制""从公司治理到集团治理""从国内公司治理到跨国公司治理""从研究公司治理理论到制定《中国公司治理原则》实务""从过度投机到适度安定、发挥证券市场的外部治理作用""从大股东为主的治理到各利害相关者通过各种途径全面参与治理"六大突破口(李维安,2000)。与此同时,南开大学"中国公司治理研究课题组"与国家体改研究会等单位联合推出了"中国公司治理原则(草案)",在中国引发了制定公司治理原则的热潮(李维安,2000)。

在经过充分酝酿和广泛征求意见之后,中国证监会于2002年推出了《上市公司治理准则》,就公司治理中的诸多方面制定了较为详细的规定,是对《公司法》《证券法》的完善和补充,对中国上市公司治理结构和机制的发展起到重要的指导作用。2001年中国证监会公布了《中国上市公司董事会建设指南》。2003年3月,第十届全国人大一次会议通过了国务院机构改革方案,方案决定中央政府和地方政府设立国有资产管理机构,代表国家行使出资人职责,标志着国企治理改革进入在出资人推动和加强监管下实现市场化目标的新阶段。2004年6月,国资委印发了《关于中央企业建立和完善国有独资公司董事会试点工作的通知》,确定神华集团、宝钢集团等七户企业为第一批试点企业,基本目标是在国企建立由国资委委派的外部董事和企业内部董事组成的董事会,进而把对经理人员的选聘、考核、激励等权力交给规范的董事会。为了解决A股市场的相关股东之间的利益平衡问题,2005年8月证监会发布《关于上市公司股权分置改革试点有关问题的通知》,为股权分置改革扫清了障碍。2005年10月修订的《公司法》颁布,以法律形式对股东大会、董事会、监事会等治理结构和机制进行明确与完善。这一系列改进上市公司和企业治理的规则逐渐出台,加强了制度指引,强化了企业的"合规意识",推动中国公司治理改革逐步进入治理机制建设的新阶段。

该时期系统研究中国公司治理问题的著作逐渐增多，如《公司治理》（李维安等，2001）、《公司治理：理论演进与实证分析——兼论中国公司治理改革》（高明华，2001）、《公司治理理论》（宁向东，2006）、《公司治理董事与经理指南》（鲁桐等，2008）、《董事会与公司治理》（钟继银，2009），其中李维安等所著《公司治理》在2003年获得第十届（2002年度）孙冶方经济科学著作奖。该时期发布了第一个公司治理评价指数——中国上市公司治理指数（$CCGI^{NK}$）。从2003年起，中国公司治理评价课题组每年发布"中国上市公司治理指数"及《中国公司治理评价报告》，截至2019年，已累计连续发布17年，为公司治理实证研究的顺利开展提供了重要的数据资源和研究平台。2001年，中国公司治理研究院顺利举办"公司治理国际研讨会"，截至2019年，已经成功举办10届，在与国内著名院校、科研机构和政府部门深化交流合作的同时，与美、日、加、香港等十多个国家或地区的十余所大学或研究机构建立起长期、实质性的合作和交流关系，成为国内外公司治理领域重要的学术交流平台。此外，该时期还成立了第一个公司治理专业学会——中国管理现代化研究会公司治理专业委员会，出现了专门刊载公司治理领域学术论文的期刊——《公司治理评论》。

为了适应公司治理实践的需要，该时期在公司治理学科建设和人才培养方面也取得了显著的成绩。南开大学中国公司治理研究院成为首个公司治理研究机构之后，中国社会科学院世界经济与政治研究所公司治理研究中心、北京师范大学公司治理与企业发展研究中心、山东大学公司治理研究中心、清华大学经济管理学院公司治理研究中心等机构相继成立。这些研究机构在开展公司治理理论研究的同时，积极推进学科建设和人才培养。南开大学中国公司治理研究院于2004年在国内率先设立公司治理专业硕士点和博士点，南开大学的"公司治理学"于2008年获评国家级精品课程。与此同时，东北财经大学、山东大学、对外经济贸易大学、武汉大学、深圳大学、天津财经大学、北京师范大学等高校在本科生、科学硕士研究生、专业硕士研究生、博士研究生四个层次也均开设了公司治理课程。公司治理已经发展成为一门新兴的学科专业。

五 公司治理完善阶段（2013 年至今）

2013 年党的十八届三中全会将"推进国家治理体系和治理能力现代化"确定为全面深化改革的总目标，反映了党和政府从"管理国家"向"治理国家"理念的重要转变，是治理理论和治理实践的重大创新。在企业改革方面，全会要求积极发展"国有资本、集体资本、非公有资本等交叉持股、相互融合的混合所有制经济"，"完善国有资产管理体制"，"推动国有企业完善现代企业制度"，"健全协调运转、有效制衡的公司法人治理结构"，"建立职业经理人制度"和"长效激励约束机制"，"鼓励有条件的私营企业建立现代企业制度"，这些都为公司治理的进一步完善注入了新的活力（李维安，2013）。

此后，各个层面的公司治理实践都越来越重视合规和规则引领，通过规则来完善公司治理。2013 年 7 月中国银监会发布《商业银行公司治理指引》，2013 年 11 月国务院出台《国务院关于开展优先股试点的指导意见》，中国上市公司协会于 2014 年 9 月发布《上市公司独立董事履职指引》、2015 年 12 月发布《上市公司监事会工作指引》，国务院办公厅 2017 年 4 月发布《国务院办公厅关于进一步完善国有企业法人治理结构的指导意见》。2018 年 9 月证监会发布修订后的《上市公司治理准则》，包含 10 章 98 条，其中借鉴或采纳中国公司治理研究院团队 2017 年系统提出的《中国上市公司治理准则修订案报告》40 余处。此外，2018 年 11 月 3 日，《中国银保监会职能设置、内设机构和人员编制规定》公布，新设"公司治理监管部"，表明该时期监管部门在实践领域越来越重视金融机构公司治理，并且采取多种措施全面提高金融机构的公司治理水平。

公司治理规则的完善一方面要适应资本市场监管、深化国企改革和移动互联网时代变革的要求，另一方面要不断与国际接轨，从

2018年11月5日科创板宣布设立，到2019年6月13日科创板正式开板，逐渐顺应了网络高科技公司的上市需求，有助于推动网络治理的进一步完善。在学术界，越来越多的学者和机构开始关注网络治理。中国企业管理研究会网络治理专业委员会于2014年11月发起，并于2015年正式宣布成立。李维安等学者2014年在《南开管理评论》发表《网络治理研究前沿与评述》一文，对技术网络治理、社会网络治理和组织网络治理等国内外相关研究进行了回顾，继而提出了可供研究者参考的未来研究方向，此后网络治理的相关研究逐渐增多（孙国强等，2016；彭正银等，2018）。

在绿色发展理念下，通过企业绿色治理转型推进经济实现高质量发展，已是中国所面临的核心议题。证监会修订后的《上市公司治理准则》通过设置专门的条款强调绿色治理理念，第八十六条规定"上市公司应当积极践行绿色发展理念，将生态环保要求融入发展战略和公司治理过程，主动参与生态文明建设，在污染防治、资源节约、生态保护等方面发挥示范引领作用"。在学术界，李维安2016年11月在第四届尼山世界文明论坛主题演讲中，率先系统阐述了绿色治理的相关理念、模式和发展路径。此后，公司绿色治理的研究开始逐渐兴起（李维安等，2017；Li et al.，2018；李维安等，2019）。与此同时，中国公司治理研究院于2017年7月发布了全球首份《绿色治理准则》，就绿色治理的主体识别、责任界定、绿色治理行为塑造与协同模式等内容展开论述，并于2018年9月发布首份中国上市公司绿色治理指数和《中国上市公司绿色治理评价报告》。

在公司治理理论和实践的推动下，该时期公司治理学科建设取得了显著发展。在南开大学设立公司治理专业硕士点和博士点之后，东北财经大学和天津财经大学等高校也相继设立了公司治理硕士点和博士点。《中国大百科全书》（第三版）工商管理分卷设立公司治理分支，包含138个词条，有助于进一步推广和科普公司治理理念。2018年1月30日教育部发布《普通高等学校本科专业类教学质量国家标准》，其中，《工商管理类专业教学质量国家标准》将公司治理课程列入工商管理类专业核心课程。全国 MBA 教指委在把公司治理课程纳入 EMBA 的核心课程之后，又将其列入 MBA 的核心课程，反映了企业实践对公司治理人才培养的需求。

第三节 研究进展

近 20 年来，国内外关于公司治理的研究呈现爆炸式增长和"丛林"态势，在中国国家自然科学基金委员会等的持续资助下，中国的公司治理研究也获得了较快的发展，并取得了长足的进步（李维安等，2010）。综述相关文献可以发现：在内部治理方面呈现出从治理结构到治理有效性的趋势；在外部治理方面同时关注市场环境和规则建立；新兴治理方面主要表现为网络治理和绿色治理的发展。

一 内部治理

（一）股东治理

股东治理的早期研究关注股权性质。施东晖（2000）发现法人股东在公司治理中的作用根据持股水平而定；刘芍佳等（2003）应用终极产权论分析了中国上市公司 2001 年的股本结构情况，发现中国 84% 的上市公司直接或间接地被政府最终控制；徐莉萍等（2006）按照"终极产权论"划分大股东性质，研究了股权集中度和股权制衡度对公司经营绩效的影响。针对国有股问题，刘国亮（2000）发现国有股比例对净资产收益率、总资产收益率有负的影响；吴淑琨（2002）的实证分析结果表明国家股比例与企业绩效呈显著性"U"形相关。Jiang 等（2010）通过中国的大股东占款现象为大股东掏空理论提供了直接的证据。

大股东经常采用金字塔式的股权结构以最大化私人收益，这引起了部分学者对金字塔股权结构的关注。Fan 等（2013）以 1993—2001 年中国 IPO 的地方国有上市公司为研究对象，探讨了国有企业金字塔结构的成因，认为政府借助金字塔结构可以实现对国企管理者的放权承诺，金字塔结构降低了政府的行政干预。之后，多数国内学者基于金字塔结构降低了政府对上市公司的行政干预的观点，探讨了国企金字塔层级对企业创新（江轩宇，2016）、风险承担（苏坤，2016）、企业决策偏好（武立东等，2017）的影响。对于中国民营上市公司而言，李维安和韩忠雪（2013）认为采用金字塔控股结构的主要原因在于，控制人通过金字塔机构能以较少资本控制较多的社会资本，以及形成有利的内部资本市场。

随着移动互联网以及资本市场的发展，主张非控股股东积极参与公司治理的声音越来越强，非控股股东治理研究日益引起学者重视。李姝等（2018）以2007—2016年中国A股制造业上市公司为研究样本，基于股东大会投票的数据，实证检验了非控股股东参与决策的积极性对企业创新的影响及其作用机制，结果表明非控股股东参与治理能够提高企业技术创新水平。除此之外，当公司内存在多个大股东时，非控股大股东具有较强的动机监督控股股东的掏空行为。中国人民大学商学院的姜付秀团队的最新研究表明，具有多个大股东的公司债务融资成本更低（王运通、姜付秀，2017）、融资约束水平更低（姜付秀等，2017）、股价崩盘风险更小（姜付秀等，2018）。

党的十八届三中全会以来，"混合所有制"迅速成为中国公司治理领域的中心议题之一，股东层面的混改引起越来越多学者的关注。李建标等（2016）首次使用比较制度实验方法检验了国有资本和非国有资本的行为进路，实验结果显示非国有资本参与混改的期望收益更高，且越早参与获利越多，但其收益会受到交易成本和国有资本超级股东身份的影响；对国有资本而言，其收益不受交易成本的影响，且超级股东身份会使其拥有较高的谈判能力。郝阳和龚六堂（2017）考察了国有和民营参股股东对公司绩效的影响及其作用机制，通过对2004—2014年中国A股上市公司进行实证分析发现，"混合所有"的股权结构提高了公司绩效，但国有资本之间的股权多元化对公司绩效没有正面影响，与此同时，异质性股东的"互补"使公司发挥了不同所有制资本的优势，民营参股增强了国企管理层的薪酬和离职对业绩的敏感度，国有参股减轻了民企的税负和融资约束。

（二）董事会治理

独立性是董事会治理方面的一个核心议题。为加强董事会的作用，中国证监会在2001年8月发布《关于在上市公司建立独立董事制度的指导意见》，规定中国上市公司在2001年8月起开始实行独立董事制度，检验独立董事的效果成为公司治理研究的重要课题。初期对独立董事的研究主要是定性研究，随着独立董事制度的发展，对独立董事的实证研究逐步增多。例如，高明华和马守莉（2002）实证分析了有无独立董事以及独立董事比例与公司绩效的关系，结果表明独立董事与公司绩效关系不大，从而指出中国独立董事制度的缺陷，提出了完善独立董事有效行权制度环境的改进措施；谭劲松等（2003）对截至2002年8月31日中国1186家上市公司的独立董事的薪酬数据进行统计后得出结论，公司业绩随独立董事薪酬的增加先上升后下降。由于《关于在上市公司建立独立董事制度的指导意见》规定"在2002年6月30日前，董事会成员中应当至少包括2名独立董事；在2003年6月30日前，上市公司董事会成员中应当至少包括三分之一独立董事"，部分学者还检验了外部环境对上市公司主动设立独立董事的影响（武立东、王凯，2014），以及上市公司主动设立独立董事对总经理继任影响公司战略变革的调节效应（李维安、徐建，2014）。

近年来，监管部门和学术界都在推动独立董事来源的多元化，独立董事的身份背景受到学术界越来越多的关注。如刘浩等（2012）检验了银行背景独立董事对企业信贷融资的影响；何贤杰等（2014）检验了证券背景独立董事对券商持股的影响；黄海杰等（2016）检验了会计专业独董声誉对企业盈余质量的影响；胡元木等（2016）检验了技术背景独立董事对真实盈余管理的影响；马如静和唐雪松

(2016）检验了学者背景独立董事的治理效应；何威风和刘巍（2017）检验了上市公司聘请法律背景独立董事的动机和经济后果。2013年10月中共中央中组部印发《关于进一步规范党政领导干部在企业兼职（任职）问题的意见》，禁止现任和离退休政府官员在企业兼职，引起学者对官员背景独立董事治理效应的关注，如叶青等（2016）运用事件研究法，考察了独董辞职公告日前后5天的市场反应；逯东等（2017）检验了官员背景独立董事类型对上市公司违规行为的影响。

除此之外，董事会多样性的研究也逐渐增多，部分学者开始关注董事会群体断裂带。董事会群体断裂带是基于董事会成员的一个或多个相似特征，将董事会划分为若干子群体的一组假想的分割线。董事会群体断裂带可能带来决策冲突，进而影响董事会治理效果。李小青和周建（2014）在系统梳理相关研究文献的基础上，分析了董事会群体断裂带的来源和构成，并构建了董事会群体断裂带对董事会决策行为影响的研究框架；李维安等（2014）检验了董事会群体断裂带对跨国并购的影响；周建等（2015）检验了董事会群体断裂带对公司价值的影响；李小青和周建（2015）检验了董事会群体断裂带对企业战略绩效（基于盈利能力、成长能力、现金能力三个维度的综合指标）的影响。

另有一部分学者关注董事会非正式层级及其影响效应。董事会非正式层级是董事会中因成员能力和影响力不同而形成的非正式结构，对成员互动产生影响（马连福等，2019）。董事会非正式层级的存在意味着董事会内存在清晰的层级排序，可以为董事会成员提供明确的指导，有助于提高董事会决策效率，但也存在由于其他董事顺从权威董事而导致的决策效率较低的问题。张耀伟等（2015）检验了董事会非正式层级对公司绩效的影响及其作用机制；谢永珍等（2017）检验了中国民营上市公司董事会非正式层级（地位差异）对公司财务绩效的影响；武立东（2016）检验了董事会非正式层级（地位差异）对企业投资行为的影响；李长娥和谢永珍（2017）以中国民营上市公司为样本，检验了董事会非正式层级对民营企业创新战略的影响；武立东等（2018）利用与中国上市公司协会合作调查获取的上市公司董事会决策过程相关数据并结合上市公司数据库数据，考察了董事会非正式层级对决策过程的影响机理，结果发现董事会非正式层级会增加决策过程中的政治行为、降低程序理性。

（三）高管层治理

自 Hambrick 和 Mason（1984）提出高层梯队理论以来，关注中国上市公司高管特征及其影响效应的文献逐渐增多。学者们从高管的学历（何韧等，2010；黄继承、盛名泉，2013）、年龄（魏立群、王智慧，2002；张建君、李宏伟，2007；何威风、刘启亮，2010；黄继承、盛名泉，2013）、性别（何威风、刘启亮，2010；李焰等，2011）、贫困经历（许年行、李哲，2016）、学术经历（周楷唐等，2017）以及海外经历（柳光强、孔高文，2018）等多个方面研究了高管特征与公司行为之间的关系。更有学者，如沈艺峰等（2017）从高管先天特征的角度，检验高管长相和语音对 IPO 市场的影响。除此之外，高管层治理方面的研究还集中于高管权力、高管薪酬和高管变更等方面。

自 Finkelstein（1992）将高管权力划分为结构权力、专家权力、声望权力、所有权权力四个维度以后，高管权力及其经济后果的研究开始大量涌现。例如，已有研究关注了高管权力对高管私有收益（权小锋等，2010；王雄元、何捷，2012）、高管腐败（徐细雄、刘星，2013）、公司风险承担（权小锋、吴世农，2010）、企业投资（刘慧龙等，2014；王茂林等，2014；卢馨等，2014）、企业并购（赵息、张西栓，2013；傅颀等，2014）以及信息披露（赵息、许宁宁，2013）等行为的影响。与大量文献涌现形成鲜明对比的是，考虑中国特殊制度背景，将高管由行政任命的非正式治理机制、企业集团的所有制结构纳入高管权力研究框架的研究并不多见（李胜楠、牛建波，2014）。

高管薪酬方面，研究主要集中于探讨薪酬激励约束机制效果的实证分析。魏刚（2000）采用中国上市公司的数据，考察了高管薪酬与公司经营绩效的关系；林浚清等（2003）对中国1999年和2000年上市公司高管薪酬差距和公司未来绩效之间的关系进行了检验。随着管理者持股比例的不断增加，还有学者探讨了高管股权激励的治理效应，如陈笑雪（2009）以2005年前的上市公司为样本，检验发现高管人员的持股在平均量小的情况下仍有重要的激励作用；逯东等（2014）对2008—2011年中国非金融类国有上市公司进行实证检验，研究发现CEO股权激励有助于内部控制有效性的提高；盛明泉等（2016）利用2003—2013年中国A股上市公司的动态面板数据，检验了高管股权激励对资本结构动态调整的影响，研究发现高管股权激励强度与资本结构调整速度显著正相关。值得注意的是，以上研究较多是采用高管持股比例度量高管股权激励，而随着越来越多的上市公司实施股权激励方案，采用管理层持有的股票和股票期权价值增量占其总薪酬的比例来衡量高管股权激励强度逐渐受到重视，如肖曙光和杨洁（2018）、付强等（2019）以及邱杨茜和叶展（2019）均是采用该种度量方法，他们分别检验了高管股权激励对企业升级、公司信息透明度和公司债定价的影响。

高管变更的研究主要分为两个阶段，前期研究多关注高管变更和继任类型及其对公司行为的影响，如柯江林等（2007）检验了中国上市公司总经理变更对企业绩效改进的影响；陈冬华等（2011）利用中国2000—2009年A股上市公司数据研究了高管继任与职工薪酬的关系；刘新民和王垒（2012）利用中国上市公司2005—2009年高管更替数据，检验了高管更替模式对企业绩效的影响。后期研究主要是针对中国国企存在潜在内部经理人市场的现实，关注国企高管变更及其影响效应。例如，杨瑞龙等（2013）、姜付秀等（2014）、刘青松和肖星（2015）探讨了国企高管晋升或降职的影响因素；郑志刚等（2012）基于N省A公司的案例，研究发现国企高管政治晋升是国企出现形象工程的直接诱因之一；陈仕华等（2015）基于中国2004—2013年国有上市公司的并购数据，利用企业成长压力理论检验了高管政治晋升对企业并购的影响；卢馨等（2016）利用中国2009—2013年国有上市公司数据，研究了国企高管政治晋升与政治迎合行为之间的关系；周铭山和张倩倩（2016）检验了中国国企高管政治晋升与企业创新的关系，研究发现国企高管政治晋升激励不仅提高了企业创新投入产出率，而且提高了创新产出的价值增值能力。

二 外部治理

作为中国资本市场的里程碑事件，2005年的股权分置改革引发了学者的广泛关注。股权分置改革后，中国证券市场迎来一场深刻的全流通变革。随着股权分置改革的基本完成，外部治理环境成为中国公司治理研究的热门话题，此时一些传统的外部治理变量逐渐被引入公司治理系统的研究，学者们侧重于发现不同的制度环境对公司治理模式的"型塑"（李维安等，2010）。

（一）市场环境

行业竞争环境对经理人的行为产生了重要影响，市场环境的部分研究集中于检验产品市场竞争与公司治理机制之间的互动关系。蒋荣和陈丽蓉（2007）的研究发现，中国产品市场竞争在一定程度上增强了对CEO的监督，具有一定的替代效应；张功富和宋献中（2007）以2001—2005年中国沪深工业类上市公司为样本检验产品市场竞争与公司内部治理机制在影响企业过度投资中的关系，研究发现产品市场竞争与公司治理机制之间呈现一种互补关系；牛建波和李维安（2007）认为，不同公司治理机制与产品市场竞争之间存在不同的内在关系，股权结构与产品市场竞争为互补关系，董事会治理、董事长兼任CEO与产品市场竞争则成替代关系；伊志宏等（2010）利用深交所信息披露考评数据进行的实证研究显示，产品市场竞争与大股东治理和高管激励治理形成了互补效应，而与董事会治理则形成了完全的替代效应；卢馨等（2015）以2004—2013年中国出现高管腐败案件的上市公司为样本，检验了产品市场竞争对高管腐败的影响，研究发现来自产品市场的竞争压力能够有效约束企业高管的腐败行为；曾伟强等（2016）以2007—2013年中国沪深两市A股上市公司为研究样本，检验了产品市场竞争对企业盈余管理的影响，研究发现当行业竞争程度较低时，行业竞争表现为外部治理机制，行业竞争与上市公司盈余管理呈负相关关系。

此外，一些学者还探讨了控制权市场和经理人市场的治理作用。吴超鹏等（2011）以1998—2005年中国沪深两市上市公司实施的9519起并购事件为样本，检验公司内外部治理机制的有效性，研究发现大约有三分之一的CEO在并购之后三年内被非自愿变更，其中因公司控制权变更而撤换的CEO占6%，并且在控制权市场约束CEO行为方面民企要优于国企。陈玉罡和傅豪（2012）以2000—2008年进行劣质收购的730个中国上市公司为样本，检验控制权市场的惩戒作用，研究发现控制权市场的作用因控股股东持股比例的高低而有所不同。黎文靖等（2014）以高管外部薪酬差距为切入点，以2005—2012年深交所和上交所A股上市公司为样本，考察了企业高管所面临的经理人市场对企业业绩的影响及其内在机理，研究发现受管制的国企经理人市场无法对高管带来正向激励。

（二）法律环境

张翼和马光（2005）利用检察院、法律以及律师系统的数据构建了用以反映法律效力的指标，研究发现法律环境影响了公司丑闻发生的概率；陈德球等（2013）以2003—2010年中国家族上市公司为研究样本，研究了法律制度和金融深化对家族控制权偏好的影响，研究发现地区法律制度效率和金融深化显著降低家族控制权结构中的控制权与现金流权分离度和家族董事席位超额控制程度，并且影响家族控制权偏好的机理分别是降低控制权私人收益和缓解融资约束；崔艳娟等（2018）以2003—2012年中国沪深两市上市公司为样本，检验了法治、金融和政府干预三个外部治理环境对盈余质量的作用，研究发现法治和金融环境的健康发展和政府干预的减少，有利于提高盈余质量。

2005年以后，中国证券监管部门在各种场合不断强调投资者保护法律对保护中小投资者利益和提高上市公司质量的作用和意义，投资者保护法律的研究日趋增多。基于中国投资者法律保护较弱的现实，刘启亮等（2008）用格林柯尔的案例分析了投资者保护的制度背景对投资行为选择的影响；沈艺峰等（2009）利用构建的投资者保护执行指数检验了投资者保护对资本结构的影响；张宏亮和王靖宇（2018）利用中国2009—2014年上市公司数据，采用公司层面的投资者保护指标，检验了投资者保护对股价崩盘风险的影响，研究发现公司投资者保护能够抑制股价崩盘风险。

（三）行政因素

李维安等（2001）认为，对中国国有企业的研究不能仅仅关注股权结构，而应该更多地关注国有上市公司背后的政府治理行为。Fan等（2007）对中国上市公司的研究发现，约有27%的样本公司的CEO具有行政背景。陈信元和黄俊（2007）的研究表明，政府干预经济越严重的地区，政府直接控股的上市公司越易实行多元化战略，但却降低了企业绩效，从而得出未充分"政企分离"损害公司价值的结论。陈德球等（2011）以2003—2008年中国上市公司为样本，检验了地方政府质量对家族上市公司金字塔结构的影响，研究发现较高的地方政府质量降低了金字塔结构层级和终极控制权与现金流权的分离度。陈德球等（2012）以2002—2008年中国家族上市公司为样本，检验了地方政府质量（政府治理水平）对家族上市公司投资决策的影响，研究发现较高的地方政府质量（政府治理水平）能够通过约束内部人的机会主义行为，提高投资股价敏感性。陈德球和陈运森（2013）以2005—2007年中国上市公司为样本，检验了地方政府质量（政府治理水平）对企业投资行为的影响机理，研究发现较高的地方政府质量（政府治理水平）能够激励和监督管理者做出基于公司专有信息的投资决策，降低行业和公司层面的投资同步性。李延喜等（2013，2015）从政府干预、金融发展水平以及法治水平三个维度考察了外部治理环境对中国上市公司投资行为的影响。郑国坚等（2017）以中国2004—2013年国有企业集团控制的上市公司为样本，对国有集团内部结构的形成动因及其动态演变过程进行了实证检验。

（四）媒体/文化环境

媒体作为一种非正式的外部监督机制，能够增加公司的透明度，起到外部治理作用。李培功和沈艺峰（2010）基于中国六份报纸（如《中国证券报》和《证券日报》）对50家"最差董事会"公司2003年和2004年的全部负面报道，检验了媒体对公司治理的作用；徐莉萍和辛宇（2011）考察了媒体在股权分置改革及流通股股东分类表决的制度安排下所发挥的治理职能；杨德明和赵璨（2012）利用2006—2009年中国A股上市公司媒体报道数据，检验了媒体监督对高管薪酬的影响；杨晶等（2017）以2008—2013年中国上市公司数据为样本，研究了网络负面舆论对高管薪酬的影响；醋卫华和李培功（2012）以2001—2006年度受到中国证监会处罚的中国上市公司作为研究样本，检验了媒体的治理作用，研究发现基于成本与收益的权衡考虑，媒体会选择性质严重和涉及金额大的公司治理问题进行负面报道；刘启亮等（2013）以2001—2009年中国主板A股上市公司为样本，检验了媒体负面报道对审计契约稳定性的影响；周开国等（2016）以中国上市公司违规证据为样本进行研究，同样发现媒体监督能够显著降低公司违规的频率，起到外部治理作用。

随着"文化与金融"的交叉和融合，一些学者开始尝试探讨中国传统文化在公司治理中的作用。陈冬华等（2013）检验了中国上市公司所在地的宗教传统对其公司治理的影响，研究发现上市公司所在地的宗教传统越强，其越少发生违规行为，也更少被出具非标准审计意见，宗教传统也能够显著抑制上市公司的盈余管理，从而提供了宗教传统显著提高公司治理质量的正面证据；古志辉（2015）运用2002—2012年中国沪深两市上市公司的数据，研究了儒家伦理对公司代理成本的影响，研究发现儒家伦理可以降低代理成本，提高代理效率；戴亦一等（2016）基于2008—2014年中国A股上市公司的数据,剖析了中国独特的"同乡抱团"文化现象背后的公司治理作用,研究发现董事长和总经理的方言一致性能够显著降低代理成本,并且一种方言的使用地域范围越窄,这种作用越显著;吴超鹏等(2019)基于2004—2016年中国中小板和创业板的家族上市公司数据,检验家族主义文化对公司治理改革的影响,研究发现创始人的家族主义文化观念越强,家族企业在上市前越不可能实施"去家族化"的治理改革。

三 新兴治理

(一) 网络治理

制度经济学中,网络是和市场、科层并列的资源配置方式。基于交易费用理论,新制度经济学提出市场和科层组织之间的中间环节是节约交易费用的手段。"网络"概念的发展催生了"网络治理"这一新兴治理模式。林润辉和李维安(2000)指出网络组织是一个由活性结点的网络联结构成的有机的组织系统,网络主体之间的平等、协作和互动是网络治理的本质。李维安和周建(2002)提出,网络治理是企业适应网络经济报酬递增这种价值创造机制的组织能力表现。李维安等(2003)在研究公司治理的未来发展时提出网络治理有两条路线:一是利用网络进行公司治理,二是对网络组织进行治理。

李维安等(2014)综合了已有的研究和观点认为,网络治理是通过网络手段和工具,对关键资源拥有者(网络结点)的结构优化、制度设计,并通过自组织和他组织实现目标的过程,并且网络治理涉及治理的环境、边界、目标、结构、模式、机制与绩效等多个方面,而且各个方面密切联系、交互影响,是一个复杂的大系统。孙国强等(2016)在界定网络组织内涵的基础上,不仅对网络组织存在的动因及其竞争优势进行理论分析,而且对网络组织形成、演化及运行机制进行分析,为解决网络组织如何"治理"提供了理论基础。彭正银等(2018)将网络平台治理划分为法人治理、利益相关者治理与市场治理三重维度,并选择电商、社交、网络视频、在线旅游、知识问答五大类平台进行研究,总结得出了五大类网络平台在三重维度框架下的治理特征与治理机制。

(二)绿色治理

生态系统所拥有的自然资源和承载力是有限的,无法满足人类不断扩大的需求和生产力,这就要求公司安排各项活动都需要综合考虑资源有限性和环境可承载性,尤其是在治理层面强化绿色行为,即通过一系列正式或非正式的结构安排和机制设计,促进公司的科学决策以最小化对生态环境的危害(李维安等,2018)。李维安2016年11月在第四届尼山世界文明论坛上率先系统阐述了绿色治理的相关理念、模式和发展路径,自此之后,公司绿色治理的相关研究逐渐增多。

李维安(2017)指出当前绿色发展面临的主要问题是,既欠缺在治理层面统领协调各主体绿色发展行为的顶层设计,也缺少将绿色发展理念与实践进行衔接的指引性标准,因而有必要在尽快普及绿色治理的背景下,制定相应的治理准则。李维安等(2017)在提出绿色治理的原则的基础上,从政府、企业、社会组织以及公众等治理主体的角度对绿色治理准则进行了阐述。李维安等(2017)在梳理绿色治理演进脉络的基础上,阐述了绿色治理的基本内涵和理论基础,继而论述了有效践行绿色治理的多元主体和关键治理机制。Li等(2018)基于开放式创新的视角,利用绿色治理相关理论,从创新主体、创新机制和创新模式等方面构建了绿色治理的分析框架。潘爱玲等(2019)基于2012—2016年中国重污染企业并购数据,考察了媒体压力对绿色并购的影响,研究发现媒体压力越大,重污染企业越倾向于进行绿色并购,但这仅仅是转移舆论焦点的策略性工具,而非实质性的绿色转型行为。李维安等(2019)借鉴一系列相关的规则、准则、法律法规等标准,构建了中国上市公司绿色治理评价指标体系,并进一步建立了绿色治理指数,对中国上市公司的绿色治理状况进行了系统、全面的评价,评价结果显示上市公司绿色治理水平整体偏低，各维度各要素间存在明显的不均衡性发展，且重行为而轻结构、机制建设，呈现"倒逼"的现状。

第四节　总结与展望

本节主要从公司治理的实践演进、改革经验和发展趋势三个方面对中国公司治理70年的发展进行总结和展望。

一　中国公司治理的实践演进：以转型为主线

与东欧国家的私有化改革及其相应的治理问题（如俄罗斯的"寡头控制"、其他东欧国家的"内部人控制"等）不同，转型经济中的中国公司治理模式是：以行政型治理为起点，逐步实现从行政型治理向经济型治理的转型（李维安，1996；李维安等，2013）。

改革的背景下，中国公司治理从行政型治理向经济型治理的转型既是对中国公司治理的提炼和总结，又是对"中国式公司治理理论"的凝练与升华。中国公司治理模式正从以往的企业所有权和经营权高度统合，各级政府部门直接监管企业运营的政企合一式行政型治理，逐步向所有权与经营权分离，政企分开，在现代企业制度的法人治理结构下外部通过资本市场、产品市场、经理人市场和法律法规，内部通过股东会、董事会、高管层等机构对企业实施治理的经济型治理方向过渡。

首先，"双轨制"管理和股份制改革促成了中国企业向多元产权的现代公司的成长蜕变，开始出现"两权分离"。其次，以1993年11月党的十四届三中全会通过的《关于建立社会主义市场经济体制若干问题的决定》为标志，企业开始着手导入治理结构，初步实现"党企分工"。再次，经历探索阶段和结构建设阶段以后，中国企业开始探索建设诸如独立董事制度、中小股东权益保护制度等相应的治理机制，为实现"政企分离"扫除了一些障碍。最后，2013年11

月党的十八届三中全会召开，通过了《中共中央关于全面深化改革若干重大问题的决定》，提出"推动国有企业完善现代企业制度"，"鼓励有条件的私营企业建立现代企业制度"，标志着经济型治理机制的进一步完善。

公司治理实践演进以从行政型治理向经济型治理转型为主线，但这种渐进式改革带来的现实是，现阶段中国公司治理同时存在着行政型治理和经济型治理两种不同的治理模式，即"行政经济型治理模式"（李维安、李元祯，2018）。行政型治理与经济型治理间关系的错配，易导致潜在的治理风险。这反映到国企经理人的激励约束问题上，便是两种身份、两种激励机制、两种行动逻辑并存导致的更加严重的机会主义行为。处于官员身份时，决定其激励的是政府赋予的政治任务，行动逻辑是寻求政治晋升；处于经理人身份时，决定其激励的是市场产生的经济效益，行动逻辑是获得更高薪酬。但这两者往往是相互冲突的。比如，某经理人按照政府的政治任务做出某重要决策，结果导致企业亏损，在经济型治理模式下理应受到"惩罚"，却在行政型治理模式下得到"奖励"。我们也发现国企中的行政型治理的逻辑，已经在部分影响民企，可能带来越来越大的治理风险。所以，中国企业深入治理改革需要进一步厘清行政型治理与经济型治理间的关系，明确由行政型治理向经济型治理转型的改革目标。

二 中国公司治理的改革经验：导入分类治理和配套治理理念

不同类型组织的功能、定位和职责有所不同，有着自身的特点和规律，这就要求所采取的治理方式、搭建的治理结构以及构建的治理机制等应符合组织自身的治理逻辑和规律。分类治理改革就是要用公司治理的办法和社会组织治理的办法分别治理公司和社会组织；用政党治理、军队治理和国家治理的办法，来治党治军治国（李维安、徐建，2015），正如我国最早进行的改革是分块试点进行的，针对不同部门的改革，相应提出要建立现代企业制度、现代政府制度、现代社会组织制度和现代国家制度。从公司治理层面看，不能用政党治理、政府治理的办法治理企业，只有这样企业的治理转型才能实现。《中共中央关于全面深化改革若干重大问题的决定》发布，开启了新一轮国企改革的序幕，国企进入全面深化改革的新阶段。与以往的改革方式不同，各地相继出台的国企改革方案，大都强调了分类改革的路径。分类治理不仅将助力国企改革跨越深水区，还将有力地推进整个社会全面深化改革的进程。

伴随着网络化、信息化的飞速发展，公司治理的内外部环境发生了变化，对公司治理的要求逐渐提高。由此，深化中国公司治理改革面临诸多难题，如企业去行政化、去官员身份以及如何分离应由社会组织承担的职能等，如果没有相应的政府治理和社会治理的配套改革，就难以有效推进（李维安，2014）。因此，中国公司治理改革还要加强配套治理改革，不能仅就公司治理改革而谈治理改革，以防止公司治理改革和转型的停滞或倒退。

三 中国公司治理的发展趋势：从事件推动到规则引领

近年来中国公司治理的发展主要依靠治理事件的推动。典型的公司治理事件，如"国美控制权之争""阿里巴巴海外上市"和"宝万之争"，无一不是推动制度创新、催生公司治理变革的典型。典型治理事件频发，在引起公众对公司治理问题热议的同时，却也暴露出中国治理规则在指引治理实践上的时滞性，集中反映出各界对治理规则供给的迫切需求（李维安，2017）。

在此背景下，南开大学中国公司治理研究院研究团队基于学术、实践发展的需要以及治理准则修订的紧迫性，根据现有《G20/OECD公司治理原则》《公司法》《证券法》等法律制度规则，结合中国公司治理指数（$CCGI^{NK}$）的评价数据，于2017年制定了《上市公司治理准则修订案报告》（征求意见稿），并于2018年8月正式出版。在此之后，2018年6月10日下午，证监会召开征求意见座谈会，听取对《上市公司治理准则（修订稿）》的意见和建议。2018

年 6 月 15 日证监会就修订《上市公司治理准则》公开征求意见。2018 年 9 月证监会发布修订后的《上市公司治理准则》，在保留对上市公司治理主要规范要求的基础上增加了一系列新要求。

公司治理准则的修订有助于实现治理准则与国内外法律的接轨，及时反映国际公司治理的新趋势，总结我国公司治理实践深化带来的经验，推动我国公司治理的完善，进入以"规则引领"为主的新阶段，对公司治理的改革和发展具有深远的意义。当然，此次治理准则的修订仅是将治理实践提升到公司治理 2.0，针对大数据时代治理领域的新变革，今后的目标还应努力打造公司治理 2.5 版本，用以指引大数据时代公司治理的规范与发展。

第 七 章

组织管理

组织管理是一个以组织结构为核心问题的管理研究领域。新中国成立70年来,组织管理研究在范围、主题、成果形态、研究队伍和成果应用等方面都发生了很大的变化。制度是影响组织管理实践和研究的主要条件之一,70年的组织管理研究按照制度背景的差异大致可分为计划经济主导时期、向市场经济过渡时期、市场经济基本建成时期和中国特色社会主义新时期。改革开放以来,中国的组织管理研究逐渐受到美国的组织管理研究的影响,在组织理论、组织模式和研究方法等方面,是一个跟随者和模仿者。同时,也有一些中国学者对中国企业的组织管理模式进行了一些探索和总结。

第一节 引言

一 组织管理学科演化的一种假说下的基本概念说明

管理学的发展过程,是一个管理学的各种细分学科不断产生和演化的过程。组织管理从一般管理学的一种管理职能到一个独立的研究领域或学科,经过了若干次的演变,这些演变是在组织管理这个笼统的概念下展开的。目前,组织管理实际上处于历史上的若干阶段遗留并存的一个时期,或者指组织与管理,或者指组织设计,存在范围过宽或过窄的问题。我们提出新组织管理的概念,期望在组织设计的基础上进行一定的延伸,更加衔接、充实和全面地对组织结构问题进行研究。图7—1对组织管理的学科演变趋势进行一些说明。在新组织管理这一假说的基础上,我们对组织管理的基本概念进行一些简要说明。

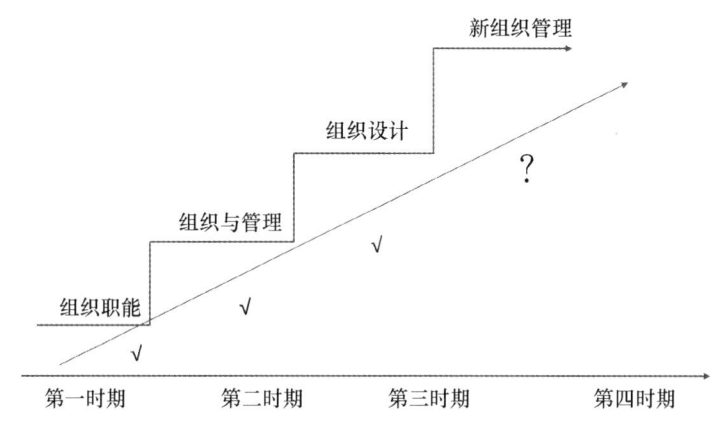

图7—1 组织管理的学科演变趋势

资料来源:笔者自绘。

组织管理研究的核心问题是组织结构,组织结构是组织管理研究中最重要的核心概念。在影响组织结构的因素,普遍认为组织情景因素是决定性的,在考虑组织情景因素的条件下,对组织结构的选择,就是组织设计。然后,在不同的组织设计条件下,企业组织学习的条件、过程、方式和效果是不同的,进一步,组织学习对企业的组织能力的形成产生重要影响。组织能力又成为企业竞争优势的主要来源,影响企业战略和目标的实现。这是我们关于新组织管理的范围和主线的基本认识。

(一)组织管理

组织是个体为实现共同目标而将人、财、物资源集合而成的有机统一体,它包括财产组织、作业组织和管理组织等不同部分(吴培良等,1998)。"管理组织",才是组织管理所研究的"组织"的准确范围，这种管理组织的组织结构，是一种特定类型的组织的结构，它是组织管理研究的核心问题。组织管理作为一门学科，研究对象是企业管理组织的组织结构及其运行的设计原理与方法（吴培良等，1998）。组织管理作为一种研究对象，是一种组织与组织成员个体在进行交换时，组织从组织整合的角度依靠组织的多方面社会资源与组织成员个体交换的过程，这种交换涉及劳动过程中的信息、知识和价值观等内容，通过权力机制、学习机制和文化机制实现。组织管理作为一门管理学科，不仅具有管理学学科共同的"软""杂""散""疏"的特点（黄速建、黄群慧，2007），还有分化重组和交叉融合的个性特点。

（二）组织理论

对组织管理进行研究，所形成的主要研究成果之一，称为组织理论。组织理论，有广义和狭义之分。广义的组织理论，又称作大组织理论，包括了一个组织在运行过程中的全部问题，如组织运行的环境、目标、战略、结构、技术、规模、权力、沟通、激励等。这种广义的组织理论，作为管理学的一个重要子学科，是指依据实证科学的研究方法，综合运用有关学科（如心理学、社会学、人类文化学、政治学、工程学、信息和系统科学等）中的知识，系统地研究由人所形成的各种组织在个体、群体和组织层次上的行为，以达到组织所期望目标的学科（黄速建、黄群慧，2007）。在源自管理学之外的其他学科的组织理论中，经济学、社会学、心理学和系统工程四大学科的影响是主要的，其中，又以系统工程的影响最大，这可能是因为源自系统工程学科的组织理论提供了一种范围更宽、整体视野更强的理论框架。例如，组织管理中的结构权变理论和组织学习理论这些整体性很高的理论就源自系统工程学科。

狭义的组织理论，又称小组织理论，或组织设计理论，主要研究企业组织结构的设计和运行，把环境、战略、技术、规模、人员等问题作为组织设计中的影响因素加以研究（吴培良等，1993）。组织设计理论考察人们是如何集合部门和组织，如何关注组织这一分析层次的结构和行为的差别。组织设计理论是关于组织的社会学，而组织行为学则是关于组织的心理学（理查德·L. 达夫特，2017）。

组织理论还可分为古典组织理论和现代组织理论。古典组织理论的组织结构是指组织内部各机构的职能结构（关键职能）、权责结构（权责分工及相互关系）、层次结构（纵向管理层次）、部门结构（横向结构）及其组合形式，强调分工与层级划分。现代组织理论研究组织的整体效率，强调组织效率胜于资源配置效率（程新生，2004）。

（三）组织结构

组织结构，是企业全体职工为了实现企业目标，在管理工作中进行分工协作，在职务范围、责任、权力方面所形成的结构体系，所以又可简称为权责结构。这一结构体系的内容包括职能结构、层次结构、部门结构和职权结构（吴培良等，1998）。Dow（1998）提出，组织结构的含义有两种不同的界定，构造性的含义和共同激活性的含义。构造性的组织结构观强调对工作的权威协调，而共同激活性的组织结构观强调参加者之间的重复互动模式。两种观点在层级制、权力和组织目的性上的立场是不同的。构造性的组织结构观对结构的解释着眼于目的的重要性，而共同激活性的组织结构观则是着眼于"看不见的手"的作用。如果说组织结构是组织管理的核心，那么进一步，组织结构的核心就是组织权力。组织结构是企业执行力最重要的影响因素之一，是企业能力的重要基础（殷雄，2015）。

广义的组织结构还包括治理结构，但通常所指的组织结构和治理结构是不同的。企业治理结构是企业中关于各利益主体之间的权、责、利关系的制度安排，而企业组织结构则是企业中各机构的设置及其组合形式。企业治理结构是从激励与约束的角度来规定企业中各利益主体的权、责、利关系，它通过一个委托—代理的链节关系形成了企业的治理结构模式。而企业组织结构则是从分工与协作的角度来规定企业中各成员的工作关系，它通过一个目标—手段的链节关系形成了企业的组织结构形式（林志扬，2003）。尽管如此，在现代企业实践中，由于组织间关系的重要性，单个企业内部的组织结构越来越受到企业间治理结构的重要影响。

（四）组织设计

罗珉（2010）认为，组织设计是关于如何建立或改变组织结构并使之更有效地实现组织既定目标的过程。组织结构问题放在企业管理的框架下，就成为组织设计问题。就一个企业来讲，组织设计是在充分考虑各种情景因素对组织结构的影响的基础上对企业组织结构的各种要素和形式的具体设想和论证。组织情景因素包括环境、战略、技术、企业规模、企业生命周期、企业文化等。组织结构要素，既包括层级、部门、职位、流程等单项要素，也包括信息、权力、制度等关系要素。组织模式，指组织结构的具体形式和类型。组织模式通常按照组织结构的不同结构特征进行分类，常见组织模式有直线制、职能制、事业部制、矩阵制、网络组织、模块化组织等。在信息技术和市场竞争更加激烈的推动下，企业之间的边界日益模糊，无边界组织不断增加，组织设计超出了单个企业的边界，企业间关系也纳入组织设计的范围，网络制组织成为组织设计中一种重要组织模式，其中的企业治理和企业组织结构交织在一起了。

（五）组织学习

组织学习是组织不断获取、创造和运用知识，努力改善自身或重新设计自身以适应不断变化的环境，从而保持可持续健康和谐发展的过程（陈国权，2002）。组织学习，可以分为三种类型：第一类是适应性学习，是在遵守组织既定的假定和知识基础上的学习；第二类是创造性学习，是对组织现有的假定和知识基础的质疑和修正，最终达到应对环境变化的目的；第三类是再学习，通过组织学习，不仅发现阻碍和促进组织提高效率的因素，同时提出有效的组织策略，提高组织学习的效率，更加稳定地提高组织绩效（Snell，2008）。组织学习是组织变革的一种重要形式和工具，著名的组织变革三阶段论，把组织变革分为解冻、变革、再冻结三个阶段，上述组织学习的三种类型大致与组织变革的三个阶段相对应。

（六）组织能力

组织能力和企业能力的含义大致相同，包括独特能力、核心能力、动态能力等。组织能力可以从战略管理的角度理解为一种完成一定任务的资源组合，从演化经济学角度理解为一种组织惯例组合，从知识管理角度理解为一种专业知识组合。例如，李巍等（2010）认为，组织能力是企业内部系统化的专业知识，这些知识直接或间接地与企业创造价值的生产活动关联在一起，组织内部的专业知识存在于个体，组织能力是个体知识向集体知识不断转化的结果。从"集中力量办大事""知识就是力量""继承光荣传统"这些俗语中可以直观地认识到组织能力中包含的权力、知识和价值观等内容。

二　学科间关系

组织管理是从一般管理学中分化出来的一个研究领域和一个子学科。随着结构权变理论的提出，组织设计在很多方面代替了组织结构，从一个范围更大、准确度更高的视角来认识一个企业的组织系统和组织状况。组织管理曾经是一个非常庞大的管理学科，从其中相继分离出组织行为学、人力资源管理、公司治理、组织文化等学科，其后组织管理萎缩，局限在组织设计的研究领域和课程范围内。组织设计在与组织管理的藕断丝连的历史连接中，一些边缘和中间地带在不同的学科之间游移和倚墙而居，如企业治理结构、职位分析、流程管理等。

本章所研究的组织管理以组织结构和组织设计为基础，将组织学习和组织能力纳入其中，期望将静态视角和动态视角综合在一起，更为全面地理解组织结构的含义和价值。通过对70年中国组织管理研究的分析，我们发现，在学科分化和研究领域细分的背景下，尽管很多研究领域从组织管理的母体中独立出去，但组织结构是什么？组织结构受哪些因素影响？组织结构会产生什么样的影响？这些影响如何影响企业的竞争优势？这四个问题决定了组织管理研究的独立性和完整性，决定了组织结构、组织设计、组织学习和组织能力是组织管理研究领域的主体和核心概念。在70年的时间里，这四个核心概念成为推动中国企业组织管理研究变化和发展的主线，成为组织管理研究中众多概念、命题、理论、模型、体系的逻辑枢纽，成为组织管理的研究者、学习者和实践者思考和交流的河津船桥。面向未来，中国的组织管理研究不仅应重视组织结构受哪些因素影响的研究，也应重视对组织结构的影响效应的研究，在组织结构和企业竞争优势之间，寻找一些重要的中间环节，组织管理的研究主线应该是"组织结构—组织设计—组织学习—组织能力"。在这一研究主线下，组织管理的范围形态是一个范围越来越大、领域越来越宽的倒漏斗状，或者是一条河流的主源在接纳越来越多，越来越大的支流后的大河主流景观。

三 研究意义

中国的组织管理研究的70年，是组织管理在一般企业管理学的母体中孕育、在传统的组织管理大母体中分化、在组织设计的年轻身体中成长的过程，是中国管理学在接受苏联和欧美管理学研究范式和课程教学经验的基础上成长和发展壮大的过程，也是中国管理学本土化和探索中国式管理模式的过程。本章通过对70年实践的分析，采用历史叙事的方式进行总结，可以为今后的学科建设和课程建设提供一些参考。

本章的资料来源包括政府文件、教材、专著、论文等，通过文本细读方式提取关键知识点，为论文的思考和写作提供基础材料。由于不同关键知识点之间差异巨大，不能构成同质化的单一样本，难以形成有效的统计分析的样本总体，最后对这些关键知识点的处理是通过抽象的概念思维完成的。

本章主要分为三个部分：第一个部分是历史阶段划分，按中国组织管理研究对象的制度背景分为计划经济主导时期、向市场经济过渡时期、市场经济基本建成时期和中国特色社会主义新时期四个阶段。第二个部分选取组织管理领域中一些重要理论和案例研究进行回顾、提取和分析。第三个部分是未来展望。

第二节 发展历程

一 组织管理研究 70 年的制度背景变迁

组织管理研究的对象是企业。70 年来，中国企业，无论是国有企业，还是集体企业和私营企业，都是在一定的制度和政策背景下发展起来的，制度和政策是企业发展的重要背景条件，是决定企业组织结构变化和分布的重要情景条件。根据制度的差异，可将 70 年分为四个时期：计划经济主导时期、从计划经济向市场经济过渡时期、市场经济基本建成时期、中国特色社会主义新时期。表 7—1 对四个阶段的企业组织管理制度背景的变迁进行了简要的说明，包括重要的政策措施、主要文件和核心思想。

（一）计划经济主导时期的组织管理制度背景

在坚持计划经济基本制度的前提下，国有企业成为国民经济的主导力量，大型国有企业在这一时期开始形成。1955 年 10 月，中共中央曾经下发专门指示，要求企业中的党组织要帮助确立和巩固企业管理方面的"一长制"。"一长制"，是一个工厂在行政上由厂长负责全厂的生产领导，一个车间由车间主任负责全车间的生产管理，一个工段由工长负责全段的生产管理，每个工厂、车间和工段的行政、技术人员和工人必须服从其领导，以统一指挥，保证国家计划的完成。由于"一长制"在实施中影响了党组织领导人的权力地位和对工人权益的忽视，影响工人的生产积极性，1956 年党的八大决定取消"一长制"，实行党委领导下的厂长负责制。1957 年中央又决定在企业中恢复党委领导下的职工代表大会（刘国良，2003）。

表 7—1　　　　　　　　　中国组织管理研究的制度背景

时期	重要措施	主要文件	核心思想
计划经济主导时期	在第一个五年计划时期的初期，我国已在绝大部分企业中建立了苏联式的管理制度，实行"一长制"，建立包括行政、技术、生产调度、设备维护与检修、安全技术、技术供应、财务成本七个方面的责任制；由于"一长制"在实施中影响了党组织领导人的权力地位和对工人权益的忽视，影响工人的生产积极性，1956年党的八大决定取消"一长制"，实行党委领导下的厂长负责制；形成紧密衔接，专业化与协作生产密切结合，大中小工厂相互匹配的生产体系；各地区经济与军事工业自成体系和自给自足，突出强调了各地区要大力发展地方的"五小工业"	《关于国营工业企业领导问题的决议（草案）》《关于试办工业、交通托拉斯的意见的报告》	"一长制"、党委领导、厂长负责制、民主管理、托拉斯、五小工业
从计划经济向市场经济过渡时期	厂长是工厂的行政负责人，受国家委托，负责工厂的经营管理和生产，这方面的问题由厂长全权决定；国有企业特别是大中型国有企业将建立公司制的现代企业制度作为改革方向；深化大型企业集团试点工作提出了新的要求，试点企业集团扩大到120家；优化乡镇企业内部的经营机制和激励机制，使所有者、经营者、劳动者能够充分发挥积极性，主动为企业的发展多做贡献；国家保护私营经济的合法权利和利益，对私营经济实行引导、监督和管理	《国营工厂厂长工作暂行条例》《中华人民共和国公司法》《关于深化大型企业集团试点工作意见的通知》	厂长负责制、公司制、企业集团、乡镇企业、私营经济

续表

时期	重要措施	主要文件	核心思想
市场经济基本建成时期	培育具有核心竞争力并拥有自主知识产权和知名品牌的大公司和大企业集团，包括加快股份制改造步伐，完善现代企业制度，建立规范的产权结构、公司治理结构和母子公司体制；国家鼓励、支持和引导非公有制经济的发展，并对非公有制经济依法实行监督和管理	《关于推进国有资本调整和国有企业重组的指导意见》《国家计委关于促进和引导民间投资的若干意见》	国有企业重组、大企业集团、非公有制经济
中国特色社会主义新时代	分类推进国有企业混合所有制改革，完善现代企业制度，完善国有资产管理体制；促进和鼓励小微企业发展的政策，推动大众创业、万众创新的新局面的形成	《关于深化国有企业改革的指导意见》《关于大力推进大众创业万众创新若干政策措施的意见》	混合所有制改革，大众创业、万众创新

资料来源：笔者整理。

针对从苏联引进的计划经济下的高度集中的工业管理体制中存在的企业成为行政单位的附属物、管理多头多级和管理机构重叠庞大、效率不高的问题，根据中央和刘少奇同志关于试办托拉斯的指示，1964年年初全国工业交通工作会议对试办托拉斯的问题进行讨论，国家经济委员会与国务院工业、交通等各部门进行多次研究，提出了试办行业性托拉斯的草案。周恩来同志两次主持会议对这个方案进行讨论，最后提出五条原则性意见。1964年8月17日，中共中央、国务院正式批转了国家经济委员会党组起草的《关于试办工业、交通托拉斯的意见的报告》，要求形成紧密衔接、专业化与协作生产密切结合、大中小工厂相互匹配的生产体系；在托拉斯内部的政治工作和干部管理上，总公司设立党委和政治部，在上级主管部门的党委和政治部的领导下进行工作，任免所管理的干部，分公司和所属事业单位党的工作和政治工作由总公司党委和地方政府党委进行双重领导。从1964年第三季度起，中央各部试办了12个工业、交通托拉斯，其中包括烟草公司、盐业公司、汽车公司等。1965年又试办了石油公司、仪器仪表公司、木材加工公司3家（刘国良，2003）。

"文化大革命"前期，工业建设以备战为中心。在"大三线"建设的同时，又在全国一二线地区划出若干个地方作为"小三线"地区，并要求各地区经济与军事工业自成体系和自给自足，政府在当时突出强调了各地区要大力发展地方的"五小工业"。所谓"五小工业"，是一些地区和县在20世纪60年代初发展起来的小钢铁厂、小机械厂、小化肥厂、小煤矿和小水泥厂等，后来逐步泛指地、县两级兴办的小型工业企业。1971年是1958年后全国地方小型工业又一次大发展的一年。地方"五小工业"的发展，当时对整个国民经济起了很好的作用，成为这一时期工业发展的重要组成部分。在"五小工业"体系中，尤以直接为农业服务的小机械、小化肥、小水泥发展最快，形成这一时期地方小工业的骨干行业（刘国良，2003）。

（二）从计划经济向市场经济过渡时期的组织管理制度背景

1982年1月，中共中央、国务院颁发了《国营工厂厂长工作暂行条例》，规定工厂实行党委领导下的厂长负责制，厂长是工厂的行政负责人，受国家委托，工厂的经营管理和生产由厂长全权决定。厂长可按照干部管理权限，由上级委派，或经职工代表大会选举，由上级任命。厂长的任期一般为4年。该条例尽管延续了党委领导下的厂长负责制，但在加强厂长责任、赋予厂长更大的生产经营指挥权方面，大大前进了一步，在一定程度上体现了厂长责、权、利的统一，从而为逐步推行厂长负责制做了准备。1984年5月，在六届全国人大二次会议的政府工作报告中，正式宣布国营企业将逐步实行厂长负责制。其后，厂长负责制开始在所有工业企业中推行（汪海波、刘立峰，2017）。

在20世纪90年代，国有企业的改革进入一个新的阶段。国有企业特别是大中型国有企业将建立公司制的现代企业制度作为改革方向。1991年12月，国务院决定选择一批大型企业集团进行试点，第一批为57户。1993年12月，国务院成立了现代企业制度试点工作协作调查会议制度，由国家经贸委和国家体改委等14个部委局参加，起草试点方案。全国人大通过立法，于1993年12月29日公布了《中华人民共和国公司法》，并于1994年7月1日起实施。该法规定，公司分为有限责任公司和股份有限公司。国有企业改建为公司，必须依照法律、行政法规规定的条件和要求，转换经营机制，有步骤地清产核资，界定产权，清理债权债务，评估资产，建立规范的内部管理机构。公司可以设立分公司，分公司不具有企业法人资格，其民事责任由公司承担。公司可以设立子公司，子公司具有企业法人资格，依法独立承担民事责任。公司职工依法组织工会，开展工会活动，维护职工的合法权益。国有独资公司和国有资本主体投资的有限责任公司，依照宪法和有关法律的规定，通过职工代表大会和其他形式，实行民主管理。公司里中国共产党基层组织的活动，依照中国共产党章程办理。1994年11月，国务院同意的《关于选择一批国有大中型企业进行现代企业制度试点的方案（草案）》发布，选择百户企业建立现代企业制度试点。1997年5月，国务院批转了国家计委、国家经贸委、国家体改委《关于深化大型企业集团试点工作意见的通知》，对深化大型企业集团试点工作提出了新的要求，试点企业集团扩大到120家。试点工作于1997年基本完成。同时，地方政府抓的2343户现代企业试点也取得了重大进展。1998年6月，国家经贸委提出，要在认真总结现代企业制度试点工作经验的基础上,按照"产权清晰、权责明确、政企分开、管理科学"的要求,依据公司法,对具备条件的国有大中型骨干企业有步骤地进行规范改制,实现到 20 世纪末使大多数国有大中型骨干企业初步建立起现代企业制度的目标。总的来说,到 2000 年年底,大多数国有大中型骨干企业初步建立现代企业制度的目标基本实现。

改革开放以后发展起来的农村集体工业企业,其产品的生产和销售是由市场调节的。这些企业中很大一部分是由乡镇一级政权创办的,存在一个政企分离的问题。许多乡镇一级政权对所办企业进行产权改革,通过集体承包、厂长承包等形式,把企业承包给集体或个人,并实行厂长或经理负责制,给企业充分的自主权。同时,在企业内部改干部委任制为选举制或招聘制,改推荐职工制为择优录用制,改固定工制为合同工制,改固定工资制为浮动工资制(汪海波、刘立峰,2017)。到了 1988 年,乡镇集体工业企业普遍推行了承包经营责任制。到了 1990 年年底,有 95%的乡镇集体工业企业开始了第二轮承包。在这一过程中,逐步实行了公开招标确定承包人,实行风险抵押承包,合理确定承包指标体系和承包期;在普遍实行厂长负责制的基础上,把承包制与厂长目标责任制结合起来;通过把承包指标层层分解,把承包制与企业内部的各种经济责任制结合起来。1990 年 7 月,国务院发布了《乡村集体所有制企业条例》。1992 年 3 月,国务院又转发了农业部起草的《关于促进乡镇企业持续健康发展的报告》。这两个文件,对乡镇集体企业的改革、发展和管理的基本问题做出了明确规定。乡村集体企业实行厂长负责制,厂长或经理对企业全面负责,代表企业行使职权。职工或职工代表大会有参加企业民主管理的权利。1996 年 10 月,全国人大立法后颁布了《中华人民共和国乡镇企业法》,明确了发展乡镇企业的基本方针、重要原则和主要任务,明晰了乡镇企业的产权关系,理顺了乡镇企业的管理体制。1997 年 3 月,中共中央、国务院转发了《农业部关于我国乡镇企业状况和今后改革与发展意见的报告》,提出要不断深化企业改革，优化乡镇企业内部的经营机制和激励机制，使所有者、经营者、劳动者能够充分发挥积极性，主动为企业的发展多做贡献（汪海波、刘立峰，2017）。

20世纪80年代初期，随着个体经济的发展，产生了雇工性质的私营企业。在当时的条件下，这些私营企业为了取得合法地位，都是在个体企业甚至集体企业的名义下经营的。直到1984年，政府对私营经济采取了"看一看"的方针，既不禁止也不宣传，这实际上是一种谨慎的允许其存在和发展的政策（汪海波、刘立峰，2017）。据有关单位估算，到1987年年底，在个体经济和集体经济名下的私营企业总数在全国已经达到22.5万家，从业人员总数为360万人。1987年10月召开的党的十三大报告中首次明确提出，私营经济是存在雇佣劳动关系的经济成分；在社会主义条件下，私营经济在一定程度上的发展，是公有制经济必要的和有益的补充。在1988年4月召开的七届全国人大一次会议上通过的宪法修正案中规定，国家允许私营经济在法律规定的范围内存在和发展；国家保护私营经济的合法权利和利益，对私营经济实行引导、监督和管理（汪海波、刘立峰，2017）。1997年的党的十五大报告提出"非公有制经济是我国社会主义市场经济的重要组成部分"。1992年年初，邓小平"南方谈话"发表，从此，我国的改革步伐大大加快。1995年党中央对国有企业改革提出了"抓大放小"方针，在这一方针指导下，一部分公有制企业出卖给私营企业主。同时，随着劳动制度改革的深化，大量国有企业的下岗职工为私营企业的发展提供了大量高质量的员工，特别是经营管理人员和工程技术人员。1998年6月，中共中央、国务院发布了《关于切实做好国有企业下岗职工基本生活保障和再就业工作的通知》，其后，发展私营经济成为与国有企业深化改革相联系的下岗职工实现再就业的一条重要渠道。

（三）市场经济基本建成时期的组织管理制度背景

对于国有企业的改革，政府在政策上继续把"抓大放小"作为对国有经济进行战略调整的主要方针。"抓大"要求着力培育具有核心竞争力并拥有自主知识产权和知名品牌的大公司与大企业集团，包括加快股份制改造步伐，完善现代企业制度，建立规范的产权结构、公司治理结构和母子公司体制；继续推进企业重组，优化结构，实现优势互补；减少集团管理层级，实现管理扁平化；做强做大主业，实现主辅分离等（汪海波、刘立峰，2017）。2003年，国资委成立，其监管的中央企业为196家。经过多次重组，2011年减少到117家。2011年，中央企业80%的资产集中在石油石化、电力、国防、通信、运输、矿业、冶金、机械等重要行业和关键领域（汪海波、刘立峰，2017）。

2002年党的十六大通过了《中共中央关于修改宪法部分内容的建议》，建议宪法第十一条第二款修改为："国家保护个体经济、私营经济等非公有制经济的合法的权利和利益。国家鼓励、支持和引导非公有制经济的发展，并对非公有制经济依法实行监督和管理。"这些建议在2004年3月的全国人大十届二次会议上高票通过。2002年1月，国家计委颁发的《国家计委关于促进和引导民间投资的若干意见》指出，凡是鼓励和允许外资投资进入的领域，均鼓励和允许民间投资进入；在实行优惠政策的投资领域，其优惠政策对民间投资同样适用；鼓励和引进民间投资以独资、合作、联营、参股、特许经营等方式，参与经营性的基础设施和公益事业项目建设；鼓励和引导民间投资参与供水、污水和垃圾处理、道路、桥梁等城市基础设施建设；鼓励有条件的民间投资者到境外投资（汪海波、刘立峰，2017）。2011年，全国登记的私营企业由2000年的176.17万户增长到967.68万户；总注册资本由13307亿元增长到257900亿元；从业人员由2406万人增长到10400万人。这十来年时间是中国私营企业从20世纪80年代初期以来增长最快的一段时间。

（四）中国特色社会主义新时期的组织管理制度背景

2013年，党的十八届三中全会做出了《关于全面深化改革若干重大问题的决定》，提出了积极发展混合所有制的政策思路，同时，要完善国有资产管理体制，以管资本为主加强国有资产监管，改革国有资本授权经营体制，组成若干国有资本运营公司，支持有条件的国有企业改组国有资本投资公司；推动国有企业完善现代企业制度。2015年，中共中央、国务院又发布了《关于深化国有企业改革的指导意见》，提出分类推进国有企业混合所有制改革，完善现代企业制度，完善国有资产管理体制等政策。主业处于充分竞争行业和领域的商业类国有企业，原则上都要实行公司制股份制改革，积极引入其他国有资本或各类非国有资本实行股权多元化，国有资本可以绝对控股、相对控股，也可以参股，并着力推进整体上市。对于主业涉及国家安全、关系国民经济命脉的重要行业和关键领域，主要承担重大专项任务的商业类国有企业，要保持国有资本控股地位，支持非国有资本参股。对自然垄断行业，实行以政企分开、政资分开、特许经营、政府监管为主要内容的改革，根据不同行业特点实行网运分开，放开竞争性业务，促进公共资源配置市场化；对需要实行国有全资的企业，也要积极引入其他国有资本以实行股权多元化；对特殊业务和竞争性业务，实行业务板块有效分离，独立运作，独立核算（汪海波、刘立峰，2017）。

根据国家统计局2011年发布的划分大中小微企业的划分标准，在工业中，大型企业的从业人数等于或大于1000人，营业收入等于或大于4亿元；中型企业的从业人数等于或大于300人，小于1000人，营业收入等于或大于2亿元，小于4亿元；小型企业的从业人员等于或者大于20人，营业收入等于或者大于300万元，小于2亿元；微型企业的从业人员数小于20人，营业收入小于300万元。由于小微企业在稳增长、促创新、转方式、调结构、增就业、惠民生、保稳定方面发挥着不可替代的重要作用，在新的时代，政府高度重视小微企业的发展。2014年10月31日，国务院发布了《关于扶持小型微型企业健康发展的意见》，提出了一系列促进和鼓励小微企业发展的政策，推动大众创业、万众创新的新局面的形成。2015年6月11日，国务院发布了《关于大力推进大众创业万众创新若干政策措施的意见》，创新体制机制，实现创业便利化（汪海波、刘立峰，2017）。

二 计划经济主导时期（1949—1979 年）的组织管理研究基本情况

1960 年 3 月 11 日，中共鞍山市委向党中央报送了《关于工业战线上的技术革新和技术革命运动开展情况的报告》，毛泽东同志在 3 月 22 日对该报告的批示中，高度评价了鞍钢的经验，提出了管理社会主义企业的原则。核心内容是强调要实行民主管理，实行干部参加劳动，工人参加管理，改革不合理的规章制度，工人群众、领导干部和技术员三结合，即"两参一改三结合"的制度。毛泽东同志把"两参一改三结合"的管理制度称为"鞍钢宪法"，使之与苏联的"马钢宪法"（指以马格尼沃托尔斯克钢铁联合公司经验为代表的苏联"一长制"管理方法）相对立。1961 年制定的《工业七十条》，正式确定了这个管理制度，并建立党委领导下的职工代表大会制度，使之成为扩大企业民主，吸引广大职工参加管理、监督行政，克服官僚主义的良好形式。

1961 年 6 月，薄一波同志以北京第一机床厂调查组部分成员为基础组建了一个起草小组，到沈阳市继续搞调查研究，并在调查研究中形成了《国营工业企业管理条例（草案）》的初稿，参加执笔的成员有马洪、梅行等。在这个初稿基础上，征求企业意见进行修改后，于 1961 年 7 月 16 日呈报中共中央书记处。7 月 29 日，中共中央书记处在北戴河开会，对草案进行讨论。会后，草案经过修改于 8 月 10 日再次报送中共中央书记处。8 月 11—14 日，由邓小平同志主持中共中央书记处在北戴河的会议，对草案进行了细致的讨论和修改。8 月 23 日，中共中央在庐山的工作会议上正式讨论了中央书记处提交的草案，会议上出现许多意见分歧，争论激烈，总的倾向是积极的。中共中央书记处认真研究了会议上的各种批评意见后对原稿进行了重大修改，并增补了一封指示信进行补充说明。1961

年9月16日，指示信和草案修改稿一起呈报中共中央政治局常委会。9月17日，毛泽东和周恩来对条例做出肯定批复，草案最后定名为《国营工业企业工作条例（草案）》。该条例共70条，故又称为《工业七十条》（汪海波、刘立峰，2017）。

《工业七十条》规定，统一领导，分级管理，是国家对国营工业企业的管理原则，也是国营工业企业内部的管理原则。国家对国营工业企业的管理，一般分为三级：中央和中央局，省、自治区、直辖市和大工业市，专区、县、中等工业市、直辖市的区和大工业市的区。重要的企业，分别由中央和省、自治区、直辖市或者大工业市管理，但工业管理体制调整的权力集中在中央。在行政上，每个企业只能由一个行政机关负责管理，不能多头领导。国营工业企业内部的管理，一般也分为三级：厂部，车间或者分厂，工段或者是小组。企业的主要管理权力集中在厂级。联合企业的主要管理权力集中在公司。

1961年，马洪主持，当时的中国科学院经济研究所等机构编写的《中国社会主义国营工业企业管理》一书，对企业管理中的组织职能和组织体制进行了阐述。《大庆工业企业管理》是在1979年出版的，当时的中国人民大学李占祥副教授是作者之一。该书反映了计划经济时期我国工业企业的典型管理经验。全书共14章，第2章是生产组织与指挥，第12章是岗位责任制。该书对大庆的组织系统是这样总结的，"大庆在党委统一领导下，建立了强有力的政治工作系统；建立了高度集中，指挥如意的生产指挥系统；建立了科技人员，工人和干部三结合的科学研究系统；建立了为生产，为职工服务的后勤工作系统"[①]。这种组织系统一方面是社会化大生产的要求，实行科学管理，另一方面又要体现社会主义制度的要求，实行民主管理。

---

① 《大庆工业企业管理》编写组：《大庆工业企业管理》，人民出版社1979年版，第15页。

在计划经济主导时期，在"一大二公"思想指导下，国有企业占据主体地位，这些国有企业的管理实行国家计划管理，强调国家对企业的集权管理，国有企业实行全国统一的组织管理模式，企业组织形式长期以来一直采用直线职能制，没有什么变化。组织管理研究有四个突出特点：一是组织管理是工业企业管理的一部分，还没有从一般企业管理的母体中独立出来；二是研究队伍人数少、力量薄弱，以政府部门的研究人员为主；三是研究成果以政策文件作为主要形式，研究成果高度实践导向；四是强调组织管理的二重性，重视管理的科学性和民主性的结合。

三 向市场经济过渡时期（1980—1999年）的组织管理研究基本情况

在中国期刊网的期刊类别中，在文献分类目录中选择经济与管理科学，输入检索条件：主题—组织结构，期限是1980—2000年，来源类别为CSSCI，按被引排序。由于显示的论文有一些并非组织管理领域，由作者一一甄别后选出。表7—2列出了所选出的高被引10篇论文。

表7—2　　1980—2000年组织管理高被引率论文部分示意

作者	题名	刊名	年	期	页码
孙健、韩广智	《网络经济条件下企业组织结构的优化》	《经济管理》	2000	12	32—34
李东红	《企业组织结构变革的历史、现实与未来》	《清华大学学报》（哲学社会科学版）	2000	3	27—33
方卫国、周泓	《不确定性环境中组织结构设计》	《管理科学学报》	2000	2	9—14
王丰、汪勇、陶宽	《网络组织：21世纪的新型组织结构模式》	《当代财经》	2000	5	65—67

续表

作者	题名	刊名	年	期	页码
陈传明	《知识经济条件下企业组织的结构化改造》	《南京大学学报》（哲学·人文科学·社会科学版）	2000	1	38—46
赵伟、韩文秀、罗永泰	《面向虚拟企业的组织框架设计》	《管理工程学报》	2000	1	35—38 + 42
顾卫东	《管理组织结构理论与实践的新发展》	《经济学动态》	1999	12	53—57
王凤彬	《企业集团组织规模与边界的有效性》	《中国工业经济》	1998	10	44—49
李晓春	《70年代以来组织结构理论的发展趋势》	《中国工业经济》	1998	10	67—71
陈志祥、陈荣秋、马士华	《虚拟企业管理模式研究》	《科学管理研究》	1998	3	27—29

资料来源：根据中国期刊网的论文整理。

这一时期的组织管理研究具有如下特点。

从国外引进组织管理的研究成果，推动着组织管理研究的独立和展开。弗里蒙特·卡斯特等主编的《组织与管理》一书于1985年由中国社会科学出版社翻译出版，对组织管理进行了全面的介绍。朱国云编著的《组织理论：历史与流派》，1997年由南京大学出版社出版，从管理学、组织行为学和政治学角度，将组织理论的发展史分成5个阶段：科学管理时期、行为科学时期、科学决策时期、系统科学时期、文化管理时期，有选择性地分析了不同时期主要学术流派思想以及它们对组织本质和特征的认识。20世纪60年代后期到70年代中期，结构权变理论成为主流的组织结构理论，成为组织结构理论领域内的一个统一的理论范式，标志着组织管理作为一门独立的学科从一般管理学的母体中独立出来了（李晓春，1998），这一理论变化趋势影响了组织管理教科书的新变化和组织管理研究领域的深化。

组织学成为国内学者通过学术刊物努力讨论和建构的一个新兴研究领域。随着《经济管理》（1979）、《中国工业经济（研究）》（1983）、《管理世界》（1985）、《南开管理评论》（1998）的创办，学者们有了发表学术论文的平台，这些学术期刊推动着国内组织管理研究的持续发展。郑海航（1990）认为，企业组织方面的专著和教科书在国内尚属罕见，可以说企业组织学这门学科正期待着我国管理学界来共同建立。企业组织学按照组织结构、组织意识、组织机制三大构成部分来研究，就可以建立起一个比较完整、比较科学的企业组织学学科体系。一些以组织学为书名关键词的著作得到出版，例如杨洪兰、张晓蓉编著的《现代组织学》，于1997年由复旦大学出版社出版。

根据西方组织管理的理论，对适合中国企业的组织模式进行了一些探索。曹建军（1985）认为，组织的作用是使企业充满活力来提高企业的适应能力、竞争能力，实现经济效益持续不断的提高。要达此目的，现行大企业应该走分权化道路，结合实情采用事业部制（按照我国的习惯亦可称为分厂）。金占明（1996）认为，一个企业选择怎样的组织结构和管理模式取决于多个因素的综合影响，既不能照搬日本企业的管理模式和组织结构，也不能笼统地认为学习美国的管理风格更为有效，而是应根据上述因素做出综合判断。如对处在不发达地区，职工收入水平较低和文化素质较差，以加工装配为主并试图通过低成本战略打开市场的成长期企业，应通过加强管理严格岗位责任制和集权来保证战略目标的实现；而对经济发达地区的高新技术企业，由于员工的收入和文化素质提高，且工作具有创新性,所以应以弹性管理为主。总之,组织结构和管理模式必须适应环境变化的要求,并适时做出调整。

组织设计作为一门课程从一般企业管理学中独立出来,引进大学课堂。1993 年,吴培良、郑明身主编的《工业企业组织设计》一书出版。它是中国工业企业管理学的第九分册,当时是一门新的管理课程。在当时的条件下,系统地论述管理组织设计的理论和方法,在国内基本上还是一片空白,因此,该书具有一定开基创业的作用。这是一本在结构权变理论范式下编写的大学教材,把整个组织系统看成一个开放的动态的系统,因此管理者必须根据情景要素的变化不断对组织结构进行调整,进行组织设计和组织再设计。

向市场经济过渡的时期,也是对外开放的时期。随着国有企业自主权的增加和私营企业的发展壮大,企业组织结构的安排和选择逐步成为一个企业的内部选择问题,组织管理的研究成果开始从政府文件转移到大学的教科书和学者们的学术论著上。欧美的组织管理研究的概念、理论和方法通过学术交流和学生培养等方式也逐步为国内的研究人员了解和理解,开始成为国内研究和教学的一种重要方式。

四 市场经济基本建成时期(2000—2012 年)的组织管理研究基本情况

在中国期刊网的期刊类别中,在文献分类目录中选择经济与管理科学,输入检索条件:主题—组织结构,期限是 2001—2012 年,来源类别为 CSSCI,按被引排序。由于显示的论文有一些并非组织管理领域,由作者一一甄别后选出。表 7—3 列出了所选出的高被引 10 篇论文。

表7—3　　2001—2012年组织管理高被引率论文部分示意

作者	题名	刊名	年	期	页码
黄胜忠、徐旭初	《成员异质性与农民专业合作社的组织结构分析》	《南京农业大学学报》（社会科学版）	2008	3	1—7+43
罗珉	《大型企业的模块化：内容、意义与方法》	《中国工业经济》	2005	3	68—75
刘洪	《组织结构变革的复杂适应系统观》	《南开管理评论》	2004	03	51—56
桑强	《以流程再造为中心的组织变革模式》	《管理科学》	2004	2	7—11
王英俊、丁堃	《"官产学研"型虚拟研发组织的结构模式及管理对策》	《科学学与科学技术管理》	2004	4	40—43
程新生	《公司治理、内部控制、组织结构互动关系研究》	《会计研究》	2004	4	14—18+97
宋华岭、刘全顺、刘丽娟、刘仁宝、Cornelis Reiman	《管理熵理论——企业组织管理系统复杂性评价的新尺度》	《管理科学学报》	2003	3	19—27
王斌、高晨	《组织设计、管理控制系统与财权制度安排》	《会计研究》	2003	3	15—22+65
张文魁	《大型企业集团管理体制研究：组织结构、管理控制与公司治理》	《改革》	2003	1	23—32
张捷	《中小企业的关系型借贷与银行组织结构》	《经济研究》	2002	6	32—37+54—94

资料来源：根据中国期刊网的论文整理。

这一时期的组织管理研究具有如下特点。

以企业组织设计为重点的组织管理教材纷纷编译编著出版。理查德·达夫特编著的《组织理论与设计》的第 7 版至第 12 版，2004—2017 年连续由王凤彬等翻译，由清华大学出版社出版。在国内教材的编著上，有些把组织理论与组织设计结合起来，有些把组织设计和职位分析结合起来，有些就完全聚焦于组织设计。2005 年，由任浩等编著的《企业组织设计》（2005）由学林出版社出版。该书提出从组织结构、组织职权、业务流程、绩效管理机制和激励机制五大模块进行设计，自称为企业组织设计的五维体系。对企业组织设计的原则，包括纵向、横向、时间、地域和特性五个原则，自称为桥式理论。2006 年，由刘巨钦等编著的《现代企业组织设计》（2006）由上海三联书店出版。作者认为，该书突破单一企业的组织设计范式，提出企业群，也就是联合企业的联合组织设计这一新的企业组织设计理论范式；突破了单一企业的管理结构范式，提出了企业群，也就是多企业的联合治理结构、联合治理机制这一新的组织创新范式；突破了单纯的基于理性和刚性的组织设计理念，提出一种面向市场，由顾客价值驱动的富有竞争力的弹性组织结构。

对信息技术革命推动下的新组织模式的研究。伴随知识经济和网络经济的发展，组织边界出现模糊化倾向，以网络型组织和虚拟组织的发展最为典型（朱方伟等，2013）。网络型组织的重要特征是以信用关系代替上下级关系，职位权威让位于知识权威，随着组织边界的无限拓展而获得不断递增的知识规模效益；虚拟组织的本质在于突破组织界限整合外部资源，强调核心功能、横向管理与组织协调的重要性。另外，组织结构新形态的研究还包括动态联盟、生态系统形式的 E 形结构等，它们的共同之处是顺应组织扁平化的趋势，更加强调组织的灵活性和应变能力。李晏墅等（2004）提出，为了在全球竞争中保持继续领先优势，跨国企业对其组织结构进行了一场深刻而广泛的调整、重组和创新，其变化趋势在内部主要表现为网络化、扁平化和柔性化，在外部上主要表现为战略联盟和

R&D 全球化。郝斌等（2007）基于已有研究，绘制了由结构构建、制度设计和价值创新构成的组织模块化设计价值创新原理图式，从系统角度对组织模块化设计原理的 SSV 范式进行了详细分析，认为价值创新是模块化组织特有的结构和制度安排整合系统效应的结果，以此为基础，从契约结构、组织结构、组织流程、组织职权四个角度阐述了组织模块化设计的理论架构。

对组织管理和战略管理的关系的研究。林志杨（2003）认为，组织结构形式变革是企业组织变革的表现形式，而真正决定和影响企业组织变革的是企业治理结构的变革。或者说，正是企业组织结构形式与治理结构的相互影响，推动了企业组织的不断发展。

对组织管理的实证研究。黄速建等（2008）认为，1978—2008年，中国政府在企业组织结构方面实行的重大改革举措包括：发展企业横向经济联合，培育和发展企业集团，推动企业并购重组，促进大中小企业规模结构的合理化。企业组织结构调整已经取得显著成绩，适应社会主义市场经济体制新要求的企业组织结构初步形成。王凤彬（2012）对联想集团成立迄今组织结构演变进程的纵贯考察与多时点归纳比较显示，组织演变未必是管理者精心设计的，也不一定呈现"间断式均衡"的轨迹；渐变的驱动力量可以来自面对问题实践探索和总结完善中产生的应急变化；以"波形"轨迹展开的组织渐进性变化过程，可以使同一类型的组织变革采用的不同演化路径具有最后效果相同的特征。在具有较强可塑性的企业中，组织变革会在试错式学习惯例的驱动下产生一种内生力量，摆脱前期路径的锁定，并展现"波浪式前进"的演进路线。对应地，高层管理者的作用需要从"有形之手"转变为角色隐蔽的"变形之手"。

在市场经济基本建成的这一时期，我国的组织管理研究不再仅仅局限于组织内部，而是扩展到了国际上所普遍关注的组织间关系领域；不再仅仅局限于静态的组织结构，而是更加关注动态的组织变革和新型的组织形态。正是通过这些努力，我国的组织研究开始紧跟西方组织理论的步伐，并在此基础上推动了我国组织理论和实践的进一步发展（刘松博等，2006）。

五 中国特色社会主义新时代（2013年至今）的组织管理研究基本情况

在中国期刊网的期刊类别中，在文献分类目录中选择经济与管理科学，输入检索条件：主题词分别为组织结构、组织设计、组织学习和组织能力，期限是2013—2019年，来源类别为CSSCI，按被引排序。由于显示的论文有一些并非组织管理领域，由作者一一甄别后选出。表7—4列出了所选出的高被引20篇论文。

表7—4　　2013—2019年组织管理高被引率论文部分示意

作者	题名	刊名	年	期	页码
卫武、赵鹤、肖德云	《组织学习与企业预测能力——基于组织注意力视角》	《科研管理》	2019	2	144—153
罗仲伟、李先军、宋翔、李亚光	《从"赋权"到"赋能"的企业组织结构演进——基于韩都衣舍案例的研究》	《中国工业经济》	2017	9	174—192
欧阳桃花、曾德麟、崔争艳、翟宇宏	《基于能力重塑的互联网企业战略转型研究：百度案例》	《管理学报》	2016	12	1745—1755
赵兴庐、张建琦	《资源拼凑与企业绩效——组织结构和文化的权变影响》	《经济管理》	2016	5	165—175
杜德斌、何舜辉	《全球科技创新中心的内涵、功能与组织结构》	《中国科技论坛》	2016	2	10—15

续表

作者	题名	刊名	年	期	页码
李云、李锡元	《上下级"关系"影响中层管理者职业成长的作用机理——组织结构与组织人际氛围的调节作用》	《管理评论》	2015	6	120—127 + 139
黄群慧、贺俊	《中国制造业的核心能力、功能定位与发展战略——兼评〈中国制造2025〉》	《中国工业经济》	2015	6	5—17
陈嘉文、姚小涛	《组织与制度的共同演化：组织制度理论研究的脉络剖析及问题初探》	《管理评论》	2015	5	135—144
陈志军、徐鹏、唐贵瑶	《企业动态能力的形成机制与影响研究——基于环境动态性的调节作用》	《软科学》	2015	5	59—62 + 86
杨玉龙、潘飞、张川	《上下级关系、组织分权与企业业绩评价系统》	《管理世界》	2014	10	114—135
罗仲伟、任国良、焦豪、蔡宏波、许扬帆	《动态能力、技术范式转变与创新战略——基于腾讯微信"整合"与"迭代"微创新的纵向案例分析》	《管理世界》	2014	8	152—168
肖静华、谢康、吴瑶、冉佳森	《企业与消费者协同演化动态能力构建：B2C电商梦芭莎案例研究》	《管理世界》	2014	8	134—151 + 179

续表

作者	题名	刊名	年	期	页码
许晖、冯永春、许守任	《基于动态匹配视角的供应商与关键客户关系的构建与演进——力神开发12家关键客户的案例研究》	《管理世界》	2014	4	107—123 + 188
魏江、应瑛、刘洋	《研发网络分散化，组织学习顺序与创新绩效：比较案例研究》	《管理世界》	2014	2	137—151 + 188
郁建兴、周俊、沈永东、何宾	《后双重管理体制时代的行业协会商会发展》	《浙江社会科学》	2013	12	53—61 + 77 + 156—157
许晖、许守任、王睿智	《网络嵌入、组织学习与资源承诺的协同演进——基于3家外贸企业转型的案例研究》	《管理世界》	2013	10	142—155 + 169 + 188
赵杰、丁云龙、许鑫	《制造业中小企业内生优势生成路径分析——一个典型案例透视》	《管理世界》	2013	4	1—7
吴俊杰、戴勇	《企业家社会网络、组织能力与集群企业成长绩效》	《管理学报》	2013	4	516—523
齐旭高、齐二石、周斌	《组织结构特征对产品创新团队绩效的跨层次影响——基于中国制造企业的实证研究》	《科学学与科学技术管理》	2013	3	162—169
甄晓非	《协同创新模式与管理机制研究》	《科学管理研究》	2013	1	21—24

资料来源：根据中国期刊网的论文整理。

这一时期的组织管理研究具有如下特点。

关于组织结构的影响效应的研究。曹曼（2019）认为，组织结构不仅调节了高绩效工作系统与基本心理需要满足的关系，且进一步调节了高绩效工作系统通过基本心理需要满足影响员工幸福感的间接效应。康永军（2018）认为，有机组织结构能够增强员工的观点采择和情感承诺，进而激发管理者行为；相反，机械组织结构却削弱了员工的观点采择与情感承诺，抑制了管理者行为的产生。赵兴庐（2016）认为，参与式决策的企业更善于集思广益，为拼凑提供一手和现场的经验和知识，进而提升拼凑效果；部门间的关联程度越高，越有可能实现跨职能的资源重组，发掘新的资源协同性，提升拼凑效果。

结合中国企业的实例，对信息化时代的组织管理进行研究。罗仲伟等（2017）以韩都衣舍的组织结构创新实践为案例，分析该企业以信息技术运用为基础，运用互联网快速学习、整合资源、创新迭代、自我裂变、不断进化，通过持续的组织试验逐步形成"以产品小组为核心的单品全程运营体系"的过程。论述其重构企业组织结构，以组织平台化支撑和小组自组织方式实现组织激励约束，从而通过案例实证证实赋能组织原理并检验其逻辑合理性。在定义赋能组织原理内涵、揭示其作用机理的同时论证了运用这一组织原理的四个必要条件，一是组织赋能的基本前提是平等与合作的企业内在关系，二是组织赋能的实施保证是良好的制度和机制设计，三是组织赋能的重要基础是强大的能力支持，尤其是对"独立经营主体"动态能力的有效供给，四是组织赋能的主体条件是具有个人价值主张和创造精神的"创意精英"群体。

在进入中国特色社会主义新时代以后，组织管理研究有两个重要特点，一是在研究方法上强调规范化，强调与国际接轨，二是强调对中国式组织管理模式的研究，强调对本土成功企业案例的研究和总结，提倡中国式管理模式的提炼和理论阐述。

第三节 重要理论阐释与案例研究

一 结构权变理论

权变理论在行为科学中的运用，就是从复杂的环境中寻找关键性变量，然后根据变量与变量之间的关系，针对特定的环境，运用特定的理论。面对充满不确定性的外部环境，权变理论在行为科学中发挥着越来越重要的作用。个体行为中的有关人的需要、动机和激励的研究，组织中的人性问题研究，组织行为中有关组织结构组织设计的理论，组织变革与发展理论及领导品质、领导行为的理论，这些理论的发展都是与正确运用权变理论分不开的（郑海航、徐炜，2001）。权变理论组织管理中操作性最强、视野最广的一种组织理论，组织设计是权变理论的一个重要应用领域，结构权变理论在我国的组织管理研究中发挥了重要的引导作用。

唐旭东（1987）认为，两维的平面权变管理框架只是一个抽象的概念形式，它忽视了人这一能动的变量。新的权变管理框架是一个现实的模型，它充分反映了人的主观能动作用，以三维空间去描述现实的管理实践，相对两维框架来讲，它能更有效地指导管理实践。这一框架可能更有效地指导管理实践。

战略与组织结构的关系是结构权变理论中的经典问题，经常引起研究者的兴趣。任浩（2005）认为在经营管理中，组织结构并不是单纯由战略所决定的，反过来，组织结构还在一定程度上对战略的制定和实施起着限制作用：首先，组织结构具有一定程度的刚性，战略调整必须考虑这种刚性所带来的阻力。其次，一个企业的组织结构决定了低层的决策者们以什么样的方式和顺序把信息汇集在一起为公司战略决策服务，从而为高层管理人员制定战略决策设定了一个议程。最后，企业的结构会影响那些到达高层管理人员那里的有关战略实施的信息，从而影响高层管理人员对战略实施的评价,进而影响高层管理人员对企业战略的修正。关涛(2012)"战略"这一经典命题在知识基础论的基础上进行框架重构,得出的结论是:从知识获取战略的角度看,跨国公司应该以获取不同种类的知识为其全球扩张的重点,并依次决定自己应该采取什么样的多元化扩张方式以及相匹配的组织结构。以知识获取战略为主导的跨国公司组织结构匹配分析框架,可以很好地把"多元化战略—组织结构"和"全球整合—当地响应"两个框架整合在一起,这样既能反映当前跨国公司全球学习这个热点问题,又能改进两个有缺陷的分析框架。

二 组织学习理论

组织学习理论研究的重点是组织学习的过程,并先验地假定组织学习是在一个共享的、分权的、弹性的组织环境下进行的,把组织结构和组织学习的关系潜在地假设在一种理想化的组织结构安排之上。

乐云(2018)认为,我国组织学习的研究视角集中于三方面:知识的转移与管理,组织的知识吸收能力,组织战略、竞争优势与创新、绩效。当前组织学习研究的前沿是:组织学习与技术管理的结合,尤其是与信息技术(ICT)的结合;组织学习过程的重构以及对组织能力提升、绩效的改善;组织学习新的研究方法、新视角。

陈国权(2017)根据环境变化的可预测和不可预测两个维度,将组织面临的环境变化类型划分为四种,从而构建了组织在不同环境变化类型下的学习模型,提出了组织在时空发展过程中应对环境的变化时可以采取的三种学习模式。

张大力(2013)认为,现有组织学习的相关研究多数建立在网络型组织结构的假设基础上,并且倾向性地提出对组织结构扁平化的要求。事实上,扁平化结构并不是组织学习的固有特征,多数中国传统企业的组织结构现状仍然是层级结构,需要从层级结构视角对组织学习模式进行探讨。

三 企业集团组织理论

在改革和发展国有企业的过程中，发展国有大型企业集团是政府的一个优先政策取向。国有大型外贸企业改革重组，成为外向型企业集团，不仅对改善我国企业的组织结构有重大作用，而且对推动我国企业走向国际市场、提高其在国际市场上的竞争力具有十分重要的意义。所谓外向型企业集团是指在经济技术上有一定联系的企事业单位为了发展出口业务和其他对外经济技术联系而形成的一种紧密的经济联合体（陈佳贵，1990）。

在对企业集团的研究中，关于组织结构的变化是其中的一个重要领域。企业集团作为一种组织形式，具有网络制和层级制的双重特点。张文魁（2003）认为，大型企业发展成为联体企业群，成为大型企业集团，其组织结构基本上是母子公司制和事业部制甚至直线职能制的混合结构。吕源（2005）认为，企业集团与跨国公司的组织结构具有很大的相似性。两者同样需要处理母公司（总部）与成员公司（地区分部或者海外子公司）的关系，以及协调下属单位之间的合作或者竞争。两者的下属单位（成员公司或者海外子公司）都要横跨不同的行业或者海外市场，从而需要解决控制与自主决策的问题。在研究组织结构和内部协调关系方面，包括内部市场和资源分配体制等问题，跨国公司的研究成果和理论框架也许能够给企业集团的研究带来某些新意。

四 网络组织理论

科层治理与市场治理被认为是两种基本的治理形式。但在战略联盟、企业集团这些以网络为基础的企业之间存在交集的组织形式中，不仅仅有市场的价格机制起作用，而且企业间的契约也发挥着效力。因此，在企业与市场之间，存在着一个中间组织，这种中间组织，就是网络组织（贾根良，1998）。孙国强（2001）提出，企业之间的联盟以及企业与其他组织之间的跨界经济联合，虚拟组织、战略性质的联盟、涉及供应链的网络、集团性企业、垄断性的组织、国际之间区域性的贸易协定、电子商务系统等，都应成为网络组织研究的模式范围。对网络组织的研究，主要分为网络组织的社会背景、网络组织治理、网络组织设计等方面。

罗珉（2011）认为，在儒家文化背景下，中国网络组织中的企业更注重社会交换关系对市场交易关系的影响。结构洞理论提出的企业家探索结构洞并占据中介位置的网络扩张方式，在中国网络组织中的运作机制发生了改变。由于网络发展的路径依赖特征，中国企业家通常是以自身所处的封闭网络为基础，通过探寻该封闭网络中已经占据结构洞中介位置的强联结，并以此为中介与跨越封闭网络边界的其他关系区域建立合作，从而享受网络封闭和结构洞所带来的双重社会资本福利。

彭正银（2002）将网络治理机制归结为互动机制和整合机制。互动机制是网络治理的内生机理，互动机制的运作表明个体或团体具有通过直接或间接的纽带对其他参与者施加影响的能力与对环境的反应能力。通过互动机制，个体或团体能获得进入其他个体或团体资源的机会与实施对隐性资源或知识的交流。整合机制一方面是水平整合，是以资源储备的依赖方式来扩大资源的享有量，增强新技术与新技能，实现团体间资源供给的共存与差异性互补。另一方面是垂直整合，是以资源移位的关联方式将资源的使用范围扩展到多个企业，在范围经济的基础上重组价值链。郑兴山（2004）认为，国内外学者对网络组织的治理研究不仅仅重视信任这一机制，还认识到其他价格、权威和社会机制的互动、补充和替代作用，但是，他们的研究中缺乏对信任机制、价格机制、权威机制和社会性因素互动契合、演化等重要过程的系统和深入的探讨，缺乏对网络治理机制这一具有时代意义的课题进行深层次的研究。林闽钢（2002）则在信任治理机制的基础上引进竞争机制、合作机制和透明机制，提出"代理人俱乐部""当事人套牢"和"虚拟化企业"三种网络治理模式。代理人俱乐部实际上是代理人（也就是合作伙伴）的竞争市场，通过更换合作伙伴的威胁来约束合作伙伴的行为。当事人套牢则是通过股权的约束来强化网络成员彼此信任的信心。虚拟化企业则是以IT网络为技术支撑，把整个企业组织的运作建立在IT网络之上，以信任治理为基础，以一般合约和电子合约为联结手段，通过信息的完全共享，形成新的制度"黏着"。

潘松挺等（2011）运用复杂系统理论的相关成果发现了企业组织经历的从多事业部制到网络组织的非线性演化的过程，得出网络组织间非线性的相互作用，构成了企业网络组织的多样性，这为组织不断的演化进化创造了必要条件。如何将层级结构与网络结构相融合，构建刚柔相济的混合型组织结构（简称混合结构）是当前复杂情境下组织结构设计的关键与核心。

五 平台组织理论

在网络结构中，由于企业之间的相对权力发生变化，核心企业开始主导外围企业行为，事实上成为制定交易规则、治理交易行为的平台，外围企业则成为发挥协同作用的互补性节点，节点企业之间形成的网络结构逐渐演变为网络与层级相融合的层级化的网络结构，可以说，平台组织是网络组织的一种特殊类型，是网络组织在互联网时代的一种新的演化形式。

分享经济以互联网平台和技术为依托，工作任务变得更加碎片化，劳动控制也变得碎片化。通过一定的激励机制、评分机制、监督机制等方面的设计，平台对劳动者的工作过程产生了实质的控制，使劳动者的认可多于不满，合作多于反抗，从而实现了资本的再生产（吴清军等，2018）。

平台模式与服务主导逻辑提出的多主体共创价值是一致的，都是通过建立网络吸引大规模需求方和供给方参与，进而通过网络效应促进需求方和供给方的交互来创造价值，因此，未来制造业服务化的组织设计应以多主体为导向。平台型企业围绕匹配参与者的需求来进行组织设计，要有强大的前端设计，吸引平台需要的参与者，推动正确的互动，鼓励越来越强大的网络效应（简兆权等，2017）。

六　企业集团组织案例

聂政安（2004）对湖南华菱钢铁集团的管理模式进行了研究，认为基于企业与市场两者结合的属性，企业集团的组织结构包含"企业"与"市场"两个部分。我国企业集团弱小，重要原因之一是"市场"部分的弱小。因此，必须引入"结构"理念，重视"市场"部分的培育。该集团近几年来着力培育组织结构中的市场成分，实现了集团的超常规发展。其主要特色：一是先在体制外"做市场"，做成气候了，再来"接管"旧体制；二是通过对体制内国有全资子公司的股份制改造，实现其组织结构中"市场"含量的提升。

王凤彬等（2012）对联想的集团管理模式进行了研究。在联想并购IBM的PC业务后，依照"直线职能制"结构逻辑在2005年10月形成了一个由全球产品部、全球供应链部、全球销售部和全球研发中心构成的"一体化架构"，这是一个集权化的变革过程。在2009年年初进行了并购以后的第二次全球组织架构大调整，重组为新的前端部门与后端部门并行的结构。其中前端的调整是，出于相关区域合并管理和更好地针对客户需求的考虑，将分布全球各个地区的产品销售和客户服务机构合并调整为两个新成立的业务集团，即总部设在北京的新兴市场和总部设在巴黎的成熟市场，由它们按照不同市场进行销售推广；同时在公司品牌切换和产品品牌梳理基础上，重组成立负责相应产品系列研发设计的Think和Idea产品集团这两个后端部门。这样的组织调整，使得并购后因市场范围扩大和产品线增多而带来的错综复杂的组织结构得以简单化，因此被认为是"试图建立更简单、更轻便的组织架构"的一次大变局。联想在2012年年初宣布了其全球业务会变更为四个大区的结构。从机构划分依据看，之前按照地理区域分设机构的部门化方式这次又重新得到了重视，而且从架构调整的目的看，两次组织变革都是着眼于更好地执行"保卫和进攻"战略，但之前主要是求"更简单、更轻便"，本次宣布的重组则重在形成"更强大、更快速、更加专注"的组织架构，以便更好地对不同市场业务进行规划来促进业务增长。

王山等（2019）以荣事达集团为案例研究对象，对中国企业集群创新的构建、创新实施过程、运行机制、模式特点、优势局限等方面进行了深入剖析。荣事达集团以合伙人制为核心，以项目制为基础，通过企业衍生实现企业集群创新的实践为契机，打破以往企业创新生态网络、组织创业、企业衍生等各自独立、缺乏系统整合的研究局面，在"双创"背景下实现企业创新生态网络的构建和企业创新模式的再造。这是一个以众创式创新为核心，以开放式创新为基础，以集群创新为体系的新型企业集群创新，成为"互联网+"时代和"大众创业、万众创新"国家战略提出后形成的企业集群新模式。

七　网络组织案例

时岩（2008）对景德镇传统艺术陶瓷产业的网络组织进行了分析。这是一个以企业为节点的网络组织。景德镇传统艺术陶瓷产业发展的困境中以企业多且规模小、营销模式落后和市场无序竞争等问题最为突出，而解决这些问题的最佳途径是建立企业网络组织，由企业网络组织对市场资源进行重新优化配置，这也是传统艺术陶瓷产业发展的必然选择。在景德镇特殊的环境下，经分析研究认为，企业虚拟联合的网络组织具体形式是景德镇传统艺术陶瓷产业发展的最好形式，建立"龙头企业+家庭作坊（或小企业）"的产业化模式，采取准一体化契约分工的制度。具体构架为：（1）以营销大公司为龙头（改革现有或重新组建），在全国乃至全世界范围进行连锁专卖布点，统一专卖店或公司的标识、标牌、外观和商标等，并申请专利；（2）按照属地原则，由该地区被许可经营的专卖店或公司全权负责，组织过程统一规范，并有相应管理规则；（3）营销龙头公司与小企业或家庭作坊之间以建立起来的市场为纽带、以共同利益为基础，形成虚拟联合企业网络组织，建立资源共享机制；（4）对货源实行归口集聚，然后统一渠道外销，产品实行编码管理，把全市生产艺术瓷的资源全部纳入虚拟网络；（5）进行品牌经营，在本区域不影响现有的经营格局，在外区域不排斥同产品的销售，但不能侵犯本品牌已申请的专利。

华为消费者业务 CMO 张晓云于 2016 年首次对外披露华为独特的蜂巢式创新模式。这是一个以个人为节点的网络组织模式。华为的蜂巢式创新模式起源于 1998 年华为与 IBM 合作的 IPD 研发组织设计，后经过演变一步步走向了整个公司的蜂巢式创新模式。随着互联网的发展，进入 Web 2.0 时代之后，华为提出了自己的方式——全球创新蜂巢：一群蜜蜂没有领袖发号施令，而朝同一个方向飞。在华为的蜂巢组织模式中，有着同样的特点。一是利用数字化链接，汇聚全球员工的智慧，更开放、自由、高效。力量源自每一位工程师的头脑。二是华为的轮值 CEO 制度。华为有三位轮值 CEO，每六个月轮换一次。三是人人持股的机制。华为是一家私有公司，但并不是由创始人拥有（罗仲伟等，2017）。

八　平台组织案例

构建并驾驭平台型企业，促使阿里巴巴网商帝国奇迹的创造，促进滴滴出行突破传统实现价值共享，促动韩都衣舍等互联网品牌的快速发展（朱晓红等，2019）。阿里巴巴集团的网络结构演变为"网络+平台"结构的过程，实际上是将层级结构融入网络结构，建立层级化的网络结构的动态过程（解晓晴等，2018）。

海尔公司是众多学者进行案例研究的对象。海尔是通过持续创新获得持续发展（肖海林等，2004），海尔管理方式的革新是其高速成长的重要因素（欧阳桃花，2003）。苏慧文（2001）认为，海尔经过对原有的职能结构和事业部进行重新设计,把原来的职能型的结构转变成流程型网络结构,垂直业务结构转变成水平业务流程,形成首尾相接和完整连贯的新的业务流程。王凤彬(2008)认为,如果需要为模块化组织的形成界定充分条件的话,独立运作、便于组合就是其中的两条。海尔负责销售网络建设的商流推进本部,被视为是搭建供产品本部"表演"的"舞台",并向产品本部收取网络使用费用,即索酬,通称"平台费"。在经过"市场链"再造后的海尔集团中,各流程环节成为相对独立的模块单元,独自进行了大量的自主创新与功能发展。王凤彬(2019)认为,由多个异构、互补的低阶子平台以系统"自然生成"的层级关系嵌套于高阶平台中而构成的平台组织是非集成化系统,具有模块化解构的深度、广度和多样性特征,且纵横向关联上遵从中等强度、人工响应的界面咬合规则,是一种"超模块化"复杂自适应系统,能够以客制化方式提供所需的创业支持。

第四节 总结与展望

我们对 70 年的中国组织管理进行的回顾和梳理还是初步的,肯定存在不少的遗漏、缺点乃至错误。在展望组织管理研究的前景时,有三个问题需要明确:中国的组织管理研究和西方发达国家的组织研究的差距在哪里?中国的组织管理研究对中国企业组织管理实践中的典型企业成功模式的总结和归纳是否达到了应有的理论水平和实践启示意义?进一步提高中国组织管理研究水平的突破点在哪里?

随着中外管理研究和教学的学术交流日益密切与深入,中国的管理学研究和教学的国际化水平在稳步提高,实证研究和案例研究等研究方法至少在形式上已经在中国的管理学界普遍应用,一些不能回避的问题是:我们对西方的组织管理研究成果的吸纳从总体上看是否基本进入国内的汉语主流文献？中国组织管理的理论原创成果究竟有多少？中国组织管理的理论创新成果有多少不止是一种名词创新和文字游戏？中国组织管理的理论创新成果中能走出国门的成果究竟有多少？

对中国企业特别是成功企业的组织管理模式的总结在引进国外的基于案例的理论建构研究方法后有了一些进展，这为进一步总结有世界影响力的中国式组织管理模式做了很好的基础工作。这些案例研究中可能存在理论深度和实践应用范围的问题。

1983年，袁宝华对我国企业管理的发展方向提出了"以我为主，博采众长，融合提炼，自成一家"的16字方针，对于指导企业管理的研究具有重要的指导意义，在今天仍有重要的现实意义。以我为主，博采众长仍是需要继续坚持的。而融合提炼，自成一家，则是一个有特定时间和情景限定的问题，对当时处于弱小，处于防守的中国企业管理研究状况来说是非常需要的。随着中国企业的发展壮大，中国的企业管理水平的提高，中国的企业管理研究水平的提高，在融合提炼中有一个创新深度问题，在自成一家的基础上，面临着一个对外扩大国际影响的问题，由一个主要是如何面对来自外部的影响问题，转向如何面临对外部产生影响的问题，融合提炼，自成一家可能需要转变为融合中创新，天下又一家，或者融合创新，天下一家。

进一步提高中国组织管理研究水平的突破点，一是将现有的组织管理研究主线从组织结构是什么和由什么情景因素决定进一步扩大到组织结构产生哪些影响和如何提高企业的竞争优势上，我们建议组织管理研究和组织管理教材的主线是"组织结构—组织设计—组织学习—组织能力"。二是高度重视新的组织模式的研究，我们所概括的中国式组织管理模式要有世界性影响，可能不是由于它的中国传统文化背景，而是新的互联网时代创新性的组织体制和组织流程安排，是它在理论研究上是否具有领先性。在互联网时代，企业组织结构发生了巨大的变化，组织设计非常复杂，西方管理学界对它的研究是相当忽略的，主要原因是，研究焦点由组织转向场域、总体和社区，当今组织的复杂性所导致的研究难度需要投入大量的研究时间和资源，研究风格偏向于组织设计中的局部问题（Greenwood，2011）。这一情况为我们在研究新的组织模式方面实现国际领先提供了一种可能性。

第 八 章

企业文化*

  新中国成立70年来，中国各个领域均取得了举世瞩目的发展成就，企业数量不断增长，规模不断扩大，实力不断增强，成为推动中国经济持续增长的引擎。据2018年美国《财富》杂志统计，120家中国企业进入世界500强排行名单，前10占据3席，充分显示70年来中国企业的发展成就。企业的发展不光凭借科技，也依靠管理。而管理的推进不仅依赖"硬手段"，即制度管理，也仰仗"软手段"，即文化管理。国家"十三五"规划纲要指出，要建立有文化特色的现代企业制度，强调了企业文化的重要作用。"内聚人心、外塑形象"的企业文化是企业在竞争中保持持久竞争优势、立于不败之地的重要保障。而凝结了企业文化建设经验和思想智慧的企业文化学的出现和发展则为企业实践提供了坚实有力的理论指导和方向引领。因此，总结提炼新中国成立70年来企业文化学与企业文化实践的历史与现状，把握其发展特征与趋势，对进一步夯实企业文化学研究基础，提升企业文化学研究能力，发挥企业文化学指导和引领作用，增强中国企业文化软实力和持续竞争力具有极其重要的价值。

---

* 与本章相关部分的研究内容发表在《经济管理》2019年第10期。

第一节　引言

企业文化一词来自英文"Corporate Culture",是 20 世纪 80 年代美国学者分析、总结、归纳日本企业快速发展原因后提出的概念。借由一系列西方企业文化书籍引入国内后,引发中国企业相继学习、模仿的热潮。为探究企业文化与员工行为、管理行为和企业行为的关系以及解决如何建设企业文化等关键性问题,企业文化学应运而生。历经多年探索,作为"舶来品"的企业文化学不断发展完善,成为管理学教育中的重要组成部分。在中国不断推进社会主义文化建设的大背景下,企业文化学受到学界热捧,企业界也充分关注企业文化对管理实践的积极作用。

对于企业文化,学界有两种不同界定:广义上,企业文化是企业全体人员的文化素质和文化行为,包含企业文化建设中的制度、措施、设施等要素;狭义上,企业文化是企业的一种基本精神,包含员工共有的价值观和行为准则(陈春花,1999)。美国学者艾德·希恩认为企业文化由行为准则(物质形态层次)、价值观原则和基本假设构成(Schein,2010)。迪尔和肯尼迪将企业文化划分为五个关键组成部分:企业环境、价值观、英雄人物、仪式与礼仪以及文化网络(Deal and Kennedy,1982)。其中,企业环境是指企业的组织性质、所在行业特征、经营目标、企业文化制度等;价值观是指企业员工和管理者共同所有的对是非曲直的价值评判准则;英雄人物是指为员工树立模范榜样的典型人物;仪式与礼仪是指企业内部约定俗成的文化活动和行为标准;文化网络是指在企业内部的基本但非正式信息传播渠道。本章从狭义的视角来探讨企业文化,因此较为认同迪尔和肯尼迪对企业文化的定义,认为企业文化是一种精神力量,它约束员工的日常行为,使其产生凝聚力,进而影响管理实践。在企业文化中,企业环境是基础,价值观是核心,英雄人物、仪式与礼仪是表现形式，文化网络是传播途径，在五个要素的共同作用下，企业文化得以产生、成形和不断发展。

作为一门系统学科，企业文化学成形于 20 世纪 80 年代，但早在改革开放前企业文化的主要构成要素在现实企业管理实践中就有诸多体现，相关教学和研究综合中也对此类现象做了系统梳理和探索。因此，本章以新中国成立为起点，从企业实践和学科建设两个方面具体探讨中国企业文化学的发展历程。

第二节　发展历程

一　改革开放前企业文化学的探索

（一）企业文化学的探索实践

改革开放前，企业文化实践经历了三个重要的探索时期。

（1）学习苏联时期（1949—1956 年）。1949 年，新中国成立伊始，百废待兴。为巩固新生人民政权，恢复国民经济，国家进行农业、工业、交通业和财政方面的恢复活动。完成恢复后，1952 年年底，毛主席提出过渡时期总路线。1956 年，为期四年的"一化三改"运动圆满结束，通过社会主义工业化、农业手工业合作化、资本主义工商业公私合营，中国实现从生产资料私有制到社会主义公有制、从新民主主义社会到社会主义社会的转变，初步建立起社会主义的基本制度。这一时期，学习苏联成为中国经济发展的主旋律之一。新中国第一个五年计划将苏联援建的 156 个项目作为主要建设内容。在苏联的帮助下，长春第一汽车制造厂、洛阳第一拖拉机厂、第一重型机器厂、西电公司、兰州炼油化工厂、武汉钢铁厂、包头钢铁厂等一大批工业企业相继出现，极大地提高了中国的工业生产力。作为从苏联引进的一种企业管理模式，"马钢宪法"，即苏联马格尼沃托尔斯克钢铁联合公司在管理实践中总结出的一套以意识形态和马克思管理两重性原理为指导、以泰勒制和福特制为管理方式的管理实践经验（李翔宇、刘茜雯，2015），是新中国成立初期大部分企业所遵循的企业管理信条，在企业的经营逻辑上留下深刻的烙印。"马钢宪法"的主要内容包括：实行"一长制"；专家治厂；科层管理；劳动竞赛；经济核算等。其构建强调执行的企业文化环境，并以科学的企业文化主张指导企业实践，造就了一批如鞍山钢铁厂的孟泰、青岛国棉六厂的郝建秀、齐齐哈尔第二机床厂的马恒昌等基层企业英雄人物，增强了企业的凝聚力和生产力。

（2）自我探索时期（1957—1965年）。1957年，第八届三中全会通过《农业发展纲要四十条（修正草案）》，开启农业"大跃进"的篇章。1958年5月，党的八大二次会议正式通过"鼓足干劲、力争上游、多快好省地建设社会主义"的总路线，在全国范围掀起"大跃进"的热潮。1960年7月，苏联突然宣布召回全部驻华专家，援助中国的156个项目也就此中断。至此，在中国受推崇多年的"马钢宪法"开始动摇，苏联式的企业经营模式也遭受冲击。1960年，毛主席提出："对企业的管理，采取集中领导和群众运动相结合，干部参加劳动，工人参加管理，不断改革不合理的规章制度，工人群众、领导干部和技术人员三结合"，初步形成"两参一改三结合"的企业管理思想（戴茂林，1999）。同一时期，中共鞍山市委经辽宁省委向党中央递交《鞍山市委关于工业战线上的技术革新和技术革命运动开展情况的报告》，与毛主席的想法一拍即合，"鞍钢宪法"应运而生。具体内容包含三大方面：在指导思想方面，坚持政治挂帅，提倡群众性技术革命；在企业责任制方面，取消"一长制"，采取党委领导下的厂长责任制；在企业经营组织形式方面，实行"两参一改三结合"（戴茂林，1999）。自此开始，中国企业文化建设逐渐从一味照搬模仿苏联模式向探索适用于自身发展模式的方向转变，科学管理、民主管理的种子逐渐生根发芽，企业文化建设朝民主化、科学化、本土化方向不断发展、完善。企业开始将文化建设工作与思想政治工作挂钩，并赋予企业员工管理权，推动民主企业文化的建设和发展。一大批本土化的管理方式和企业文化涌现，如鞍钢模式和大庆模式等，都是这一时期的典型代表。1961年，面对经济困境，国家提出"调整、巩固、充实、提高"的八字方针。同年8月，中共中央通过《国营工业企业工作条例（草案）》，简称《工业七十条》，在保证国家计划领导的前提下，将"大跃进"时期的"按需分配"改为"按劳分配"，恢复计件工资制度，提升企业员工的工作积极性，构建了热烈劳动的企业文化环境。

（3）破坏和停滞时期（1966—1976年）。1966年，随着《中共中央通知》和《中共中央关于无产阶级文化大革命的决定》两份政策文件的下发，"文化大革命"正式拉开序幕。其间，我国的企业管理和企业文化建设不可避免地受到一定程度的冲击，《工业七十条》被视为"复辟资本主义的黑纲领"，新中国成立以来行之有效的管理经验和主张受到质疑。在这一特殊的历史时期，很多企业的规章制度和组织架构被打乱，管理人员地位下降，设施和资料也遭到不同程度的破坏，企业管理和文化建设因此处于破坏和停滞阶段。

总体而言，从新中国成立伊始到改革开放前，企业文化实践呈现出以下四个特点。

第一，从单纯学习苏联到自我探索创新。新中国成立初期，受"马钢宪法"和苏联156个援建项目的影响，企业文化建设更多的是以效仿苏联模式开展。不可否认，"马钢宪法"在企业文化层面具有一定科学性。例如，专家治厂和科层制的管理原则就充分体现关注责任制的企业文化。此文化环境下，企业内部员工根据自身工作能力水平和特长被划分为不同等级、类别，强调各司其职：基层员工埋头苦干，"不闻厂内事"，不参与企业管理和技术研发等工作；专家专攻技术研发，对企业管理和实践"充耳不闻"；管理者负责在听取党委意见后"拍脑袋"，为企业制定执行层面的目标战略，并监督落实。员工、专家、厂长权责清晰，分工明确，体现科学管理的优越性。随着中苏矛盾激化，以"马钢宪法"为核心的企业文化受到冲击，过分关注科学的文化无法为企业提供生产力发展环境和管理改进的土壤。因此，"鞍钢宪法"的出现有效地解决了这一问题。其从民主和科学两个方面入手，双管齐下，构建"既重参与，又讲创新"的企业文化氛围。在民主方面，鼓励群众运动，推行"两参一改三结合"。不同于"马钢宪法"过分强调科层制、责任制的文化思想，"鞍钢宪法"真正注意到基层员工不可忽视的力量。基层员工作为企业的重要组成部分，是企业经营决策的直接执行者、落实者，无论在实际工作还是决策支持中，都举足轻重。传统的"马钢模式"以严格的科层制将员工的工作属性与决策属性割离，造成层级间自上而下的单向信息传递，产生"文化断层"。一方面，企业管理者无法了解实践中出现的具体问题，不能做出迅速而准确的判断；另一方面，基层员工的需求难以被满足，工作积极性受到影响，导致企业无法形成具有向心力、凝聚力的民主文化氛围。干部参加劳动、工人参加管理的两参原则解决了上述问题，形成民主、和谐的企业文化氛围。在科学创新方面，倡导群众性技术革命。相比"马钢宪法"将创新的权利全部交由专家，"鞍钢宪法"则提倡全员创新，特别是基层群众创新。虽然这一转变是被动的（因苏联专家被撤回），但在客观上推动了企业科学文化精神的建立。而且，工人群众、领导干部和技术人员的三结合与鼓励群众性技术革命的管理原则激发了员工的生产积极性，构建了创新文化氛围。这一时期，众多技术突破来自基层，如"郝建秀工作法""倪志福钻头""弓字铁成型器"等关键技术和工作方法都由基层员工发明创造，而企业科学文化起到推波助澜、促进创新的作用。

第二，主要聚焦企业内部，关注执行型文化。改革开放前，计划经济主导，企业的经营自主性和开放度较低，组织架构相对闭塞，企业更多关注如何自上而下地完成计划生产指标。因此，对外部利益相关者的关注不够，这塑造了关注企业内部、执行性较强的企业文化特征，大庆精神便是最具代表性的企业文化之一。以铁人精神为基础，大庆油田对生产经验进行总结概括，强调"三老四严""四个一样"和"学两论"（宋玉玲、赵哲，2012）。"三老四严"是指：对待革命事业，要当老实人，说老实话，办老实事；对待工作，要有严格的要求、严密的组织、严肃的态度、严明的纪律；"四个一样"是指对待革命工作要做到：黑天和白天一个样，坏天气和好天气一个样，领导不在场和领导在场一个样，没有人检查和有人检查一个样；"学两论"是指学习毛泽东的《实践论》和《矛盾论》。无论是"三老四严""四个一样"，还是"学两论"，都对工人在岗时应遵守的行为准则做出明确规定，提升工人的在岗责任意识、工作积极意识和忠诚意识。为响应国家号召、提升执行效率，很多企业采取生产竞赛的管理方式实现生产力的提高，创造热烈的竞争型执行文化。如北京灰石厂就广泛组织班组竞赛，开展比学赶帮活动，有效调动职工群众的劳动积极性，提升企业的生产效率（朱起铎，1963）。围绕生产关键确定竞赛内容、以横赛和竖赛的方式开展比拼并及时公布竞赛结果、不断分析差距、树标兵、革新技术，在企业内形成比学赶帮的生产氛围。该阶段，执行活动优先于其他活动，企业通过构建"重执行""重管理"的企业文化不断强化执行绩效。

第三，重视基层典型的示范作用。虽然企业文化这一概念在改革开放前尚未出现，但管理者们已经充分认识到企业环境对生产经营活动的深刻影响。在以生产活动为首位的计划经济时代，如何进行有效的企业文化建设是重大挑战。实践过程中，管理者发现，英雄人物可以在一定程度上塑造企业文化，成为企业文化的代名词。因此，新中国成立初期，大部分企业文化由该企业的英雄人物所代表。换言之，在企业文化概念较为薄弱的时期，英雄人物就是企业文化的人格化体现。物质条件艰苦的年代涌现出一大批具有代表性、典型性的基层英雄人物。受时代背景影响，他们大都出身基层，或是经过艰苦奋斗、苦心钻研最终攻克技术难关，帮助企业实现生产力的提升，或是默默无闻、无私奉献，以身作则地投身于工作事业。基层人物之所以会成为企业的英雄和精神支柱，是因为他们具有感召力和催人奋进的精神力量，以平凡造就不平凡，激发同样身处工作岗位的广大基层员工。当员工工作积极性和自主性被压制时，基层英雄人物的事迹就成为企业提升员工凝聚力、向心力的关键。改革开放前典型基层英雄人物介绍如表8—1所示。

表8—1　　　　　改革开放前典型基层英雄人物介绍

典型基层英雄人物	所属企业	做法	成就	所反映的企业价值观
马恒昌	齐齐哈尔市第二机床厂	带病工作，完成修复大炮的任务 1951年号召全国班组和工人兄弟开展爱国主义劳动竞赛 加强小组管理，建立与健全责任制度，并制定"三个八件事"，规定在班前、班中、班后工人的工作流程 捐献家当、恢复生产	1949年所在小组被命名为"马恒昌小组" 1950年获全国劳动模范称号 第一、第二、第三、第六届全国人大代表，第四、第五届全国人大常委 被誉为"全国工业战线的一面红旗"	胸怀全局 艰苦奋斗 奋发进取 开拓创新 团结协作 无私奉献
孟泰	鞍钢炼铁厂	捡拾路边的废弃零件，打磨抛光后组建"孟泰仓库" 守炉餐、伴炉睡，随时检修高炉 孟泰操作法：眼睛要看到，耳朵要听到，手要摸到，水要掂到	1950年获全国劳动模范称号 八次受到毛泽东同志接见，先后当选为第一、第二、第三届全国人大代表	勤俭节约 艰苦奋斗 爱厂如家 无私奉献 为国分忧

续表

典型基层英雄人物	所属企业	做法	成就	所反映的企业价值观
马万水	河北龙烟铁矿	用水式风钻取代干式风钻，总结出龟裂爆破法和空心爆破法等先进经验 创造"超前支架密集棚子开口法""打撞楔法""深坑作业法"	1950年获全国劳动模范称号 1950年、1959年"马万水小组"两次获全国先进集体称号	站在排头不让 把住红旗不放 艰苦奋斗 务实创新 勇于拼搏 争创一流
郝建秀	青岛国棉六厂	郝建秀工作法：工作主动有规律，工作有计划，分清轻重缓急，工作交叉结合进行，重视清洁工作	1951年获全国劳动模范称号 1952年所在小组被命名为"郝建秀小组" 被誉为"工人阶级的火车头" 全国工业和交通系统第一个科学工作法	爱岗敬业 刻苦钻研
倪志福	北京永定机械厂	创造"三尖七刃麻花钻" 在学术期刊上发表多篇论文	1953年发明"倪志福钻头" 1959年获得全国生产先进者称号	善于学习 刻苦工作 勤于总结
赵梦桃	西北国棉一厂	主张：好好干，下苦干，老实干 探索出一套科学的巡回清洁检查操作法	1956年、1959年两次获得全国先进生产者荣誉称号 丰富"郝建秀工作法"内涵 被誉为"全国纺织战线的一面红旗"	高标准严要求 行动快工作实 抢困难送方便，不让一个伙伴掉队

续表

典型基层英雄人物	所属企业	做法	成就	所反映的企业价值观
王进喜	大庆油田	主张：石油工人一声吼，地球也要抖三抖；石油工人干劲大，天大困难也不怕；宁可少活二十年，拼命也要拿下大油田	1959年获得全国劳动模范称号 1960年打出大庆第一口油井，并创造年进尺10万米的世界钻井纪录 被誉为"中国工人阶级的先锋战士"	为国争光 为民族争气 独立自主 自力更生 艰苦创业
张百发	北京市第三建筑工程公司	根据具体工作内容和以往最高工作记录，分项、分工序安排工作量，按时完成计划 研发"弓字铁成型器"；推广"电动断铁器"，改进"活动起弓搬子"；仿制"苏联绑扎架"及推行冷拉钢筋等新技术 拒绝用于购买机器的国家拨款，选择自力更生、制造机器	1954年获得北京市劳动模范称号 1958年当选全国人大代表 所在小组被誉为"张百发钢筋工青年突击队" 被誉为"社会主义建设的主人"	见困难就上 见荣誉就让 见先进就学 见后进就帮
时传祥	北京市崇文区清洁队	改革班组制，提升工作效率 义务为居民、机关和学校清理粪便	1959年获得全国劳动模范 1964年当选第三届全国人大代表	无私奉献 为人民服务

续表

典型基层英雄人物	所属企业	做法	成就	所反映的企业价值观
李瑞环	北京市第三建筑工程公司	创造出9种简易计算表和"土公式"，省去木工"放大样"环节，极大提升施工效率 实现100多项技术革新	1960年获得全国劳动模范称号 被誉为"青年鲁班"	勤奋好学 开拓创新
张秉贵	北京市百货大楼	"一抓准"技艺：一只手一次抓准顾客所要的分量 "一口清"技艺：通过心算快速地报出顾客所抓糖果的价格 "一团火"服务热情：热情对待顾客 发明"接一问二联系三"工作法：接待第一位顾客时，询问第二位顾客要什么，同时让第三位顾客做好准备	1979年获得全国劳动模范称号 1988年陈云同志为其题词："一团火"精神光耀神州 被誉为"新中国商业战线上的一面旗帜" 被誉为"燕京第九景"	顾客至上 热情服务

资料来源：笔者整理。

第四，企业文化建设与思想政治工作结合紧密。1956年完成三大改造后，在计划经济体制下，企业文化工作很大程度上受到政治属性的影响，无论企业规模、效益如何，"听党话、跟党走"是贯穿企业文化的根本价值判断和追求。因此，该时期企业文化建设重点在于坚持党的领导和思想政治方针。齐齐哈尔第二机床厂的马恒昌小组就一直坚持进行政治思想工作建设，根据"政治是统帅，思想是灵魂"原则，狠抓企业文化建设，将政治思想工作摆在企业文化建设的核心位置。其主要以三种方式开展政治思想工作：一是紧密结合各项政治运动和中心工作，认真学习党的方针政策，学习毛主席著作，提高思想水平；二是以小组光荣历史为具体内容，进行集体主义教育，发扬光荣传统，增强保持荣誉的责任感；三是用今昔对比的方法，进行阶级教育，增强组员主人翁的责任感，树立爱厂如家的思想。他们总结："依靠党的领导，听党的话，按着党所指引的方向奋勇前进，是马恒昌小组从胜利走向胜利的根本原因。"（中国机械工会全国委员会工作组和齐齐哈尔第二机床厂工会，1961）

（二）探索期的研究与教学

1952年，以苏联的大学为建设模板，教育部进行第一次中国大学体制调整，将一些专业性较强的学科从综合性大学中分离，建立以专科院校为主、专科院校与综合性大学并存的大学建设体系。这一时期，中国人民大学建立了全国范围内体系最健全的工业经济系，提出"全面学习苏联先进教学方案、坚持苏联先进经验与中国具体实践相结合"的办学宗旨，采取三年全日制的教学方案，所用教材也全部来自苏联，被称为"黄皮书"。1958年开始，在鲜有参考资源的情况下，该系编写了全国工业经济的第一本教材——《工业企业管理》。随后，其又编写了四套教材，分别为厂长培训指导用书《工业企业管理纲要》、《中国社会主义企业管理》蓝皮书、《老三篇》（包含11分册）以及为厂长、党委书记和总经理所写的包含战略、用人、组织、学习的《领导学》教材，虽然多属实践类教材，但教材中所传达的科学管理思想仍为企业文化建设提供指导。1961年，在马洪主持下，中国科学院经济研究所和其他院校共同编写了《中国社会主义国营工业企业管理》，全书共60万字，是中国企业管理学的奠基作之一（黄群慧，2018a）。书中，对厂长责任制、职工代表大会制、两参一改三结合、比学赶帮的群众运动等活动进行详细阐述，这些都与企业文化建设密切相关。随后五年中，一系列管理学相关教材和书籍相继出版，其中，大部分著作都涉及企业文化建设的内容，如表8—2所示。

表8—2　　1962—1965年出版的与企业文化相关的管理类著作

年份	作者	名称	出版社
1962	李正等	《动力经济与企业管理》	中国工业出版社
1963	《工业企业的管理工作》编辑委员会	《工业企业的管理工作》	北京出版社
1963	哈尔滨工业大学生产组织教研室	《简易企业管理工具》	中国工业出版社
1964	中国人民大学工业企业管理教研室	《工业企业管理文选》	中国工业出版社
1964	中国人民大学函授学院工农贸经济教研室	《商业企业管理学》	中国人民大学出版社
1964	《中国社会主义国营工业企业管理》编写小组	《中国社会主义国营工业企业管理》	人民出版社
1965		《高举毛泽东思想红旗实行企业管理工作革命化》	人民铁道出版社

资料来源：笔者整理。

虽然此时企业文化学并未成为独立学科，分散在企业管理相关课程中，相关论著数量较少，企业文化一词在教材中也鲜有提及，但一些管理著作和论文所表达的管理思想已经开始涉及企业文化的构成要素。比如1960年出版，由中国人民大学工业企业管理教研室编撰的《中国工业企业管理问题（文件摘录）》一书关注价值观要素，将"两参一改三结合是企业管理的重大创举"作为一个单独章节进行讨论；陈文郁（1959）也在研究中关注价值观要素，对"三结合"管理文化进行评析，文章所体现的科学、民主精神正是当时企业文化发展的真实写照；徐棣华（1959）重点关注企业环境要素，聚焦如何开展劳动竞赛等关键问题，提出劳动竞赛是大搞群众生产运动的基本形式，竞赛应形式空前、轰轰烈烈，先进生产者的照片或事迹应被公布在厂内最显要的地方，大张旗鼓地进行宣传。同时，国家和社会也十分注重对企业典型英雄人物的宣传，从而加强企业文化的传播。塞风（1954）、春雨等（1964）、纪南（1965）、张耀梁和郭礼华（1965）分别对郝建秀、马恒昌、倪志福、时传祥等基层英雄人物的事迹进行研究，相关报纸也对英雄人物事迹进行了宣传报道，如表8—3所示。

表8—3　改革开放前相关报纸对英雄人物的宣传报道

报纸名称	时间	报道人物	新闻名称
《东北日报》	1952年1月6日	马恒昌	《马恒昌小组等先进单位上书毛主席报告成绩》
《青岛日报》	1952年9月30日	郝建秀	《新中国工人阶级的优秀女儿郝建秀》
《文汇报》	1954年4月19日	孟泰	《鞍钢特等劳动模范孟泰》
《北京青年报》	1959年11月12日	张百发	《张百发快速施工经验立竿见影》
《沈阳日报》	1959年11月29日	赵梦桃	《西北著名先进生产者赵梦桃、徐永基在沈传经》
《工人日报》	1964年3月10日	马万水	《马万水小组成为冶金战线英雄班组》
《工人日报》	1964年9月26日	倪志福	《我这十五年成长——记工人工程师倪志福》
《乌兰察布报》	1965年1月25日	时传祥	《著名劳动模范时传祥讲掏粪技术》
《人民日报》	1972年1月27日	王进喜	《中国工人阶级的先锋战士——"铁人"王进喜》

资料来源：笔者整理。

二 改革开放后企业文化学的发展

（一）企业文化学的发展实践

改革开放后，企业文化实践进入发展期，同样经历了三个典型的历史时期。

（1）全面引进与系统建立时期（1979—1991年）。1978年，党的十一届三中全会召开，做出了全党工作重心转移到社会主义现代化建设上来的战略决策，标志着中国正式迈进改革开放和社会主义现代化建设的全新时期。1979年，中共中央召开工作会议，提出"调整、改革、整顿、提高"的新八字方针。1983年，国务院颁发《关于国营企业利改税试行办法》，决定推行两步"利改税"政策。该政策的颁布提高了国有企业的生产积极性，并给予国有企业一定经营自主权。大批国有企业开始探索自主经营之路，文化建设也逐渐成为关注焦点。如石家庄造纸厂的马胜利进行改革，实行承包制，打造勇于开拓的企业文化（黄文，2014）；浙江海盐衬衫总厂的步鑫生创新员工管理，加强企业文化建设，创造步鑫生式管理文化（秦海庆，2018）；上海电机厂的李文华以市场为导向，加强客户服务，构建以"扁担电机精神"为核心的企业文化（黄发明，2015）。1984年，全国经济工作会议提出企业管理现代化的"五化"，即管理思想现代化、管理人才现代化、管理组织现代化、管理方法现代化、管理手段现代化，并总结出18条具有推广价值的企业现代化管理方法，被称为现代化管理"十八条"。其中，经济责任制、全面质量管理等管理方法都与企业文化中价值观要素紧密相关。国家经济委员会也相应颁布《企业管理现代化纲要》，明确企业在实现管理现代化过程中的战略任务、指导原则、奋斗目标。其中，在管理思想、职工思想政治工作、领导与措施等内容中多次提到加强企业、员工、领导的精神文明建设，将国家倡导的价值观与企业文化建设融合，对企业文化建设具有指导意义。同一时间，政府充分意识到，计划经济体制下的传统管理方法已不能有效支持企业的经营管理实践，特别是在改革开放的背景下，企业的文化建设需要更为与时俱进的文化理论加以引导。因此，中国开始引入西方先进管理思想，多部企业文化学著作被相继翻译、出版。在国家相继开放深圳、珠海、汕头、厦门经济特区，设立14个沿海开放城市后，1988年颁布的《中华人民共和国宪法修正案》使私营经济，特别是沿海地区的私营企业开始起步。对私营经济管控的放宽和经济特区的开放激发了基层经济实体的活力和积极性，也推动了企业文化的形成。年广久"傻子瓜子"所倡导的"傻子精神"成为私营企业文化建设的代表（林靖、夕颜，2012）。同一时期，一些重要的管理学研究机构相继成立，为企业文化实践的发展把薪助火。1978年中国管理现代化研究会成立，1979年中国企业管理协会在北京成立，1981年中国工业企业管理教育研究会成立，1988年中国企业文化研究会成立，1991年中国商业文化协会成立。这些协会、社团逐渐进入实践领域，为企业提供文化咨询服务。

（2）大规模推广时期（1992—2001年）。1992年，党的十四大确立建设中国特色社会主义市场经济体制的改革目标。十四大报告中首次出现企业文化的字眼，提出"搞好社区文化、村镇文化、企业文化、校园文化的建设……把精神文明建设落实到城乡基层"。这标志企业文化建设已经上升到国家战略高度，在全国范围内被大举推行。1993年，党的十四届三中全会通过《中共中央关于建立社会主义市场经济体制若干问题的决定》，指出"要进一步转换国有企业经营机制，建立适应市场经济要求、产权清晰、权责明确、政企分开、管理科学的现代企业制度"，为国有企业文化建设发展提供指导。1999年，《中共中央关于国有企业改革和发展若干重大问题的决定》颁布，标志着国有企业开始摆脱国家政治行政附属属性，成为追求市场效益和经济效益的独立体，为企业解放思想，更好地营造企业文化提供良好条件。2001年，在中国共产党成立80周年大会上，中央明确提出，"私营企业主是我国改革开放以来出现的新的社会阶层之一"，将私营经济纳入中国特色社会主义经济体制内，使私营经济获得了相应的地位和权利，推动了私营企业现代化建设，也为私营企业构建企业文化创造良好环境。在市场经济体制的背景下，无论是国有企业还是私营企业，都开始大刀阔斧地进行市场化改革，相应的企业文化也随之而生。在国营企业方面，邯郸钢铁厂的成功为国营企业的市场化改革和企业文化建设树立了标杆。面对市场波动，邯钢总经理刘汉超推行改革，实行承包制。借鉴农业责任承包制，以"实行模拟市场核算、实行成本否决"的手段，将工人和分厂投放到市场当中（刘青山，2019）。这一政策的推出使邯钢形成"千斤重担人人挑，人人肩上有指标"的文化氛围，增强了员工的企业责任感，提升了邯钢的竞争实力；在私营企业方面，海尔、华为、万向等企业对文化建设的重视也使它们迎来了腾飞时刻。海尔的"激活休克鱼"和文化灌输模式使其在兼并其他企业后形成协同效应（周建波，1998）；华为推出《华为基本法》，以企业宪法的形式确立管理规章制度和狼性企业文化（袁恒常，2017）；万向集团的"奋斗十年添个'零'"战略目标造就了"人尽其才、物尽其用、钱尽其值、各尽其能"的企业精神（毕亚军，2017）。

（3）蓬勃发展时期（2002年至今）。2001年，中国正式加入世界贸易组织，中国经济发展迎来"全球化"时刻。全球化所伴随的机遇和挑战要求我国必须进一步深化市场经济改革，完善市场经济体制，在国际竞争中取得优势地位。2003年，国家下发《中共中央关于完善社会主义市场经济体制若干问题的决定》，强调推行公有制的多种有效实现形式、大力发展和积极引导非公有制经济、建立健全现代产权制度，不断推动国有企业和私营企业向市场化和国际化方向迈进，企业文化也更加具有市场化和国际化特征。如华侨城的"功绩主义文化"和联想的"鸡尾酒文化"都是市场化和国际化企业文化的体现；2005年3月，国务院国有资产监督管理委员会下发《关于加强中央企业企业文化建设的指导意见》，强调企业文化建设的指导思想、总体目标、基本内容与重要意义，明确企业文化建设的工作思路、规划、实施步骤、文化载体和队伍建设，提出以人为本、全员参与,务求实效、促进发展,重在建设、突出特色,继承创新、博采众长,深度融合、优势互补,有机结合、相融共进六条企业文化建设基本要求,通过企业文化的创新和建设,内强企业素质,外塑企业形象,增强企业凝聚力,提高企业竞争力,实现企业文化与企业发展战略的和谐统一、企业发展与员工发展的和谐统一、企业文化优势与竞争优势的和谐统一。2012年,习近平总书记在参观中国国家博物馆"复兴之路"展览时,提出"中国梦"的概念。如何将企业文化与"中国梦"相联系、相适应成为企业界热议的话题。许多国有企业积极响应"中国梦"的号召,纷纷将"可持续发展"和"为社会做出贡献"等理念注入企业文化价值观中。如在华润的文化中,"感恩回报"就是重要的组成部分之一,它将履行企业社会责任视作"超越利润之上的追求",通过实际行动回报社会,实现"中国梦"。2013年习近平总书记两次提出建设"新丝绸之路经济带"和"21世纪海上丝绸之路"的合作倡议,被统称为"一带一路"国际合作倡议。2015年,国家发展改革委、外交部、商务部联合发布《推动共建丝绸之路经济带和21世纪海上丝绸之路的愿景与行动》,更多的中国企业走出国门进行国际化经营,也将面临更多的企业文化融合挑战。同年,第十二届全国人民代表大会将"互联网+"上升至国家战略高度。李克强总理强调,制订"互联网+"行动计划,推动移动互联网、云计算、大数据、物联网等与现代制造业结合,促进电子商务、工业互联网和互联网金融健康发展,引导互联网企业拓展国际市场。随着"互联网+"战略建设如火如荼地开展,相关技术也迎来上升发展的黄金时期。移动互联网、云计算、大数据、物联网等关键技术的日趋成熟为企业提供多渠道全方位加强文化建设、扩展文化传播渠道的机会,企业文化建设进入全媒体、融媒体时代。百度、腾讯、阿里巴巴、小米等企业都开设线上员工论坛和企业论坛,通过"互联网+"模式使企业文化快速传播。2016年,政府工作报告提出,鼓励企业开展个性化定制、柔性化生产,培育精益求精的工匠精神,增品种、提品质、创品牌。2017

年,政府工作报告提出,大力弘扬工匠精神,厚植工匠文化,恪尽职业操守,崇尚精益求精,打造更多享誉世界的"中国品牌",推动中国经济发展进入质量时代。2018年,政府工作报告提出,全面开展质量提升行动,推进与国际先进水平对标达标,弘扬工匠精神,来一场中国制造的品质革命。连续三年,"工匠精神"一词出现在政府工作报告中,体现国家对"大国工匠"的重视,也指出企业文化建设的方向,即朝着精益化、专业化的方向发展。东风汽车就将"精益文化"引入企业管理的方方面面,成为国内汽车制造行业的佼佼者。

20世纪80年代引入企业文化概念后,中国企业界开启学习企业文化、建设企业文化的热潮。相比改革开放前,这一时期的企业文化实践呈现出以下发展特征。

第一,企业文化在经营管理中的地位上行。随着中国市场化、国际化进程的不断推进,企业在获得经营自主权的同时也面临来自本土和国际市场的诸多挑战。与众多优秀企业的竞争使中国企业充分意识到,仅仅凭借生产优势、技术优势或资源优势难以获得稳定的超额回报,不能形成持续竞争优势。在"高手"的较量中,企业文化的作用往往能够左右竞争局势。一方面,企业文化增强了企业的凝聚力、向心力,使企业能够"拧成一条绳",在困难来临时不畏艰险、奋起直上。TCL总裁李东生曾经形容TCL具有"鹰文化"。2004年,面对市场巨额亏损,李东生写出《鹰的重生》一文以昭世人(雨木,2006),带领TCL渡过痛苦的变革过程,最终实现鹰的蜕变。另一方面,企业文化为企业提供源源不断的精神动力和人才储备,使企业能够打"持久战",将短期竞争优势发展成长期竞争优势。电器巨头格力就强调以人为本的文化,为员工提供充分的职业发展指导。在各个分厂都设立培训部门,组织多种多样的培训活动,为员工搭建学习研究平台,建设国家级技术研究中心、国家级工业设计中心、研究院、研究所、先进实验室,培养创新型人才,持续不断地为格力输送"炮弹"(杨园园,2018),使其在竞争中长期占据优势地位。正因企业文化在企业中具有关键性作用，越来越多的企业开始重视企业文化建设，并将企业文化内容以"宪法"的形式记录成文，为文化建设和发展方向提供指导和准则。1998年诞生的《华为基本法》作为中国改革开放后第一部成文的"企业宪法"，将华为过去的成功经验加以总结、概括、提炼，继承原有的文化，同时将统一的企业价值观和文化DNA注入每个员工，通过企业"立法"的形式，将文化管理与制度管理有机结合起来（袁恒常，2017）。1999年，《华侨城宪章》制定完成，其推行的"个人主义"价值观成为推动华侨城深化国有企业改革的内在动力源泉。《华侨城宪章》打破传统国企强调集体利益的文化，充分保护个人利益，尊重个人价值，将员工的个人需求置于较高战略层次（甄源泰，2001）。2017年，京东发布《京东人事与组织效率铁律十四条》，以严苛"铁律"的方式制定员工行为准则和管理原则。其中，第一条就强调京东的价值观原则，即"价值观第一，能力第二"，充分体现京东对企业文化中价值观建设的重视。

第二，企业文化建设日益成为一项系统工程。改革开放初期，许多企业对文化一无所知，面对企业文化建设的难题更是无从下手，对企业文化的认知和理解仅仅局限于从西方引进的企业文化"四重奏"和其他介绍西方企业文化建设的书籍材料。因此，仅仅依靠单一资料指导企业文化建设无异于纸上谈兵、只见树木不见森林。当企业对文化"说不清、道不明"之时，往往会将最显性的企业文化建设措施作为核心和重要目标。对浙江海盐衬衫厂厂长步鑫生而言，企业文化就是"纪律"和"集体"。他打破"大锅饭"式的企业生产方式，提出"管理上从严、生产上抓紧、经营上搞活、生活上关心"的管理理念，制定《安全文明生产管理试行条例》（秦海庆等，2018）。同时，他重视文化凝聚力建设，组织创作《海盐衬衫总厂工人之歌》，还带头设计海盐衬衫厂的厂标，组织全体员工佩戴。随着改革开放的不断深入，关于如何理解企业文化、进行企业文化建设的相关研究、书籍数量与日俱增，企业界对企业文化的概念的理解也逐步深入。在原有碎片化的企业文化建设知识上，企业逐步整合各个关键要素，企业文化系统化程度大幅提高。例如，联想的柳传志就建设了一套系统的"家文化"体系，通过加强企业环境建设（人才筛选机制），将符合企业文化价值观的员工留下（龙真，2009）。其又提出"鸡尾酒文化"，即在线上推出"文化鸡尾酒"论坛，在线下推出"鸡尾酒"沙龙，加速兼并后联想的文化融合。长虹在经营的大大小小16个方面建立严格的管理制度，正确约束员工的同时，不忘关注员工的个人需求。根植于军工文化，在管理实践中时刻坚持以人为本，逐步形成以"太极拳理论""投石子理论""外圆内方理论"为核心的天人合一思想。新奥集团将自身企业文化总结概括为"诚信敬业、自我驱策、谦和尊重、团队协作、主动负责、顾客为尊、坚忍不拔、学习创新"8个不同维度的表述，通过行为准则，使企业价值观能够引导、影响、支配员工行为，实现"文化落地"（王永新，2008）。

第三，内外并重，即强调经营型文化，又关注执行型文化。改革开放前，受计划经济体制影响，企业文化更多强调执行层面。改革开放后，在市场逻辑主导下，企业逐渐开始从国家政策的"执行者"变为自负盈亏的"经营者"，企业文化的关注点也随即发生转变。国家不再是企业唯一的关键利益相关者，消费者、行业机构、社会团体等利益相关者地位的提升使企业必须充分考虑内外部各方面因素，兼顾不同群体的利益诉求和期望。企业文化不能简单局限于促进决策落实，更要内聚人心、外塑品牌，在生产经营的方方面面发挥积极作用。针对企业内部经营，随着企业的快速发展和扩张，企业经营边界变得越发模糊，如何在不断扩张中保持企业文化的统一性，将企业文化传递至新兼并的企业成为关键问题。海尔就通过文化灌输的方式达到"内聚人心"的经营境界。在成立初期，其采取"激活休克鱼"的扩张战略，在兼并完成后立刻开始文化输出和企业改造，逐步灌输"争第一""信誉优先""客户永远是对的"等经营理念。物联网时代，张瑞敏提出"人单合一"的企业管理模式

（石丹，2018），强调"竞单上岗、按单聚散"，"高单聚高人、高人树高单"，同时强调"海尔是海"：虽然各种文化在海尔内部充分聚集、交流，但上层建筑，即"人单合一"理念，如同沙拉酱一般，将不同文化充分调和，最终展现出统一味道。吉利汽车在全球化浪潮中关注内部文化的统一性建设，总裁李书福坚持"各美其美，美人之美，美美与共，天下大同"的文化管理原则，在充分尊重被收购企业平等权利的基础上加强文化传递和输出，将"以人为尊"的经营理念根植于吉利汽车以及其合作伙伴的文化管理之中（李书福，2014）。针对企业外部经营，随着利益相关者背景的复杂化、多样化，企业必须树立良好的品牌形象，将企业的文化理念传递至相关主体。华润集团在实践过程中充分重视企业文化品牌的建设和发展。作为国有企业，始终推崇忠诚文化，同时注入人本精神的内涵，强调"一切以人为本、人口驱动增长、尊重人文精神、改善人们生活"，将履行企业社会责任视作"超越利润之上的追求"（杜晓玲，2012）。正泰集团董事长南存辉多次强调，只有在取得成绩后回报社会、回报祖国，企业才能真正实现价值（黄还春、尤海峰，2008）。因此，正泰集团追求的是企业价值最大化，而非利润最大化。南存辉也多次以个人或正泰集团名义进行捐款，并设立多项社会基金。

第四，企业家与企业家精神逐渐成为企业文化关注的焦点。在企业文化概念中，英雄人物一直是不可或缺且可以强化企业文化特征和归属的关键要素。改革开放前企业更多关注执行型文化，英雄人物大多来源于"草根"，他们大部分是基层人物，在基层岗位做基础工作。由于在工作中表现突出，他们被广为宣传，最终成为影响企业文化的英雄人物。改革开放后，英雄人物的来源出现变化。关注企业内外部经营和执行文化为企业家提供了施展才能、发挥人格魅力的条件和机会。虽然同基层人物一样，企业家大多出身草根，但其精神被企业铭记的原因并不源自其所参与的基础工作。相反，企业家在经营决策层面的种种行为和思想是企业家精神和企业文化的来源。相比改革开放前企业文化中基层英雄人物的关键作用，在改革开放后,企业家精神对企业文化的塑造作用更为明显和重要,甚至在一定程度上,企业家精神就代表企业文化。面对改革开放的浪潮,众多草根出身或职位平平的普通人乘风破浪,在激烈的竞争中敢于探索,勇于开拓,用自身的拼搏精神绘著英雄事迹。纵然许多才华横溢的企业家在竞争中一蹶不振,但经历风雨后,仍屹立不倒的则成功地将自己的名字镌刻在企业文化当中,给企业的经营管理逻辑留下深深的烙印。改革开放后代表企业家及企业家精神情况如表8—4所示。

表8—4　　　　改革开放后代表企业家及企业家精神情况

企业家	所在企业	主要思想
步鑫生	浙江海盐衬衫厂	制定《安全文明生产管理试行条例》,对工人们提出"十个不准"要求(1980年) 管理上从严、生产上抓紧、经营上搞活、生活上关心(1981年)
年广久	傻子瓜子	以顾客为中心,买一包送一把;傻子精神(1982年)
李文华	上海电机厂	创新思维和为顾客全心全意服务;扁担电机精神(1983年)
马胜利	石家庄造纸厂	《向领导班子表决心》:我请求承包造纸厂!承包后,实现利润翻番!工人工资翻番,达不到目标,甘愿受法律制裁;总结36条造纸厂管理措施和72条变通策略,被称为"三十六计"和"七十二变"(1984年)
张瑞敏	海尔	OEC管理法:日清日高,日事日毕(1989年) "人单合一"管理思想:竞单上岗、按单聚散、高单聚高人、高人树高单(2005年) "三生"体系:物联网时代下生态圈、生态收入、生态品牌的体系融合(2018年)
刘汉章	邯郸钢铁厂	模拟市场核算、成本否决;千斤重担人人挑,人人肩上有指标(1990年)

续表

企业家	所在企业	主要思想
李书福	吉利汽车	汽车不过四个轮子加两个沙发（1997年）
马蔚华	招商银行	危机和风险防范文化（2004年） 不知未来，无以谋当下；不知世界者，不可能理解中国；不知宏观者，无法处理微观（2010年）
李东生	TCL	面对困难时，要痛定思痛，实现鹰的蜕变；要在中国做好企业，必须学会调和；既要学习先进的管理方法，又要学会在中国的环境中做事情（2004年）
马云	阿里巴巴	今天很残酷，明天更残酷，后天很美好（2008年） 不要等到明天，明天太遥远，今天就行动（2014年）
柳传志	联想	搭班子、定战略、带队伍（2009年） 想清楚再承诺、承诺就要兑现、公司利益至上、每一年每一天都要进步（2011年）
马化腾	腾讯	QQ不是工作，是兴趣（2011年） 灰度管理法则：强调需求度、速度、灵活度、冗余度、开放协作度、创新度、进化度（2012年）
任正非	华为	惶恐才能生存，偏执才能成功；三个人拿四个人的钱，干五个人的活（2013年）
董明珠	格力	别太关注企业大小，要关注企业文化（2013年） 立志做极致的产品（2018年）
南存辉	正泰	二十年如一日，我们做精、做专、做好、做强，在众多的诱惑面前，耐得住寂寞，经得住诱惑；南存辉允许犯错误，允许犯一次，或者两次，甚至犯三次，但是不允许犯同样的错误（2014年）
鲁冠球	万向	我会把万向挣到的每一分钱都用来制造电动车；我会大量烧钱，直到成功，或者万向崩盘为止（2014年） 我不造汽车，我儿子也要造；儿子成功不了，我孙子继续（2016年）

资料来源：笔者整理。

第五，企业大学成为传播企业文化的重要阵地。知识经济的大背景下，为加强企业文化建设，培养具有高水平、高素质的企业人才，增强企业核心竞争力，越来越多的企业将文化建设的目光聚焦于后备人才培养，企业大学应运而生。企业大学是指由企业自主建立的，以企业高层管理人员、高校教授和专业培训师为师资，通过教学、模拟、互动等教育方式手段，培养企业内部中、高层次管理人才和企业合作伙伴，满足企业内外部教育需求的新型教育方式。企业大学的出现填补了高校无法满足的知识技能需求空缺，以自办、合办等形式为企业持续不断地输送最符合企业价值观和经营要求的人才。1993年，摩托罗拉中国区大学成立，这是国内开办的第一所企业大学。在此之后，企业大学如雨后春笋般涌现，为企业文化建设的发展贡献重要力量。部分企业大学的信息如表8—5所示。

表8—5　　　　　　　　　部分企业大学信息

创立年份	企业大学名称	所属企业	所属行业
1999	海尔大学	海尔	家电、制造、互联网
2000	中国移动学院	中国移动	通信
2001	平安金融管理学院	平安	金融、保险
2003	中兴通讯学院	中兴	电子、通信
2008	中国电信学院	中国电信	通信
2008	招银大学	招商银行	金融、银行
2008	用友大学	用友	IT、通信、互联网
2008	红星美凯龙集团学院	红星美凯龙	家具零售
2010	长安汽车大学	长安	汽车、制造
2014	新奥大学	新奥	清洁能源
2015	TCL大学	TCL	家电、制造
2016	泰康商学院	泰康	金融、保险

资料来源：笔者整理。

(二) 发展期的教学与研究

改革开放后，企业文化学在不同时期呈现出不同的发展态势。

(1) 全面引进与系统建立时期的企业文化学科建设。1977年，国家恢复高等学校招生统一考试制度，一些高校也开始相继招收、培养研究生，教学恢复工作逐步开展，为企业文化学的人才培养奠定基础。1982年，党的十二大报告首次提及加强管理学科的研究和应用，第一次将管理学写入党的报告，对推动企业文化学学科建设具有重要意义。管理学教育逐步恢复的同时，各大高校和研究机构也积极响应政府引入西方先进管理思想的号召，开始引入企业文化学著作。其中，最具代表性的当属20世纪80年代出版的企业文化理论的"四重奏"，即《Z理论——美国企业界怎样迎接日本的挑战》(1982年)、《企业文化——企业生存的习俗与礼仪》(1982年)、《日本企业管理艺术》(1981年)和《追求卓越》(1982年)。日裔美籍管理学家威廉·大内所著的《Z理论——美国企业界怎样迎接日本的挑战》重点关注20世纪70年代日本企业在国际市场上腾飞的原因，比较美国和日本企业在组织层面的优劣及异同，从雇佣制度、职称与评估、员工职业发展、控制机制、决策机制、责任制等方面对美日两国企业的整体和局部特点进行分析。美国学者特雷斯·迪尔和艾伦·肯尼迪合著的《企业文化——企业生存的习俗和礼仪》通过对80余家企业的文化的调研发现，杰出成功的企业往往都拥有强有力的企业文化。其被全体员工共同遵循，以自然约定俗成的而非书面的形式展现，成为约束员工的行为准则，并通过各种类型的礼仪和习俗来宣传、强化。美国学者理查德·帕斯卡尔和安东尼·阿索斯合著的《日本企业管理艺术》探索日本经济赶超美国的内在原因，发现美日两国公司最主要的差别并非体现在整体战略、组织结构、制度等层面，而是管理作风、人事政策、精神或价值观、管理者才能。美国管理学家托马斯·彼得斯和罗伯特·沃特曼合著的《追求卓越》以美国62家企业作为样本，以"7S"模型为基础，论述优秀的杰出公司所具备的八种特质：崇尚行动，贴近顾客，自主创新，注重人才的培养，重视价值观，做内行的事，简化工作，简化人事。企业文化"四重奏"关注中国的近邻——日本的企业文化特点，分析和总结日本企业文化，对于中国企业，特别是具有类似集体主义文化倾向的企业而言，可谓启蒙之作。由此，学术界、企业界将更多的目光聚焦企业文化建设。1983年，中共中央召开第一次企业管理现代化座谈会，提出"以我为主、博采众长、融合提炼、自成一家"的方针，回答了如何借鉴外国管理经验的问题，为企业文化学的发展指引方向。与此同时，一系列介绍外国企业管理的著作相继问世。1980年，由马洪主编、中国社会科学出版社出版的"国外经济管理名著丛书"出版，丛书系统介绍了美、法、德、日、苏联和东欧等国家和地区的管理著作。其中，威廉·大内、哈罗德·孔茨和海因茨·韦里克等人的著作均对企业文化建设进行了探讨。在学术期刊方面，1979年，中国社会科学院工业经济研究所创立中国第一本管理学学术刊物《经济管理》，在学术界产生深远影响。1989年，相继刊登《关于我国企业文化的思考》（程国定，1989）和《企业文化开创了管理思想的新时代》（梁勇，1989）两篇论文，企业文化的字眼第一次出现在《经济管理》中，开启中国核心期刊对企业文化的讨论。1985年，国务院发展研究中心创办《管理世界》，推出之后便成为中国管理学重要的学术交流平台，在国内、国外都有较高的声誉和影响力。1989年刊登的《科学与人性：当代中国企业文化的两难选择》（黎红雷，1989）一文是《管理世界》杂志接收的第一篇有关企业文化的论文，1991年又刊登《二汽企业文化评介》（王载珏，1991）一文。

（2）大规模推广时期的企业文化学科建设。这一时期涌现出较多的企业文化著作，比如1995年，由张大中、孟凡弛主编的《企业文化论》出版，汇集众多学者和专家的企业文化研究成果，是国内出现较早的企业文化文集；1999年，由张大中、徐文中、孟凡弛主编的《中国企业文化大词典》（上、下册）出版，成为较早出现的中国企业文化领域的工具书，为企业文化研究的发展奠定基础（邢小兰，2018）。在学术期刊方面，出现一批以企业文化为核心讨论内容的期刊，如由中国纺织职工思想政治工作研究会和中国纺织企业文化建设协会主办的《东方企业文化》，由北京市企业文化建设协会主办的《中外企业文化》以及由中国工人报刊协会和中国工人出版社主办的《现代企业文化》等，这些期刊的发展壮大为中国企业文化研究搭建了学术与实践交流平台，使中国企业文化研究不断推进。

（3）蓬勃发展时期的企业文化学科建设。进入21世纪，中国管理学研究蓬勃发展。根据尤树阳等（2011）对5647篇文献的统计，2001—2010年管理学界年均发表文章418.1篇，其中，跨文化研究、价值观与文化等主题逐渐受到学界关注，成为中国企业文化学界研究的重点领域。中国企业文化学研究在国内持续推进的同时，也持续走出国门。有关中国文化与中国管理情景下的企业文化研究在 *Administrative Science Quarterly*、*Academy of Management Review*、*Organization Science*、*Academy of Management Journal*、*Journal of International Business Studies*、*Journal of Applied Psychology*、*Journal of Business Ethics*、*Asia Pacific Journal of Management* 等国际顶级期刊上发表，并被多次引用，表明中国企业文化研究受到国际学术界的认可。2002年至今，国家自然科学基金不断对企业文化学研究提供资金支持，对企业文化学的发展功不可没。2002—2018年受到国家自然科学基金资助的管理科学部项目中，名称包含"文化"一词的共计17项，平均每年1项。这些项目引入外国企业文化理论，并在此基础上进行本土化的理论发展，根据中国企业文化实践总结和提炼研究方法和规律，在内容上具有较强的针对性，在研究方法上也较为规范。一些好的理论、模型、方法和建议不但为中国企业文化管理建设提供具有指导性的思路和建议，还丰富了中国企业文化学的研究内容，推动企业文化学的发展。依托这些科研项目，大量的企业文化学论文和著作相继出版，掀起我国企业文化学研究高潮。此外，学界也对企业文化实践发展进行梳理，刘光明主编的《中外企业文化案例》，华锐主编的"21世纪中国企业文化实践与探索丛书"，祝慧烨主编的《发现企业文化前沿地带》《把握企业文化新脉动》，莫少昆和梅霖主编、金思宇担任执行主编的《百家企业文化工程丛书》，刘刚编著的《攻心为上——商业文化透视》等系列著作总结、概括了过去企业文化建设的经验教训，并对未来企业文化前进方向做出展望。2004年，由中国企业文化研究会编纂的《中国企业文化年鉴》创刊，在展示中国企业文化建设案例的同时提供企业文化调研诊断、量化考核、组织实施的有效方法及实用资讯，是我国唯一一部反映和记录全国企业文化建设与发展历程的史鉴，截至2019年已出版发行6部。

总体而言，改革开放后，企业文化学的发展具有以下特征。

第一，相关课程大量开设。改革开放后，企业文化愈加受到实践界和学界的重视。作为一门研究抽象群体精神存在的学科，企业文化学最初散布于管理学的各学科内，经历引入、发展时期，逐渐从管理学科分离，成为独立的学科。进入20世纪90年代后，随着企业文化学逐渐成为实践焦点和研究热点，越来越多的高校开始开设相关企业文化课程，企业文化管理、传统文化与企业管理等课程纷纷出现在各大商学院和经济管理学院课程目录上。如北大光华管理学院开设"中国社会与商业文化""商业活动在中国：管理视角""Foreign Entrepreneurship in China"等课程，人大商学院开设"中国传统文化与企业管理""企业文化""古代先哲智慧与中国企业管理""中国式管理""企业社会责任与商业伦理"等课程，清华经管学院开设"企业文化与管理""跨文化管理""文化、伦理与领导"等课程，中欧国际工商学院开设"企业竞争与成长战略：中国文化观点"课程，上海交大安泰经管学院开设《东西方文化与哲学》课程等。从课程内容看，企业文化学课程横跨人力资源管理、组织行为学、企业社会责任、商业伦理、传统文化企业管理、领导力、企业家精神等多学科，具有较强的学科整合特征，使学生可以从管理学的全局视角方方面面看待企业文化，增强学生的统筹能力和文化串联能力。截至2019年7月，在国家"985工程"的39所院校中，已有38所开设企业文化相关必修、选修课程。企业文化学的课堂教授形式也日趋多样，模拟教学、现场观摩、小组教学、案例教学、企业实习等教学形式的采用使企业文化课堂在传播知识的同时，具有较强的互动性、趣味性、实践性。

第二，相关研究持续增长。20世纪80年代后，随着西方企业文化管理"四重奏"的引入，企业文化学愈加受到学界重视。本章以中国学术期刊（网络版）数据库所包含的文献资料为样本，对改革开放以来企业文化学学术发展情况进行统计和分析。选择中国学术期刊（网络版）数据库的原因在于：其一，选取单一数据库进行文献检索便于操作、比较，且不易产生数据重复和偏差；其二，该数据库收录目前国内公开发行的1.1万余种期刊，全文文献总量达6500万余篇，覆盖范围较广，收录文章较为全面，可以真实、系统地反映国内相关研究的现状和发展情况。本章以"企业文化"进行篇名精准匹配，论文来源分别选择"全部期刊"和"核心期刊"，时间跨度为1978—2018年，进行了80次检索。检索结果如图8—1所示。

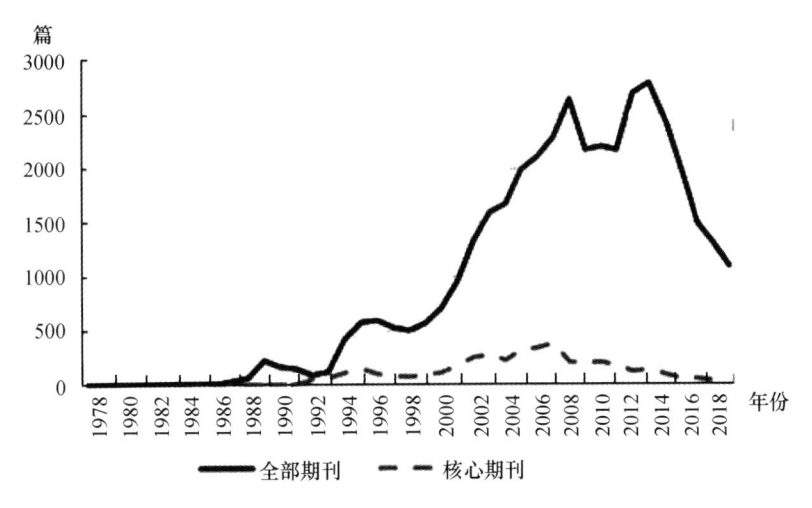

图8—1 改革开放以来篇名含有"企业文化"的期刊论文数量变化趋势

资料来源：中国学术期刊（网络版）数据库。

可以发现，在 1986 年首次出现企业文化学论文后，论文数量呈不断增长的趋势。1986—1992 年，增长率保持 170% 左右，共发文 742 篇，年均发文 106 篇。1992 年市场经济体制确立后，论文数量开始激增，并于 2012 年达到巅峰。20 年间，共发文 27844 篇，年均发文 1393 篇，仅 2001 年一年的发文量就达到 1986—1992 年的总和，由此可见学者们对企业文化学研究的热情与日俱增，研究成果也十分丰富。1992 年，企业文化在核心期刊上出现 54 次，企业文化学研究逐渐进入管理学研究的核心领域。截至 2018 年年底，核心期刊发文量累计达 4173 篇，年均发文 155 篇。但同时，本章也发现，2014 年后，无论是核心期刊还是全部期刊，论文数量呈现出负增长态势，发文量有所下降。究其根源，主要是管理学研究的"范式和方法"更新所导致的（吕力，2009）。随着实证主义研究方法的兴起，越来越多的学术期刊偏好对研究现象进行量化实证研究。对企业文化学而言，精神层面的文化属性，如企业环境、价值观、英雄人物、仪式与礼仪和文化网络等往往难以被衡量和把握，进行实证研究的难度较大。因此，2014 年后发表的论文更多以质性研究、案例访谈等研究形式为主。

根据改革开放以来企业文化学论文发表的综合分析，并参考徐尚昆（2012）的研究，本章选取企业文化学中 12 个研究主题进行分析检索。在中国学术期刊（网络版）数据库中，以"企业文化"为篇名，以"贡献/投入""团队精神""员工导向""领导""核心价值""沟通/协调""顾客导向""组织学习""创新/变革""战略/目标""诚信""社会责任"12 个关键词分别作为主题进行精准匹配，时间跨度为 1978—2018 年，共计检索 480 次。检索结果如表 8—6 所示。

数据显示，"员工导向""核心价值""创新/变革""战略/目标"都是企业文化研究的热点领域，关注度较高，涉及每个领域的论文数量都在 200 篇以上。其中，对企业文化的"员工导向"和"创新/变革"的研究最多。

表8—6　1992—2018年涉及企业文化相关研究的关注主题

单位：篇

主题＼年份	1992	1993	1994	1995	1996	1997	1998	1999	2000	2001	2002	2003	2004	2005	2006	2007	2008	2009	2010	2011	2012	2013	2014	2015	2016	2017	2018	总数
贡献/投入	0	0	0	0	0	1	0	0	2	3	0	1	2	1	3	2	3	6	2	5	5	10	3	2	5	3	1	60
团队精神	0	0	1	0	0	0	1	0	3	3	4	10	5	8	5	8	0	8	1	2	2	2	2	5	1	4	0	75
员工导向	1	3	7	16	10	15	11	18	21	53	42	62	72	88	104	110	64	58	65	59	35	32	26	15	17	14	8	1026
领导	4	2	4	5	8	1	1	2	4	7	4	6	7	11	5	9	3	2	1	7	1	3	2	2	2	2	0	105
核心价值	5	1	2	8	4	1	3	6	10	10	17	12	13	20	11	20	18	15	12	7	16	9	17	4	6	2	6	255
沟通/协调	0	0	0	0	0	0	0	1	2	4	6	1	1	0	1	6	2	5	1	2	1	2	2	1	1	0	0	39
顾客导向	0	0	0	2	1	1	1	5	7	13	8	4	8	9	6	6	2	0	2	0	2	2	1	1	1	0	0	82
组织学习	0	0	0	0	0	0	0	0	1	5	11	12	12	20	14	16	11	8	6	5	6	4	5	3	3	1	3	148
创新/变革	0	1	2	3	0	1	0	8	18	30	40	49	45	74	56	79	35	45	30	28	14	26	20	15	18	12	2	651
战略/目标	1	5	5	13	10	8	5	10	6	18	23	15	21	23	33	28	19	16	17	10	12	17	14	8	7	4	3	351
诚信	1	5	2	5	4	1	1	5	3	8	10	11	13	11	13	14	9	10	8	7	8	6	5	4	3	2	2	171
社会责任	0	0	0	0	0	0	0	0	0	0	0	1	2	4	4	5	4	6	2	1	4	4	1	3	3	1	4	47

资料来源：中国学术期刊（网络版）数据库。

具体到论文层面,一篇论文被引用的次数在一定程度上反映此篇论文在研究领域内的重要性和影响力。因此,本章使用中国学术期刊(网络版)数据库,以"企业文化"为被引文献题名进行精准匹配,时间跨度为1978—2018年,选取被引频次排名前20的论文。检索结果如表8—7所示。

表8—7 被引频次排名前20的文献信息

文献名称	作者	文献来源	作者单位	发表日期
《控制结构+企业文化:内部控制要素新二元论》	王竹泉、隋敏	《会计研究》	中国海洋大学管理学院	2010年3月
《企业文化的改造与创新》	陈春花	《北京大学学报》(哲学社会科学版)	广州华南理工大学工商管理学院	1999年5月
《企业文化与并购绩效》	王艳、阚铄	《管理世界》	广东财经大学会计学院 中国人民大学财政金融学院	2014年11月
《企业文化与领导风格的协同性实证研究》	陈维政、忻蓉、王安逸	《管理世界》	四川大学 中欧国际工商学院	2004年2月
《企业文化与组织绩效关系研究》	卢美月、张文贤	《南开管理评论》	复旦大学管理学院	2006年12月
《企业文化与购并研究》	程兆谦、徐金发	《外国经济与管理》	浙江大学管理学院	2001年9月

续表

文献名称	作者	文献来源	作者单位	发表日期
《企业文化管理初探》	黎永泰	《管理世界》	四川大学管理学院	2001年8月
《论管理熵、管理耗散结构与我国企业文化的重塑》	任佩瑜、宋勇、张莉	《四川大学学报》（哲学社会科学版）	四川大学管理学院	2000年7月
《并购企业文化整合的过程、类型与方法》	范征	《中国软科学》	上海外国语大学	2000年8月
《企业文化——未来企业的第一竞争力》	周忠英	《商业研究》	天津商学院	2004年2月
《企业文化测量模型研究——基于Dension模型的改进及实证》	王国顺、张仕璟、邵留国	《中国软科学》	中南大学商学院	2006年3月
《试论企业文化的形成机制与建设》	黎群	《北方交通大学学报》	北方交通大学经济管理学院	2001年10月
《企业文化与企业竞争力——一个基于价值创造和价值实现的分析视角》	吴照云、王宇露	《中国工业经济》	江西财经大学	2003年12月
《欧洲管理学者看中西企业文化差异》	李琪	《改革》	北京大学光华管理学院	1999年4月
《企业文化、组织学习对创新绩效的影响》	朱兵、王文、王为东、张廷龙	《软科学》	东南大学经济管理学院 安徽师范大学经济管理学院	2010年1月

续表

文献名称	作者	文献来源	作者单位	发表日期
《企业文化、智力资本与组织绩效关系研究》	朱瑜、王雁飞、蓝海林	《科学学研究》	华南理工大学工商管理学院	2007年10月
《试论高职校园文化和企业文化的互动与融合》	雷久相	《教育与职业》	株洲职业技术学院	2006年3月
《企业文化的刚性特征：分析与测度》	陈传明、张敏	《管理世界》	南京大学商学院	2005年6月
《企业文化软实力与核心竞争力研究》	秦德智、秦超、蒋成程	《科技进步与对策》	云南大学工商管理与旅游管理学院 云南民族大学教育学院	2013年5月
《企业文化创新的成功之路——从昆明盘房看新文化萌芽》	魏杰、王波	《管理世界》	清华大学管理学院	2001年4月

资料来源：中国学术期刊（网络版）数据库，截至2019年7月13日。

从文献内容看，涉及创新变革的有5篇，涉及绩效的有4篇，涉及文化融合的有4篇，涉及文化度量的有2篇。从文章作者看，王竹泉和隋敏、陈春花、王艳和阚铄、陈维政等、卢美月和张文贤的文章被引频次较多，都超过200次。从文献来源看，《管理世界》刊登文献最多，达5篇。

除期刊论文外，为深入探究企业文化学研究的发展情况，还必须对有关企业文化学的硕士、博士学位论文发表情况进行分析。本章使用中国优秀博硕士学位论文全文数据库进行博硕士学位论文检索,以"企业文化"进行篇名精准匹配,范围分别选择博硕士学位论文。该数据库只收录1984—2018年的博硕士学位论文,所以时间跨度为1984—2018年,进行了34次检索。1984—2000年并未有相关博硕士学位论文发表,因此将该时间段内的检索分析结果省略,检索结果如图8—2所示。

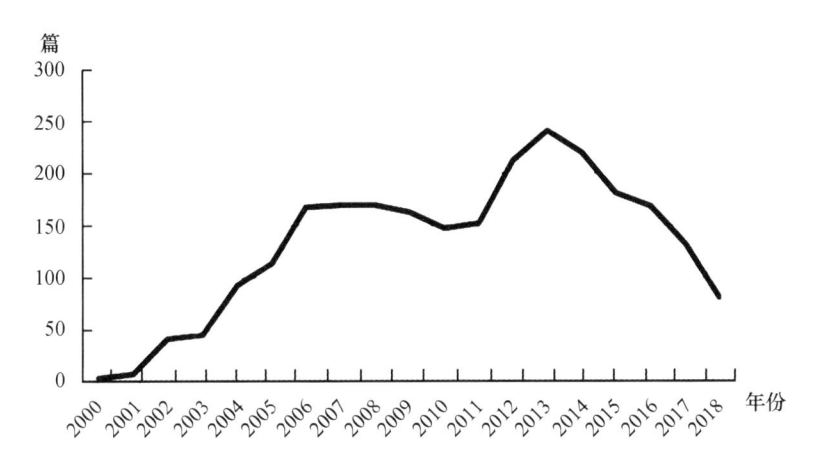

图8—2 2000年以来以"企业文化"为题的博硕士
学位论文数量变化趋势

资料来源:中国优秀博硕士学位论文全文数据库。

可以发现,从2000年起,以"企业文化"为题的博硕士学位论文数量从第一年的4篇飞升至2007年、2008年的170篇,增长了约42倍,呈现出井喷式发展态势,体现了企业文化学在高校管理学教育中的重要地位。截至2018年,已有2512篇相关博硕士学位论文发表,年均发表132篇,年均增长率为36.06%,呈现出良好的增长势头。同时,受2006年后中国管理学研究实证主义范式的影响,博硕士学位论文的发表量在2013年后呈现出下降趋势,总体发表量日趋稳定。

书籍出版方面,本章采用藏书量达350万余册的中国人民大学图书馆馆藏数据库进行检索和分析。以"企业文化"进行书名精准匹配，时间跨度为1978—2018年，进行了40次检索。1978—1983年并未有相关图书出版，因此将该时间段内的检索分析结果省略，检索结果如图8—3所示。

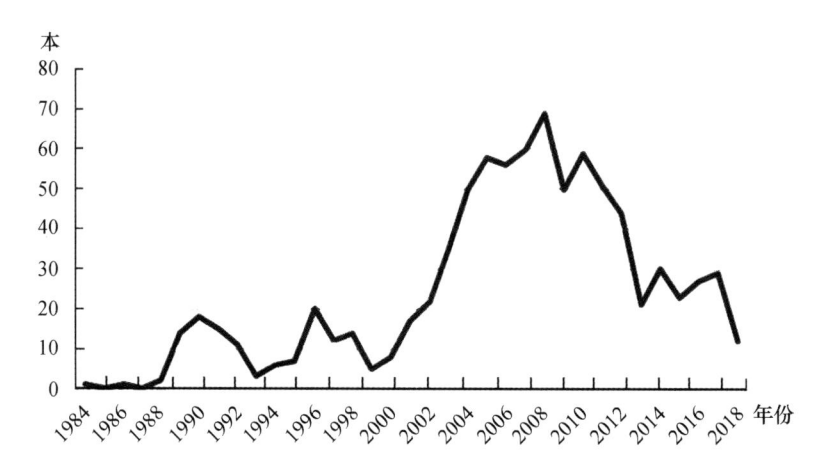

图8—3 改革开放以来以"企业文化"为题的图书数量变化趋势

资料来源：中国人民大学图书馆馆藏数据库。

截至2018年年底，共有850本以"企业文化"为题的图书出版，平均每年出版20本，保持较高的出版水平。从2000年起，出版量呈现出大幅上涨态势，在短短7年内从每年出版20本迅速增加到69本，出版量上涨约2倍。虽然2009年后，受研究难度增大及研究热点转移等方面的影响，书籍出版量有所下降，但整体上看仍呈现稳步发展的趋势。

第三，中国式管理日益受到关注。近年来，企业文化学在中国不断发展，呈现出回归本土理论化的趋势。学者们主张用中国文化来理解和指导当代中国管理实践（徐淑英、吕力，2015），以打破仅仅依靠西方管理思想和实践经验的局面，提升中国企业文化理论自信。在构建中国企业文化研究的过程中，涌现出一大批具有中国传统文化智慧和深厚西方管理理论素养的学者，他们开始挖掘中国传统管理思想、东方管理智慧,总结成功企业管理经验,提出东方管理学、东方管理智慧、东方管理文化、中国管理学等30余个东方管理方面不同的见解及模式(颜世富、马喜芳,2018)。其中,成中英、曾仕强、苏东水、刘刚等人的理论对中国式管理思想,特别是中国特色企业文化思想理论的形成功不可没。表8—8概括了中国式管理思想的代表人物、理论名称和核心思想。

表8—8　中国式管理思想代表人物、理论名称和核心思想

代表人物	理论名称(时间)
成中英	C理论(2011)
苏东水	东方管理学(2014)
曾仕强	中国式管理(2005)
席酉民	和谐理论(2006)
刘刚	基于利益相关者理论的"修齐治平"框架的中国式管理(2010)

资料来源:笔者整理。

第四,从"引进来"到"走出去"。20世纪80年代,企业文化被认为是西方管理学的"舶来品",企业文化学的研究也大多停留在并局限于"引进来",即将西方先进企业文化理论、思想和研究方法、范式引入中国,学者们更多充当对接西方先进企业文化研究和中国相对滞后的学术领域的桥梁。通过对经典企业文化"四重奏"等著作的翻译和相关优秀企业文化研究期刊,如 *Administrative Science Quarterly*、*Academy of Management Review*、*Journal of International Business Studies* 等成果的引入,中国学者对于什么是企业文化、何种因素影响企业文化的形成和建立、企业文化又是如何影响管理实践等基本问题有了初步了解。20世纪90年代,随着中国市场化、国际化经济的不断推进,实践界开始进行企业文化的本土化尝试,而学界也将中国传统文化、企业实践与西方企业文化管理思想结合,涌现一批"中国式管理"的典范。进入21世纪,企业文化学在中国迎

来蓬勃发展的契机，国内企业文化学研究愈加成熟，逐步从"引进来"向"走出去"转变。越来越多的国际学术目光开始转向中国管理，特别是在中国情景下的企业文化管理。对西方学者而言，中国独特的制度环境、快速的企业发展模式和独具一格的文化特征无不对西方传统企业文化思想和理论造成冲击。关注中国情景、中国企业文化、中西企业文化交融和冲突等方面的研究越来越多地出现在国际期刊中。本章使用美国社会科学引文索引（Social Sciences Citation Index）数据库进行检索和分析，原因在于该数据库收录超过3000种世界顶级期刊，论文内容横跨50个领域，在国际学术范围内具有权威地位和较高的影响力。本章对以"Chinese Corporate Culture"和"Chinese Organization Culture"为题的论文进行精准题目匹配，论文来源选择"Web of Science 核心合集"，时间跨度为1978—2018年，进行了80次检索，该数据库没有收录1989年前发表的相关论文，因此检索结果有所省略。检索结果如图8—4所示。

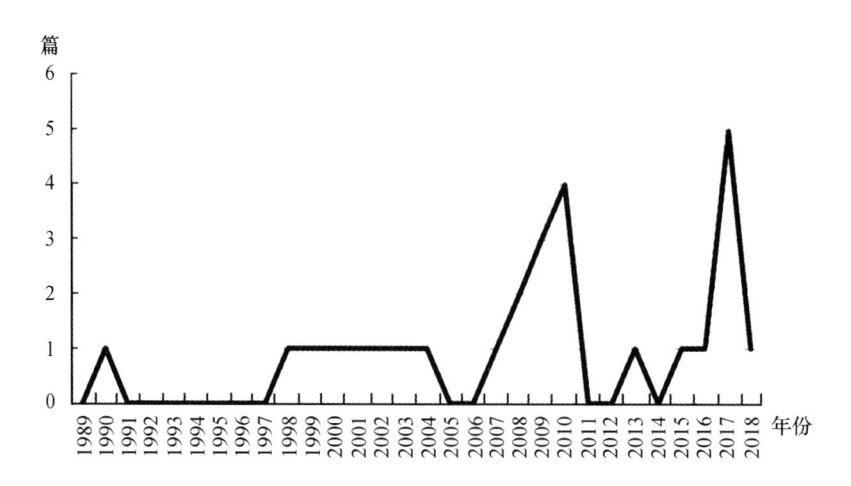

图8—4 改革开放以来刊登在国外核心期刊的中国企业文化学论文数量和发展趋势

资料来源：美国社会科学引文索引（Social Sciences Citation Index）数据库。

可以发现，有关中国企业文化的论文数量达 28 篇。进入 21 世纪后，论文数量呈现出大幅上升的趋势，其原因在于中国加入世贸组织后的国际化进程不断推进和经济实力不断提升。发表的论文中，Wang 和 Juslin（2009）被引频次最高，达 106 次。从作者国籍看，有 19 篇论文来自华人学者，占全部发文量的 68%。有 9 篇论文来自外国学者，这表明中国企业文化正逐渐受到外国学者的关注，"走出去"已初见成效。

第三节　未来展望

回顾历史与现状，可以看到，新中国成立以来，中国企业文化学经历了一个从自发探索到积极引进再到自觉建设的发展过程，企业文化学越来越得到企业界与理论界的普遍关注与高度重视。展望未来，中国企业文化研究与建设将持续推进、不断深化，呈现出以下发展趋势。

第一，企业文化日益成为企业的核心竞争力所在。在企业竞争日趋白热化的今天，企业文化建设的价值更为显著。激烈的竞争使企业发现：在产品、服务、价值链、流程等方面所形成的竞争优势往往缺乏有效的模仿障碍，在某些方面取得的竞争优势虽能在短时间内让企业获得更大的利润空间，但容易被竞争对手快速学习、复制。而企业文化，作为一种"看不见、摸不着"的精神力量，通过构建竞争对手难以理解、把握和复制的隐性知识体系，成为保护企业这一"大厦"的"隐形脚手架"，文化形成的因果模糊性和历史复杂性使企业的竞争优势得以隐藏和保护，让竞争对手"知其然而不知其所以然"。这一"隐形脚手架"将企业经营管理的各个关键环节、要素串联，确保企业技术创新、国际化经营、人才培养、社会责任履行等关键性活动的开展，形成协同效应和向心力，为企业提供源源不断的生命活力。

第二，企业文化越来越朝着特色化方向发展。改革开放初期，企业文化"四重奏"的引进让中国企业第一次接触企业文化这一概念，众多企业将它们视作企业文化的"圣经"，按图索骥地开展企业文化建设，使得企业文化实践很大程度上呈现出趋同的态势。企业不能仅仅学习、模仿优秀企业的做法，更要积极探索出一套行之有效的企业文化实践经验。如果认为依靠复制其他企业的成功做法就可万事大吉，却忽略企业"硬件"与文化"软件"的兼容、匹配问题，最终也是徒劳。经过多年的发展、实践，不少企业逐渐总结、归纳出一套具有中国特色的企业文化建设经验，逐步形成百家争鸣、百花齐放的企业文化发展趋势。未来，这一趋势将得以强化，特色化必然成为企业文化建设的主旋律。由于所在地域、行业背景、发展历史、领导者风格大相径庭，不同企业的文化建设必然千差万别，体现在企业环境、价值观、英雄人物、仪式与礼仪和文化网络等企业文化的关键构成要素上也各不相同。总结、提炼这些独具特色的企业文化建设经验，并在企业经营管理中使其发扬光大，有助于增强企业文化实践对经营管理活动的助推力，是未来企业文化建设的努力方向。

第三，如何让企业文化落地成为关注的焦点。当前，许多企业已经积极投身于企业文化建设的热潮，但一些企业的做法依然停留在文本和理念上，无法真正落地。事实上，总结出一整套有关企业文化的文本固然重要，但更为重要的是，这些总结出来的文本必须是企业领导层高度认可、率先垂范并愿意不遗余力在企业中积极推进的。值得一提的是，企业文化绝不是即插即用的"微波炉"，可以随心所欲、无缝衔接经营管理的各个环节，立竿见影，而应是循序渐进的"灶台"，需要持续不断的匹配、调整和迭代，最终才能"持续升温、越烧越旺"。因此，在企业文化建设中，企业一定要有耐心、毅力，只有持续投入，不断试错，小步快走，动态调整，及时总结，才能找到适合自身的企业文化体系，摸索出行之有效的文化落地方法。

第四，中国式管理在企业文化学中的地位将与日俱增。近些年来，企业文化理论研究在中国不断发展，呈现出不断回归中国文化传统的趋势。企业在多年实践中也逐渐认识到，企业文化建设不能仅仅依靠西方的理论框架和实践经验，如果一味"西体中用"，则不利于中国企业文化的本土化创新。用中国文化来理解当代中国的管理实践是构建本土理论的有力方法。一方面，中国企业要扎根中国式管理理论，积极总结和提炼本土企业文化建设的独特经验，在促进自身发展的同时为中国企业文化研究提供肥沃的实践土壤；另一方面，中国式管理研究要从深厚的历史文化底蕴和丰富的本土化管理实践中汲取充足的养分，凝练出具有中国特色的原创理论，为中国企业文化建设指引方向，提升中国企业的文化自信，并不断推动中国式管理"走出去"，为全球企业文化建设贡献中国智慧、中国方案，展现中国力量。

第 九 章

技术创新管理

新中国成立后，技术创新管理伴随着中国国民经济建设的不断向前推进而持续发展，并成为我国企业获取竞争优势的重要途径。在新中国成立70年之际，对中国技术创新管理研究进行回顾与梳理，希望能为技术创新管理学术界与实践者提供一些参考。本章首先围绕国民经济发展战略目标、经济体制环境与工业化发展阶段特征对技术创新实践发展历程进行梳理与概括；其次，以国际英文期刊和国内中文期刊上发表的技术创新管理相关文献为研究对象，运用CiteSpace知识图谱分析工具和统计分析法，概览中国学者在国际技术创新管理领域的研究水平与影响力，分析国内技术创新管理研究的期刊分布，研究机构分布特征，厘清各时间段研究热点的动态演变特征；最后，从实践与理论研究两方面对目前中国技术创新管理进行总结概括，并结合当前中国技术创新实践特征提出未来研究方向。

第一节 引言

新中国成立后历经70年发展，技术创新管理已成为我国企业获取竞争优势的重要来源，是中国管理学领域中发展迅速、综合性强的新兴交叉学科，涉及管理学、经济学、社会学、工程学等多个学科领域,对企业竞争力、产业升级和经济增长产生了重要而深远的影响。

自熊彼特1912年在其著作《经济发展理论》中首次提出创新概念以来,历经100多年的发展,技术创新管理已成为一门独立的综合性研究领域,但由于来自不同领域的学者因其知识背景和研究视角差异,技术创新管理至今尚没有完全形成统一的概念和研究范式。从整体看,技术创新管理的界定可以分狭义和广义两种。前者是指企业的技术创新管理,主要从企业内部技术创新活动的开展角度出发,将企业技术创新管理的研究分为技术创新资源管理、技术创新决策管理、技术创新过程管理、技术创新风险管理、技术创新制度管理、技术创新营销管理、技术创新文化管理七个方面,这七个板块共同作用形成企业技术创新管理体系的整体框架。同时,这个管理体系的运行需要政策、经济、社会文化等外部环境的配合,因此将技术创新管理的研究进一步拓宽至外部创新环境也是自然合理的。广义的技术创新管理研究是涵盖创新外部环境的研究,可以分为宏观(国家)层面的技术创新管理、中观(部门、地区)层面的技术创新管理、微观(经济实体、企业)层面的技术创新管理,每个层面都有各自的研究视角和研究重点(杨德林等,2013)。本章是广义的技术创新观。

纵观新中国成立70年的发展历程,中国社会经济发展经历了快速工业化、市场渐进化、全球信息化的制度变化(黄群慧,2018a)。中国技术创新发展历程和中国工业化所经历的阶段是契合的。中国从一个工业基础薄弱、工业体系不健全的计划经济体制国家,发展成为一个拥有完整工业体系的计划经济和市场经济并存、社会主义市场经济体制的制造大国,技术创新在其中发挥着重要的支撑作用(王钦、张崔,2018)。从发展历程来看,技术创新实践活动历经改革开放前的"以苏联技术援助为主的仿制""基于技术引进的国防工业独立研制"与"技术封闭条件下的国防工业独立研制阶段"和改革开放后的"技术引进与消化吸收相结合的追赶创新""二次创新和本地化创新为主的跟跑""从跟跑向并跑转变的自主创新"与"跟跑、并跑、领跑并存的自主式开放创新"阶段过程,一些企业逐步实现了追赶、跟跑,甚至个别领域的领先。从技术创新管理研究来看,中国学者在国际技术创新领域的论文发表数量和质量已有显著提升,但在研究水平与影响力方面仍有较大提升空间;国内技术创新管理研究也已形成稳定的高质量期刊群,研究机构以中国科学院科技政策与管理科学研究所和高校为主,且主要集中在高校管理学院,并已覆盖"985""211"和普通高校等各类高校,研究热点随社会经济发展而动态演变,研究范围围绕微观、中观、宏观,呈现"企业技术学习与能力演化—技术创新模式与跨越式发展—技术创新与产业演化升级—技术创新政策演变"的知识脉络。无论是实践发展还是理论研究,技术创新都极大地促进了中国经济发展,创新已成为中国发展新阶段下的第一驱动力。

第二节 技术创新实践发展历程

根据国民经济发展战略目标、经济体制环境与工业化发展阶段特征,新中国成立70年以来的中国技术创新实践发展历程可划分为改革开放前三个阶段和改革开放后四个阶段。

一 以苏联技术援助为主的仿制阶段(1949—1960年)

新中国成立初期,百废待兴,为尽快恢复经济、巩固政权,恢复和发展重工业,建立国家工业化基础成为国家重要的战略部署。受当时国际上美国、苏联两大阵营的对峙与国内经济起点低、产业与技术水平落后等社会经济发展状况的双重制约,中国工业化建设所需的现代化技术只能依赖苏联和东欧国家的技术援助。1950年8月因此而提出的"向先进的苏联科学学习"的口号贯彻于整个50年代。

这一时期技术引进和技术创新活动主要分两个小的阶段。第一，1953—1957年结合引进技术的复杂程度，对引进技术的消化、吸收采用灵活多样学习和重点攻关方式，技术创新能力得到了迅速积累。一批生产和经济管理人才逐渐成长起来，初步掌握了某些行业的设计和施工技术，具备了自行制造单件设备的能力与研发一些简单新产品/设备/技术的能力（陈夕，1999）。第二，1958—1960年，在以钢铁工业为主的重工业大力发展的要求下，为缓解工业生产压力激增造成技术不足的问题，群众性技术革新运动成了当时推动技术进步和技术创新的重要手段，也是国民经济发展的重要保证之一。在追求国家自立的群众性的技术革新运动中，中国尝试摆脱苏联的束缚，实现基于技术引进的仿制到自行设计的转变，也取得了一定的成效，在个别领域中，技术创新的自行设计能力已从单机提升到了成套设备、生产工艺的水平（王海波、董志凯，1995）。

二 基于技术引进的国防工业独立研制阶段（1961—1965年）

20世纪60年代上半期中国工业发展步入一个特殊时期。一方面，由于50年代末中苏关系迅速恶化进而破裂，以及愈加险恶的国际安全形势，自力更生、科技追赶、建立独立完整的工业体系，成为当时中国技术创新顶层设计的基本特征。发展国防尖端技术和与之配套的工业技术成为该时期对引进技术的消化、吸收和创新的重点。国防尖端技术是发展领域中的重中之重，中国借助举国体制的力量，倾注了当时全国第一流的经济、技术、人力资源，在20世纪50年代引进技术的基础上，开展大规模国防尖端武器技术的独立研制工作，取得了以"两弹一星"为代表的伟大成就。另外，在国防尖端技术的配套技术消化、吸收与创新的工作中，中国同样进行了自上而下的精心部署，利用苏联援助撤退时留下的部分技术资料和样品，参照当时世界前沿技术与相关资料进行大量的自主研发工作，在"五朵金花"军品铀加工装置、"九套大型成套设备设计"等方面也纷纷研制成功，满足了国防尖端技术研发和生产的90%以上的需要，基本上实现了配套技术的自力更生。国防尖端武器技术及其配套技术的研制成功，实现了在新中国成立初期技术基础上的飞跃，展现了中国技术的独立研发实力（林柏，2007）。另一方面，针对 1958—1960 年重点发展钢铁工业中出现的突出问题，工业化均衡发展的要求也被提了出来。这使得轻工业、农业、冶金与化工等工业发展开始起步，以解决老百姓生活的基本问题和"三线"问题。因此，支农工业、轻工业和冶金及化工等方面的成套设备与技术引进成了该时期工业发展的另一重点。引进技术的来源从苏联改变为西方国家。在对引进技术的消化、吸收的国产化过程中，政府同样给予了重视与努力，从而使得这些工业领域的技术在"量产"开发技术上取得了明显成效，在解决当时社会经济发展的迫切需要中起了重要作用（陈建新，1994）。

三 技术封闭条件下的国防工业独立研制阶段（1966—1977 年）

1966 年，"文化大革命"爆发，计划经济体制进一步封闭起来。技术研发活动中的引进先进技术和设备的工作近乎停止。然而，国际安全的巨大压力，以及对赶超世界先进国家技术水平的渴求，使得中国延续了国防工业尖端技术的重点发展策略，在技术封闭的条件下继续开展独立研制工作，取得了氢弹研制（1967 年 5 月）、中远程导弹试制（1969 年）、三级火箭"长征一号"的试制总装（1970 年）、"东方红一号"（1970 年）与"实践一号"（1971 年）人造卫星发射、"长征二号"运载火箭组装（1975 年）等重大成就，再次展示了中国在尖端技术上的独立研制能力（王海波，1986）。直到 20 世纪 70 年代后，随着中美关系的缓和与一些西欧国家对我国封锁的逐步放松，对外科技交流活动开始逐渐恢复。

总之，新中国成立后至改革开放前的 30 年，在封闭半封闭的状态下，在严格的计划经济体制下，基于苏联和东欧国家的技术援助，通过对引进技术的初级模仿与仿制、国防工业的独立研制等技术创新活动，中国国民经济得以恢复，工业技术整体水平和工业结构有所提升与调整，独立的工业体系与传统工业体制基本形成（仪德刚等，2007）。

四 技术引进和消化吸收相结合的追赶创新阶段（1978—1991年）

进入1978年，改革开放的号角吹响，中国进入了以经济建设为中心的战略转型阶段，同时提出了以科学技术促进工业发展的政策主张。权衡改革开放前技术引进"重硬件、轻软件"的缺陷，与当时国内外汇储备缺口的制约，中国提出"以市场换技术"的战略举措，希望通过开放国内市场，获得国外先进技术，提升中国技术创新水平，缩短与发达国家的技术差距（刘戒骄、张小筠，2018）。另外，为提高中国工业化程度，经济体制中也开始引入市场竞争机制。但限于当时工业技术体系与水平，中国选择了以技术引进和消化吸收相结合的模仿为主的追赶创新模式，实行"计划"与"市场"并行的机制。对列入国家计划的重大和重点项目，沿袭惯例，实行政府主导的计划经济方式，组织科研院所、企业、大学共同合作，以国家行政力量推进和引进技术的消化吸收，在追赶发达国家先进技术中发挥了重要作用，但企业取代政府成为消化吸收的主体（许庆瑞等，2012）。在非国家重点计划项目上，引进技术的消化和吸收以三资企业和大型国有企业为主力，这些企业通过市场机制寻求与外商、相关科研院所等单位的共同合作，与政府的协调和组织来完成。另外，因为改革开放，沿海出口贸易的增加，促使部分拥有自主经营权的中小民营企业开始引进成套的设备和生产线，促进了中国产业结构和产品结构的优化。总之，这一时期，基于引进的先进技术和设备，中国运用计划与市场相结合的方式，通过多元主体的消化吸收，逐渐缩小了与发达国家的技术差距。

五 二次创新和本地化创新为主的跟跑阶段（1992—2001年）

1992年党的十四大正式提出建立社会主义市场经济体制和国有

企业建立现代企业制度的目标，在"以市场换技术"战略的大力推进下，旨在通过技术溢出促进模仿创新、实现追赶的外商投资的系列政策先后出台，跨国公司开始大规模在中国合资或合作投资办厂。这一时期，外资对华投资的增加，不仅带动了中国高技术产业和知识服务业的迅速发展，以及传统产业的转型升级（刘戒骄、张小筠，2018），而且外商投资公司在中国生产的新产品创造了新的需求，激发了家电、家用轿车等国内市场的快速形成与扩容（雷家骕等，2019）。另外，依靠市场经济体制转型和国有企业改革的先机与优势，越来越多的中国企业参与到对国外先进技术与设备的引进浪潮中，随着中国市场化水平的提升与相应的市场竞争程度的日趋激烈，部分企业不再满足于模仿，开始结合国内巨大本地市场的需求特点，对既有引进产品积极进行技术改进和本地化创新，形成了具有自主知识产权的新技术，快速积累了自身创新能力和竞争优势，家电等产业基本具备了与发达国家相当的技术水平。

六　从跟跑向并跑转变的自主创新阶段（2002—2007 年）

到了 21 世纪，中国进入工业化中期阶段。中国加入了 WTO，与西方发达国家也有了更为密切的经济和技术联系。同时，传统粗放型经济增长方式带来的环境污染与破坏、加入 WTO 后的竞争加剧以及 20 世纪 90 年代部分产业因"以市场换技术"陷入对引进技术路径的依赖等，都对中国经济社会和科技发展提出了新的要求。中国企业在密切与发达国家技术交往、努力进行技术学习的基础上，采取在优势领域的原始创新、对现有技术的集成创新、引进技术的消化吸收再创新等多措并举，在手机、程控交换机、高铁等产业取得了技术整合的内源型自主创新经验，实现了一些关键技术的突破，大幅提升了中国企业的技术创新能力。2002 年启动的超大规模集成电路和软件、电动汽车、创新药物和中药现代化等 12 个重大科技专项与 2006 年自主创新战略的正式提出，标志着中国特色自主创新道路正式开启。在技术创新实践上，中国在个别领域逐渐从对发达国家的跟跑转向并跑。

七 跟跑、并跑、领跑并存的自主式开放创新阶段（2008年至今）

2008年后，中国进入了一个新的发展阶段。第一，2008年中国国内R&D投入在GDP中的比重首次超过了1.5%（雷家骕等，2019），自主研发能力大幅提升。第二，传统产业竞争优势日渐削弱，全球产业链"两头挤压"，国际竞争环境与形势愈加复杂激烈，经济发展转向创新驱动战略。第三，互联网、物联网、大数据等现代科学技术催生了现代制造与服务企业的大量涌现，与技术源、客户、产业上下游进行持续性的互动学习，不断积累知识和能力的要求，使得企业创新生态体系的构建越发重要（吴晓波、吴东，2018）。第四，《2018全国企业创新调查年鉴》数据显示，2017年中国开展创新活动的企业达39.8%，实现产品或工艺创新的企业占比22.6%，同时实现产品、工艺、组织和营销四种创新的企业占比7.8%，在实现创新的企业中，独立开发是其重要的创新方式，占比70%以上，有过与集团内企业、境内外企业/研究机构/高校等形式合作开发的企业占比40%以上，说明合作创新已成为企业开展创新活动的主要方式。这些都将中国技术创新导向了全球化、开放型、自主创新的新阶段。这一时期，中国企业技术创新活动主要体现在：第一，开展广泛的自主研发，加快对自主集成创新与二次创新的迭代提升。第二，基于"互联网+"的人工智能、新材料新能源等领域的创新大量涌现。第三，基于移动互联网的金融创新发展迅猛。

综合产业技术发展的不均衡性与前面各个阶段的叠加效应，这一阶段，中国企业技术创新进入了跟跑、并跑和领跑并存的创新新阶段。第一，在个别领域，比如华为的5G技术、阿里巴巴的云计算、大疆的无人机等，中国企业已在国际市场形成了明显的竞争优势，已从早期技术的跟跑者，跨越转变为技术的领跑者。第二，以百度公司、阿里巴巴等为代表的互联网技术等新兴技术领域，基于互联网基础设施技术、人工智能技术、网络安全技术、云计算技术、支付技术等已有技术,成功进行二次创新,目前已经接近发达国家的技术水平,实现了与发达国家的并跑。第三,在大多数产业链的核心环节与关键核心技术上,因基础科学和基础技术的投入较少以及研究水平较低等因素制约,中国企业尚未实现有效突破,仍处于跟跑阶段。

纵观新中国成立后的70年发展历程,改革开放前30年,政府在技术创新管理中起主导作用,研究机构与企业只是执行国家计划的研发与生产单位。改革开放后的40年,随着经济体制与科技管理体制改革的纵深推进,社会主义市场经济体系日趋完善,企业逐渐成为技术创新主体,大学、科研院所获得了较大自主性。政府、企业、大学和科研院所、专业服务机构构成相互协作的创新网络,极大地促进了中国的技术创新发展,创新已成为中国新阶段下引领发展的第一动力。新中国成立后中国技术创新管理的创新体系(许庆瑞、张军,2017)与实践发展的演进过程可用图9—1呈现。

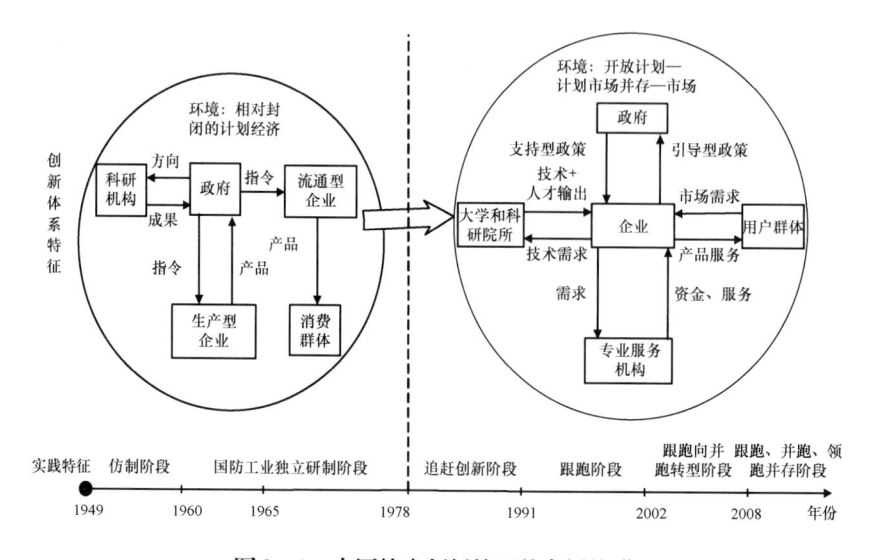

图9—1 中国技术创新管理的发展演进

资料来源:笔者参考相关文献绘制。

第三节 技术创新管理研究梳理

本节以国际英文核心期刊和国内中文重要期刊上技术创新管理相关文献为研究对象，运用 CiteSpace 知识图谱分析工具和统计分析法，对中国学者在国际技术创新领域的研究水平，以及国内技术创新研究的学术期刊分布、研究机构分布、研究热点的动态演变等特征进行梳理与概括。

一 国际英文期刊发文分析

（一）论文发表的整体情况

以 Web of Science 核心数据库为国际技术创新领域研究数据收集渠道，在"Title"中以"technology innovation""technology spillover""knowledge spillover""industry upgrade"为关键词进行搜索，搜索期间为1949—2019年（截至2019年4月23日），共搜索3801篇文献，其中，论文2675篇，占比70.38%（见图9—2），是技术创新领域研究文献的主要形式。

从学科分布来看（见图9—3），管理学类文献（Management）占比23.42%，经济学类文献（Economics）占到17.00%，商学类文献（Business）达到13.94%，三者合计达54.36%。由此可见，技术创新研究已由20世纪50年代的经济学视角转向管理学视角，同时它还是一个跨学科和交叉学科的研究领域。

从期刊分布来看，按刊载文献数量进行排名，得出国际技术创新研究领域排名前十位的期刊分布如图9—4所示。由图9—4可以看出，*Research Policy*、*Technological Forecasting and Social Change*、*Technovation* 等构成了国际技术创新研究的重要期刊群。

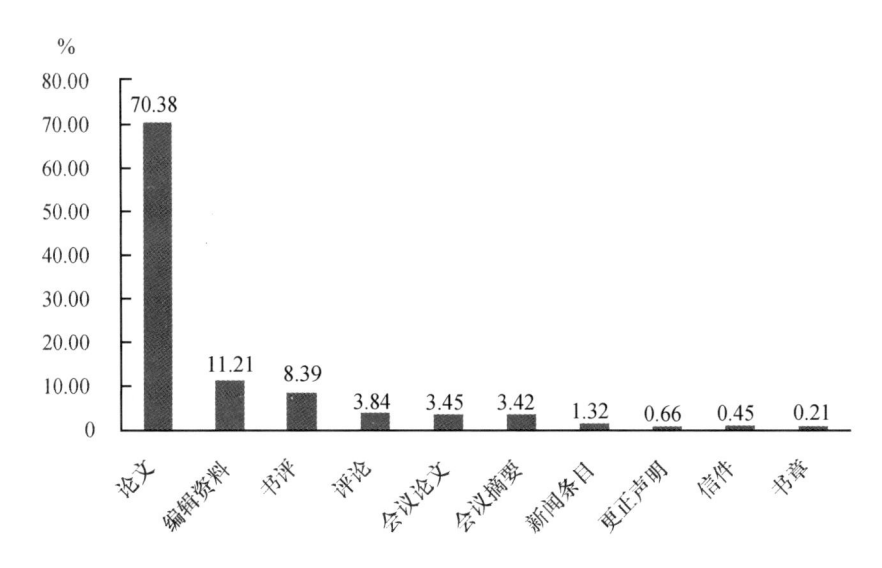

图9—2 排名前十的文献类型分布示意

论文 70.38；编辑资料 11.21；书评 8.39；评论 3.84；会议论文 3.45；会议摘要 3.42；新闻条目 1.32；更正声明 0.66；信件 0.45；书章 0.21

资料来源：笔者根据 Web of Science 数据库收集的数据绘制。

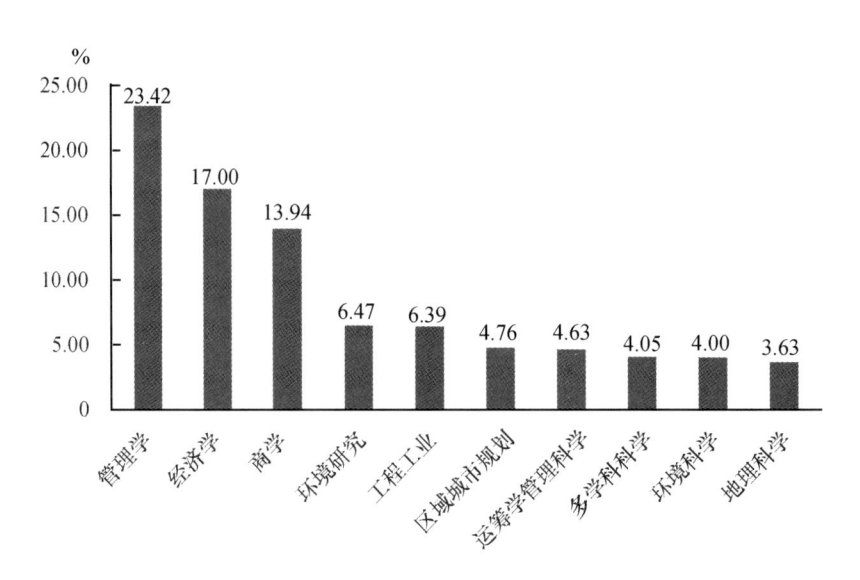

图9—3 排名前十的学科领域分布示意

管理学 23.42；经济学 17.00；商学 13.94；环境研究 6.47；工程工业 6.39；区域城市规划 4.76；运筹学管理科学 4.63；多学科科学 4.05；环境科学 4.00；地理科学 3.63

资料来源：笔者根据收集数据绘制。

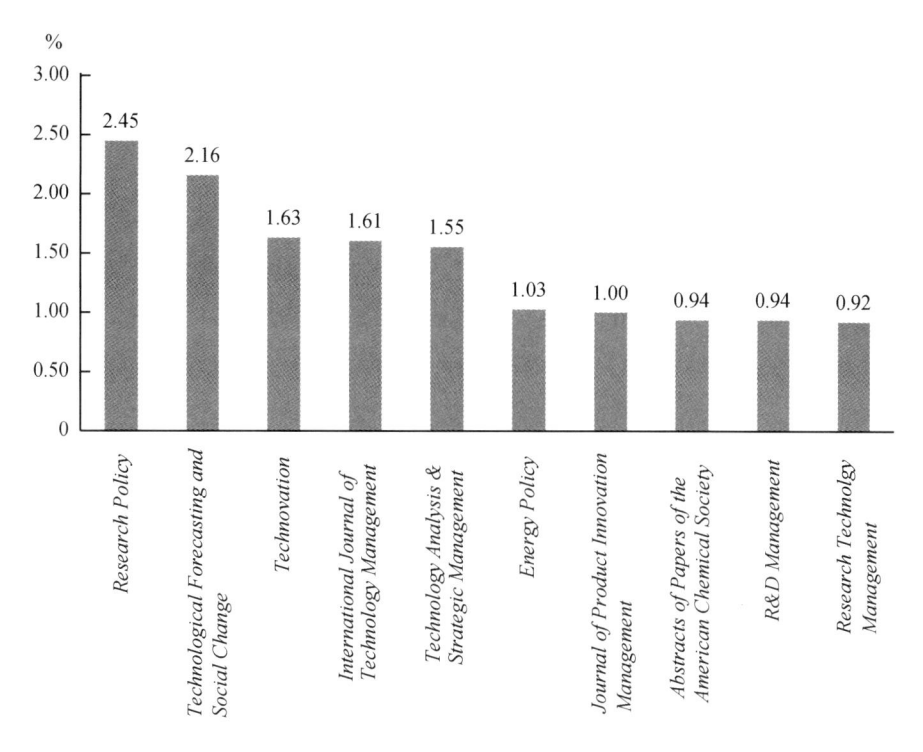

图9—4 刊文量排名前十的期刊

资料来源：笔者根据收集数据绘制。

（二）论文的水平分析

1. 中国论文发表数量排名前列，知名高校的国际合作研究活跃

以收集的2675篇论文为样本范围，利用CiteSpace软件，选择国家为节点进行合作分析，得到国际技术创新研究文献国家合作次数情况（见图9—5）。从图9—5可以看出，中国的论文发表数量位列第二，仅次于美国，这与目前中国经济体量在全球排名一致。这说明在技术创新管理研究领域，中国已达到一定的水平。再以机构为节点进行合作分析，发现清华大学、浙江大学两所大学的学者的国际合作研究比较活跃，排名靠前（见图9—6）。

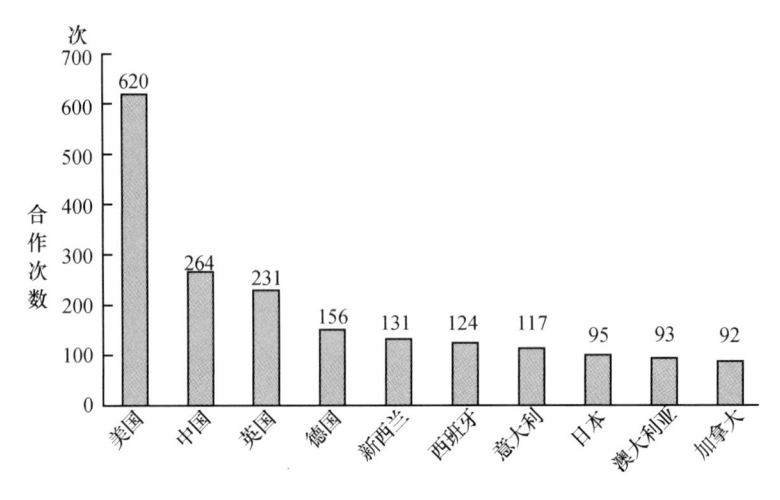

图 9—5 国家合作情况（部分）

资料来源：笔者根据收集数据绘制。

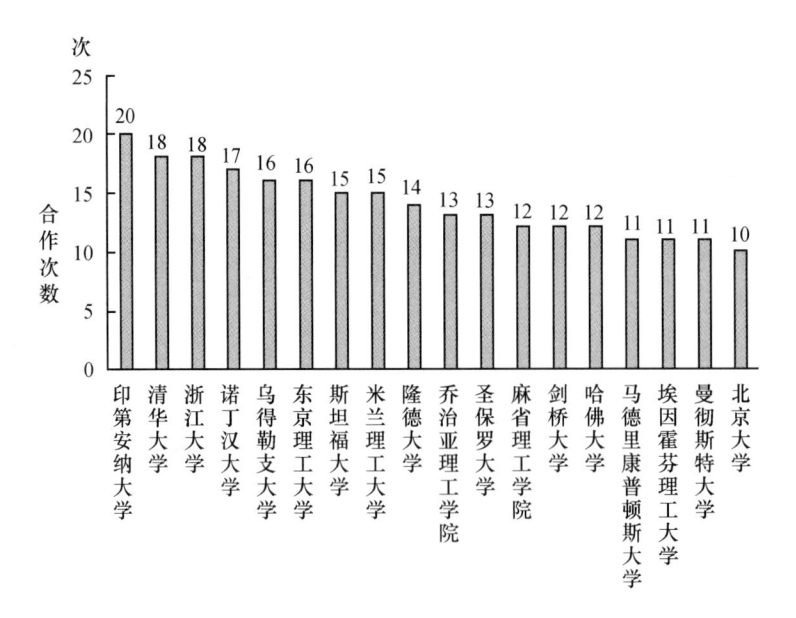

数据：美国 620，中国 264，英国 231，德国 156，新西兰 131，西班牙 124，意大利 117，日本 95，澳大利亚 93，加拿大 92。

图 9—6 作者机构合作情况（部分）

资料来源：笔者根据收集数据绘制。

数据：印第安纳大学 20，清华大学 18，浙江大学 18，诺丁汉大学 17，乌得勒支大学 16，东京理工大学 16，斯坦福大学 15，米兰理工大学 15，隆德大学 14，乔治亚理工学院 13，圣保罗大学 13，麻省理工学院 12，剑桥大学 12，哈佛大学 12，马德里康普顿斯大学 11，埃因霍芬理工大学 11，曼彻斯特大学 11，北京大学 10。

2. 中国学者研究水平显著提高，但仍有很大提升空间

在国际的技术创新管理学术期刊上发表的论文数量可以反映一

个国家在该领域的研究水平。本章选取创新领域 5 本主要期刊，即 *Research Policy*、*Technological Forecasting and Social Change*、*Technovation*、*International Journal of Technology Management* 和 *Technology Analysis & Strategic Management*，收集相应期刊自创刊以来的全部文献发表数量，此外筛选出中国学者刊发的数量，汇总结果见表 9—1，并将中国学者发表的论文按年度进行统计，得到图 9—7。

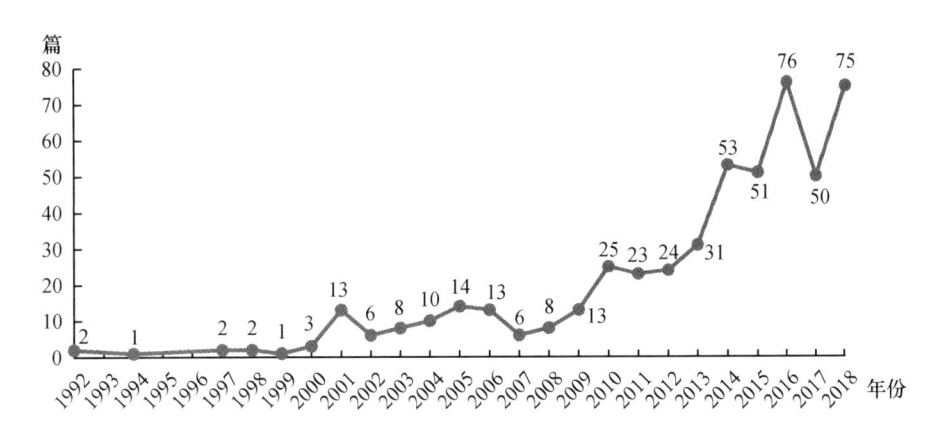

图 9—7　技术创新领域发文数量排名前五的期刊中中国学者发文数量

注：因 2019 年数据不足一年，年发文量未在图中统计。

资料来源：笔者根据收集数据绘制。

表 9—1　中国学者在技术创新领域主要期刊上的论文发表情况　　　单位：篇，%

序号	期刊（影响因子）	发文量	中国学者发文量	占比（排名）
1	*Research Policy*（4.495）	2818	87	3.1（12）
2	*Technological Forecasting and Social Change*（2.625）	3616	153	4.2（12）
3	*Technovation*（3.265）	2027	62	3.3（12）
4	*International Journal of Technology Management*（1.036）	2378	118	5.0（8）

续表

序号	期刊（影响因子）	发文量	中国学者发文量	占比（排名）
5	Technology Analysis & Strategic Management（1.273）	1374	119	8.7（4）

资料来源：笔者根据收集数据汇总；表中为2017年影响因子（下同）。

根据图9—7论文汇总结果并结合发表论文具体情况，发现中国学者在国际技术创新领域的研究呈现如下特征：1992—2000年，中国学者开始逐步对"成组技术在中国的应用"（Jiang et al. , 1992）、"国外技术与国内投入对中国制造业创新的相对贡献"（Liu and White，1997）等具有中国情景的研究问题进行国际学术交流，但整个90年代发表论文数量很少；2001—2009年，中国学者发文数量明显增加，而创新领域最主要的期刊 Research Policy 上发文数量开始增多；进入2010年以后，尤其是2015年以后，论文数量与质量再次显著提升，表明中国技术创新研究已达到一定水准。

但从表9—1论文发表数量排名看，中国学者仅在影响因子较低的 Technology Analysis & Strategic Management 期刊上排名第四，较为靠前，在影响因子较高的 Research Policy、Technovation 与 Technological Forecasting and Social Change 期刊上，中国学者位列第十名之外，研究水平与影响力上尚不突出。

3. 国际管理学主要期刊已全覆盖，但在顶级期刊发文尚欠缺

为进一步分析中国学者在国际顶级商学期刊的研究水平与影响力，本章选取UTD24中工商管理领域的6本期刊，即 Academy of Management Review（简称 AMR）、Academy of Management Journal（简称 AMJ）、Journal of International Business Studies（简称 JIBS）、Administrative Science Quarterly（简称 ASQ）、Strategic Management Journal（简称 SMJ）和 Organization Science（简称 OS），收集到相应期刊自创刊以来的全部文献发表数量及其中技术创新管理领域的发文数

量,并筛选出相应的中国学者发表的论文数量,汇总结果见表9—2。

表9—2 中国学者在国际UTD24中工商管理类重要期刊上的发文情况

单位:篇,%

		AMR	AMJ	JIBS	ASQ	SMJ	OS
工商管理总体发文情况	影响因子	9.408	7.417	5.869	4.929	4.461	2.691
	总发文量(①)	2342	3552	2223	3723	2771	1697
	中国总发文量(②)	19	117	171	13	111	46
	占比(②/①)(排名)	0.08 (9)	3.29 (4)	7.69 (4)	0.35 (10)	4.00 (5)	2.71 (9)
技术创新管理发文情况	技术创新管理发文量(③)	30	82	83	38	245	174
	中国学者发文量(④)	0	8	9	0	12	4
	占比(④/③)(排名)	0 (/)	9.76 (2)	10.84 (3)	0 (/)	4.90 (5)	2.30 (11)
技术创新管理发文量在工商管理中的占比(③/①)		1.28	2.31	3.73	1.02	8.84	10.25

资料来源:笔者根据收集数据汇总。

从工商管理学科总体发文量来看,中国学者已经实现在6本顶级期刊发表论文的全覆盖,位列前十以内。但从技术创新管理领域来看,6本顶级期刊中的 *SMJ* 和 *OS* 构成了刊发技术创新管理领域论文的第一梯队,分别占总发文量的8.84%和10.25%,中国学者在该领域发文排名分列第5、11位;*AMJ* 和 *JIBS* 刊发技术创新管理领域的论文占比2.31%、3.73%,中国学者在该领域发文位列第2、3位;但在刊发技术创新管理领域的论文相对较少的顶级期刊 *AMR* 和 *ASQ* 上,目前中国学者还没有相应的论文发表。

二 国内中文期刊发文分析

(一) 主要期刊及刊发文献量分布

以国家自然科学基金委员会管理科学部遴选的管理类期刊为范围,结合期刊主旨与定位,选取《科研管理》等20种中国技术创新管理领域的重要期刊,通过中国知网数据库以"主题"为"技术创新"进行搜索,最终共搜索到5449篇文献,汇总得出样本期刊及文献量分布特征见图9—8所示。图9—8表明,样本期刊中刊载技术创新主题的文献主要集中在《科学学与科学技术管理》《科学学研究》《科研管理》《中国软科学》与《研究与发展管理》上,这五本期刊合计发文量达4206篇,占比77.19%,构成了国内技术创新管理领域的重要期刊群。

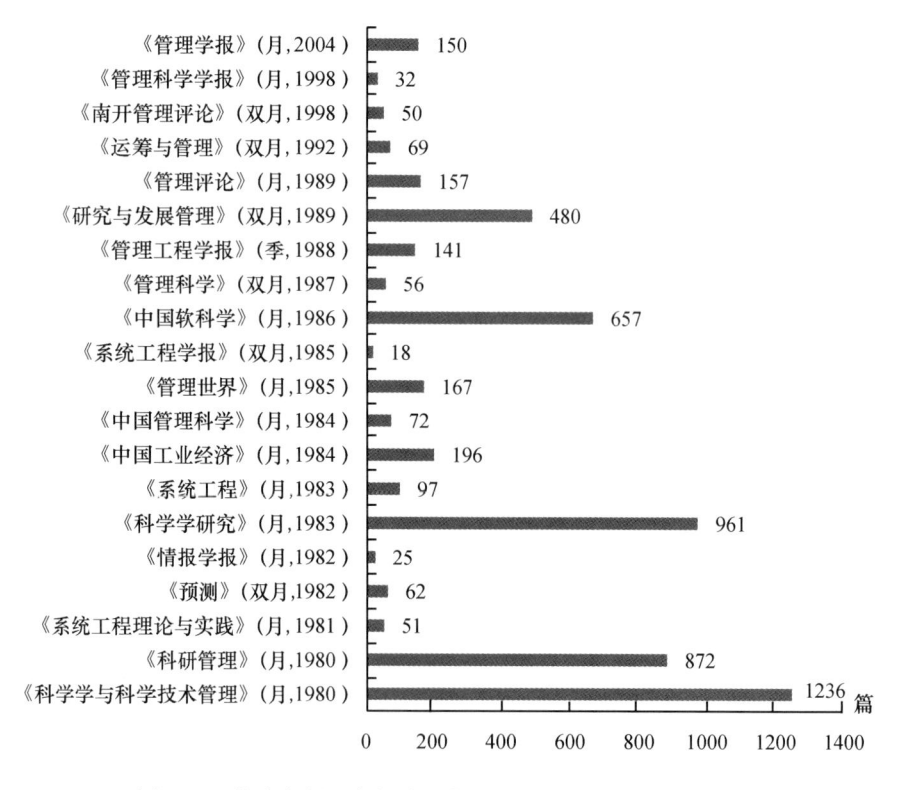

期刊	发文量(篇)
《管理学报》(月,2004)	150
《管理科学学报》(月,1998)	32
《南开管理评论》(双月,1998)	50
《运筹与管理》(双月,1992)	69
《管理评论》(月,1989)	157
《研究与发展管理》(双月,1989)	480
《管理工程学报》(季,1988)	141
《管理科学》(双月,1987)	56
《中国软科学》(月,1986)	657
《系统工程学报》(双月,1985)	18
《管理世界》(月,1985)	167
《中国管理科学》(月,1984)	72
《中国工业经济》(月,1984)	196
《系统工程》(月,1983)	97
《科学学研究》(月,1983)	961
《情报学报》(月,1982)	25
《预测》(双月,1982)	62
《系统工程理论与实践》(月,1981)	51
《科研管理》(月,1980)	872
《科学学与科学技术管理》(月,1980)	1236

图9—8 技术创新研究领域国内主要期刊创刊时间及发文量

资料来源:笔者根据收集数据绘制。

（二）主要研究机构分布

为了解国内技术创新研究的机构共现情况，本章采用 CiteSpace 软件，选取 1979—2018 年，时间切片为 5，设置参数（c，cc，ccv）分别为（1，1，20；4，3，20；4，3，20），论文标签中 Threshold 为 30，得到样本中研究机构分布图谱（见图 9—9）及首次出现年份（见表 9—3）。图中节点大小反映机构论文发表数量，颜色深浅程度反映机构出现的年份。由图 9—9 和表 9—3 可以看出，国内技术创新领域的相关研究以中国科学院科技政策与管理科学研究所和高校为主，且主要集中在高校，并以管理学院为主，体现了以技术创新研究管理学为主的特征。涵盖高校已从 90 年代浙江大学、西安交通大学、清华大学、哈尔滨工业大学等"985 工程"高校研究阵地，逐渐延伸到哈尔滨工程大学、南京航空航天大学等"211 工程"高

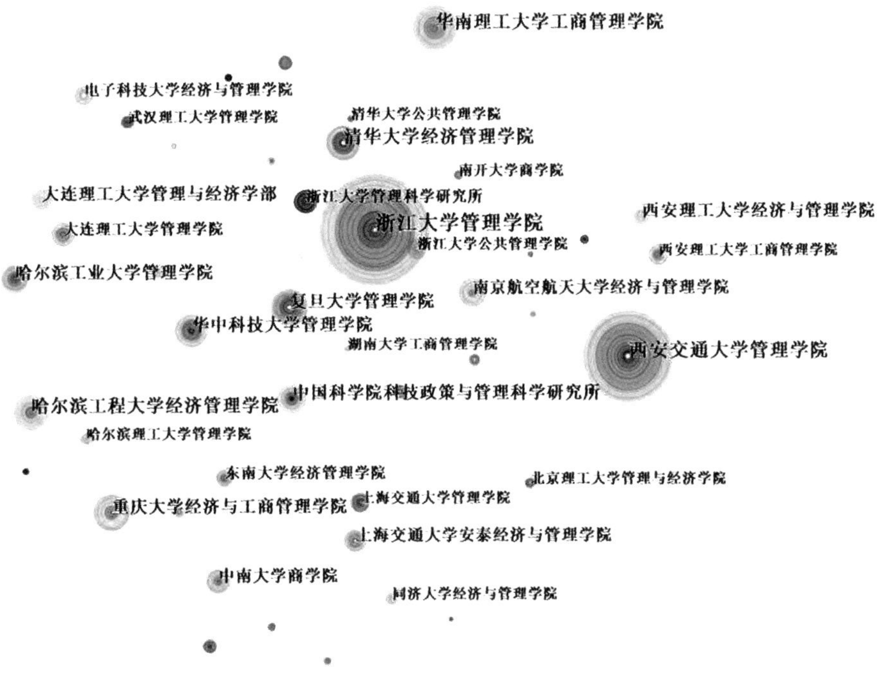

图 9—9 国内技术创新领域机构分布图谱

资料来源：CiteSpace 软件输出结果。

校以及西安理工大学、哈尔滨理工大学等省属普通高校，表明技术创新研究已受到广泛关注，成为管理学的重要研究领域之一。

表9—3　　　　　　　机构出现次数及首次出现年份（部分）

机构	次数	年份
中国科学院科技政策与管理科学研究所	81	1990
浙江大学管理科学研究所	43	1993
浙江大学管理学院	192	1999
西安交通大学管理学院	171	1999
清华大学经济管理学院	91	1999
哈尔滨工业大学管理学院	69	1999
天津大学管理学院	28	1999
复旦大学管理学院	74	2000
武汉理工大学管理学院	34	2000
华中科技大学管理学院	74	2001
上海交通大学管理学院	31	2001
华南理工大学工商管理学院	120	2004
重庆大学经济与工商管理学院	76	2004
中南大学商学院	64	2004
东南大学经济管理学院	46	2004
大连理工大学管理学院	40	2004
北京理工大学管理与经济学院	34	2004
西安理工大学工商管理学院	34	2004
清华大学公共管理学院	33	2004
哈尔滨工程大学经济管理学院	125	2005
南京航空航天大学经济与管理学院	64	2005
清华大学技术创新研究中心	26	2005
上海交通大学安泰经济与管理学院	55	2006
南开大学商学院	39	2006

续表

机构	次数	年份
浙江大学公共管理学院	33	2007
电子科技大学经济与管理学院	48	2009
同济大学经济与管理学院	37	2009
哈尔滨理工大学管理学院	36	2009
湖南大学工商管理学院	31	2009
浙江工业大学经贸管理学院	25	2009
西安理工大学经济与管理学院	82	2010
大连理工大学管理与经济学部	81	2011

资料来源：根据 CiteSpace 软件输出结果汇总。

（三）主要研究热点分布

参考现有文献做法，运用关键词共现分析法来分析国内技术创新研究的热点分布（李杰、陈超美，2016）。具体做法为采用 CiteSpace 软件，以样本均衡性为原则，选取 1989—2018 年，时间切片为 5，设置参数标准为 TOP50、Threshold（c，cc，ccv）为 4，使用 Pathfinder 精简网络，对选取的样本期刊数据进行关键词共现分析。关键词聚类结果显示 $Q = 0.8062$，大于 0.3，$Silhouette = 0.6811$，大于 0.5，说明本次聚类结果是合理的，得到关键词聚类共现图谱，见图 9—10 所示。图中节点为年轮状，节点越大，说明该关键词总体频次越高，关键词之间的连线代表两者经常出现在同一篇文献，连线越粗，共现频次越高。另外，为了深入分析各个时间切片内的研究热点，本章利用软件输出结果，选取频数大于 40 的关键词，并按其在各时间切片的频数分布，汇总得出表 9—4。

由图 9—10 和表 9—4 可以看出国内技术创新各时间段内研究热点的演化特点。

（1）技术创新、创新、技术创新能力三个关键词贯穿于 1989—2018 年整个样本时间段，且其中心性均大于 0.1，属于技术创新研究

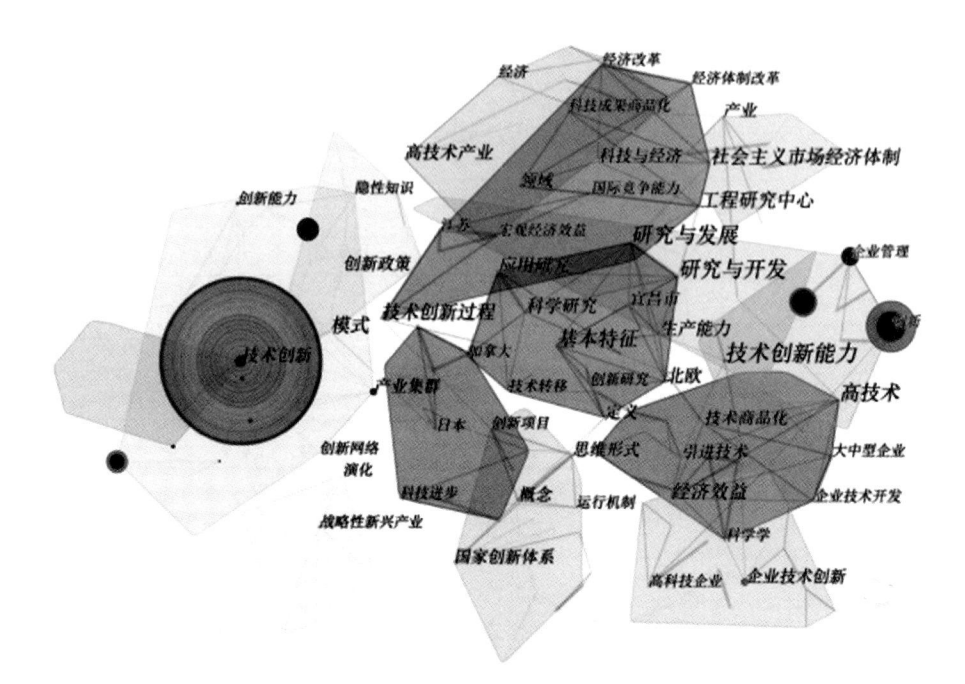

图9—10 关键词聚类共现图谱

资料来源：CiteSpace软件输出结果。

表9—4　　　　关键词在各时间切片出现的次数（部分）

关键词	次数	中心性	1989—1993	1994—1998	1999—2003	2004—2008	2009—2013	2014—2018
技术创新	1035	0.12	16	90	234	271	227	197
技术创新能力	97	0.11	3	9	20	21	28	16
创新	350	0.29	46	48	94	71	55	36
企业	189	0.03	32	49	68	28	12	0
企业技术创新	71	0.25	17	20	24	10	0	0
企业管理	126	0.16	31	41	45	9	0	0
经济	45	0.00	13	13	19	0	0	0
创新能力	96	0.03	0	3	11	22	31	29

续表

关键词	次数	中心性	1989—1993	1994—1998	1999—2003	2004—2008	2009—2013	2014—2018
技术能力	60	0.02	0	3	8	14	19	16
高技术产业	63	0.19	0	5	15	5	17	21
产学研合作	49	0.12	0	3	0	0	21	25
国家创新体系	46	0.15	0	3	22	11	10	0
知识产权	40	0.02	0	4	11	13	12	0
创新网络	73	0.28	0	0	8	17	22	26
产品创新	56	0.07	0	0	8	22	16	10
中小企业	91	0.24	0	0	14	32	34	11
合作创新	46	0.00	0	0	15	17	14	0
高新技术企业	42	0.11	0	0	8	9	12	13
管理创新	42	0.12	0	0	8	12	11	11
自主创新	172	0.07	0	0	0	85	63	24
创新绩效	167	0.02	0	0	0	12	72	83
技术创新绩效	56	0.07	0	0	0	9	24	23
产业集群	65	0.11	0	0	0	24	27	14
开放式创新	63	0.05	0	0	0	12	24	27
协同创新	58	0.04	0	0	0	9	11	38
技术创新网络	53	0.05	0	0	0	10	20	23
吸收能力	41	0.03	0	0	0	8	20	13
环境规制	47	0.02	0	0	0	0	13	34
影响因素	46	0.03	0	0	0	0	19	27
创新效率	41	0.02	0	0	0	0	13	28

资料来源：根据CiteSpace软件输出结果汇总。

的关键节点，覆盖了企业、产业、区域、国家等各个层面的创新、技术创新及其能力等方面的相关研究。

（2）进入90年代，企业、企业技术创新、企业管理、经济等关键词高频出现，表明开始以企业为主体，研究企业技术创新、企业管理与经济发展的关系。

（3）90年代中期后，创新能力与技术能力的形成及影响开始受到关注；另外，研究范围开始突破企业微观层面扩展到产业与国家层面，高技术产业技术创新发展及其效率、产学研合作、国家创新体系、知识产权与技术创新和竞争力的关系等也成为该时期另一研究热点。

（4）进入20世纪末期，中小企业技术创新的作用开始受到关注，体现开放环境特征的合作创新、创新网络、区域创新系统的相关研究开始大量出现，并一直延续至今。

（5）2004年后，自主创新能力、体系及模式等，企业、产业、区域等创新绩效，技术溢出或扩散等与吸收能力成为新的研究热点。

（6）2008年后，环境规制约束下绿色技术创新，研发效率、创新效率、合作技术创新等创新模式的影响因素，成为近十年的研究热点。

第四节　总结与展望

纵观新中国成立以来的70年，中国技术创新管理无论是在实践发展还是在理论研究方面都已证明，技术创新极大地促进了中国经济发展，创新已成为中国发展新阶段的第一驱动力。

一　技术创新管理实践发展总结

历经70年发展，伴随中国社会经济发展的快速工业化、市场渐进化、全球信息化的制度变化与创新驱动经济社会发展的转型，中国企业技术创新已进入跟跑、并跑和领跑并存的创新新阶段。在这个过程中，无论是诸如深圳传音之类的普通民营科技企业，或是像华为这样的高新技术企业，抑或是政府主导的发挥举国体制作用的中国高铁行业，通过引进、消化吸收、再创新等举措，逐步实现了追赶、跟跑，甚至部分领域的领跑。

（一）传音手机非洲称霸之路：从模仿到本地化创新

在非洲，卖得最火的手机是什么？既非三星又非苹果，而是深圳传音，一个普通的民营科技公司。据 IDG 统计数据显示，2018 年传音在非洲市场份额达 48.71%，销量排名第一，成为名副其实的"非洲之王"。这家曾经在深圳华强北创造山寨机奇迹的手机公司，从行业无名小卒到国际新兴手机市场的中坚力量，仅用了十年的时间。2006 年，传音科技在中国香港成立，2007 年，传音在深圳设立第一家工厂。成立初期，传音既做 ODM，又做自主品牌。为了能在瞬息万变的手机市场竞争格局中掌握主动权，2008 年传音决定舍弃 ODM 贴牌战略，正式启动自主品牌战略，全面进入非洲市场。

传音非洲成功的关键是本地化创新。第一，结合非洲人群特点，创造性地制定了针对非洲人物特征的算法，利用机器深度学习开发五官特征点定位，为非洲消费者开发出深度定制的美肤手机，助其提升手机自拍效果。第二，针对非洲运营商之间结算成本高、消费者又难以承担多部手机的刚需痛点，先后开发推出双卡、四卡手机，提升用户利用多通信运营商的便捷性。第三，针对非洲因基础设施薄弱而出现缺电的常态，开发大功率手机电池，解决了手机频繁充电的问题。传音非洲本地化创新的成功离不开自主创新的支撑。

目前，传音国内三大自主研发中心与非洲当地测试团队保持紧密合作，每年将最适合当地的先进技术和消费趋势融入手机设计，稳固传音产品在当地市场的竞争地位。

（二）中国高铁：技术追赶与超越

国家统计局数据显示，2018 年年末，我国铁路营业里程达到 13.1 万千米，比 1949 年年末增长 5 倍，其中高速铁路达到 2.9 万千米，占世界高铁总量 65% 以上，远超世界其他国家的总和。

从世界范围看，1964 年始于日本的高速铁路，经过 50 多年的发展，形成了以日本、法国和德国为代表的列车技术系统。中国从 2004 年开始大规模引进发达国家的高铁技术，并基于长期积累形成的完整的铁路技术体系、生产体系与高水平的铁路建筑技术，在政府组织的核心技术的联合攻关下，中国高铁实现了中国标准动车组"复兴号"整体设计以及车体、转向架、牵引、制动、网络等关键技术的自主研发，高铁列车运行控制核心技术的完全自主化，并建立了中国列车运行控制技术标准（CTCS），实现了列车运行控制核心技术和产品的 100％国产化，彻底摆脱了对国外技术的依赖，并且在高速铁路自动驾驶技术研发方面走在了世界前列。

目前，中国高铁构建了较为完善的产业创新体系，在高速动车组技术水平上，中国在产品序列上非常完整，基本上与法国、日本、德国三个高铁强国都有对应的产品。历经消化吸收、改进创新与原始创新三个阶段（见图 9—11）（张艺等，2018），中国高铁取得技术追赶甚至超越，有学者把中国高铁追赶过程，理解为微观主体在特定的激励结构下持续开展高强度技术学习的过程。这样的激励结构，不仅促使创新主体开展高强度的技术学习，而且促成了高铁有别于中国多数产业的组织间合作关系，最终实现了全产业链的技术突破。作为典型的复杂产品系统，"干中学""用中学"和"试验中学"是中国高铁技术能力积累的核心机制，而在技术能力积累的过程中，消化吸收能力、正向设计能力和自主知识产权创新能力的形成和提升背后，也是高铁部门创新体系不断完善的过程（贺俊等，2018）。

(三) 华为：全球通信领域 5G 技术的引领者

世界知识产权组织全部国际专利报告显示，华为公司 2018 年全年共申请了 5405 件专利，已超过排名第二、第三的专利申请数量之和，排名全球首位。在 5G 领域，根据欧洲电信标准化协会发布的全球 5G 核心必要专利数排名，华为以 1970 件的专利数，超出诺基亚 33 个百分点，位列第一；另据德国专利数据公司 IPlytics 发布的 5G

图 9—11 中国高铁发展阶段

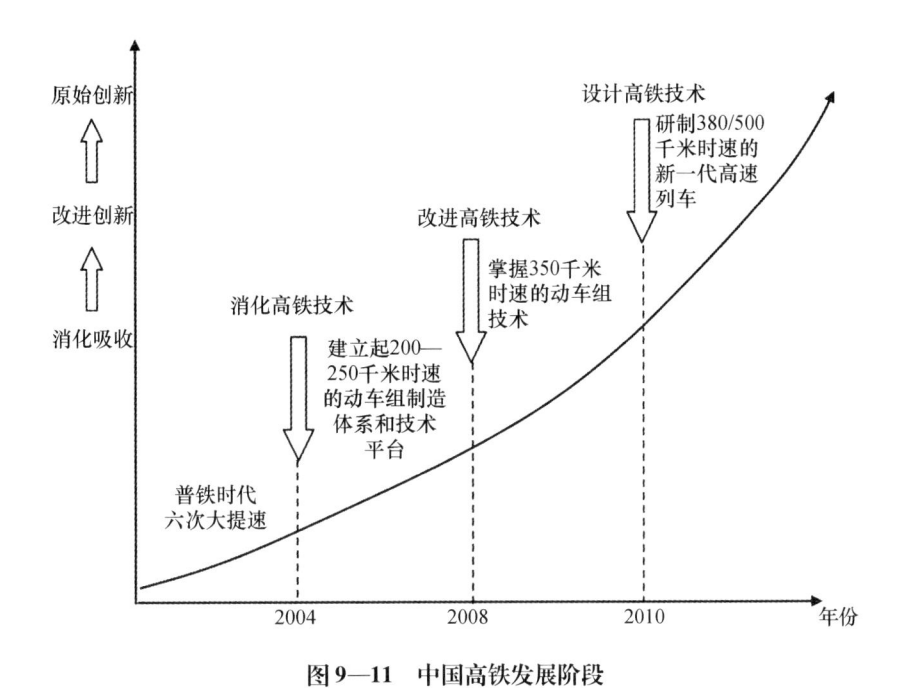

专利报告，全球为 5G 标准做出技术贡献最大的公司排名中，华为依然全球第一。

对于技术密集型加持资本密集型的通信设备行业而言，这些数据足以彰显华为 5G 技术已成为全球通信领域技术的引领者，处于全球绝对领先地位。券商研报显示，华为在研发投入方面，2009—2013 年，5G 技术研究投资超 6 亿美金，2017—2018 年，5G 产品开发投资近 14 亿美金。技术方面，华为是唯一能提供商用 5G CPE 的端到端解决方案厂商，技术成熟度比同行领先 12—18 个月。商业合作方面，全球 5G 商用合作伙伴超过 50，截至 2019 年 4 月 15 日，已获得超过 40 份 5G 合同，出货 7 万多个 5G 基站。

近期以来，虽然美国从战略上在 5G 等高科技领域对中国采取遏制手段，在美国本土和传统盟国推动"去中国化"，但长期来看，技术和商业仍将是通信产业发展的核心驱动力，凭借 30 多年持续的技术积累与发展，相信华为可以收获 5G 时代的红利。

自 1987 年公司成立以来，华为在技术创新战略上从早期代理香港公司产品的跟随战略，随后逐渐演变为自主开发产品战略，经过 30 多年持续的自主创新，已从 2G 时代、3G 时代前期的跟随者，转变为 4G 时代与国外巨头并驾齐驱，以及现在 5G 技术全球的引领者。

二　技术创新管理理论研究评介

在近 40 年的中国技术创新研究与发展中，国内学者紧跟国际理论研究前沿，结合中国情景特征，从经济学、管理学、政策研究等多角度出发，横跨微观企业、中观产业/区域、宏观国家等多层次，对技术创新研究的理论、方法和实践进行了系统研究，取得了丰富的成果。本章根据图 9—10 所呈现的国内技术创新领域研究的关键词聚类结果，结合相关文献原文的阅读，从微观、中观、宏观层面，对企业技术创新、产业演化与升级、技术创新政策三个方面的理论研究与发展脉络进行概况梳理，如图 9—12 所示，中国技术创新管理研究在微观、中观、宏观层面上呈现"企业技术学习与能力演化—技术创新模式与跨越发展—技术创新与产业演化—国家创新政策"的知识脉络。

（一）企业技术学习与能力演化

自改革开放以来，以傅家骥为代表的学者率先从企业的设备技术管理、价值工程分析入手，从揭示企业微观技术进步机制中创新的重要作用开始，以企业技术创新能力与其相应的竞争优势为主线，从技术学习与能力演化、技术创新模式等方面开展了大量的研究，取得了丰硕的成果。

技术学习是一种后发企业积累和提高技术能力的过程或行为，发展中国家进行技术学习，形成了以引进作为主导进入模式的产业技术学习过程，包括从技术引进到形成生产能力，最后进化到创新能力（谢伟，1999）。在技术学习过程中，学习源、学习内容、学习主体、学习层次和学习环境均会直接或间接影响技术能力（陈劲等，

第九章 技术创新管理

研究层次	企业				产业			国家		
研究领域	企业技术研究	企业技术创新过程、机制	产品创新管理/产品开发	技术创新模式/战略	企业技术创新评价	产业发展战略	产业演化与升级	产业创新评价	国家创新政策/制度	产业创新政策	区域创新政策
代表性研究主题	技术学习过程扩散与演化模式	协同开发/开放式创新/创新网络	界面产品开发管理/知识管理/复杂产品系统开发/全面创新管理	原始创新/集成创新/引进消化吸收再创新/自主创新	企业创新模式/企业创新风险/创新绩效评价/企业创新能力评价	战略性新兴产业/产业集群战略/产业协同/产业共生/技术生态	产业链治理、优化、升级与演进/产业集群(国际)竞争力/产业创新能力	高技术产业竞争力评价/产业创新效率评价/产业技术创新体系评价	国家创新政策/制度/国家创新驱动发展战略/国家科技创新体制改革/国家创新能力测度与系统	产业创新政策/产业创新体系统能力与效率评价	区域创新政策/区域创新体系统/区域创新能力与效率评价

研究脉络: 企业技术学习与能力演化 → 技术创新模式与跨越发展 → 技术创新与产业演化 → 国家创新政策

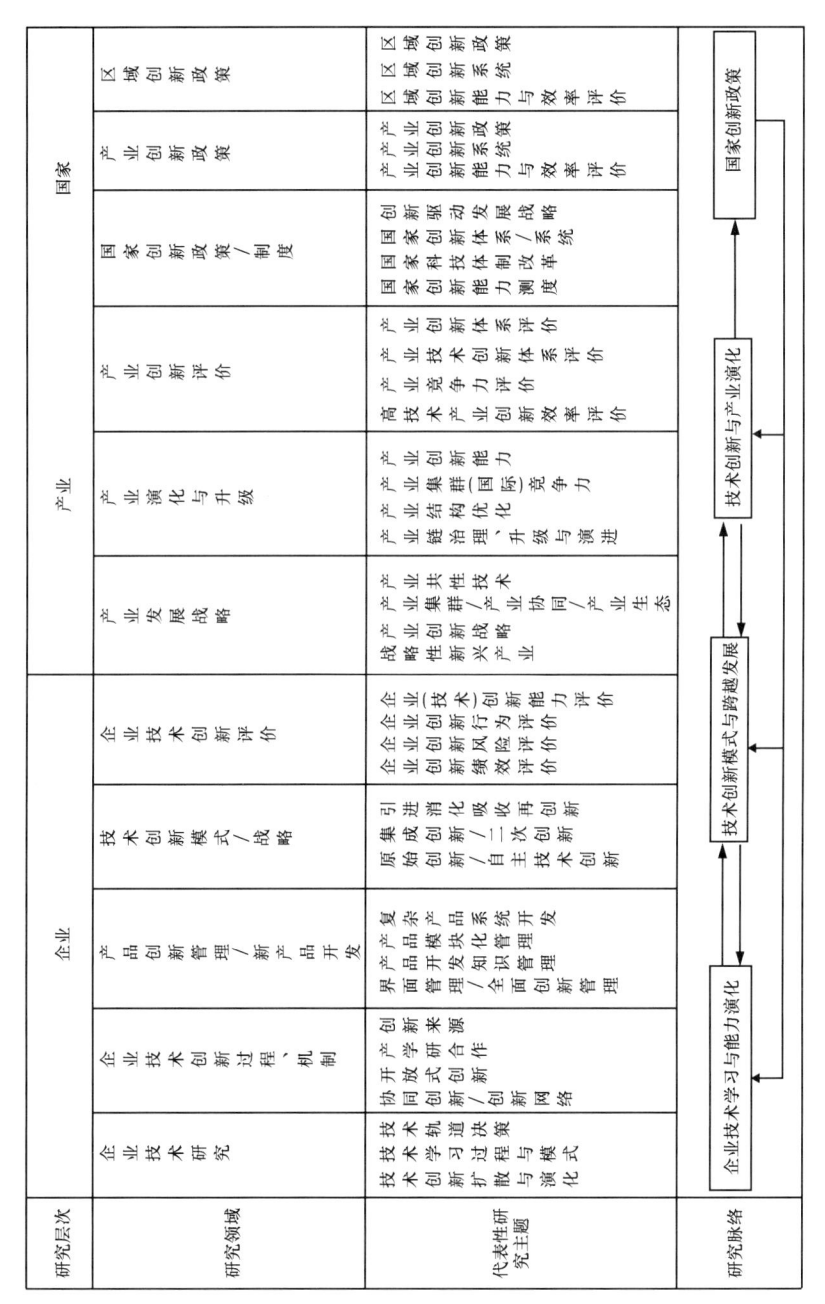

图 9—12 技术创新研究总体框架与脉络

资料来源：根据相关文献整理。

2007），技术学习惯例在知识属性与企业创新绩效之间起中介作用（郭京京等，2017）。技术能力的积累需经历从外部技术源到内部学习的转换过程（赵晓庆、许庆瑞，2006）。随着创新环境的开放，发展中国家和后来企业拥有了通过技术学习集成全球优势因素的机会，提出在开放式创新环境下，基于持续的创新能力发展的探索性学习和挖掘性学习的动态协同模式（朱朝晖，2009），发现开放式创新模式下企业不同层次的技术学习行为对创新绩效具有不同的影响（陈劲、刘振，2011）。

在如何利用技术学习进行技术赶超或超越时，学者基于学习对象的能力观和范式转换的"跨越窗口"观，提出了跨越范式转换的以生产能力为中心的创新型式和以创新能力为中心的创新型式，以及追赶和学习过程的学习、忘却学习和创新的阶段划分（李靖华等，2002）；并基于二次创新和技术赶超理论的研究，揭示出技术非连续性和价值体系变迁对技术赶超的挑战，指出企业应根据技术自身演化特点和技术演进中的价值体系变迁对企业进行能力重构，才能保证赶超的成功（苗文斌等，2007）。由于双元性学习组合了探索与利用两种不同学习的优势，成为后发企业突破超越追赶困境的关键机制（彭新敏等，2017），进而基于对探索与利用两类组织学习的拓展分析，提出后发企业应根据在技术追赶不同阶段的学习与创新活动的互动关系，采用不同的技术追赶迂回模式（张钢、沈丞，2017）。

（二）技术创新模式与跨越式发展

技术创新模式是构成企业技术发展和创新的关键路径。结合中国作为后发国家的实际，国内学者围绕企业技术的引进或原创等展开了深入研究，提出了基于引进技术的再创新，即"二次创新"。"二次创新"理论中将技术分为核心技术和辅助技术，两种技术在后发企业的创新过程中的演进过程不同，核心技术需经历从模仿引进、利用创新到探索创新的演化过程，而辅助技术往往先于核心技术进入探索阶段，后发企业核心技术的利用创新驱动了辅助技术探索，核心技术探索创新驱动了辅助技术利用，基于核心—辅助技术匹配角度，后发企业的二次创新可划分为不同的阶段，每个阶段需配以不同的创新模式，才可能成功（吴晓波等，2011）。通过"二次创新"模式，部分企业通过对引进技术工艺的本地化创新、产品上的挖潜增效，提升了技术的新颖度，实现了创新能力质的跃升，增强了竞争优势，实现了跨越式发展（吴晓波、吴东，2018）。也有企业以引进技术为起点，历经二次创新、集成创新到原始创新的动态演化，提升了自主创新能力，实现了超越（许庆瑞等，2013）。

（三）技术创新与产业演化升级

技术创新是产业演化与升级的根本动力。知识在技术创新和产业演化过程中占据着重要的地位，知识转移、溢出、扩散是促进技术进步和产业发展的重要因素。

近年来，产业技术创新战略联盟已成为推动企业持续技术创新的新型主导模式，产业技术创新联盟中知识交互行为呈现出产业导向的生态演化特征，知识吸收能力、最大知识存量等因素对知识存量增长及均衡态积极反馈作用，构建"互惠共生＋偏利共生"的生态关系，有望促进知识交互向高效率均衡演化（龙跃等，2016）。知识权力的动态变化影响产业集群多重知识网络的演化，知识权力差距及知识交互行为是促使产业集群多重知识网络形成及演化的基础（梁娟等，2017）。产业集群知识网络中，探索性知识和利用性知识从知识供应源发出，经知识中介到知识用户，再形成反馈回到知识供应源，构成了二元式创新知识闭环系统，网络权力、决策模式、知识定价影响着产业集群收益及其分配（韩莹等，2017），等等。总之，产业链上企业间知识转移不仅可以增加企业的知识存量，改变企业的知识结构，进而由此引起的知识集群以及相应的核心设计概念和架构关系的变化改变产业的格局和产业的演化路径，还可以通过改变产业链上能力分布，进而导致产业链解构或重构的机制，影响产业格局变化和演化（董广茂等，2010）。

（四）技术创新政策演变

国内关于技术创新政策的研究已有 30 年的历史，主要沿着科学技术与经济发展、政府与市场两种关系展开，目前研究主要集中在技术创新政策的一般理论、政策演变等方面。

技术创新政策一般理论研究主要包括技术创新政策的概念、依据和目标、政策工具与措施、政策效果评估等方面。在技术创新政策概念方面，主要基于科学技术和经济发展的关系及各自作用展开，既有从侧重强调科学技术的基础地位或突出经济发展的重要地位的研究，也有平衡二者在技术创新中的作用的研究（罗伟等，1996）。在技术创新政策的依据方面，有学者从市场和政府的关系出发为技术创新政策提供依据，认为政府在技术创新活动中的干预范围和方式应以弥补市场失灵为依据（李晓春、黄鲁成，2010），也有学者基于国家创新系统或国家创新体系构建来研究技术创新政策（连燕华，1999；张俊芳、雷家骕，2009）。在技术创新政策目标方面，已经从通过鼓励创新以提高企业生产率和促进经济增长的初衷（李晓春、黄鲁成，2010）演变到通过创新驱动发展实现世界科技强国（柳卸林等，2017、2018）。关于政策工具的研究，学者主要从公共研究、直接资助和税收优惠三个方面，分析了政策工具的作用机理及选择标准（胡明勇、周寄中，2001），在政策措施方面，学者从财政税收、金融外汇、人事措施、行政措施和其他经济措施五个方面对技术创新政策措施进行了细分（仲伟国等，2009），近年，还有学者从碳排放税、碳排放标准、减排补贴和碳排放许可四个方面比较分析了企业低碳技术创新政策工具（颜建军等，2016）。关于技术创新效果的评估研究，既有政策效果评估的理论和方法研究（赵丽晓，2014），也有从区域（彭富国，2003；汪晓梦，2014；张炜等，2016）或产业（朱明皓等，2017；曲婉等，2017）视角切入，运用科学量化法分析对不同区域或不同产业的创新政策效果进行的实证研究，为未来政策的调整完善提供依据。

新中国成立以来，中国创新政策呈现从"科技政策"单向推进向"科技政策"和"经济政策"协同转变、从"政府导向型"向"政府导向"和"市场调节"协同型转变、从单向政策向政策组合转变的发展趋势（刘凤朝、孙玉涛，2007）。进入21世纪后，鉴于技术创新和国际竞争的形势变化，中国技术创新政策要求从以目标导向为主转向以能力导向为主（聂鸣、杨大进，2003）。随后，创新驱动发展战略的提出进一步推动了科技政策向科技与创新政策的范式转变，对创新治理体系、治理能力、治理理念、政策设计等提出了新的要求（梁正，2017）。作为创新政策中的两种重要理念，创新激励和责任式创新及其平衡状态直接影响着创新政策质量。近年来，责任式创新理念日益受到重视，责任式创新理论框架已经提出（梅亮、陈劲，2015），但对"创新质量""责任式创新""科技伦理""社会利益"的关注等仍显不足（黄鲁成等，2018）。另外，来自资源环境与社会发展等方面的挑战，正在成为创新驱动发展的掣肘，创新政策理应通过系统转型来应对这些问题。为此，近年开始有学者从创新政策的三个框架及其演化过程，提出了中国创新政策转型及推进可持续发展的主要任务和政策议程（吕佳龄、张书军，2019）。

三　未来研究展望

新中国成立70年来，中国企业通过引进、消化吸收、再创新等创新举措，虽然已进入了跟跑、并跑和领跑并存的创新新阶段，但在大多数产业链的核心环节与关键核心技术上，中国企业尚未实现有效突破，仍处于跟跑阶段。未来结合中国国家情景、制度情景、社会文化情景的独特特征，探索中国本土技术创新管理研究与实践的范式，将对学术界、产业界、科技政策制定、社会发展产生深远的影响。

（一）企业关键核心技术创新能力研究

2018年习近平总书记在中央财经委员会第二次会议上曾强调：关键核心技术是国之重器，对推动我国经济高质量发展、保障国家安全都具有十分重要的意义，必须切实提高我国关键核心技术创新能力，把科技发展主动权牢牢掌握在自己手里，为我国发展提供有力的科技保障。

缺乏关键核心技术，一直是中国企业科技创新和参与国际竞争的"软肋"和"瓶颈"，经常被来自价值链高端环节的发达国家高技术企业"卡脖子"。中国企业的技术创新，不再可能通过采用简单的引进、消化、吸收的单向开发模式来实现核心技术的突破。未来如何提升中国不同产业核心技术的识别、获取、转化和塑造等关键能力，将是中国企业在国际上由追赶者成功转向引领者的关键。

（二）产业链核心环节的突破与产业体系的构建研究

近30年来，伴随中国经济的高速增长，以华为、海尔、阿里巴巴等为代表的一些中国高技术企业通过"二次创新"赢得后发优势，在某些领域实现了"追赶"到"超越"甚至"引领"（吴晓波，2018）。从全球通信领域5G全产业链来看，尽管中国在主设备和运营商网络规模上拥有优势，但在上游核心芯片和器件上因研发投入大、技术壁垒高，尚未实现有效突破。另外，在决定产业综合竞争力与国家综合实力的高端装备制造业方面，中国也尚未占据产业链核心环节。未来在国际竞争更趋复杂与激烈的情形下，围绕制约我国高端装备制造业与高技术企业的关键问题，探索其产业演化中相关核心技术与核心材料的突破、产业体系的构建与演化等问题，对科技强国、"中国制造2025"的战略目标的实现将具有重要的理论与实践价值。

（三）创新政策演变方向研究

创新不仅要有速度，而且要有方向。21世纪越来越需要对重大的社会、环境和经济挑战做出反应。这些重大挑战包括气候变化、人口、健康和福祉等环境威胁，以及实现可持续发展和包容性增长的困难。现有创新政策多以激励创新的积极后果为前提，强调科学、技术和创新对企业、产业、社会发展等的积极意义，对创新政策导向的方向性及其潜在的负向影响缺乏深入的了解，从而使得现有的创新政策框架还不足以解决环境和社会挑战。解决这些问题的关键在于注重社会技术系统的方向性，并采取更具参与性和包容性的措施。

创新不能等同于社会进步，未来创新政策需要导向智慧、包容和可持续的经济增长，强调科学研究与技术创新的责任，注重综合利用社会学、政治学、经济学和技术学的跨学科知识，引导创新活动向社会满意的方向演进。

第 十 章

市场营销[*]

改革开放以来,在社会主义市场经济的迅猛发展和营商环境不断改善的背景下,中国企业洞察市场和获取营销知识的需求日益强烈。与此相应,技术进步和商业模式的创新也使得市场营销实践和顾客需求日新月异。伴随市场经济发展和企业营销实践的是我国不断完善的营销学科建设以及愈加丰富的市场营销领域的研究成果,这些成就为企业引入市场营销人才和引导中国企业科学而有效地开展市场营销活动发挥了重要的作用。

第一节 引言

一 中国市场经济发展与本章目标

新中国成立 70 年来,中国的经济发展取得了令人瞩目的成果,成为世界第二大经济体,成功步入中等收入国家行列。1952 年,中国的 GDP 仅为 679.1 亿元,到 2018 年增长到 90 万亿元,消费、投资、对外出口体量和质量稳步提升。改革开放 40 年来,中国的社会主义市场经济体制得到了建立和完善,市场化进程不断推进,市场

---

[*] 与本章相关的部分研究内容以论文的形式发表在《经济管理》2019 年第 9 期。

主体数量不断增长、结构不断丰富，截至 2018 年年底，中国市场主体的数量已达到 11020 万户，企业（含分支机构）数量达到 3474.20 万户。经济发展使得人民生活不断改善，城镇居民家庭人均可支配收入已达到 39251 元，消费水平也不断提升，消费在 GDP 中的占比已达到 76.2%，人民正在享受消费升级的红利。科技进步、产业升级以及商业模式的创新，进一步丰富了中国各类要素市场和消费市场的活跃程度，尤其在移动互联网、工业互联网、物联网、移动支付、网络购物以及 O2O 电子商务等领域，中国已处于全球领先水平。相应地，作为市场主体，中国企业的数量和质量也逐年提升。2018 年《财富》世界 500 强企业上榜的中国企业有 129 家，占比为 25.8%，首次超过同期美国榜单企业个数（121 家）。[①]

可以说，新中国成立以来经历了从卖方市场到买方市场、从商品短缺到商品过剩、从少数企业垄断到各种主体充分竞合、从封闭到开放、从计划经济到市场经济的转变。中国消费者也从在选购商品时没有太多选择到各类商品琳琅满目、百里挑一的新局面。中国企业也进入从不知如何做广告、做推广到各种精准营销手段层出不穷的新时代。为了总结回顾新中国成立 70 年以来市场营销领域的主要实践与研究成果并展望中国市场营销的未来趋势，本章从中国市场化经济进程出发，对 70 年来的市场营销实践进行回顾，并结合知识图谱文献计量工具对代表性的中文营销文献进行了梳理和剖析。通过分析，本章力图描绘中国市场营销研究的历史沿革，透析市场营销研究的主要科研机构和学者间合作网络，勾勒中国市场营销研究的主题脉络，归纳不同发展阶段的主要研究热点。最后，本章对 70 年来的市场营销实践、市场营销学术研究进行了总结，并基于中国市场营销现况、研究前沿提出了未

---

① 国家统计局（http://data.stats.gov.cn/easyquery.htm?cn=C01），访问时间为 2019 年 5 月 16 日；《〈财富〉杂志 2019 年世界 500 强排行榜》，http://www.fortunechina.com/fortune500/c/20110-07/22/content_339535.htm。

来的研究愿景和研究方向。

二 市场营销基本概念

市场营销的核心在于以能够产生利润的方式来满足顾客的需求。（王永贵，2019）在这一过程当中，市场营销管理者需要理解目标市场和目标客户的需求，通过生产适当的产品和提供合适的服务来创造顾客价值，并向目标顾客进行交付以实现顾客满意。为了实现这一目标，市场营销管理者需要制定符合自身产品或服务特质的营销战略，通过分析市场营销环境来确定目标市场，提出有竞争力的价值主张来实现品牌定位并锁定自己的细分市场。基于上述过程，市场营销管理所包含的核心概念主要有：（1）需要、欲望和需求；（2）顾客价值与顾客满意；（3）市场营销环境；（4）目标市场、定位与市场细分；（5）价值主张。

（一）需要、欲望和需求

满足顾客需求是企业市场营销活动所要达到的核心目标，从个体角度来看，存在三个相互联系却又有区别的概念，即需要、欲望和需求。需要是人类生存的基础要求，例如，对空气、水、食物、衣物和住所的需要，当然也包括对休闲、学习、娱乐和社会地位的需要。当人们的各种需要可以通过特定的物品来满足时便会转变为欲望。欲望会因个体以及个体所处的环境有很大的不同，例如，南方的居民更加喜欢以水稻作为主食，而北方人却偏爱面食，但它们都同样满足了人们"吃饱"的欲望。当人们需要社会地位时，可能会产生购买豪华汽车的欲望，但是仅有一部分拥有相应购买力的人可以满足自己的欲望，基于购买力的欲望就成了需求。市场营销关系顾客需求，即不但要关注有多少人有拥有自己产品、服务的欲望，也要关系到底有多少人有能力购买。简而言之，需要可以引致欲望，而欲望又可以通过购买力转化为需求。市场营销管理者为了获取利润，就要立足需要、创造欲望并满足顾客的需求。

（二）顾客价值与顾客满意

顾客价值包含所有可见的和潜在的收益与成本。基于市场的基本假设，消费者总会选择他们认为能够提供最大价值的产品或服务。顾客价值是市场营销的精髓，它是产品质量、服务体验和价格的组合。顾客所感知到的价值会随着产品质量、服务体验的增加而增加，但是会随着价格的增加而下降。顾客满意则反映了消费者对产品、服务体验的感知与自身预期的判断。如果产品质量、服务体验低于顾客预期，则会带来顾客失望，反之则会带来顾客满意。

（三）市场营销环境

市场营销环境包含狭义的市场营销环境和广义的市场营销环境。其中，狭义的市场营销环境包含生产、提供、分销和促销产品或服务的所有参与者，如供应商、分销商、代理商和目标顾客等。在供应商层面，又可以分为物料（如原材料、产品零件等）供应商和服务供应商（如市场咨询机构、广告媒体机构、金融机构、物流机构、通信服务商等）。分销商和代理商包括销售代理人、经纪人、生产厂商代表和其他能够帮助企业接触目标客户并促成交易的个体或组织。而广义的市场营销环境主要包含六个要素：（1）人口环境；（2）经济环境；（3）社会、文化环境；（4）自然环境；（5）技术环境；（6）政治、法治环境。

（四）目标市场、定位与市场细分

并不是所有消费者对于同一品类的产品或者服务都持有相同的偏好。市场营销管理者需要通过消费者在行为、心理上的差异来识别不同的偏好并找到适合自己产品或服务的市场细分，进而决定哪个市场细分具有最好的市场机会。对于每一个目标市场而言，产品或服务的提供者需要专注于目标顾客所需的核心利益。

（五）价值主张

企业通过提出自己的价值主张来满足顾客的需要。其中，价值主张是一套可以使得顾客需求得到满足的利益组合。无形的价值主张主要通过有形的供给（Offering）来得以体现，这种供给可能是由产品、服务、信息和用户体验形成的一系列组合。

第二节 中国市场营销的发展历程

1949—2019年，中国市场化进程分别经历了经济体制改革目标的探索、社会主义市场经济体制的初步建立、逐步完善和改革提升。具体而言，这个历程可以分为以下几个阶段。

一 计划经济下的供销安排阶段（1949—1977年）

市场营销活动的作用在于桥接市场化的需求和供给。新中国成立初期，企业生产、供销活动完全依赖行政指令，同时，人民的生活物资、商品的获取主要靠商品票证。市场机制的缺位导致中国的商品、服务的供求关系调节主要遵从行政性的计划安排，而实践上则主要依赖供销社等分配流通机构。就企业管理而言，这个时期的企业主要来自经过社会主义原则改造的官僚资本企业，在对这些企业进行民主、生产改革时，由于新中国成立伊始中央苏区、根据地时代的手工业管理办法已不再使用且缺乏基于社会主义的企业管理制度，为了满足中国第一个五年计划对于大规模经济、工业建设的需求，中国学习了苏联企业管理的经验，建立了一套国营企业的管理办法，这些办法包括计划管理制度、按劳分配制度等（马洪，1990）。但是，与市场营销相关的理念、制度以及企业管理办法还未开始建立。

二 改革开放下的市场启蒙与市场营销的导入阶段（1978—1983年）

1978年，党的十一届三中全会确定全党的工作中心转移到经济建设上来，实行对内搞活经济、对外开放的方针，标志着改革开放的开启。在这个阶段里，一个重要的使命便是对在社会主义条件下经济体制的探索，营销活动是市场经济的重要组成部分，市场营销学便从这个时候进入中国。

经济体制的改革带动了国有企业管理方式的变革，企业以经济效益为中心逐步建立起一套科学的管理制度，国有企业被给予了更多的自主权并开始实行经济责任制。与此同时，中国私营经济开始萌芽，乡镇企业和个体经济得以快速发展，逐渐形成了"苏南模式"和"温州模式"，造就了日后诸如美的、波司登等著名品牌。在对内改革的同时，对外开放政策也促进了外商的进入，最明显的特征是从无到有的各类国外商品，其中，又以日本商品为典型代表，如三洋电器、丰田汽车、西铁城手表、卡西欧计算器、夏普、精工等。外商在华企业的市场营销运作，如广告的投放、商标的使用以及渠道商的打造对于中国企业起到了启蒙的作用。受到外商的冲击和启发，中国企业开始在产品、渠道、广告、品牌方面做出尝试和探索。

在市场实践不断进步的情况下，外商在市场营销、品牌宣传上的功力带给中国本土企业极大的冲击，促使了企业派出大量考察团去国外学习访问，带回了许多新鲜的企业管理经验和组织管理方法。中国高校也邀请了国外学者来中国讲授管理知识（马洪，1990），实际上，市场营销知识在新中国的传播可以追溯到1979年（齐永钦、王续琨，2016），当时香港中文大学教授、工商管理学院院长闵建蜀多次在广州中山大学、陕西财经学院、成都和上海等地讲授市场营销学并为冶金部、中国机械进出口总公司等单位讲授国际经贸课程以培养初期的市场营销教师以及管理干部（汤正如，2008）。在这个时期，市场营销的传播方式主要是短期培训班、主题讲座等，传播的对象以部分高校的教师以及国营企业的厂长、负责经贸工作的干部为主（汤正如，2008）。1979年邓小平同志访美时，还与美方达成了共建管理培训中心的协议，即后来的中国工业科技管理大连培训中心，当时曾开设营销管理课程，这是中国最早针对企业的营销管理培训课程。1980年，中国外贸部与设在日内瓦的国际贸易中心（ITC）合作在北京举办了市场营销培训班。有些高校更是先驱性地开设了市场学课程，例如，1979年，暨南大学和哈尔滨工业大学正式开设了市场学课程。在培训教学活动开展的同时，中国首批市场营销教师在翻译吸收国外主要市场营销学科材料的基础上，编写了第一批市场营销教材，这批教材的编写及使用对于中国市场营销学的发展起到了重要的作用。

总的来说，改革开放所带来的经济体制变革和外国企业、商品的进入，使得中国的国有企业获得活力、私营经济开始萌芽，市场营销的策略与方法得以启蒙。虽然在市场营销知识的传播上我国开始起步，但是由于历史性的因素，人们对于市场营销学并没有形成广泛认同，对市场营销学科的内涵理解仍有所偏颇，将其看作基于资本主义经济制度下的学科（齐永钦、王续琨，2016）。

三　市场经济体制初步建立与市场营销活动的快速发展阶段（1984—2001年）

经过上一个阶段的发展，中国逐步完成了对经济体制改革的探索并开始搭建社会主义市场经济体制框架。1984—2001年，中国分阶段完成了社会主义市场经济体制的建立，以正式加入世界贸易组织的成果交上了一份令历史满意的答卷。成功加入世界贸易组织，标志着中国已经成为世界贸易组织框架下被认可的市场经济体。在这个阶段里，以政策改革为主导的营销环境变化给予市场发展以广阔的空间，进而也带动了市场营销知识、理论传播、学术研究飞跃式的发展。

从营销环境上看，政策的利好带动了各类市场主体数量的增长。党的十二届三中全会中提出，要"增强企业活力、增加企业自主权，在服从国家计划管理的前提下，灵活选择经营方式，有权安排自己的产供销活动"。国营企业被赋予了更多权利，经营情况得以好转。国家政策的支持使得计划经济时代由国家统一安排产销活动的安排一去不复返，一大批国有企业被投入激烈的市场竞争。在此之前，这些企业的管理人员对于市场经济的规则和机制并不了解也没有接触到市场营销的概念。因此，在迫切的现实需求下，市场营销学科发展与传播在中国的发展进入一个快速前进的时期。

1992年，邓小平同志的"南方谈话"对中国改革起到了转折性的作用，坚定了市场化的改革方向（田国强，2014），邓小平同志说道：计划多一点还是市场多一点，不是社会主义与资本主义的本质区别，计划经济不等于社会主义，资本主义也有计划；市场经济不等于资本主义，社会主义也有市场。邓小平同志的解读将人们从认知障碍中释放了出来，确定了市场化改革的基调。邓小平同志的"南方谈话"也进一步解放了人们的思想包袱，1988年中国通过修正宪法确认了私营经济的法律地位。大环境的改变促进了私营经济的快速发展，具体通过这一阶段的"下海潮"得以体现。中国一大批"原始创业"企业家从此诞生，对中国民营经济的发展起到了关键性的作用，如柳传志、张瑞敏、王石、任正非等。除了国内市场主体，有效的对外开放政策以及国内不断改进的投资环境进一步吸引外商来华投资，如宝洁、IBM等国际巨头。

从消费端来看，国民经济的不断增强、人民收入的不断增多以及思想意识的转变使得中国人民的消费意识开始觉醒。人们对商品的偏好逐渐从耐用、生存性需求向消费、耐用性转变。"消费主义"和"消费社会"的概念开始出现。消费品的供应大大增加，商品类目不断丰富，商品短缺、部分产品限量供应的问题基本解决，并且有部分产能过剩的情况出现，企业之间的竞争逐渐显现，使得产品、渠道、广告等市场营销策略的重要性愈加提升。

虽然中国市场主体和人民的消费意识、水平均得到了显著的增长和提高，但是与此同时，市场竞争也变得愈加激烈。中国本土品牌商品和国外产品、合资产品之间的角逐愈加激烈，很多本土品牌在这种"火拼"中"浴血奋战"。虽然，对于中国本土品牌而言，

"土洋竞争"带来了阵痛,但是在营销实践方面,通过学习西方在产品、品牌、营销管理上的经验,中国企业的营销理念和实践方法逐渐改良,相关的概念,如广告、营销传播也开始出现,各类企业对于市场营销人才的需求越来越旺盛。

在市场营销的教育培训与学科建设方面,在这一阶段中,参与市场营销培训的范围在不断扩大,传播对象已经不仅限于少量国有企业的主要领导和经贸干部,还包括大批走向市场的国有工业企业中与市场活动相关的一线业务人员。培训的方式也从短期培训班式的交流逐渐演变成以正规学历教育、干部院校课程以及企业干部、员工培训班构成的多层级交流体系。综合性大学中的商学院、理工类院校的经济管理学院、财经类院校的管理学院均开始开设市场营销课程,有些院校开始设立市场营销学专业,除了本科层次的教育,有大约50所高等院校开始招收市场营销方向的硕士研究生。1986年6月,现代营销之父——菲利普·科特勒教授到现在的对外经济贸易大学讲学;1988年,国家教委批准山东大学试办"市场营销专业"。在这些教育需求的推动下,相继有200多种新增市场营销教材出版,这些教材的编写和传播对于市场营销知识的普及和应用起到了重要的作用(汤正如,2008)。与此同时,以市场营销为主题的学会、协会相继成立。1984年,由全国范围内的综合类高等院校、财经类院校组成的"市场学教学研究会"成立(1987年更名为"中国高等院校市场研究会");1990年,梅汝和老师翻译了科特勒的《营销管理》(第5版)并首次在大陆出版发行;1991年,里斯和特劳特的代表理论——定位理论进入中国;1991年,成立了"中国市场学学会",同时出版了《市场营销导刊》杂志,而且各省市也牵头成立了地区性市场学会、协会(韩巍、张含宇,2000);1991年中国正式推出了MBA学历教育项目,指导委员会确定的9门必修课程包括营销学;1996年,在全国人大和政协"两会"期间,文件起草部门采纳了中国人民大学教授郭国庆委员的建议,在文件中以"市场营销"取代了以往常用的"经营""销售"等用语;20世纪90年代中期，管理学第一次被列入中国大学学科目录，为第 11 个门类，同时营销学作为本科教育专业被列入了教育目录。这些发展在很大程度上加快了市场营销知识的传播、推广与应用。

这一时期的特点表现为市场营销知识的传播速度有了显著的提高。市场营销教育的受众，由部分行业的一些国有企业发展到各行各业的各类企业并从领导干部延伸至职员，同时教育方式从学科教育为辅、培训班为主转变为正规学历教育为主、培训班为辅的态势，绝大部分高校均设立了市场营销专业或开设了市场营销课程，培训班也逐渐演进成 MBA（工商管理硕士）、EMBA（高级工商管理硕士）的在职学位教育以及公派留学生到海外接受先进市场营销的培训（汤正如，2008）。

四 中国融入全球经济与更高水平的市场营销实践阶段（2002—2012 年）

随着企业综合实力的增强，中国企业已经积累了一定的技术、人才和资本，"硬实力"有大幅度提升。并且，经过上一个阶段激烈的内外部竞争，企业已经积累了一些营销管理经验，积淀了厚积薄发的"软实力"。在"软硬实力"均得到显著提升的情况下，中国企业已经具备了离开价值链的最底端的能力，也不满足于以代工、贴牌生产作为自己的主营业务，企业成长的强烈动机逐渐形成了自主品牌茁壮成长的内生动力。与此同时，中国成功加入世界贸易组织，为中国企业深入国际市场创造了良好的外部条件。中国企业的国际营销活动不断增强，出现了一批成功"走出去"的企业，并开始主导跨国并购，整合本土品牌与国外品牌的优势，以全球化的眼光拓展市场实现国际化经营。例如，联想在 2004 年收购 IBM 个人电脑业务；TCL 在 2002—2003 年收购施耐德电气，并与汤姆逊电子成立合资公司；2010 年，国际知名的瑞典汽车厂商沃尔沃被吉利汽车收购。除此之外，中国自主品牌建设速度加快，本土企业也能够打出营销组合拳，开始在部分领域的市场竞争中占据优势。例如，饮料生产企业娃哈哈，综合使用多种品牌传播方式和自身深耕的营销渠道在与国外同行达能的竞争中获得了竞争优势。互联网行业的快速兴起，也为这一阶段中国的市场营销实践增添了浓墨重彩的一笔。互联网应用水平和普及程度越来越高，造就了以百度（搜索引擎）、阿里巴巴（电子商务）以及腾讯（社交网络）的"BAT"三足鼎立态势。

国际营销的人才、知识成为新的市场营销需求点。而对于市场营销的学科发展而言，迎来了快速发展期，营销理论创新和实践革新的探讨也逐渐成为新的时代主题。市场营销学科从知识的普及、人才的培训逐渐发展到管理科学研究的层面，各个高校均开始设置市场营销的博士研究生培养项目，国内外的相关成果逐渐增多，相关学术会议交流蓬勃发展。例如，2003年，David Tse（谢贵枝）等学者启动了中国营销学者论坛第一届会议（目前已停办），推动了国内外市场营销学者的交流与合作；2004年，涂平和谢贵枝出版了《中国营销经典论文（1978—2002）》；2004年，第一届 JMS（Journal of Marketing Science）中国营销科学学术会议在清华大学举行；2004年，大陆营销学者范秀成首次在国际顶级营销学术期刊——Journal of Consumer Research 上发表论文"When Does the Service Process Matter? A Test of Two Competing Theories"；2005年，唯一一本营销科学学术期刊《营销科学学报》正式创刊（以书代刊）；2006年，贾建民等启动了首届"营销科学与应用国际论坛"，每两年一届；2009年，卢泰宏与菲利普·科特勒合著的《营销管理》中国版出版；2009年，王永贵、于洪彦、何佳讯、陈荣等学者翻译出版了菲利普·科特勒等所著的《营销管理》（第13版，格致出版社）；2012年，王永贵、张红霞和徐岚等翻译出版了菲利普·科特勒等所著的《营销管理》（第14版，格致出版社）和《营销管理》（全球版，中国人民大学出版社）。与此同时，在市场营销的学术研究上，更是呈现出了百家争鸣、学术交流、学术发表全面发展的状态。

五 经济增长动能转换下的市场营销创新发展阶段（2013年至今）

党的十八届三中全会公布的《中共中央关于全面深化改革若干重大问题的决定》是一份涵盖政治、经济、社会、文化以及生态文明的全面改革战略规划。这些规划和举措为中国企业营造了宏观、产业层面上的营销新生态。创新驱动成为引领经济高质量发展的核心所在。技术的发展与商业模式的创新对消费者需求演变和顾客价值产生了深远的影响，使得营销实践的发展面临新的机遇和挑战。一方面，由于数字化智能设备的普及以及大数据、移动互联网、人工智能等技术的发展，企业拥有了新的营销工具，尤其是各种"精准营销"模式应运而生。企业通过客户关系管理系统和客户的行为数据绘制"客户画像"，与目标客户建立联系、发送精准的营销信息，并通过电子商务平台和高效的物流系统为客户交付商品与服务。在科技赋能下，新型的营销传播工具应运而生，如短视频营销、社交网络营销等，企业塑造品牌、营销客户的方式渐趋多元化。另一方面，技术的进步也催生了新的商业模式，如共享经济的兴起。

相应地，中国营销的理论研究也同步进入了一轮创新期。中国市场营销学者在国际顶级学术期刊上发表的论文数量飞速增长，市场营销的教材与著作得到进一步的丰富，相关学术会议交流日益频繁，中国迎来了市场营销实践和学术研究的大发展。例如，2013年，香港城市大学杨志林教授等启动了首届中国市场营销国际学术年会（CMIC）；2016年，王永贵教授主编的 *Marketing in China* 全四卷由 SAGE 出版社编辑出版；2016年，王永贵教授和华迎教授翻译出版了菲利普·科特勒教授等人所著的《营销管理》（精要版·第6版）（由清华大学出版社出版）；2017年，王永贵教授与菲利普·科特勒教授合著了《市场营销学》（中国版，由中国人民大学出版社出版）；2017年，王永贵教授启动了首届中国营销科学与创新国际学术会议（MSI 2017），标志着一个突出跨国、跨学科、连接国内外教学与研究的交流合作平台脱颖而出，该会议为年度会议，而且每年都推出一本国际领先期刊论文的专辑；2017 年，SEMI（美国营销与经理人协会）中国分会暨营销高峰论坛在北京召开；到 2019 年，第三届中国营销科学与创新国际学术会议（MSI 2019）圆满召开。

第三节 中国市场营销研究的梳理与总结[①]

一 研究设计与描述性统计

（一）文献样本

本章用于 CiteSpace 分析的样本文献来源于中国知网的 CNKI 数据库。鉴于 CNKI 数据库中的各个子数据库的启用时间不同（其中，"CSSCI 数据库"启用时间为 1998 年，"核心期刊数据库"启用时间为 1992 年），为了使得样本文献在满足引文可得性的前提下能够反映最有影响力的研究成果，本章分别选择"CSSCI 数据库"（1998—2019 年）、"核心期刊数据库"（1992—1997 年）以及"所有数据库"（1949—1991 年）作为样本文献检索的目标范围并匹配其检索期间进行检索，检索操作时间为 2019 年 5 月 21 日。

根据美国营销协会的定义，营销是为顾客、客户、伙伴以及社会创造价值的活动、机构以及过程。本章认为"价值创造"是营销研究的核心问题，而就营销的形式而言，营销活动又主要由关系营销以及交易营销组成。由于交易营销鲜有研究，本章以"营销"作为主题词并以或有逻辑关系添加"顾客价值""客户价值""顾客关系""客户关系"为篇名及关键词以作为样本文献选取的检索条件。

---

① 本节内容发表于《经济管理》2019 年第 9 期。

通过上述检索，本章共得到"CSSCI数据库"8337个条目、"核心期刊数据库"1651个条目、"所有数据库"627个条目。在删除书评、讲义、广告等非研究条目后，本章导出用于分析的有效条目数量共计9990个。

（二）研究方法

在文献计量工具的选取上，本章使用了德雷塞尔大学陈超美博士开发的CiteSpace工具，该工具是一款基于Java语言的信息可视化分析软件（陈悦等，2015）。CiteSpace为学者提供了一个多元、分时、可视化的文献计量工具，通过分析引文数据能够制作知识图谱，揭示文献、作者、机构、国家等要素的网络关系（Chen，2014）。本章利用CiteSpace工具基于样本文献题录数据绘制了作者、科研机构合作网络图谱以及关键词的共现知识图谱，并通过对图谱的解读，揭示中国营销研究的学者、科研机构的合作网络关系以及中国营销研究热点的演进和未来趋势。同时，本章也结合CiteSpace的分析结果对各个阶段不同研究主题、研究热点项下的代表性文献进行了内容分析，并结合中国不同阶段的政治、经济、政策等情境因素寻找中国营销研究理论发展和市场实践的相互联系。

（三）引文数据样本的整体趋势

图10—1反映了本章用于可视化分析引文样本随时间变化的数量情况。鉴于1998年前后引文数据的来源不同，若合并绘图将导致方法性的"断崖式下降"趋势，故本章在绘图中分为1980—1997年以及1998年至今两个时段。从本章检索得到的样本来看，最早探讨营销的文章出现在1980年（熊黑，1980），该文章介绍了国外以市场行为、宣传、销售、产品开发以及价格制定等与市场活动有关研究问题的新兴学科——"市场学"。1980—1993年，营销研究的发文量以较为平缓的速度稳步增加，但是1994—2009年的发文量呈现了爆发性的增长，本章认为这与两个因素密切相关。一是时代背景。这一期间恰好处于中国明

确建立社会主义市场经济体制的改革目标并快速推进市场化进程的时间窗口,市场化进程的推进需要来自理论界的智力支持。二是来自国家层面的支持。国家自然科学基金自 1995 年开始对管理科学项目进行资助,同年市场营销作为其中的子方向共有 2 个项目获得了"面上项目"的资助。2001 年,市场营销研究被国家自然科学基金委纳入重点资助领域。1995—2008 年,获得资助的市场营销研究项目增多且资助的层次越来越高,2008 年,有 9 个"青年项目"、18 个"面上项目"、2 个"重点项目",共计 29 个项目获得资助(郑锐洪、郭国庆,2010)。

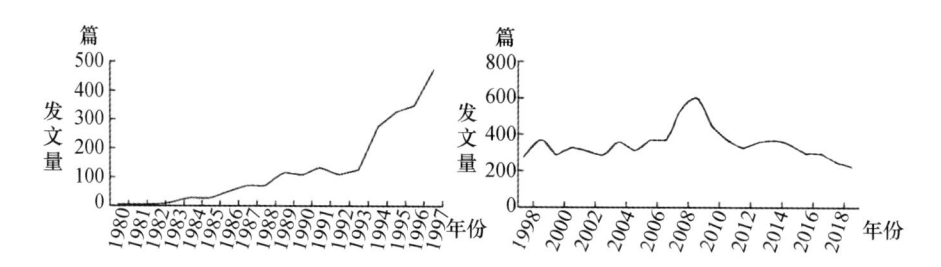

图 10—1 检索样本中的 1980—1997 年和 1998—2018 年的发文量趋势

资料来源:笔者绘制。

在 1998—2006 年,发文量稳定在 300 篇左右,2006—2008 年发文量达到峰值。但自 2009 年年末,发文量开始下降,呈平缓下降的趋势,直到 2018 年年末,发文量下降到 249 篇。虽然数量有所减少,但是营销研究的质量有所提升,从样本中营销文章的篇名来看,早期(1992 年以前)的营销研究主要是对市场现象和具体营销策略的探讨乃至一些评论性文章,只有少量定性研究。随着社会科学研究工具的不断引入,使用科学管理学研究方法的学术研究逐渐增多,具体体现为定量研究数量的增长以及运用案例研究和实验研究方法等研究方法的文章不断增多。

二 70年来中国市场营销研究的总体特征

(一) 学术机构合作网络呈现出较强的区域特征

本章通过 CiteSpace 绘制出了样本文献中主要科研机构的合作网络图谱。为了得到较为清晰的可视化效果，本章将图谱绘制的频数阈值、标签字体大小、节点大小分别设置为 5、15 和 30，得到如图 10—2 所示的机构合作网络。其中，图中节点代表了各个科研机构，节点的大小代表科研机构的发文数量。图中共有 417 个节点、112 个连接、网络密度为 0.0013，由此可见，中国科研机构之间在市场营销研究上具有较为广泛的合作。合作网络中节点较大的科研机构是南开大学（0.03，中心度值——该值越大，则节点在网络中的重要性越高）、清华大学（0.03）、西安交通大学（0.02）、中山大学

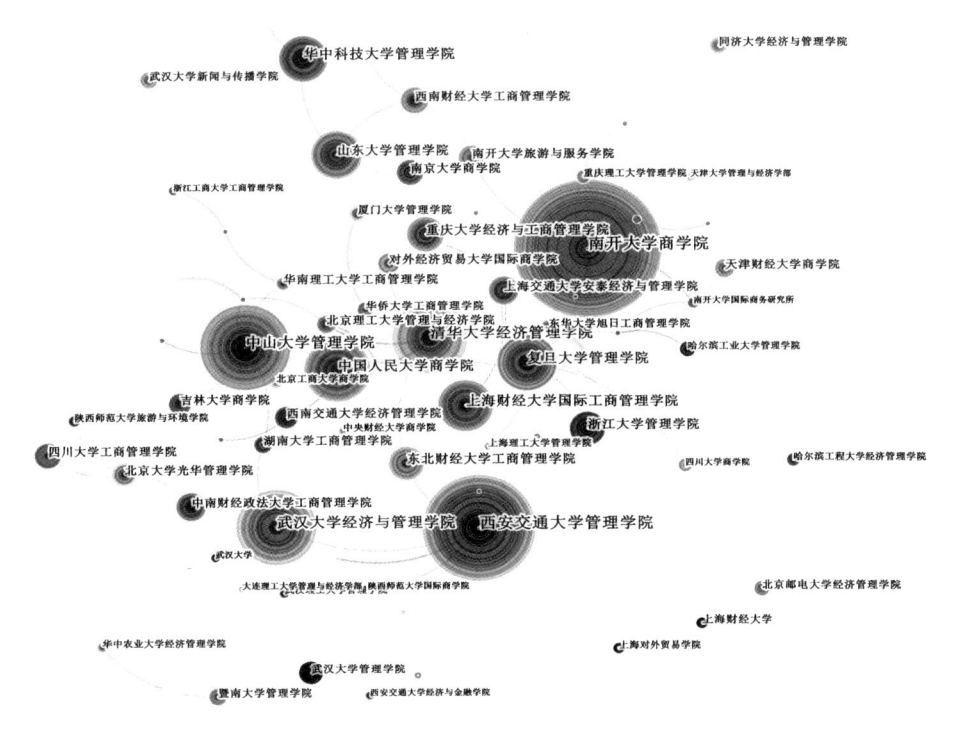

图 10—2　机构合作网络（参数设置：5，15，30）

资料来源：通过 CiteSpace 分析结果绘制。

(0.02)、复旦大学（0.02）、中国人民大学（0.01）和武汉大学（0.01），这些科研机构为合作网络中的较为重要的连接节点。同时，本章也注意到，虽然科研机构间存在较好的合作广度，但是合作的强度普遍不高。

在以较大节点为核心的合作网络的外围位置，也有一些相对独立、规模中等的合作网络。例如，以北京大学、华中科技大学和浙江大学为主要节点的合作网络。还有一些网络位置较远、与各个合作网络联系较少的科研机构，如暨南大学、同济大学、北京邮电大学、哈尔滨工程大学等。科研机构间的合作呈现出较强的区域特征。例如，以南开大学、清华大学、中国人民大学等组成的华北地区合作网络，以上海交通大学、上海财经大学、复旦大学等高等院校为代表的华东地区合作网络。另外，在西南地区、西北地区以及华中地区也形成了相应的合作网络，以武汉大学、西安交通大学、华中科技大学等为代表。

（二）作者合作网络结构分散，学者间合作水平较低

CiteSpace 可以分析样本中作者的发文数量及合作情况，进而绘制作者合作网络图谱以便把某个特定研究领域中学者之间的合作关系通过可视化的形式展现出来。本章运用 CiteSpace 统计出了样本中学者的论文发表数量。本章以论文发表数量较多的学者为基础（样本数据中作者发表论文篇数大于等于10篇），然后辅之以 CNKI "所有数据库"中以相应"作者"信息作为检索条件进行检索，并针对引用次数进行了补充验证，最终得到10篇引用率最高的文章，如表10—1所示。

表10—1　　中国市场营销研究高产作者及其高被引论文

作者	代表文章	年份	主题	类型	现工作单位	引用量
白长虹	《西方的顾客价值研究及其实践启示》	2001	顾客价值	文献综述	南开大学	1125

续表

作者	代表文章	年份	主题	类型	现工作单位	引用量
范秀成	《基于顾客感知价值的服务企业竞争力探析》	2003	顾客感知价值	质性研究	复旦大学	656
庄贵军	《权力、冲突与合作：西方的渠道行为理论》	2000	营销渠道	文献综述	西安交通大学	645
王永贵	《顾客价值及其驱动因素剖析》	2002	顾客价值	质性研究	首都经济贸易大学	583
刘凤军	《体验经济时代的消费需求及营销战略》	2002	营销战略	质性研究	中国人民大学	376
董大海	《消费者行为倾向前因研究》	2003	消费者行为	文献综述	大连理工大学	312
王海忠	《品牌资产的消费者模式与产品市场产出模式的关系》	2006	品牌资产	定量研究	中山大学	299
郭国庆	《口碑传播对消费者态度的影响：一个理论模型》	2007	口碑	质性研究	中国人民大学	286
何佳讯	《品牌关系质量本土化模型的建立与验证》	2006	品牌资产	量表开发	华东师范大学	238

续表

作者	代表文章	年份	主题	类型	现工作单位	引用量
李飞	《市场定位战略的综合模型研究》	2004	营销战略	质性研究	清华大学	226

注：该表中所列代表文章包含作者合作文章。

资料来源：根据样本分析结果并结合 CNKI 数据库检索题录整理绘制，查询时间为 2019 年 5 月 16 日。

从一定程度上来看，本章样本中高产学者及其引用率较高的代表论文反映了中国营销研究的主要知识基础和研究领域。这些研究领域涵盖消费者行为（顾客价值）、关系营销、品牌管理、营销战略、企业竞争力与市场定位等。从研究方法来看，主要是文献回顾（综述）类文章以及以逻辑推演为主的理论探索的质性研究。其中，顾客价值是学者们一直高度关注的主题，白长虹（2001）立足国外学者在顾客价值领域的代表性研究成果，系统地回顾与梳理了顾客价值领域的研究沿革、主要成果，阐述了其概念和内涵；杨龙和王永贵（2002）通过梳理国外研究，剖析了顾客价值的层次性，并识别出驱动顾客价值的主要关键因素，提出了供应商视角下的价值驱动模型；郭国庆等（2007）构建了理论模型并定量地研究了口碑对消费者态度的影响；董大海和金玉芳（2003）将顾客价值的概念引入对顾客行为倾向前因的研究；范秀成和罗海成（2003）在企业战略的研究中加入了顾客感知价值因素，揭示了企业竞争力和顾客感知价值之间的联系；刘凤军等（2002）根据体验经济的特点探讨了消费者在新情境下的需求较产品经济、服务经济的不同，体验经济情境下，企业应深度解析客户需求并调整其营销战略。再者是对品牌的研究，王海忠等（2006）指出消费者对品牌资产的认知和产品产出存在结构性的关系。消费者模式下的品牌资产由品质认知、品牌共鸣等四个维度组成。何佳讯（2006）将国外研究中常用的基于社会心理视角的品牌资产测度方法引入国内,并以中国本土消费者的社会心理开发了量表。最后是有关营销战略的研究,李飞和刘茜(2004)结合钻石模型,构建了旨在提高企业竞争力的综合定位模型。

本节将时间范围设定为1980—2019年,时间切片(Slice)设置为3年,发文量阈值、字体大小、节点大小分别设定为(3,10,30),使用 CiteSpace 绘制得到的作者合作网络如图10—3所示,该合作网络中共有918个节点、362个连接,网络密度为0.0009。从图中所示的作者合作网络来看,中国营销研究的学者间合作情况水平较低且结构分散。合作图谱中较为显著的科研团队是以庄贵军、汪涛为主要合作节点的合作团队以及分别以庄贵军、王永贵、吴晓云、李飞、甘碧群、王海忠、卢泰宏、孙明贵、郭国庆等为主要枢纽节点的合作网络,各个科研团队之间并没有广泛的联系。

图10—3 作者合作网络(参数设置:3,10,30)

资料来源:通过 CiteSpace 绘制。

(三) 研究主题随时间发展不断拓展、细化和深化

关键词是对学术研究核心要点与主题的凝练。CiteSpace 可以通过关键词共现分析来揭示不同时段的研究热点及其演变情况。本章使用了可以反映研究热点整体情况的关键词聚类视图分析以及可以反映出研究热点随时间变化情况的时间区视图。除此之外,本章借助 CiteSpace 的突发性关键词识别功能对各个时段的突发性研究热点进行了分析和梳理。

(1) 整体情况。通过词频分析,本章样本中出现的研究对象集中在企业 (1281 次)、品牌 (98 次)、消费者 (472 次)、顾客 (291 次)。对营销活动的"供给端"——企业而言,与营销战略 (策略) 以及公司治理有关的高频次关键词有企业管理 (1187 次)、市场营销 (542 次)、营销策略 (447 次)、营销观念 (264 次)、营销理念 (256 次)、营销战略 (123 次)、营销组合 (75 次)、营销管理 (75 次)、营销能力 (55 次)、市场细分 (49 次) 等;从营销的"需求端"——消费者来看,在消费者行为研究、客户 (顾客) 关系管理领域出现频次较高的关键词有顾客价值 (268 次)、顾客满意 (68 次)、顾客忠诚 (43 次)。

在研究中,同时关注企业和消费者 (顾客) 的研究领域——与营销模式、营销模式创新、商业模式、营销实践探讨方面有关的高频关键词有网络营销 (242 次)、绿色营销 (189 次)、关系营销 (170 次)、体验营销 (64 次)。

最后是与营销环境相关的研究,如技术、政治等大环境因素。营销环境决定了企业营销活动所处的政治、经济、国情大背景,在这个领域出现的频次较高的关键词有经济体制 (136 次)、市场经济 (124 次)、中华人民共和国 (102 次)、美国 (84 次)。

关键词的中心度反映了其在共现网络中的重要程度。我们可以通过关键词在共现网络中的中心度来判定该研究主题,本章整理了按关键词中心度的降序排列的前 50 个关键词,如表 10—2 所示。从关键词的中心度来看,重要性较高的研究领域是营销策略、市场营

销、消费者、企业管理、品牌、营销组合等。

表10—2　　　　　关键词统计情况（按中心度1—50位）

序号	数量	中心度	时间	关键词	序号	数量	中心度	时间	关键词
1	447	0.21	1985	营销策略	26	229	0.03	1983	市场策略
2	542	0.15	1984	市场营销	27	170	0.03	1996	关系营销
3	472	0.14	1981	消费者	28	96	0.03	1999	电子商务
4	1187	0.12	1981	企业管理	29	86	0.03	1984	财政管理
5	98	0.12	1999	品牌	30	78	0.03	1982	银行
6	1235	0.11	1981	企业	31	75	0.03	1984	北美洲
7	289	0.10	1996	营销	32	68	0.03	1999	顾客满意
8	145	0.10	1987	策略	33	61	0.03	2002	营销模式
9	75	0.09	1985	营销组合	34	43	0.03	2005	顾客忠诚
10	102	0.08	1990	中华人民共和国	35	36	0.03	1984	出口
11	268	0.07	1999	顾客价值	36	25	0.03	2008	目的地营销
12	291	0.06	1984	顾客	37	136	0.02	1985	经济体制
13	242	0.06	1996	网络营销	38	108	0.02	2002	商业银行
14	189	0.06	1984	商品	39	68	0.02	1982	金融机构
15	123	0.06	1993	营销战略	40	67	0.02	1981	市场学
16	110	0.06	1999	创新	41	64	0.02	2002	体验营销
17	93	0.06	1999	营销创新	42	58	0.02	1984	服务设施
18	43	0.06	1984	市场营销学	43	55	0.02	2008	营销能力
19	264	0.04	1981	营销观念	44	53	0.02	1985	经济
20	256	0.04	1981	营销理念	45	46	0.02	2012	大数据
21	78	0.04	1984	商业	46	46	0.02	1984	商店
22	75	0.04	1984	营销管理	47	41	0.02	1984	日本
23	28	0.04	1983	商品经济	48	38	0.02	2002	核心竞争力
24	21	0.04	1987	消费	49	26	0.02	2011	价值共创
25	12	0.04	1983	经济效益	50	26	0.02	2011	社会化媒体

资料来源：通过CiteSpace关键词共现分析整理。

通过对样本中文献关键词共现的图谱分析，我们得到图10—4（参数设定为：频次＝5，标签字号＝2，节点大小＝3）。整体来看，我们可以将研究的关注点主要分为以下几类。

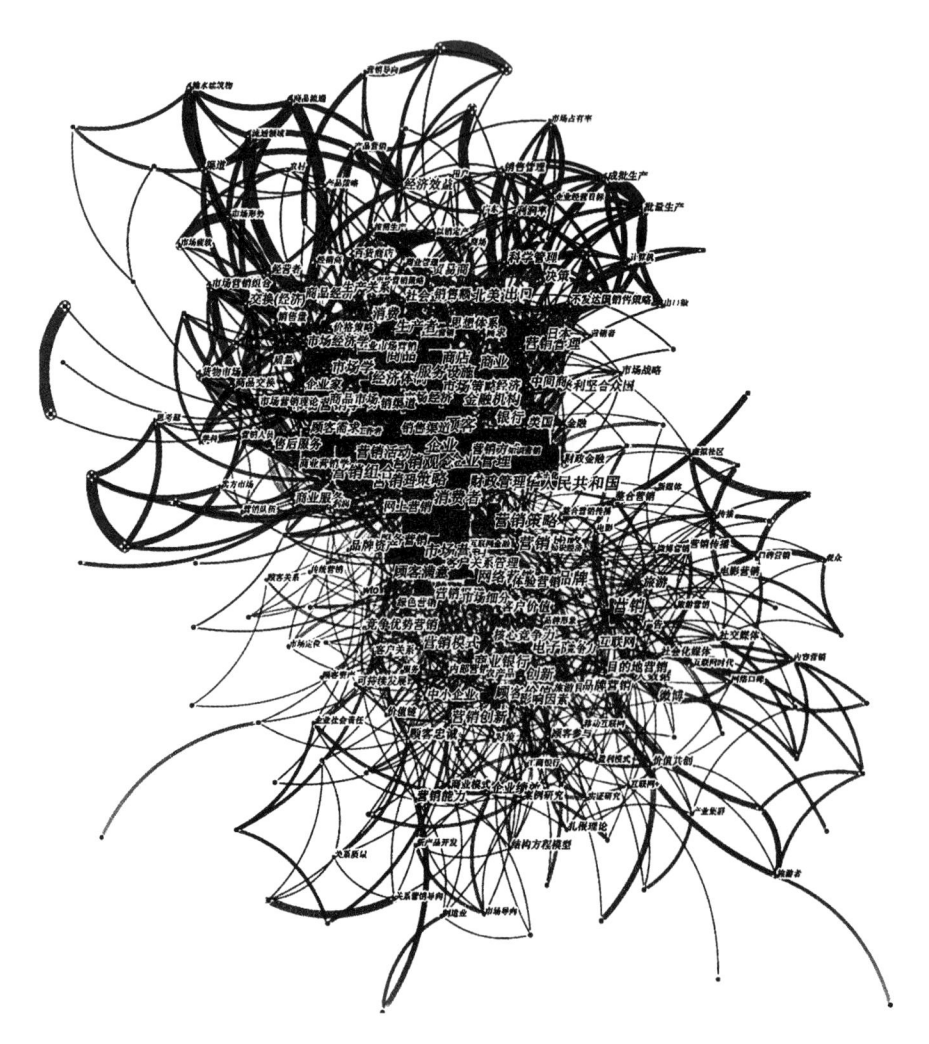

图10—4 关键词共现图谱（参数设置：5，2，3）

资料来源：通过CiteSpace绘制。

第一类研究集中在与消费者、顾客有关的主题。一方面是与消费者行为、消费者心理有关的研究。例如，性别对消费者购买自信水平的影响（孙瑾、王永贵，2016）、消费者的环保低碳消费行为（王建明、贺爱忠，2011）、顾客公民行为（陈信康等，2013）、在线消费者购买意愿（王全胜等，2009）等，这些研究反映了消费者购买行为、需求特征的演变。另一方面是从消费者价值、顾客（客户）资产角度探讨企业发展与竞争力。例如，服务质量、顾客满意以及顾客价值三者的相互作用（王永贵，2002），顾客满意和顾客忠诚之间的关系（汪纯孝等，2003）以及对顾客资产管理（王永贵，2004），顾客资产与顾客忠诚的驱动因素（韩顺平、王永贵，2006）等。

第二类是与品牌有关的研究。范秀成（2000）对品牌权益进行了定义并指出品牌权益的构建是企业品牌建设的核心任务。王海忠和赵平（2004）建立了中国品牌的原产地评价模型并通过四城市的消费者数据进行验证。卢泰宏和谢飙（1997）探讨了品牌资产理论中的品牌延伸的国外研究状况、概念以及影响品牌延伸的消费者、市场等5个因素，提出了品牌延伸的成功率模型。何佳讯等（2007）发现了老品牌长期管理中关于品牌创新和品牌怀旧的两难选择，并通过定量的方式测度了消费者创新特质和怀旧倾向的不同心理特征。张峰（2011）回顾品牌资产的文献，并重点选择顾客认知视角作为品牌资产价值的决定因素，基于心理学态度理论提出了一个品牌资产逻辑模型。

第三类是以销售渠道及国际营销为主题的研究。郭晓凌和王永贵（2013）通过实验研究的方法探讨了消费者的全球品牌态度。对于跨国的组织间市场，王永贵等（2016）基于服务外包的情境探讨了顾客创新、供应商创新之间的联系。就研究的目标国选择来看，通过关键词分析，数量较多的是美国和日本，同时也有学者对新兴国际化战略方向进行了探讨（李卅立等，2017）。

第四类是与营销战略、营销对策有关的研究。李天元（2001）指出旅游企业缺乏对营销定位的正确认识并澄清了旅游企业定位的问题。王永贵等（2003）利用结构方程模型定量地探讨了组织学习、核心竞争力、战略柔性与企业竞争绩效之间的关系。罗永泰和卢政营（2006）通过实证研究，分析了企业营销倾向的演进路径，即从产品导向、服务导向向需求导向转变，并基于这种需求探讨了隐形需求的内涵。李蔚（2002）提出了工业企业的营销安全指标体系。

第五类是以营销模式与营销创新为主题的研究。早期学者关注营销观念、营销理念营销策略（1985年），在后续的研究中，具体延展到了对各类营销模式的探讨，如网络营销、绿色营销、关系营销、体验营销等。就营销创新而言，汪涛和崔国华（2003）探讨了经济发展趋势下体验营销的必然性，并结合顾客行为对体验营销进行了定义并提出了相关理论框架。王永贵等（2009）对顾客创新的概念和研究进行了综述，建立了基于顾客关系管理的顾客创新模型，并进一步探讨了在组织服务市场情境下的顾客创新行为（王永贵等，2011）。李巍和席小涛（2014）结合大数据技术，展望了未来的营销创新研究的价值和方向。基于中国传统文化的影响，关系营销是在文献中经常出现的主题，"关系"的内涵与其所包含的营销启示逐渐成为学者争相探究的话题。甘碧群（2002）指出了关系营销理论对于传统营销发展的重要性并分析了传统营销理论和关系营销理论之间的关系。庄贵军和席西民（2003）从中国文化的角度探讨了中国关系营销的基础，并指出由于中国人际关系行为有着丰富的内涵，关系营销是中国市场活动中一种自然取向。吴晓云和张峰（2014）研究了关系资源和营销能力之间的关系，并指出企业的顾客导向和创新导向在关系资源和营销能力之间起中介作用，市场竞争强度会对这二者的中介效应起到正向的调节作用。

（2）研究脉络梳理。通过CiteSpace的关键词时间区视图，我们可以看到研究热点随时间的动态演变情况。本章将时间切片设置为3年，节点类型设置为"关键词"，得到本章样本中关键词的时间区视图图谱。早在1980—1983年，"企业""企业管理""营销""消费者"这些有关营销主体和营销基本概念的关键词就已经出现。在文献的关键词中,可以看到如"社会主义""资本主义""市场经济学""交换经济"等关注企业供销活动大环境的关键词,以及"按需生产""以销定产"等关注企业生产、销售活动的时代性研究主题。

我们注意到,"美国""日本""出口"等与国际贸易相关的研究主题在1984年出现,以及有关营销活动、营销关系的关键词,如"生产者""中间商""现代广告"。1985—1991年,"市场营销理论""市场营销组合""销售渠道""市场营销组合策略""分销渠道""国际市场营销"等细分的主题逐渐出现,标志着在概念和理论上,中国的市场营销研究已经开始逐渐形成较为完整的框架体系。1990—1992年没有新增的研究主题,但是1993—1999年,涌现出新一轮研究主题。从历史背景上来看,中国在1992年开始确立社会主义市场经济的改革目标,1993年,"市场经济""市场细分""市场战略""市场经济条件下"等主题出现,关注企业的营销学者也开始关注如"营销人员""营销队伍"等细分主题。从1996年开始,中国的营销研究已经开始关注"网络营销""关系营销""绿色营销"等与营销模式相关的主题。1999年,营销研究的理论探索进入了新的阶段,新的概念和主题出现,如"顾客价值""顾客满意""创新""品牌""可持续发展""服务营销""WTO""创新""营销创新"等。这个阶段营销研究主题的深化、细化与创新和中国社会主义市场经济体系的初步建立以及加入世界贸易组织的积极努力有一定联系。中国在2001—2012年市场化进程加快、企业营销活动的活跃程度增强,一些与市场竞争有关的关键词,如"竞争优势""核心竞争力"等主题开始出现,激烈的市场竞争也促使理论界开始对新的营销模式展开探讨以帮助企业取得竞争优势,如"体验营销""内部营销""城市营销""整合营销"等。与此同时,与消费者行为有关的研究也得到了发展和扩充。例如,"客户关系管理""顾客资产""顾客忠诚"等主题。学者们也开始关注企业营销能力以及企业的"品牌资产"。2011—2012年,技术的革新和商业模式的创新为营销学者带来了新的研究方向,新兴研究关键词,如"商业模式""价值共创""数据挖掘""微博营销""大数据"等开始出现。2012年以来,移动互联网的普及使得各类应用软件在消费以及生产、服务活动中起到了愈加重要的作用,由技术驱动的新营销主题不断涌现,例如,"移动互联网""互联网+""意见领袖""精准营销""内容营销""智慧旅游"等,同时,在科技赋能下,学界也在开始探索营销理论的新发展方向,如"价值创造""顾客参与"等。

(3) 突发性关键词。突然性关键词识别用于发现题目、摘要和关键词中随着时间的变化其频次变化较为显著的条目以揭示出阶段性的研究热点。强度大的突发性关键词揭示的往往是由于颠覆式的技术创新,阶段性的宏观、产业政策,以及国际政治、经济大环境变化对研究主题带来的冲击。表10—3列示了持续时间最长的突发性关键词。其中,突发性关键词的持续时间说明了学界对于这些领域具有持续性的关注,也从侧面反映了这些研究热点对于营销理论和实践的发展具有持续性的影响。"创新"是突发性强度较强(强度为19.1138)但持续时间最长(19年)的关键词,营销学者开始集中关注"创新"的年份始于2000年并持续至今;"营销理念"是持续时间长度排在第二的关键词,学界关注的起始年份和结束年份分别为1981年和1999年,说明中国的营销研究学者在早期的营销研究中主要关注企业对营销活动理念上的变化。

表10—3　　　　　　　　持续时间最长的突发性关键词

关键词	强度	开始年份	结束年份	持续时间	1980—2019年
创新	19.1138	2000	2019	19	
营销理念	16.1624	1981	1999	18	

续表

关键词	强度	开始年份	结束年份	持续时间	1980—2019 年
客户关系	15.2251	2002	2019	17	
品牌	26.8467	2001	2017	16	
电子商务	20.3377	2000	2016	16	
营销模式	20.1406	2004	2019	15	
营销渠道	33.0032	2001	2016	15	
营销活动	13.4338	1984	1999	15	
顾客价值	78.3737	2003	2017	14	
顾客忠诚	18.2563	2001	2015	14	
核心竞争力	13.9750	2001	2015	14	
客户关系管理	29.3432	2001	2014	13	
网络营销	48.1082	2000	2013	13	
需求	6.5406	1986	1999	13	
北美洲	15.1392	1984	1997	13	
美利坚合众国	14.5896	1984	1997	13	
美国	10.6117	1984	1997	13	
市场营销策略	12.5425	1983	1996	13	
市场学	28.7470	1981	1994	13	
思想体系	15.2203	1981	1994	13	
企业绩效	18.9527	2007	2019	12	
旅游	15.4127	2007	2019	12	
品牌营销	14.9707	2007	2019	12	
消费者行为	13.6452	2007	2019	12	
旅游目的地	27.4777	2005	2017	12	
商业银行	38.9146	2003	2015	12	
营销战略	7.3554	2002	2014	12	

续表

关键词	强度	开始年份	结束年份	持续时间	1980—2019 年
企业市场营销	9.4518	1986	1998	12	
市场经济学	16.7862	1981	1993	12	
营销能力	25.1858	2008	2019	11	
客户价值	34.3130	2004	2015	11	
中小企业	19.2965	2004	2015	11	
绿色营销	25.9169	1998	2009	11	
商店	8.6079	1989	2000	11	
社会主义	13.0302	1983	1994	11	

注：表中"持续时间"一栏的单位为"年"，本表选取列示的关键词是突发性关键词分析列表中的一部分（最长持续时间），被选取的关键词的持续时间均大于10年，且从高到低进行了降序排列。

资料来源：根据CiteSpace突发性关键词分析列表整理绘制。

为了分析近年来中国营销研究正在关注的热点，本章整理了2019年仍处于突发性状态的关键词，如表10—4所示。按照持续时间进一步细分，本章将这些热点分为三个梯队。具体来看，第一梯队反映出的是近3年来兴起的研究热点，如"价值创造""购买意愿""互联网+""移动互联网""微信营销""精准营销""营销创新""内容营销"等。可以看出，技术发展对营销理论与实践的影响得到了营销学者的充分关注。第二梯队包括持续时间6—9年的关键词。研究热点有"大数据"（6年）、"社会化媒体"（6年）、"价值共创"（6年）、"营销动态能力"（6年）、"微博"（8年）、"新媒体"（8年）、"商业模式"（9年）、"品牌资产"（9年）、"顾客参与"（9年）等。技术创新和商业模式的革新是营销学者们从2010年开始考虑较多的情境因素，而扎根理论、案例研究等理论研究方法从2013年开始得到了学者们的关注。第三梯队包括持续时间10年以上的关键词,包括"创新"(19年)、"客户关系"(17年)、"营销模式"(15年)、"消费者行为"(12年)、"品牌营销"(12年)、"旅游"(12年)、"企业绩效"(12年)、"营销能力"(11年)等。从强度来看,在排除用来说明研究主题科目("营销",强度:23.6784)和目标("影响因素",强度:24.0174)的关键词后,强度值在 20 以上的四个关键词是:"大数据"(强度:26.8381)、"营销能力"(强度:25.1858)、"商业模式"(强度:21.2761)、"营销模式"(强度:20.1406)。

表10—4　　　　　　　　2019年热点突发性关键词

关键词	强度	开始年份	结束年份	持续时间	1980—2019年
价值创造	6.5146	2016	2019	3	
购买意愿	6.5146	2016	2019	3	
互联网+	6.5146	2016	2019	3	
移动互联网	6.5146	2016	2019	3	
微信营销	5.2105	2016	2019	3	
精准营销	5.2105	2016	2019	3	
营销创新	4.6290	2016	2019	3	
目的地形象	4.5587	2016	2019	3	
广告营销	4.5587	2016	2019	3	
技术创新	4.5587	2016	2019	3	
内容营销	3.9070	2016	2019	3	
互联网金融	3.9070	2016	2019	3	
制造业	3.9070	2016	2019	3	

续表

关键词	强度	开始年份	结束年份	持续时间	1980—2019年
自媒体	3.9070	2016	2019	3	
传播	3.9070	2016	2019	3	
大数据	26.8381	2013	2019	6	
社会化媒体	13.7249	2013	2019	6	
价值共创	13.6828	2013	2019	6	
电影营销	13.1267	2013	2019	6	
扎根理论	12.5286	2013	2019	6	
互联网	10.7351	2013	2019	6	
营销传播	10.7022	2013	2019	6	
营销动态能力	8.3457	2013	2019	6	
营销	23.6784	2012	2019	7	
微博	11.9230	2011	2019	8	
新媒体	6.2383	2011	2019	8	
影响因素	24.0174	2010	2019	9	
商业模式	21.2761	2010	2019	9	
案例研究	13.0706	2010	2019	9	
广告	11.9787	2010	2019	9	
品牌资产	11.9384	2010	2019	9	
顾客参与	7.6159	2010	2019	9	
营销能力	25.1858	2008	2019	11	
企业绩效	18.9527	2007	2019	12	
旅游	15.4127	2007	2019	12	

续表

关键词	强度	开始年份	结束年份	持续时间	1980—2019 年
品牌营销	14.9707	2007	2019	12	
消费者行为	13.6452	2007	2019	12	
营销模式	20.1406	2004	2019	15	
客户关系	15.2251	2002	2019	17	
创新	19.1138	2000	2019	19	

资料来源：根据CiteSpace突发性关键词分析列表选取"结束时间"为2019年的关键词整理而成，表中"持续时间"一栏的单位为"年"。

第四节 结论与展望

一 结论

（一）中国营销实践发展经历了从无到有、逐渐繁荣的过程

中国经济总量不断增长，国民经济又好又快发展，人民的购买能力、消费能力不断增强，展现了巨大的市场容量和市场潜力。总体来看，改革开放以来，中国的宏观与产业政策环境不断向好，市场化水平不断提高，中国特色社会主义市场经济体系不断自我完善，为中国企业充分参与市场竞争提供了机会与土壤。另外，新中国成立70年来，中国经历了改革开放前夕的商品供应不足、经济体制落后、改革开放初期的通货膨胀、20世纪90年代的民营经济发展乱象、1998年的亚洲金融危机、2008年的国际金融危机，以及1998年的洪水灾害和2008年的汶川地震，中国国民经济运行以及市场化进程依然能保持持续稳定发展，说明中国政府拥有较为有效的市场调节工具，使得中国各类市场的运行、发展相对稳定,具备综合使用各种政策手段主动应对、抵御内外经济风险的能力。民营企业和国有企业都是重要的市场主体,在过去的70年中都不同程度地修炼了自身市场营销管理的能力,促进了中国商品、服务市场的繁荣发展,为人民日益增长的美好生活需要提供了良好的实现条件。

中国不断完善的经济体制、投资环境以及巨大的市场潜力吸引了大批来华投资、经营的国外企业,在为人民带来更多商品选择的同时,也从竞争的角度历练了中国企业的市场竞争力。可喜的是,我们能够看到,中国企业在全球化的竞争中有能力为自己挣得一席之地且竞争态势不断向好。

(二) 中国市场营销管理学科建设与教育水平不断提升,为中国市场经济发展提供了知识与人才

市场营销学在中国从最初的计划经济向市场经济转变的过程中起到了重要的支撑作用,企业营销水平的提高,增强了企业的竞争力,并且也为市场提供了更加贴近消费者需求的产品。新中国成立70年来,随着中国市场化水平的不断提高,社会对市场营销人才的需求增多。

我们也可以看出,市场营销学科建设历程基本符合中国经济发展的需要。培训的组织形式和培训范围从最原始的领导骨干培训班到正规的学历教育,再到发展研究生教育,最后形成了目前的学历教育、科学研究以及实践教育培训"三位一体"的教育体系。就研究生教育而言,在中国优秀博硕士学位论文全文数据库中以"营销"作为关键词进行检索,共得到71743条硕士、博士学位论文的结果,最早的学位授予年份为1999年,最近的授予年份为2019年,博硕士学位的授予趋势如图10—5所示。

(三) 学界对市场营销研究不断扩张与深化

从营销相关研究的论文发文量来看,1980—2019年,营销论文发表的规模呈现出先升后降的形态。在参与营销研究的科研机

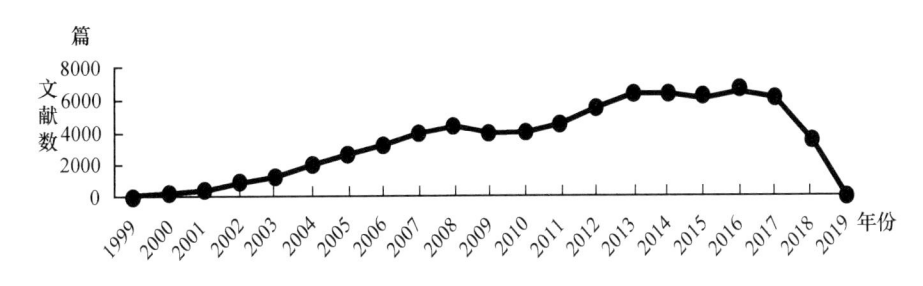

图 10—5 有关"营销"的博硕士学位论文检索情况

资料来源：根据中国优秀博硕士学位论文全文数据库关于主题词"营销"的检索结果整理绘制。

构合作网络中以南开大学、清华大学、西安交通大学、中山大学、复旦大学、中国人民大学、武汉大学为主要节点。同时，参与市场营销研究的科研机构间、学者间虽然存在较为广泛的合作，但是合作强度不高，各个科研机构、学术团队均有较为差异化的学术领域。

（四）中国营销研究主题与市场经济改革紧密联系

中国营销研究各阶段的主题选择基本符合中国市场化进程中企业营销实践对理论发展的实际需求，市场营销领域的研究学者善于从企业管理实践中发掘研究问题。在社会主义市场经济道路探索的初期，学界开始关注市场经济以及在市场经济体制下的企业营销活动，并从战略、策略层面开始关注营销理念、商品经济以及市场营销策略。1984年开始经济体制改革探索之后，中国逐渐建立了与美国、日本等国家的经贸往来，在这样的历史背景下，国际经贸中的营销问题成为新的研究热点，国际营销的热度呈持续上升趋势直到中国成功加入世界贸易组织。1984—2001年，随着市场经济制度不断完善、市场化水平不断提高，企业的市场营销活动越来越活跃、竞争越来越激烈，很多有关营销战略的建构以及对消费者市场、需求的研究在此期间逐渐兴起。

（五）中国营销研究范式在70年中不断演化

按照研究理论导向，中国市场营销研究总体上可以划分为三类：第一类是引进再验证型。该类研究的特点是直接以西方经典、前沿的理论研究为蓝本，基于中国的数据以及对中国情境的分析进行验证性再研究。第二类是引进消化修正型。该类研究主要通过加入中国情境因素或者使用中国数据，对国外相关理论中存在的不足或者是后续研究做出修正，如引入新的建构、中介、调节变量等，以做出边际贡献。第三类是引进、吸收再探索型。该类研究在大量国外研究的基础上，结合中国独特的情境因素。充分利用中国的数据，探索新的理论并试图回答中国特有的营销问题。从本章所做的文献总结和梳理结果来看，中国市场营销研究过去主要表现为引进再验证型和引进消化修正型，这两类研究的优势是基于西方已有管理理论并辅以中国的营销现象，能够提高研究成果的达成效率，但不足在于该类研究的贡献属于对西方既有营销理论的延续、验证或扩展，更多体现为为相关理论"添砖加瓦"，使其更具有一般性、概括性。早期的中国营销研究以思辨型、议论型的文章为主，逐渐发展到逻辑推演、归纳总结的质性研究型论文以及部分实证型文章。除了上述几种类型的文章，后期利用科学研究手段（如扎根理论，元分析、知识图谱、案例研究）进行质性研究的文章也逐渐增多，整体而言，中国营销研究的水平不断提高，研究的科学严谨性不断提升，研究领域的结构不断优化。

二 展望

展望未来，中国营销管理科学的研究选题应该注重将科学研究方向与社会经济发展目标相结合，以营销管理科学研究为国计民生、社会发展与企业成长提供可靠的理论支持和决策依据，在结合营销管理实践的基础上做理论性、应用型的研究，提出有支撑、可操作的解决方案，为中国社会经济和企业的长期、稳定、健康发展提供营销管理新知和发展路径。70年中，中国的营销环境发生了巨大的变化，营销相关研究也取得了巨大进展。一方面，这是中国的具体国情决定的。从历史上来看，中国的社会主义市场经济体制改革不同于苏联模式，更不同于西方的市场经济模式，其市场化进程也存在着鲜明的中国特色。在中国的市场化进程中，政治、技术、文化、政策等因素都在不断地影响着中国消费者对产品和服务的需求与偏好以及企业的营销模式和经营战略的制定。另一方面，技术创新对企业的营销变革也发挥了愈加重要的作用。以移动互联网和智能手机的普及等为代表的科技普及以及基于科技发展的新兴商业模式，都促进着中国消费者的消费结构、消费方式的转变与升级。实际上，技术对产品和服务的影响既体现在需求端，也体现在供给端，正引领着企业营销策略、营销实践的巨大变革。在这样的背景下，本章通过对中国市场营销相关研究文献的回顾与梳理以及对营销理论发展与实践的思考，提出了"一个愿景和四个研究方向"。

中国市场营销研究应致力于探索基于中国情境的营销管理理论。过去的中国市场营销研究主要是引进再验证型和引进消化修正型，未来应该重点推进第三种类型的研究——引进、吸收再探索型。可以说，自新中国成立以来，中国在经济、技术、制度、文化因素等方面都发生了重大变化，中国消费者的生活质量也得到了前所未有的提升，但对于中国企业是如何取得令人瞩目的成效方面还没有得到圆满的理论诠释，解读中国企业的营销管理模式任重而道远。在2016年哲学社会科学工作座谈会上习近平同志指出："这是一个需要理论而且一定能够产生理论的时代，这是一个需要思想而且一定能够产生思想的时代。我们不能辜负了这个时代。"通过学术研究为营销理论提供基于中国情境的独特贡献，进而指导更广大发展中经济体的管理实践，是中国营销理论界亟待解决的关键问题之一。当然，探索基于中国情境的市场营销理论也具有必要性。从宏观经济上来看，林毅夫（2019）认为：中国的改革是一种渐进式的、实事求是的改革，而且没有完全遵循西方经济理论所认同的市场经济体制。历史证明，中国采取的改革路径以及有中国特色的市场化进程是成功的,而生搬西方主流经济学理论的发展中国家出现了诸多困难。因此,从宏观经济上看,我们不能"生搬硬套"西方的理论,而企业是推动经济发展的最重要经济单元,其发展规律与成长经验具有较为独特的中国情境性,相关的市场营销理论研究也不能一味遵循西方相关理论的路径。市场营销管理的科学研究者应该尝试以中国的营销实践和文化积淀为抓手,努力探索基于中国情境的市场营销理论创新,打造出有中国特色的市场营销研究学派(郭菊娥、席酉民,2004)。

(一)方向一:基于大数据的消费者需求洞察与移动互联网情境下的消费者行为机理

数字经济正在同时改变着公司和消费者的行为与决策,企业如何收集消费者数据并与消费者分享数据处理的价值以及基于数据的互动模式在数字时代变得尤为重要(冯芷艳等,2013)。从企业的角度来看,在数字经济情境下消费者需求的产生是实时、多变的,而令人兴奋的是在大数据时代,消费者需求可以通过交易数据、浏览数据等数字化的行为记录反馈给企业。这就意味着企业可以利用消费者的行为数据帮助其做出更好的经营管理决策,包括但不限于生产、定制更符合消费者需求的产品、服务,制定有关价格、渠道和促销的营销战略与具体的执行路线。对消费者需求的及时把握意味着企业能够及时做出决策,但是,企业也应该注意到,虽然消费者的需求能够通过数字来进行实时、精准的描述,但是也意味着消费者需求具有更大的不确定性,营销决策的做出与对市场的反馈有一定的时滞效应,同时,企业通过事前预测消费者需求而做出的营销决策并不一定能够匹配消费者灵活多变的需求,造成"计划没有变化快"的效果。因此,在大数据的帮助下,企业有可能提高营销管理效率,但对数据价值的不当解读、错误处理进而做出不适用市场情况的决策,也可能造成企业经营的低效率。定制化战略能够更加细致地满足消费者的需求,同时,定制化也是基于成本、收益的一个协调性问题(Wang et al.,2017),在大数据以及先进制造科技

("增材制造",如 3D 打印）的支持下，更大规模、更加精确的定制化成为可能，与此同时，定制化的成本正在下降。本章认为，基于大数据赋能的消费者洞察，如何制定更加"聪明"和"多快好省"的顾客定制化战略与模式将成为营销理论研究、营销实践探索中的一个有意思的话题。

从消费者的角度来看，数字技术使得消费者能够获取范围更广的产品或者服务，通过各式各样的电商，消费者不出家门就可以获取上门服务或者来自世界各地的产品。这样就促使消费者在关注产品和服务本身的质量、可得性等传统价值维度之外，也更加关注客户的"数字体验"。消费者会产生更多的、通过数字技术使得他们的生活更加便利并且解决以前生活、工作、学习中无法解决的问题的需求（例如，通过 App 接入各种生活服务、通过 MOOC 等进行学习），进而形成了"数字化消费者行为"这一全新的维度。在这一维度下，顾客购买意愿的形成机制，以及重复购买行为的驱动因素均发生演进。顾客忠诚、顾客满意在数字经济时代有了不同的绩效维度。我们可以感受到，在面临信息爆炸的情况下，消费者的偏好形成机制发生了很大的变化。但是，在享受更加便捷的服务、购买到更加符合心意的产品时，消费者也暴露了大量自身数字行为数据，数据隐私成为影响社会经济稳定发展的新挑战。

（二）方向二：渐进式改革下的营商环境与市场培育

营商环境是企业所有市场营销活动所依托的基础，虽然中国营商环境已经进入全球前列（焦冠哲、王永贵，2018），但仍有进一步改善的空间。在中国目前所处的全面深化改革阶段使市场在资源配置中起决定性作用和更好地发挥政府作用是改革的重要目标，而改善营商环境则是一条有效的实现路径。通过改善营商环境可以促进各类市场主体发挥作用，提高市场活力和运行效率，培育新的市场领域和增长点。

改善营商环境既要从基础设施入手，也要从制度环境的改善上发力。在中国改革开放 40 年的历程中，利用市场力量完成资源配置的产业和领域越来越多,在这个过程中体制机制的渐进式改革发挥着重要的作用,中国的营销管理理论界也在社会主义市场经济体制初步建立和完善阶段对经济体制进行过较为广泛的探讨,在本章研究的文献样本中,1981—1993 年是关键词"市场经济学"的一个爆发期(强度:16.7862),从 1985 年起共有 136 篇文章使用"经济体制"作为关键词。更大行业范围、更大规模市场、更高效的市场规则和更加完善的市场机制,才能支持市场营销活动的有序健康开展。政策对于市场活动的引导和干预是市场营销学者在思考营销环境中的重要命题,这可以从服务行业的政策中反映出来,如网约车、共享单车以及各类金融服务。在这一研究方向上,我们需要思考政府与市场主体之间关系的演进、政商关系对市场营销战略的影响,并总结改革开放 40 年的历史经验,展望未来的市场政策和体制机制设置。

以往市场营销研究大多关注企业和市场之间的关系以及企业自身的营销竞争优势,但是对于市场中重要的底层要素——政府和市场的关系、政策和企业的关系没有太多关注。有关城市营销的文献、市场机制的完备水平差异往往体现在中央到地方的政府公共治理方式和政策的科学有效性上。在未来的研究中,我们需要思考政府对市场干预引发的消费者行为转变以及对企业营销行为、营销战略的影响,地区营商环境转变、城市营销对地区市场活动、商业活跃程度的影响机制和政策绩效,国家的产业政策对于产业培育、企业成长以及新的市场需求的促进与培育。

(三)方向三:顾客广泛参与的社会网络化价值共创

在高速连接网络、更加强大的云计算能力、更加"聪明"的人工智能设备以及更加灵活的商业模式的背景下,中国营销学者注意到了顾客网络与顾客知识的重要性、顾客参与和顾客创新体验之间的关系(王永贵等,2011),以及顾客参与的"双刃剑"效应(马双等,2015)。从本质上来看,无论是技术的进步还是商业模式的革新,其核心都在于价值创造、传递和共享方式的演进。在科技赋能的新商业模式中顾客逐渐从产品或服务的接受者转化为产品与服务的共同开发者、共同生产者和价值的共同创造者,这种变化使得消费者价值获取的方式和价值的来源产生了本质性的改变。如 UGC (User Generated Content,用户创造内容)为企业创造了动态了解顾客反馈、偏好的工具,通过顾客反馈,企业能够在顾客的引导下设计出更符合市场需求的产品、服务。因此,在人工智能、大数据、物联网的帮助下,产品、服务的开发过程不再是以企业为主导的过程,而是企业与顾客实时、动态互动的过程。

在这样的背景下,企业谋求高质量发展必须在战略上进行转变(刘菲、王永贵,2018)。越来越多的企业在战略导向上逐渐从产品中心观向顾客中心观转移、从企业内部创新观向顾客创新观转变。探索顾客参与的动因、顾客价值创造的过程、驱动因素、顾客创新的绩效影响及具体的影响,并构建有效治理顾客广泛参与的社会网络化价值共创的理论框架体系是营销研究学者需要关注的方向。具体而言,仍需理论界回答的问题包含数字经济中价值共创的形成条件、驱动因素与营销启示,共享经济中的"产销者"(Prosumer)行为与价值创造过程,以及在价值共创视角下企业营销资产(如品牌资产与顾客资产)的形成机理等研究问题。

(四)方向四:营销环境变革下的商业模式与企业竞合新生态

综合来看,逐渐改善的营商环境为企业营销活动提供了软性的基础设施。与此同时,技术的发展又更进一步地促进了市场信息传递、提高了市场运行效率,为更高水平的商业合作提供了机会与土壤。基于营商环境的完善和技术的发展,价值创造的方式正在发生的本质化演进也同时带动了企业之间价值链条的重塑。价值共创不但发生在企业和消费者之间,也同时发生在供应链的上下游企业之间。在这种价值链框架下,企业间资源、能力的整合与协同发展能够形成新的商业模式和产品、服务创新。企业间的营销战略、营销能力、营销模式、营销策略、商业模式会互相影响,动态均衡形成不同规模、体系的商业生态系统。在这样的商业生态系统中，企业的竞争合作面临新的格局。未来研究可以从整体视角出发，着眼于企业生态链的组成部分、形成机理、生命周期、演化规律以及企业生态链催生的新兴商业模式的产生过程和驱动因素；从产业视角研究企业间竞争、合作的动态过程并从经济视角出发探究商业生态系统的价值创造和分配模型。

上述四个研究方向分别致力于探究"硬环境"——数字技术发展与市场营销活动之间的关系和"软环境"——深化改革背景下制度环境与市场营销的关系；在市场营销"软""硬"环境的全面变革中深入探讨顾客和企业之间关系的重构与价值创造方式的演进，并在互联互通的背景下对企业所面临的动态竞争与合作态势进行战略思考和研究。当然，探讨基于中国情境的营销管理理论与实践必将是中国市场营销研究的一大主流。

第十一章

财务管理

  中国自20世纪70年代末80年代初开启的改革开放取得了举世瞩目的成就。随着国民经济体制从计划经济向市场经济的转变，企业作为经济发展的微观主体，其财务管理理论和实践也表现出显著的阶段性特征，并在70年的经济社会发展进程中扮演着重要角色。本章对新中国成立70年来企业财务管理的理论与实践进行系统的梳理。需要说明的是，迄今为止，学术界对于财务管理的边界和内涵尚未达成完全统一的观点。传统的财务管理教材中通常将财务管理概括为筹资管理、投资管理、营运资金管理和利润分配管理四大部分。本章认为，传统教材所界定的财务管理是一个狭义概念，随着企业经营环境的变化，还应该考虑战略财务管理和财务风险管理。一方面，狭义的财务管理范畴无法对外部环境的变化做出快速反应。战略财务管理是财务管理与战略管理的有机结合，其相比于传统财务管理而言具有全局性、外向性和长期性等特点。另一方面，随着我国资本市场的迅速发展，越来越多的企业在经营管理模式上逐渐由传统的资产经营为主转变为以财务为导向的资本经营。经营环境快速变化、业务日趋复杂以及规模和管理层级的增加，都使得企业发展中面临的财务风险不断加大。如何有效防范企业财务风险，将财务风险降至最低，一直是我国理论界关注的焦点问题，也是企业财务管理实践乃至整个企业管理实践的重心之一。因此，本章界定的财务管理范畴包括战略财务管理、筹资管理、投资管理、营运资金管理、利润分配管理和财务风险管理六大部分。

本章以时间为顺序，以经济发展特征为脉络，从新中国成立70年企业财务管理实践与理论发展的主要阶段、财务管理文献计量分析、财务管理理论三个维度，概述新中国成立70年来企业财务管理的发展经验，以探寻我国企业财务管理的发展规律，并对未来的趋势进行展望分析。新中国成立70年财务管理实践与理论部分，主要回顾了国民经济发展不同阶段的企业管理特征、财务管理实践特点及其研究发展；财务管理文献计量分析以新中国成立70年来有关财务管理的文献资料作为数据统计源，从学术趋势、关键词分析、研究机构分析三方面对新中国成立后的前30年和改革开放40年的财务管理研究文献进行了梳理和比较。财务管理理论部分则从国外财务管理理论引入、新中国财务管理理论的探索和创新、财务管理理论的未来发展三部分阶梯式展现我国财务理论的发展脉络。本章最后提出了新中国成立70年来财务管理发展变革的几点启示及对未来发展的展望。

第一节 基本发展历程

一 社会主义计划经济时期的财务管理（1949—1978年）

（一）计划经济下的企业管理特征

从新中国成立到开启改革开放的30年历史阶段中，我国实行以公有制为基础的高度集中统一的国家计划经济体制，经历了"两收两放"的政策调整，企业财务管理体系在高度集中的计划与财政体制下初步建立。这一时期的经济特征主要体现为企业无主体资格，经营目标为完成国家计划，企业筹资、购销由有关主管部门统一管理。

1. 企业缺乏主体资格

计划经济体制下,资金由国家负责划拨,投资方向和项目也由国家决定,企业盈亏由国家承担等,因此,企业与国家(特别是国家主管部门)之间的关系十分密切,是一种典型的上、下级关系,国家是企业当然的所有者和支配者,企业无主体资格,现代意义上的企业组织并不存在(胡文君,2001)。

2. 企业以完成国家计划为经营目标

计划经济体制下,社会经济资源严格按照国家计划进行配置,企业作为国家的附属物,生产资料的供给依靠国家计划分配,人员的安排由国家来调配,资金的供应由国家划拨,生产按计划实施,产品由国家统一调拨。也就是说,企业按照国家下达的计划组织生产,并按国家计划向消费者提供产品。完成国家下达的生产、销售计划,是企业的主要任务和经营目标。

3. 企业筹资及购销由国家统一管理

在高度集中的计划经济体制下,企业的经营资金来自国家整体计划分配,企业生产产品所需的原材料均由国家统一进行调配,生产产品的数量、种类、质量标准等均按国家计划执行,产品的最终销售也必须执行国家的统一计划,企业只需完成国家下达的生产任务,运用国家下达的资金定额。企业是行政主管部门的"生产车间",其主要活动是按计划进行生产(袁杰,2007)。

(二)以成本管理为主的财务管理实践

计划经济体制下,企业只对其内部生产过程中的成本进行控制和分析,不需考虑外部环境的状况和变化,如消费者的需求、资金市场利率变化、投资风险及控制、企业市场份额、国家经济政策调整、竞争对手情况等。这种封闭性使企业的财务管理活动单一,目标要求低,只需要运用国家下达的资金定额,完成主管部门下达的生产任务。在"统购统销"的计划经济模式下,企业唯一能够控制的是生产过程中的成本核算及资金监督。因此,这一时期的企业财务实践主要是按国家财务制度的要求来核算、监督资金、费用开支,并按规定缴纳税金、上交利润等。

1. 制度建立及清产核资

新中国成立后国家经济管理体制高度集中统一，企业财务管理的工作任务是迅速建立一套同经济管理体制相适应的财务管理体制和各种规章制度，在这一时期进行了全国范围的清产核资，核定了企业固定资产拥有量和流动资金定额，制定了统一的会计制度和成本核算办法。

2. 流动资金及四项费用管理

"一五"时期，企业财务管理规定了成本开支范围（柳标，1979）；实行了全国统一的税法、税制、国营企业利润和折旧费的交纳办法，把国营企业的利润和折旧全部纳入预算管理，建立了基本建设投资、流动资金和四项费用（技术组织措施费、新产品试制费、劳动保护措施费和零星固定资产购置费）等资金供应渠道和拨款办法。"大跃进"时期，企业所需的流动资金，由财政、银行分口供应改为银行统一供应、统一管理，实行流动资金全部有偿占用，全额信贷，采用小型技术措施贷款办法，固定资产变价收入全部留给企业使用。三年调整时期，为了加强财政、金融管理，1961年停止执行全额信贷办法，恢复了"四项费用"拨款和流动资金财政、银行分口供应的办法。从1967年起，实行折旧费下放，废止"四项费用"拨款制度。

3. 利润留成、上交与企业奖励基金制度

"一五"时期，实行了企业奖励基金制度和超计划利润分成制度。当时，有些财务制度是比较注意按劳分配、权责结合的。例如，企业奖励基金直接同利润挂钩，完成计划部分少提，超计划部分多提，未完成计划的不提。对主管部门实行超计划利润留成，对职工按照工作质量和数量，实行计件工资和奖励制度等。"大跃进"时期，对企业和主管部门实行利润留成制度，使企业用于发展生产和职工集体福利的资金，随着利润的增长而增长。企业奖励基金并入职工福利基金，从1969年起，将按工资总额3%提取的企业奖励基金同按工资总额8%提取的医药补助费和福利补助费合并,统称为职工福利基金,按工资总额11%提取。由于大批企业发生亏损和盈利企业的利润大幅度下降,不再具备实行利润留成的条件,1962年又停止实行利润留成制度,同时恢复了企业奖励基金由财政、银行分口供应的办法。

4. 班组核算

班组经济核算制借鉴了苏联的先进经验。这项经验的基本特点,是把具备相同生产条件的各个班组组织起来,运用货币计量形式,每天核算、公布和比赛与班组工作直接有关的主要指标的完成情况及其成本后果,使工人在一天工作完毕后,立即知道自己和其他班组执行国家计划的结果,进而比较总结出彼此的经验与缺点,以便相互学习,即时改进工作。实行群众性的班组核算,遍及全国各地,创造了许多工人参加管理、参加核算的好形式(常裕如,1958),主要代表为以鞍钢集团为首的炼钢企业,随后推广至各个工业企业。

(三) 以财务核算、监督为主的财务管理研究

新中国成立初期,企业财务管理发展与计划经济时期政府与企业之间的分配关系密切相关。企业无主体资格,财务管理权限极小,相关管理制度只是财政管理制度在企业的延伸。企业以完成国家计划为目标,与国家之间的分配关系始终难以完全理顺,企业财务管理收益分配制度并不成熟,而企业也不承担独立经营所必需的相关财务责任,资金供应及保障责任、资产高效利用责任等均由国家承担,企业需要关注的主要是政府下达的工资总额、成本费用、资金总量、利润总额等几项考核指标(郭复初,2015)。严格来讲,这一时期微观企业层面的财务管理工作属于会计核算与监督范畴(胡文龙,2018)。因此,这一阶段的财务管理研究以财务核算、监督为主,主要围绕国营企业进行经济核算制,建立企业财务管理体系及其管理内容与方法而展开。也有一些关于财务范围及地位、财务与经济核算关系的研究与探讨(张泽元,1963;葛致达,1960;邢宗

江,1964;黄菊波,1996)。

二 改革开放初期的财务管理(1979—1993年)

党的十一届三中全会以后,我国在充分、认真总结新中国成立以来经济发展等多方面经验教训的基础上,以扩大地方及企业的财政财务权力为起点,将财政体制改革作为突破口,从根本上打破原有经济体制的束缚,建立充满生机与活力的新经济体制。从1987年党的十三大到1993年11月党的十四届三中全会做出《中共中央关于建立社会主义市场经济体制若干问题的决定》之前,我国处于有计划的商品经济管理体制的发展阶段,实行计划经济为主、市场调节为辅的经济体制。这一阶段,进一步打破计划经济体制的束缚,商品经济有了全面发展,除商品市场发展以外,相应的劳动力市场、产权交易市场逐步发展起来,资本市场(如证券交易所等)先后建立,国有企业改革进入建立现代企业制度的新阶段,私营企业和外资企业也迅速发展起来(欧阳文彬等,1989)。

(一)经济体制改革探索初期的企业管理特征

1. 企业逐步活跃

随着财政体制改革、对企业的"放权让利",一部分资源配置权及财权下放给地方政府和国营企业,同时由既定的配置资源权而产生的相应利益也随之让给地方和企业层面。此外,大到公司财务小至田间地头,全面实行承包责任制,企业的灵活性和员工的积极性得到极大提高。这一时期有计划地将原本过于集中的权力下放给企业,促使企业积极性迅速提升,在相对独立的范围内,企业自主决定经营范围、销售渠道及策略等方方面面,整体活跃起来。

2. 企业以利润最大化为经营目标

为调动广大职工的积极性与创造性,在放权让利的改革阶段,通过实行"企业基金""利润留成""以税代利"等办法以期扩大企业自主经营权,改变利润分配体制,提出税制改革,企业需向国家缴纳税收,纳税后的利润由企业自主分配,换言之,企业以税收的形式向国家缴纳部分利润。但从整体来看,企业利润主体部分自行分配,极大地促进了企业的积极性,企业在完成计划的前提下逐步实现以利润为导向的管理发展模式。

3. 企业所有权与经营权一体

在有计划的商品经济管理体制下,国有企业的生产、销售、流动资金等依旧受到国家管控,国家不仅拥有国营企业的所有权,还通过国有资产管理局、国家经贸委等行政部门对企业行使财务管理、经营管控等。

(二) 以利润分配为主的财务管理实践

1. 企业基金

企业基金为企业自主控制部分,提取的方式分为两种:一是按工资总额的一定比例从利润中提取企业基金,这是大多数企业采取的形式;二是试行分别按计划利润和超计划利润的一定比例提取企业基金,这种方式只对一些客观条件优越的企业有利。由于企业利润的影响因素复杂,各企业间的利润额也悬殊较大,因此各企业均根据自身优势选取企业基金提取方式。如四川泸州天然气化工厂,全厂共有职工5032人,1978年利润总额为9796万元,以5%计提,留归企业支配的企业基金为485万元,人均964元;而宁江机床厂有职工2414人,1978年利润总额为446万元,按5%计提,留归企业支配的企业基金只有22.3万元,人均92元,仅为泸州天然气化工厂人均数的1/10(鲁兆等,1979)。

2. 实行利润留成制度

企业按照国家规定比例参与利润分配,用以建立生产发展基金、职工福利基金和职工奖励基金。利润留成比例核定的内容包括与生产发展有关的新产品试制费、科研经费和职工技术培训费;包括与职工物质利益有关的职工集体福利和奖金支出。按照这些支出在一定时期内占企业同期利润总额的百分比,参照实际情况分别核定留成比例。

3. 基本折旧基金提成

1967年以前，企业提取的折旧基金全部上缴财政，更新改造所需的资金由国家统一拨付。1978年，基本折旧基金1/2上交，1/2留归企业。1983年调整为将折旧额的75%留给企业，后来又调整为全部折旧都留归企业。例如，重庆蓄电池厂花了280万元改造铅粉、胶壳、汽车把板、蓄电池装配4条自动生产线，一年就可增加利润150万元，两年就可以收回投资。

4. 利改税

1983年，国家实行第一步利改税，采取的是以税代利、税利并存，即企业上缴55%的所得税，剩余部分由国家和企业分成。1984年，在全国国营企业实行第二步利改税，将利税并存改为以税代利，税后利润留给企业。

(三) 以财务控制、考核为主的财务管理研究

在承包责任制下，企业对利润的分配权力越来越大，利改税等相关制度充分调动了企业积极性，企业也逐步以利润最大化为目标。在此基础上，企业意识到财务管理的重要性，将利润获取作为财务管理的目标，并在此基础上建立起财务控制与考核的激励机制。

1. 以财务控制与考核为主

刘本祥（1980）提出财会工作人员必须加强财务管理，把资金管活，用最少的钱做最多的买卖，充分发挥国家资金在企业中的作用；不断降低商品流通费用，努力减少商品损耗，为国家提供更多的积累；逐步建立健全各项规章制度，使每个商业企业都能科学地、有秩序地进行各种经济活动。为切实管好资金，在推行承包制和利改税、税利分流的条件下，加强企业内部财务目标控制，利用财务杠杆引导企业自觉约束短期行为，适应国家宏观调控的要求，实现利润最大化，有必要在企业内部建立和完善财务机制。"所谓企业财务机制，是主要由资金、成本和利润等相互联结的价值范畴所构成的财务活动体系，是企业价值运动的自动调节系统"（郭复初，

1986）。这一理论为企业内部财务调控组织体系、指标体系、方法体系的建立指明了方向，也为国家宏观调控并引导企业微观活动找到了连接点。

2. 国家对企业的财务控制

随着利润留成制和承包制的推行，国家逐步给予企业自主权，同时通过财务法规等规章制度，对企事业单位的经济行为进行规范和约束，加强财务控制对保证企事业单位经济行为合理化，保证国家、集体、个人三者利益的正确处理具有重要意义。根据马克思关于国家同时具有所有者权力与政治权力"两种权力"的理论，学术界提出了国家以所有者权力所进行的本金投入收益活动即为国家财务活动，认为"国家财务是国有本金的投入与收益活动及其所形成的经济关系"（柴进等，1987）。国家作为本金所有者，与其他本金所有者一样，应追求国有本金的保全与增值，防止国有资产流失，并构建独立的国家财务管理体系进行国有本金的管理、监督和营运。国家以政治权力所进行的国民收入再分配活动则为国家财政活动，按照"政企分开"的要求，国家财政活动与国家财务活动必须分别管理，不能再由财政来统一管理国家财务（郭复初，1994）。

3. 财务核算与监督深化

姜永林（1980）提出加强财务监督对于企业以及国有资本的重要性，提出财务人员不仅要加强经济核算，还要认真履行财务监督的职责。固定资产清算、国有资产清算等财务核算是企业理清财务实力、加强财务监督的基础。

三 社会主义市场经济体制确立时期的财务管理（1994—2014年）

1993年11月《中共中央关于建立社会主义市场经济体制若干问题的决定》发布，标志着我国进入建立和完善社会主义市场经济体制的新时期。在这一时期，进一步明确了政府与市场、政府与企业的关系，以公有制为主体、多种所有制经济共同发展的基本经济制度已初步建立，国有企业普遍实行了股份制改造，股权分置改革顺利完成，多层次的资本市场和债券市场进一步建立和完善，宏观与微观财务管理体制改革和财务制度建设取得很大进展。同时，国内外理财环境也发生了深刻变化，经济全球化、生态环境恶化、亚洲金融危机和美国次贷危机导致的国际金融危机，对我国企业的财务活动产生了深刻影响。

（一）社会主义市场经济体制下的企业管理

1. 企业拥有独立自主权

党的十四大不仅确定建设社会主义市场经济体制，还指出国有企业实行公司制，着眼转换经营机制，建立现代企业制度，推动产权制度改革。公司生产经营权回归，财权下放，真正成为独立核算、自负盈亏、自主经营的市场主体。

2. 股份制企业出现

国有企业与行业行政主管部门脱钩，建立母子公司体制，组建成为大型企业集团。股份经济的发展大大提高了资本的社会化程度，实现了资本的社会流动，并提出了对股份公司资本筹集、运用和分配的经济效益进行社会评价的要求。与此同时，当公司走上股份制的道路以后，客观上在外部就形成了庞大而多元的经济关系集团，企业与各方面的财务关系已不像以往那样"单纯"，而具有了复杂性，企业只有具备相当高的理财技巧，才能适应瞬息万变的市场状况，才能使资金获得应有的流动性、竞争性和增值性（冯巧根，1993）。

3. 所有权和经营权相分离

企业通过公司化改造，出现了股份制、集团化，企业需要专业的经营者综合市场环境及知识储备决策运营企业。经营者需履行出资者的委托受托责任，公司所有权和经营权相分离，出资者逐步建立针对经营者的激励约束机制。

(二) 以企业整合为主的财务管理实践

随着改革开放的不断深入，市场竞争日益激烈，财务管理在推进企业转换经营机制、提高企业的管理水平和经济效益、加速市场经济发展方面的战略作用和地位日益突显。企业资金的筹集和投放、资金的运用与周转、资金的耗费和补偿、资金的收回与分配，以及财务关系的调节与各方利益的调和等，构成了企业财务管理的基本内容。而财务预测、财务决策、财务计划、财务控制、财务分析、评价和考核等构成了企业财务管理的主要环节。

1. 统一核算与分级管理相结合的财务管理体系

社会主义市场经济体制下，股份制公司林立，财务部门通过统一核算、分级管理的方式，实现及时准确通报各部门销售、费用和利润，正确核算各业务部门的责任目标，财务管理实践不断推陈出新，出现了不少财务管理创新性做法，如"三项管理和六个环节"，三项管理是指事前、事中与事后管理，六个环节指事前的预测和计划环节、事中的核算与控制环节、事后的检查与分析环节；也出现了一些财务管理优秀的企业，如浙江省糖烟酒公司、中国水电七局等（项瑞华，1999；李金元等，2000）。

2. 比率分析辅助财务预测与决策

国有大中型企业财务分析和评价指标按照筹资决策分析、投资决策分析、财务状况分析三个方面开展。比如，镇海炼油化工股份公司以最佳效益为中心、以市场为向导，模拟市场运行，将目标利润与企业考核挂钩，建立科学的指标体系，并将其详细分解为156项，同时要求每一季度、每月开展不同程度的成本、销售等经济活动分析，严格管控企业的经营发展（浙江省总会计师工作研究会课题组，1998）。

3. 内部银行

内部银行具有融资、调剂、分配资金等作用。为解决资金不足的问题，将有限的资金整合起来，发挥规模优势，一些企业、供销社纷纷建立内部银行。如江苏建湖县供销总社的内部银行于1993年

5月建立，由社管会领导、企业法人代表任行长，实施存贷分开，有偿计息。对于股份制集团公司而言，总公司对子公司赋予相应的经营权利，但在基金使用、对外投资、基本建设、技术改造、留利分配等方面采取总公司"统管"的内部银行做法（王世俊等，1993）。也有很多其他企业采用了类似的做法，如温州新世纪集团股份有限公司（林冬萍，1999）、浙江省糖烟酒公司、中国水电七局等（李金元等，2000）。

（三）以财务预测、决策为主的财务管理研究

在社会主义市场经济体制下，为了适应"国家调节市场，市场引导企业"的新型经济运行机制，企业不仅仅是依靠低成本大销量、闷头苦干来获取利润，而是综合企业所面临的市场环境及客户需求，基于自身的资产状态、产品生产销售情况等进行财务预测及决策。因此，我国财务学者立足国内，放眼世界，在总结实践经验和西方财务管理研究发展的基础上开展财务预测与决策的研究，继续深化探讨财务管理在企业中的地位、财务管理的目标等问题。

1. 财务预测是财务决策的基础

陈家华（1989）认为财务预测的基本原理是"因果关系论"与"相似论"的统一，是以企业资金运动规律为指南，对未来时期企业资金的筹集等进行合理预测。财务预测是企业为避免市场调节效应的缺陷带来的危害而必须重视的一项行为。准确的财务预测是财务决策和财务计划的依据，是企业成功的关键，是在前一个财务管理循环基础上进行的，运用已取得的规律性的认识指导未来。它既是两个循环的联结点，又是计划和决策的必要前提。

2. 财务决策是企业的关键

随着企业自主权的不断扩大，财务管理中需要决策的问题也越来越多，如资金筹集的决策、投资项目的决策、投资规模的决策等。王又庄（1993）认为要抓好企业的经营管理，必须首先抓好财务决策，有了科学的财务决策，就能正确地编制财务计划，使企业的资

金运动和财务关系能更好地在事前进行控制和规划。财务分析和评价作为财务管理的一个环节,就是企业自我的财务诊断,是提供报表使用者做出科学决策的依据。企业的大部分经营决策都涉及资金和盈利问题,这些经营决策都将集中反映于财务决策,财务决策对其他经营决策还具有指导和促进的作用。

3. 财务管理的地位和目标

随着企业股份制改造的推行,企业内部管理由过去以生产管理为中心逐渐转向以财务管理为中心,有些学者提出了"财务中心论"(梁华,1993;张佑才,1995;王庆成,1996)。随着股份制企业的建立,财务管理目标引起学者的热烈讨论,主要集中于提出股东权益最大化理论、企业价值最大化理论及利益相关者利益均衡化理论(何清波,1993;李心合,1999;袁振兴,2004;王黎,2010;汤谷良,2000)。除上述理论外,这一时期还对财务假设、财务主体、财务制度设计等理论进行研究。随着党的十四大提出建立现代企业制度理论与政策,政企分开、政资分开、两权分离逐步深化,财务管理从所有者财务扩展到不同财务主体财务(干胜道,1995;汤谷良,1997;谢志华,2012)。

四 新时代的财务管理探索(2015 年至今)

(一) 新时代企业管理的特征

2015 年 5 月 19 日,我国立足于国际产业变革的大趋势,正式发布《中国制造 2025》,提出了坚持"创新驱动、质量为先、绿色发展、结构优化、人才为本"的基本方针,实现"制造强国"的发展目标。在此基础上,中国不断创新,自主发展、开放合作,经济发展打开了新局面。习近平总书记在党的十九大报告中指出,经过长期努力,中国特色社会主义进入了新时代,这是我国发展新的历史方位。新时代是新中国成立以来几代中国人在中国共产党的领导下奋斗的结果,带有鲜明的时代特征。一方面,进入新时代,中国企业的竞争力,无论是规模还是技术创新能力都有了很大提升；另一方面，中国社会、中国企业所面对的国内外发展环境也发生了巨大的变化，中国社会、中国企业在谋求进一步发展进程中所要攻克的难题与过去也有很大的不同；另外，新时代也是新技术塑造的时代，大数据、云计算、人工智能等技术发展突飞猛进，在改变企业生存环境的同时，也赋能包括财务管理在内的企业各方面管理。

1. 企业商业模式持续变革

大数据、云计算、人工智能等技术创新，对企业商业模式的影响日益显著，企业可以充分利用大数据进行精细化的数据挖掘，实时把握差异化的客户需求，根据用户不同的兴趣和需求推出不同的产品或服务，持续改进用户体验。这种商业模式不以财务资本投入为关键驱动因素，而是靠技术创新、系统建设、品牌运作、服务提升、流程再造等无形资本的能力。

2. 智能制造改变企业生产组织模式

制造的自动化、智能化将改变企业的生产方式，改变竞争优势塑造的传统基础。基于物联网和智能制造系统，设备本身可以自动优化工序设计，摆脱了对劳动力成本的依赖，也改变了企业的成本结构。低成本、高效率的互联互通使企业更有可能与多个关联方一起，构建复杂的生态系统，在行业边界越来越趋于模糊的同时，企业的边界也不断被打破。

3. 财务与业务的深度融合

万物互联使企业获得决策信息的成本更低、速度更快、针对性更强，企业可以得到海量、多样、精准的信息，比如客户、供应商的身份信息，相关交易数据，外界环境变化，行业前景等。企业内部尤其是大型集团企业内部的各级子公司和分公司、各个部门和业务单元因长期独立运作而形成的"信息孤岛"被打破，财务与业务之间的边界也不断被重塑，财务与业务的深度融合既是技术推动的结果，也是企业增强竞争力的必由之路。

（二）以价值创造为主的财务管理实践

现代企业最主要的经营管理目标就是追求企业价值最大化。新时代财务管理的核心任务不再是简单的成本管控或确保资金安全。企业财务管理就是一种价值管理，通过对生产经营各个环节的价值分析与管理控制来推进价值创造，实现企业价值最大化。李扣庆（2016）提出，在快速变化、充满不确定性的复杂社会中，以大数据等为代表的信息技术正成为推动会计行业发展的重要推力，以大数据为代表的诸多技术领域的变革正在以更快的速度、更大的幅度重塑会计行业。围绕价值创造，大数据、云计算、智能制造等技术的运用催生了新时代丰富多彩的财务管理实践。

1. 财务共享

财务共享管理以共享中心为平台、总账系统为基础、成本系统为核心，创新财务管理模式，打造跨法人工作平台，打通业务与财务各环节管理链条，实现财务数据共享和穿透，为生产经营决策提供依据和增值服务。比如，香港国际机场项目财务共享中心依托中国交通建设集团有限公司（以下简称"中交集团"）直管项目财务共享中心，不单独在香港地区架设独立服务器，而作为中交集团财务共享中心的一个分中心。香港国际机场共享中心由四家参建主体单位构成，包括总经理部和三家集团二级子公司，实现跨法人单位的财务共享中心。项目财务共享中心按业务类别划分岗位职责，打破财务核算法人单位界限（欧伟辉等，2019）。中国电信在各省级省会城市构建财务共享服务平台（FSSC），通过平台的网络连接将各地市分公司和运营商的财务数据进行统一收集，并由平台终端服务器进行处理。对于共享服务平台的组织定位，中国电信为省级分公司提供了两套模式：其一，将之定位于省级分公司的内设机构，并由财务部门直接管理；其二，将之定位于省级分公司直属机构。财务共享流程分为云采集、云处理、云产品三个层级（马贵兰，2015）。在财务共享中心建设提高核算工作效率的同时，信息流的再造也部分驱动了业务流程的再造，数据的高效率流动也为深度的数据挖掘和管理会计的运用创造了良好的条件。

2. 划小核算单元，实现精益化财务管理

划小企业业务单元，继而将大组织划分为若干小单元，统一资源配置过程中的"责、权、利"关系。将收入、成本、投资、利润等财务数据细分至最小单元，实现最小单元独立量化安排与核算。划小核算单元是协助大型企业集团进一步发展壮大的重要方法，通过"划小"注入发展动力，从小单元出发全面推进"精益化财务管理"，实现以最小的投入与消耗，创造出尽可能多价值的目标。以 FSSL 公司为例，其以最小核算单位——业务部为基础，实施"三下两上"的程序，通过对客户订货需求量的预算回顾，结合企业的生产能力水平，通过预算执行、控制、回顾、预测，以月为单位以精准数据量化指标为监测依据，滚动预测企业每月度的产品生产量，实现生产预算精细化，使企业目标制定可靠、可信、可行，从而实现每年 25% 的增长比率。

3. "一个全面、三个集中"

中国石油天然气集团有限公司根据实际情况借助财务共享管理和金融控股运营两个平台提供技术手段和数据分析支持构建了一个有目标、有布局、有支撑、有手段并持续创新的财务管理体系，可总结为"一个全面、三个集中"。对各类业务实施"集团总部—专业分公司—地区公司"的三级全面预算管理体制，会计一级集中核算，不同的下属公司设置不同的责任中心；司库管理体系，下放资金自主权，实现资金集中管理；根据年度资金预算，确定融资方案，借助公司综合信用，统一对外融资，采取"统一借入、统一偿还"的债务集中管理方案。通过金融控股运营平台和财务共享平台，全面实施财务管理新体系，进一步重塑、优化财务和业务流程，实现财务和业务流程的融合贯通，推动财务延伸到企业价值链的各个环节，助力集团公司财务管理由价值核算向价值创造转型（闫华红等，2018）。

（三）以财务共享、业财融合为主的财务管理研究

在"大数据+智能制造"的背景下，企业逐步颠覆传统经营模式。企业财务管理的基础工作将被"网络+机器"取代，在企业价值创造的目标推动下，财务管理将集中于最具价值的财务预测、财务分析、运营优化，大数据和人工智能的充分利用，将有效地实现财务与业务融合，最终实现财务管理的价值。

1. 大数据+智能制造推动财务管理创新与转型

大数据，正在重新定义我们的工作、生活和业务，重新定义资产的价值，重新定义竞争优势（李扣庆，2018）；大数据，改变了财务管理的传统理念和内涵（汤谷良，2015），也对财务数据处理和应用提出了更高要求，财务管理须充分利用大数据实现财务共享，有效实现企业财务管理和业务工作决策的全面融合，推动财务管理创新与转型（殷起宏，2015）。企业要想利用大数据的优势提升竞争力，必须构建数据库：利用现代化、数字化手段，建立统一的信息系统，统一数据统计标准和口径，及时更新，建立共享数据库，搭建信息沟通平台，制定数据共享机制，适度开放数据共享接口，确保在企业内部实现数据实时流转、持续共享（王竞春，2019）。企业财务决策离不开各种财务数据和非财务数据之间的相关性分析，它需要财务业务数据的有机融合。基于云会计平台，在抽取、转换、加载与企业财务决策相关的各种结构化、半结构化、非结构化类型的财务和非财务数据之后，通过大数据技术和手段分析数据之间的关联关系并挖掘出数据背后蕴含的巨大价值，可以为企业科学合理的财务决策提供支撑（程平等，2015）。财务共享这种新型财务管理模式不仅可以强化财务内部控制，而且可以成为优化组织结构、提升流程效率、降低运营成本的最佳管理模式，也是近年来财务领域的最大变革之一（卫菁华，2019）。

2. 通过业财融合推动企业价值创造

业财融合，一方面，可以通过财务向业务前端进行延伸，打通

会计与业务、会计与外部利益相关者的界限，实现信息的集成与实时控制（张庆龙，2017）。另一方面，财务与业务融合要关注业务链条中的不增值环节和节点，并利用信息化与智能化消除会计核算流程的不增值部分。在此基础上形成"三分财务"的概念，即将财务职能细分为共享财务、业务财务和战略财务，在强化财务监督职能的同时，要求财务人员不断深入业务、服务业务，发挥财务价值引导、价值保障、价值反映、价值评价功能，激发财务管理的价值创造能力，实现财务为企业增加价值的目标（朱建芳，2019）。财务管理与业务管理的水平提升对企业经营绩效日益重要，企业必须将财务管理与业务管理融合，建立有效的财务共享平台，才能够帮助企业更好地在不断变化的市场中实现企业价值（刘慕勤，2019）。

第二节　文献计量分析

一　文献计量的一般说明

（一）文献计量方法简介

文献计量学是指用数学和统计学的方法，定量地分析一切知识载体的交叉科学。它是集数学、统计学、文献学为一体，注重量化的综合性知识体系。其计量对象主要是：文献量（各种出版物，尤以期刊论文和引文居多）、作者数（个人集体或团体）、词汇数（各种文献标识，其中以叙词居多）。文献计量学最本质的特征在于其输出务必是"量"。

近些年来，文献计量方法在各领域的学术研究中得到了广泛应用。例如，王满等（2019）对于改革开放40年中国管理会计理论研究的回顾与展望，就利用了描述性统计分析、可视化统计分析和文献阅读分析等方法。

(二) 超星发现简介

本章的文献计量分析以超星发现系统提供的文献资料作为主要数据统计源。超星发现系超星公司旗下网站，其以近十亿海量元数据为基础，利用数据仓储、资源整合、知识挖掘、数据分析、文献计量学模型等相关技术，较好地解决了复杂异构数据库群的集成整合、完整高效、精准、统一的学术资源搜索，进而通过分面聚类、引文分析、知识关联分析等实现高价值学术文献发现、纵横结合的深度知识挖掘、可视化的全方位知识关联。

二 新中国成立后的前 30 年财务管理研究文献计量分析

(一) 范围界定与样本选择

对财务管理研究的发展进行回顾，首先需要明确界定财务管理理论研究的范围及其涵盖的主题。由于学术界对于财务管理尚无统一的界定，本章采用"公司财务管理"或"企业财务管理"作为主题进行文献检索，时间限定为 1949—1978 年，最终得到相关数据 121 条，其中，图书 9 种，期刊论文 90 篇，报纸报道 6 篇，年鉴 7 条，法律法规 8 条，信息资讯 1 条。

(二) 基于描述性统计的财务管理发展回顾

1. 学术趋势分析

图 11—1 列示了新中国成立后的前 30 年图书、期刊、报纸三种类型文献的发文量统计。从中可以看出，对于企业财务管理的研究和探索在新中国成立之初引发了一定的关注；各类文献在 1959 年达到了峰值（涉及图书 1 种、期刊论文 17 篇、报纸报道 3 篇），这是因为当时正处于"大跃进"期间，教育、文化等事业也都开展"全民大办"。此后几年，各类文献数量呈下降趋势，至"文化大革命"期间几乎都降为 0。

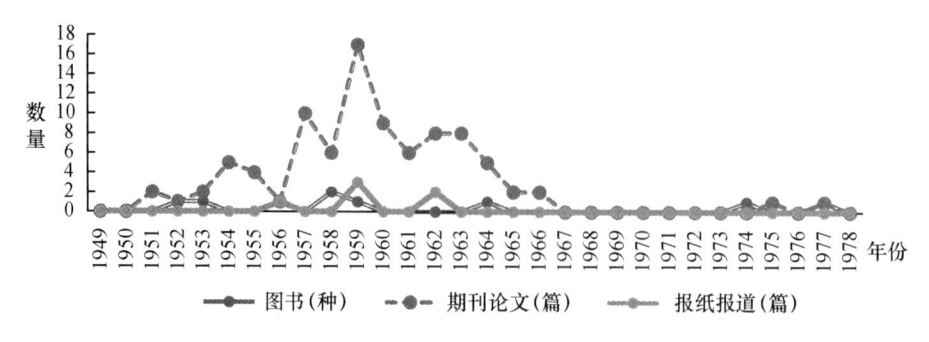

图 11—1　1949—1978 年各类型文献发展趋势曲线

资料来源：超星发现系统。下同。

2. 关键词分析

通过对关键词的分析，能够了解某个学术领域的主要研究内容、研究重点与热点。本章对 1949—1978 年财务管理相关文献的关键词进行统计，并按其出现的频次进行排序，得到排名在前 48 名的关键词列表（见表 11—1）。

表 11—1　新中国成立后的前 30 年财务管理相关关键词出现频次统计

关键词	频次	关键词	频次	关键词	频次	关键词	频次
财务管理	53	人民政府	4	加强	3	社会主义	2
企业财务	48	成本管理	4	商业企业	3	资金管理	2
企业财务管理	43	国营企业	4	管理办法	3	毛泽东思想	2
财务管理工作	20	规定	4	降低成本	3	成本核算	2
管理工作	19	财务管理体制	4	主管	3	合作社	2
工业企业	11	管理知识	4	切实加强	3	财政管理	2
经济核算	6	公私合营	4	财会工作	3	纺织企业	2
山西省	5	国务院	3	群众运动	3	小型企业	2
流动资金	5	管理体制	3	生产服务	3	财政预算	2

续表

关键词	频次	关键词	频次	关键词	频次	关键词	频次
财务工作	5	财政部	3	省人民政府	3	严格执行	2
人民公社	5	收入	3	九五	3	贯彻执行	2
企业管理	4	管理制度	3	交通企业	3	检查工作	2

表 11—1 显示,词频最高的前几个关键词都是与财务管理直接相关的,这里略去不谈。除此以外,词频比较高的关键词包括工业企业、经济核算、流动资金、人民公社、企业管理、成本管理、公私合营等,基本上体现了这段时期的时代特色。从图 11—2 也可以看出新中国成立后的前 30 年财务管理的研究内容与研究重点。

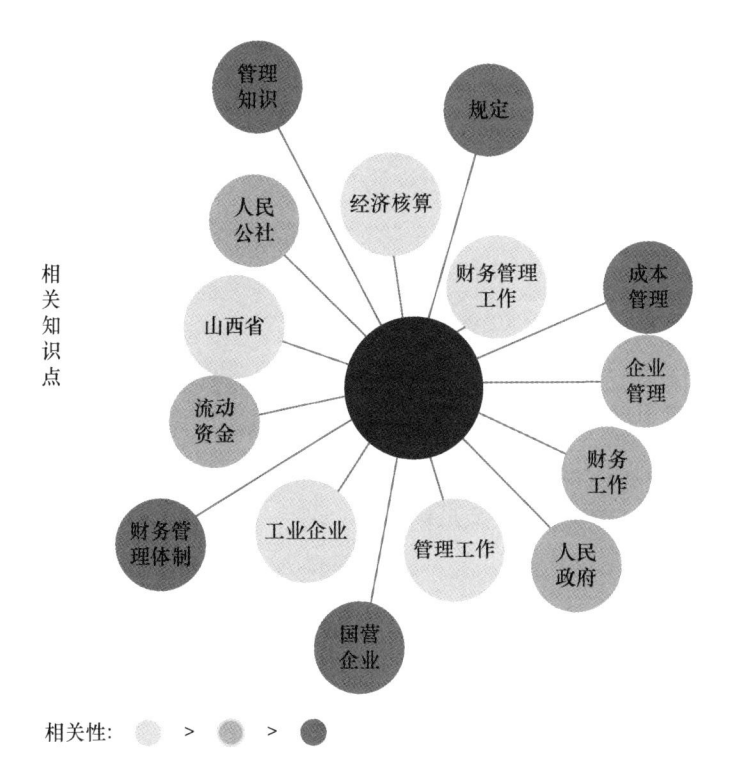

图 11—2　新中国成立后的前 30 年财务管理关键词与关系气泡示意

(三) 研究机构分析

通过对相关文献所属的研究机构进行分析，可以厘清相关研究脉络，发现研究方向。从图11—3可以看出，该部分文献所涉及的主要研究机构均为各省市的财政部门，包括四川省财政厅、北京市财政局、安徽省财政厅、青海省财政厅、云南省财政厅等。

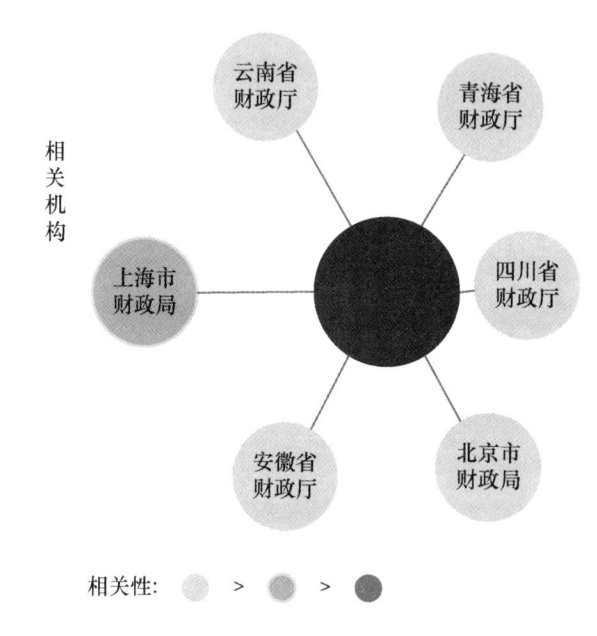

图11—3 新中国成立后的前30年财务管理研究机构气泡示意

三 改革开放以来财务管理研究文献计量分析

(一) 样本选择与分布

根据前文分析，这里采用"公司财务管理"或"企业财务管理"作为主题进行文献检索，时间限定为1979—2018年，最终得到相关数据91647条，其中包含图书2435种，期刊论文76424篇，报纸报道998篇等，详细的样本分布如表11—2所示。

表11—2　　改革开放以来财务管理研究各类型文献数量统计

文献类型	图书（种）	期刊论文（篇）	报纸报道（篇）	学位论文（篇）	会议论文（篇）
文献数量	2435	76424	998	4636	570
文献类型	标准（个）	专利（个）	音视频（个）	科技成果（项）	年鉴（条）
文献数量	3	49	555	60	2951
文献类型	法律法规（条）	案例（个）	信息资讯（条）	特色库（个）	
文献数量	715	106	2113	32	

(二) 财务管理一般问题研究的描述性统计

1. 学术趋势分析

(1) 图书趋势分析。图11—4列示了改革开放以来财务管理领域的图书出版情况统计。从中可以看出,改革开放初期,财务管理方面的图书出版数量不多,1987年开始有比较大幅度的增长,此后的1993年和1997年各达到短期的峰值,这也与当时的经济体制改革进程是吻合的;从1999年开始,基本上保持连续增长态势,至2010年创造了历史最高值130种;此后又开始回落,最近几年基本上保持在100种上下。

(2) 期刊论文趋势分析。图11—5列示了改革开放以来财务管理领域的期刊论文发表情况统计。从中可以看出:改革开放初期,期刊论文发表数量的增长态势比较平稳,从1979年的14篇到1986年第一次突破百篇,用了7年;此后几年基本上稳定在100多篇,直到1992年首次突破200篇;此后几乎每一两年就上一个台阶,直至2003年首次突破1000篇,2006年突破2000篇;2009年以来进入飞速发展阶段,至2018年已经达到9708篇。

(3) 学位论文趋势分析。图11—6列示了改革开放以来财务管理

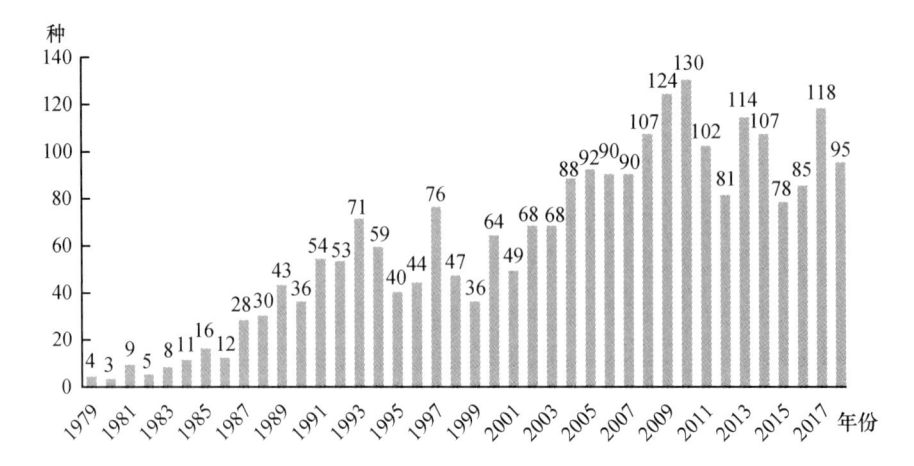

图 11—4　改革开放以来历年财务管理领域图书出版数量

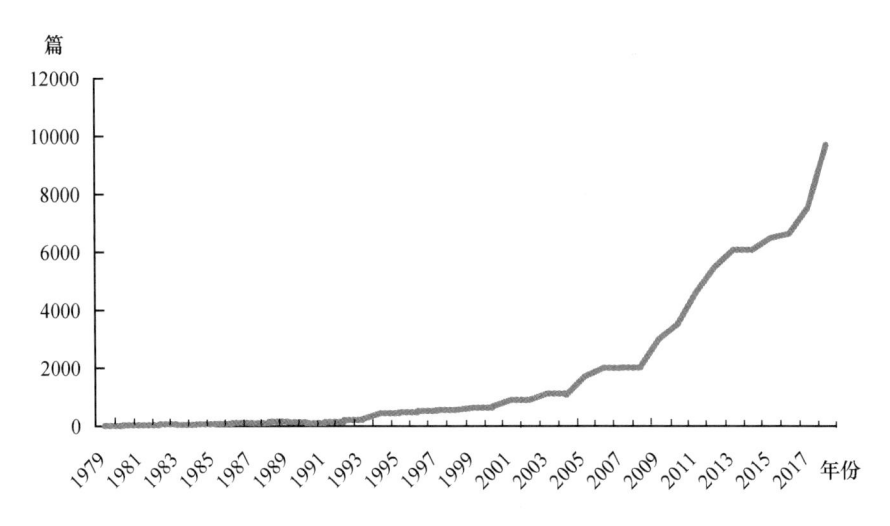

图 11—5　改革开放以来历年财务管理领域期刊论文发表数量

领域的学位论文情况统计。从中可以看出：受限于教育发展水平，一直到 1988 年才开始出现财务管理领域的学位论文，而且数量不多，一直到 1996 年都保持在每年 10 篇以内；从 1997 年开始，财务管理领域的学位论文开始增长，并经历了两个高速增长阶段，一是 2004—2006 年，二是 2011—2014 年，其中 2014 年达到历史峰值；此后几年，财务管理领域的学位论文数量开始下降，具体原因有待进一步分析。

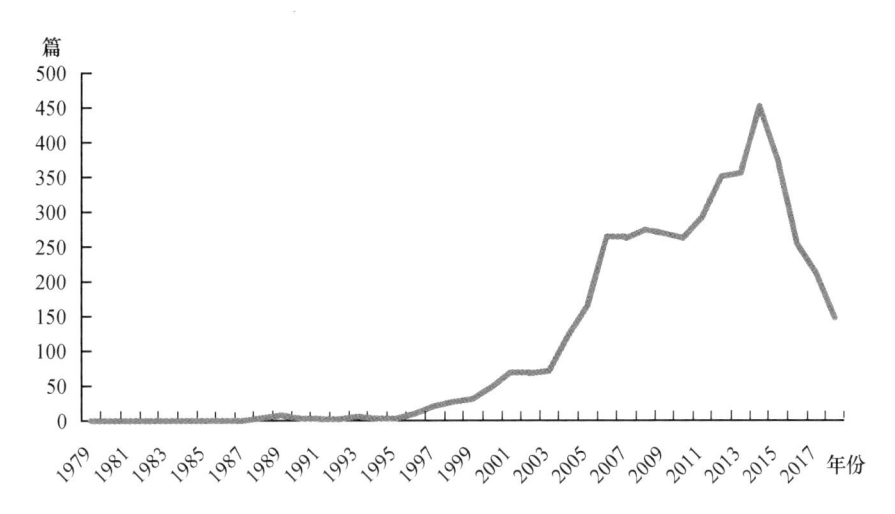

图 11—6　改革开放以来历年财务管理领域学位论文发表数量

（4）其他类型文献趋势分析。除了前述几种类型的文献，这里简要分析一下会议论文和报纸的文献数量。如图 11—7 和图 11—8 所示，会议论文数量和报纸关注数量都是自 1999 年开始大幅增长，并基本上维持在较高水平，但不同年度波动比较大，最近几年呈下降趋势。

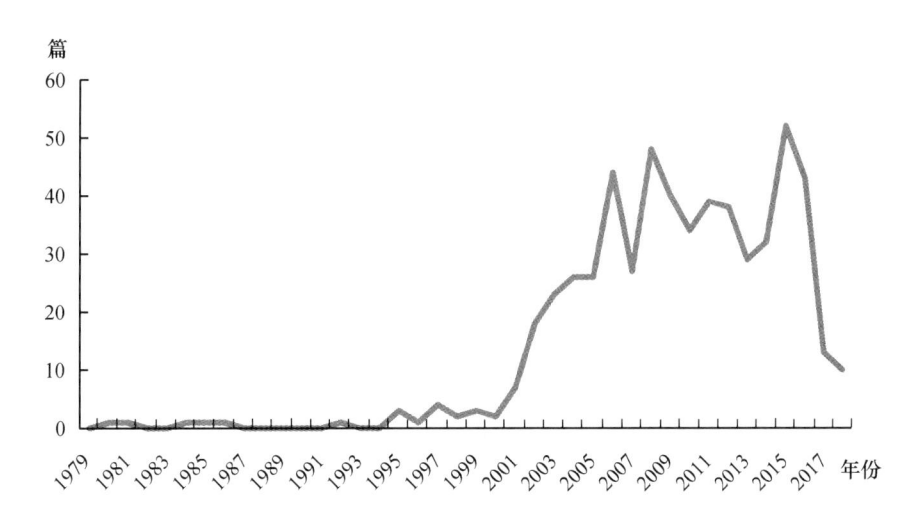

图 11—7　改革开放以来历年财务管理领域会议论文发表数量

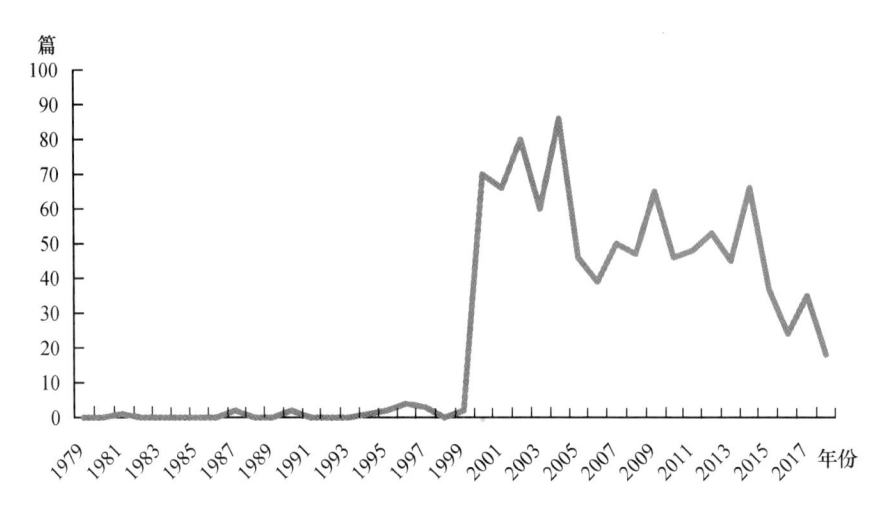

图11—8　改革开放以来历年财务管理领域报纸关注数量

2. 关键词分析

本章对1979—2018年财务管理相关文献的关键词进行统计,并按其出现的频次进行排序,得到排名在前40名的关键词列表(见表11—3)。

表11—3　改革开放以来财务管理相关关键词出现频次统计

关键词	频次	关键词	频次	关键词	频次	关键词	频次
财务管理	42834	资金管理	2033	财务	1422	管理问题	1007
企业财务管理	21510	存在问题	2031	信息化	1412	企业集团	1005
企业财务	16052	措施	1982	税收筹划	1411	会计核算	985
中小企业	4717	施工企业	1697	电力企业	1288	建筑企业	914
企业管理	3606	国有企业	1611	经济效益	1216	民营企业	902
财务管理目标	2238	问题对策	1573	管理模式	1214	管理会计	899
财务风险	2213	财务管理模式	1503	预算管理	1123	财务分析	892
现代企业	2207	财务管理工作	1429	成本控制	1116	管理创新	847
创新	2069	管理目标	1425	集团公司	1052	上市公司	840
内部控制	2065	公司财务	1424	财务管理问题	1031	成本管理	827

表11—3显示，词频最高的前几个关键词都是与财务管理直接相关的，这里略去不谈。除此以外，词频比较高的关键词可以分为几个类别：（1）企业类型，涉及的关键词包括中小企业、现代企业、施工企业、国有企业、电力企业、集团公司、建筑企业、民营企业、上市公司等。（2）财务管理职能，涉及的关键词包括财务风险、内部控制、资金管理、税收筹划、预算管理、成本控制、财务分析等。比较而言，改革开放以来财务管理研究所关注的要点与改革开放之前有比较大的区别，这也体现了中国经济体制改革所带来的成效。

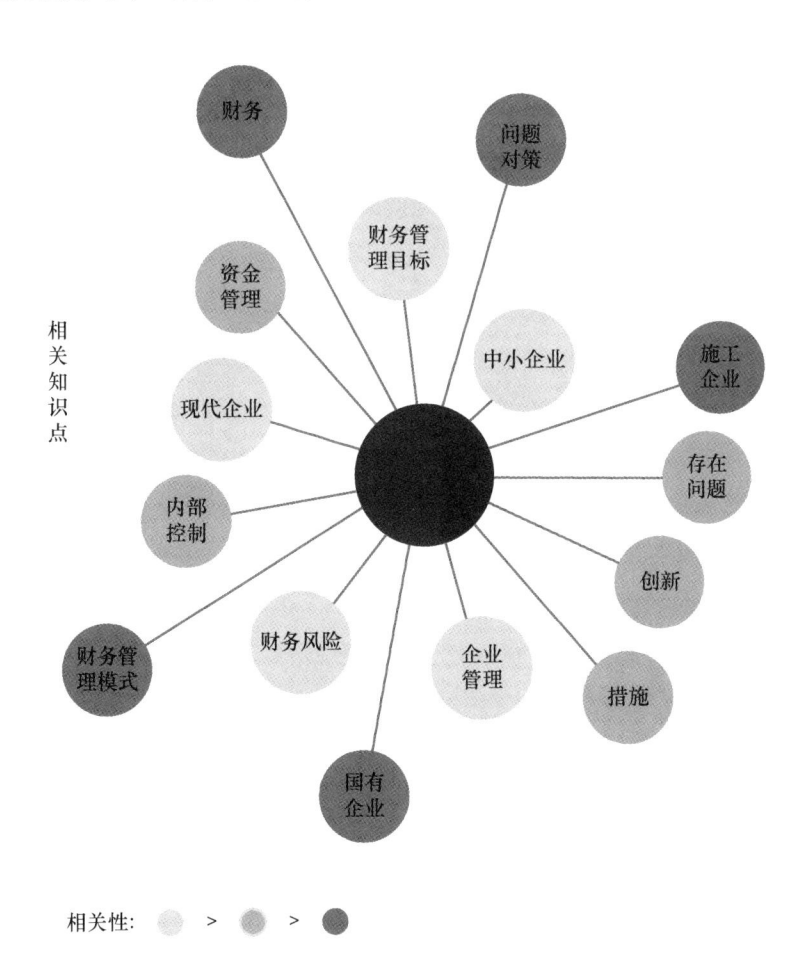

图11—9 改革开放以来财务管理研究关键词与关系气泡示意

从图 11—9 也可以看出改革开放以来财务管理的研究内容与研究重点主要有：现代企业、中小企业、企业管理、财务管理目标、财务风险、资金管理、内部控制等。其中，前面三个关键词主要探讨财务管理与企业及企业管理的关联，而后面几个关键词重点探讨财务管理各职能之间的关系。

3. 研究机构分析

从图 11—10 可以看出，该部分文献所涉及的主要研究机构多为财务和会计领域的知名高校，第一梯队包括中国人民大学、西南财经大学、东北财经大学、中央财经大学等。

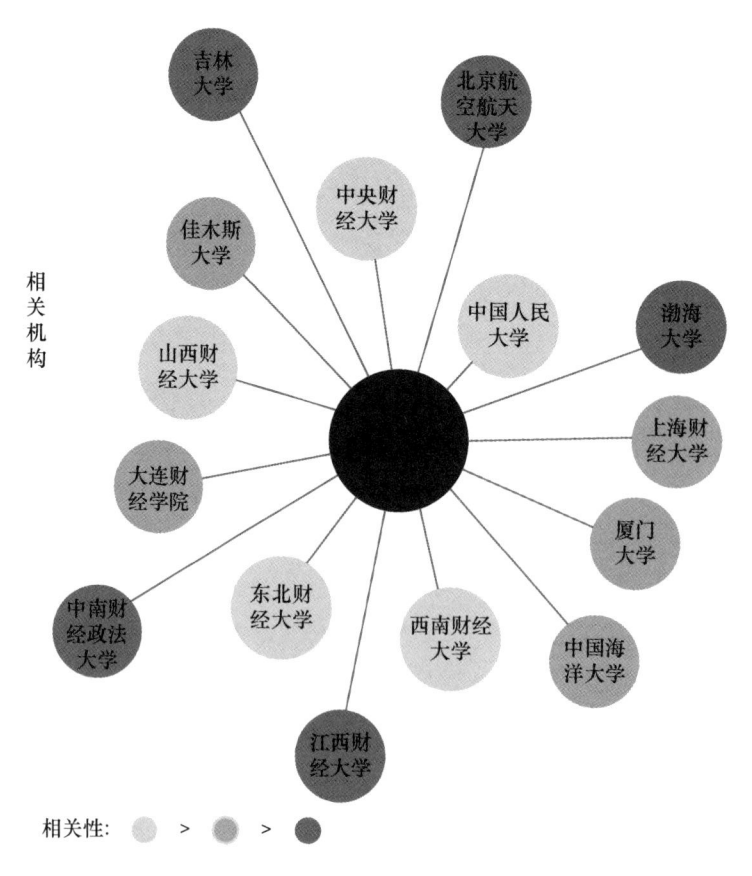

图 11—10 改革开放以来财务管理研究机构气泡示意

相较于新中国成立后的前30年财务管理领域的研究机构主要为各省市财政部门,改革开放以来财务管理领域的研究机构主要为高校,可以明显看出两个阶段存在重大差异。

4. 其他分析

首先,我们针对期刊论文是否发表在核心期刊上做了进一步统计,如图11—11所示。在前文所述的76424篇期刊论文中,刊登于中文核心期刊上的为4324篇,占比5.66%;刊登于CSSCI期刊上的为521篇,占比仅0.68%,这表明大部分论文刊登的期刊层次不高。

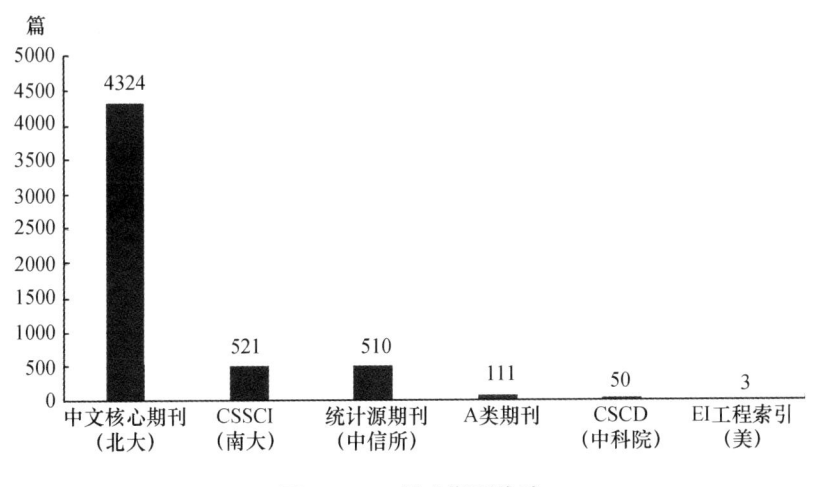

图11—11 核心期刊统计

其次,我们针对文献所属的学科进行了统计(见表11—4),发现93.4%的财务管理文献属于经济学科,这也符合我国对于财务管理的定位。

表11—4　　　　　　　中文学科分类统计　　　　　　　单位:篇

序号	学科	文献数量
1	经济	66782
2	工业技术	2013

续表

序号	学科	文献数量
3	文化、科学、教育、体育	1051
4	政治、法律	403
5	社会科学总论	306
6	综合性文献	194
7	医药、卫生	186
8	历史、地理	154
9	交通运输	79
10	环境科学、安全科学	66
11	农业科学	43
12	数理科学和化学	32
13	语言、文字	28
14	文学	27
15	天文学、地球科学	26
16	自然科学总论	25
17	军事	24
18	艺术	19
19	哲学、宗教	14
20	航空、航天	9
21	马克思主义、列宁主义、毛泽东思想、邓小平理论	3

此外，如表11—5所示，刊登财务管理领域论文最多的期刊依次是《现代经济信息》《财经界》《经营管理者》等。

表11—5　　　　　　　　刊种统计　　　　　　　　单位：篇

序号	期刊名称	刊登财务管理相关论文数
1	《现代经济信息》	2499

续表

序号	期刊名称	刊登财务管理相关论文数
2	《财经界》（学术版）	1728
3	《财经界》	1670
4	《经营管理者》	1645
5	《时代金融》	1466
6	《商场现代化》	1456
7	《现代商业》	1431
8	《中国经贸》	1408
9	《经济技术协作信息》	1392
10	《商情》	1294
11	《经济视野》	1245
12	《财会学习》	1234
13	《中外企业家》	898
14	《中国乡镇企业会计》	896
15	《财会通讯》	788
16	《中国外资》	745
17	《中小企业管理与科技》	732
18	《中国总会计师》	727
19	《企业改革与管理》	727
20	《纳税》	702

本部分基于文献计量学的相关方法，对新中国成立后的前 30 年和改革开放以来的财务管理研究文献进行了梳理和比较，得到的基本结论如下：第一，两个阶段的财务管理研究文献有其一脉相承之处，企业层面的资金、成本等方面都是研究的重点。第二，两个阶段的财务管理研究文献差异很大，不论是文献数量、样本分布，还

是研究范畴、关键词,都存在显著差异,这也反映了当时的时代特征。第三,图书、期刊论文、学位论文等各类型文献的发展趋势有其相似之处,但也存在一些差异,这些差异与财务管理的发展历程紧密相关,也与整个高等教育、科学研究的发展状况密切相关。相关问题值得后续做进一步分析。

第三节 理论发展

中国的财务管理理论来源于中国古代财务管理思想和国外财务管理理论,国外财务管理理论则包括苏联财务管理理论和西方财务管理理论两个方面。

一 国外财务管理理论的引入

(一)苏联财务管理理论的引入

新中国成立后我国高校逐渐设立了会计系和财政系,但在很长一段时间内没有财务管理专业,财务管理仅仅是一门课程而已。新中国成立之初我国没有自己的财务管理教材,只能引进苏联的财务教材,我国财务理论的主要来源也是苏联的财务教材。

20世纪50年代,苏联创立了社会主义财务学这门学科。同一时期,我国聘请了苏联著名财务学家利·毕尔曼来中国传道授业,这门学科开始传入我国。利·毕尔曼专家使用的教材是他编写的《苏联国民经济各部门财务》,这也是苏联教育部审定和推荐的这门学科的第一部教科书。这套书包括三册,分别是工业财务、农业财务和商业财务,其中最重要的是工业财务这一册。不少利·毕尔曼专家的学生后来成为新中国财务界的中流砥柱,为建设新中国的财务学科做出了不可磨灭的贡献。50年代,我国对苏联的理论和方法照搬照做。到了60年代前期,我国已经把苏联的理论与方法和我国企业财务活动的实践经验慢慢结合,初步形成了我国的企业财务学体系,代表性著作是1964年出版的中国人民大学邢宗江等三位同志所著的《工业企业财务》。苏联理论和方法的影响深远，一直到1984年以后，我国出版的著作开始加入一些西方企业财务管理的方法，但是它们的基本框架和主要内容依然是苏联50年代和我国60年代的格局。

应当予以肯定的是，苏联的社会主义企业财务学曾经发挥了重要作用，它把社会主义公有制企业财务实践经验升华到了理论高度，并且为新中国培养了大量的企业财务研究人员、教学人员和管理人员。但随着我国经济体制改革的不断深入，它也显现出许多缺点，包括内容陈旧，苏联的理论和方法以产品经济和高度集中的经济体制为基础，不适应有计划商品经济和宏观调控与微观搞活相结合的经济体制的需要，而且它也没有深入分析鉴别西方企业财务管理的很多新观念、新方法、新经验。它也没有从理论上反映企业资金的产权关系、来源渠道、增值分配以及企业同各方面的财务关系是怎样从一元向多元发展的；理论浅显，苏联的理论和方法重实务，轻原理，没有深入探讨企业资金的实质和规律、资金管理的原理和原则，也没有将管理实务上升到本质论，未能形成特有的方法论；结构分散，总论与分论联系不够紧密，同时，也没有把各流动资金和各成本费用的"日常管理"提高到理论上归纳探讨；范围狭窄，苏联的理论和方法没有从宏观和中观的角度讲述企业财务，而仅仅是从微观的角度考虑（曹侠等，1989）。

因此，我国必须在苏联理论和实践的基础上，结合社会主义经济发展的变化，扬长避短，吐故纳新，逐步建立和充实社会主义财务学的完整体系和科学内容。

（二）西方财务管理理论的引入

党的十一届三中全会以后，我国经过多年的发展，已经确立了以公有制为主体、多种所有制经济共同发展的基本经济制度。随着经济体制改革的进行，我国从计划经济运行机制，先后经历了"计划经济为主，市场调剂为辅""有计划的商品经济""社会主义市场经济"等几个改革阶段后初步确立了社会主义市场经济体制,已经普遍出现了商品、货币、资本、股票、债券、期货、期权等市场经济的基本范畴,资本市场、外汇市场、劳动市场、产权交易市场也已经发展到和国际市场相联系的阶段,因此财务管理领域迫切需要引进西方的财务理论与方法。

20世纪80年代初,乘着改革开放的东风,中国的财务学者解放思想,开始大胆引进西方的财务管理理论与方法,对建设我国财务管理学科和加强现代企业财务管理工作做出了巨大贡献,比较系统地介绍西方财务理论与管理方法的有杨树滋（1981）、任琦峰（1981）以及根据伯特兰·N.霍维茨在中国工业科技管理大连培训中心讲课录音整理编辑出版的《高级财务》（1983）。杨树滋的《工业企业财务管理》一书介绍了西方财务关于现金流量、净现值等投资决策理论和本量利分析法、利润中心责任制控制方法等内容。任琦峰的《财务管理》一书系统讲述了资金的时间价值与风险价值理论以及应用方法。伯特兰·N.霍维茨教授的《高级财务》一书从分权管理、战略规划、转移价格、资本市场、通货膨胀等角度系统地介绍了西方财务管理的内容。

20世纪90年代初期和中期,我国资本市场迅速发展,建立了上海和深圳证券交易所,围绕资本市场的筹资、投资、股利分配和国际财务管理活动的迅速发展,迫切需要现代财务理论的指导,中国学者在引进介绍西方财务理论方面进行了更多的努力。比较系统地介绍西方现代财务理论的有夏乐书（1990）、王化成（1993）、余绪缨（1995）和汤业国（1998）等。夏乐书的《国际财务管理》一书介绍了西方跨国公司国际筹资、投资、结算、外汇资金管理、营运资金管理与纳税管理方面的经典理论。王化成的《现代西方财务管理》一书详细介绍了西方现代财务管理理论体系和现代财务管理方法体系,着重介绍了通货膨胀财务、国际财务和企业破产财务。余绪缨的《企业理财学》一书全面地介绍了以投资组合理论、资本资产定价模型、套利定价理论、资本结构理论、股利政策理论和资产评估理论等为代表的现代西方财务理论。汤业国的《中西方企业财务管理比较研究》一书,从中西方经济制度、经济体制与理财环境等角度,对比分析了中西方财务理论和方法的异同。这些著作不仅有助于深化对西方财务理论的认知,对我国借鉴西方财务理论有用成果来发展中国财务理论也做出了贡献。

1997年亚洲金融危机之后,经济全球化发展迅速,我国的财务管理理论不断拓展,与此同时财务风险也不断增大,财务管理实践对财务管理理论提出了新的要求。这段时间比较系统地介绍西方前沿理论和管理方法的是沈艺峰和沈洪涛(2004)、陆正飞等(2004)与杨淑娥(2008)的著作。沈艺峰和沈洪涛的《公司财务理论主流》一书从新优序融资理论、信号模型、自由现金流量假设与公司控制权市场理论等方面讲述了现代公司财务理论的主要理论和方法。陆正飞等的《当代财务管理主流》一书,从筹资财务理论、内部财务理论、投资财务理论与实务、财务管理专门领域、当代财务管理的综合趋势五个方面详细探讨了我国财务管理怎么应用这些西方的财务理论。杨淑娥主编的《财务管理学研究》是研究生培养的参考书之一,从财务管理基本理论与方法,企业融资决策,公司投资决策,营运资金决策与管理,财务规划、控制与分析,企业财务专题研究六个方面,系统介绍了西方财务理论的基本观点与方法。

这些著作结合中国资本市场的实际情况,分析得出的结论对完善我国资本市场和加强上市公司财务管理做出了巨大贡献。接着,一大批学者开始翻译西方的主要财务管理教材与著作,这些书的陆续出版使得西方财务中适合中国国情的理论和方法被中国的财务学者广泛吸收,是我国财务理论的又一主要来源。

二 新中国财务管理理论的探索和创新

(一)战略财务管理

战略财务管理早期被 Carl M. Sandberg(1987)认为是基于企业战略角度对企业融资过程中财务的使用程度进行整体规划和管理的

理论。经过在中国的发展，我国也对战略财务管理形成了更具体的概念。刘凤艳（2013）认为战略财务管理是企业战略在财务管理上的体现，是为实现企业战略目标和加强企业竞争优势，运用财务战略管理的分析工具，确认企业的竞争地位，对财务战略的决策与选择、实施与控制、计量与评价等活动进行全局性、长期性和创造性的谋划过程。经过几十年的探索，我国形成了初步的战略财务管理理论。

1. 战略财务管理内容的探索与创新

Fred R. David（1985）基于企业战略实施的角度分析了财务管理的内容，主要包括筹集所需的资金、进行资本预算、编制预计财务报表、评估业务价值四个方面。经过进一步发展，李兴尧（2011）将西方战略财务管理理论的研究内容总结为筹资管理、投资管理、分配管理及营运资金管理。

中国对于战略财务管理的研究内容大致与西方一致，但在西方的基础上增加了一些内容。吴让波（2013）将其分为战略融资管理、战略投资管理、战略营运资本管理、战略财务风险管理与战略全面预算管理五个板块，相对于西方增加了财务风险与全面预算两个部分。

以企业发展战略目标为导向的全面预算管理要求以其战略目标为导向编制长期全面预算，根据未来发展目标，将全面预算层层分解为多个指标，通过分解预算来实现企业战略目标。在进行预算分析时要综合分析企业的经营收支、成本费用、资本性支出、资金等方面，使全面预算除了发挥财务上的作用，还有助于健全企业战略目标管理体系。

战略财务风险管理是企业围绕经营战略，在各个财务管理的环节执行风险管理，促使企业提升良好的风险管理文化的管理。企业应根据其发展战略与内外部结合评估企业整体可能面临的风险，建立风险管控、预警机制以及重大风险发生后的紧急预案，对相关风险进行实时监控，将风险控制在合理范围之内。同时，战略风险管理相对于传统财务风险管理来说更注重培养风险管理文化与员工的风险意识,对企业经营每一个环节的风险进行控制。

此外,贺劲松(2010)还提出一些新型的、特殊化的内容,包括企业并购战略管理、公司控股战略管理、成本战略管理等,进一步拓展了战略财务管理的范围。

2. 战略财务管理重点的探索与创新

西方国家更为重视企业战略层面的财务管理活动,尤其是资金获取方面的应用。Carl M. Sandberg(1987)等认为财务战略研究的核心是融资决策中的财务杠杆使用度,重点在于考虑经营战略、经营环境的前提下如何更好地筹集资金。而中国学者在这方面的认识与西方有所不同,王越(2006)认为战略财务管理的逻辑起点是企业的战略目标,而重点是对现在以及未来企业环境的分析,包括政治、经济、文化等宏观环境分析与供应商、客户等微观环境的分析。相比而言,中国对战略财务管理的重点是基于企业整体的视角,更注重公司整体业务流程与环境的融合,而西方则将财务的其中一环作为研究重点。

3. 战略财务管理实施过程的探索与创新

对战略财务管理实施过程的定位是中国战略财务管理理论发展的一个创新之处,许国艺(2006)提出,战略型财务管理并非仅指方案的形成,还包括实施与评价,在全面分析企业内部情况与外部环境,进行价值链分析、财务分析和全面评价企业财务状况的基础上结合战略目标制定财务战略,制定一系列政策确保财务战略得以贯彻执行,同时要加强对战略的控制,评价企业财务战略与环境的适应性、企业财务战略的有效性、企业财务战略与各利益关系方财务战略的协调性。

4. 战略财务管理的研究主体

西方对战略财务管理的研究主要基于单个企业,而中国则将研究主体在单个主体的基础上加以拓展,延伸至企业集团以及国家的战略财务管理。石咏梅(2014)对企业集团实施财务战略管理的意义、主要内容进行分析,并提出改善管理的措施。黄随生(2017)以中广核集团为例,研究了其通过垂直管理和强化管控手段建立的特色战略财务管理体系,分析其如何实现从事后为主向事前为主、从核算为主向经营谋划为主、从现在为主向以未来为主的转变,为战略财务管理在其他企业中的应用提供启示。在国际战略财务管理方面,郭复初(2001)以国有资本为研究对象,对国家经济发展中的国有资本优化配置、深化国有资产管理体制改革、调整国有经济布局和结构等财务战略问题进行了研究。

经过几十年的发展,我国对战略财务管理的研究在国外战略管理研究的基础上进行了积极创新,拓宽了研究范围、研究视角,并形成了初步的战略财务管理理论。战略财务管理在企业中的应用案例也不断增加,对以后的研究具有借鉴意义。但是,我国财务管理起步较西方国家来说晚了一些,战略财务管理研究在其中占的比重又较小,因此在整体体系、研究成果等方面都不如西方国家丰富。并且,我国目前无论是理论上还是实践上对于企业财务管理与战略的结合程度尚且不高,只有某些方面发挥了战略财务管理的作用,没有形成全面的战略财务管理理念,而西方国家的体系相比之下更为成熟。面对日新月异的经济环境,对战略财务管理的进一步研究十分重要,应尽快建立相应的战略财务组织体系、管理体系、监督与评价体系,帮助企业提高核心竞争力,贴合长期战略规划,实现长期目标。

(二)筹资管理

我国对筹资管理的理论探索虽然起步较晚,但改革开放以来有不少学者开展了对筹资理论的研究。研究主要分为两条支线:一方面是对西方筹资理论的介绍;另一方面是通过实证案例来验证西方理论在中国的适用性,探索我国企业筹资管理的特点,提出我国特色的筹资管理理论。

1. 企业融资行为的探索和创新

关于企业融资行为的研究,中国学者对"优序融资理论"(Myers and Majluf, 1984)这一经典的筹资管理理论在中国上市公司的适用性意见不一。大多数学者认可中国上市公司存在股权融资偏好，而非优序融资理论所提出的优先内部融资。陆正飞等（2003）通过对深交所500家上市公司的融资行为的问卷调查分析，得出中国上市公司的融资行为最为突出的一个特征就是股权融资偏好，他们认为可能与中国资本市场上市管制的制度背景及公司治理中的上市公司业绩考核制度相关。林伟（2006）认为优序融资理论在中国的适用性是有针对性的，对于大多数失去金融市场融资能力的上市公司来说，内源融资是其资金的主要来源，其次是金融机构借款，最后是股权再融资和债券市场融资。而对于在金融市场上表现良好的企业来说，由于公司决策者是以股价最大化为目标的，因此股权筹资是它们的首选。这从另一个角度也反映了中国市场与西方市场的差异。优序融资理论认为，高收益的公司由于有足够的内部融资资源而导致负债率低，而低收益的公司只能依靠外部融资，且不断积累负债。而这在中国市场上似乎行不通，有学者分析认为，这可能与中国上市资格属于稀缺资源的独特制度政策相关。

然而，也有学者认为，中国上市公司并不存在所谓的"股权融资偏好"。黄伟彬（2006）认为以往的研究未剔除IPO的影响且片面强调在外部融资中股本相对于长期债务的突出地位。李勇（2013）通过分析新上市公司在上市后资产负债率的变化趋势，认为我国上市公司既不存在"股权融资偏好"，也不存在"最优资本结构"，而是在现行不够完善的金融体制下，呈现出"融资饥渴""偏好融资"的特征。

对于我国上市公司融资行为的偏好并无一致的观点，但纵观国内学者的研究，大多数学者认可我国上市公司呈现重股权轻债权的融资偏好。

2. 资本结构影响因素的探索和创新

关于资本结构的影响因素，西方文献中常常提及的因素有公司规模、有形资产比率、成长机会、获利能力（肖泽忠等，2008）。我国学者通过对上市公司的实证研究发现，影响因素主要有：（1）企业特征因素，如获利能力、企业规模、股票流动性等；（2）行业因素，如行业生命周期、行业集中度等；（3）宏观经济因素，如通货膨胀率、利率变动等；（4）制度因素，如国有产权、市场管制程度等。张铁钢等（2017）从信贷供给侧的角度研究得出，信贷波动、信贷期限与上市公司资本结构相关，具体来说，信贷波动、中长期信贷规模增长率与其正相关，而短期信贷规模与其存在负相关关系。邱永辉等（2017）通过对中国上市公司的实证研究发现，资产规模、资本的可得性、宏观经济形势及行业特征都会对公司的资本结构产生影响。董晓冬（2018）采用趋势分析法，强调了上市公司资本结构受宏观经济环境影响的趋势呈一致性。

企业特征、行业、宏观经济三种因素可以说是对西方文献研究结果的验证和继承，而制度因素是学者将中国特色的制度背景融进理论研究中的一大成果，是对西方研究成果在中国市场上的发展。比如，李威（2012）、孙和福（2012）等认为，国有企业的低效益造成了其内源融资不足，过分依赖银行借款等外部融资的不合理的资本结构，认为我国国有企业应重视改善资本结构来降低筹资风险。另外，从财务视角对人力资本进行理论分析也正成为国内学者研究的新课题。

除上述影响因素外，国内学者还将行为因素，如管理层心理特征融入资本结构的影响因素的研究。张爱民（2016）从高管特质的角度，以中国A股上市公司为样本，得出女性高管的风险规避特质导致公司更偏好内源筹资，减少债务筹资等外部融资偏好。魏哲海（2018）发现，过度自信的管理者倾向于债务融资，将心理学与行为金融学的研究成果与企业资本结构结合起来。王聪等（2017）将高新技术企业的智力资本引入资本结构动态模型，发现智力资本水平的提升有利于资本结构的动态调整，提高资本结构的合理性。

3. 筹资风险管理的探索和创新

由于中小企业在资本市场的融资能力较弱，大多数中小企业会选择民间融资、银行贷款等筹资方式。因此，在对筹资风险管理的研究成果中，国内学者更侧重对中小企业的筹资风险研究。杨薪燕等（2017）、邹雄智（2018）等众多学者表示，民间融资法律缺失、筹资成本高、中小企业自身经营能力低、筹资渠道不通畅等都是目前中小企业面临的筹资风险。

从更普适的研究成果来看，也有不少学者从宏观的角度分析了中国企业面临的筹资风险。张晓萍（2012）提出如果筹资方式不合理，会给企业的经营和发展带来风险，主要表现在筹资成本过高、筹资规模不合理、债务期限配置不合理等方面。刘青等（2015）认为宏观经济政策的不可控性、管理层的管理不善、缺乏筹资预测、过度依赖股权筹资都有可能加剧筹资风险，企业应加强风险意识，进行有效的筹资预测，确定最优资本结构。

4. 企业内部资本市场的探索和创新

内源筹资是企业筹资的重要手段之一。目前对于企业的内源筹资的关注相对较少。万良勇（2008）通过研究发现，机会主义内部资本市场将导致上市公司的引致性外部融资需求，而这种过度融资需求最终将损害中小股东以及债权人的权益。邓路等（2009）发现，整体上市的企业集团能较好地利用内部资本市场来缓解融资约束、优化资本配置，非整体上市的企业集团由于存在复杂的利益关系和股权结构，很难发挥好内部资本市场的效用。张超等（2019）结合目前企业集团建立自己的财务公司这一现象，发现企业集团的财务公司强化了内部资本市场从外部资本市场"抽血"的能力，财务公司和内部资本市场实际上起到的是维护金融稳定的作用。杨理强等（2019）在国内学者关于内部资本市场缓解企业融资约束的研究成果基础上，进一步研究发现集团财务公司通过信贷来降低融资成本、缓解融资约束，进而有利于促进企业创新。

综上所述，改革开放以来，我国国内对筹资管理的研究主要建立在国外较成熟的理论基础上，更多地通过实证研究来验证国外理论在我国企业中的适用性,进而尝试改进理论使其更适合于指导我国企业的筹资管理。

（三）投资管理

西方财务管理理论发展史表明,以筹资管理为重心的时代先于以投资管理为重心的时代,因此,西方对投资管理理论的研究要稍晚于筹资管理理论的研究。而我国的研究是基于西方成熟的投资理论体系发展的,因此跟筹资管理理论一样,我国的投资管理理论研究也是改革开放以后开始逐步发展起来的。

在对西方理论的研究过程中,也有不少学者结合我国实践提出了我国投资管理理论的发展方向。王化成（2000）认为,无形资产投资、人力资本投资是未来值得关注的方向。王化成等（2006）认为未来学者在投资管理理论研究中,应该明确公司治理结构特别是股权结构、控制权与投资行为选择的因果关系,借助于行为财务理论探析我国上市公司过度投资的深层次原因,并提出相应对策。

1. 投资动机的探索和创新

企业的投资动机与其投资决策有直接密切的关系。国际生产折中论中,将企业进行对外直接投资的动机分为市场寻求动机、资源寻求动机、效率寻求动机和战略资产寻求动机。大多学者对国内投资的动机没有统一的意见,一般认为出于利润最大化或者股东价值最大化的动机,最终目标是实现企业价值最大化。大多数学者认为中国企业对外直接投资的主要动机为市场寻求型。周经等（2017）认为,中国对非洲的投资是基于资源寻求型和市场寻求型的投资动机,以达到双方共赢。黎绍凯等（2018）发现,我国对"一带一路"沿线国家投资动机主要以资源寻求和市场寻求为主。但也有部分学者有不同的意见,史恩义等（2018）、祁春凌等（2013）发现我国 OFDI（Outward Foreign Direct Investment,对外直接投资）具有显著的技术寻求动机,罗伟等（2013）认为是效率寻求型。另外,陈强远等（2018）创造性地提出了中国企业 OFDI 的新动机——获得境外企业的生产能力进而通过出口来服务中国市场。

由上述可见，我国学者对于投资动机的研究主要集中于对外直接投资，而对于企业在国内投资的研究相对较少。贵燕丽等（2012）发现企业家群体成就动机是战略投资的动机。韩燕等（2017）发现中国上市公司并不是出于跟风投资股票，但利用股票投资进行现金管理、平滑利润的动机得到验证。

2. 投资决策的探索和创新

企业所选择的投资决策方法是否科学合理、所涉及的风险因素以及非财务因素都会成为影响投资决策的因素。蒋冠宏等（2017）发现，中国企业在选择OFDI进入策略时会考虑企业自身的优势，转移优势明显的企业倾向于选择跨国并购的进入策略，不可转移优势明显的企业偏好"绿地投资"[①]（Greenfield Investment）的进入策略。黎绍凯等（2018）、刘凯等（2018）认为，东道国的投资风险、资源禀赋、市场环境、制度环境等都是进行对外直接投资需要考虑的决策因素。戴金平等（2018）利用面板门限模型分析得出，汇率波动较小时企业选择对外直接投资是有利的，反之会抑制OFDI。

另外，企业在做出投资决策时往往也会考虑非财务因素。基于我国的政策制度，很多学者做出了许多创新性且有趣的实证研究。王盛（2018）认为房价上涨会导致企业减少人力资本投资。朱敏等（2019）通过计量分析得出，人才国际化有利于企业的OFDI，体现了智力资本对投资的正面效应。随着经济的发展，环境污染的问题日益严重，很多学者开始关注环境投资领域。曹岚等（2014）发现，我国上市公司进行环境投资是受到政府、消费者的外部压力而做出的被动投资。郭根龙等（2018）发现，拥有政治关联的公司会减少环境投资，而将环境保护纳入官员晋升考核标准后，拥有政治关联

[①] 绿地投资是指跨国公司在东道国设立新的企业，形成新的生产能力。通过绿地投资，企业对新设公司的资源和技术知识有较高的控制力，但也需要承担固定投资成本。

的公司会增加环境投资。

3. 投资效率的探索和创新

企业过度投资、投资不足都属于非效率投资,经研究发现产权性质、企业是否上市、管理层行为及特质,如学历高低、是否持股等因素都会影响企业的投资效率。对投资效率的影响因素研究在国内较丰富。范从来等(2002)利用上市公司 1995—1999 年 336 次并购事件进行实证分析的结果表明,公司所处产业的性质(成长性、成熟性、衰退性)在很大程度上影响着不同类型并购的绩效。蒋冠宏等(2015)发现,企业的产权性质可能对 OFDI 的投资绩效并无重大影响,国有企业的投资效率可能不比其他类型的企业更高。王福胜等(2016)发现财务报告质量越高,越有利于提高投资效率。

近些年来,对管理层行为及特质的研究属于国内学者们研究的热门主题,主要是因为这是与行为学、心理学等其他学科的融合研究。谭庆美(2015)的研究得出,任职年限长、学历水平高以及持有本企业股份的管理层,有可能利用手中的权力实施过度投资;但是,外部大股东持股比重越高、产品市场竞争越激烈,越能有效抑制管理层利用权力实施过度投资的行为。卢馨等(2017)通过研究上市公司高管团队背景,发现高管团队的平均年龄、平均任期与投资效率呈正相关关系;高管薪酬激励、晋升激励对高管年龄和投资效率的关系以及高管学历水平和投资效率的关系均具有正向调节效应,但对高管性别与投资效率的关系具有反向调节效应。汪佩霞等(2019)提出,压力抵制型机构投资者可以改善非效率投资情况,在非国有企业中结果更为显著。

综上,改革开放以来,得益于中国的资本市场逐渐发展完善,投资管理理论领域的研究成果较为丰富。我国学者在西方学者的理论基础上对我国企业投资行为进行研究,进而得出我国企业投资行为的特点,形成一些适用于中国市场的理论和研究成果。但是可能由于我国的资本市场尚不是很充分,我国学术界对投资管理理论的声音并没有达成高度一致，且研究多集中在几个小领域，所以尚未形成一套完整的理论框架。当然，从长期来看，市场的发展和变革也必将催生出新的投资理论。

（四）营运资金管理

我国自1993年开始实行与国际接轨的会计制度，正式引入了"营运资金"的概念。早期的研究主要是借鉴国外的研究内容和研究方法，研究仅限于财务领域，专注于营运资金管理的概念、绩效指标等方面；20世纪90年代后我国真正开始了对营运资金的研究，主要集中在渠道关系与供应链管理、营运资金需求预测、营运资金管理风险、营运资金管理策略。

1. 渠道关系和供应链管理的探索和创新

王竹泉等（2005）将供应链管理、渠道管理、客户关系等现代管理理念结合起来，创建了一种新的理论框架。王竹泉等（2005）以营运资金的重新分类为切入点，即将营运资金分为经营活动营运资金与理财活动营运资金，将研究重心转移至渠道控制上，并建立了以客户为中心的分销渠道，为我国企业营运资金管理做出了新的贡献。罗福凯（2006）从价值链的角度进行了研究，价值链形成于营运资本在产业链上的流动，可以连接企业上下游与终端顾客，企业的高效率运作能使价值链畅通运行。公司品牌、营销策略、信息技术等无形资产在未来也将属于企业营运资金管理的内容。该理论一方面将营运资金管理拓宽至价值链管理，另一方面也因将品牌、技术等无形资产纳入管理体系使营运资金管理理论更为丰富。王竹泉等（2007）梳理了国内外营运资金管理研究，将经营活动营运资金进一步分为营销渠道、生产渠道、采购渠道的营运资金，从而构建了"以渠道管理为基础的营运资金绩效评价体系"，为供应链视角的营运资金管理研究奠定了基础。

2. 营运资金需求预测的探索和创新

李光明（2012）研究探讨了实务中常用的营运资金预测办法及调整因素，即采用营运资金单项周转率和营运资金合并周转率的计算方式。朱珺（2012）则对传统的营运资金预测方法提出了质疑。以往的预测方法是对资金总量的预测，不能将企业的资金管理与具体的业务流程结合起来，不利于总体的资金调度与风险防范。因此，该研究提出了基于各个渠道对营运资金进行分别预测，进而对总量进行预测的方法，这有利于帮助企业管理人员了解流动资金的分布状况。柳艺（2013）也是基于渠道对营运资金进行了预测，但其区分了经营活动与短期投资活动，在财务分渠道预测模型的基础上，从业务角度进行了定性评估，提高了营运资金需求预测模型的准确性与实用性。刘玉平等（2014）对使用收益法预测企业价值中营运资金部分的计算方式提出了质疑，其认为应当对营运资金进行重新分类，并且加快我国的营运资金数据平台建设，才能更好地做出资金预测。

3. 营运资金财务风险的探索和创新

张英（2007）分析了财务风险与收益的关系，提出应当权衡风险与收益，科学安排投融资战略，进而优化企业的营运资金管理。徐晓玲（2011）从营运资金风险的内涵和类型着手，分析了营运资金管理风险的成因，进而提出了营运资金风险管理策略。营运资金风险包括流动性风险、存货风险、应收账款风险，相应地可以采取严格计划管理现金、加强对存货和应收账款管理的措施以降低风险。王贞洁等（2013）以一家纺织行业的公司为案例对营运资金的财务风险应对策略进行了实证研究，研究发现低外向型的公司通过较强的供应商调控能力降低了营运资金占用的波动风险，通常会采取激进的营运资金管理策略；高外向型的公司抵御营运资金占用波动风险的能力较弱，通常采取较保守的营运资金管理策略。因此，企业应当根据供应链、融资策略、业务特征的组合合理控制财务风险。王竹泉等（2013）从营运资金需求保障的视角进行了财务风险的研究，构建了企业财务风险评估模型，丰富了企业财务风险评估理论。

4. 营运资金管理策略的探索和创新

王新平等（2010）根据资金来源与资金使用的比例关系不同，

将营运资金管理策略主要分为三大类，分别是激进型策略、中庸型策略、稳健型策略。通过对30家上市公司的数据进行聚类分析和方差分析可以发现，我国大部分上市公司偏向中庸激进型的管理策略，其盈利能力与营运资金管理策略存在联系，但与传统理论研究相悖。朱大鹏（2015）将营运资金与利益相关者理论联系起来，界定的主要利益相关者有顾客、供应商、股东、债权人和员工，研究范围是资本投入、利益相关者分类、价值链，实现主要利益相关者与企业共同参与营运资金管理。李鹏飞（2016）主要从投融资策略的角度进行了研究，认为营运资金管理策略本质上是投融资策略的组合，发现企业的营运资金管理策略受行业、产品状况、投融资约束、企业的发展战略选择的影响。雷振华等（2019）则从共生视角出发研究制造企业的营运资金管理策略，所谓共生视角本质上仍是利益相关者与企业的共同发展，根据共生要素将营运资金管理模式划分为寄生、偏利共生、互惠共生。通过维护企业与利益相关者的共生关系，促进各主体持续发展。

（五）利润分配管理

我国关于企业利润分配管理的探索和研究从新中国成立初期就开始了，前期主要以国有企业为主要研究对象，探讨其利润分配的方式方法、影响因素等，证券市场建立之后研究重点则转向上市公司的股利政策。

1. 国有企业利润分配的探索和创新

从新中国成立直至20世纪90年代初，我国的经济体制以计划经济为主。作为国民经济的命脉，国有企业在整个国家的生产生活中占据最重要的地位，因此这一时期的企业利润分配管理也主要以国有企业为主。国有企业利润分配管理，主要探讨国有企业在生产经营过程中所实现的利润该如何在国家和企业之间进行分配，这一问题涉及方方面面的利益，关系到国有企业能否实现可持续发展、国有资本的保值增值以及国家的宏观调控等问题（许金柜，2009）。

部分学者回顾了新中国成立以来我国国有企业利润分配的制度

演进过程，剖析现行制度存在的问题并提出相应的解决方案。赖宝君（2014）认为，现行国企利润分配制度存在的主要问题有利润上缴水平偏低、大量红利回流国企、国企红利分配的民生导向尚未确立等，认为应该扩大国有股本红利收缴范围且提高上缴比例，建立以民生为导向的红利分配模式，从而强化国企利润分配制度的刚性机制。吴晓红（2015）认为，自新中国成立以来，每个时期的国有企业利润分配制度都有其历史特点。自从建立市场经济体制以来，国有企业的改革方向和目标明确为"建立现代企业制度"，因此国有企业利润分配制度也发展到了国有资本经营预算制度阶段。党的十八届三中全会明确要求，积极发展混合所有制经济，进一步推动国有企业完善现代企业制度。这意味着，原有的国家、国有企业与全体公民之间的三元利润分配格局将会被打破，完善我国国有资本经营预算制度，应成为我国国有企业利润分配制度的重要目标。胡梅玲（2018）基于社会分红的理论视角，构建了国有企业利润分配框架，通过剖析国有企业实现利润分配目标所面临的困境，建议应该进一步推进国有资本经营预算制度改革、加快社会保障全员覆盖并设立直接分红账户。

部分研究通过剖析国有企业与国家之间的关系，探讨国有企业产权制度改革路径，并强调国家或国民作为国有企业所有者应当享有的投资收益权，该领域的研究大多侧重于宏观产权制度改革。刘春波等（2008）系统研究了国有企业上缴利润对于企业自身的影响，并从公平视角提出了国有企业上缴利润的使用方向，如充实社保基金、用于公共事业开支、补充企业国家资本金等。徐文秀（2010）运用新制度经济学中的制度变迁理论，分析我国国有企业利润分配体制变迁的影响因素，认为国企利润分配是中央政府主导和推动的，既具有强制性，又具有渐进性，国有企业和国家之间在利润分配的问题上呈现反复博弈的状态。储珊珊（2016）认为，国有企业利润分配的核心问题不仅在于该不该分，而且也涉及如何分以及分给谁，并据此对当前时期国有企业利润分配的原则、管理模式等问题提出建议。

随着我国市场经济体制的建立和完善，国有资本经营预算问题逐渐成为新的研究热点。李燕（2004）认为，建立国有资本经营预算是建立公共财政体系的重要内容，通过建立起国有企业的激励与约束机制，能够确保国有资产的保值增值。关于国有企业利润分配与国有资本经营预算之间的关系，学者们也进行了一些探讨。陈少晖等（2011）以钢铁行业为例，探讨了构建国有资本经营预算的原则、体系并提出了相应的政策建议。李燕等（2013）认为，国有资本经营预算制度具有规范管理国有资本经营收益的功能，应该充分发挥其调节作用，并着重探讨了国有企业利润如何由全民共享、如何实现国有资本经营收益共享以及如何完善国有资本经营预算。戚聿东等（2015）认为，经过多年的改革，国有企业分配制度经历了放权让利、分税制及分类上缴三个阶段的调整，然而，现行的分配制度仍然存在预算范围不完整、执行不规范等问题，因此通过创新分配制度，更好地协调国有资本收益在政府与国有企业之间的分配，应成为现阶段国有企业分配制度改革的主要方向。

2. 上市公司股利政策的探索与创新

自中国证券市场成立以来，学界对于企业利润分配的研究重点就开始向上市公司转移，并主要探讨了上市公司的股利政策。在西方关于股利政策研究的基础上，中国学者开始引入西方经典理论对中国上市公司的股利发放行为进行研究和探讨，并结合我国的实际情况进行了一些探索和创新。

一些学者借鉴西方的税差理论、信号传递理论、代理理论、生命周期理论对我国上市公司的股利政策进行的研究。（1）税差理论。王志强（2004）针对上市公司普遍采取低股利政策的现象，认为税差理论相对于其他理论的解释能力更强。李增福等（2010）以我国税收政策的改革作为研究背景，发现个人所得税减免政策促进了上市公司发放现金股利的行为。（2）信号传递理论。陈晓等（1998）对我国上市公司股利政策的信号传递效应进行了实证检验，发现首次股票股利在公告日前后能够为股东带来超额收益,具有显著的信号传递效应。魏刚等(2001)的调查发现,上市公司支付现金股利传递的信号是财务状况良好、现金流充沛,而支付股票股利传递的信号是管理层看好公司未来的发展前景。张桂烨(2019)也得出了类似结论。(3)代理理论。国内学者对代理理论的研究主要涉及两种类型的代理冲突。吕长江等(1999)的研究表明,代理成本削弱了上市公司的股利支付水平。罗宏等(2008)发现,上市公司支付现金股利能够降低代理成本,提高公司业绩。许浩然等(2018)发现,强制分红政策整体上会引起负面市场反应,但在代理成本较高的企业里,市场反应较为正面。(4)生命周期理论。杨汉明(2008)、宋福铁等(2010)发现,我国上市公司的股利政策受到了企业所处生命周期的影响。邢天才等(2018)指出,公司越成熟,现金股利支付率越高,因而股利生命周期理论在中国成立。

随着我国资本市场的持续发展,上市公司股利政策的研究不再局限于验证西方经典理论,而是越来越多地立足本土情况,探索中国制度背景下股利政策的影响因素。杨书怀(2016)的研究表明,2012年以来实施的一系列"分红新政"取得了显著效果,上市公司向上的公允价值损益调整与现金股利显著正相关。魏志华等(2017)研究了半强制分红政策对有再融资动机的上市公司分红行为的影响,发现该政策显著提高了这类公司的现金分红。廖珂等(2018)认为,控股股东股权质押对于上市公司股利形式的选择具有影响,抑制了其发放现金股利的倾向。陈运森等(2019)利用沪港通实施作为准自然实验,探讨了资本市场开放对于现金股利水平的影响,发现资本市场开放提升了上市公司的现金股利支付。潘攀等(2019)探讨了私募股权投资对于上市公司现金股利政策的影响,发现私募股权投资抑制了股利分配的行为。

(六)财务风险管理

我国财务风险的相关研究是从20世纪80年代末和90年代初开

始的，1997年亚洲金融危机的爆发推动了企业财务风险的研究，成为风险管理理论发展的契机。此后多年，财务风险管理始终是相关机构部门和学者重点关注的领域。

1. 财务风险影响因素的探索和创新

企业财务风险的影响因素复杂，我国学者不断拓宽了这方面的研究，从各个视角展开了深入探索。

公司治理因素对财务风险有一定影响。于富生等（2008）创造性地从公司治理的视角对企业财务风险的影响进行了实证研究。以往中西方学者只着重研究治理结构与公司价值的关系，而忽视了治理因素对企业风险的影响。研究发现，良好的治理结构能够显著降低企业的财务风险。其中，股权集中度越高，企业财务风险越大；独董比例、高管持股、董事长总经理两权分离与财务风险呈显著的负相关关系。这项研究对上市公司设置合理的治理架构、降低财务风险具有现实意义。彭中文等（2014）引入宏观调控政策，作为研究公司治理与房地产企业财务风险关系的调节变量。研究表明，宏观调控政策越严厉，股东大会、董事会、监事会的召开次数对企业财务风险的抑制能力就会越强。

企业研发投资程度与财务风险存在一定联系。不同于以往文献关注研发支出对股东、债权人等利益相关者的风险的影响，黄曼行等（2014）探讨了研发投资对企业自身财务风险的影响。实证研究发现，对于财务风险本身较高的企业，研发投资的增加会促使财务风险的提高，对低风险的企业，研发投资增加反而会使得财务风险降低。这项研究为中小企业的创新绩效研究提供了新的思路，对企业的合理研发投资进行了理论指导。

大型企业的集团化扩张会促进集团整体财务风险的提高。李焰等（2007）以复星集团为例，研究了集团化扩张对财务风险的影响。近年来，集团大股东利用资本市场制度的不完善，通过内部资本运作等手法侵占公司利益，造成财务风险上升。研究表明，集团层面的规模扩张能缓解企业融资压力，但是从长远来看会导致集团财务杠杆的上升，加大财务风险。此外，文章还将财务风险的研究延伸到了破产风险，分析了复星集团扩张没有影响到持续经营能力的原因，认为复星集团独到的扩张布局是化解破产风险、实现快速发展的重要原因。这项研究对企业管理财务风险、监管者控制社会整体金融风险具有重要的启示意义。

2. 财务风险预警的探索和创新

财务风险预警模型的研究是国内财务风险管理理论探索的重要部分。阎达五和张友棠著的《财务预警系统管理研究》（2004）对财务风险的预警进行了系统论述。张鸣、张艳和程涛合著的《企业财务预警研究前沿》（2004）结合我国的财务实践，主要分析财务问题和构建财务模型，包括预警概念、机理、模型、方法等，探讨了财务预警领域的核心问题。

我国文献主要集中在对财务风险预警模型的研究上，通过修正自变量、引入新指标等方法对西方已有的预警模型进行了改进和创新，完善和丰富了财务风险预警的理论研究。

黄岩等（2001）基于我国资本市场，对国内工业类上市公司建立了财务失败预警模型，界定了研究对象的 Z 值范围。严良等（2019）则基于工业类企业与资源型企业性质的不同，针对资源类企业构建了 DE-SVM 财务预测模型，并检验得出该模型具有更好的准确性和预测效率，有利于资源类企业对财务风险进行识别。

张友棠等（2011）通过剖析行业环境风险对财务风险的作用机理，将行业宏观因素纳入财务预警风险控制模型，较好地解释了外部客观环境与企业财务风险之间的逻辑关联。并且，通过构建财务风险预警控制模型，将财务风险预警与财务风险控制有机结合起来。行业环境不确定性和组织调适惰性的耦合作用导致了企业财务风险的产生。

宋彪等（2015）在构建预警模型时引入了大数据指标，检验证明了基于大数据建立起来的预警模型，相比传统的基于非财务指标建立的模型更具有效性。研究采取了网络上与企业相关的正面情绪、中性指标以及负面情绪等大数据指标,通过数据处理量化引入财务风险预警模型,改善了非财务指标普适性不足、存在片面性误导的问题,为利用大数据技术解决财务风险预警难题做出了有价值的探索。

3. 中小企业财务风险的探索和创新

国内积累了一些对中小企业财务风险管理研究的经验,而在国外,这方面的研究并不多。姚雁雁(2010)认为中小企业的财务风险主要包括筹资能力差、资金不足、财务分析能力差、投资失误率较高、营运资金管理水平低。在财务风险评价方面,黄蕴洁等(2009)建立了中小企业模糊层次分析模型,对科技型中小企业财务风险的评价提供了帮助。张金贵等(2014)基于2013年上市公司的样本,利用SPSS构建了基于Logit回归模型的中小企业信贷风险度量模型,为我国中小企业信贷风险评估提供了科学依据。

我国学者分析了中小企业普遍存在的财务风险点,研究的创新之处体现在,以构建模型的方式为中小企业设计了财务风险分析方法和预警控制体系,为我国中小企业防控财务风险、完善财务风险管理决策提供了理论支持。

4. 大型集团财务风险管理的探索和创新

随着国内大型集团公司规模的不断扩大,组织层级的不断增多,财务风险管理的重要性愈加突出。我国学者从不同角度对集团财务风险进行了探索,为实务界提供了具有创新性的理论参考。

张继德等(2012)利用规范研究方法,依据系统性、环境分析起点等原则,构建了目标层、管理层和基础层三个层面,管理目标、实施主体、程序方法、保障体系和管理基础五要素在内的新型集团企业财务风险管理框架。这项研究突破了以往研究只局限于财务风险程序某一环节的探讨,而是站在了一定高度对企业财务风险管理进行了系统研究,是我国集团企业财务风险管理理论研究的一大探索与创新。

吴战篪等(2013)构建了企业集团资金安全预警理论体系,涉及资金预测体系关键预警点监控、跟踪预警、持续优化等流程，实现了一套可以全过程、全方位动态监控集团企业资金安全风险的预警体系，解决了国内外传统财务风险预警只集中在复杂指标预警、研究范围单一局限、仅针对渐进性财务困境的缺陷与问题。

三 财务管理理论的未来发展

我国财务管理研究从20世纪末开始呈现出快速发展的趋势，经过几十年的发展，已有一定的成果积累，但随着我国经济的持续发展、国家政策的变更完善，以及企业财务行为日渐复杂，我国财务管理理论仍需不断发展与完善，其未来发展可分为四个方面。

（一）构建基于中国经济与政策特点的财务管理理论体系

王化成等（2010）认为，财务管理环境是财务管理理论研究的逻辑起点，财务管理中的一切理论问题都是由此展开的，并在此基础上层层深入，逐步形成合理的逻辑层次关系。财务管理理论只有与中国国情紧密结合，才能提高其实用性，发挥出它的作用。我国正处于经济转型时期，国家政策不断完善，社会变革迅速，将会带来许多新问题，因此，在未来的财务管理理论发展中，无论是对国外引入理论的完善，还是国内新兴创新理论的出现，基于环境的研究将会成为一个重要因素。

相应地，由于中国社会、经济、政策等环境变化而产生的社会经济热点将会成为财务管理理论研究关注的地方。例如，王化成等（2006）认为如今越来越多的企业选择以集团的形式存续，而集团企业的财务管理中存在与普通企业不同的地方，例如控制权问题、内部资本市场问题等，对这些特殊情况的财务管理理论研究需要加强，以跟上实务的发展；李红霞和魏艳艳（2017）提出随着大数据时代的到来，许多企业纷纷转向"互联网+"的业务模式，而这种业务模式带来的新型财务管理以及财务管理信息化也需要进一步研究。此外，在经济全球化的趋势下，企业面临的国际财务问题日益增多，企业的业务也日趋复杂，研究已发生的新兴业务对未来企业的提升具有启示作用。

（二）拓展、创新财务管理通用业务理论

王化成（2010）将财务管理理论体系分为基础理论、通用业务理论、特殊业务理论和其他理论，其中通用业务是指可普遍适用于所有企业的财务管理理论，主要包括投资、筹资、营运资金、分配管理、盈余管理等。通用业务理论是企业许多财务决策的理论基础，过去也一直是研究的热点，其中的诸如最优资本结构、营运资金周转、股利政策、盈余管理的监管手段和控制措施等重点、难点依旧需要我们从各个角度进行深入研究探索。同时，在这高速发展的经济时代，过去的一些通用业务理论已经不能适应企业的经济业务。罗国萍（2014）认为，如今筹资来源与对象更为广泛与复杂，一些新型筹资工具争相涌现；投资项目趋向于多元化，不再局限于有形资产，还拓展到智力资本投资等。因此，投资、筹资、营运资金、盈余分配管理理论在未来还需基于中国经济、市场的变化不断拓展、革新。

（三）基于多学科视角的财务管理理论

在经济情况日益复杂的当下，单纯用财务管理单科的知识来解决这一领域的问题已过于单薄，将财务管理与其他多种学科进行交叉融合将提供更多元、更完整的视角来看待问题，这会给一些财务问题的解决方法带来新的思路与启示。例如，将财务管理与战略管理融合，有助于财务资源的有效利用，进一步推动企业增强竞争优势，实现长期发展目标；王卫星（2016）提出将财务管理与微观经济学相结合将对资本经营的内容与方式带来创新思路，财务管理与宏观经济学相结合将有助于企业适应宏观经济政策与目标给企业带来的影响等。除此以外，财务管理还可与管理学、会计学、心理学、组织行为学等相融合，其结果将拓宽财务管理领域，丰富财务管理内容，完善财务管理方法，促进财务管理学科发展，更好地指导财

务管理实践。

（四）建立新型财务共享模式理论

王钊等（2016）认为，在大数据的背景下，以财务共享服务中心为代表的新型财务管理手段将会被越来越多地利用，企业将搭建统一高效的财务共享平台，用此平台来汇集企业各部门、各业务板块的财务信息，并实行流程再造。在此模式下，财务部门将分为共享财务、业务财务、战略财务三块，并且不再如过去那么独立，而是实现与其他各职能部门的联动，企业部门之间联系更加紧密。财务人员将向三个板块分流，企业对人力资本将树立全新的观念，提高"以人为本"的意识，重视企业的财务人员。这一管理模式现在已在不少企业得到利用，因此对其实践成果的分析与改进途径的研究将会是财务管理理论未来的发展方向之一。

第四节　结论与启示

回顾新中国成立70年来企业财务管理实践与理论的发展历程，可以总结出很多规律性的现象，对进一步拓展相关理论研究与实践也能带来多方面有益的启示。

企业财务管理是实践性非常强的学科，企业财务管理理论研究和实践发展的水平与国民经济发展状况息息相关。经济越发展，越是呼唤高水平的企业财务管理；经济越发展，企业财务管理的平台越大，理论研究和实践活动需要关注的问题就越多。计划经济体制的实施依赖于对社会再生产各个环节的计划安排，通过行政指令来协调整个社会经济活动，财务管理只能按计划行事，企业财务管理职能的作用空间是非常有限的，就整个经济体系的运转来说，也不需要财务管理发挥太积极的作用。市场经济强调让市场在资源配置中发挥基础性作用，包括股票市场、债券市场、外汇市场、期货市场的发展，以及企业自身发展规模、多元化程度和国际化程度的增强，都使得资金流的管理变得越来越复杂，保持资金与企业生产经营活动中其他各种要素之间合理匹配的难度越来越大，财务管理面临的难题越来越多，财务管理的重要性越来越大，财务管理作为的空间也越来越大。大量财务公司的成立、财务高管重要性的凸显都说明了这一点。

新中国财务管理理论和实践的发展与改革开放的进程紧密相连。20世纪五六十年代引进苏联财务管理理论对构建计划经济时期我国企业财务管理体系发挥了重要作用；而改革开放则使我国的企业财务管理理论和实践发展进入蓬勃发展的新阶段。改革提出了很多新问题，需要新的理论指导；改革也使大量新的理论和方法获得了实践运用的机会。在新中国成立初期大量引进苏联财务理论研究中国问题的基础上，开放进程也极大地促进了中国企业界、学术界与西方同行的交流，逐步缩小乃至拉齐我国财务管理与西方财务管理发展水平的差距。21世纪初期，我国加入WTO，改革开放的力度不断加大。党的十八大以来，中国特色社会主义进入新时代，"一带一路"倡议的积极推进使我国的改革开放进入一个新的时期。在继续大力引进外资的同时，中国也成为全球重要的对外投资来源国，企业国际化发展的力度前所未有，国际化发展中的财务风险需要理论界和实务界的积极回应。

再者，我们发现，技术发展始终是推动财务管理理论和实践发展的重要因素。技术在改变企业经营管理环境、赋能财务管理的同时，也对财务管理理论和实践提出了新的要求。所有技术的发展，包括生产技术、交通运输技术、通信技术等，都可能会对企业的资金投入、成本水平和竞争优势产生显著影响，从而对企业财务管理理论和实践产生一定影响。历史上，流水线生产、工业自动化、流通领域的配送中心建设、第三方物流体系的建设等，无一不对企业的投融资、成本竞争力、业务覆盖领域等产生深远影响。当然，就企业财务管理本身来说，尤其是对过去20年中国企业财务管理实践来说，产生影响最大的还是信息技术。狭义地说，借助于日新月异的信息技术，肇始于会计电算化的整个财务管理信息化、智能化进程不只是改变了企业财务管理的方式，改变了财务管理人员，而且极大地拓展了财务管理的深度和广度。

最后，历史告诉我们，任何理论只有深深扎根于实践，尤其要与本土实践密切结合，汲取本土养分后不断地提炼创新，才能更好地指导实践，焕发出强大的生命力。中国企业财务管理理论与实践发展的 70 年也充分说明了这一点。无论是 20 世纪五六十年代引进苏联的财务管理理论，还是改革开放后引进西方财务管理理论，都对一定时期内中国企业财务管理理论体系的构建发挥了重要作用，在指导中国企业财务管理实践方面也发挥了重要作用。但是，独特的经济体制、金融体系发展水平以及公司治理、企业文化等，注定了中国企业在财务管理领域面临着很多与其他国家企业共性问题的同时，也必然面临着很多独特的问题，需要中国的财务管理学者们给出自己的答案。基于其他国家的案例所归纳形成的理论也需要通过中国的实践予以检验。坚持理论与实践相结合，坚持在引进国外理论和方法的基础上进行本土化创新，基于中国实践积极进行创新性研究，是中国企业财务管理研究者和实践者应该始终遵循的重要原则。

习近平总书记在党的十九大报告中指出，中国特色社会主义进入新时代，我国社会主要矛盾已经转化为人民日益增长的美好生活需要和不平衡不充分的发展之间的矛盾。他同时指出，我国经济已由高速增长阶段转向高质量发展阶段。社会发展主要矛盾的变化以及高质量发展的要求必然要求企业财务管理从理论上和实践上给予回应。大数据、云计算、区块链、物联网等技术的发展在重塑企业的同时，也在不断重塑企业的财务管理。中国经济和中国企业国际化发展进程的不断深化，在提出很多财务研究新命题的同时，也必将为中外学者有关财务管理问题的研究提供丰富的素材。中国财务理论研究和财务实践队伍视野与水平的提升，也让我们有理由期待财务管理理论研究和实践领域更高水平成果的出现。历经 70 年发展，展望未来，可以肯定的是，以精彩的中国经济为舞台，在财务管理领域，理论和实务工作者都将会面临很多新的需要攻克的难题，但未来一定是美好的，中国学者和实务工作者一定能够奉献出更高质量的理论研究成果和具有中国特色的精彩实践。

第十二章

人力资源管理

新中国成立已70年,在社会经济发展的同时,人力资源管理学也经历了生成发展的演变历程,形成了如今的知识积累和教育科研体系。为了推动人力资源管理学的深入发展,进而对社会经济发展发挥更大作用,有必要对以往的演变历程进行全面的、系统性的研究,并在此基础上前瞻未来的发展方向。

第一节 引言

人力资源管理学的实质,就是对经济过程中人的属性、作用等问题的研究。1949年后,中国有了自己的工业体系,也开始了对劳动力的管理活动,并且进行了劳动力配置以及再生产等方面的研究。1949—1978年中国处于计划经济体制时期,劳动研究也带有时代的色彩,但那毕竟是当时人们对经济过程中人的属性及作用的认知,是历史现实。改革开放后人力资源管理学发展初始,对过去的劳动管理理念、方法等的反思成为新的研究视点之一,后来的学科发展与那段历史还是有着内在联系的。因此,本章把1949—1978年的劳动研究也放在分析范围内,将70年的学科发展历史作为一个整体进行描述。

人力资源管理学的 70 年研究，可以说是历史的研究。历史研究中，常见的也是必要的研究手法，就是"断代"法，就是将绵长的历史进程用关键事件、时间长度等尺度来分段，使人易于理解。对于人力资源管理学的历史发展，也不乏此类研究（赵曙明，2009，2019；彭剑锋，2019；曾湘泉、苏中兴，2009）。另外，人力资源管理学的历史研究中常见的还有"可视分析"法，就是对论文数量、主题类型、关键词频度、研究者规模、研究机构数量等规模指标进行时间序列式的描述。这种方法之所以受到钟爱，是因为相关资料有着数据形态，输入分析的自动化设备与分析软件已经充分发达（赵源，2015；张昊宇、房宏君，2015；房宏君，2013）。

由于分析对象的时间跨度长、缺乏纸质资料更缺乏数据形式资料等原因，本章选择了"有机系统"法，把人力资源管理学看作一个有机体，它的生成发展要受环境系统的影响。从影响它的环境条件切入，对人力资源管理学的概念及知识体系变化做出有机的抽象和总结，提炼出对今后这门学问发展的启示。

正如其他领域的学问一样，人力资源管理学也是研究者的现实认知的具象化。从这个角度，人力资源管理学可以定义为：研究者根据自己所接受的意识形态，在一定研究资源的支撑下，从企业实践提取素材、总结规律和创造知识的结果。在人力资源管理学的发展过程中，研究者的认知形成要受制度、企业实践和研究体制三个环境条件的影响。制度条件，指国家制度及政策，这是研究者意识形态的主干，决定了研究的方向及范围等。企业实践，是研究者精神耕耘的土地，要从中发现问题、总结规律和创造知识。研究体制，由知识积累与交流、学科建设、教育科研机构设立等因素构成。它在加快研究深化、推广知识应用方面发挥着不可缺少的作用。图 12—1 是人力资源管理学生成发展机制与环境条件的概念图。纵观新中国成立 70 年来人力资源管理学的发展过程，制度、企业实践和研究体制这三个条件的实际内容、充实程度等随着时代而变化，呈现出了纷繁复杂的状态，使得这段历史出现了不同的发展阶段。本章将依序按照这些阶段来系统考察新中国成立70年来人力资源管理学的演变历程。

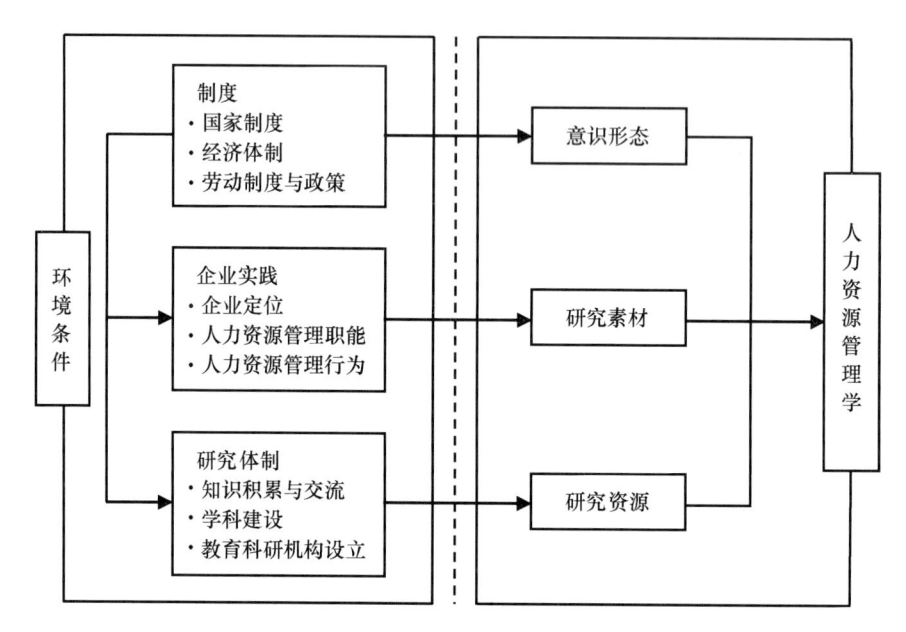

图12—1 人力资源管理学的生成发展机制及其环境条件

资料来源：笔者绘制。

本章后续内容包括：第二节对新中国成立70年来人力资源管理学的演进历程进行分段，考察各阶段人力资源管理学的发展特点、环境条件及所产生的影响。第三节基于文献视角对新中国成立70年来人力资源管理重要课题的发展脉络与内容进行总结。第四节对新中国成立70年来人力资源管理学演进历程进行理论概括，在此基础上对未来研究方向做出展望。

第二节 基本发展历程

关于中国人力资源管理学的发展历程如何"断代"即如何划分

阶段，众说纷纭，大致有两类。第一类，"40年四分法"，即把改革开放以来的40年以10年为尺度进行划分（赵曙明，2019）。40年分为四个阶段：第一阶段为20世纪80年代后期至90年代前期，人力资源管理理念从西方引入；第二阶段为20世纪90年代中期至90年代后期，人力资源管理学科建设渐入高潮；第三阶段为20世纪90年代末至21世纪初期，结合国情的人力资源管理学研究广泛展开；第四阶段为21世纪初期至今，中国式理论研究与管理实践逐渐成熟。第二类，是"40年三分法"，即把近来的40年分为三段（彭剑锋，2019）：第一阶段为启蒙阶段（1983—1992年），中国人开始接触人力资源管理学；第二阶段是模仿、学习阶段（1993—2002年），学者将西方人力资源管理理论与方法介绍到企业，企业开始模仿实践；第三阶段是创新阶段（2003年至今），中国特色的管理实践和研究蓬勃出现。这两类断代方法，或四或三，简明上口，但没有史实依据。但从中可观察到难能可贵的共识，那就是：中国的人力资源管理理念是在20世纪80年代初期至90年代中期左右从西方引进的；中国的人力资源管理发展经历了模仿、学习、应用和创新的过程；中国的人力资源管理发展得力于国家政策、企业竞争和学者奋发等因素。

在借鉴上述研究的基础上，本章以重大历史事件为基准来分段，并且将国家制度、企业实践和研究环境作为各时间段的分析切入点。本章对人力资源管理学70年的发展分为以下四个阶段（见图12—2）。第一阶段（1949—1977年），1949年新中国成立，从20世纪50年代起实施计划经济体制，为"开拓与铺垫阶段"；第二阶段（1978—1991年），1978年实行改革开放政策，1984年启动经济体制改革，为"反思与探索阶段"；第三阶段（1992—2000年），1992年明确了建立社会主义市场经济的目标，1993年首个人力资源管理专业设立，为"学习与借鉴阶段"；第四阶段（2001年至今），2001年加入世界贸易组织，2002年党的十六大决定深化国有企业改革，为"深化与创新阶段"。

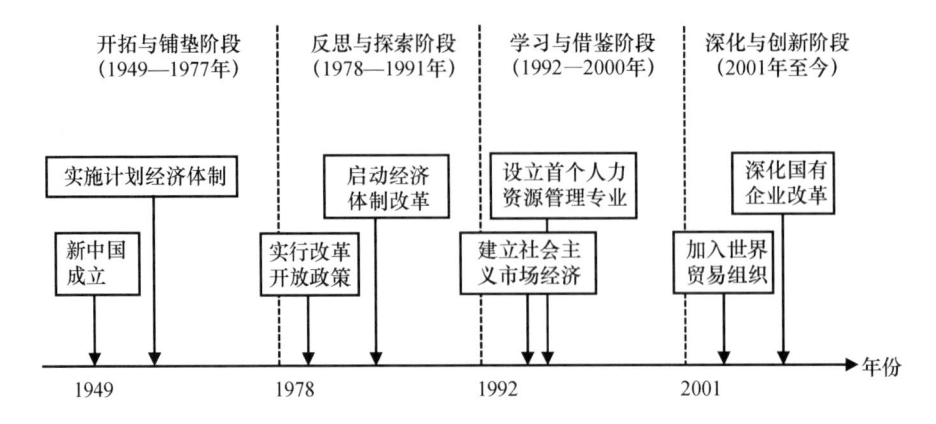

图 12—2 中国人力资源管理学的四个发展阶段

资料来源：笔者绘制。

一 开拓与铺垫阶段（1949—1977 年）

1949 年新中国成立至 1977 年，中国实施的是中央集权的计划经济体制，参照苏联劳动经济学设定了劳动力配置、工资分配及福利制度。企业的劳动管理呈现行政事务化特征。表 12—1 列出的是这一阶段人力资源管理研究的特点、环境条件及所产生的影响。

表 12—1　　　　　　开拓与铺垫阶段（1949—1977 年）

	要点
制度	• 实施社会主义计划经济体制 • 实行集中计划式的劳动制度：统包统配式的劳动用工制度；全国统一的工资制度
企业实践	• 企业在人力资源的获取、使用、激励等方面没有自主权，只是按照国家计划执行劳动方面的手续，劳动管理缺乏多样性、效率性
研究体制	• 从苏联引进劳动经济学 • 劳动经济学领域的研究人员 • 高等教育未设立人力资源管理的相关专业

续表

	要点
环境条件的影响	• 社会主义计划经济体制下形成了劳动者既是国家主人翁又是建设者、国家应该保证劳动者的就业与生活、劳动者有义务为国家服务和提供劳动、劳动管理必须注重社会协调、分配公平等基本理念 • 集中计划式的劳动制度导致企业劳动管理的行政事务化，企业没有动力改进管理效率，难以提供有研究价值的实践素材 • 按照苏联方式建立起来的学科体系决定了以劳动经济学为特点的研究者队伍和研究方式
研究状况	• 劳动经济学型的研究 • 研究视角是宏观的、国家层面的，个体的意志和行为被舍弃，强调个人必须服从集体，认为管理等同于控制，把社会协调、分配公平等作为目标 • 研究目的以描述、宣传计划经济体制和相应的劳动制度为主 • 研究内容与就业制度、工资制度和劳动保障制度有关 • 研究观点呈现单一化特征，不同观点很少，基本没有对现实的理性反思式的研究

资料来源：笔者整理。

（一）集中计划式的劳动制度

在计划经济体制下，企业的生产以及所需要的设备、厂房及原材料的资金投入，都由政府统筹解决。当然，企业劳动力的数量、工资福利等也都是处于政府的管理之下。

对于劳动用工，政府采取了"低工资、多就业"的政策，对劳动用工实行统包统配制度。统包统配，就是由政府制订各企业的招工计划，企业按照计划指标录用劳动者。当时，劳动者一旦通过这个途径被录用，就成为国家正式职工，他的工资及福利待遇就得到了政府（名义上是企业）的保证。这个制度是在"一五"时期形成的。这之前,政府的劳动管理政策还比较灵活。当时不论国营企业还是私营企业,都可以在国家政策允许的限度内自行增减职工。企业招工可以对职工进行考核,择优录用,还有辞退的权力。但是"一五"时期以后,政府加强了对劳动力的集中管理,新增职工都必须在政府下达的计划指标范围内进行招用,政府对大中专毕业生、技校毕业生、复转军人等进行统一分配,对公私合营后原私营企业的职工实行包下来政策。"文化大革命"期间把临时工改为固定工以保障他们的就业,逐渐形成了"只能进不能出"的"铁饭碗"制度(祝慈寿,1990;刘贯学,2004)。这一制度除了在"文化大革命"期间有所中断之外,一直延续到20世纪90年代初期。

"统包统配"制度存在着与生俱来的问题,就是政府与企业间的矛盾。由于社会劳动力的持续生成,企业必须为其提供工作岗位,而政府为了财政收支平衡,不可能过多地增加工作岗位。如此矛盾的结果,就是虽然政府编制了招工计划,但很多单位的招工年年超标,以至于政府经常下达限制招工、精减职工的通知。红旗出版社出版的《中华人民共和国国民经济和社会发展计划大事辑要1949—1985》中记载,1957—1966年,政府几乎每年都要求控制职工人数:1957年党中央、国务院下发《关于有效控制企事业单位人员的通知》,要求严格控制从社会招收新职工;1959年下发《关于立即停止招收新职工和固定临时工的通知》;1961年要求精减2000万名职工;1963年要求继续精减160万名职工;1964年下发《关于执行1964年职工人数执行计划问题的通知》,指出因全国职工人数超出计划50万人而当年不再增加职工人数计划指标;1965年下发《关于严格控制1965年下半年增加国家职工的通知》,要求各地方根据压缩生产建设及人员过多情况对增人指标重新审核。由此可看到,政府很早就认识到了"统包统配"制度的问题,但一直都未建立起强有效的纠错机制。

工资分配方面,新中国成立之后,政府为了建立符合国情的工资制度,用了5年时间对工资进行改革。制定工资制度的基本原则,就是社会主义的"按劳分配"。这一时期各地根据自身情况进行了工资调整与完善，提出了多种模式。大多数国营企业对工人实行八级工资制，规定了最高与最低工资的倍数，一般在2.5—3倍，采取2.8倍的最多，工资等级是与技术等级相对应的。与工人不同，技术人员、管理人员则实行职务等级工资制。有些地方和企业还实行了计件工资制和奖励工资制。从这些实践中可以看到，当时政府的集权程度还不是很大，企业还有一定权力决定工资分配方法，从而在如何按劳分配方面进行了探索，如把工资与岗位特点、技能水平、劳动复杂程度等挂钩，使用计件工资和奖金刺激工人等。然而1956年以后，政府开始实行全国统一的工资制度，尤其是1959年工资调级、调级人数、调级范围、调级时间、调级工资金额等改由国家统一安排之后，工资管理就逐渐转变为中央集中管理了。以工人为例，其工资标准按产业统一规定，同时根据不同产业工人生产技术的特点，建立不同的工资等级制度：工业工人一般实行八级工资制，建筑工人实行七级工资制，纺织运转工人实行岗位工资制，邮电业实行职务工资制，商业部门售货员实行三类五级工资制。除了工资标准、工资等级、升级时间、升级比例、升级做法、奖金数额等也有国家规定。这一制度一直实行到20世纪90年代初。其间有过几次修改，但基本的方面没有变动（徐节文，1986a）。

政府当初决定实行全国统一的工资制度，是为了实现公平合理分配，贯彻按劳分配原则。然而这个制度在后来的执行过程中逐渐偏离了设计初衷和按劳分配原则，造成了严重的平均主义、全民吃"大锅饭"的现象（刘贯学，2004）。工资和劳动者个人、企业整体所提供劳动量之间都没有明确关联（徐节文，1986a）。工资统一计划管理束缚了企业执行的灵活性，不能按工人技能提升情况及时调整工资。加上受"文化大革命"、自然灾害等影响，国家财政困难，十几年没有进行工资调级，形成了"干好干坏一个样""吃大锅饭"的现实。1971年全国工资调级时，政府强调要坚持按技术高低、贡献大小为依据，但没有得到很好贯彻落实。因为欠账太多，观念已形成，又缺乏客观依据，平均主义的现象仍然持续了下去。

（二）劳动制度中的理念与企业定位

制度是人脑的产物，是人的意识的反映，是制度制定者根据他所接受的意识形态，研究出一套在这一制度下人们"应该"怎样做的行为规范（杨体仁，1998）。计划经济时期的劳动制度体现了当时决策参与者对劳动者、企业以及劳动管理的理念认知。

第一，劳动管理是政府的职能。劳动力配置由政府全权决定。企业在劳动力招用和增减方面没有自主决策权力，仅作为国家行政体系中的机构，代表国家对劳动者行使招工手续。劳动者要获得工作机会，只能服从国家的统一安排，没有选择余地。劳动者一旦进入企业，终身归属于企业，一切服从企业安排。同样，劳动者的工资由国家直接用行政命令统一制定、统一调整。这是因为计划经济体制是政府集中掌握所有资源，企业与劳动者是生产要素，对资源（包括蕴藏在劳动者自身的人力资源）没有支配权。劳动关系，由工作赋予方的国家和接受方的劳动者构成，企业是国家行政体系中的基层单位，代理国家对劳动者实行管理手续。企业和劳动者都不是独立的经济主体，劳动关系被异化为行政隶属关系（李永杰、杨体仁，1998）。在这种格局中，企业和劳动者都依附于国家，或者说是构成国家的"单位"。国家经济发展战略与经济政策，也就直接决定着劳动者和企业的经济利益与生存基础（曹燕，2007）。

第二，企业劳动管理的行政事务化。在计划经济时期，企业既不能决定招工数量，也不能选择用人对象，更不能解雇职工。企业只要在国家计划指标范围内行使招工、离退休管理等手续。同样，企业在工资管理方面行使的只是行政手续职能，按照政府指令对劳动者进行技术等级考核、工资发放、工资归档等日常管理。但是因为企业的盈亏由国家负责，所以企业也不用担心用工、工资问题带来的风险。在这种环境中，企业没有可能、没有动力，也没有必要去改进劳动管理的效率。

第三，否认劳动者之间的劳动量的差别。全国统一的工资制度的最大问题,就是抹杀了各地区、各企业劳动者之间劳动量的差别。当时,工资制度的主要目的是社会关系协调,而不是经济效率增长及国民福利的增加。工资设定注重平均主义,缩小劳动者个人之间的差距。平均主义的危害性,实际上已被注意到,政府甚至提出不要搞平均主义,但并没有得到遏制,根本原因在于对计划经济体制的集中统一管理方式没有做出深刻反思。

第四,忽视劳动者个人的意志与行为。政府在初期还允许采取计件工资和奖励形式,但"文化大革命"期间彻底取消了计件工资、奖金,认为那些都是"资产阶级法权"产物,不承认工资具有刺激劳动者动力的作用,否定了劳动者的物质利益需求,结果压制了劳动者的工作积极性,使经济失去了发展的动力。

第五,注重公平,牺牲效率。例如,劳动力配置注重数量。在计划经济时期,劳动者既是经济发展所需的生产要素,又是社会主义国家的社会基础。与资本主义社会不同,社会主义社会中无产阶级当家做主,拥有劳动和享受劳动分配的权力。因此,计划经济时期劳动用工政策必须满足这两方面的需求。但当时经济规模小,无法容纳全部劳动力,于是就采取了"低工资、多就业"策略,就是将劳动者的工资定在较低的水平,用有限的财政资源尽可能多地招收工人。这就形成了"注重数量增加"的理念意识。这实际上是以牺牲人力资源优化配置和劳动生产率为代价的,使得劳动力配置远远超出生产运营所需要的数量(李永杰、杨体仁,1998)。

(三)宏观视角下的劳动人事研究

在这一阶段,受制度条件影响,无产阶级的工人既被视为社会主义国家的主人翁,又是社会主义的建设者。国家应该保证劳动者的就业与生活,劳动者有义务为国家服务,提供劳动。可以说,这是当时劳动人事管理的基本理念。这一时期,中国从苏联引进了劳动经济学,把它作为研究劳动问题的理论基础。"这种劳动经济学,主要以描述、宣传计划经济体制和相应的劳动制度为主","其内容是从它的独特的意识形态出发,研究相应的劳动制度、工资制度和劳动保障制度、工资水平和结构、就业水平和就业结构、个人与企业（组织）间的关系、企业（组织）与国家（组织）的关系等，它的方法也体现着历史分析（如旧社会怎样，新社会怎样）和经验分析（如就业结构变化的几个阶段等）的特点，强调描述现状而忽视理论分析"（杨体仁，1998）。其研究视角是宏观的、国家层面的，个体的意志和行为被舍弃，强调个人必须服从集体，认为管理等同于控制，把社会协调、分配平均等作为目标。

由于实施计划经济体制，企业在人力资源的获取、使用、激励等方面没有自主权，只是按照国家计划执行劳动方面的手续，劳动管理缺乏多样性、效率性。但在当时的制度条件下，不允许有不同观点存在，所以当时基本没有对现实的理性反思式的研究。但在国家上层，曾有过改进劳动制度的构想与部分实践。1958年刘少奇同志就提出了两种劳动制度的设想。他指出，"以前实行固定工制度的可以继续实行，此后新招用的工人要实行劳动合同制，打破铁饭碗，克服固定用工的弊病。他还说，固定工制度弊病很大，企业用人只能进，不能出，企业不能选择自己需要的工人，工人不能选择适合自己的工作；有的企业本来就是季节性的，搞成固定工，增加了国家的负担，浪费了劳动力；同时还造成了一些工人的依赖思想，反正有了铁饭碗，干好干坏一个样；合同工制度就比较灵活，订合同，规定期限，企业需要，干得又好，合同可继续续订；不需要，工人可另找工作，企业不背包袱。合同工为了续订合同，就努力工作，学习技术，有上进心，这就调动了工人生产的积极性。在这个时期，这两种劳动制度可以并存，逐步用合同工制度代替固定工制度"（刘贯学，2004）。在刘少奇同志的指示下，劳动部还曾在四川省的500多家大中企业间进行了新的劳动制度试点。但是这些试点后来在"文化大革命"期间受到批判，尚未在广范围普及就夭折了。

综上所述，这一阶段在社会主义、中央集权管理的制度条件下，劳动管理的手法单一、缺乏效率，仅注重劳动者的主人翁和建设者的意识形态上的地位,没有能顾及劳动者个人的社会需求、劳动效率等方面。但是,当时出现了对这种劳动管理模式的质疑,只是没有形成主流意识而已。从这个意义上,可以说正是计划经济的劳动管理模式的弊端,引发了包括学界在内的社会反思,刺激了对新管理理念的需求,这为后来的人力资源管理学的发展起到了开拓和铺垫的作用。

二 反思与探索阶段(1978—1991年)

1978—1991年,中国实施了改革旧体制、引进外国资本的"改革开放"政策,向企业下放了一部分经营管理权,探索新的劳动管理制度。人力资源管理研究开始引进西方理论,以消化国外理论和推进改革为主要内容。表12—2列出的是这一阶段人力资源管理研究的特点、环境条件及所产生的影响。

表12—2　　　　　　　反思与探索阶段(1978—1991年)

	要点
制度	●实施了改革旧体制、引进外国资本的"改革开放"政策 ●启动了劳动制度改革:试行劳动合同制,恢复奖金与计件工资制,推行工效挂钩
企业实践	●企业有了行使自主权和发挥管理职能的可能性,认识到劳动者是创造市场价值的重要资源,理解了用市场经济原则处理劳动关系的重要性 ●企业开始探索新的劳动人事分配方式,劳动合同制、干部竞聘上岗、末位淘汰制、岗位技能工资制、结构工资等涌现出来
研究体制	●开始引进西方管理理论,如对行为科学的理论和方法进行了介绍、评论和初步的应用试验 ●劳动问题研究依然以劳动经济学视角居多

续表

	要点
环境条件的影响	• 主流意识认为国家对企业管得太多太死，企业应该有权选择经营方式，有权行使劳动人事分配职能。政策理念从注重社会协调、公平分配向鼓励竞争、注重效率转变。这些制度变革推动了学术界对传统劳动制度的反思以及改革方向的探讨，研究者的意识形态有了根本性的变化 • 企业劳动人事分配制度改革实践，提供了新的研究素材，研究视角从宏观向微观转变，研究方法从国外理论介绍向理论应用转变；企业开始采取市场经济手法处理与劳动者的关系，需要新的理论工具，研究者从国外引进了行为科学等管理理论，满足了这些需求
研究状况	• 研究视角开始从宏观向微观、从国家向企业和劳动者个人转变；劳动者个人的意志和行为、劳动者间的差异性，以及企业间的差异性得到肯定；劳动者激励手段受到重视 • 研究内容主要是劳动人事分配制度的改革与新制度的建立，涉及按劳分配原则的合理性、企业工资总额与经济效益挂钩、劳动合同制的性质等 • 研究中出现了大量有的放矢的研究

资料来源：笔者整理。

（一）政策理念转变与劳动制度改革

1978 年党的十一届三中全会决定把经济建设作为党和国家的工作重点。1984 年党的十二届三中全会做出了关于经济体制改革的决定。劳动制度改革，是经济体制改革的内容之一。此时，对国家与企业间关系、企业与劳动者间关系，从政府到学界出现了新的认识，认为国家对企业管得太多太死，把全民所有企业和国家行政机构混为一谈，压抑了企业的生机和活力；所有权和经营权可以适当分开。在服从国家计划和管理的前提下，企业应该有权选择灵活多样的经营方式，有权安排自己的产供销活动，有权拥有和支配自留资金，有权依照规定自行任免、聘用和选举本企业的工作人员，有权自行决定用工办法和工资奖励方式。另外，劳动分配中的平均主义倾向，不利于调动劳动者的积极性，应该改革统包统配制度，有步骤地实行劳动合同制度，在工资分配中切实贯彻按劳分配原则，适当拉开工资差距。

1983年全民所有制企业和集体所有制企业开始试行劳动合同制。劳动合同制的基本特点，就是用签订劳动合同的形式，规定劳动者和用人单位的义务和权利，实行责、权、利相结合。企业招用劳动合同制工人，必须签订劳动合同。劳动合同的长短可根据生产、岗位性质和需要而定。合同期满后生产、工作仍需要留用的，可以续订合同。这和过去固定工的用工方式的最大区别，就是劳动者的就业岗位不再是终身有保障的。20世纪80年代末期，政府开始推行优化劳动组合，提高劳动生产率。优化劳动组合，是企业根据需要，在合理定编定员的基础上，通过考核对劳动者进行聘用或组合上岗，形成可以根据生产工作需要调整的、结构合理的劳动组织。但这个时候由于社会保障体制不健全，对优化下来的富余人员，主要在企业内部消化，不能推向社会。

工资分配方面，1978年恢复了奖金与计件工资制度，1985年启动了工效挂钩改革，企业工资总额与经济效益挂钩，实行职工工资总额与企业经济效益按比例浮动的办法，企业内部分配由企业根据按劳分配原则自行确定，政府不再规定具体工资分配形式。随着经营承包制的普及，还要求分配形式与经济责任制紧密联系，明确岗位责任与要求，使职工劳动报酬与劳动贡献密切挂钩，同时企业工资增长基金同经济效益挂钩。从上述这些政策和企业实践中，可以看到与计划经济时期的社会协调、平均分配截然不同的鼓励竞争、注重效率理念的出现。扩大企业经营自主权、经营承包等措施使得企业开始向有自身经济利益的独立经济实体转变，中国的国有企业开始追求自身利益最大化，追求劳动投入的效率化。为了充分发挥劳动力的增殖作用，也开始将劳动者作为市场经济中独立经济主体看待，从经济利益、心理需求等不同层次采取激励措施，建立市场型、法治型的劳动关系。

（二）企业劳动管理实践探索

在新劳动制度下，企业有了行使自主权和发挥管理职能的可能。这一阶段，企业在劳动人事分配方面不断地探索和改革，创造出了很多新方法，有的还被政府采纳，成为新劳动政策的重要内容。在这一过程中，企业认识到劳动者是企业动力和活力所在，是创造市场价值的重要资源，自然地理解了用市场经济原则处理劳动关系的意义和重要性。在这种局势下，终身雇佣的传统开始被废弃，劳动者开始有了上岗靠竞争的意识。

工资分配方面，企业开始用各种办法把奖金和劳动成果挂钩，实施有差别的、按劳分配的原则。1978年10月到1981年10月四川省有100家企业参加了扩大企业经营管理自主权试点。这些企业过去对奖金实行集中管理制度。车间、劳动者个人的奖金等级、得奖人数、奖励条件等都由厂部决定。车间执行厂部规定评定劳动者的等级。这种办法造成奖金和劳动者个人的劳动成果联系不紧密，没有起到调动劳动积极性的作用。于是决定向车间放权，使奖励条件更加符合实际生产情况，更加具体明确，评奖的唯一标准就是劳动成果，而不是原有的职称级别（徐之河、李令德，1995）。有企业根据岗位责任制用更多指标来衡量劳动者的劳动成果。还有企业改革工资形式，设立不同工资单元，以反映劳动成果结构的具体差异。当时出现了计件工资制、定额工资、效益工资、岗位工资、浮动工资、结构工资、岗位技能工资等多种工资形式。企业界普遍认为，不同类型的企业和岗位，应该采用适合自己特点的工资形式。采用最普遍的是岗位技能工资制度（中国人民大学《企业活力》调研组，1994）。岗位技能工资制度由基本工资和辅助工资两部分组成。基本工资包括岗位工资、技能工资和年功工资三个单元，辅助工资包括奖金、效率工资、效益工资和各种津贴。与原有的等级工资制度相比较，岗位技能工资制度能够比较全面地评价岗位价值，反映岗位之间差别，体现按劳分配原则。岗位技能工资制度的操作也比较灵活容易，有利于企业内部的劳动力流动、拉开岗位之间的工资差距，使工资分配向重要岗位倾斜。20 世纪 80 年代中期后国营企业实行工资总额与企业经济效益挂钩的办法。当时政府对工资总额与企业经济效益的挂钩比例有统一规定，存在着脱离企业实际情况的问题。1992 年上海二纺机厂根据自身做法提出工效挂钩不要搞得这么复杂，国家不要管得太死，要由企业按照工效挂钩基本原则自己掌握，具体做法就是企业工资总额增长不超过经济效益，企业职工平均工资增长在不超过人均劳动生产率（即两低于）的前提下，工资总额和分配方法由企业自行决定。这个意见后来得到国家劳动部门采纳，并批准在企业试行（刘贯学，2004）。

在劳动合同制改革中，企业采取了竞争上岗、重新签订合同等办法。上海电机（集团）公司用三个月时间进行全员劳动合同和上岗聘约的签订工作，对下岗人员采取转岗、培训，并且还提拔了一批干部，免职、降级、退岗了一些干部（徐之河、李令德，1995）。许多企业废除了干部选拔任命上的终身制，实行了新的干部聘用制。一是取消企业行政级别，打破工人与干部的身份界限，变身份管理为岗位管理；二是设立管理岗位，对在管理岗位担任行政职务的管理人员实行竞聘上岗，通过考评确认管理人员的素质与能力之后进行聘任；三是实行干部任期制、年度考评或奖惩制度，对管理人员实行基于业绩的动态管理，建立"干部能上能下"机制。许继集团有限公司在集团公司所有中层管理岗位实行竞聘上岗，符合条件的职工都可以报名竞聘，公司组成竞聘委员会进行选拔。中层管理人员的任期为三年，任期届满职务自行解聘，若要继续任职需再次参加竞聘。公司对中层管理人员还进行年度考核和末位淘汰（国家经贸委企改司调研组，2001）。

总之，这一阶段，国有企业在员工招聘、绩效考核、薪酬激励等方面进行了探索，劳动合同制、干部竞聘上岗、岗位技能工资、结构工资等激励形式都在这一阶段涌现，中国企业人力资源管理实践开始有了雏形，为人力资源管理研究提供了素材。企业在改革过程中逐步认识到劳动者的积极性是企业的动力和活力来源，开始意识到建立有效管理制度的必要性。但是这一阶段的改革是有限的，还没有涉及企业所有制、治理结构等重要制度，劳动制度方面，以八级工资制为代表的集中计划式的管理制度还未取消，政府对劳动制度的管控权力还过大。

（三）反思视角下的劳动研究

改革开放初期，中国学术界对计划经济时期的劳动制度进行了反思，在按劳分配原则等方面的观念发生了转变。这些研究主要从劳动经济学角度剖析了计划经济体制下的劳动制度的弊端，探讨了劳动制度改革的方向与途径。特别是1984年党中央做出经济体制改革决定之后，这方面的研究非常活跃。这些研究除了探讨一些基本理论问题之外，更多的是理论联系实际，探讨在社会主义现阶段如何搞好劳动制度改革。这表明对劳动制度的研究深入了，与经济体制改革的实践结合在一起了。研究视角开始从国家层面转向企业层面，研究方法从理论研究转向经验分析。

关于计划经济时期劳动制度的弊端，很多研究都指出它不能调动企业集体和劳动者个人的生产积极性，原因在于没有把企业集体和劳动者个人的绩效和经济利益联系起来。只讲政治挂帅，不讲物质鼓励；只讲行政命令，不讲经济利益；只讲国家利益，不讲集体和个人利益；只强调国家利益代表集体和个人利益，不承认集体和个人利益的相对独立性。整个社会的经济活动都是按照指令性原则组织的，使得企业吃国家的"大锅饭"，劳动者吃企业的"大锅饭"（徐节文，1986a）。另外，低工资和多就业之间并没有必然联系。"有计划地分配社会劳动力，是社会主义国民经济计划按比例发展规律的要求。社会主义社会应该制订劳动力在各地区、各部门、各企业之间的分配计划，使各地区、各部门、各企业协调发展。但是，这并不等于国家对劳动力实行统包统配"（徐节文，1986b）。过去理论界不认为社会主义是有计划的商品经济,但在政府确定社会主义是有计划的商品经济的基调之后,理论界也开始转变认识,认为在社会主义商品经济条件下,企业是独立和相对独立的商品生产者和经营者,因而贯彻按劳分配必须以企业为主体。

学术界还对如何贯彻按劳分配原则、按劳分配是否是唯一原则等问题进行了探讨。马镔(1985)认为,实行按劳分配,计算劳动者为社会提供的劳动量应将个别劳动者的劳动时间按单位劳动时间内社会平均的劳动支出进行换算。计算劳动量既要考虑劳动数量,又要考虑劳动质量。劳动的质量是按劳动的熟练程度、复杂程度、繁重程度上是有区别的。梁文、张问敏(1986)认为,按劳分配确实不是现阶段唯一的规律,还有其他一些规律在起作用。但是按劳分配是分配个人消费品的主要依据。但是,也有观点认为对社会主义工资起支配作用的是一个规律体系,包括按劳分配规律、社会主义基本经济规律、国民经济有计划按比例发展规律等12个规律。

学术界还将视角转向企业层面,联系改革实践,探讨建立新劳动制度的方向。许多研究探讨了企业工资总额与经济效益挂钩的理论依据,出现了肯定和质疑两种不同观点。肯定意见认为,企业工资总额要与经济效益挂钩,一是因为企业用经营收入向国家上缴税利和补偿职工垫支的劳动,并且企业职工工资不是国家对企业职工的按劳分配,而是企业职工劳动形成的商品价值的一部分;二是因为在社会主义社会中,职工个人劳动还不是直接的社会劳动,它必须通过企业的联合劳动转化为社会劳动,并要经过商品交换(练岑,1985);三是因为符合中国国情(钱世明、董源轼,1985)。质疑意见认为,企业利润的高低与外部因素关系极大,比如同国家投资多少和资源条件等外部因素有着直接关系,而扭曲的价格也造成了利润的悬殊,因此这不是一种好办法(中国经济体制改革研究所综合调查组,1985)。还有文献分析了实践中的工资总额与经济效益挂钩形式。这六种形式是单位产量(值)工资含量包干制、工资总额同上缴税利挂钩、"除本分成"制或净收入分成制、工资总额同税后销售净产值（收入）挂钩浮动、工资总额同资金税利率挂钩浮动、用上缴税利和资金利税率加权后的指标作为挂钩指标（王新华，1985）。这些形式各有优点和缺点，并且效果和企业实际情况密切联系，因此这方面的研究没有得出一个统一的意见。

学术界还探讨了劳动合同制。一种观点认为劳动合同制是雇佣性质，实行劳动合同制有损于职工群众主人翁的地位（蒋一苇，1985）。另一种观点则认为，劳动合同制体现的是劳动者个人与集体的关系。职工是国家的主人，也是企业的主人。他之所以要与企业签订劳动合同制，是因为作为国家主人翁的工人阶级的个别成员，在实现自己的权利和义务时，有一个正确解决个人和集体、局部和全部、当前利益和长远利益的关系问题。而订立劳动合同正是解决这个问题的一种形式（何光，1985；晓亮，1985）。

总而言之，研究者们开始对集中计划式的劳动制度的弊端进行反思，认识到企业、劳动者作为独立经济体的重要性，以及对这些主体进行物质激励的必要性。可以说政府理念的转变，即制度条件对研究者的意识形态有着根本性的影响。

另外，西方的管理理论，如行为科学的理论和方法也被引入中国。据孙耀君（1985）介绍，1978—1980年，一些学者对行为科学的理论和方法进行了介绍、评论和初步的应用试验。一些西方行为科学的经典著作在中国出版。1981年3月在北京召开了第一次全国性行为科学学术研讨会，参加会议的有120余人，交流学术论文30多篇，成立了中国行为科学研究会筹备会，并编辑出版了行为科学论文集。据不完全统计，到1983年年初，全国各地研究行为科学的团体有23个，举办学术活动和讲座700余次，出版的有关文章和书籍100多种。但是对待行为科学存在着肯定、反对和折中三种观点。一些研究者开始传播行为科学理论，把这些理论应用到企业管理实践中，如在员工招聘中应用心理测评手段（王重明，1988；张德，1990；时勘，1990）。20世纪80年代中期中国企业开始推广和应用现代企业管理理论和方法，主要有全面质量管理、投入产出法、方针目标管理、目标规划法、价值工程、电子计算机的应用、目标成本法等。企业管理现代化中当然也包括管理人才现代化，但人力资源管理还未被引起重视（徐之河、李令德，1995）。这一阶段也仍未出现当今管理学意义上的人力资源管理研究，与人的管理相关的研究仍然集中在劳动经济学领域，视角仍然是宏观的，倾向于制度分析，而微观视角的，对企业（组织）、劳动者个人的行为的研究还比较少，一些深入企业管理改革方面的研究虽然涉及劳动制度，但大都停留在事实描述上，鲜有对制度的运行机制与效果进行科学分析的。这和当时的研究积累、研究资源的客观局限性也有着密切关系。当时国内大学只设立了劳动经济学专业，还没有人力资源管理专业。来自劳动经济学领域的研究者占绝大多数，来自管理学领域的研究者人数很少，因此无论从研究积累还是从研究资源看不足以支撑人力资源管理研究的形成与发展。

在反思与探索阶段，自上而下的经济体制改革带来了从未有过的制度条件，研究者从对计划经济时期的突出意识形态的劳动管理理念、政策和手法的反思开始，发表了大量的有的放矢、关注人的需求与能动性的研究结果。获得经营自主权的企业有了自身的经济利益，开始采取市场经济手法处理与劳动者的关系，开始注重劳动者的经济主体性质、社会人的需求层次等，也需要新的理论工具。开放政策及时地满足了企业的这种需求，研究者从国外找到了当代人力资源管理理论，并很快在国内普及推广开来了。

三 学习与借鉴阶段（1992—2000年）

1992—2000年，中国开始进行社会主义市场经济建设，企业的劳动管理从局部改革转向系统改革，由此产生了借鉴西方企业人力资源管理制度的需求，推动了学科建制的发展。表12—3列出的是这一阶段人力资源管理研究的特点、环境条件及所产生的影响。

表 12—3　　　　　　　　学习与借鉴阶段（1992—2000 年）

	要点
制度	• 建立社会主义市场经济的目标，国有企业开始了转换经营机制的改革 • 劳动制度进一步改革，企业自主权得到进一步贯彻，政府宏观调控手段由直接向间接转变 • 《劳动法》的实施，完善了市场化用工制度的法律环境
企业实践	• 企业的劳动管理从局部改革向系统改革转移，产生了借鉴西方企业人力资源管理制度的需求 • 企业学习和模仿跨国企业逐步建立起自己的人力资源管理理念和制度体系，如华为提出了"人力资本的投资优于财务资本的投资"理念；海尔建立了基于"市场链"的工资分配制度；美的建立了KPI绩效管理体系等
研究体制	• 国内外知识交流日益活跃，西方人力资源管理的工具书、案例集和教科书大量出版 • 中国人民大学率先设立了人力资源管理本科专业，随后人力资源管理专业在全国各大学迅速扩张，招生规模急剧扩大，师资力量快速增长
环境条件的影响	• 社会主义市场经济成为研究者的主流意识形态 • 国有企业转换经营机制的改革使企业的经营管理更大程度地向市场化发展，要求学术界从理论上做出回应，对人力资源管理学的发展起到了推动作用 • 人力资源管理专业的快速发展，培养了大批专业人才
研究状况	• 企业（组织）与员工个人的意志和行为等基本理论的研究广泛展开 • 研究主要集中在两个方面。一是对人力资源管理理念的启蒙，宣扬人力资源管理的重要意义，介绍人力资源管理结构与方法。二是把西方人力资源管理理论与中国企业问题相结合，探讨企业应该树立怎样的人力资源理念和建立怎样的人力资源管理体系等问题 • 研究方法中除了定性分析以外，定量分析开始增加

资料来源：笔者整理。

（一）社会主义市场经济目标的确立

1992年中国明确了建立社会主义市场经济的目标，国有企业开始了转换经营机制的改革。公司制使企业的经营管理更大程度地向市场化发展，当然其中也包括对劳动管理的理念和手法上的变化。

劳动用工方面，1992年以后优化劳动组合和全员劳动合同制在全国普遍推开。1994年《劳动法》颁布，明确规定建立劳动关系应当订立劳动合同，完善了市场化用工制度的法律环境。20世纪90年代末，国有企业改革迎来最艰难的时期。受经济结构调整、企业破产政策的影响，国有企业出现了大量下岗职工。为了根本解决国有企业冗员问题，发挥减员增效对国民经济发展的积极作用，政府实施了再就业工程政策，建立再就业服务中心以保障国有企业下岗职工的基本生活。在此期间，多数国有企业通过一次性补偿，清除了职工的全民所有制身份，解除了职工对企业的依赖，使他们以劳动者身份走向了市场，国有企业的负担因此得到减轻，劳动力配置得到了优化。

这一阶段政府还开始了岗位技能工资制的试点，以岗位劳动测评为基础，建立以岗位技能工资制为主要内容的基本工资制度，把工资分配与个人技术、岗位责任、劳动条件、劳动贡献紧密联系起来，真正贯彻落实按劳分配原则。政府还决定对劳动工资计划不再实行具体的指标控制，而是采取依据投入产出、效率效益的原则编制工资总额弹性计划，间接调控职工人数。政府在工资宏观调控中提出兼顾效率与公平的原则，继续实施企业工资总额与企业经济效益相联系的政策，坚持企业工资总额的增长幅度低于经济效益增长幅度、职工平均工资增长幅度低于劳动生产率增长幅度的原则（即"两低于"原则）。在工资宏观调控中采取间接方法，1997年实施了工资指导线政策，对企业工资制定提供方向性指导，调节行业间、企业间不合理的工资差距。工资指导原则包括：坚持"两低于"原则；实行分级管理、分类调控原则；协商原则，以劳动行政部门为主，召集工会、企业协会等组织共同制定。

（二）人力资源管理理论引进与企业实践

在经济体制转型和劳动制度变革的大环境中，企业的劳动管理从局部改革向系统改革推移，产生了学习和借鉴西方企业人力资源管理制度的巨大需求。这一时期，有关西方企业人力资源管理的工具书、案例集、教科书大量出版。1993年中国人民大学出版社出版了《现代管理制度·程序·方法范例全集》，八卷书中有五卷与劳动人事管理有关。这是国内第一部系统介绍国外企业人力资源管理理念、最优实践和方法的著作（彭剑锋，2019）。企业一方面从这些书本上学习，另一方面也以进入中国的跨国企业为学习标杆。很多企业通过模仿和学习逐步建立了自己的人力资源管理理念和制度体系。华为1997年开始制定《华为基本法》，提出了"人力资本的投资优于财务资本的投资"的理念，还引进了英国职业资格制度及美国胜任能力模型，在此基础上建立了华为特色的任职资格体系。海尔1998年在工资分配方面提出了"市场链"的思路，把体现市场价值的经营效益指标分解到每个部门和员工，并且通过SST机制（索酬、索赔、跳闸），使员工收入与市场价值挂钩，从那时起海尔的员工就拿的是市场化的工资。美的建立了KPI绩效管理体系、分权手册和职业经理人行为规范。这一时期，政府在分配原则上做出了重要决定，提出效率优先、兼顾公平原则，允许个人资本等生产要素参与收益分配，因此一些企业开始探索年薪制、期股期权制。但是从整体上看，企业这一阶段主要是模仿和学习，建立人力资源管理体制。

（三）教育科研体系的初步形成

这一时期，人力资源管理学作为独立学科被认知，研究环境逐步完善。1993年中国人民大学率先设立了人力资源管理本科专业，随后人力资源管理专业在全国迅速扩张，设立该专业的院校数量、招生规模急剧扩大，师资力量快速增长，为人力资源管理研究的发展培养了大批专业人才（彭剑锋，2019；杨河清、王欣，2019）。

20世纪90年代中期以后，国内学者致力于把国外人力资源管理理论引入中国企业实践。这一阶段的研究主要集中在两个方面。一是对人力资源管理理念进行启蒙，宣扬人力资源管理的重要意义，介绍人力资源管理结构与方法。研究认为，人力资源管理是对人力这一特殊的资源进行有效开发、合理利用和科学管理。从开发的角度看，它不仅包括人力资源的智力开发，也包括人的思想文化素质和道德觉悟的提高；不仅包括人的现有能力的充分发挥，也包括人的潜力的有效挖掘。从利用的角度看，它包括人力资源的预测与规划，也包括人力资源的组织和培训（赵曙明，1996，2009）。还有研究指出，传统的劳动人事管理是经济学范畴的概念，它假设劳动者之间没有差异，并且在现有技术条件下能够带来最大产出。这是不符合实际情况的。人力资源管理是管理学的概念，是研究正确处理组织中有关人与事的关系的理念、方法和技术，其目的是使得企业做到事得其人、人尽其才，降低员工的流动率，激励员工努力工作，为员工建立合理的薪酬制度，对员工进行充足的训练以提高各个部门的效能（张一驰，1997）。另有研究认为，人力资源开发与管理是一项系统的管理工程。中国建立人力资源开发与管理体制，无论在人力资源开发的认识上，在开发对象、开发范围、开发内容、开发环节、开发动力、开发过程上，还是在开发效益、效率、机制上都要讲究系统的整合效应、整体性，要注重做好人才的培养、使用、配置与管理工作（仝志敏，1999）。二是探索如何把西方人力资源管理理论与中国企业问题相结合，认为研究不单纯停留在企业所有制层面，而是要深入人力资源管理的具体职能。有文献指出，国有企业人力资源选拔和配置不符合人才竞争规律，选择标准欠科学，经济报酬激励偏低，并且社会报酬激励有限，培训开发缺乏自主性、长远性和效率，提出企业应该树立以员工为中心的经营管理思想，建立完善的选拔、激励、开发和竞争机制，培育并强化"企业文化"（赵曙明、倪炜，1996）。有研究通过6家中国制造业企业的案例，考察了劳动管理体系中的工作关系、雇佣关系和劳资关系，发现在工作关系方面，企业采取了团队工作、多技能、质量控制、新技术的做法来提高生产系统的灵活性，但是在雇佣关系方面，实行传统的管理方法，具有既控制又关怀的特点，如员工间报酬差距较小，企业提供全面培训，强调人事程序和规章，管理专业性不强，较少参与战略决策。在劳资关系方面，工会倾向于协助企业。在这种制度条件下，企业能够有效地控制员工，发挥人力资源对组织绩效的积极作用，但从长远看，不利于持续提高员工投入和参与企业发展（约翰·班森、朱迎，2000）。还有文献通过调查认为，三资企业人力资源管理体系与市场经济吻合程度高，有着较好的组织与工作环境和较为宽松的管理方式，对人力资源有吸引力；较先进的人力资源管理理念，能够提高人力资源的积极性；重视人力资产和资本的评估与组合，能够提高人力资源的利用效率（赵曙明等，1998）。

总而言之，这一阶段研究环境初步形成，在对西方人力资源管理理论引进和学习的同时，结合中国企业的研究也发展起来。和过去的劳动经济学研究不同，这些研究采取微观视角，关注企业（组织）与员工个人的意志和行为，研究企业应该树立怎样的人力资源理念和建立怎样的人力资源管理体系，应该如何获取、使用、激励和留住优秀人才，人力资源如何影响企业（组织）绩效等问题。这些研究的重点是企业（组织）以及劳动者意志和行为的影响因素是什么。由于研究视角从宏观下沉到微观，研究内容自然就从抽象的理论问题转变为了具体的实践问题。研究方法中除了定性分析之外，定量分析也开始增加。

四 深化与创新阶段（2001年至今）

2001年至今，中国的社会主义市场经济取得了长足发展，深度融入全球经济一体化进程。企业普遍建立了现代化的人力资源管理制度，优秀企业开始创造出独特的管理实践。专业人才队伍逐渐庞大，研究体制逐渐完善，研究成果快速增长。表12—4列出的是这一阶段人力资源管理研究的特点、环境条件及所产生的影响。

表12—4　　　　　　　　深化与创新阶段（2001年至今）

	要点
制度	● 社会主义市场经济取得了长足发展。党的十六大提出了深化国有企业改革的目标。国有企业进行了职工的身份置换，用工制度、人事制度、分配制度发生了根本性变化。非国有企业形成了截然不同的人力资源管理体系 ● 加入世界贸易组织，全面融入全球化经济
企业实践	● 市场经济下人力资源管理理念深入人心，管理水平大大提高，包括职位分析、人员招聘、人员测评、培训开发、绩效考核、薪酬管理等功能模块在内的现代化的管理系统在企业中建立。一些优秀企业以世界一流企业为标杆，大胆进行管理改革，结合企业实际创造了颇具亮点的实践，如华为的员工股权分红制度和干部末位淘汰制度、海尔的"人单合一""小微组织"管理、阿里巴巴的基于企业文化的人才培养制度等
研究体制	● 通过学习和借鉴西方理论和方法有了一定的知识积累 ● 设立了首个人力资源管理专业博士点和硕士点，人力资源管理专业本科、硕士、博士的一体化培养体系初步形成，人力资源管理专业教育水平提高
环境条件的影响	● 经济高速增长和国际化发展促进企业独立发展和自主创新，巩固研究者的市场化观念和创新意识 ● 企业人力资源管理制度的系统建立、优秀企业管理实践创新，为研究发展提供了丰富的素材 ● 知识积累、高层次专业人才队伍的形成对深化研究发挥了重要作用

续表

	要点
研究状况	• 开始应用西方理论分析中国企业问题，或者用中国企业数据来检验西方理论，近年来研究有向中国情境方面发展的倾向 • 研究目的以阐明企业（组织）人力资源管理实践运营机制与效果为主 • 研究主题多元化，涉及战略人力资源管理理论、高绩效工作系统、高承诺人力资源管理、心理契约、领导力、团队协作、创新行为等领域。近年来新生代员工的代际冲突与管理、中国文化情境下的人力资源管理、华为等优秀企业案例研究增多 • 研究方法从定性转为以定量为主，规范化程度提高。已经形成以规范化的实证分析为主的研究范式，研究水平有所提高 • 文献数量大为增长

资料来源：笔者整理。

（一）中国经济的高速增长与国际化

进入 21 世纪之后，中国经济发展的国内外环境发生了重大变化。从国内看，社会主义市场经济取得了长足发展。2002 年党的十六大提出深化国有企业改革的目标，要在除极少数国家独资经营企业之外的国有企业推行股份制，把竞争机制引进垄断行业，进一步放开搞活国有中小企业。在这一政策推动下，不少企业改制为股份制。企业用一次性经济补偿手段实现了国有企业职工的身份置换，职工从企业人变为社会人，企业的用工制度、人事制度、分配制度发生了根本性变化，基本适应了市场经济的要求（曾湘泉、苏中兴，2009）。劳动制度方面，政府持续推行市场化改革，国有企业管理中市场化手段也在增加。与此同时，非国有企业蓬勃发展，在很多领域和国有企业形成竞争关系，人力资源管理也出现了多元化格局。从外部看，2001 年中国加入世界贸易组织，提高了对外开放程度，全面融入全球一体化的进程，发展成为世界最重要的制造大国。随着中国开放程度加大，企业间的竞争更加激烈，企业对人才的渴望程度加大，创新人力资源管理的需求也空前增强。新一代信息技术带来了互联网等新兴行业、新兴业态的蓬勃发展，也给中国企业带来新的挑战。迄今为止，中国企业是靠模仿西方企业管理模式发展起来的，近30年的发展使得与西方的差距变小，必须在创新中获取新的发展驱动力。

（二）企业管理从模仿、吸收到创新

这一时期，中国企业经过多年发展，普遍接受了市场经济理念，提高了人力资源管理水平。一些优秀企业以世界一流企业为标杆，大胆进行管理改革，结合企业实际创造了一些颇具亮点的实践，如华为、海尔、阿里巴巴等。

华为大力度地推行了人力资本优于财务资本增长的理念。[①] 公司每年用于培训的投资高达数亿元，不仅建有自己的培训学校和培训基地，设有专职培训岗位，建立了强大的培训师队伍，还为各类员工制订了长期培训规划和个人成长计划。华为在其公司"宪法"中承诺，"公司保证在经济景气时期和事业发展良好的阶段，员工的人均收入高于区域、行业相应的最高水平"。公司按照员工能力与贡献支付工资。工资包括职能工资、奖金、安全退休金及股权分红。奖金根据部门业绩和个人业绩决定，安全退休金根据个人劳动态度和敬业精神来决定，股权分红根据个人贡献决定，人人都有资格。华为的薪酬体系做到了兼顾企业发展与员工利益，不论是业绩突出的精英员工，还是工作认真、兢兢业业的"雷锋"式员工，都能从公司得到物质回报。华为还对干部实行"末位淘汰"，保持10%—15%的内部流动率，力图建立良性新陈代谢机制，培养高效的干部队伍。

海尔成为世界上最大的白色家电制造商，与它的独特组织变革有着密切关系。在海尔，基层组织是由10人左右组成的小单元（小微组织等），或由这些小单元按照业务联系组成较大的单元（"利共

---

① 华为管理实践部分，参考了张继辰著的《华为的人力资源管理》（海天出版社2010年版）。

体"），它们独立核算、自负盈亏，拥有经营决策、人事管理和收入分配的权利。[①] 在这种制度下，员工与小微组织、利共体命运相连，收入直接由小微组织、利共体的业绩决定，因此，主动性和创造性受到了极大激发，带来了业绩增长，不仅增加了自身的收入，也为公司创造了更多的价值。海尔的小微组织采取了不同于传统企业的人力资源管理方式。一是动态优化人力资源。传统企业往往先制定规划而后配置人力资源。规划在一定时间内不变，所以人力资源的配置也不变。但小微组织往往都是新起步的小企业，更加注重根据市场调整战略，把"价值"作为标准来动态配置人力资源。这些企业的在册员工很少，大多数员工都是市场招聘的合同制员工。企业根据业务需要和员工价值及其表现决定是否进行合同续签。二是实行人才引进机制。传统企业在选人时重视专业能力，注重内部培养人才。但小微企业更加看重创业理念、团队能力、战斗精神和诚信品格，注重从外部引进人才。三是构建自主决策的组织结构。传统企业建立在等级制的组织架构上，通过权限、制度和规则实施从上到下的控制。小微企业更加重视给员工选择权，通过员工自主创造价值来实现管理目的。四是制定员工和企业共命运的薪酬制度。传统企业和员工之间是纯粹的雇佣关系。企业为了留住优秀人才、激励员工积极性，在收入分配方面一般采取绩效工资、奖金的手法，较少运用利润分享、股权的手法。但小微企业强调企业是大家的，不仅对加入公司的高层干部提供股权，对一般员工也建立了按业绩奖励股权的制度。海尔形成动态优化人力资源管理体系，是致力于理念培育和机制环境建设的结果。高层坚定的创业理念和不妥协意识，驱动了动态优化机制的运行。"工作即创业"的组织价值观，为动态优化机制奠定了理念基础。开放的人才引进机制，打破了近亲循环，改变了人力结构。扁平的组织结构，为员工发挥自主性提供了舞台。团队协同的组织氛围，培育了员工的自律自责精神。员工

---

① 海尔管理实践部分，来自笔者调研。

与企业共命运的薪酬制度，激发了员工的自主性。

阿里巴巴认为人才是最好的财富。[①] 它把价值观作为衡量员工的最重要准绳，不仅在招聘中考核应聘者，而且在员工入职初期就着力培养。阿里巴巴也非常重视运用培训手段来强化员工对公司价值观的认同。新员工的入职培训，为期两周，主要学习公司的历史和价值观，并采取上课、拓展、游戏等形式，培养团队精神。入职培训之后，公司还为新员工设置了3个月的师带徒和HR关怀期。其中1个月在杭州进行封闭培训。把全国各地的新员工都召集到杭州进行培训，要设置大量的人力资源岗位，增加企业成本，但阿里巴巴认为这可以更有效地贯彻企业文化，是值得的投资。另外，阿里巴巴在招聘中注重考核求职者的思维模式。求职者一般要经过主管业务部门、人力资源部门、主管副总裁等几道面试才能正式入职。公司开发了结构化问卷来确认求职者的行为以及进行决策的想法。比如，让求职者用其实际经验回答与人配合工作的情况，以考察他的团队精神；让求职者用实际经验回答在工作中遇到的困难以及解决过程，以考察他对工作的激情。

总而言之，这一阶段，包括职位分析、人员招聘、人员测评、培训开发、绩效考核、薪酬管理等功能模块在内的现代化的人力资源管理系统，已经在中国企业中得以逐步建立。在此基础上，一些中国企业开始逐步形成自己的人力资源管理体系。

（三）人力资源管理研究的快速发展

这一阶段，人力资源管理专业继续发展，到2005年全国178所大学开设了人力资源管理专业。2003年中国设立了首个人力资源管理专业博士点和硕士点，这标志着人力资源管理专业本科、硕士、博士的一体化培养体系初步形成，人力资源管理专业教育向更高层次发展。2011年以后，人力资源管理专业的内涵发展势头增强（杨

---

① 阿里巴巴管理实践部分，参考了张继辰、王乾龙合著的《阿里巴巴的企业文化》（海天出版社2015年版）。

河清、王欣，2019）。人力资源管理研究成果在此阶段快速发展，文献数量大为增长，研究主题日益多元化，研究方法从定性转为定量为主，规范化程度提高，与国际研究水平的差距缩小。

首先，文献数量大为增长。进入21世纪以后，国内人力资源研究成果日益丰富，以国家级核心期刊《中国人力资源开发》为例，其刊载文献资料数量大大增加。1990—1999年该刊刊载文献资料总计1502篇，年均150.2篇；2000—2014年该刊刊载文献资料总计5899篇，年均393.3篇。2000—2014年该刊年均文献资料数量是1990—1999年的两倍多（张昊宇、房宏君，2015）。有研究利用CNKI海外数据库对核心期刊和优秀博硕士学位论文进行了统计，发现人力资源管理文献大致经过了三个阶段。在起步阶段（1994—2004年），学者们主要研究劳动关系。在过渡阶段（2005—2009年），研究内容从传统的人事管理向人力资源管理转型。在飞速发展阶段（2010—2014年），文献数量飞速增长，研究内容从横向研究到纵向研究、从宏观研究到微观研究，出现了多元化发展的局面（赵源，2015）。

其次，研究主题日益多元化。有研究发现，20世纪80年代，出现了心理测评视角的微观人力资源管理研究，形成了以人才测评、绩效评估和薪酬激励为核心的人力资源管理模型。20世纪90年代，研究对象转向员工行为和态度，胜任力、组织承诺、心理契约等成为热点研究对象。从20世纪90年代末开始，受西方人力资源管理研究发展的影响，战略人力资源管理成为热点主题。研究者对西方战略人力资源管理理论（SHRM）进行介绍，分析战略人力资源管理的内涵、结构以及体系要素，比较不同视角间战略人力资源管理的差异性，还运用实证分析手段对战略人力资源管理与组织绩效的关系进行了检验（赵源，2015）。2005年以后，绩效导向的人力资源管理研究，如高绩效工作系统、高承诺人力资源管理等也成为热点（房宏君，2013）。近年来，研究主题更加分散和更加具体，广泛涉及领导力、员工角色外行为、工作感知、团队、个人特质、创新与组织绩效关系、多样化管理等方面（聂婷、孙艳伟，2018）。这表明，中国人力资源管理研究在微观层面呈现出多元化的特征，企业家的作用、员工的能动性、员工对工作生活质量的追求、团队协作的重要性、员工多样化与组织绩效的相关性、管理模式的灵活性等问题受到重视。有文献指出，2012年以来研究者开始关注新生代员工的代际冲突与管理、中国文化情境下的人力资源管理、大数据时代的行为科学、员工主动性行为与创新行为等问题（刘学、王红丽，2016）。有关华为、海尔、阿里巴巴、腾讯等优秀企业的文献日益增多。这反映出人力资源管理研究更加贴近现实，更加关心个体需求，更加重视中国情境的影响，不再停留在对西方管理理论的应用，而开始面对中国管理实践。

最后，研究方法从定性转为以定量为主，规范化程度提高。经过多年对西方管理理论的学习和借鉴，中国人力资源管理研究已经形成以规范化的实证分析为主的研究范式，越来越与国际接轨，研究水平有所提高。但是，近年来国内学术界也在对这种主流定量模型研究进行反思，由中国人力资源开发研究会等单位联合举办的《中国人力资源开发》杂志2016年度会议专门设置了案例研究论坛来讨论管理案例与质性方面的研究（刘学、王红丽，2016），以此鼓励研究者综合运用定性分析与定量分析，把结果研究和过程研究结合起来，提高研究对理论的贡献度。

总体而言，这一阶段，人力资源管理研究在延续以往对西方理论进行介绍与总结的基础上，开始应用这些理论分析中国企业问题，或者用中国企业数据来检验西方理论，近年来研究有向中国情境方面发展的倾向，即研究中国文化等情境因素对中国企业人力资源管理方式的影响，或者创建有别于西方理论的中国研究范式和方法。文献数量在这一阶段尤其是进入21世纪以后增加较快，研究主题日益多元化，但其变化和西方理论研究发展基本一致，仍然能够看到西方理论研究的较大影响。

第三节 主要研究进展

新中国成立70年来，中国人力资源管理学的研究经历了一个从无到有、从引进到吸收与创造、从单一到多元的进展过程，研究内容越来越丰富，对社会经济发挥着越来越重要的作用。今日的中国人力资源管理学已是门类众多的学科，有若干个提纲挈领的重要课题，支撑着整个学科的架构，引领研究的发展趋势。

一　战略人力资源管理研究

20世纪80年代，战略人力资源管理理论研究在西方兴起。它提出要从企业战略的视角来设计人力资源管理机制，有计划、系统地把人力资源管理与企业战略需要结合起来，使各项人力资源管理活动之间保持统一性和交融性，有效地推动企业战略目标的实现（Wright and Mcahan，1992）。20世纪90年代中期后，这一理论被引入中国，此后，研究者围绕战略人力资源管理的理论内涵、研究方式、组成要素以及与组织绩效的关联性等课题进行了广泛研究。

研究者首先对西方理论进行了介绍和总结（彭剑锋，2003；张正堂，2004；张正堂、刘宁，2005；石磊、张寒莉，2006；蒋建武、赵书明，2007；刘善仕、周巧笑，2008）。这些研究表明，战略人力资源管理是指有计划、系统地管理人力资源以实现组织目标的过程，它是由一系列管理活动构成的。这些管理活动虽然各有功能，但在共同目标下相互协作，对组织目标实现产生合力。战略人力资源管理理论有普适观、权变观、构形观三种研究范式。普适观认为存在着适用于所有企业的最佳人力资源管理实践，权变观主张有效的人力资源管理实践必然随着组织战略发生变化，构形观则认为人力资源管理活动作为一个系统既要与组织目标一致，相互之间也要一致，才能够对组织绩效产生效果。目前多数研究者持有权变观和构形观

(朱飞、赵康,2013)。

研究者还对构成战略人力资源管理的基本活动进行了研究,提出了诸多观点。Liang 等(2012)分析了 2002—2011 年的相关文献,提出中国研究大都把雇用保障、员工参与、员工甄选、员工发展和绩效薪酬作为战略人力资源管理的主要活动。同时,有研究指出,西方研究中的某些有效管理活动,如雇用保障、员工参与等,在中国企业并未产生明显效果,其原因在于中国企业的管理水平低下,使得人力资源管理活动未能对企业绩效产生影响,也在于中国处于从计划经济向市场经济转型阶段,企业需要引进人才竞争流动、末位淘汰、绩效考核、绩效薪酬等措施来打破"铁饭碗""大锅饭"制度,因此导致长期就业保障、员工自我管理等措施不被企业重视(苏中兴,2010a)。这说明中国情境对人力资源管理的效果有着重要影响,理论研究需要结合中国实际情况才能有所作为。

在战略人力资源管理与组织绩效关联性方面,研究呈现出了从探讨战略人力资源管理实践与战略匹配关系到对不同的权变因素和情境进行检验的特征(程德俊、赵曙明,2006)。由于研究者的关注点与假设不同,在验证战略人力资源管理与组织绩效之间的关系时得出的结论也不尽相同。有研究认为战略人力资源管理对组织绩效有显著的正向影响(程德俊、赵曙明,2006;苏中兴,2010a),但也有研究认为没有明显影响(蒋春燕、赵曙明,2004;刘善仕等,2005)。这表明战略人力资源管理机理如同"黑箱",未得到清晰的解释(寇跃、贾志永,2013)。后来,研究者引进了多层理论,从整合视角来探讨战略人力资源管理与组织绩效的关系。多层理论认为人力资源管理实践是通过员工感知与员工反应来影响组织绩效的,因此主张把员工感知与员工反应作为验证战略人力资源管理与组织绩效关系的中介变量。也有研究从情境整合视角主张把组织社会情境、任务情境与个体情境整合起来,进而探讨战略人力资源管理与组织绩效的关系。从相关文献看,员工满意度、员工离职率、组织承诺、组织信任、组织学习能力、组织创新能力等是中国研究者用得较多的中介变量。所有制、市场环境等是使用得较多的调节变量。

刘新梅、王文隆（2013）把战略人力资源管理实践分为承诺型和控制型，研究了它们以组织学习能力为中介变量与组织创造力间的关系，发现承诺型实践与组织创造力之间存在显著正向影响，组织学习能力有显著中介作用；控制型实践与组织创造力之间存在显著负向影响，组织学习能力有部分中介作用。王雅洁等（2014）验证发现，战略人力资源管理对企业绩效有显著正向影响；所有制在战略人力资源管理与企业绩效间有调节作用，即在外资企业和民营企业中，战略人力资源管理对企业绩效的作用比在国有企业中更加明显。孙锐（2014）表明，注重绩效、合理授权、广泛培训、推动职业发展、决策参与和提供支持性薪酬福利等战略人力资源管理实践会通过作用于组织创新氛围来推动研发人员创新，并且这些作用是以组织创新氛围为中介发生的。王兰云、苏磊（2015）以双元创新能力为中介变量、以市场环境为调节变量，构建了战略人力资源管理一致性与组织绩效之间的关系模型。他们发现战略人力资源管理一致性对组织短期绩效、长期绩效的影响具有差异性，且对短期绩效的影响作用大于长期绩效；探索性创新与开发性创新能力均对组织长期绩效具有部分中介效应，市场环境对组织短期与长期绩效影响均具有调节效应。孙丽华（2016）发现创新型企业文化和支持型企业文化对创新绩效具有正向影响，而官僚型企业文化对创新绩效具有负向影响；企业文化在战略人力资源管理与创新绩效的关系中具有部分中介作用。唐贵瑶等（2016）表明，战略人力资源管理对新产品开发绩效具有显著的正向影响；创业行为在战略人力资源管理和新产品开发绩效的关系中起着中介作用；创业导向正向调节战略人力资源管理与创业行为之间的关系。孙锐等（2018）从企业生命周期视角出发研究了双元环境下战略人力资源管理影响组织创新的中介机制，发现外部互动在战略人力资源管理与组织创新绩效间起部分中介作用，决策参与在战略人力资源管理与组织创新绩效间不起中介作用，外部互动与决策参与交互影响组织创新绩效，双元环境对战略人力资源管理与组织创新绩效具有正向调节作用。

二 绩效导向的人力资源管理研究

绩效导向的人力资源管理研究最先在国外开始，该研究认为，能够提升组织绩效的人力资源管理系统有着特定的结构，它由一系列高度互补的管理政策和活动组成，通过协同效应而不是单个效应影响组织绩效。该领域包括高绩效工作系统、高承诺工作系统和高参与工作系统。2000年以后中国研究者引入了这些理论并开展了广泛研究。相关成果大致分为理论综述、理论验证和理论创造三个类型。

在理论综述方面，研究者对高绩效工作系统、高承诺工作系统和高参与工作系统的概念、内容和特征进行了介绍和总结。刘善仕、周巧笑（2004）指出，高绩效工作系统是指能够为组织带来高绩效的人力资源管理实践系统，包含以严格标准招聘员工、注重员工培训开发、以贡献为分配基准、重视员工的职业发展、职业稳定和职业安全，以及提供参与机会等内容。高绩效工作系统既可以让人力资源的各个管理活动互补互促（内部契合），又能够使这些活动依据统一目标要求展开（外部契合）。李燕萍、龙玎（2014）指出高承诺工作系统由提高员工组织承诺度的管理行为组成，包括在招聘中强调个人品质和潜能、注重知识与技能培训、将绩效评估与职业发展相结合、采取内部晋升方式、构建公平且灵活的薪酬体系等。施杨、李南（2009）认为高参与工作系统是指以培养员工参与意识和工作技能为目的的管理实践，如广泛灵活的工作设计、团队工作方式、多元化培训、信息分享、薪酬激励等。这些管理实践能够增强员工的工作满意度、组织认同感，进而改变员工行为以提高组织绩效。张正堂、李瑞（2015）指出，高绩效工作系统、高承诺工作系统和高参与工作系统之间既有相似性，又有差异性。高绩效工作系统侧重生产运作方面，强调通过人力资源实践、工作结构和过程的组合来提升生产运作效率；高承诺工作系统侧重员工关系层面，兼顾生产运作和组织维系两方面，通过改善员工雇用环境、获得员工承诺来实现组织目标；高参与工作系统侧重于工作组织层面，强调通过员工参与机会、利用隐性知识来提升组织绩效。高绩效工作系统、高承诺工作系统和高参与工作系统的研究已经扩展到管理实践的诸多方面，但至今还未形成具有普遍认可的理论及应用模型（吴冰等，2008；施杨、李南，2009；王操红、邹湘湘，2009；张正堂、李瑞，2015）。尽管如此，多数研究认为，招聘选拔、培训开发、薪酬激励、绩效管理、基层决策参与是这些系统中不可缺少的部分。

在理论检验方面，研究者使用中国数据对高绩效工作系统、高承诺工作系统和高参与工作系统理论进行了计量验证。此类研究从2010年以后变得多起来，主要集中在两个领域，一是上述人力资源管理系统通过怎样的机制对组织绩效产生作用，二是这些作用会受到哪些情境条件的调节影响。研究发现，人力资源管理实践会通过员工的组织认同感、组织信任感、工作满意度、心理需求满足感等心理认知的形成影响组织绩效（程德俊等，2010；程德俊、赵勇，2011；程德俊、王蓓蓓，2011；苗仁涛等，2013；王晓玲，2019；曹曼等，2019）。但是影响效果会随着情境条件变化而变化。比如，分配公平更容易使员工产生组织信任感、组织认同感，因此会增强人力资源管理实践对组织绩效的作用（程德俊、王蓓蓓，2011）；程序公平更容易让员工对工作感到满意，也会增强人力资源管理实践对组织绩效的作用（颜爱民等，2016），程序公平和互动公平还会提高员工的组织支持感和激发建言行为，从而增强人力资源管理实践对组织绩效的作用（苗仁涛等，2015）。有研究发现，员工的自我、自尊意识也在人力资源管理实践与组织绩效中发挥中介作用（杜旌等，2014；李燕萍、刘宗华，2015a；张军伟等，2017；王红蕾、孙健敏，2017；孙健敏等，2018；曹曼等，2019），这意味着在人力资源管理中要重视培养员工的自我、自尊意识。还有研究把员工行为、组织能力等作为中介变量，如张徽燕等（2015）指出高绩效工作系统通过增强组织学习能力来提高组织绩效；陈明淑等（2018）指出高绩效工作系统可以使组织保持一定的人力资源柔性（细分为员工技能柔性、员工行为柔性和人力资源实践柔性）来促进组织绩效的提升。李燕萍、刘宗华（2015b）、田立法（2015）、刘宗华等（2017）发现高承诺工作系统以组织信任为媒介对员工知识分享意愿及行为有显著影响，从而促进企业绩效的提升。总体来看，这方面研究得出了和西方研究相类似的结论，表明西方理论在中国情境下也有较高适应性。但是由于研究者在关注点、概念界定、研究方法、数据范围等方面存在着差异，因此得出来的结论也有所差异。

在理论创造方面，有研究者对中国式高绩效工作系统进行了探索。苏中兴（2010b）认为中国式高绩效工作系统是把承诺和控制结合起来的系统。具体而言，员工竞争流动和纪律管理、结果导向的考核、严格的员工招聘等措施对中国企业绩效有着显著的影响，而员工参与管理、广泛培训、内部劳动力市场、信息分享等西方常用措施则影响较小。王虹（2010）通过实证分析发现中国企业重视结果评估、广泛培训、沟通分享、员工福利、工作团队、雇佣安全、权变薪酬和严格甄选，但不重视西方研究中的内部晋升、员工参与。这有三个原因：一是受高权力文化的影响，员工更多地表现出"尊上"，参与意识和意愿相对较低；二是受外部劳动力市场的影响，企业出于规避因员工流动造成的信息流失，较少提倡员工参与；三是受市场竞争的影响，企业更需要通过外部聘用来迅速实现人力投资效果。张徽燕等（2015）运用元分析法发现信息分享与沟通、绩效考核与管理两项高绩效工作实践在中国情境下与企业绩效高度相关，而在西方文化中与企业绩效的相关性并不显著，这和其他定性研究结论相同。

三　中国情境下的人力资源管理研究

近年来研究者们认识到，中国情境的特殊性会对人力资源管理产生较大影响，西方理论并不能完全适用于中国企业，要扎根中国情境进行新的研究设计，不能简单地把西方的研究模型和方法用中国样本进行验证和讨论（苏中兴，2010b）。一些研究者开始立足于中国企业管理实际，纳入社会、经济、文化等情境性因素来分析中国企业人力资源管理中的新问题、新现象。苏中兴（2010b）认为，西方理论主张通过信息分享、参与管理、决策分权、内部劳动力市场、申诉机制、就业保障等实践来激励员工的角色外行为，以提高组织绩效，但中国企业现阶段更需要通过规范的招聘、结果导向的考核、绩效薪酬、竞争流动、纪律管理等实践来激励员工的角色内行为（尽职做好本职工作），以提升组织绩效。这是因为中国企业有着不同于西方企业的发展历程。西方企业已经建立了与工业化相匹配的管理制度，由控制型管理模式向高承诺、高参与模式转变，而中国企业还在试图建立和工业化相适应的人力资源管理模式。

还有研究者积极运用扎根、构型、内容分析等方法来构建符合中国情境的高绩效人力资源管理理论。比如，罗海滨等（2015）的研究表明，中国企业的高绩效人力资源管理模式由内控导向特征的管理实践构成，强调构建有效的内部劳动力市场，并以明晰的晋升标准，制定各种保障员工内部发展的标准化制度，以发展为导向的绩效化管理贯穿流程，使内部化与标准化、绩效化产生协同效应。各人力资源管理实践活动间的协调一致对组织绩效提升有促进作用。与以往单纯依赖薪酬手段激励员工的做法相比，中国企业越来越重视平衡雇主、雇员关系，奖励、认可高成就，绩效激励与内部化发展协同，在促进员工成长的同时，又能提升组织绩效。王红椿等（2015）讨论了中国企业人力资源管理系统的实际形态，发现它们和组织结构有较大关联性。组织结构的正规化程度越高，人力资源管理模式越倾向于承诺性的高参与型，如较多采取强化员工培训、内部晋升、多样化激励、鼓励员工参与等措施。因为越是在正规化的组织结构中，正式的规则与程序越可以充分发挥作用，越有利于实施较复杂的人力资源政策措施。王雅洁等（2013）指出，中国的战略人力资源管理方法主要借鉴西方国家，但是由于中西方政治和经济结构差异较大，中国企业进行了选择性的借鉴。该过程主要受到三方面因素的影响，一是企业对员工的重视程度，二是企业的组织目标，三是企业面临的环境不确定性。对87家企业的分析表明，三个因素的影响力大小依次为重视员工程度、组织目标、环境不确定性，而且重视员工程度和组织目标的影响远大于环境不确定性。这表明中国企业在选择战略人力资源管理方法时主要考虑企业内部因素而相对较少考虑外部因素。赵富强等（2018）研究了中国情景下哪些人力资源实践有助于解决工作家庭冲突和提升个体绩效。他们认为，弹性工作、家庭关怀、员工支持、休闲假期四个方面的措施非常重要。弹性工作对员工工作态度有积极影响，能够有效解决员工工作家庭冲突，并且提高其生活质量、工作质量和效率。家庭关怀可以减少员工的后顾之忧，有效降低工作家庭冲突，提高其工作满意度和工作产出。员工支持可以帮助员工减少工作压力和集中精力工作。休闲假期可以帮助员工减少压力恢复精力，提升其工作积极情感和状态。

另外，研究者们还对中国优秀企业的管理经验进行了挖掘与总结。早期的研究以描述性案例为主，后来过渡到基于西方理论的案例分析，近年进一步发展到更加复杂的探索性案例分析。以海尔人力资源管理研究为例。孙健等（2004）比较了海尔集团与LG集团在员工培训、绩效考核、员工晋升等方面的异同，结果发现两集团在员工晋升方面较为一致，都有完善的职业生涯发展制度，但在员工培训、绩效考核方面有不同的侧重点，如：在培训方面，海尔善于利用内外资源培养掌握多种技能的复合型人才，LG则重在网络利用，强调管理人员和普通职员的沟通；在绩效考核方面，海尔注重业绩而LG注重员工的全面素质。翟伟、康世瀛（2008）以企业动态能力理论为出发点，从战略更新的角度分析了海尔集团不同时期采取的战略人力资源管理模式。20世纪80年代海尔实施名牌战略，主导任务是全面质量管理，与此相对应，人力资源战略也以质量观念教育、敬业爱岗培训、质量考评和奖酬为主要内容。90年代海尔实施多元化战略，主导任务是低成本扩张，与此相适应，在人力资源管理中建立了将市场竞争效应内部化的市场链机制，采取了竞争上岗、与绩效挂钩的灵活多样的分配制度。21世纪前十年海尔实施国际化战略，主导任务是走向国际市场，与此相对应，人力资源管理的主要任务转变为培养具备国际化素质和国际竞争力的人才。刘翔宇等（2018）以海尔集团为样本企业，通过探索性纵向案例研究方法，系统诠释了具有中国特色的、鲜活的柔性组织创建的动态过程，具体考察了多元利益相关者、内部创业、小微组织、人员激励等诸多理论与实践问题，从而深化了柔性组织理论的本土化研究。该研究指出，企业只有不断识别环境变化，像海尔一样能动地、前瞻性地改变自己以适应环境，积极变革和应对外部挑战，方可在激烈的竞争中生存与发展。另外，员工队伍的整体技能、能力培育对企业核心竞争力的塑造尤为重要，必须关注员工队伍的多重柔性能力建设，为企业的组织变革和战略转型提供坚实的基础和前提条件。总的来讲，中国情境下的人力资源管理研究还处于发展阶段，相关文献还比较少，理论和方法工具等都还不成熟。

第四节　评价与展望

新中国成立70年来人力资源管理学的形成与发展，同制度、企业实践和研究环境三个条件的不断完善有着密切关系。人力资源管理学在每个阶段都表现出显著的时代特征，可以说是时代的产物。

在开拓与铺垫阶段，制度条件的影响对劳动管理的理念以及企业实践几乎起了决定性作用。集中计划式的劳动制度下，企业仅负责劳动管理的行政事务，没有改进管理的动机。占主流的计划经济理论，构成研究者的意识形态主干，形成了宏观视角下的劳动经济研究。当时的研究交流对象只有苏联，并且对苏联的理论也没能开展深入的研究。在反思与探索阶段，制度条件的影响仍然是根本性的。经济体制改革，使得企业在一定程度上可以进行劳动管理方面的探索，从而才产生了人力资源管理的意识。自上而下的经济体制改革和思想解放，为研究者除去了精神桎梏，才有了对传统计划经济体制的反思和对新体制的探索，以及对新理论工具的需求，然而此时还没有条件能够满足这种需求。在学习与借鉴阶段，制度条件仍然很重要，但是企业实践、研究环境条件开始建立起来并增强影响力。在社会主义市场经济体制下，企业开始模仿西方企业进行建章立制，此时学术界翻译出版了大量介绍西方人力资源管理理论和方法的著作，满足了企业的需求。人力资源管理专业在大学广泛建立，研究者从引进人力资源管理理念开始，迅速向借用西方管理理论和方法研究中国问题的方向展开。可以说正是在这一阶段，中国才有了可以跻身于国际学术之林的人力资源管理学。在深化与创新阶段，制度条件的影响减弱，企业实践、研究环境条件开始发挥更大作用。中国经济逐渐市场化和国际化，企业掌握了市场经济的基本机制，习惯了市场化的人力资源管理。在国内外市场竞争愈加激烈的局势下，企业必须不断改进和创新管理方式。在这种格局下涌现出了大批具有亮点的管理实践，这为人力资源管理研究提供了丰富的素材和养分。此外，人力资源管理教研体系向高端化发展，专业人才规模快速增长，使得该领域研究在数量和质量两方面均呈现蓬勃发展的局面。由此可以看到，人力资源管理学要发展，首先在制度上要坚持社会主义市场经济体制，为企业独立发展和自主创新创造良好环境，提供更丰富的研究素材；其次要紧密跟踪企业管理实践，从中汲取营养，提炼出理论框架；最后要培养大批专业人才，不断完善科研环境。

人力资源管理 70 年来的演变历程，也可以说是关于企业（组织）中的人及其管理理念变化的过程。计划经济时期把人视为劳动力和生产要素，忽视人的意志和行为，否定人之间的差别，注重平等和社会协调，忽视效率。改革开放初期认识到人是企业的动力与活力源泉，是重要的生产力，重视人的社会需求尤其是对经济利益的追求，肯定人提供的劳动存在差别，在劳动管理中淡化平等，提倡效率，鼓励用竞争手段刺激人的积极性。后来随着市场经济的发展，作为价值源泉的人力资源的概念被普遍认可，但对人的认识还只是停留在经济人的层面，社会人、自我实现人等只是书本概念。劳动政策中开始倡导效率优先、兼顾公平的理念，企业为了提高效率采取了各种措施来刺激员工竞争，拉开差距。效率导向的管理实践被学术界争相研究和称赞。这和西方人力资源管理研究重点转向建立劳资之间信任关系、关怀员工社会需求、重视个体化差异、注重提升工作质量、关注技术进步与企业伦理间关系等领域形成了一定距离。近年来社会中出现了收入差距不合理的现象，为了缩小收入差距，劳动政策中重新提出了优先公平、兼顾效率的理念。人力资源管理研究中以多样化管理、员工工作感知、员工能动性、新生代员工、大数据时代的员工行为等为主题的研究增多。这反映出学术界对过分注重效率的倾向有所反思，开始向客观理性方向回归，探索效率与公平之间的平衡关系。

人力资源管理学70年的演变历程，也是研究视角、研究主题、研究方法、研究水平和学科设置等方面取得全面发展的过程。研究视角从宏观层面研究劳动制度与政策全面转向了从微观层面研究企业和劳动者个人的行为。研究主题从单一的制度分析和经验描述向多元化的管理机制分析发展。研究方法从以定性分析为主到以定量为主，形成了与西方接轨的规范研究范式。研究水平大为提高，研究逐渐从完全引用西方理论向探索中国情境下的理论发展。学科体系不断完善，截至2018年全国已有447所大学开设了人力资源管理专业，师资力量更加专业化，人才培养规模形成（赵曙明，2019）。

人力资源管理学的发展成就是巨大的，但存在的问题也不能忽视，应该在今后的研究中加以重视，使得学术研究与时俱进、与企业实践共进，更好地为社会经济发展服务。

第一，要旗帜鲜明地发展中国特色的人力资源管理理论。美国及日本等工业先进国家随着经济持续发展提出了不少既有自身特点又有国际意义的理论。中国经济规模已处于世界领先地位，人力资源管理的职能、手段、方法以及所依赖的社会、文化、技术背景和企业制度都发生了改变，也涌现了一批具有国际竞争力的优秀企业，但中国的人力资源管理学尚没有具有国际影响力的理论。在借用西方理论来研究中国问题的过程中，也时常出现无法解释、互相矛盾的现象。在战略人力资源管理理论的研究中，很多结论截然相反，这种现象已经引起学者们的反思，他们认为，逻辑前提不清、逻辑设定错误是原因之一（杨斌、李嫒，2012），而这和中西方理论的情境或条件设定不同有关。因此，今后应该更加深入地挖掘中国特色的人力资源管理实践，提炼中国特色的理论框架，把中国元素与西方理论融合起来，为国际人力资源管理学的发展贡献中国力量。

第二，要开展理论联系实际的研究。现在中国每年发表的人力资源管理论文数量巨大，但有现实意义的不多，实业人士时常诟病于此，如马云、宁高宁就认为没有一篇学术论文对他们经营企业、对企业家的思维产生了影响（彭剑锋，2019）。之所以这样，是因为研究脱离实践，不深入企业调研，在象牙塔里做研究，满足于模仿西方学术论文的外在形式，结果造成理论脱离实际，仅有形式没有内容，更谈不上对企业有指导意义。这种现象应该得到遏制。研究者应该树立务实求真、踏实严谨的学风，从调研中发现问题，提炼理论概念，提高学问的实践价值。

第三，加大对人的价值的重视。人力资源概念是对以往将人仅作为劳动力、生产要素的反思。如何使人的价值在企业中得到充分、公平体现，应该成为今后重点研究的课题之一。中国企业已进行了强调规则、效率优先的人力资源管理实践。这种管理做法总体上具有"控制"特征，人文关怀不足。追求长远发展和祈求长青的企业应该超越只讲效率而忽视人文关怀的管理方式，要以尊重员工、信任员工为核心理念，通过增进互信来发展和培养有竞争力的员工队伍。如何在制度设计与实施中提高以人为本的理念与手段的一致性，为员工全面构建有助于提高能力、激励动机、提供参与机会的体系，使员工能够随企业发展而成长和体现出价值，值得认真研究。

第四，密切关注新一轮信息技术对人力资源管理的影响。以人工智能、大数据为代表的新一代信息技术的发展与应用，对工业生产模式带来了深刻影响。从人力资源角度看，它扩展了机器替代人工的作业领域，改变了人机协作关系，对劳动者在工作领域、工作范围、工作方式、工作伙伴、工作技能乃至工作心态等方面的影响日益凸显，人力资源管理变革的紧迫性大为提升。因此，人力资源管理如何进行理念、职能、方式变革以适应新技术发展，也应该成为今后重点研究的一个课题。这个问题的研究可以揭示管理模式与技术进步间的动态关系，阐明新技术情境下人力资源管理实质，界定新技术情境下人力资源管理模式内容。

第五，拓宽研究视野和研究方法。中国学术界借鉴西方主流理论掌握了定量研究的方法，但有着"唯定量"的极端倾向。统计手法的定量研究有客观、易于检验等优点，但是也有流于表象、忽视过程、机制揭示不够等不足之处。定量分析也不一定适合于所有问题研究。今后应该秉承"百家齐放"原则，鼓励研究者钻研高质量的案例研究、历史事件研究，形成定量研究和定性研究相互促进、相得益彰的并存格局。

第十三章

生产运营与供应链管理

在中国管理学发展70年的非凡历程中,生产运营与供应链管理是一个非常独特的分支。类似全球范围内生产运营管理曾经"无所不包"的历史(Frankel et al., 2008; Mentzer et al., 2008),在新中国成立后的很长一段时间内,中国生产运营管理的范畴很大,基本可以等同于狭义的企业管理(工厂管理)。供应链管理的出现使中国生产运营管理理论更加拓展,组织边界甚至其他组织也逐渐被蕴含。正如历史上所谓的"无所不包"会引发"认同危机"与学科边界的模糊,中国管理学的这一重要分支历经近70年的发展才逐渐厘清学科边界,并作为"新兴的"学科专业而独立存在。

由于发展历程漫长,生产管理、运营管理、供应链管理等概念一直在发展变化,史料和文献零散支离,所以梳理出中国生产运营与供应链管理70年的脉络绝非易事。为了完成本章内容,作者查阅了大量的历史档案和中英文资料,力求全面客观地反映中国生产运营与供应链管理70年的发展。即便如此,本章对所述的内容仍然保持严谨的商榷态度,无论如何本章内容都只能代表一个观察视角,都只能算是一次大胆尝试。唯一可以肯定的是,在新中国成立70年到来之际,尝试回顾生产运营与供应链管理的范畴演化、发展历程以及经验反思,无论对学科专业自身还是对中国管理学,都是一件具有重要意义的工作。

第一节 引言

一 生产运营管理的概念界定

概念界定是开展研究的重要基础。然而不幸的是，源于西方的生产运营管理（Production and Operations Management，POM）在演变的进程中不仅出现过"认同危机"，而且出现过"大革命"，生产运营管理的概念一直在发展变化（Frankel et al.，2008）。在早期，生产运营管理就是所谓的工厂管理，几乎蕴含所有的管理职能（Frankel et al.，2008；Mentzer et al.，2008）。后来随着会计、财务、营销等管理职能的剥离，生产运营管理的概念发生更新，并专指对企业"实体生产转换"的管理，即所谓的生产管理。之后随着服务内涵的引入，生产运营管理的范畴再次演变，更多的是指运营管理（Meredith，2001；Singhal et al.，2007）。

生产运营管理的概念比较多元，为了避免混淆，本章借鉴国际上权威研究的做法，分别对生产管理与运营管理予以界定（Mentzer et al.，2008）。具体而言，生产管理（Production Management）是指对实体生产转换（Physical Production Transformation）进行计划、控制、执行的管理活动，涉及制造、服务、MRO、产品/服务设计、质量等。运营管理（Operations Management）是指采用各种工具、框架、方法改善组织内部流程的管理活动。Krajewski 等（2006）对运营管理的界定与此类似，他们认为运营管理是"流程的设计、导向与控制，从而将各种输入转换为企业内外部客户需要的产品或服务"。在此界定下，生产管理与运营管理既有区别又有联系。区别之处在于，生产管理是管理"转换"，聚焦实体生产转换的计划、控制、执行等活动，运营管理是管理"流程"，聚焦组织内部流程的协调、集成与改进。联系之处在于，运营管理关注的流程囊括实体生产转换所涉及的流程，但又不限于此。

二 供应链管理的概念界定

与生产运营管理相比,供应链管理(Supply Chain Management)的界定要相对困难。虽然自 1982 年被 Oliver 和 Weber 首次提出以来,供应链管理受到的关注日益增加,理论发展与实践应用增速迅猛,但究竟什么是供应链管理,截至目前仍没有形成统一的认识,以至于供应链管理领域的知名学者唐纳德·鲍尔索克斯(Donald J. Bowersox),在某个学术会议进行总结发言时,不得不幽默地说"物流、供应链管理或者我们正在说的那个东西"(LeMay et al., 2017)。就连美国供应链管理专业学会(CSCMP)在对供应链管理进行界定时,也不得不附加以下说明,"为了与全球供应链的发展相匹配,供应链管理领域一直处于变化与演进之中。由于供应链涵盖了众多学科,当前对供应链的界定可能还不够清楚"(CSCMP, 2019)。

实际上自 1982 年之后,有关供应链管理的界定工作一直都在持续。早期的观点认为供应链管理是对企业内部供应链的管理,强调对企业内不同职能,特别是物流和信息流涉及职能的集成管理,此时供应链管理与物料管理(Materials Management)和价值链管理(Value Chain Management)的概念十分接近(Stevens, 1989; Harland, 1996)。后来供应链管理的范畴冲破单个组织领域,并延伸至企业边界,被视为维系企业间纵向集成(Vertical Integration)与纯市场交易(Pure Market Transaction)谱系中某种关系形态的手段(Ellram and Cooper, 1990; Ellram, 1991; Cooper and Ellram, 1993; Harland, 1996)。随着时间的演进,供应链管理的范畴冲破单纯的双边关系,继续延伸至供应商的供应商、客户的客户乃至整个链条,被视为对整个链条的集成与协调(Harland, 1996; Cooper et al., 1997; Skjoett-Larsen, 1999)。

与链条方向的延伸几乎同步,供应链管理的范畴还延伸到整个网络(Christopher, 1992; Harland, 1996; Lambert et al., 1998;

Lummus and Vokurka，1999；Croom et al.，2000；Lummus et al.，2001；Giannakis and Croom，2004；Gibson et al.，2005；Lambert et al.，2005）。比如，Lummus 和 Vokurka（1999）认为供应链管理是指构建一个无缝衔接的网络，以及对整个网络所进行的协调与集成。Mentzer 等（2001）认为供应链管理是为了提高单个企业与整个供应链的长期绩效，而对企业内部与外部不同业务职能所进行的系统战略性协调。近些年来界定工作仍在持续，Ellram 和 Cooper（2014）从5个视角分别阐述供应链管理的内涵。LeMay 等（2017）认为供应链管理就是设计与协调网络（供应链网络）。他们进一步指出组织与个体依靠网络可以获取、使用、传递产品，可以取得、配置服务，并向消费者（客户）提供最终交付物。考虑到 LeMay 等（2017）对供应链管理的综述较为全面，对供应链管理的界定抓住了核心要害，为此，本章采用 LeMay 等人的界定。

三　概念辨析与学科关系

在给出以上界定之后，不可避免地会产生一个疑问，生产管理、运营管理与供应链管理有何关系？此外，在生产运营与供应链管理的发展演化历程中，还有众多邻近学科相伴而生，包括物流管理、营销管理、采购管理等。这些学科同生产运营与供应链管理有着密切的联系，甚至交叉渗透纷繁，以至难以有效区分。该如何区分生产运营与供应链管理同这些邻近学科的关系？从"更宽"的学科视角审视，不仅有助于厘清不同学科的关系，而且有助于深刻理解生产运营与供应链管理的概念。为此，本章从"更宽"的学科视角进行审视，并对涉及的核心概念予以辨析。

在查阅大量文献的基础上，本章绘制了如图13—1所示的学科边界关系图（Chen and Paulraj，2004；Lambert et al.，2005；Ballou，2007；Frankel et al.，2008；Mentzer et al.，2008）。理解该图需要先从组织角度进行审视（如图13—1所示的虚线部分），虚线部分描述了供应链，供应链是一个复杂的协同网络，构成主体涉及从最上游的"源"到最下游的"端"之间的所有组织与个人。供应链管理就是为了构建与维持这个协同网络所进行的设计与协调活动。换言之，供应链管理是指采用各种工具、框架、方法来改善组织内外部流程的管理活动。供应链管理的微观对象，涉及这个协同网络内外几乎所有的"流程"。

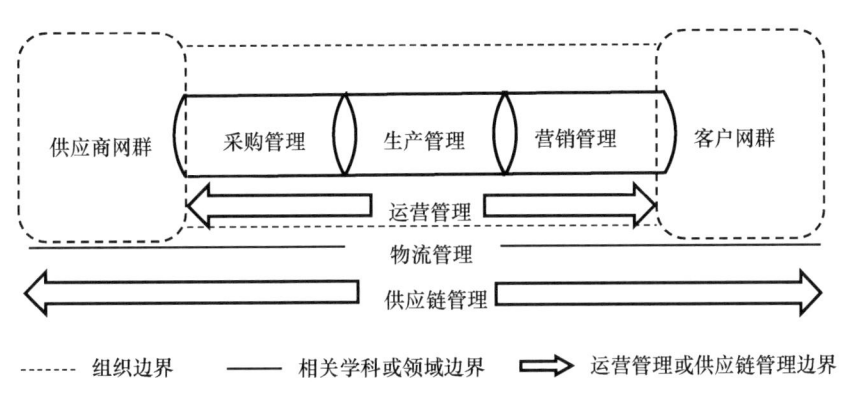

```
供应商网群 → 采购管理 | 生产管理 | 营销管理 → 客户网群
                      ←  运营管理  →
                        物流管理
                        供应链管理
------ 组织边界    —— 相关学科或领域边界    ⇒ 运营管理或供应链管理边界
```

图 13—1　学科边界关系示意

资料来源：笔者绘制。

鉴于对运营管理的界定也涉及"流程"的管理，为此本章先对运营管理与供应链管理进行区分（如图 13—1 所示的宽箭头部分）。实际上，已经有研究区分过运营管理与供应链管理，比如，Mentzer 等（2008）认为运营管理是对组织内部流程衔接的管理，供应链管理是对组织边界流程衔接的管理。本章对 Mentzer 等人的区分有保留地继承，沿袭 Mentzer 等人对运营管理的界定，本章认为运营管理是管理组织"内部"的流程。但是对供应链管理的界定与 Mentzer 等人有所不同，本章认为供应链管理是管理组织"内部 + 外部"的流程。可以说，运营管理的范畴相对狭义，供应链管理的范畴较为广义。换言之，本章认为运营管理隶属于供应链管理，供应链管理是运营管理的拓展。

接下来，本章对生产管理、物流管理、营销管理以及采购管理加以区分（如图13—1所示的实线部分）。生产管理是指对企业实体生产转换（Physical Production Transformation）的管理，涉及制造、服务、MRO、产品/服务设计、质量等。物流管理是指对企业实体空间与时间转换（Physical Time and Place Transformation）的管理，涉及运输网络设计与管理、仓库选址与管理、物料处理等。营销管理是指对企业交付价值交易转换的管理，涉及渠道管理、定价、促销、市场研究、客户价值评估等。采购管理是指对企业获取价值交易转换的管理，涉及供应商选择、谈判管理、合同管理等。

综合来看，运营管理、供应链管理是对"流程"的管理，生产管理、物流管理、营销管理、采购管理都是对"转换"的管理。具体而言，生产管理是对实体物理与化学的转换进行管理，物流管理是对实体空间与时间的转换进行管理，营销管理与采购管理是对交付价值交易与获取价值交易的转换进行管理。

第二节 发展历程

一 国际演进简史

第一节对生产管理、运营管理以及供应链管理概念的界定，不免有些抽象乏味，甚至难以理解。如果对生产运营与供应链管理的演进历史有所认知，那么枯燥的概念就会鲜活许多，也更加易于理解。另外，探究中国生产运营与供应链管理70年的演进，总结评价发展经验，有必要从国际大视角予以审视。为此，本章回顾了生产运营与供应链管理的国际演进。

（一）基于"泰勒制"的演进史

生产运营管理属于管理学科的一个经典领域（Buffa, 1980; Skinner, 1985; Chase and Prentis, 1987; Bayraktar et al., 2007; Singhal et al., 2007; Skinner, 2007; Wilson, 2018）。生产运营管理

最早可以追溯至亚当·斯密（Adam Smith）、查尔斯·巴贝奇（Charles Babbage）的论述与管理思想（Chase and Prentis，1987）。在1890—1920年的"科学管理"时期，弗雷德里克·泰勒（Frederick W. Taylor）有关工人动作的研究，弗兰克和莉莲·吉尔布雷斯（Frank and Lillian Gilbreth）夫妇有关工业心理的研究，亨利·甘特（Henry L. Gantt）有关排程与工资支付计划的研究，对生产运营管理的理论建构起到奠基性作用，为此这一时期被视为生产运营管理的理论奠基期。

第一次世界大战之后，生产运营管理被称为企业管理（工厂管理），所辖领域十分广泛，几乎涵盖企业管理的方方面面（Frankel et al.，2008；Mentzer et al.，2008）。后来，随着企业管理各个分支的剥离，生产运营管理逐渐缩小为生产管理，涵盖库存控制、生产计划、预测、排程、能力管理、采购、选址、布局、流程设计、质量管理等子系统（Mentzer et al.，2008）。另外，这一时期兴起的工业工程（Industrial Engineering）差不多全面涵盖生产管理。为此生产运营管理、工业工程、企业管理（工厂管理）并没有明确的界限（Wilson，2018）。职能的剥离与学科边界的模糊，致使生产运营管理"被挖空"，"认同危机"（Identity Crisis）爆发。

第二次世界大战之后，运筹学转向民用，以"严谨科学"为特色的管理科学建立。生产运营管理不断吸纳运筹学与管理科学的新兴工具与方法，"认同危机"进一步加剧（Chase and Prentis，1987；Wilson，2018）。一直到20世纪60年代，生产运营管理的论著与教科书不断出现，学科边界与范畴不断凝练，其学科地位才逐渐得到捍卫（Buffa，1980；Bayraktar et al.，2007；Singhal et al.，2007）。实际上，不同于运筹学对"优化技术"的专注，生产运营管理强调系统地审视生产组织，强调所谓的"管理"回归（Chase and Prentis，1987）。后来，生产运营管理跨越了"制造"的边界，逐渐向"服务"部门延展，生产运营管理从指代生产管理，逐渐演化为指代运营管理（Levitt，1972；Buffa，1980；Miller and Graham，1981；

Chase and Prentis, 1987; Heineke and Davis, 2007)。

20世纪70年代是物料需求计划（MRP）大发展的时期（Miller and Sprague, 1975; Orlicky, 1975; Jacobs et al., 2007）。这一时期经济环境稳定，企业普遍实施大规模制造，追求低价格。除了有利于降低成本的经济订货量（EOQ）、再订货点（ROP）被广泛采用，处理复杂物料计划与排程的MRP也受到企业的重视，并被引入生产计划与控制（MPC）系统，为此MRP得以飞速发展。此外，MRP的大发展还得益于计算机技术的突飞猛进，比如，IBM 7094、IBM 360s、IBM 370s计算机的上线，以及IBM COPICS（Communications Oriented Production Information and Control System）软件系统的开发。在这一时期，生产运营实践领域出现众多MRP供应商，ERP（MRP后来演化为ERP）的巨头SAP，就是由5名工程师于1972年在德国发起成立的。

（二）基于"丰田制"的演进史

20世纪80年代是生产运营管理演变历程的一个"分水岭"（Chase and Prentis, 1987）。基于东方思想的丰田模式以更低的成本在国际市场上引领风骚，以西方管理思想为基石的泰勒模式受到严重挑战，丰田模式的出现引发了生产运营管理的一次"大革命"（Bayraktar et al., 2007）。两种模式彼此纠缠与攻伐，美国的生产运营管理在坚守"泰勒制"的同时，不得不承认"丰田制"的地位。旧理念的坚守与新理念的冲击，使管理创新层出不穷。比如，制造战略、服务运营、新产品开发、JIT、Kanban以及MRPⅡ等就诞生于这一时期。

特别需要指出的是这一时期的两个重要管理萌芽：大规模定制（Mass Customization）与供应链管理。大规模定制是大规模制造与客户化定制的结合体，其概念最早始于斯坦利·戴维斯（Stanley M. Davis）在1987年的著作《完美未来》（Duray et al., 2000）。大规模制造强调通过标准化和流水线来降低生产成本，客户化定制强调通过多样化和个性化来匹配客户需求，二者有着天然矛盾。大规模定制以大规模制造的成本向客户提供定制化产品,"完美"解决了矛盾(Pine,1993;Duray et al.,2000;Bayraktar et al.,2007)。供应链管理最早源于咨询实务界,由凯斯·奥利弗(Keyes Oliver)和迈克尔·韦伯(Michael Weber)在1982年提出,用来指代集成采购、制造、销售和物流等职能的一种特定管理方式,后来受到学术界的关注,经过学者们的凝练,内涵不断得到丰富与完善(Houlihan,1985,1988;Stevens,1989;Ellram,1990;Ellram,1991)。

如果说20世纪80年代的焦点是"降本",那么90年代的焦点则转向了"提质"(Heizer and Render,2006;Bayraktar et al.,2007)。这意味着满足消费者需求的个性化,同时追求高质量、快交付和高柔性,成为历史必然。大规模定制可谓生逢其时,由于符合时代的要求,大规模定制以特有的优势蓬勃发展(Ward et al.,1998;Gunasekaran and Ngai,2012)。实施大规模定制需要流程再造与集成,为此聚焦流程再造的再造工程(Re-Engineering)与聚焦流程集成的供应链管理登上历史舞台(Hammer and Champy,1993;刘丽文,2003;Bayraktar et al.,2007)。

新千年,互联网与电子商务改变了商业图景。在新的商业图景下,响应快速变化的客户需求变得日益重要,精益化(Lean)与敏捷化(Agile)成为时代的新要求。此时,凭借单一企业力量快速响应客户需求,既不经济又不现实。企业唯一的选择就是凭借流程再造,依靠无缝对接的供应链,再造工程与供应链管理变得更加重要(Hammer and Champy,1993;Bayraktar et al.,2007)。与此相伴,管理创新日益涌现,比如,企业资源计划(ERP)、6σ管理、客户关系管理(CRM)、供应商管理(SRM)、知识管理(KM)等。

(三)方兴未艾的"创史期"

21世纪头10年,世界经济动荡变化,全球化趋势浩浩荡荡。在中国倡导"共商共建共享"积极推动全球化的同时,"逆全球化"的潮流不断涌现。一种"管好自己,本国第一"的思想开始泛滥(范黎波、施屹舟,2017)。比如,"英国脱欧"和"美国优先"就是典型。在动荡分歧交织、利益格局重构的复杂情境下,各主要工业大国不约而同地转向新兴制造业。以智能制造为核心的"第四次工业革命"爆发。

这一时期,世界主要工业大国纷纷出台新兴制造业的国家计划。比如,美国出台先进制造伙伴(Advanced Manufacturing Partnership)计划(Rafael et al.,2014),德国通过2020高科技战略(High-Tech Strategy 2020)行动计划(Kagermann et al.,2013),法国出台工业化新法兰西(Nouvelle France Industrielle)计划(Conseil National de L'Industrie,2013),英国发布制造业的未来(Future of Manufacturing)计划(Foresight,2013),韩国出台制造业创新3.0(Innovation in Manufacturing 3.0)计划(Kang et al.,2016),中国出台中国制造2025(Made in China 2025)计划(Li,2015),日本出台超智慧社会(Super Smart Society)计划(Cabinet Office,2015)。

新的时期要求生产运营与供应链管理有新的理念、工具与方法。在第四次工业革命的浪潮下,新兴制造业的智能制造成为新的"引爆点"。但是必须清楚的是,智能制造的关键不在于设备的智慧化,而在于流程的智慧化,只有赋予企业内外部流程以智慧化属性,才能使孤立的智能设备具有灵魂,才能使智能制造的威力得以显现(Wu et al.,2016;邱伏生,2017)。这一时期要求生产运营与供应链管理要发力流程智慧化,为此智慧供应链必将成为新的焦点(Wu et al.,2016)。但是,新的变化与新的发展仍在不断孕育,主导这些变化与发展的核心思想为何,尚未可知。

二 中国实践的演进历程

(一)改革开放前的"自主式"时期(1949—1978年)

1. 自主摸索与学习苏联(1949—1957年)

新中国成立之后的很长时间内(这种状态一直持续到1992年党的十四大召开),中国的生产运营管理基本就是企业管理(工厂管理)。为此,这一时期生产运营管理的演进表现为自主摸索与学习苏联。自主摸索表现在建立社会主义国营企业的生产运营管理制度，包括责任制、生产机构改革、生产能力查定、国营企业经济计划的编制、统计工作制度以及按指示图表组织生产等（徐之河、徐建中，1992），还表现在"合理化建议"和"创新纪录运动"。在国家的大力倡导下，很多自主摸索的生产运营管理经验得以推广，比如李锡奎调车法、马恒昌小组管理、黄润萍仓库管理、郝建秀工作法、苏长友砌砖法、马六孩小组管理以及刘长福小组管理等（江崇梅，1979；齐昶，1979；中国企业管理百科全书编辑委员会，1990；徐之河、徐建中，1992；Xu and Wang，1996）。自主摸索之后，生产运营管理步入学习苏联经验的历程（徐之河、徐建中，1992）。苏联的生产运营管理经验涉及推行作业计划，提高计划管理水平，加强统计工作以及做好新厂准备工作；强化设备管理，开展新产品试制工作；开展增产节约运动与技术革新运动等。

2. 自主创新的"鞍钢宪法"（1958—1965年）

这一时期生产运营管理的演进表现为自主创新，核心标志就是"鞍钢宪法"的产生与推广（徐之河、徐建中，1992）。1960年3月中央对鞍山市委《关于工业战线上的技术革新和技术革命运动开展情况的报告》做出批复，并将鞍钢所进行的管理改革实践命名为"鞍钢宪法"（张申，2018）。"鞍钢宪法"的内涵有狭义和广义之分，狭义的"鞍钢宪法"是指"两参一改三结合"，即工人参加管理，干部参加劳动，改革不合理的规章制度，工人、干部、技术人员三结合（戴茂林，1999；胡国栋、韵江，2011）。广义的"鞍钢宪法"包含三个方面的内涵，即政治挂帅与群众性技术革命，党委领导下的厂长负责制，"两参一改三结合"（戴茂林，1999；胡国栋、韵江，2011）。党的八届九中全会之后，"大庆经验"成为这一时期的另一重要标志。但是，"大庆经验"实际上是对"鞍钢宪法"的继承，其本质仍然是"鞍钢宪法"（王治中、李莉，1990；鲍光前、郭靖，1991；宋连生，2005）。国家经委原主任袁宝华明确指出，"大庆经验"可以概括为六条，每一条都与"鞍钢宪法"一脉相承（鲍光前、郭靖，1991）。

3. "文化大革命"期间的演变情况（1966—1978年）

1966年中国进入"文化大革命"时期，由于受到"左"倾思想的影响，这一时期科学的管理理论与管理制度遭到批判，新中国成立以来生产运营管理取得的成绩遭到破坏（徐之河、李令德，1996）。这一时期对生产运营管理有建设价值的工作，当属华罗庚倡导推广的"统筹法"（Overall Planning Method）和"优选法"（Optimum Seeking Methods），统筹法与CPM、PERT和项目管理类似，优选法与数学优化一脉相承（Xu and Wang，1996）。

（二）改革开放后的"追赶式"时期（1979—2012年）

1. 博采众长，融合提炼（1979—1991年）

这一时期生产运营管理的演化表现为博采众长，融合提炼。首先是推行全面质量管理，20世纪70年代末引进质量管理方法后，国家一直都把质量管理作为生产运营管理的中心环节，并在全国范围内加以推广（徐之河、李令德，1996）。比如，国家经济委员会在1980年就曾颁发《工业企业全面质量管理暂行办法》。其次是"请进来"与"送出去"相结合学习生产运营管理经验。在国家经委的领导和协调下，一方面请国外专家来华讲学，另一方面委派大量人员前往国外考察学习（徐之河、李令德，1996）。最后是出版和翻译大量著作推广生产运营管理理论。比较典型的作品有《国外经济管理名著丛书》《中国企业管理百科全书》以及《18种现代化管理方法》等。

伴随着生产运营管理的"博采众长"，"融合提炼"开始落地。国家经委就曾推出《企业管理现代化纲要》，勾画出"融合提炼"的战略路径。中国企业管理协会还汇总了22种具有中国特色的生产运营管理方法，汇编于《企业管理新方法》（徐之河、李令德，1996）。"融合提炼"阶段的标志当属1986年国家自然科学基金委员会的成立，以及国家高技术研究发展计划（简称"863计划"）的实施。国家自然科学基金委员会成立之初，就设立了蕴含生产运营管理的管理科学组，生产运营管理的研究得到国家制度化科研经费的支持（苏勇、刘国华，2008）。"863 计划"计算机集成制造系统（CIMS）与生产运营管理深度交融，CIMS 的研究与实施极大改善了生产运营实践。比如，"浙江绍兴涤纶厂在实施 CIMS 工程后，新增产值 6000 万元，税收 1000 万元，利润 720 万元，而流动资金下降了 19.1%"（陈佳贵，2009）。

2. 供应链管理阶段开启（1992—1999 年）

在这一时期，生产运营管理升级，供应链管理阶段开启。首先是通过内部流程的改进与集成，生产管理升级为运营管理。核心标志当属"邯钢经验"的产生与推广。"邯钢经验"可以概括为"模拟市场核算，实行成本否决"，内容精要是"市场—倒推—否决—全员"。市场是指企业内部核算价格实施市场定价，倒推是指变"成本＋目标利润＝价格"为"目标成本＝市场价格－目标利润"，强调成本目标的重要性，否决是指成本指标一票否决，全员是指企业全员参加，无一例外（竹邻，1999；袁木，2003；河北钢铁集团有限公司，2014）。"邯钢经验"的出现标志着生产管理升级为运营管理。

其次是供应链管理阶段的开启。在科研领域，随着对 CIMS 研究的深入，从事 CIMS 研究的机构开始关注供应链管理，比如华中科技大学、西安交通大学等。此外，1998 年国家自然科学基金委员会资助第一个供应链管理项目"供应链协调决策理论与方法"，编号为 79800015，成为供应链管理阶段开启的一个重要标志（刘作仪，2009）。在生产实践领域，典型标志当属推进加工贸易嵌入全球价值链。这一时期，加工贸易对中国经济举足轻重，仅以 1992 年为例来看，中国加工贸易的总额就占外贸总额的 41.9%（朱立南，1994）。代工企业嵌入全球价值链无法回避供应链管理。

3. 供应链与全球价值链的"二元"演化（2000—2012 年）

新千年中国经济腾飞发展，2010 年 GDP 跃居世界第二，"中国模式"被广为关注（李光耀、雷默，2004）。如果说"中国模式"神奇难以捉摸的原因很多，供应链与全球价值链的"二元"演化当位列其中。从供应链管理领域来看，学术界可谓迅速引进，快速追赶，不论是研究问题，还是研究方法都很快实现了国际接轨（陈冬、顾培亮，2003；刘丽文，2003；达庆利，2008；刘作仪，2009；Liu and McKinnon，2016）。但是，理论研究并没有真正帮助企业解决问题（Liu and McKinnon，2019）。

从企业的生产实践来看，不论是珠三角还是长三角，企业仰仗加工贸易迅速成长升级的诀窍并非供应链管理。全球价值链（Global Value Chain）下的治理、攀升与租金攫取，才是珠三角与长三角地区企业崛起的秘诀（张小济等，1999；邱庆芳，1999；王小勇，2000；山今，2001）。然而，全球价值链一直局限在产业经济学领域，与供应链管理领域似乎泾渭分明（文婧、曾刚，2005；刘志彪、张杰，2007；卓越、张珉，2008；陶锋、李诗田，2008；秦升，2014）。令人奇怪的是，供应链领域始终热衷于"微观"层面，对全球价值链鲜有涉足，全球价值链领域始终热衷于"宏观"层面，也很少关注供应链。供应链与全球价值链呈现令人费解的"二元"演化。

（三）国家战略的"创史期"（2013年至今）

到了这一时期，供应链已经不再限于"微观"，以2012年美国总统奥巴马签发《全球供应链安全国家战略》为标志，供应链已经进入国家战略的范畴（丁俊发，2017）。2017年国务院出台《关于积极推进供应链创新与应用的指导意见》（简称"84号文"），指出中国要成为全球供应链创新与应用的重要中心（国务院办公厅，2017）。为了落实"84号文"的要求，2018年商务部等8部门发布《关于开展供应链创新与应用试点的通知》（商务部市场体系建设司，2018），2018年10月便公布全国供应链创新与应用试点城市和试点企业名单。这一时期恰逢全球范围内"第四次工业革命"触发，新兴制造业的智能制造受到普遍关注。智能制造的关键不在于设备的智慧化，而在于流程的智慧化，为此智能制造正急切呼唤供应链的智慧化创新。面对国家战略定位与"第四次工业革命"浪潮，供应链管理应该何去何从是一个重大的理论命题。

第三节 中国经验

一 中国贡献

历史唯物主义（Historical Materialism）认为历史是一个由众多"偶然"所构成的"必然"过程（中共中央马克思恩格斯列宁斯大林著作编译局，2009）。基于历史唯物主义的视角，放眼世界范围内的演进历史，审视中国生产运营与供应链管理的演进历程，可以发现中国经验不仅与世界经验的洪流珠联璧合，而且还具备自身特有的贡献。为了研究中国经验的贡献，将"泰勒制"称为管理1.0，将"丰田制"称为管理2.0，将"创史期"的主导逻辑称为管理3.0。考虑到美国对管理1.0的贡献，日本对管理2.0的贡献，此处将中国、美国和日本进行对比。以此来探究中国的贡献和有所作为的领域。具体的对比如表13—1所示。

表13—1　　　　生产运营与供应链管理的贡献对比

主导逻辑	中国	美国	日本
管理1.0	"鞍钢宪法"	"泰勒制"	全面质量管理 合理化建议 持续改进
管理2.0	"邯钢经验" 全球价值链攀升	再造工程 大规模定制 供应链管理 企业资源计划	"丰田制"
管理3.0	全球价值链重构 智慧供应链	工业互联网 美国优先	互联工业 智慧供应链

资料来源：笔者整理。

（一）管理 1.0 下的"鞍钢宪法"

以 1949 年为界，管理 1.0 一直主导生产运营管理，直到"丰田制"诞生。第二次世界大战后，美国在前期"泰勒制"的基础上，不断引入第二次世界大战时期的新技术，比如运筹学、计算机，以探寻生产运营的增效之道（Buffa，1980；Chase and Prentis，1987）。战败国日本百废待兴，学习美国、自主创新成为日本的选择。结合国情，日本开创出适合自身的生产运营增效之道，比如全面质量管理、合理化建议、持续改进等（任文侠、白成琦，1978）。历史如此巧合，管理 1.0 的终结恰逢中国改革开放，改革开放之前近 30 年的进程恰巧处于管理 1.0 主导时期。在此期间，中国给予"泰勒制"的是批判与反思，但是"批判本身就是一种创造，或者至少是创造的准备"（孙周兴，2015）。在批判"泰勒制"、反思"马钢宪法"的进程中，管理创新的火花不断迸发，具有重大理论价值的"鞍钢宪法"诞生。

从产生过程来看，"鞍钢宪法"源自对"马钢宪法"的反思和发展，似乎没有那么独特。但是从管理思想的演进史来看，"鞍钢宪法"可谓是浓墨重彩的一笔，其思想地位丝毫不亚于"丰田制"。"鞍钢宪法"之所以具有重大的理论价值，在于其对管理思想的演进具有承前启后的作用。"马钢宪法"是苏联对美国"泰勒制"的批判继承，"鞍钢宪法"是中国对苏联"马钢宪法"的批判继承，中国虽然在批判"泰勒制"，但却通过"马钢宪法"迂回地继承了"泰勒制"的合理精髓（高良谋、胡国栋，2011）。此外，由于"鞍钢宪法"与"丰田制"有异曲同工之妙，且早于"丰田制"，因此在某种意义上"丰田制"可以视为是"鞍钢宪法"与日本社会文化的结晶（高良谋、胡国栋，2011）。

（二）管理 2.0 下的"邯钢经验"与全球价值链攀升

伴随着"丰田制"的成功，日本经验横扫全球，以美国为代表的发达国家纷纷学习日本。但是，美国并没有摒弃"泰勒制"，美国的做法是不断吸收"丰田制"的精华来修补"泰勒制"，可以说在美国"丰田制"与"泰勒制"持续坚守攻伐。在此过程中，东、西方思想碰撞融合，大规模定制、再造工程、供应链管理、企业资源计划等一系列创新涌现并绽放出更具生命力的理论之花。管理 2.0 主导的时期，恰逢中国的改革开放。改革开放之后，中国按照"以我为主，博采众长，融合提炼，自成一家"的原则学习西方管理经验，在此时期虽然以学习为主，但也并非没有独到的创见。在此期间，中国有两个最值得书写的经验，一个是"邯钢经验"，另一个是全球价值链攀升。

改革开放后，国有企业开始市场化，很多企业陷入亏损的困境，甚至达到难以生存的地步（徐之河、李令德，1996）。面对窘境亏损企业的领导班子可谓"压力山大"，可是令人奇怪的是这些压力并没有被有效传递，更没有转化为动力。比如，"企业上面有压力，下面无压力；少数人有压力，多数人无压力"的奇怪现象普遍存在（竹邻，1999）。邯钢采取"模拟市场核算，实行成本否决"的办法成功扭转局面，以至于全国范围内掀起学习邯钢的热潮。透过现象剖析"邯钢经验"的本质可以发现，"邯钢经验"与运营管理对流程的关注高度一致。实际上"邯钢经验"是"改善组织内部流程"的一个成功典范，是中国步入运营管理时代的一个标志，是市场经济环境下企业落地战略将压力有效传递的一个运营管理创新经典。

"二元"演化出现的全球价值链攀升是一个异常重要的中国经验。治理、攀升与租金攫取是全球价值链的核心内容（卓越，2009）。全球价值链治理有市场型、模块型、关系型、俘获型和层级型五种模式（Gereffi et al.，2005）。攀升可以沿着 OEA—OEM—ODM—OBM 的路径，也可以沿着工艺升级—产品升级—功能升级—链条升级的路径（Gereffi，1999；Humphrey and Schmitz，2002，2004）。但是，企业的攀升不会是无意识的自动过程，攀升的实现要么是"链主"刻意为之，要么是嵌入企业刻意为之，为此嵌入"微笑曲线"低端环节的企业会呈现升级与俘获两种状态（Schmitz，2004；Giuliani et al.，2005）。珠三角与长三角嵌入的全球价值链属于典型的俘获型（刘志彪、张杰，2007；卓越、张珉，2008）。然而，不论是珠三角还是长三角，大量企业都成功实现攀升，并成为改革开放宏图中的一幅亮丽图景。

通过文献汇总，发现成功攀升的经验有两点。其一是知识效应，中国企业通过知识溢出、学习效应与自主创新实现攀升（文嫮、曾刚，2005；陶锋、李诗田，2008；陶锋等，2011；陶锋，2011；毛蕴诗、郑奇志，2012）。其二是重构效应，中国企业通过塑造国内价值链（National Value Chain），或者嵌入新兴价值链实现攀升（刘志彪、张杰，2007；毛蕴诗、郑奇志，2012；刘立、庄妍，2013）。除此之外，本章认为还有一个难以实证检验却更为重要的经验，可称之为"同根效应"。简而述之，就是珠三角与长三角企业的代工主要源自香港与台湾，途经"同根"的香港、台湾嵌入全球价值链，香港、台湾与中国大陆的"同根效应"助力了企业攀升。

（三）管理3.0下中国有所作为的领域

在当前的"创史期"，新技术、新材料和新能源驱动的"第四次工业革命"吹响号角，生产智能化、个性化、全生命周期化，生产组织形态扁平化、平台化、分散化，以及商业模式的深刻变革是"第四次工业革命"的主要技术经济特征（王盛勇、李晓华，2018）。与"第四次工业革命"相伴而生的新兴制造业，正在诱发供应链管理的深刻变革，供应链智慧化的理念、工具与方法呼之欲出。与此同时，新兴制造业正在驱动全球价值链的肢解与重构，某些全球价值链将会退化以至消逝，某些全球价值链将会新生并成长，"微笑曲线"的中间制造环节将被逐渐拉平（毛蕴诗等，2015；王盛勇、李晓华，2018）。在当前的"创史期"，控制了全球价值链就等于掌握了改变全球利益格局的权力，全球价值链成为国家角力的重要工具，为此供应链（价值链）上升至国家战略的高度（丁俊发，2017）。供应链智慧化与全球价值链重构是中国有所作为的领域。

二 中国反思

回首 70 年，中国生产运营与供应链管理的演进历程跌宕起伏，非凡卓著，精彩不断。但是，必须清醒地认识到，中国的生产运营与供应链管理还存在诸多不足之处。其中，有两个方面最值得反思。

（一）原创思想未能茁壮成长

70 年来，中国的生产运营与供应链管理，在思想贡献上可谓毫不逊色。然而，几番生根发芽的重要思想都未能长成参天大树。在改革开放之前，国家大力倡导生产运营管理创新，新思想不断涌现，"鞍钢宪法"得以诞生，国家还倾举国之力推动。改革开放之后，本土生根发芽的"邯钢经验"，已触及运营管理的核心精髓，理论上颇有成长空间，国家再次倾举国之力推动。在国家战略的"创史期"，更是百花齐放，百家争鸣。然而遗憾的是，主导潮流的核心管理思想始终没有形成。

最令人遗憾的是，能与"丰田制"比肩的"鞍钢宪法"，虽经历了生根发芽，却没有茁壮成长。仅有"大庆经验"对"鞍钢宪法"进行继承，之后鲜有值得称道的继承发扬。"鞍钢宪法"最终是"城里开花墙外香"，在中国的管理实践终是昙花一现（崔之元，1996；贾根良，2002；高良谋等，2010；胡国栋、韵江，2011；高良谋、胡国栋，2011；张申，2018）。原创思想未能茁壮成长的原因有很多，但是本章认为最根本的原因是缺乏对原创思想的"深耕细作"，对原创思想的学术提炼不足。

（二）理论实践未能步调一致

自改革开放引进西方管理经验开始，生产运营与供应链管理的学术研究就积极与国际对接，并在很短的时间内完成追赶，目前的研究范式与方法已趋近国际最高水平。可以肯定的是，学术研究对企业实践启发很大，企业对学术研究也兴趣浓厚。不幸的是，大多数学术研究严重依赖西方理论，缺乏对本土问题的理论提炼。外来的理论会"念经"，但可能会水土不服，未必实用。实际上，研究表明中国的生产运营与供应链管理理论和实践的确存在步调不一的问题（Liu and McKinnon，2016；Liu and McKinnon，2019）。但是，本章认为最典型的步调不一，当属供应链与全球价值链的"二元"演化。

实际上，自1992年大量中国企业嵌入全球价值链之后，在很长的时间内中国企业最需要解决的问题，是如何突破全球价值链的低端锁定，成功实现攀升。遗憾的是，生产运营与供应链管理领域一直没有对此问题深入探究，更没提出指导企业攀升的理论。反倒是产业经济学领域对全球价值链攀升做了很多研究，提出很多见地。出现"二元"演化的原因肯定很多，但是本章认为值得注意的是"只顾低头拉车，而没抬头看路"。生产运营与供应链管理更多地需要引入战略思维，避免陷入工具与方法陷阱。生产运营与供应链管理对"术"的深耕细作固然重要，但是也绝不能忽视方向上的"战略"牵引。

第四节　结论与展望

一　研究结论

（一）70年发展成就非凡

生产运营与供应链管理在中国的70年发展可谓成就非凡。新中国成立之初，与中国经济建设基础类似，生产运营与供应链管理的起步也基本是"一穷二白"。回首70年，自主摸索时期的管理经验，非常基础和初级。但是，善于学习与探索的中国，改革开放之前学习苏联，全面引进与批判吸收苏联的管理经验，并在此基础上自主创新，探索出"鞍钢宪法"，"鞍钢宪法"的贡献堪比"丰田制"；改革开放之后学习西方，原则是"以我为主，博采众长，融合提炼，自成一家"，经过一系列引进、消化和吸收，同生产运营与供应链管理实践不断融合，依托香港、台湾与中国大陆的"同根效应"，成功实现全球价值链嵌入与攀升，开创出与众不同的中国模式；在新的"创史期"，中国的生产运营与供应链管理基本比肩世界发达国家，并在新的历史时期，寻求超越的路径与时机。贯穿70年来看，中国的生产运营与供应链管理成就斐然。

（二）70年发展持续反思

谦虚谨慎与反思一直都是中华民族的优良传统，在生产运营与供应链管理的发展历程中，反思从未间断。改革开放之前，在起步的"一穷二白"之时，中国反思与正视发展的基础，并不断学习苏联经验，同时不断反思运用苏联管理经验的教训，并在反思之中创立"鞍钢宪法"，进而反思"鞍钢宪法"未能茁壮成长；在改革开放之后，面对西方先进的生产运营与供应链管理经验，中国反思自身的不足，积极学习西方，并在消化、运用西方管理经验的过程中不断自我批评，以至于开创出基于"同根效应"的全球价值链嵌入与攀升，进而反思"二元"演化的理论与实践步调不一致；在新的"创史期"，中国反思赶超不足，未能在全球范围内引领生产运营与供应链管理的发展。贯穿70年来看，持续反思助推了中国的生产运营与供应链管理的飞速发展。

二　未来展望

（一）智慧供应链管理大势所趋

自德国在2011年提出"工业4.0"概念后，世界主要工业国纷纷发力新兴制造业（Tomlin，2017）。以信息物理系统（CPS）与物联网（IoT）为核心的"工业4.0"，诱发了智慧化的工业新图景，"第四次工业革命"得以触发。面对智慧化时代的到来，世界知名的制造企业纷纷融入智慧化潮流。比如，AT&T、Cisco、General Electric、IBM和Intel等国际大企业发起工业互联网联盟（Industrial Internet Consortium）来协调和促进工业互联网的发展。"第四次工业革命"的核心在于智能制造，智能制造的精髓在于内外部流程的智慧化无缝对接，也就是所谓的智慧供应链（Wu et al., 2016）。智慧供应链对"第四次工业革命"至关重要。智慧供应链有三个层次,第一个层次是设备的智慧化,比如电子采购、RFID 标签等。第二个层次是孤立系统的智慧化,比如智慧工厂、智慧服务等。第三个层次才是供应链的智慧化(Wu et al.,2016)。"第四次工业革命"的关键在于智能制造,智能制造的关键在于智慧供应链。智慧供应链管理必将是未来的热点。

(二)供应链创新生态系统势必建构

2017 年《关于积极推进供应链创新与应用的指导意见》出台,高瞻远瞩地擘画了中国供应链发展的蓝图。2018 年商务部等 8 个部门联合发布了《关于开展供应链创新与应用试点的通知》,2018 年 10 月公布了全国供应链创新与应用试点城市和试点企业名单,落地实施国务院精神可谓神速。在政府强力推动和引导下,社会各界也纷纷响应号召,供应链创新呈现一片繁荣景象。值得指出的是,供应链创新不能违背创新的一般规律。当今世界,创新已步入制度化、系统化、协同化的时代,依托创新生态系统,实现互利共赢,几乎是所有创新都必须遵守的原则。为此,推动供应链创新不仅需要重视参与者的互利共赢,而且需要遵守创新生态系统的演化规律。换言之,推动供应链创新需要政府、企业、大学、科研院所、中介机构、金融机构和用户在互利共赢的基础上勠力同心,也需要依托创新生态系统的协同机制,实现创新因子的有效汇聚及创新要素的深入整合。未来供应链创新生态系统必将是热点。

(三)供应链管理学科将日益繁荣

随着"第四次工业革命"对全球价值链的肢解与重构,全球经济一体化开始深度调整,生产要素面临着在全球范围内的重新配置。在新的情境下,供应链开始从幕后走向台前,日益成为企业、产业乃至国家竞争与角力的载体。在未来,不仅企业之间的竞争会演化为供应链之间的竞争,国家之间的竞争也很可能会演化为供应链之间的竞争。为此,我国以史无前例的高规格发布《关于积极推进供应链创新与应用的指导意见》。供应链管理学科专业也因此而诞生。

可以预见，随着社会与经济的发展，供应链的作用会越来越重要，设立供应链管理部门的企业会越来越多，供应链管理的人才需求将会爆炸式增长。为了满足社会需求，设立供应链管理专业的大学会不断增加，供应链管理学科将会繁荣发展。

第十四章

旅游管理

学科存在对科研活动、人才培养和社会服务有重要影响,使得知识创造、传播、消费同时具有了效率和效果(保继刚,2016)。关于旅游学科属性和特征,学术界近年来进行了若干探讨。一方面,旅游学是一门新兴学科,而旅游现象又具有复杂性,从多学科角度切入进行旅游研究是不可跨越的必要阶段(谢彦君、李扬,2013);同时,多学科交叉融合又促进了旅游学科的发展。因此,我国第一代旅游研究者基本拥有其他学科背景,跨学科研究旅游,学者将其形象地形容为"支撑腿在母学科,前进腿在旅游"。另一方面,经过多年的快速发展,我国旅游业已成为一个相对完整的系统,旅游活动所指向的行业相对清晰,具有独立的研究对象和相对清晰的学科边界。随着我国旅游研究的不断成熟,新一代旅游学人(Tourism-Generation)迅速成长,旅游知识不断积累,基本形成了较为完整的知识体系框架,也形成了一些具有代表性的学科核心概念和理论,如谢彦君提出的"旅游体验论"、张凌云提出的"非惯常环境"等(保继刚,2015)。具有代表性、影响力的旅游专题学术刊物也已形成,如《旅游学刊》《旅游科学》等。2016 年,中山大学保继刚教授被评为"旅游管理学科长江学者",是我国旅游管理学科首位长江学者;南开大学李辉教授入选 2017 年度"长江学者奖励计划",彰显出我国旅游学科影响力的持续加强。因此,在这一层面上,与其他学科相比，旅游学科具有独立的研究对象和知识体系，也基本形成了一整套从实践和研究成果总结出来的科学原理，学科影响力不断提升，又与其他学科相对独立。

第一节　发展状况

一　新中国成立 70 年我国旅游管理的实践发展

（一）1949—1977 年

从新中国成立到改革开放前夕，旅游以外事接待为主，带有浓厚的政治色彩。1949 年福建厦门中国旅行社、华侨服务社分别成立。1954 年中国国际旅行社在北京成立，并在十余个城市成立分社。1956 年国务院批准《关于中国国际旅行社的现状和 1956—1957 两年的工作规划》，规定该社的任务是：承担一切外宾、外国来华代表团、外国旅行者和在华外交人员在中国旅行、生活的接待工作。1964 年中国旅行游览事业管理局成立，作为国务院的直属机构，并召开第一次全国旅游工作会议。1965 年，中共中央、国务院原则同意中国旅行游览事业管理局的《关于第一次旅游工作会议的报告》，指出发展旅游事业应采取"政治挂帅，稳步前进，逐步发展"的方针，"逐步制定出一套适合我国情况的管理办法"。1969 年，国务院总理周恩来在国务院精简机构会议上指示保留旅游局机构，并亲自抓旅游方面的工作。1970 年，国务院总理周恩来与中国旅行游览事业管理局的领导谈话，要求旅游工作改变"迎来送往"的状态。

总体来看，新中国成立至改革开放前，旅游服务于外交接待的需要，重点在于"宣传自己，了解别人"；主要是有选择的入境旅游；在具体服务过程中，采取国家补贴的方式，主要通过国营企业直接介入经营。

（二）1978—1991 年

1978 年党的十一届三中全会召开，做出了改革开放的伟大历史决策。如何启动改革，扩大开放，面临着以什么产业为突破口的选择难题。与其他产业相比，旅游业的市场化程度较高，对政府依赖较小，且旅游业具有轻、小、灵和关联性强、综合带动能力突出的特点，推动旅游业成为对外开放的最前沿和启动改革的突破口。

在旅游定位方面，改革开放前，旅游首先被作为"民间外交"加以发展，不具有现代产业特征。1978—1979年，邓小平同志围绕旅游发展先后发表了5次重要讲话，初步明确了旅游作为经济产业的发展方向。1981年召开的全国旅游工作会议，在《关于加强旅游工作的决定》中，明确指出"旅游事业是一项综合性的经济事业，是国民经济的一个组成部分，是关系国计民生的一项不可缺少的事业"，正式确立了旅游业的经济产业发展的方向。

在市场发展方面，这一阶段以发展入境旅游为主。1978年我国入境旅游仅有180.92万人次，1991年增长到3334.98万人次，增长了18.4倍。[①] 国内旅游，最初采取"不宣传、不反对、不支持"的原则，之后逐步从关注国际旅游转变到同时关注国际旅游和国内旅游；1981年国家旅游局召开全国旅游工作会议，提出要国际、国内两个旅游一起抓。出境旅游，1990年10月率先开放中国公民自费赴新加坡、马来西亚和泰国三国旅游，以出国探亲游、边境游为类型进行试点。

在发展重点方面，旅游业起步阶段供给短缺，以解决饭店和景区景点建设不足为着力点。1978年5月，中共中央办公厅和国务院办公厅向各省市自治区党委发出通知，要求各地将凡能接待自费外宾和旅游者的饭店、宾馆充分利用起来，以解决可供外宾使用的饭店、宾馆太少的难题。1979年5月4日，国务院副总理李先念主持召开国务院办公会议，决定在北京、上海、广州、南京四个城市利用侨资、外资建造旅游饭店六座，此后外资投资建设酒店成为热潮。旅游项目建设和接待经营先以政府和外资为主，后强调"五个一起

---

① 资料来源于《中国旅游统计年鉴》。

上"。1979年1月,我国把首都机场的航空食品公司、建国饭店和长城饭店确定为第一批三个中外合资项目;1984年第一家外国管理集团管理的合资企业——建国饭店开业,全国掀起学习建国饭店的热潮;1985年,中共中央办公厅和国务院办公厅转发国家旅游局《关于开创旅游工作新局面几个问题的报告》,明确提出要从以国家投资为主建设旅游基础设施转变为国家、地方、部门、集体、个人一起上。

在管理方式方面,主要围绕两大转变改革:一是旅游管理由行政管理向行业管理转变;二是由直接管理企业向间接管理企业转变。1979年9月,国务院副总理李先念在听取全国旅游工作会议情况汇报后指出,要改革和精简旅游管理体制,旅行社要搞企业化。1982年,国家旅游局和国旅总社脱钩,局社分开。1985年1月,国务院批转了《关于当前旅游体制改革几个问题的报告》,提出旅游管理体制应实行"政企分开,统一领导,分级管理,分散经营,统一对外"。1988年10月,国务院发布国家旅游局"三定"方案,使国家旅游局逐步成为对全国旅游全行业政策指导、宏观调控和运转协调的行政管理机构。

总之,在此阶段,旅游业作为改革开放突破口,以对外开放为重点,实现了快速起步。

(三) 1992—2001年

1992年邓小平发表"南方谈话",在"发展才是硬道理"思想的指引下,党的十四大明确了以社会主义市场经济体制为我国经济体制改革的目标。在此背景下,旅游业地位进一步提高,旅游产业加快发展,三大旅游市场相继开始活跃。

在旅游定位方面,实现了从创汇型产业到国民经济新的增长点的转变。1992年6月,中共中央、国务院发布《关于加快发展第三产业的决定》,旅游业被确定为第三产业的重点;1998年中央经济工作会议提出,要把旅游业培育成为国民经济新的增长点。

在市场发展方面,打破以发展入境旅游为主的单一格局,出现了入境游、国内游、出境游三大市场。在国内旅游方面，1993年，国务院办公厅转发国家旅游局《关于积极发展国内旅游业的意见》，对国内旅游工作提出"搞活市场、正确领导、加强管理、提高质量"的方针；1995年开始实行双休日制度，1999年开始实施"黄金周"制度，推动了国内旅游迅猛发展。1997年，国家旅游局提出"大力发展入境旅游、积极发展国内旅游、适度发展出境旅游"的方针。在出境旅游方面，1997年国家旅游局和公安部发布《中国公民自费出国旅游暂行办法》，提出在试办港澳游、边境游的基础上，正式开展中国公民自费出境旅游业务。

在工作重点方面，这一阶段强调旅游市场化改革，促进旅游市场主体的成长。1993年，国务院办公厅转发国家旅游局《关于积极发展国内旅游业的意见》，提出要"逐步建立统一开放、有序竞争的国内旅游市场。各地区、各有关部门要进一步打破地区、部门界限，在旅游交通、景区建设、产品开发和客源输出与接待等方面联合协作，共同发展"；1999年5月，北京市旅游局直属企业分离出来组建首旅集团，推动旅游市场主体向多元化发展。

在管理方式方面，该阶段的旅游管理由以旅行社和饭店行业为重点向大旅游、大市场、大产业方向转变。1993年明确国家旅游局归口管理综合类、旅游设施类、旅游服务类的行业标准；1996年10月，国务院发布《旅行社管理条例》，取消旅行社按一、二类划分的标准，改为国际社和国内社。1999年国家旅游局提出建设世界旅游强国目标，相继发布一系列行业性管理规章和办法，例如1998年开始中国优秀旅游城市验收工作，1999年推出A级旅游景区标准，2001年开始评选中国优秀旅游城市。

总之，在此阶段旅游业作为改革开放的重要组成部分，以市场化改革为重点，逐步形成体系，旅游企业管理、公共管理等均有所发展。

（四）2002—2011年

2002年，党的十六大提出到2020年建成完善的社会主义市场经济体制的改革目标，推动我国改革进入完善社会主义市场经济体制的新阶段，推动旅游业地位进一步提升，国际地位和影响力显著增强。根据世界经济论坛发布的《全球旅游业竞争力报告》，2007年中国旅游业全球竞争力排名第71位；2009年，上升到第47位；2011年则为第39位。

在旅游定位方面，2006年，旅游业发展"十一五"规划纲要明确提出，要把旅游业培育成为国民经济的重要产业；2009年12月，国务院下发《关于加快发展旅游业的意见》（国发〔2009〕41号文件），提出要把旅游业培育成国民经济的战略性支柱产业和人民群众更加满意的现代服务业。

在市场发展方面，2002年国务院出台《中国公民出国旅游管理办法》，进一步促进了出境旅游发展；2009年，国家旅游局提出"大力发展国内旅游，积极发展入境旅游，有序开展出境旅游"方针，首次将发展国内旅游摆在优先位置。2011年国务院将每年的5月19日确定为"中国旅游日"，进一步推动了国内旅游市场的发展。

在发展重点方面，这一阶段，旅游行业主动推动旅游业与其他产业融合发展，旅游业影响全面扩大。2003年起推动创建全国工农业旅游试点工作，到2007年共推出700多个全国工农业旅游示范点；中宣部、发改委、国家旅游局等14个部门联合成立红色旅游工作小组，编制红色旅游发展纲要等。

在管理方式方面，逐步实现由管制、主导、引导向服务和监督的职能转换。主要体现为：管理对象由管理直属企业到管理旅行社、饭店行业；由旅游景点开发到旅游目的地建设；由一个部门、一个行业拓展到全行业、全目的地和全社会。管理手段由单一的行政指令到通过制定国家和行业标准等来引导企业发展；管理理念由单纯追求经济效益到关注社会经济、文化教育、环境保护、遗产保护、全民素质和国家形象等综合效益。

总之，在此阶段，作为战略性支柱产业，以满足国民需求为重点，旅游业影响全面扩大。

(五) 2012 年至今

随着 2012 年党的十八大召开，我国进入了全面深化改革的新阶段。2017 年党的十九大报告提出，中国特色社会主义进入新时代，社会主要矛盾发生了转变。在此背景下，旅游业以促进全面深化改革为重点，自主改革能力显著提升。全面深化改革的推进以及旅游自主改革能力的提升，推动了中国旅游业国际影响力的进一步扩大，根据世界经济论坛发布的《全球旅游业竞争力报告》，2015 年中国旅游全球竞争力排名第 17 位，首次进入全球排名前 20 位；2017 年排名升至第 15 位。

在旅游定位方面，从注重经济效益向注重社会效益转变。2016 年，国务院办公厅在《关于进一步扩大旅游文化体育健康养老教育培训等领域消费的意见》中，提出要发展幸福产业，并把旅游业定位为五大幸福产业之首；为了适应对旅游定位的调整，2018 年两会审议通过《关于深化党和国家机构改革的决定》，将文化部和国家旅游局合并组成文化和旅游部。

在市场发展方面，三大旅游市场持续健康增长，国内旅游从小众市场向大众化转变，已拥有全世界最大的国内旅游消费市场；连续多年保持世界第一大出境旅游客源国和全球第四大入境旅游接待国地位。国民人均出游从 1984 年的 0.2 次增长到 2017 年的 3.7 次；国内游客数量从 1984 年的约 2 亿人次扩大到 2017 年的 50 亿人次；入境旅游人数从 1978 年的 180.92 万人次增加到 2017 年的 1.39 亿人次；2017 年出境旅游人数增加到 1.29 亿人次。①

在工作重点方面，我国进入全面深化改革的关键时期，中央提出供给侧结构性改革和经济进入新常态的重要论断，旅游管理部门施行了一系列改革措施，推动旅游实现更高质量发展：一是加强顶层设计，全面部署旅游发展战略。相继提出"515""旅游＋"和全域旅游等重大战略，特别是全域旅游战略，推动了旅游发展模式变

---

① 相关资料来自《中国统计年鉴》。

革。二是以完善旅游公共服务体系为目标，推动旅游供给侧结构性改革。积极推动"厕所革命"、旅游数据中心建设和统计体系改革等。以"厕所革命"为例，这一措施受到广大群众和游客的普遍欢迎，截至2017年年底，全国共完成建设旅游厕所7万座，超额完成3年5.7万座的计划任务。三是加强各项制度建设，推动制度创新。建立部门合作机制，签署旅游服务质量提升合作备忘录；积极推动旅游用地制度改革，促进旅游新业态发展；推进旅游业诚信体系建设，联合建立旅游业质量失信"黑名单"制度；建立了服务等级"退出制度"，对部分不符合服务标准的5A级旅游景区予以摘牌处罚；建立并发布了"不文明旅游记录"系统、旅游企业诚信"黑名单"及"红榜"记录系统、旅游目的地警示系统。

在管理方式方面，以调整政府职能为抓手，完善旅游法律法规为重点，推动建立旅游现代治理体系。一是推进落实"放管服"改革，优化旅游营商环境。2015年国家旅游局印发《推进简政放权放管结合优化服务工作方案》，并成立局长担纲的推进职能转变工作领导小组，统筹研究旅游业重要领域和关键环节的重大改革措施。二是完善旅游法律法规，创新制度供给。2013年颁布实施中国第一部旅游基本法《中华人民共和国旅游法》；修订《旅行社条例》《导游人员管理条例》《中国公民出国旅游管理办法》。三是推动多部门综合管理，创新旅游治理机制。推动各地成立旅游发展委员会，积极构建"1+3+N"全域旅游联合执法机制和旅游市场综合监管模式。

总之，作为综合领域，以促进全面深化改革为重点，旅游业自主改革能力显著提升。

二　我国旅游管理学的演进过程

作为一门新兴、应用型学科，旅游管理学在我国的发展与旅游业的发展息息相关。整体来讲，旅游管理学在中国的发展主要经历了如下四个阶段。

(一) 空白阶段 (1949—1977 年)

从新中国成立到改革开放前夕,旅游业以外事接待为主,带有浓厚的政治和外交色彩,既没有产业的概念,也不具备产业的特征。旅游以接待外国人士为主,规模相对较小。该时期内,我国管理体制尚不健全,旅游管理实践颇为粗浅。为胜任国际旅游接待任务,国家相关部门和旅行社对部分从业人员进行简单培训,旅游管理学作为学科尚不存在。

(二) 初创阶段 (1978—1990 年)

1978 年,中国实施改革开放政策。旅游作为改革突破口,成为国家赚取外汇的重要手段。在此背景下,政府管理部门和相关旅游企业意识到科学管理的重要性,政策制定、行业实践和科学研究的发展,共同推动了旅游学科建设的步伐。1978 年,中国第一所旅游中专学校南京旅游学校诞生(杨亚斌,2009);1979 年,全国第一所旅游高等专科学校上海旅行游览专科学校(现更名为上海旅游高等专科学校)成立;从 1981 年起,南开大学、杭州大学、西北大学和北京第二外国语学院相继开设旅游本科专业,全国旅游教育界的"老四家"为旅游高等教育打下基础(张凌云,2017);1982 年,王立纲、刘世杰编撰的我国第一本旅游经济教材——《中国旅游经济学》面世。这些都为旅游学科的建立打下了初步但坚实的基础。总之,经过艰难的十余年历程,在旅游管理部门和众多学术前辈的共同努力下,我国旅游教育事业和旅游学科初见雏形。不过由于我国旅游学科尚处于起步阶段,尚未建立旅游理论和概念体系,缺乏系统的研究方法,旅游研究涉猎范围和研究角度相对单一,主要聚焦于旅游经济和旅游企业管理等方面(张辉等,2018)。

(三) 发展阶段 (1991—1999 年)

进入 20 世纪 90 年代,随着我国旅游业的快速发展,国内旅游需求和出境旅游需求开始萌生,入境旅游、国内旅游、出境旅游三大市场格局初步显现。旅游管理现象更为普遍和复杂,一系列问题浮出水面，政府部门和旅游企业迫切需要对旅游管理学展开深入的研究，以此指导日益复杂的旅游活动（田里，2015）。该阶段内，为解决旅游行业快速发展所面临的人才缺口问题，国家加大了对旅游专业人才的培养力度，教育规模不断扩大。到1999年，全国开设旅游专业的院校达1187所，包括209所高等院校和978所中等职业院校，在校学生分别为5.4万人和22.2万人，旅游职业教育和高等教育规模化态势初显。[①] 旅游研究方面，除以经济学、管理学和地理学为研究主体视角外，也有学者从社会学、心理学、市场学、人类学等不同学科角度，更加全面地认识旅游现象（张辉等，2018），并逐步将注意力转向学科建设、知识体系构建、理论发展等方面（肖洪根，1998）。

（四）成熟阶段（2000年至今）

进入21世纪初期，随着旅游活动的普及，国内旅游和出境旅游蓬勃发展，旅游对经济的贡献日益显著。在教育方面，旅游学科教育不断发展并走向成熟，浙江大学于1990年成为我国第一个旅游教育硕士授权点，云南大学和陕西师范大学于2003年正式成为旅游管理博士学位授予单位，旅游高等教育逐步形成完善的旅游人才金字塔培养体系，包括博士、硕士、本科、高职和中职教育4个层次，基本满足不同层次和不同岗位的旅游行业人才需求（袁媛，2013）。在研究方面，学者进一步关注旅游对经济、社会、文化、环境等多方面的影响，开始关注旅游的系统、全面和可持续发展，研究视角不断扩大，研究内涵持续加深，旅游理论对实践的指导作用和旅游学科的知识溢出效应开始显现（张辉等，2018）。

三 我国旅游管理学的发展现状

（一）旅游教育发展水平现状

旅游产业需求是旅游教育存在和发展的基础，旅游教育是培养旅

---

① 资料来源于《中国旅游统计年鉴2000》。

游从业人员、提供高素质旅游人才的重要渠道。我国旅游教育经过40年的发展，所培养的人才在数量和质量两方面均得到稳步提升。

目前，我国旅游教育包括博士、硕士、本科、高职和中职教育4个层次。

就院校规模而言，2016年我国共有旅游院校2614所，其中高等院校1690所（包括本科院校604所和高职高专院校1086所），中等职业学校924所。从历史数据来看，2000—2016年，我国旅游院校（见图14—1）从1195所增长到2614所，其中高等院校从252所增长到1690所，中等职业学校从943所微降到924所。该时期内，旅游教育规模整体扩张，旅游院校数量快速增加，尤其是高等院校数量增长更加迅猛，在17年内增长了7倍。2011年，高等院校数量规模超过中等职业学校。

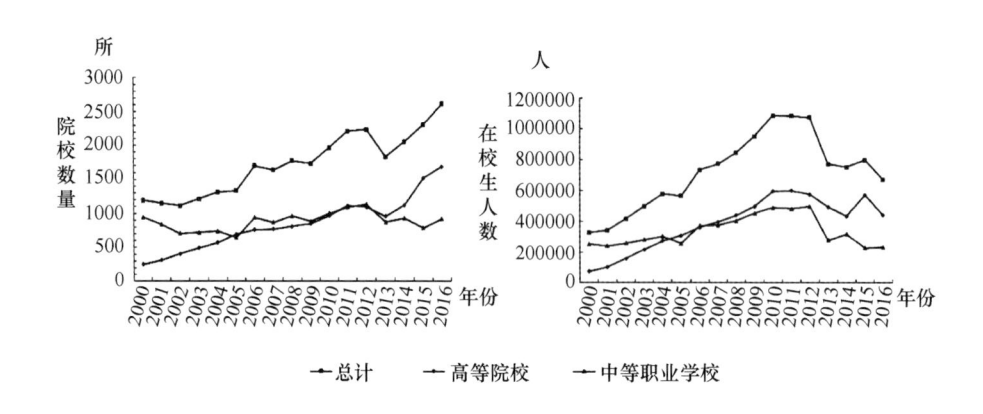

图14—1 2000—2016年我国旅游院校数量（左）和在校生人数（右）①

资料来源：笔者整理。

就学生人数而言（见图14—1），2016年旅游院校学生数达67

---

① 高等院校指旅游高等院校及开设旅游系（专业）的普通高等院校和成人高等院校；中等职业学校指旅游中等专业学校、旅游职业高中及开设旅游专业的其他中等专业学校、职业高中和技校。

万人，其中高等院校学生数为 44 万人，中等职业学校为 23 万人。从历史数据来看，2000—2016 年，旅游学生人数从 33 万人增加到 67 万人，其中，高等学校学生从 7 万人增长到 44 万人，中等职业学校学生略有下降，从 25 万人下降为 23 万人。

整体来看，旅游教育实现了从低级管理服务型人才向中高级管理人才培养模式的转变，旅游储备人才的整体专业素养得以提升。

此外，全国有 139 所高等学校招收旅游管理学术型硕士（根据中国研究生招生信息网[①]数据查询而得，以下简称研招网），99 所高校具有旅游管理专业硕士学位（Master of Tourism Administration，MTA）授权点资格[②]，22 所高校和研究机构招收旅游管理博士（数据来自研招网）。中山大学、陕西师范大学、中国旅游研究院、中国社会科学院大学（研究生院）等高校和科研机构相继设立了旅游管理博士后流动站，这为我国培养高质量旅游人才提供了支撑。其他一些学科也增设了旅游专业培养方向，尤其是地理学一级学科下的人文地理学和自然地理学，是旅游专业相关人才的重要培养基地。整体而言，我国旅游教育体系趋于成熟，已形成较为成熟的旅游人才金字塔培养体系，基本满足了不同岗位和不同层次的旅游专业人才需求。

(二) 学术刊物及学术团体发展

1. 学术刊物

学术刊物是学术知识生产、交流和传播的重要载体，展示了某一研究领域的重要成果和知识前沿。旅游学术刊物的发展是我们窥探旅游知识体系化、独立化的最好窗口（保继刚、赖坤，2016）。目前国际上有 14 个 SSCI 期刊以旅游研究为专题，包括 *Tourism Management*（《旅游管理》）、*Annals of Tourism Research*（《旅游研究纪事》）、*Journal of Travel Research*（《旅游研究杂志》）等，同时 40 多个 SSCI 期刊涉及旅游研究（保继刚、赖坤，2016）。在国内，1981

---

① 查询网址为 https://yz.chsi.com.cn，查询时间为 2019 年 4 月 23 日。
② 资料来源：http://www.ctnews.com.cn/art/2018/1/12/art_113_13977.html/。

年,《旅游科学》创刊,为我国第一本旅游学术研究专业期刊;1986年,北京联合大学旅游学院创办《旅游学刊》,发展至今已成为旅游学界的权威期刊,也是旅游专题研究期刊类影响因子最大的期刊,被评为"中国最具国际影响力学术期刊"(人文社科类)。其他旅游研究主题期刊如《旅游论坛》《旅游导刊》等也在快速成长,对旅游学科知识生产、交流与传播、学科知识体系的建构产生了重要作用(见表14—1)。

表14—1　　　　　　中国主要旅游研究主题学术刊物①

期刊名称	创办时间	主办单位	出版文献量(篇)	研究主题	复合影响因子	综合影响因子
《旅游学刊》Tourism Tribune	1986	北京联合大学旅游学院	5748	立足于中国旅游发展实践,紧跟国际旅游研究动向,具有权威性和前瞻性	2.790	1.705
《旅游科学》Tourism Science	1981	上海旅游高等专科学校	1459	关注旅游理论与应用研究	1.800	1.165
《旅游论坛》Tourism Forum	1989	桂林旅游高等专科学校	3163	会展与节事旅游、旅游者、旅游业、旅游企业等	1.025	0.573
《旅游导刊》Tourism and Hospitality Prospects	2017	上海世纪出版股份有限公司;北京第二外国语学院	167	包括研究论文、综述论文、前沿报告、观点与评论、书评等	—	—

① 根据相应资料整理而得,其中出版文献量和期刊影响因子数据来自中国知识基础设施工程(简称中国知网),数据获取时间为2019年4月28日,下同。

此外，一些非旅游类学术期刊也刊载旅游类文献，其中《特区经济》、《经济地理》（复合影响因子4.386）、《人文地理》（复合影响因子2.443）、《商业研究》（复合影响因子1.445）、《江苏商论》、《生态经济》（复合影响因子1.433）、《干旱区资源与环境》（复合影响因子2.152）、《地域研究与开发》（复合影响因子1.971）、《企业经济》和《社会科学家》为非旅游类期刊刊载旅游学术论文数量的前十名（张凌云等，2015）。一些影响因子高的期刊，如《地理学报》（复合影响因子5.876）、《地理研究》（复合影响因子5.419）、《地理科学进展》（复合影响因子5.701）等学术刊物，虽刊登旅游类文献数量不多，但因其学术影响力大，文章引用率高，对我国旅游研究的发展与成熟也做出了贡献。

2. 学术团体

北京旅游学会（原名北京旅游经济学会）于1980年成立，是由北京市旅游局领导的群众性学术团体，学会宗旨是团结社会各界人士及专家学者，其业务范围包括开展旅游研究、交流学术成果、进行旅游咨询服务等，为首都旅游业发展做出了重大贡献。

中国旅游协会（China Tourism Association，CTA）于1986年成立，是由中国旅游行业相关的企事业单位、社会团体在平等自愿的基础上组成的全国性、行业性、非营利性社团组织，是国务院批准正式成立的第一个旅游全行业组织。① 值得一提的是，于2008年成立的旅游教育分会，作为中国旅游协会的二级机构，出版《中国旅游教育蓝皮书》，制定相关学生实习规范，发布《旅游管理一级学科研究》等成果，举办全国旅游院校服务技能大赛，开展国际旅游教育研讨会等，在贯彻国家有关旅游、教育方面的法律法规及方针政策，开发旅游人力资源和提升旅游教育质量方面发挥了巨大作用。

总之，北京旅游学会、中国旅游协会等团体的组建与发展，对促进中国旅游发展和提升中国旅游影响力发挥了巨大作用。同时，

---

① 中国旅游协会官网（http://www.chinata.com.cn/index.php/About/xhjs）。

相关学者也在呼吁以双一流大学为主导，倡议尽快成立中国旅游学会，筹建全国性的旅游学术组织，以此引领中国学科建设与国际接轨，促进旅游学科发展。①

（三）学科设置与学术共同体

1. 学科设置

教育部1998年颁布的《普通高等学校本科专业目录》，共有哲学、经济学、法学、教育学、文学、历史学、理学、工学、农学、医学、管理学11个学科门类，其中，管理学学科门类包括5个一级学科，旅游管理（学科代码为110206）是管理学门类下工商管理一级学科下属的二级学科。2012年，教育部对专业设置进行了修订，颁布了《普通高等学校本科专业目录（2012年）》，增设了艺术学这一学科门类，并将管理学门类下设专业类增加为9个，旅游管理类（学科代码为1209）升级为一级学科，与工商管理类的地位齐平，并下设旅游管理（学科代码为120901K）、酒店管理（学科代码为120902）、会展经济与管理（学科代码为120903）3个二级学科。

基于此，目前大部分高等教育学校将旅游管理学科设立在相应学院下，以一个教研室或系存在，如将旅游管理专业设立在管理学院、社会学院、历史文化学院、地理科学学院之下。也有部分院校设立独立旅游学院，如影响力较大的中山大学于2004年成立旅游学院，并细分为旅游管理与规划系、酒店与俱乐部管理系、会展经济与管理系；南开大学于2010年成立旅游与服务学院，并设有旅游目的地管理、大数据与旅游管理工程、旅游协同创新与创新管理、旅游新业态研究、旅游教育创新与知识管理5个学科建设方向；云南大学于1999年组建了工商管理与旅游管理学院，旅游管理专业发展具有特色。整体来讲，绝大部分高等院校仍将旅游学科设立在相应院系下，且处于不同的学院归口，这不利于旅游学科组织整合发展。

---

① 资料来自微信公众号——虎说八道，文章题目为《倡议成立中国旅游学会、实现WTA在中国发出学术之声》，作者为北京大学教授吴必虎。

现阶段，随着旅游产业的快速发展，旅游教育规模和学术研究队伍不断壮大，"旅游管理一级学科建设"成为学界和业界的关注重点，也是众多旅游学人的共同愿景。从教育部修订的《普通高等学校本科专业目录（2012年）》来看，旅游管理已成为一级学科，但从国务院学位办颁布的《学位授予和人才培养学科目录》来看，旅游管理仍是二级学科，隶属于工商管理门类下。旅游学科硕士、博士的学位的授予和人才培养与本科学位授予和人才培养之间存在"不匹配"现象，且学科设置不符合旅游学科发展和人才培养的需要，学科地位亟待提升。

2. 学术共同体

学术共同体的构建有利于激发研究者的主体意识，强化学者间的沟通交流，也对学人的学术行为具有规范和约束作用，共同推动学科发展。经过70年的发展，尤其是改革开放后40多年的快速发展，我国旅游研究学术队伍不断壮大。旅游研究实现了从滞后于行业实践向适度超前于行业实践的转变，形成了一支具有一定规模的旅游专家学者队伍，积累了一批高质量的研究成果，旅游学术共同体格局显现（张凌云等，2013）。张凌云等（2013，2014，2015，2017）从学术论文、学术刊物、学术机构和论文作者等多个角度，对我国旅游学术共同体的发展格局展开了深入分析。他们统计了旅游院校及科研机构前100和旅游论文作者前100（张凌云等，2017）。前30机构中（见表14—2），27所为高等院校，另有中国科学院、中国社会科学院和中国旅游研究院3家科研院所。从学术团队影响力来看，以马耀峰为首的陕西师范大学、以保继刚牵头的中山大学和以钟林生为代表的中国科学院成为旅游研究院校、机构的前三名，且分别形成了相当规模的学术团队，成为我国旅游学术共同体的核心力量。此外，以杨振之为代表的四川大学研究团队、以黄震方为代表的南京师范大学学术研究团体、以陆林为首的安徽师范大学研究团队、张凌云牵头的北京联合大学研究团体等也成为中国旅游研究的中坚力量。中青年旅游学者的崛起表明已初步实现了旅游研究的学术传承和代际更替（张凌云等，2017）。

表14—2　　　　　前30旅游高等院校（包括科研机构）

排名	学校名称	所在地区	机构研究人员代表
1	陕西师范大学	西安	马耀峰（1）、孙根年（3）、白凯（9）、吴晋峰（33）、李君轶（52）
2	中山大学	广州/珠海	保继刚（4）、孙九霞（11）、徐红罡（20）、张朝枝（42）、左冰（68）、罗秋菊（93）
3	中国科学院	北京/南京/新疆	钟林生（17）、陈田（26）、刘家明（41）、席建超（55）、成升魁（81）
4	四川大学	成都	杨振之（36）、赖斌（60）
5	南京师范大学	南京	黄震方（6）、沙润（35）、陶卓民（66）、陆玉麒（98）
6	安徽师范大学	芜湖	陆林（2）、苏勤（92）
7	华东师范大学	上海	冯学钢（14）、杨勇（18）、庄志民（74）
8	南京大学	南京	张捷（8）、章锦河（24）
9	北京联合大学	北京	张凌云（13）、刘德谦（45）、徐菊凤（75）
10	北京大学	北京/深圳	吴必虎（7）
11	云南大学	昆明	杨桂华（43）
12	暨南大学	广州/珠海	董观志（39）、梁明珠（48）、汪传才（76）、文彤（91）
13	吉首大学	吉首	—
14	中南林业科技大学	长沙	—
15	上海师范大学	上海	吴国清（51）

续表

排名	学校名称	所在地区	机构研究人员代表
16	华侨大学	厦门/泉州	郑向敏（10）、谢朝武（38）
17	浙江大学	杭州	—
18	桂林理工大学	桂林	—
19	北京第二外国语学院	北京	厉新建（83）、唐承财（84）
20	厦门大学	厦门	黄福才（32）、彭兆荣（59）
21	西北大学	西安	杨新军（28）、李树民（78）
22	河南大学	开封	李锋（65）
23	湖南师范大学	长沙	王兆峰（5）、许春晓（30）、王凯（96）
24	南开大学	天津	马晓龙（15）、王健（29）、李天元（46）、徐虹（77）
25	西北师范大学	兰州	—
26	中国社会科学院	北京	宋瑞（62）、戴学锋（67）
27	浙江工商大学	杭州	卞显红（12）、郭鲁芳（16）
28	中国地质大学	武汉/北京	—
29	西南民族大学	成都	—
30	中国旅游研究院	北京/武汉	戴斌（57）、宋子千（61）、张佑印（85）

注：根据文献《2003—2016 年我国旅游学术共同体学术评价》整理得出。其中，机构研究人员代表后括号里的数字表示该学者的排名，如果机构研究人员代表栏里为"—"，表明该机构没有论文作者入围前 100 名。

值得一提的是，中国社会科学院是国内最早从事旅游研究的机构。1979 年，按照时任副院长于光远的指示，财贸物资经济研究所（后更名为财贸经济所，为现财经战略研究院前身）着手创建旅游经济学科。1982 年外贸旅游研究室成立，后调整为服务与旅游研究室，2003 年更名为旅游与休闲研究室，也是国内最早从事休闲研究的学术机构。1999年成立的中国社会科学院旅游研究中心是中国社会科学院成立的专门从事旅游研究的学术机构，也是国内较早成立的旅游专业研究组织。该中心所组织编撰的《旅游绿皮书》（至今出版17本）和《休闲绿皮书》（已出版6本）是我国旅游和休闲研究领域的重要读物，先后多次获得优秀皮书奖。该中心长期为国办、国务院政策研究室、中宣部、国家发改委、原国家旅游局、文化和旅游部等机构提供政策咨询服务。

第二节　多维视角分析

一　学科地位

我国高等学校本科教育专业按"学科门类"、"学科大类"（一级学科）、"专业"（二级学科）三个层次设置。旅游学科发展时间相对较短。2013年以前，旅游管理被置于工商管理学科大类下，作为工商管理的一个分支学科，这与早期强调旅游的管理功能的现实状况相符合。如今，旅游业成长速度惊人，拥有良好的发展态势与发展前景，且已具有相当规模的旅游教育和旅游研究队伍，学术界普遍认为，仍将旅游管理学科隶属于工商管理门类下是不科学的（刘稀朕，2018）。因此，追求学科独立是旅游学术界的重要目标（王金伟，2018）。2012年，教育部对专业设置进行了修订，将旅游管理升级为一级学科，与工商管理类地位齐平，并下设旅游管理、酒店管理、会展经济与管理三个二级学科。教育部的此次修订为旅游管理学科升级带来了契机。但是，根据国务院学位办颁布的《学位授予和人才培养学科目录（2018年4月更新）》，旅游管理仍然是工商管理门类下的二级学科。这导致本科专业和学位学科级别不同，使旅游学科地位尴尬，同时也阻碍了旅游学科的良性发展。

二 知识体系与学科边界

（一）知识体系

学科知识体系反映了学科知识积累的程度和成熟度（保继刚等，2019）。《旅游学刊》作为国内影响因子最大的旅游专题类期刊，在一定程度上代表了我国的旅游研究发展状况（董晓莉等，2011）。为了更好地理解我国旅游学科知识体系构建现状，国内学者以2000—2014年《旅游学刊》刊载的论文为研究对象，基于15年的旅游研究高频关键词，从内容、方法和目的三个角度对我国旅游研究知识体系演变及框架进行了梳理，得出图14—2（余构雄、戴光全，2017）。

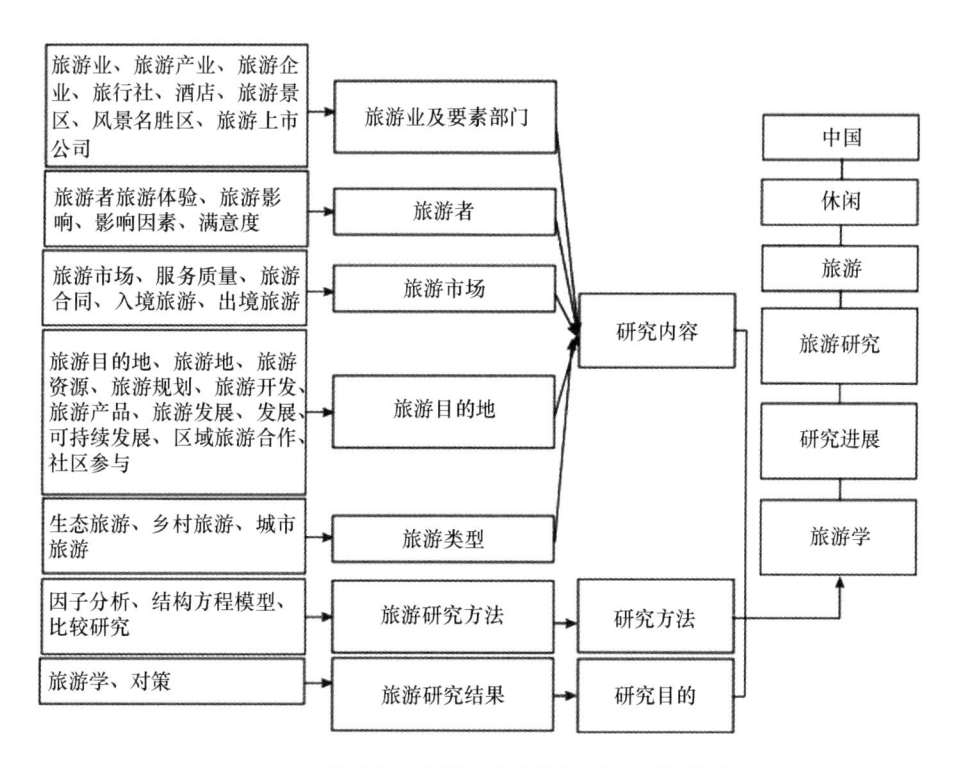

图14—2 基于高频关键词的旅游学科知识体系框架

资料来源：余构雄、戴光全：《基于〈旅游学刊〉关键词计量分析的旅游学科创新力及知识体系构建》，《旅游学刊》2017年第1期。

从研究内容来看，我国旅游研究知识体系框架包括旅游业及要素部门、旅游者、旅游市场、旅游目的地、旅游类型五大方面，基本涵盖了包括旅游者吃、住、行、游、购、娱六大要素的相关行业，并对旅游核心利益相关者——旅游者、当地社区、旅游企业给予了较多关注。

此外，旅游目的地资源开发、旅游规划、可持续发展、生态旅游等也是旅游学科知识体系中的重要方面。从研究方法来看，因子分析、结构方程模型和比较研究为三种主要研究方法，其中前两种为定量研究方法，后一种为质性研究方法。从研究目的来看，旅游学致力于"理论研究"，对策致力于"应用研究"。整体而言，现阶段我国旅游研究内容基本囊括了旅游现象涉猎的各个方面，定量研究方法和定性研究方法均有涉及，致力于满足理论研究和应用研究的不同研究目的，旅游学科知识生态系统的结构相对完整（余构雄、戴光全，2017）。旅游知识的持续生产、积累与创新，促使以"旅游"为核心变量的知识体系逐步形成（保继刚，2015），旅游管理学科知识体系不断发展（保继刚、赖坤，2016）。

（二）学科边界

学科边界是区分不同学科的边界线，它决定着一门学科的研究范围、研究方法和所发挥的功能限度（孙丽红，2018）。首先，学科应具有适度的区分性和独立性。正如前文所述，与其他学科相比，旅游学科具有独立的研究对象和知识体系，虽然旅游研究方法多"借鉴"其他学科，但关于旅游基础理论的研究正在形成与发展，旅游的研究成果对旅游现实具有一定的指导意义。其次，学科边界具有渗透性，不应与其他学科完全隔离，形成孤立单元。尤其是旅游现象的复杂性决定了从单一学科来认识和了解旅游具有片面性，与其他学科进行交流和对话，是推动旅游学科发展的有效方式。最后，学科具有超越性，会随着时代变化而不断发展，尤其是对于发展速度更加迅捷的旅游业来说，旅游学科的边界更应是动态变化，不断被超越。

三　知行互动与社会贡献

（一）知行互动

何建民（2017）将科学的理论研究与实践的关系概括为："实践是科学的理论研究的起点，与科学理论的产生过程相伴，是科学的理论研究的归宿；科学的理论是实践的指路明灯，但实践比科学理论更复杂、涉及的影响因素更多，需要创造性地运用与不断丰富科学的理论。"理论与实践的关系可归纳为"知行合一"，即真正的学术思想是在不断的知行过程中产生，实践是认识之源，理论是系统化的知识，因此理论研究不可脱离实践（马波，2017）。旅游理论与实践的发展也符合这一般规律。现阶段，我国的旅游产业、旅游教育和旅游研究均已达到历史空前规模，政府、学界和业界从不同的立场对旅游进行解读，共同实现知识生产和利用，是实现旅游"知行合一"的有效手段（谢彦君，2017）。不过，我国旅游理论和实践在一定程度上还存在"脱节"现象，在旅游科学研究与实践的融合上，存在诸如"旅游研究者对实践缺乏了解""研究不以发现和传播真理为导向，而以发表论文为导向""研究成果无法解决实践问题"等问题，从而导致理论与实践融合度缺乏甚至产生背离（何建民，2017）。特别值得关注的是，旅游学科是一门实践性很强的学科，要真正实现旅游的"知行互动"，需遵循"理论—实践—再理论—再实践"的路径（保继刚，2017），加强业界学界的沟通与交流，将实践与理论有机结合。

（二）社会贡献

学科的社会贡献强调学科的社会服务功能、贡献和影响，这是判定学科是否满足社会需求的重要标准。从人才培养来看，我国的旅游教育体系不断完善，现阶段已形成包括中等职业教育、高等职业教育、本科教育、研究生教育（包括硕士生和博士生）、博士后等在内的多层次人才培养体系，且学生的专业素养不断提升，基本满足了旅游产业的人才需求。从研究积累来看，学术刊物和学术共同体不断成熟与发展，促进了旅游知识的创造、积累和传播，为旅游理论和学科知识体系的架构创造了条件。从指导实践来看，一批旅游院校和研究机构为支撑政策制定和引导行业发展做出了积极努力。于1999年成立的中国社会科学院旅游研究中心，作为国家级学术型智库，其出版的《旅游绿皮书》和《休闲绿皮书》，为国内外学术交流、旅游研究和行业实践提供支撑；于2008年成立的中国旅游研究院，作为国家级"旅游智库"和"业界智囊"，致力于旅游政策、热点问题等研究，并承担旅游数据的分析工作，其出版的《中国旅游集团发展报告》《中国休闲发展年度报告》《中国旅游经济蓝皮书》等著作，是促进我国旅游行业发展的重要数据资料。此外，一些高等院校及机构成立的各类旅游研究中心，为行业发展提供现实指导。从引领学术发展看，中国旅游研究年会（由北京联合大学牵头组织）、中国旅游科学年会（由中国旅游研究院主办）、中国青年旅游论坛（由北京第二外国语学院主办）等旅游类学术会议持续召开，是促进中国旅游研究发展的重要路径。整体来讲，旅游学科的社会服务能力及社会贡献在广度上不断拓展、深度上不断加强。

四 中外比较与内外关系

（一）中外比较

相对而言，国外旅游业发展水平较高，旅游学科发展相对较早，在旅游教育和旅游人才培养方面发展较为成熟，如美国"产学研合作教育"模式、日本"厚基础、宽口径"模式和瑞士洛桑酒店管理学院的"实践+理论"模式等，是具有代表性的旅游教育和人才培养的模式。中国旅游学科起步相对较晚，在发展过程中也形成了一些具有中国特色的教育模式，如旅游人才培养的"工学结合"模式、"产学研一体化"模式等，都是我国旅游教育长期探索的结果（谢春山、赵莹莹，2014）。现阶段，我国旅游教育和人才培养模式等在不断完善，在旅游管理一级学科建设过程中，可吸收和借鉴国外在旅游教育和人才培养模式方面的优秀成果，参考国外在旅游学科培养目标设置、培养体系构建、课程内容设定、师资队伍建设等方面的优秀经验，并结合中国国情，促进中国旅游教育和旅游人才培养的成熟和规范。就旅游职业教育而言，目前我国的旅游职业教育体系还存在不少问题，需要学习西方旅游职业教育的精髓，如倡导人文技能并重发展的职业教育思想、构建完善的职业教育体系等，同时结合我国国情，推动我国旅游职业教育的科学发展（王昆欣，2015）。

（二）内外关系

由于中国旅游发展较晚，且走的是以入境旅游为主导的非常规发展道路，因此中国的旅游研究与实践都具有浓厚的"拿来主义"色彩（马波，2017），旅游研究理论大部分来自西方，如旅游地生命周期理论（加拿大旅游学家 Butler 于 1980 年提出）、旅游凝视（英国社会学家 Urry 于 1992 年提出）、本真性（美国旅游社会学家 MacCannell 提出）等，一些源自西方的概念与术语，如社区参与、生态旅游、主客关系等都得到了普遍应用。这些理论和概念术语被中国旅游学者应用于中国情境下的旅游研究，对我国旅游学科的跨越式发展起到了非常大的促进作用。一方面，中国旅游学科和旅游产业发展需高度关注国外旅游研究、实践现状及创新，熟悉和掌握国外旅游研究的规范和话语体系，在吸收和借鉴国外先进旅游理论及旅游实践的基础上，引入中国变量，使之符合我国旅游发展的实际情况；另一方面，随着我国旅游发展规模的不断扩大，中国旅游实践的本土化特征愈加浓厚，旅游现象独具"中国特色"，旅游学术共同体和旅游研究不断深化，中国学者的国际影响力在不断上升，为此需要注重构建符合中国国情的旅游理论研究，形成中国的旅游学科体系、学术体系和话语体系。中国的旅游研究既要实现与国外学者的平等交流与对话，也要赢得国际学术界的尊重。

第三节　主要问题研究

一　旅游公共管理

旅游公共管理是指以旅游行政管理机构为核心，以公共管理理论为基础，以提升旅游管理效率和增加旅游的社会福利为目的，对旅游业进行总体管理和调控的过程。目前，学术界对旅游公共管理的关注点主要集中在以下几个方面。

其一，旅游管理体制改革。中国旅游业经过40多年的大发展，旅游管理体制实行了深化改革，如各地将"旅游局"改名为"旅游发展委员会"，为体制改革的有益探索。现阶段，旅游管理体制改革正在实现从"旅游管理"到"旅游治理"的优化，实现从"政府作为唯一主体"向"政府、市场和社会三元互动"转变，以治理主体的多元化为重要特征（刘庆余，2014；刘梦华、易顺，2017）。同时，公众参与也正在成为我国旅游公共管理体制创新的新趋势（王京传、李天元，2014）。也有学者认为，旅游行政管理体制改革应重点解决管理理念、组织机构、市场监管、公共服务和保障机制这五大问题（宋瑞，2014），从旅游管理部门在管理中的角色定位、网络管理体系、行业经费管理、提升旅游业办事效率等思路出发，创新旅游业体制改革思路（朱晓辉、符继红，2015）。

其二，旅游政策与法制。学术界和业界一致认为，尽管我国旅游业发展的政策环境近年来发生了较大改善，但现有旅游政策还不足以支撑把旅游业培育成国民经济战略性支柱产业和人民群众更加满意的现代服务业（曾博伟，2015）。新常态下中国旅游产业政策调整成为必然（马波，2015）。与此同时，现阶段中国旅游政策存在供需矛盾，主要表现在产业发展的迫切性与政策供给的滞后性、旅游行业的系统性与政策供给的分散性、旅游政策违背市场规律、市场失灵与旅游公共政策不足四个方面（张辉、成英文，2015），因此如何对旅游产业政策进行优化和调整，实现旅游产业转型和升级，是现阶段的一个热点问题。

其三，旅游制度创新。旅游制度创新是实现中国旅游本土化的重要推手，建立符合中国国情的旅游制度体系，是旅游实践层面和理论层面的重要诉求。旅游产业市场失灵（苏飞，2014）、旅游价格规制失灵（刘文彬，2014）等现象的发生，对旅游制度创新提出了要求。

二 旅游目的地管理

旅游目的地管理是基于清晰的旅游策略和规划，对目的地资源、节事活动、基础设施和接待设施等进行组合，树立和打造旅游目的地形象及品牌，并对游客进行营销等一系列活动的集合（Alastair Morrison et al., 2013）。目前，学术界对旅游目的地管理的探讨主要聚焦于营销管理、风险/危机管理和容量管理三个方面。

其一，旅游目的地营销管理。旅游营销是目的地发展的重要保障，目的地旅游发展的成败在很大程度上取决于营销方式及效果。在互联网时代，新媒体具有一些明显的先天优势，业界及学界一致认为，应正确认识新媒体对目的地旅游宣传和营销的作用，密切关注新媒体的变化趋势，使用新型社交媒体工具，拓宽营销渠道，打造旅游 IP，对旅游目的地营销具有重要意义（陆锋，2018；陈子干，2018）。内容营销和叙事营销也是现阶段目的地营销的重要新兴手段（周永博、蔡元，2018）。在旅游目的地营销过程中，目的地形象为重要媒介，因此旅游目的地形象也成为学术界的核心关注点，尤其是在形象感知、形象塑造及提升方面，积累了较多的研究成果。旅游者并不是通过口号、口碑等抽象概念去感知目的地形象，更多依赖于直接感官，因此感官营销是目的地营销的重要方式，而新媒体的发展为目的地感官营销创造了机会（吕兴洋，2018），互联网则进一步促进和助推目的形象的传播及营销（赵丽丽、张金山，2018）。此外，在新媒体时代，旅游者的自我表达机会大大增加，旅游者的参与和表达成为目的地形象的一部分，目的地形象建设的主体、内容、时间和空间都正在新媒体的推动下经历着解构与重构，目的地形象的建设正在被重新定义（王晓华、白凯，2018）。新时代的旅游目的地形象塑造与提升要以优质旅游为支撑（胡抚生，2018）。

其二，旅游目的地风险/危机管理。旅游业具有综合性和依赖性等特征，是整个国民经济系统中最易受到冲击的行业，更易受到政治、经济、自然等突发危机事件的影响（王新建、郑向敏，2011）。因此，目的地旅游业在面临危机事件时更具严峻性，目的地如何有效管控、应对风险和危机，是目的地可持续发展的重要方面，因此旅游目的地的风险/危机管理具有重要的现实意义。目前学术界对该主题研究相对偏少，且多聚焦在旅游者风险感知、风险评估和影响路径等方面，缺乏对目的地风险/危机的形成机制和管理机制的深层次探讨。

其三，旅游目的地容量管理。制定科学合理的旅游容量是目的地可持续发展的有效手段，因此对目的地或景区的容量测算（包括环境容量、生态容量等方面）及监管也为目前学术界的关注点。

三　旅游资源管理与规划

旅游资源是一个地区旅游业发展的基础，是旅游的客体，也是旅游规划的先决条件。旅游规划是对区域旅游业发展的有关生产要素进行科学合理的配置，从而实现有序发展的目标。做好旅游资源管理和旅游规划工作，对促进旅游业健康发展具有重要现实意义。学术界对其的探讨主要聚焦于以下两方面。

其一，旅游资源管理。包括旅游资源开发与旅游资源保护两个方面。旅游资源开发是指借助一定的手段将潜在旅游资源转化为现实旅游吸引物，学者在对资源调查和评价进行关注的基础上，重点分析了旅游资源开发的原则及模式，并对体育旅游资源、乡村旅游资源、生态旅游资源、文化旅游资源等不同类型的资源开发进行了探讨，也从旅游资源立法、旅游可持续发展等角度对资源保护提出了建设性意见。除此之外，"资源诅咒"也引起了学者的关注，主要集中在旅游业"荷兰病"效应或"去工业化"问题方面，实证了旅游业"资源诅咒"现象的存在并探讨了原因（邓涛涛等，2017）。

其二，旅游规划。在规划对象上，聚焦于目的地及景区规划、线路规划和产品规划等方面；在规划内容上，侧重于规划理念、思路、设计、案例等方面。旅游规划创新也是一个重要议题。现阶段，旅游规划已步入创意时代，"正确的废话"的规划已不再具有竞争力，而创意创新是现代旅游规划的唯一出路（洪基军，2013）。将艺术想象运用到旅游规划中，实现科学性和艺术性的统一，达到理性和创意的高度融合，是新时代旅游规划创新的思路源泉（刘锋，2013；Mark Harrison、金世胜，2013）。尤为重要的一点是，文化作为旅游的灵魂，是旅游创意的源泉，它根植和孕育在地方的社会记忆里，因此在旅游规划中以社会记忆识别为基础，深入挖掘旅游资源的文化内涵，是旅游规划的落脚点所在（章锦河，2014）。同时，新常态下旅游规划的理念创新，应以游客需求为导向，构建旅游规划工作体系（郝康理，2015）。虽然《旅游法》对旅游规划的科学性做了刚性约束，是旅游规划的基础，但规划的发展需要业界、学界在实践中共同努力（马海鹰、吴宁，2013）。中国的旅游规划不应该仅仅只考虑游客，还要考虑当地居民，充分考虑社会、经济、环境三大主要因素（Geoffrey Wall，2013）。

四 旅游企业管理

旅游企业是旅游业的基本载体，因此旅游企业管理一直是旅游学者的研究热点，主要聚焦于以下三个方面。

其一，旅行社等细分行业的企业管理。旅行社方面，涉及产业组织、产品质量、监管机制、人员管理、行业竞争等方面；酒店等其他旅游企业,主要包括社会责任、品牌竞争、经营声誉、员工培训及管理、企业营销等方面。值得一提的是,在线旅游行业的兴起激发了对旅游电子商务的研究热潮,包括发展现状、对策、营销及发展模式等。与此同时,随着旅游中小企业的迅速发展,学术界对旅游中小企业的关注度越来越高,包括对中小旅游企业的成长路径、发展特征和经营制约因素的探讨等。

其二,旅游企业管理策略和创新。学者们认为应从旅游企业人力资源管理、知识管理和客户关系管理等方面进行创新,充分发挥旅游企业的主动性,提高竞争优势。同时,旅游企业在生态环境保护和资源有效利用这两方面需承担重要作用,因此,旅游企业必须实施生态管理(胡芬,2006)。

其三,旅游企业的未来发展。旅游企业的未来发展方向及路径引起了学界和业界的广泛关注。旅游企业的发展应紧跟市场需求发展趋势,充分满足旅游者需求的个性化、品质化和体验升级等要求,重点调整产业供给侧结构,实现旅游业平衡发展,充分开发旅游产品,利用互联网、新技术和大数据优势,是旅游企业未来发展的重要方向(王信章,2018)。旅游业最活跃的市场主体是中小企业和小微企业,但"不稳不强不专"是中小企业发展的短板,因此需要把中小企业的提升作为产业发展的重要战略,依靠专业企业建立新的价值体系,实现"价值创新"(杜一力,2018)。对于不同细分行业的旅游企业而言,酒店业应"站在精度和温度之上",从酒店经营者角度,应注重产品、营销和经营精度,从消费者角度,需要创造有温度的接触感、体验感和参与感(孙坚,2018);旅游景区,应"以游客为中心,以技术为抓手",将旅游与科技结合,颠覆或创新传统的游客体验模式和景区管理模式(姚军,2018)。

五 旅游体验与旅游者行为

旅游者是旅游活动的主体,也是旅游学界研究的核心。在这方面,主要围绕旅游体验与旅游者行为两个角度展开。

其一，旅游体验。旅游体验的概念由布斯汀（Boorstin）提出，后逐渐成为旅游研究的一个核心领域。国内学者谢彦君较早关注旅游体验研究，后逐渐引起更多学者关注。体验设计、体验感知及质量为该领域的主要研究议题。旅游体验设计揭示了旅游者的体验和互动行为，并在体验视角下关注旅游产品开发和设计策略；体验感知涉及旅游者对旅游景区及目的地、服务质量和异地文化的感受；体验质量是测度游客累积情感的重要变量，其中质量评价、质量提升和影响因素为热点话题。此外，在对体验的本质探讨中，旅游本真性是一个热点话题，学术界主要从客观主义、建构主义、后现代主义和存在主义等角度出发，讨论旅游经历的"本真性"，以此揭示旅游者行为的差异等。

其二，旅游者行为。该视角聚焦于旅游动机、旅游消费决策、旅游满意度及忠诚度和中国特色旅游消费行为四个方面。由于旅游市场的不断细分，特定群体和特殊旅游动机引起了学术界的关注，这为针对性营销提供了指导资料，如对老年人、"90"后、儿童和影视旅游者动机的关注等。在旅游消费决策方面，重点关注旅游者的购买决策及决策的影响因素。在对旅游者行为的研究中，满意度和忠诚度为核心话题，旅游满意度和忠诚度影响旅游者的重游及推荐意愿，如何提升旅游者的满意度和忠诚度，是旅游企业的核心关注点。学者通过构建量表和建立科学的测评体系，对旅游满意度进行测评，并探讨了旅游满意度的影响机制。针对顾客忠诚度的研究，主要关注旅游品牌、旅游目的地形象、旅游满意度对忠诚的影响以及满意度和忠诚度的关系等。在中国特色旅游消费行为方面，出境旅游消费为关注点之一，并重点聚焦在消费特征、消费行为与原因等角度。同时，后现代主义为旅游消费者行为提供了一个重要的研究范式，为旅游研究提供了全新思路（黄晨晨，2014）。有学者从后现代主义视角，对游客的目的地选择行为和社交网络行为进行了探讨（黄晨晨，2014；黄颖华，2014），认为"时空压缩"和"致敬传统"为后现代旅游消费行为的两大特征（林德荣、郭晓琳，2014），旅游消费行为出现了"趋同"和"分化"两种倾向（齐飞，2014）。

六 旅游管理学科升级

学科本质是一种相对独立的知识体系，具有一定的排他性和划界功能，并对知识生产、传播与消费做出了一定界定（保继刚、赖坤，2016）。目前，学术界对旅游管理学科升级表示了特别的关注，尤其是近年来中山大学主办召开的"旅游管理一级学科建设"的系列会议，对推动旅游管理一级学科创建、旅游学科升级做出了努力。

其一，旅游管理学科升级的必要性。经过多年探索与发展，旅游业在我国国民经济中的地位日益提升，旅游学科也取得了巨大发展，具体表现在旅游教育规模庞大、结构体系完善，学术刊物、学术共同体的影响力不断提升，学科社会服务和社会贡献持续增长等方面。从学科地位来看，本科层面，2012年旅游管理已经上升为专业类，与工商管理并列；研究生层面，旅游管理仍属于工商管理门类下的二级学科，学科设置存在明显的"错位"现象，这对旅游教育方面的学位管理、人才培养、教师招聘产生制约，也对旅游社会服务及旅游知识体系的构建等产生不利影响（保继刚、赖坤，2016）。总之，现阶段，旅游学科不断发展且具有相对独立的知识体系，已显现出诸多一级学科的特征，但从现行《学位授予和人才培养学科目录》来看，旅游管理仍被置于工商管理一级学科之下，为二级学科。旅游学科成长受学科制度的束缚，不利于我国旅游教育、旅游研究和旅游产业的良性发展，因此旅游管理学科升级具有必然性。

其二，旅游管理学科升级路径。为实现旅游管理学科升级，创建旅游管理一级学科，既需改变学科外部管理制度，也需优化学科内部制度安排（马波，2016）。对于旅游学科的构架，不同学者有不同的观点，马波（2016）从学科内涵和学科评价维度，提出了旅游管理一级学科架构的三种模式：对接本科专业目录模式、垂直设计模式和水平设计模式。张广海和张朝枝（2016）则提出，可将旅游管理一级学科划分为旅游与休闲学、旅游目的地管理、酒店管理、会展与活动管理4个二级学科，并对各二级学科的主要研究内容进行了详细阐述。整体来讲，旅游学科作为一门新兴学科，现行学科专业目录对其定位存在严重偏差，因此，突破学科发展瓶颈，创建旅游管理一级学科为当下旅游共同体的共同愿景和重要任务，这对创建更加优秀的旅游专业师资队伍、推进旅游知识创新具有重要意义。

第四节　未来发展前瞻

一　产业融合背景下的旅游管理

（一）旅游产业融合的产生背景

旅游产业融合是伴随着旅游业和社会发展出现的一种必然现象，它是指旅游产业与其他产业或旅游产业内不同行业之间相互渗透、相互交叉，逐步形成新产业、新产品和新业态的动态发展过程（张凌云，2011）。全球化背景使产业融合成为潮流，各产业之间进行融合可催生新型产业结构，而旅游业又具有天然的开放性和引导性，促进旅游业与其他产业间的融合，逐渐演变成国家层面的旅游发展战略（徐文雄，2011）。2009年，国务院在颁布的《加快旅游业发展的意见》中明确提出要"大力推进旅游与文化、体育、农业、工业、林业、商业、水利、地质、海洋、环保、气象等相关产业和行业的融合发展"，这一政策明确了旅游产业融合的方向。2014年，国务院在印发的《关于促进旅游业改革发展的若干意见》中提出要"坚持融合发展，推动旅游业发展与新型工业化、信息化、城镇化和农业现代化相结合，实现经济效益、社会效益和生态效益相统一"。从产业政策的变化来看，从"推进融合"到"坚持融合"，从"旅游与相关产业和行业的融合"到"旅游与四化融合"，揭示了对旅游产业融合认识的深化和拓展。

（二）产业融合背景下的旅游发展

旅游产业融合具有价值叠加、资源创新、产品多元和业态提升等优势，其本质上是一种创新，对产业结构优化升级、企业和区域经济发展具有重要作用（徐文雄，2011）。现阶段，旅游与相关产业融合形成的新业态已非常普遍，如农业旅游、乡村旅游、工业旅游等。除此之外，旅游地产、影视旅游、影视演艺、动漫旅游、科技旅游、会展旅游等也迎来新的发展机遇。通过产业融合促进旅游发展，应注意以下两点：其一，紧抓文旅融合新机遇。文化是旅游的灵魂，旅游是文化的载体。文化是旅游资源的魅力和核心竞争力所在，对文化的追寻是旅游者出游的核心动机，深入挖掘旅游目的地或景区的文化内涵，通过各种载体和手段实现对文化的展示、演绎、传承和弘扬，是提升目的地或景区竞争优势的有效手段。其二，紧抓"创意牌"，突出差异和特色。旅游产业融合需因地制宜，充分利用当地优势产业和特色产业，并以创意和技术为重要抓手，加深融合的深度和广度，提升融合效果。

二 学科交叉趋势下的旅游管理学

（一）旅游学科与其他学科的关系：交叉与融合

旅游管理是一门交叉学科。旅游学科创立初期，旅游的经济效应受到重视，因此旅游的经济影响为早期最受关注的话题，借鉴经济学和管理学相关知识来分析和研究旅游现象最为普遍。由于旅游活动及旅游现象具有复杂性，旅游活动所引发的内容与关系涉及管理学、地理学、社会学、人类学、心理学等多个学科，从多学科角度去认识和把握旅游现象，丰富和深化了旅游研究的内容，促进了旅游学科的发展。

与多学科存在交叉与融合的旅游学科，面临着以下几点困境。其一是对相关学科的单向依附。由于旅游学科发展时间较短，表现为单向依附于其他学科的知识积累和理论思想，难以向其他学科输出知识成果，因此目前很难与其他学科进行平等对话和交流。其二是强化了其他学科在旅游研究中的地位，大量使用其他学科的知识成果和研究范式，使旅游研究者深陷其他学科的研究语境，引发了旅游研究者身份认同的焦虑（左冰、林德荣，2016）。也有学者认为，多学科表层介入旅游研究，虽有其他学科的介入优势，但仅仅将其他学科的方法和概念进行简单复制，缺乏深层的理论探析；同时，学科间缺乏沟通与交流，零散化、片段化的成果难以整合，导致旅游学科仍是孤立的贴片，难以形成独立的旅游研究范式（孙九霞等，2018）。国外学者雷珀（Leiper，2000）将多学科介入下旅游研究形象形容为"一个甜麦圈，其边缘很丰富，但中间却是空的"。

（二）"多元"到"贯通"

如前所述，旅游现象的复杂性和综合性决定了旅游学科是一个典型的交叉学科，但多学科介入的旅游学科和旅游研究，又面临很多现实困境。学科未来发展如何突破这些困境？有学者认为可以从"多学科"向"跨学科"突破，即将不同学科进行融合，通过沟通、交流、互动、协调等方式，提出一套与各学科单一研究不同的，新的概念和理论，核心是打破学科间的壁垒，实现理论的整合（孙九霞等，2018）。也有学者提出构想，未来旅游研究是否可以跨越学科边界，实现"超学科"或"后学科"的构想（左冰，2009；孙九霞等，2018）。当然，现阶段面临的亟待解决的问题是，通过加强旅游师资队伍建设、推进旅游知识创新、建立成熟的旅游理论体系和知识体系等手段加快学科内在建设步伐，并在此基础上加速推进旅游管理一级学科建设，稳固旅游学科地位，由单向依附关系走向学科独立。在此基础上保持开放，与其他相关学科进行交叉融合，是学科交叉趋势下旅游管理学发展思考的重点问题。

三 旅游管理与旅游管理学的互动与创新

(一) 旅游发展与旅游学科的互动

我国旅游教育是伴随着旅游业的发展同步发展起来的，现阶段我国旅游教育规模庞大，已形成了相对完善的旅游人才培养体系，培养了相当规模的专业人才，是旅游产业发展的人力基础和智力支撑，基本满足了旅游行业的人才规模需求。随着我国旅游研究机构和旅游学术共同体的不断发展，旅游研究队伍不断壮大，旅游研究内容与成果不断丰富，为旅游产业发展提供了众多参考资料。旅游产业发展与旅游学科良性互动，两者相辅相成，是促进旅游产业和旅游学科共同发展的现实条件。但是，从目前来看，旅游教育、旅游研究在一定程度上也与旅游产业发展存在"背离"与"脱节"现象，具体表现在旅游教育人才培养定位模糊、师资队伍建设不全、培养人才与现实需求矛盾、旅游研究与旅游产业的关注热点存在差异等方面。为加强旅游学科与旅游产业发展的良性互动，旅游教育和旅游研究需与旅游现实相结合，旅游管理学科建设需符合旅游产业发展和社会需求。

(二) 旅游创新：旅游发展的新引擎[①]

创新是中国旅游发展的新引擎，是提升中国旅游整体竞争力的长期基础。创新包括企业、行业和政府三个层面，其中行业层面囊括了产品/服务创新、管理创新、流程创新、技术创新、营销创新等，行业层面包括竞争创新、结构创新等方面，政府层面包括制度创新、政策创新、治理创新以及上述所有创新的组合、集成与协同（宋瑞，2015）。与传统产业创新相比，旅游创新有着自身的产业特性，如旅游创新呈现出以用户驱动型创新、渐进式创新和非技术创新等特点，传统创新理论不能完全适用于旅游。业界作为旅游创新

---

① 根据宋瑞研究员在 2015 年中国旅游科学年会上的发言稿《旅游创新：产业演化与学术展望》整理而成。

的主要实施者，应充分关注旅游创新动力、机制、方式以及移动互联和社交媒体对旅游创新的影响等方面。大学、研究机构、智库等对产业创新的作用毋庸置疑，所以应充分发挥学界对旅游创新的推动作用。政府也应创新制度安排和旅游治理体系，建立更加有效的治理结构和治理模式。整体来讲，将业界、学界和政府联合起来，三者共同努力，促进中国旅游发展走进创新时代。

第十五章

国际企业管理

国际企业管理是基于管理学角度分析国际企业国际化经营与发展。国际企业管理依据国际企业狭义与广义概念之分，对应范畴亦存在差异。国际企业就是在一个以上的国家拥有或控制生产设备（如工厂、矿山、炼油厂、分配机构、办事处等）的企业（Dunning，1971）。它具有两个必要前提：一是在外国从事直接投资，而不仅限于从事出口贸易；二是对海外资产进行主动管理，而不是消极地以金融证券形式简单地拥有海外资产（克里斯托弗·巴特利特、休曼特拉·戈歇尔、保罗·比米什，2010）。它在不止一个国家运作业务，占有国际销售份额，同时拥有不同国籍的管理人员和所有者（弗雷德·卢森斯、乔纳森·P. 多，2009）。国际企业狭义概念强调对外直接投资的存在，而广义概念则突破这一范畴，任何超出本国国境从事商业活动的公司，即各种类型、各种规模参与国际商务的企业都可称为国际企业（约翰·卡伦、普拉文·帕博蒂阿，2018）。换言之，国际企业广义上包括从事国际贸易、国际合作、国际战略联盟等方式的企业。本章采用广义概念，且对类似国际企业的名称如国际公司、全球公司、跨国公司、跨国企业、多国公司、多国企业等不做区分。国际企业管理则主要包括国际企业经营、治理和管理。企业国际化是指企业的生产国际化、营销国际化、组织国际化、经营国际化等，以及由此逐步实现的资源配置国际化和全球化。从各类国际化经营活动的方向上讲，国际化分为内向国际化和外向国际化，前者是指通过直接、间接引进配置生产性要素或非生产性要素而实现的国际化，包括进口贸易、外国援助、加工贸易、契约经营、合作/合资经营、外国直接投资、购买技术专利等方式；后者是指通过直接、间接输出配置生产性要素或非生产性要素而实现的国际化，包括出口贸易、对外援助、契约经营、技术转让、合作/合资经营、对外直接投资、技术转让等方式。

本章将集中于国内文献资料的研究，以展示70年中国国际企业管理的实践和理论发展。首先，搜集整理相关数据资料。主要来源为：一是企业国际化实践案例来源于中国企业联合会发布的25届全国企业管理现代化创新成果（1991—2019年），通过搜索确定相关案例275个，其中，内向国际化阶段主题相关案例共计110个，涉及68家企业、7个行业、19个地区和8个研究主题，外向国际化阶段主题相关案例共计165个，涉及134家企业、9个行业、26个地区和10个研究主题。二是国家图书馆硕博论文库、《中国工业五十年》系列和《中华人民共和国经济档案资料选编》系列等经济档案资料，《邓小平文选》和《吴承明全集》等重要著作，以及《人民日报全文数据库》。三是通过关键词搜索CNKI中国学术期刊网络出版总库（1949—2018年），初步获得7203篇文献，经筛选（删除非学术、重复和不相关的文献）确定相关学术文献共2552篇，被引用率为74.73%，涉及863种期刊，2985位作者。其次，应用数理统计方法、CiteSpace软件和NVivo软件进行文献和案例的整体性文本分析，呈现可视性概览以系统性把握总体情况。最后，在计量分析基础上，进一步选择与主题相关的高质量文献（文献被引量前列和高水平期刊）和典型案例内容进行分析，突出主题重点、问题及其解决方法，注意不同阶段之间、理论与实践的比较分析，以归纳中国国际企业管理演进的规律和特点。

第一节 实践与学科的发展

1949年新中国成立以来,中国经济发展取得了令世人瞩目的成就。中国国际企业管理实践从初期不断探索尝试到改革开放三资企业经营管理,再到中国企业"走出去"跨国经营管理,走出了一条具有中国特色的国际企业管理实践之路。各个时期特点突出,企业管理实践创新成果具有典型性,从不同侧面展示出中国国际企业管理实践发展及其内在规律。

一 中国国际企业管理阶段划分及其高等教育发展

(一)中国国际企业管理阶段的划分

70年来,中国国际企业管理理论和实践发展具有显著的阶段性特征,考虑时序维度和国际化程度,可将中国国际企业管理分为国际化探索、内向国际化和外向国际化三个阶段展开研究,不同阶段国际企业管理呈现不同特点。跨国公司理论表明,从国际化风险和控制维度考察,企业一般会沿循国际贸易、契约经营到对外直接投资分步骤逐步国际化;从发展中国家企业国际化优势和基础看,发展中国家通常是沿循国际贸易、内向国际化到外向国际化分阶段国际化演进。中国利用外资和对外直接投资的变化表明(见图15—1),中国企业国际化经历了以下三个阶段:1949—1978年为国际化探索阶段,以国际贸易、外国援助合作为主;1979—2005年为内向国际化阶段,以利用外资为主,中国利用外资从零起步快速发展,1992年后外商直接投资加速增长,1993年成为世界第二大外资受资国;2006年至今为外向国际化阶段,对外直接投资与利用外资并重,对外直接投资的增速快,2016年达到峰值超过外商直接投资,中国2015年成为世界第二大对外投资国,2017年对外投资存量也上升为世界第二位。2004—2006年外商直接投资增速放缓,而对外直接投资加速；2005年三资企业管理文献达到峰值，此后转为下降。此处以2006年为内向国际化向外向国际化转变的时间节点。事实上，现实中从内向国际化向外向国际化转变是一个过程，选择时间点划分阶段主要是使观点清晰化。内向国际化和外向国际化文献主题研究则涵盖这两个阶段，并不局限于阶段的时间点。简言之，70年中国企业国际化最显著的特点是国际化探索阶段、内向国际化阶段和外向国际化阶段三个阶段逐步演进，不仅符合跨国公司理论的内在逻辑和规律，而且走出一条中国企业国际化的特色之路。

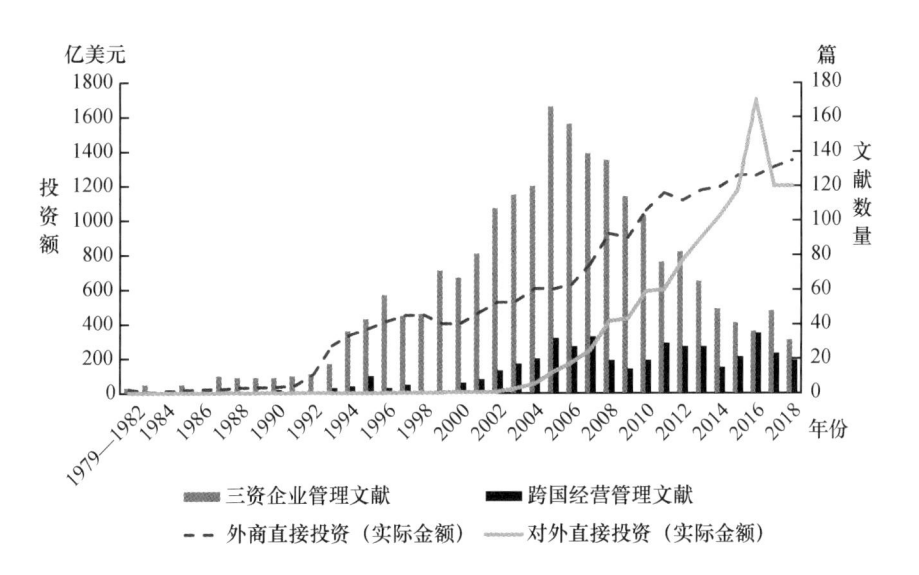

图15—1　1979—2018年中国利用外资和对外直接投资流量及其相关主题文献数量变化

资料来源：根据中国知网（CNKI）检索结果和商务部统计数据整理。

（二）中国国际企业管理高等教育的发展

国际企业管理领域高等教育历经70年有飞跃式的发展，工商管理和国际企业管理领域不断增强。1948年全国207所高等学校设立财经系科的有80所包括161个点，其中工商管理系科有20个点。1952年经全国院校学科调整，设有财经系科的院校18所，本科专业设置有工业经济、统计、会计、政治经济学、国民经济计划、财政、货币与信贷、国内贸易、对外贸易、供销合作社、工业生产合作社、工厂管理、铁路经济、劳动经济14种专业。1955年，高等教育部组织部分教师，在苏联专家的指导下，参考苏联历年教学计划，修订了政治经济学、国民经济计划、工业经济、农业经济、贸易经济、对外贸易经济、供销与消费合作社、财政学、货币与信贷、会计学、统计学11个财经类专业的四年制教学计划。对外贸易经济专业教学计划是首次颁发。历经几次调整后，1962年全国财经专业共25种、106个点。在1963年修订后的全国高等学校通用专业目录中，财经部分包括国民经济计划、工业经济、农业经济、贸易经济、财政金融、统计学、会计学、对外贸易经济、世界经济、经济地理共10个。1987年修订后的普通高等学校社会科学本科专业目录，首次出现国际企业管理专业（试办），1993年颁布的普通高等学校本科专业目录明确国际企业管理专业可授予经济学或工学学士学位，1998年颁布的普通高等学校本科专业目录将国际企业管理专业改为工商管理专业（中国教育年鉴编辑部，历年）。国际企业管理专业的设立和持续长达10余年，一方面反映了改革开放初期对于国际企业管理人才需求的迫切性，另一方面也表明当时高等教育管理学学科处于起步阶段。将国际企业管理专业改为国际通用的工商管理专业，则反映了经过改革开放国际企业管理知识已成为各类企业的普遍需求，而且表明高等教育管理学学科经过发展，逐步与国际交流和对接。

工商管理高等教育的国际化，则不仅是教学模式的引进，而且是教学内容和目标与国际企业管理的一致性。这从另一个侧面反映了改革开放后国际企业管理高等教育的快速发展。1980年4月23日，中美经会谈正式确定建立中美在工业科技管理领域的合作管理培训项目——"中国工业技术管理大连培训中心"，其由大连理工学院与纽约大学布法罗分校合建，成为改革开放后第一个引进西方现代工商管理的教育机构。8月18日大连培训中心第一期中美管理培训班开课，美国从全国选了30多位管理学教授组成教学团，中国从全国各大中型企业、国家相关部委筛选了150多名学员。1984年首批开办中外合作MBA项目的有中美中国工业技术管理大连培训中心、中国企业管理培训中心与欧洲管理发展基金会合办的中欧管理中心（1994年更名为中欧国际工商学院）以及西安中国设备管理培训中心与英国兰卡斯特大学合办的中英合作项目。2002年8月，国务院学位办批准清华大学等30所高等院校开设MBA项目。2006年浙江大学管理学院通过AMBA协会的MBA/EMBA项目认证；2007年清华大学经济管理学院通过国际商学院联合会AACSB认证。发达国家工商管理高等教育普遍适合跨国公司经营管理，因此，与国际接轨表明了国际企业管理植入工商管理高等教育学科体系。

二　国际化探索阶段（1949—1978年）

改革开放之前的30年，中国社会主义经济建设对国际企业管理进行了富有意义的探索。新中国成立后，经过社会主义改造，建立起社会主义基本经济制度。如何在中国建设社会主义，是党面临的崭新课题（中共中央党史研究室，2013）。中国先后对利用外资、外国援助、国际贸易和引进技术等方面进行了有益的探索。50年代，中国企业管理主要以学习借鉴苏联模式为主，在全国范围内全面地、系统地引进了苏联的整套企业管理制度和方法，强调集中统一领导，关注计划、技术、生产、制度和方法，在计划管理、技术管理、经济核算制等方面奠定了生产管理等基础（陈佳贵，2009）。这与国际化探索密不可分，中苏企业微观层面交流渠道推进了新中国国际企业管理。在察觉到苏联模式的局限后，中国进一步探索拓展国际化接触范围，包括与西方国家的经济关系。

对国际化探索阶段（1949—1978年）研究受限于企业资料数据主要从宏观层面展开，重点分析各类国际化经营活动的特点和演进。鉴于各类国际化经营活动的主体是企业，企业必然参与适应社会主义改造进程中的各类国际化经营活动，研究有助于从侧面探究认识这一阶段社会主义制度下国际企业管理的形成和特色。

（一）利用外资的探索

1949年新中国成立，中国政府着力恢复和发展国民经济，当时外国资本在经济中仍然存在，如何在社会主义制度下利用外资成为一个新的课题。新中国诞生前，外国资本基本上垄断了中国的工业体系，不但控制了旧中国的重工业，也控制了主要轻工业，在旧中国的现代化产业中处于垄断地位。1948年，外国在华资本总额达到30.989亿美元，其中美国在华资本13.933亿美元。另外还有尚未转为借款的所谓美国"援助"约47.092亿美元。新中国成立时，外国在华企业有1000多家，主要属于美英垄断资本集团，其余属于法国等其他10个资本主义国家（赵德鑫，1988）。从法律责任形式看，主要是有限责任制度；从出资者数目看，有独资和合资两种。基于此，中国政府对于外资企业采取了策略性举措，一方面认为外资企业必须改造，收归国有；另一方面则意识到它的合理性，认为中国取得真正的独立和民主后，可以将大量外资用于大规模发展生产事业（中共中央文献研究室，1999）。

中国政府探索有步骤地有重点地改造外资企业，从政治上完全彻底改造外资企业；从行政上颁布和执行代管、征购、征用和转让外资企业命令；从法律上制定和实施一系列监督、限制和挤压外资企业法令。改造外资企业大致分为三步：第一步监督利用外资（1949—1950年），对于外资企业依法公开处理，采用军事管制、全面接管和没收等方式。第二步征用和管制外资企业（1951—1952年），行政命令是这一阶段中国政府对外资企业政策的重要组成部分。第三步外资企业国有化（1953—1962年），到1962年外资企业被全部纳入改造轨道，企业由实行私有企业制度转变为贯彻公有企业制度中的国有企业制度，由外国独资、合资等转变为国有独资企业。

中国政府一直在探索适合社会主义经济建设的利用外资新途径和新方式，引导着国际企业管理的发展。（1）建立合资企业，1950

年成立中苏石油股份有限公司、中苏有色及稀有金属股份有限公司、中苏民用航空股份公司，1951年创办中苏轮船修理建造股份公司、中波轮船股份公司等合资企业，1959年创办中捷国际海运股份公司。合资企业享受免征红利所得税的优惠政策。（2）利用间接投资，1950年和1955年从苏联以1%—3%的利息分别引进贷款3亿和23亿美元。（3）利用侨资，中国政府引导华侨投资工业，健全和建立各地华侨投资辅导机构，积极筹备建立华侨信托公司，吸收大量华侨、侨眷小量资金，变为大量资金投入国家企业（中国社会科学院、中央档案馆，1993）。（4）间接引进，贷款买成套设备和技术，20世纪60年代，中国利用出口信贷和延期付款方式，从日本、英国、法国、联邦德国、瑞典、意大利、奥地利等国引进了价值3亿多美元的成套设备；70年代，先后两次贷款30亿和73亿美元引进大型成套设备。利用外资探索推动了中国企业国际企业管理的发展，例如，1951年大连造船厂转变为中苏合营的股份公司，成为全国社会主义管理模式的一面旗帜。当时在专家主持下按照苏联模式搞了一套规章制度，号称"企业管理天书"，1954年在全国推行，带动了全国造船业企业管理现代化的发展（陈佳贵，2009）。

（二）外国援助的探索

利用苏联及东欧国家的援助项目是新中国成立初期最突出的企业国际化活动，对奠定中国工业化初步基础和引进现代工业企业管理知识发挥了一定的作用。20世纪50年代，以苏联为主包括东欧国家的援助项目陆续实施，50年代商定的苏联援建成套供应设备的项目共计304项，单独车间和装置64项。由东欧国家（包括民主德国、捷克、波兰、罗马尼亚、匈牙利和保加利亚）援建的、供应成套设备的建设项目共116项。这些引进的成套设备几乎都是建立社会主义工业化初步基础所必需的重工业项目。利用外国援助的探索不仅限于引进设备，而是一个全方位的引进。一是引进技术，分别与苏联、东欧国家签订了科学技术合作协定，到1959年，从苏联和东欧国家获得的关于能源、原材料和机械工业（包括民用和军用）

的技术资料达4000多项，在掌握尖端科学技术与和平利用原子能技术方面，苏联也给予了一定的援助；二是引进人才，50年代苏联和东欧各国来华工作的技术专家达到8000多人，同时还为中国培养技术人员和管理干部7000多人；三是引进管理知识，50年代中国企业管理主要以学习借鉴苏联模式为主，在全国范围内全面地、系统地引进了苏联的整套企业管理制度和方法，强调集中统一领导，关注计划、技术、生产和财务管理制度与方法，在计划管理、技术管理、经济核算制等方面奠定了生产管理等基础（陈佳贵，2009），在建设社会主义管理制度和企业管理制度方面，起了重要的作用。例如，哈尔滨电机厂是"一五"时期苏联帮助建设的156项工业工程之一，引进技术装备的同时，重视在科研、设计、施工和管理等各个环节上进行全面的学习和培训，研究、设计、生产工艺和设备制造等技术水平的提高基本上是同步的，因而比较快地提高了使用能力、消化能力和创新能力。1958、1959和1960三年，相继制造出2.5万千瓦、5万千瓦和10万千瓦的发电机组，随后又造出20万千瓦的发电组（中华人民共和国国家经济贸易委员会，2000）。

（三）国际贸易的探索

为了使国际贸易为国内社会主义建设服务，新中国成立之初，中国政府探索对外贸易管制基础上的国际贸易，推行国家管制国际贸易和保护贸易的政策，积极建立和加强国营企业国际贸易，私营进出口业到1952年年底即已退居极不重要的地位。1953年，国家进入大规模经济建设时期，国际贸易任务加重，计划性继续加强，重要出口物资或已实行统购，或由国家统一掌握。同时，为了组织建设器材和工业原料的有计划进口，国家对私商进口也加强了管理，紧缩对私营批汇，统一收购私商的进口物资，1954年年初更规定私商不自营一般进口业务（吴承明，2018）。与此同时，中国不断扩大与苏联及其他国家之间的国际贸易，1950—1958年，中苏两国的贸易额从13.5亿卢布扩大到61.55亿卢布，增加了356%。中苏贸易额约占中国国际贸易总额的一半，约占苏联国际贸易总额的20%，在两国均占极为重要的位置。中国还与民主德国、捷克、波兰、匈牙利、罗马尼亚、保加利亚、南斯拉夫和古巴等国开展国际贸易。此外，随着经济建设需要，中国不断扩大国际贸易，包括依照平等互利的原则积极开展与日本、英国和法国等国的进出口贸易。这些出口贸易对于充分利用企业的剩余生产能力、换取外汇、搞技术引进、促进产品品种的发展、提高技术水平等都有重要意义，也是企业参与国际市场的重要途径。

（四）引进技术的探索

中国一直高度重视引进国外先进技术，探索购买设备及专利等一切可能的途径，提高企业现代技术生产能力和管理水平。早在1956年，毛泽东同志就提出，争取几年内做到不再进口粮食，节省下外汇来，多买技术设备、技术资料。[①] 1963年前后，中国探索从西方国家引进技术，与西欧和日本谈判进口7个成套设备项目，包括与日本的第一套维尼纶设备，转口阿尔巴尼亚的化肥设备、重油造气设备、铂重整设备、丁醇和辛醇设备、以天然气为原料的合成氨设备、全循环法尿素设备。1973年，毛泽东同志、周恩来同志批准从国外引进13套大型化肥设备。这些设备是70年代技术上比较先进的设备，具有关键设备能力大，能量回收率高，原材料、动力消耗少等优点。这些设备全部建成后，不但可以新增加年产化肥1300万吨的生产能力，而且将使我国化肥工业的生产技术提高到一个新的高度（王祖敏，1979）。邓小平同志指出："引进先进技术设备后，一定要按照国际先进的管理方法、先进的经营方法、先进的定额来管理，也就是按照经济规律管理经济。"[②]

中国企业实践充分表明引进技术对经济建设和国际企业管理具有重要意义：第一，有利于迅速培养技术队伍。唐山发电厂陡河电站是从日本进口成套发电设备建立起来的，广大职工刻苦学习新技

---

① 转引自1977年10月31日《解放军报》。
② 《邓小平文选》（第二卷），人民出版社1994年版，第129—130页。

术，较短时间内就掌握了先进设备的结构和性能，保证电站运转正常，成长出一批基本掌握 70 年代发电设备的技术人才。第二，能够促进科研工作的发展。要消化和掌握引进的先进技术，科研工作必须跟上。四川化工厂从日本引进的化肥装置投产后，循环使用的水出现了水质恶化，一度找不出原因和解决的办法，造成了五次停产，企业经过加强科学研究，找到解决办法，并且不断大胆创新，继续研究改进这套设备的不足之处。第三，可以有效地节省技术研发成本和时间。每项新技术的发明都要经过反复试验，花费大量资源和时间，但是这项技术一旦成功，再生产和应用时所需要的费用就少得多了。第四，有效地提高生产效率，引进的先进技术设备，一般都具有劳动生产率高、原材料和动力消耗少、成本低等优点。第五，能够促进管理现代化。现代化的生产技术要求有现代化的管理相适应。引进的先进技术设备，如果没有相应的科学管理，就不能充分发挥先进设备的应有作用。先进技术设备的大量引进将有助于改变我国目前管理上这种落后的状况，不断提高科学管理水平，促进管理现代化。例如，大庆化肥厂是从国外引进的设备，1976 年年底建成投产。按照国外同类工厂定员标准，全厂职工总数应为 184 人。但是，当时全厂职工总数逐渐增加到 1530 人，几乎为定员标准的 8.3 倍。从 1978 年 9 月起，工厂开始实行专业化生产，改变小而全的管理方式，到 1978 年年底，全厂职工总数已减到 350 人，大大提高了管理水平（王祖敏，1979）。

三 内向国际化阶段（1979—2005 年）

中国开创了发展中国家利用外资的历史，外商投资企业（亦称三资企业）成为中国经济的重要组成部分，同时引进了世界水平的国际企业管理知识和实践（崔新健，2008）。1978 年 12 月党的十一届三中全会，确定实行改革开放的方针。从 1979 年中国诞生第一家合资企业——北京航空食品有限公司开始，外商开始广泛进入中国市场，截至 2018 年年末，全国累计设立外商投资企业约 96 万家。

中国外商投资企业以占全国不到3%的数量，创造了全国近一半的对外贸易、1/4的规模以上工业企业利润、1/5的税收收入，为促进中国经济发展发挥了重要作用（中华人民共和国商务部，2018）。到2017年，《财富》世界500强企业中的绝大部分企业，都在中国投资兴业，有的企业在中国的分支机构达到数百家之多，这些企业既有麦当劳、肯德基这样的大众餐饮企业，也有特斯拉等高水平的工业制造企业（中华人民共和国商务部，2018）。世界一流企业的进入带来全球最为先进的管理知识和经验，同时培养了大量的适合跨国经营的各类管理人才，为中国企业跨国经营管理的成长提供了肥沃土壤和机会。三资企业的实践及其相关学术研究构成内向国际化国际企业管理的主体。

（一）三资企业经营管理实践成果计量分析与概况

三资企业经营管理的实践对推进中国企业国际企业管理水平具有重要意义，"全国企业管理现代化创新成果"具有代表性，充分反映了其贡献及特点。96万家外商投资企业尤其是世界一流企业，与中国企业共筑价值链以及同一市场竞争，无论从人才培养交流角度，还是知识传递溢出来讲，均充分促进了中国企业国际企业管理水平的提高，中国企业联合会、中国企业家协会发布的25次全国企业管理现代化创新成果，代表企业管理创新实践的国内领先水平，由此有助于整体窥视三资企业管理实践概貌。三资企业是内向国际化的主体，本章搜索筛选中国企业联合会管理现代化工作委员会"全国企业管理现代化创新成果库（1—25届）"三资企业管理成果，确定1991—2019年成果案例110个，涉及8个主题、7个行业、19个省市区、68家企业。从成果案例数量和结构维度分析表明：

（1）三资企业管理成果案例中以合资企业为主，110个成果案例中合资企业成果案例71个，占比高达64.55%，这与合资企业在中国利用外资方式中的重要地位相一致。从成果案例数量来看（见图15—2），三资企业管理成果案例数量大致呈现先上升后下降的趋势，1991—2006年大致为上升阶段，特别是2000年后持续上升，

2006年达到峰值11个成果案例；此后进入下降起伏阶段，2012年仅有1个成果案例，再波动起伏。三资企业管理成果案例数量变化与利用外资规模和学术文献数量变化显现出大体上的一致性。

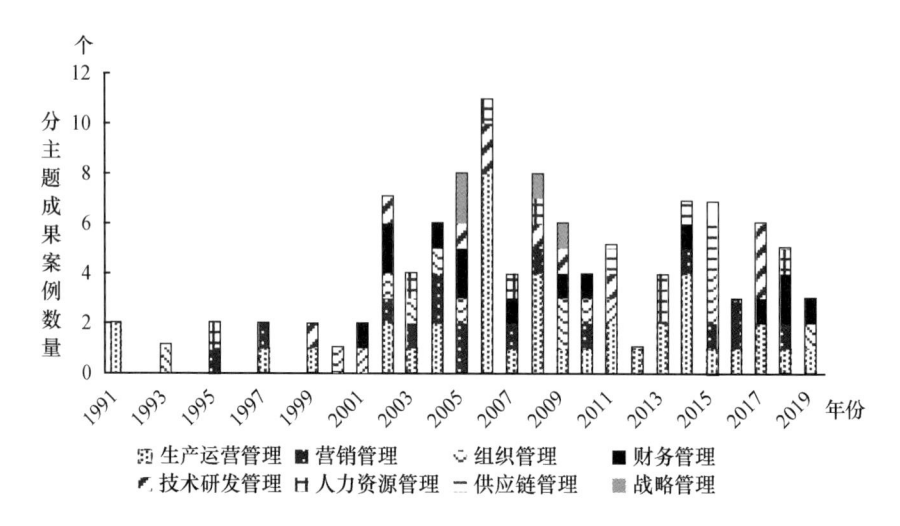

图15—2 1991—2019年三资企业经营管理创新成果数量/分主题数量变化

资料来源：根据全国企业管理现代化创新成果整理。

（2）按照国际企业管理主题考察成果案例，生产运营管理成果案例最多（39个；占比35.45%）；随后依次为营销管理（16；14.55%）、财务管理（14；12.73%）、组织管理（14；12.73%）、技术研发管理（11；10.00%）、人力资源管理（8；7.27%）、供应链管理（4；3.64%）和战略管理（4；3.64%）。成果案例中未发现利用外资方式和公司治理主题的成果案例。从成果案例分主题时间维度变化来看，生产运营管理、组织管理、营销管理和人力资源管理最早出现创新性成果，且为诸多年份普遍出现，说明三资企业更多关注解决技术性或短期见效的问题，换言之，三资企业首先在这些方面引进国际企业管理先进理论和知识，结合中国国情进行实践获得成效。供应链管理和战略管理出现晚，且为少数年份出现，说明这两个主题是三资企业新的挑战。自2002年主题每年出现的种类明显增加，主题呈现多样化和丰富性，一方面意味着三资企业国际企业管理各类主题都有所创新；另一方面表明国际企业管理整体上的提高。

（3）按照 2017 年国民经济行业分类（GB/T 4754－2017）划分，成果案例以制造业为主，涉及 7 个行业：制造业（占比 55.45%），信息传输、软件和信息技术服务业（占比 29.09%），电力、热力、燃气及水的生产和供应业（占比 6.36%），交通运输、仓储和邮政业（占比 5.45%），采矿业（占比 1.82%），批发和零售业（占比 0.91%），金融业（占比 0.91%）。从成果案例各类主题维度考察行业分布，生产运营管理最为广泛，涉及 5 个行业，营销管理 3 个、组织管理 3 个、技术研发管理 2 个、财务管理 4 个、人力资源管理 3 个、供应链管理 1 个和战略管理 2 个，供应链管理只在制造业一个行业。各类主题行业分布具有显著的行业需求特色，国际企业管理实践应运而生，各行业国际企业管理水平与利用外资存在显著的关联。

（4）按照成果案例所属省级行政区划分，案例成果主要集中于东部沿海利用外资前列的省份，最多的为上海（29 个；占比 26.36%）、广东（19；17.27%）、浙江（9；8.18%），其他还有天津（8；7.27%）、河北（6；5.45%）、湖北（5；4.55%）、福建（5；4.55%）、辽宁（5；4.55%）、山东（5；4.55%）、北京（4；3.64%）、江苏（4；3.64%）、河南（2；1.82%）、内蒙古（2；1.82%）、重庆（2；1.82%）、安徽（1；0.91%）、甘肃（1；0.91%）、湖南（1；0.91%）、吉林（1；0.91%）和陕西（1；0.91%）。从成果案例各类主题维度考察省份分布，生产运营管理最为广泛，涉及 15 个省份，营销管理 8 个、组织管理 8 个、技术研发管理 5 个、财务管理 7 个、人力资源管理 6 个、供应链管理 4 个和战略管理 4 个；上海覆盖 8 个主题，广东覆盖 7 个主题。地区维度分析表明，各省份的成果案例数量与利用外资存在正相关关系，沿海地区表现尤为突出，各地区国际企业管理水平与当地利用外资存在显著的关联。

三资企业管理实践成果案例词汇及其词频分析反映内向国际化国际企业管理实践创新经验热点及其相关性。应用 NVivo 软件对 110 个成果案例进行词频查询，查询三资企业管理成果案例中出现最多的词语信息。设置显示词频排名前 100 的字词、词汇最小长度为 2，并将无关词语加入停用列表，查询结果表明（见图 15—3，图中词汇字号越大代表其词频越大；本章词频查询，均采用同样设置），前 20 的词汇（词频）依次为成本（1640）、流程（1515）、质量（1514）、项目（1427）、采购（1133）、标准（1102）、目标（994）、创新（960）、风险（866）、安全（864）、控制（840）、网络（823）、培训（818）、指标（764）、知识（748）、设备（699）、机制（635）、资金（625）、制度（623）、价值（608），这一方面反映了三资企业管理集中于破解企业管理所遇到的短板——影响企业经营绩效的关键因素；另一方面说明，三资企业重点引进相关的先进国际企业管理知识和经验，已融入中国国际企业管理实践之中且取得了显著的成效，在国际企业管理人才培养和相关知识积累方面都有所收获。

（二）三资企业经营管理实践的重要成果及其特点

三资企业经营管理实践的重要成果反映了中国企业内向国际化的主要特点。从利用外资方式、公司治理、战略管理、组织管理、供应链管理、财务管理、营销管理、生产运营管理、人力资源管理和技术研发管理各维度，选择和分析"全国企业管理现代化创新成果库"三资企业一等奖为主的创新管理成果，可以比较全面地揭示内向国际化阶段高级企业管理实践的特点。

三资企业战略管理创新成果共同点是，适应本土市场由单提供产品向增加服务转变。相关一等奖成果有 2 个，分别是浙江移动通信有限责任公司的移动信息化发展战略和上海三菱电梯有限公司向服务领域延伸的战略转型。以 14 届成果上海三菱为例，上海三菱从单一的电梯生产企业向电梯生产—服务企业转变是以价值链管理为

图 15—3　1991—2019 年三资企业经营管理创新成果的词汇云

资料来源：根据全国企业管理现代化创新成果通过 NVivo 分析输出。

指导，在继续保持电梯生产制造优势的基础上，通过重新战略定位、组织与流程调整、营销服务网络构建等措施，向电梯的设计、安装、维修、保养、旧梯改造、应急抢险等服务领域延伸，形成生产与服务并重的双轮驱动发展模式，实现由单一生产制造企业向生产—服务的战略转型，培育形成差异化的竞争优势。通过向电梯生产型服务业进行战略转型，上海三菱快速高效地满足了客户需求，服务业务稳步上升，经济效益明显，且服务产业化目标初步实现。

三资企业组织管理创新成果的突出特点是，组织结构重塑服务于企业发展目标和企业战略。相关一等奖成果有 7 个，分别是上海宝山钢铁总厂为吸收国外先进技术设备的战略目标推进构建现代化组织管理体系；大连三洋制冷有限公司打造自我改善的柔性管理；浙江移动通信有限责任公司进行以打造世界一流通信企业为目标的管理变革；中国移动通信集团广东有限公司改变"由上到下"的组织过程，持续开展了卓越班组建设；中国移动通信集团广东有限公司建立市场化契约机制的高效协同组织体系；中国蓝星（集团）股份有限公司实施组织再造服务于信息化建设；上海日立电器有限公司建立衡量社会责任的组织结构。以 21 届成果中国移动通信集团广东有限公司为例，中国移动通信集团广东有限公司是中国移动（香港）有限公司在广东设立的全资子公司。公司为了推动企业战略转型发展，以"价值"和"品质"为导向，以"市场化"和"契约化"为核心，按照"客户层—产品层—业务层—网络资源层—基础设施层"的分层方法，搭建高效协同的市场化契约机制建设框架，实现企业运作机制的市场化。由此提升了企业精细化管理水平，企业运营效率效益显著提高；企业对外开放水平和市场竞争力明显提高。

三资企业供应链管理创新成果显示的特点是，利用信息化手段进行供应链管理创新。相关一等奖成果有 2 个，分别是中国蓝星旨在提高集团整体管控能力的战略采购管理；上海大众侧重于零部件供应问题的供应链管理。以 17 届成果中国蓝星为例，2008 年，黑石（百仕通）集团入股蓝星，中国蓝星成为中外合资股份有限公司。提升供应链管理水平是缩小与国外先进企业管理差距的需要，企业以信息化技术为手段，以采购管理变革为切入点，通过建立战略采购管理组织架构和标准业务流程；制定和实施类别采购策略，优化采购业务；强化供应商管理，与战略供应商建立长期合作关系；实施物流集中管理，优化供应链；强化全员培训，制定战略采购管理的 KPI 指标，实施平衡积分卡考核等措施，初步建立了战略采购管理体系，发挥了集团规模优势和协同效应，降低了供应链成本，提高了集团管控能力。

三资企业财务管理唯一一等奖创新成果是，8 届成果上海三菱电梯有限公司为了控制财务风险，创新实施适合中国国情的动态受控的财务监控管理方案。上海三菱电梯有限公司面对中国电梯市场竞争日趋激烈，结算方式变化所产生的诸多风险，加强财务监控，实施动态受控的财务监控管理。主要做法是：第一，实施项目风险监控，提高项目的签约率和受控率；第二，开展集中报价，实施价格监控；第三，实施客户信用管理，降低合同风险；第四，非标准条款的审批及其合同履约的监控；第五，实施以比价采购为重点的成本监控，不断降低产品成本；第六，实施预算管理，全面提升企业管理水平；第七，进行网上跟踪，实时监控分公司的财务和管理状况。通过财务动态监控，企业的财务监控工作逐步走向正规化和科学化，经济效益明显。

三资企业营销管理唯一一等奖创新成果是，13 届成果上海日立电器有限公司基于技术、资本主导权，走出一条适合中国本土化的品牌建设之路。上海日立电器有限公司为了提高企业综合竞争力，走出一条以自主知识产权和品牌立足于世界制造产业的创新之路。主要做法：一是坚定打造自主品牌的信念和追求；二是坚持资本、技术主导权，推进自主品牌建设；三是通过技术创新，形成自主知识产权；四是依靠管理创新，提升质量水平；五是加强品牌推广，开展同质同价产品营销；六是着力人才培养，为研究开发提供保证；七是利用现代信息技术，提升产品设计和生产管理水平。由此，上海日立的自主品牌竞争力显著提高，自主品牌市场占有率持续扩大，且合资企业经营业绩显著提升。

三资企业生产运营管理创新成果集中的特点是，应用现代技术改造和再造生产运营管理体系。相关一等奖成果有 11 个，分别是上海东昌西泰克现代物流管理有限公司建立以信息技术为支撑的物流管理服务平台；靖远第二发电有限公司建立了以精细化管理为目的的管理流程；上海沪东集装箱码头有限公司以打造世界一流集装箱码头为目标的作业效率管理；上海移动通信有限责任公司提升企业价值创造力的协同管理；上海汽轮发电机有限公司以国际一流大型发电设备制造企业为目标的管理改进；华北制药华胜有限公司基于国际标准的质量管理系统再造；中海壳牌石油化工有限公司的中外合资石化项目建设管理；中国移动通信集团广东有限公司"红段子"网络文化创建与管理；大亚湾核电运营管理有限责任公司以世界一流为目标的卓越运营管理；上海大众汽车有限公司基于数字化技术的工厂规划和建设管理；深圳巴士集团股份有限公司实现全面电动化的规模化运营管理。以 20 届成果大亚湾核电运营管理有限责任公司为例，该公司是由广东核电投资有限公司和香港中电核电运营管理（中国）有限公司合资设立。企业围绕运营生产流程、机组发电效能、安全质量管理、成本控制管理四大核心要素持续开展管理改进。主要做法是：第一，优化核电生产流程管理，提升专业化运营水平；第二，持续推进重点领域创新，不断提升机组发电效能；第三，夯实纵深安全管理基石，保障核电运营安全可靠；第四，不断优化成本控制，提升核电运营经济效益；第五，大力推进人才培养，为核电卓越运营和规模化发展提供有力支撑。企业形成了"1422 卓越运营管理方法"，运营管理指标达到世界先进水平，确保了核电站的安全高效运营。

三资企业人力资源管理创新成果的重点是，通过知识型人才培养和管理，提高企业创新能力。相关一等奖成果有 2 个，河南安阳彩色显像管玻壳有限公司重视对人才的培训，培训工作的重点由培养适应型人才转向培养开发型创造型人才；上海大众汽车有限公司推行知识型员工能级管理。以 19 届成果上海大众为例，上海大众汽车有限公司学习借鉴德国大众知识型员工管理的九宫格考评体系，建立符合自身实际、科学合理的量化评价体系，对知识型员工的专业能力进行评定分级，以其所在的部门所需求的核心能力为方向，以员工现在的能级为基础，建立和实施个性化的能级提升方案，实现员工个体能级和部门核心能力同步提升的目的。通过知识型员工能级管理，上海大众的人力资源管理制度不断完善，员工满意度不断提高，最佳雇主形象持续提升，企业核心竞争力不断提升。

三资企业技术研发管理创新成果的共同点是，突破技术研发部门局限，实现技术引进及创新。三资企业技术研发管理有 3 个一等成果案例，分别是邯郸钢铁集团对引进高科技建设项目的有效管理；上海小糸车灯侧重于自主研发；广东移动实现企业产品、技术和管理的持续创新。以 12 届成果上海小糸为例，上海小糸车灯有限公司是一家中日合资企业。企业提出新产品系统概念，参照跨国公司开发模式，运用全球资源，进行联合设计、系统开发与集成，制造出拥有自主知识产权的产品。主要做法：一是统一思想，确定走自主开发之路；二是加强合作，建立以技术中心为主体的开发体系；三是完善流程，加强自主开发的协调与管理；四是同步开发，提升与整车厂的配套能力；五是强化设计，建立零件管理系统；六是善用人才，内部培养和借助外脑相结合；七是制定标准，抢占技术制高点；八是完善制度，加强知识产权保护。合资企业自主开发体系效果显著，研发能力快速提升，开发项目显著增多，经济效益逐年递增。

四 外向国际化阶段（2006—2018年）

中国对外直接投资开创了发展中国家快速进入全球市场的历史，中国企业国际竞争力迅速提升，中国跨国公司已与发达国家跨国公司在国际市场同台竞争，学习和创新国际企业管理知识和实践。2001年3月，在全国人大九届四次会议通过的《国民经济和社会发展第十个五年计划纲要》中，中国政府正式提出"走出去"战略。2013年习近平主席提出建设"一带一路"的合作倡议。1979年，中国非金融类对外直接投资企业数量仅为4家，非金融类对外直接投资流量为0.01亿美元。利用外资促进了中国企业国际竞争力的提升，奠定了中国企业"走出去"的基础。2018年，非金融类对外直接投资企业数量累计约为5万家，非金融类对外直接投资流量累计约为10718亿美元。"财富500强榜单"和"世界品牌500强"榜单显示（见图15—4），中国企业国际竞争力在不断提升。2018年中国企业有120家上榜，12家进入前50强，3家进入前10强，仅次于美国，位居第二位。世界品牌实验室发布的"世界品牌500强"的评判依据是品牌的世界影响力，2018年，中国品牌有38个入榜，4个进入前50强，在所有国家中排名第5。与此同时，中国跨国公司快速成长，2011—2018年，100大跨国公司的总海外资产、总海外收入、总海外人员分别增长了168.69%、92.33%、208.10%（《中国500强企业发展报告》2011—2018各年）。内向国际化为外向国际化铺垫了道路，通过学习应用先进的国际企业管理知识和经验，中国企业实现从内向国际化三资企业管理到外向国际化跨国经营管理的提升。

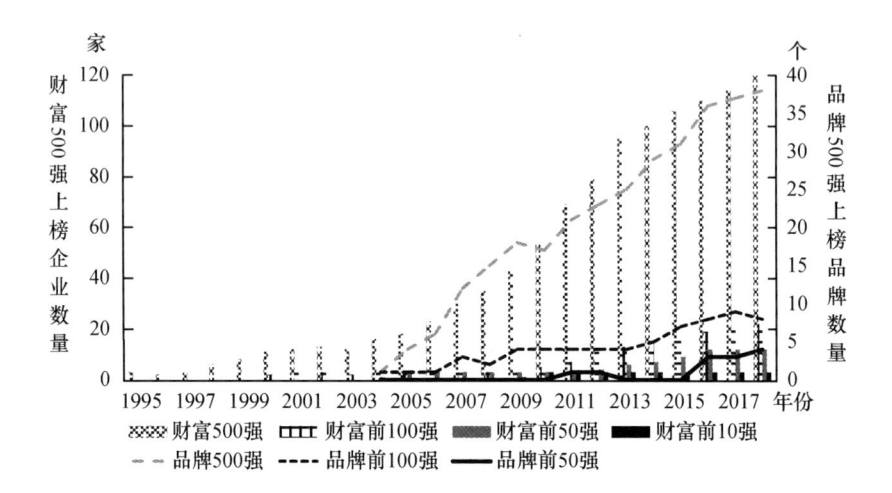

图15—4 1995—2018年财富500强和品牌500强中国企业上榜数量变化情况

资料来源：根据历年财富500强榜单和世界品牌实验室的世界品牌500强榜单整理。

（一）跨国经营管理实践成果计量分析与概况

跨国经营管理的实践水平不断提高，"全国企业管理现代化创新成果"体现了其贡献和特点。本章搜索筛选"全国企业管理现代化创新成果库"跨国经营管理成果，确定1991—2019年成果案例165个，涉及10个主题、9个行业、25个省市区、134家企业。数量和范围都超过三资企业管理成果案例，具体分析表明以下几方面。

（1）跨国经营管理成果案例基本呈现上升趋势（见图15—5），2014年最高峰值为17个案例成果。与三资企业管理成果案例相比，跨国经营管理成果案例具有出现晚、增加快的特点。数量变化与对外直接投资规模相一致，若将学术研究与实践对照，则跨国经营管理实践明显超前于学术研究。考虑外商投资企业数量是对外直接投资企业的近20倍，跨国经营管理成果案例数量占比明显超过三资企业管理，成果代表国内领先水平，因此跨国经营管理企业处于实践领先地位。

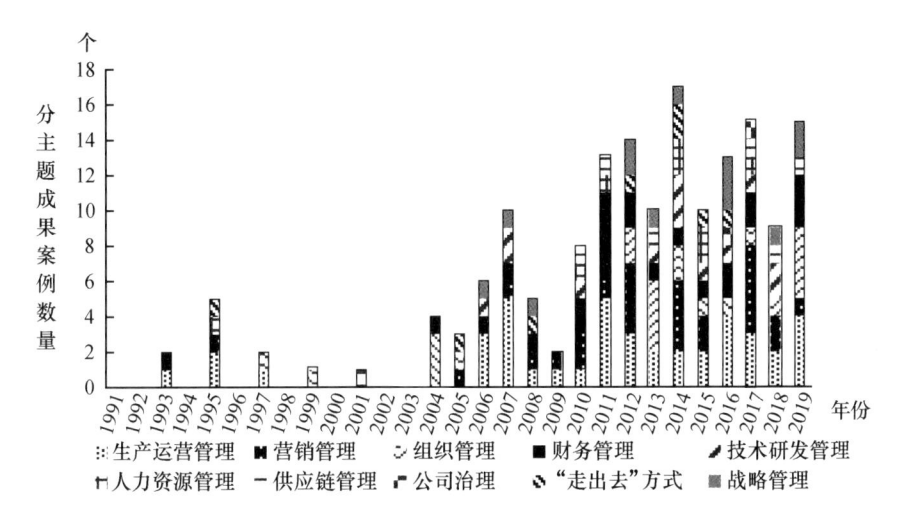

图15—5　1991—2019年跨国经营管理创新成果数量/分主题数量变化

资料来源：根据全国企业管理现代化创新成果整理。

（2）按照国际企业管理主题考察案例成果，生产运营管理成果案例最多为42个（占比25.45%）；随后依次为营销管理（26；15.76%）、财务管理（24；14.55%）、组织管理（22；13.33%）、技术研发管理（13；7.88%）、战略管理（13；7.88%）、"走出去"方式（8；4.85%）、人力资源管理（8；4.85%）、供应链管理（6；3.46%）和公司治理（3；1.82%）。与三资企业管理成果案例相比，除个别主题以外，顺序大致相同，甚至分主题占比都十分接近；不同的是10个主题都有，战略管理主题占比更多一些。与学术研究各主题占比存在明显的差异，说明学术研究与现实尚存在距离。从成果案例分主题时间维度变化来看（见图15—5），生产运营管理、财务管理、营销管理、人力资源管理和"走出去"方式最早出现创新性成果，生产运营管理、财务管理、营销管理为诸多年份普遍出现，说明同样为跨国经营管理学习借鉴先进理论和知识初见成效的主题。自2004年主题每年出现的种类明显增加，2014年出现8个主题成果案例，主题呈现多样化和丰富性，说明跨国经营管理热点多元化。

（3）按照2017年国民经济行业分类（GB/T 4754-2017）划分，成果案例以制造业为主，包括9个行业：制造业（占比36.97%），采矿业（占比32.12%），建筑业（占比10.91%），电力、热力、燃气及水的生产和供应业（占比6.76%），租赁和商品服务业（占比6.06%），交通运输、仓储和邮政业（占比3.03%），信息传输、软件和信息技术服务业（占比1.82%），批发和零售业（占比1.21%），科学研究和技术服务业（占比1.21%）。对外直接投资代表中国企业优势领域，与三资企业管理成果案例相比，行业分布及其占比都存在不同，采矿业和建筑业反差明显。制造业是对外直接投资最多的行业，成果覆盖10类，最为丰富，其次采矿业覆盖9个主题，比较突出。各类主题行业分布具有显著的行业需求特色，各行业跨国经营管理水平与对外直接投资存在显著的关联。

（4）按照成果案例所属省级行政区划分，案例成果广泛分布于25个省份，其中12个境外上市公司成果案例已归属总公司所在省份。最多的为北京（68个；占比41.21%）、上海（12；7.27%）、河北（8；4.85%）、江苏（8；4.85%）、安徽（7；4.24%）、山东（7；4.24%）、广东（6；3.64%）、湖北（6；3.64%）、浙江（5；3.03%），其他的还有内蒙古（4；2.42%）、天津（4；2.42%）、河南（4；2.42%）、云南（4；2.42%）、四川（3；1.82%）、甘肃（3；1.82%）、湖南（3；1.82%）、江西（3；1.82%）、贵州（2；1.21%）、陕西（2；1.21%）、广西（1；0.61%）、黑龙江（1；0.61%）、吉林（1；0.61%）、辽宁（1；0.61%）、西藏（1；0.61%）、重庆（1；0.61%）。与三资企业管理成果案例相比，北京拥有较多公司总部，成果较为集中，东部沿海地区稍强。各省份成果案例数量与对外直接投资地区分布未体现关联性，更多的省份拥有成果案例对于国际企业管理的全国整体性水平提升具有重要意义。

从跨国经营管理实践成果案例词汇及其词频分析，显示出外向国际化国际企业管理知识学习和实践经验热点及其相关性。应用NVivo软件对165个跨国经营管理成果案例进行的词频查询结果表明（见图15—6），前20的词汇（词频）依次为项目（6675）、市场（4341）、风险（3564）、资源（2684）、产品（2377）、工程（2175）、合作（2129）、体系（1984）、系统（1877）、资金（1852）、服务（1677）、控制（1543）、国际化（1455）、客户（1409）、员工（1375）、目标（1323）、信息（1310）、安全（1219）、成本（1210）、创新（1157）。与三资企业管理相比，词频有明显增加，说明相对焦点更加集中；前50的词汇重合25个，重合率达到50%；前20的词汇中，有项目、风险、资金、控制、目

图15—6　1991—2019年跨国经营管理创新成果的词汇云

资料来源：根据全国企业管理现代化创新成果通过NVivo分析输出。

标、安全、成本和创新 8 个词汇重合，意味着内外向国际化存在许多普遍共性问题，亦是中国企业国际企业管理的重点。显著不同的是，中国企业跨国经营管理更加关注市场/产品/服务/客户、资源/工程、合作、国际化、员工、信息等市场化元素，市场和风险意识更为突出，更多适合国际市场竞争规则。

（二）跨国经营管理实践的重要成果及其特点

跨国经营管理实践的重要成果反映了中国企业外向国际化的主要特点。从"走出去"方式、公司治理、战略管理、组织管理、供应链管理、财务管理、营销管理、生产运营管理、人力资源管理和技术研发管理各维度，选择和分析"全国企业管理现代化创新成果库"三资企业一等奖为主的创新管理成果，可以比较全面地揭示外向国际化阶段高级企业管理实践的特点。

跨国经营"走出去"方式创新成果共同点是，强调战略导向的并购及其整合。相关一等奖成果有 4 个，分别是南车株洲电力机车研究所有限公司实现技术升级和产业链提升的跨国并购与整合；东风汽车以与跨国公司合作为契机的战略重组；中油国际（PK）有限责任公司提升国际竞争力的跨国并购整合管理；中国海洋石油有限公司以战略为导向收购尼克森公司。以 20 届成果中国海洋石油有限公司为例，该公司以战略为导向收购尼克森公司，并购前进行了充分准备，从"资源、回报和风险"三个维度筛选并购目标，科学评估分析，坚持长期跟踪其动向，及时捕捉并购时机，并充分准备并购工作方案，做好尽职调查和合理估值，进行高效谈判，还加强了与利益相关方沟通协调，促进有关方面通过审批，从而推动职业化并购团队密切配合和科学操作，顺利完成收购尼克森公司的交割。最终，中海油达成了并购预期目标，并稳步推进并购整合，保障了尼克森公司平稳运营；提高了油气储量和产量，为保障国家能源供给安全做出了贡献。

跨国经营公司治理创新成果相同点是，以资金为纽带推动公司治理。相关二等奖成果有 2 个（没有一等奖成果），分别是白银有色集团股份有限公司以股东资源整合为推动力的产业升级，云南澜沧江国际能源有限公司海外水电项目跨境融资租赁管理。以 22 届成果白银有色为例，白银有色集团股份有限公司以国内外股东资源整合推动产业升级。主要做法：一是利用中信国际化运作平台，组团出海实施"走出去"外延发展战略；二是利用股东资金优势，改造提升传统产业，加快实现产业技术升级；三是构建绿色低碳产业，优化产品结构；四是发展生产性服务业，推动产业链延伸；五是持续优化股权结构，引进资金和技术拓展业务；六是从管理、技术、操作三个方面实施价值链流程再造，支撑产业升级发展。白银集团通过国内国际两个市场和两种资源，利用股东资源发展的金融、贸易和黄金板块对企业利润的贡献率达到 85%。

跨国经营战略管理的突出特点是，结合企业优势推进跨国经营战略。相关一等奖成果有 6 个，分别是上海实业（集团）有限公司的国际经贸集成商的创建与管理；中国水利水电建设股份有限公司以集中管控为主导的海外业务管理；国家电网公司以"两个一流"为目标的国际化战略决策与实施；中国兵器工业集团公司发挥军贸优势的国际化经营战略的实施；中国电力建设集团有限公司以"世界一流"为目标的国际业务集团化管控；中国港湾工程有限责任公司基于区域化管理的国际化经营。以 22 届成果国家电网为例，国家电网公司以"两个一流"为目标，依托特高压、智能电网核心技术和公司管理优势，优化国际业务布局，积极、稳健、安全拓展境外市场。主要做法：第一，明确国际化发展目标，制定国际化发展战略；第二，完善组织体系，夯实战略实施平台；第三，以风险控制为核心，完善国际投资并购流程；第四，严格管控境外资产，确保境外资产稳健高效运营；第五，开展本土化运营，深入融入当地经济社会发展；第六，健全风险管控体系，保障对外投资安全。国网公司树立了良好的国际品牌形象，带动了中国技术、标准和理念"走出去"，提升了中国电力行业国际影响力。

跨国经营组织管理的集中特点是，应对海外经营管理风险。相关一等奖成果有6个，分别是中国海洋石油南海东部公司基于双赢合作理念与外国公司建立了优势互补的联合管理体制；中油国际管道公司为应对海外社会安全风险，构建了多方协调、联防联治的社会安全管理机制；上海华谊丙烯酸有限公司建立反倾销机制；江苏悦达集团为规避和解决经营层道德风险，建立了董事局各委员会；中国中化集团公司适应外部环境进行外贸企业战略转型；中建材集团进出口公司为防范国际化经营风险，建立节点管理领导责任制。以5届成果中国海洋石油南海东部公司为例，东部公司创建于1983年，是中国海洋石油总公司下属的地区油公司。企业基于双赢合作理念建立了与外国公司优势互补的联合管理体制。主要做法：一是树立指导合作的"双赢"理念；二是制定双方认同的共同目标；三是双赢互利的石油合作合同；四是建立优势互补的联合管理体制；五是创立适应国际竞争的经营机制；六是实施跨文化融合工程。企业合作规模不断扩大，合作经济效益增加。

跨国经营供应链管理创新成果呈现的特点是，利用信息化手段进行供应链管理创新。唯一一等奖创新成果是19届成果——中海石油气电集团有限责任公司基于纵向一体化战略的液化天然气产业链延伸与管理。为有效规避LNG产业链系统风险，中海石油气电集团有限责任公司以建设国际一流清洁能源供应公司为目标，充分利用"两种资源、两个市场"，实施国家和母公司能源发展战略，提升气电集团整体竞争力。主要做法：第一，依照纵向一体化战略，明确LNG产业链布局；第二，多种形式获取国内外资源，构建有竞争力的"资源池"；第三，强化基础设施项目管理，确保产业链运营通畅；第四，运用差异化策略开拓下游市场，建立与国际市场接轨的价格机制；第五，加强技术创新和标准体系建设，增强产业链的竞争力；第六，加强产业链管理，提升产业链的协同效应。由此实现有效的协同和互补，带动了液化天然气相关产业发展，企业与利益相关者互利共赢。

跨国经营财务管理创新成果凸显特点是，风险管理和财务集中管理。相关一等奖成果有 12 个，分别是中国航油（新加坡）股份有限公司的海外中资企业的风险管理；中国石油天然气股份有限公司内部控制体系的构建与实施；武汉钢铁（集团）公司境外资源投资的法律风险管理；中国石油天然气股份有限公司海外勘探开发分公司海外投资与运营的风险管理；中国东方航空股份有限公司基于信息平台的国际直销业务支付风险管理；中国石油天然气股份有限公司高效集中的资金管理；中国海洋石油有限公司以共享服务为理念的海外公司财务集中管理；中国石油天然气股份有限公司独立编制财务报告体系建设；中国石油化工集团公司母子公司体制下的资金集中管理；中国五矿集团公司战略性财务资源优化配置管理；中兴通讯股份有限公司基于共享服务的全球财务管理；中国船舶（香港）航运租赁有限公司促进产业发展的逆周期投资管理。以 22 届成果中兴通讯为例，中兴通讯股份有限公司为适应企业国际化战略需要，实施了基于共享服务的全球财务管理，实现财务对公司战略决策和业务价值链的支持作用。主要做法是：第一，搭建支持全球化经营的财务管理体系，明确职责分工；第二，建设全球财务共享服务中心，实现财务基础业务的统一处理；第三，建设战略财务团队，切入经营管理循环，支持公司战略决策；第四，建设业务财务团队，促进财务对于业务价值链的支撑和服务；第五，建设专家团队，提升财务的专业化能力。公司全球财务管理，提升了财务管理水平，有力推动企业的国际化发展。

跨国经营营销管理创新成果的显著特点是，以品牌建设为核心开展国际营销。相关一等奖成果有 4 个，分别是海亮集团有限公司面向国际市场的品牌提升与管理；徐州工程机械集团有限公司面向高端的世界一流品牌建设；万向集团公司拓展国际市场的海外经营战略实施；中鼎国际建设集团有限责任公司实现渐进式升级的差异化跨国经营。以 25 届成果徐工机械为例，徐州工程机械集团有限公司以塑造"世界一流"强势品牌为核心，提升全球品牌的认知度、美誉度和忠诚度，实现从高知名品牌、高价值品牌到高情感品牌的渐进式发展，进入世界一流品牌。主要做法：一是依据企业发展战略，清晰品牌定位；二是丰富品牌核心价值，塑造品牌核心竞争力；三是多维平台整合推广，彰显世界一流品牌形象；四是持续推进国际营销，提升品牌全球声誉；五是构建系统完善的管理体系，规范品牌运维。

跨国经营生产运营管理的亮点是，应用现代技术改造和再造生产运营管理体系。相关一等奖成果有12个，分别是云南锡业集团（控股）有限责任公司以打造国际领先锡业企业为目标的矿产资源整合与开发；中国水电顾问集团成都勘测设计研究院拓展国际型工程公司全功能运作能力；深南电路有限公司提升国际市场竞争力的精益客户管理；中石油中亚天然气管道有限公司基于复杂环境的大型跨国天然气管道工程项目管理；中国石油集团东方地球物理勘探有限责任公司全面提升国际市场竞争力的战略客户管理；中国石油天然气股份有限公司海外勘探开发分公司的海外投资与运营管理；徐州工程机械集团有限公司基于经营魔方的管控体系建设；中国路桥工程有限责任公司海外项目的绿色施工管理；山东南山纺织服饰有限公司适应国际标准的产品生态安全管理；中石油中亚天然气管道有限公司跨多国大型天然气管道运营管理；中国电建集团海外投资有限公司海外电力项目"投建运一体化"管理；中国路桥工程有限责任公司促进中非合作的蒙内铁路建设管理。以19届成果中国石油天然气股份有限公司海外勘探开发分公司为例，该公司已跨入全球最大50家石油公司的行列，列第48位。企业积极探索海外油气项目投资与运营管理的"六化"模式：一是全球化思维，在全球范围内抢抓投资机遇，分阶段科学制定实施海外发展战略；二是专业化管理，强调业务驱动，构建高效的管控构架和管理机制，实现对海外投资项目的专业化、标准化管理；三是差异化策略，实施差异化的目标市场、差异化的技术支持模式以及差异化的客户解决方案，通过发挥比较优势迅速培育核心竞争能力；四是项目化经营，遵循国际规则与惯例，构建以项目为核心的获取、运营管理和动态优化机制；五是一体化运作，充分发挥中国石油作为母公司的上下游一体化、国内外一体化和甲乙方一体化的优势，快速高效建成大型油气项目；六是本地化立足，遵守东道国法律、遵照当地风俗文化，恪守互利共赢原则，持续提升本地化立足能力。通过海外投资和运营管理，企业的海外业务发展速度领先国际同行，发展质量比肩国际水平，显著提升了中国石油的跨国指数，并有力保障了国家油气供给安全。

跨国经营人力资源管理创新成果的重点是，通过知识型人才培养和管理提高企业创新能力。相关二等奖成果有 8 个（没有一等奖成果），分别是北京机械进出口（集团）公司外贸人员业绩写实管理法；广西柳工机械股份有限公司以建设国际一流工程机械公司为目标的企业文化建设；联想（北京）有限公司促进绩效持续改善的问题驱动式管理；杭州东华链条集团有限公司"学用结合"的班组长集成培训体系建设；中国石油集团长城钻探工程有限公司适应国际化经营的石油钻井队自主管理；中国路桥工程有限责任公司海外雇员属地化管理；中国石油天然气股份有限公司海外勘探开发分公司面向国际化经营的人力资源管理；中国电建集团海外投资有限公司造就复合型人才的员工培训管理。以 21 届成果中国路桥为例，中国路桥工程有限责任公司按照所在国法律法规和惯例，开展海外雇员属地化管理，综合利用工程所在地的人力资源、社会关系，选拔、培养和雇用所在国员工，与中方员工相互协作、相互配合，共同完成工程施工任务，有效降低工程成本，增加项目收益。主要做法是：一是遵守所在国法律法规，重视所在国工会组织诉求；二是严把雇员招聘关口，做好雇佣合同管理；三是保持高比例的当地员工人数，缓解所在国的就业困难问题；四是规范雇员管理制度，实施系统化管理；五是完善员工福利机制，实行人性化管理模式；六是加强岗位技术培训，为驻在国培养和输送技术型人才；七是建立当地雇员提升通道，提供平等的竞争机会和多元的提升空间；八是开展跨文化交流与合作培训，创建和谐雇佣关系。

跨国经营技术研发管理创新成果的显著特点是，开展自主创新及自主创新体系建设。相关一等奖成果有 4 个，分别是广州市华南橡胶轮胎有限公司面向国际高端市场的技术创新管理；江苏亨通光电股份有限公司基于智能制造的战略转型；中国核电工程有限公司支撑完全自主知识产权核电项目"走出去"的研发管理体系构建；上海实业（集团）有限公司以国际化、产业化为导向的医药科技创新管理。以 23 届成果中国核电为例，为适应国家产业和国内外核电形势，中国核电工程有限公司结合自身技术能力和条件，加强科技创新体系建设，创新"互联网 + 三维协同"的协作方式，成功研发三代核电型号"华龙一号"，为核电自主发展及其"走出去"奠定坚实基础。主要做法是：一是加强顶层策划，制定自主化研发技术路线；二是建立项目管理组织模式，构建技术分层决策体系；三是加强知识产权策划和保护，为"华龙一号""走出去"保驾护航；四是建立产学研用和国内外协同创新研发模式，搭建协同创新平台；五是实行"互联网 + 三维协同"设计一体化，促进行业研发设计模式升级。

第二节　理论与学术研究

中国开创了发展中国家利用外资的历史和对外直接投资快速进入全球市场的历史，中国企业国际化水平和国际竞争力迅速提升，中国国际企业管理在实践和理论两方面都有了很大的发展。内向国际化利用外资实践为三资企业经营管理理论研究提供了土壤，外向国际化"走出去"实践为跨国经营管理理论研究提供了资料，中国国际企业管理理论得到快速发展。本节应用定量化文献和文本分析方法，探求中国国际企业管理的演进规律。

一 中国三资企业经营管理的理论研究

（一）三资企业经营管理文献计量分析与概貌

从三资企业管理文献的规模及各维度的结构分析，内向国际化国际企业管理理论引进和学术研究显著提高。

（1）按照三资企业管理文献数量统计（见图15—1），文献总量2118篇，被引用率为73.51%，涉及782种期刊，2448位作者，具有一定的规模；文献年发表数量逐年递增，2005年达到峰值166篇，此后缓慢递减直到近年年发表数量40篇左右。一方面表明三资企业管理的实践意义重大，成为学术研究的热点；另一方面说明随着改革开放推进，三资企业管理学术研究的现实需求变化，由弱到强，又随着外向国际化兴起而热点转移。

（2）按照各类主题发表数量来看，各类主题数量差距明显，反映不同主题研究的现实需求不同，热度不一，战略管理668篇、利用外资方式384篇、技术研发管理254篇、财务管理226篇、人力资源管理226篇、营销管理152篇、生产运营管理88篇、公司治理53篇、组织管理35篇、供应链管理32篇。

（3）按照各类主题首次出现年份来讲（见图15—7），排序依次为战略管理（1979年）、利用外资方式（1982年）、财务管理（1985年）、技术研发管理（1987年）、生产运营管理（1987年）、营销管理（1988年）、组织管理（1991年）、人力资源管理（1995年）、公司治理（1996年）和供应链管理（2000年），由此显示各类主题现实需求的时间顺序以及相关国际企业管理理论和知识引入及传播的先后顺序。

（4）按照各类主题文献发表集中时间而言，前两年战略管理独占，此后长期占有较大的比例；1982—1988年利用外资方式文献占比突出，超过总量一半；技术研发管理占比年份集中于2003—2009年；财务管理出现后，长期保持一定的占比；人力资源管理近年来受到更多的重视；营销管理占比有限且分散。这体现了不同时期各

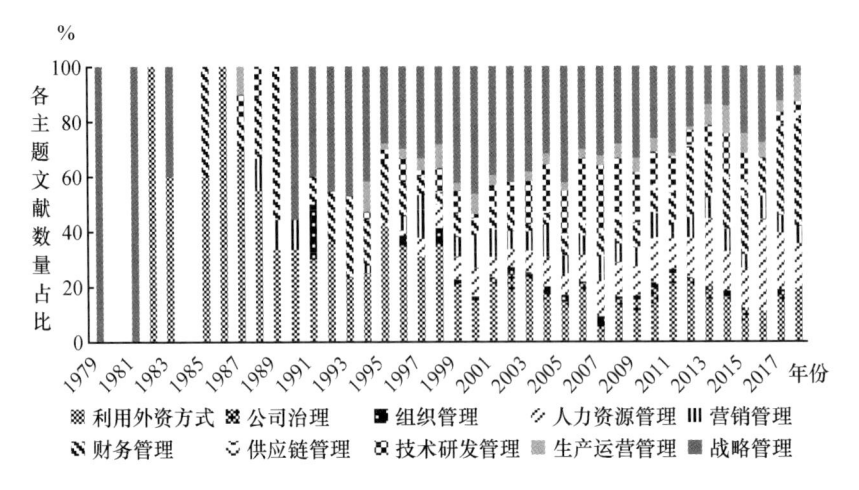

图15—7　1979—2018年三资企业经营管理文献各主题所占比例变化情况

资料来源：根据中国知网（CNKI）检索结果整理。

类主题的热度和现实问题的焦点。

（5）按照每年出现的主题类型数量观察，研究主题类型数量不断增加，从1979年战略管理1个主题、1983年2个主题、1987年4个主题、1994年5个主题、1995年6个主题、1996年8个主题、2000年9个主题、2004年10个主题，研究主题逐渐丰富化，既表明现实需求理论知识的范围不断扩展，也说明国际企业管理理论和知识的不断引进和水平的提高。

从三资企业管理文献的关键词及其词频分析，展示出内向国际化国际企业管理理论引进和学术研究的热点及其相关性。运用CiteSpace进行关键词分析，设置时间跨度为1979—2018年，单个时间分区长度为1（Slice Length＝1）；聚类来源为标题、摘要、作者关键词、增补关键词；节点类型为关键词，选取每个时区被引频次最高的50个关键词，设定阈值为（2，2，20）（4，3，20）（4，3，20）；使用剪切（Pruning）中的寻径（Pathfinder）功能，得到关键词共现图（本章中的关键词分析，均采用同样设置），关键词共计

779个，连线2035条（见图15—8）。限于篇幅可视性，此处仅标注45个词频大于11的关键词，连线171条，圆圈越大代表该词词频越大；连线代表关键词之间存在的联系。词频大于50的关键词有本土化（词频：80；连线：11）、全球化（词频：63；连线：23）、进入模式（词频：57；连线：14）、子公司（词频：57；连线：16）、母子公司（词频：56；连线：17）、战略联盟（词频：53；连线：14）和外资银行（词频：53；连线：11）。高词频关键词反映了三资企业管理面临的主要问题以及各主题学术研究的焦点。以关键词视角看，本土化是外商最为关切的问题，涉及三资企业管理的各类主题，"本土化战略""人力资源本土化"等的出现则表明本土化最为突出的主题；国际企业管理中与此对应的概念——"全球化"同样为焦点，"经济全球化""全球战略"和"跨国公司全球战略"等亦凸显主题。因此，"全球化"与"本土化"既是国际企业管理经典理论的聚焦点，又是中国三资企业管理的冲突点。跨国并购、外资并购、BOT、绿地投资等都属于利用外资方式的研究热点，但是由于中国利用外资方式的创新，"进入模式"整体性分析更加重要，在利用外资方式主题中词频最高。同样，诸多关键词的战略管理主题中，"战略联盟"在中国更令人关注。总之，中国内向国际化国际企业管理实践和学术研究不仅具有普遍性还表现出特殊性。

（二）三资企业经营管理文献的重点分析

从利用外资方式、战略管理、公司治理、组织管理、人力资源管理、营销管理、财务管理、供应链管理、技术研发管理和生产运营管理10个维度，对三资企业经营管理文献各主题研究焦点和关键词进行定量化分析，选择各主题范围内被引量前列的文献和高水平期刊的文献重点分析，由此可以总体归纳和深入探求三资企业经营管理各主题的理论研究状况。

中国利用外资方式的重点为适合国情对利用外资方式创新，文献聚焦三资企业方式及其变化趋势。利用外资方式文献384篇的关键词分析显示，关键词共计645个，连线1973条。词频排列依次为

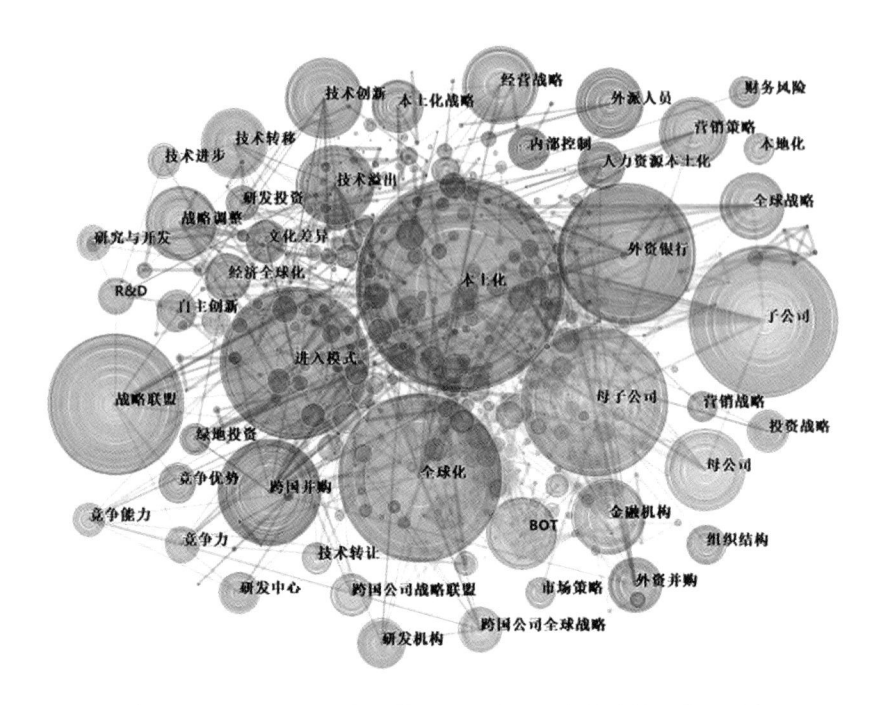

图 15—8　1979—2018 年三资企业经营管理文献关键词共现示意

资料来源：根据中国知网（CNKI）检索结果通过 CiteSpace 分析输出。

进入模式（55）、跨国并购（37）、BOT（27），以及金融机构、绿地投资、对外借款、项目融资等。外商进入模式最为引人关注的是中国利用外资方式由特色化向国际化接轨——40 年来从以合资企业方式为主变为以独资企业为主，外商对华直接投资方式由企业变量和区位变量所决定（崔新健，2001）。相关法律法规的颁布降低了股权投资的风险和不确定性；跨国公司对中国市场知识经验不断丰富，投资信心不断增加；合资企业的制约因素导致其经营绩效普遍受到影响；来自控制性权力偏好型和风险喜好型国家的外资偏爱以独资方式进入（李善民、李昶，2013；潘镇、鲁明泓，2006；邱立成、于李娜，2003；许陈生、夏洪胜，2004）。中国营商环境的持续改善，因为东道国国家层面和产业层面感知腐败会使跨国公司采用合资进入模式（薛求知、韩冰洁，2008）。东西部地区利用外资方式的变化对比分析表明西部地区区位变量处于滞后状态（崔新健，2003）。外商进入模式的独资化趋势对中国经济会产生双重影响（许陈生、夏洪胜，2005）。三资企业技术溢出效率依次为合资企业、独资企业和合作企业（林玲、余娟娟，2012）。

三资企业公司治理文献聚焦于适合中国三资企业的公司治理结构和模式。公司治理53篇文献关键词分析显示，关键词共计98个，连线203条。词频排列依次为治理结构（8）、母子公司（6）、治理模式（6），以及股权结构偏好、外资法人股东、配置效率、治理效率等。跨国公司治理结构代理层级越来越多，关系越来越复杂，呈现出高成本和高风险的特点（周新军，2006）。外资并购会导致公司治理结构的变化，改善公司治理机制（韩颖慧，2005）。跨国公司母子公司关系影响跨国公司治理模式，而母子公司双方的知识投入是构成母子公司关系的基础（丛聪、徐枞巍，2011）。境外企业治理机制的完善依赖于国内母公司治理机制的完善，母公司只有依靠自身完善的治理机制才能对境外企业实施强有力的外部治理；董事会与资本财务机制是境外企业外部治理和内部治理的结合点，母公司要想对境外企业实行有效控制，必须牢牢控制这一结合点（周新军，2001）。

三资企业战略管理文献重视融入东道国的本土化战略。战略管理668篇文献关键词分析显示，关键词共计677个，连线1714条。词频排列依次为本土化（97）、战略联盟（88）和全球化（85），以及战略调整、母子公司、价值链、核心竞争力、业务重组等。本土化与全球化是国际企业战略管理的核心决策，跨国公司在华经营战略逐步进入本土化阶段。跨国公司在华投资轨迹的变化展示了跨国公司在华股权战略的演变（冼国明、崔新健，2005）。跨国公司在华战略开始由被动适应向主动战略性转变（冼国明，2002）。由被动国产化到主动本地化规划的转变，带动其供货商一同来华投资，主动寻找培植本地供货商，自我建立产业链条（张晓华，2001）。跨国公司在华子公司由抢占要素资源向抢占所有权资源过渡，重视与东道国政府、公众保持友好关系（赵景华，2002）。跨国公司在中国实施本土化战略时，文化建设是解决本土化困境的关键（李燕萍、熊峻，2003）。跨国公司在我国组建合资企业，从投资的动机和实际运作来看，与真正意义上的跨国公司联盟还有很大差距（邱立成，1997）。

三资企业组织管理文献聚焦于组织结构及其服务于企业战略。组织管理35篇文献关键词分析显示，关键词共计82个，连线159条。词频排列依次为组织结构（14）、网络组织（4）、竞争优势（3），以及母子公司、本土化、学习型组织、知识流动、知识整合、知识链、虚拟化等。跨国公司组织结构从内部讲主要呈现网络化、扁平化、柔性化的趋势；从外部看主要表现为战略联盟、并购浪潮及研究与开发的全球化趋势（王立新，2002）。企业战略的实施要求合适的组织结构与其匹配（赵民杰、姜飞，2005），提高组织整体效能，可以为企业构思和设计新的战略创造前提条件（宋玉华、姚建农，2004）。跨国公司网络组织更有利于全球学习、知识创新及分享，由此构成跨国公司竞争优势的重要源泉。知识流动促进了网络知识水平的提升和网络结构的优化（高茜、徐蕾，2004）。跨国公司网络组织能够保持既有优势在组织中得到有效扩张与使用，又可以赋予海外各节点企业高度的自主权特别是创新与学习的自主权（李玥、吴育华、沈琛，2008）。

三资企业供应链管理文献重点为适合发展趋势的全球供应链构建。供应链管理32篇文献关键词分析显示，关键词共计58个，连线108条。词频排列依次为供应链整合（9）、绿色供应链（5）、全球供应链（4），以及生产外包、服务外包、模块化、产业集群等。跨国公司在华战略已经从资源导向转变为市场导向，竞争已发展为供应链对供应链的战略对抗。供应链管理是确保跨国公司实现其在华竞争战略演变的重要手段，跨国公司在采购供应链和内部供应链上实现成本降低的路径主要是区位成本优势和专属成本优势，而在分销供应链上主要依靠专属成本优势确保成本的节约（刘刚、李峰，

2008)。跨国公司锁定中国市场之后,最先从销售终端渠道入手,寻找本土代理商进行产品销售,经过一段时间的适应和调整之后,开始完善其供应链的每一个环节,即在中国建立起从销售、生产、采购、研发、物流到信息的一条完整的延伸供应链(曹丽莉、杨婷婷,2014)。跨国公司供应链园区投资的新模式让旗舰跨国公司避免了"被动嵌入"带来的限制,而且可以降低生产成本和提升竞争力。但是,该投资模式不利于本地企业进入外资企业的供应链网络,可能对东道国的相关产业的企业产生巨大的竞争压力(潘峰华、王缉慈,2010)。

三资企业财务管理文献重点是母子公司财务关系及风险控制。财务管理226篇文献关键词分析显示,关键词共计466个,连线1250条。词频排列依次为母子公司(54)、财务风险(24)、内部控制(15),以及汇率波动、财务会计、合并财务报表、会计核算、会计处理、转移定价等。跨国公司由母公司和子公司组成,由于子公司所在东道国经济、政治、法律和文化环境存在很大差异,怎样编制合并财务报表、如何进行外汇换算以及如何调整物价是跨国公司特有的三大会计实务问题(唐维霞,1994)。大型跨国集团公司通常采用财务共享服务中心的管理模式,有效提升海外财务管理的水平(钟邦秀,2012)。跨国公司财务管理存在政治风险、外汇风险等,在投资决策、资金筹措和营运资本管理、国际税务等方面也存在风险(张诚,1995)。市场评价因子、成长因子和负债因子是外资并购国有企业股权定价的财务影响因素,正确评价可以降低国有企业的财务风险(姚海鑫、刘志杰,2009)。三资企业财务内部控制值得中国企业学习借鉴(王海军,2011)。

三资企业营销管理文献锁定于营销策略和战略及其本土化。组织管理152篇文献关键词分析显示,关键词共计294个,连线777条。词频排列依次为营销策略(71)、营销战略(28)、本土化营销(26),以及跨文化、柔性营销、新兴市场、标准化营销等。跨国公司在华营销战略主要包括技术领先的产品战略、鲜明的市场定位战略、全球视角的品牌战略、高效率的渠道战略和让顾客满意的服务战略（吴晓云、袁磊，2003）。跨国公司在华汽车营销模式，从营销网络看可分为建网模式、借网模式和并网模式。跨国公司在营销理念、营销组织和营销技术方面影响着我国的汽车营销（康灿华、黄韵玲、姜辉，2004）。几乎所有进入中国市场的跨国公司都把本土化作为取胜之本（梁西章，2007）。母国的不确定性规避程度、权力距离、集体主义观念以及女性主义文化与跨国公司的营销标准化程度有着正向的联系（张峰、陈怀超，2009）。在华营销渠道是一个备受关注的问题，通过确立密切的成员关系，可以对有限资源进行合理配置，提高渠道的经营绩效（薛求知、夏科家，1999）。跨国公司在华的整合营销渠道策略主要从渠道各环节成员的合理分工、建立整合营销体系、服务零售商计划三方面展开（徐剑明，2000）。

三资企业生产运营管理文献以全球生产网络为中心展开。生产运营管理88篇文献关键词分析显示，关键词共计240个，连线496条。词频排列依次为全球生产网络（15）、母子公司（14）、国际生产（13），以及全球价值链、模块化、外包生产、代工企业、产品内分工等。跨国公司全球生产网络形成的实质在于国际生产力的发展和国际分工的深化。模块化生产方式是推动全球生产网络形成的重要动力；"产品内分工""生产服务业"和"网络化组织"则是全球生产网络"三位一体"的表现形式（孔瑞，2009）。母公司与子公司之间的联系主要是所有权控制，在一体化网络下，劳力、资本、中间产品在总公司安排下，在各子公司间进行配置（陈舜，1994）。跨国公司生产性服务业网络"一体化—分离与分立—网络化链接整合"，这种嵌套网络自身的不平衡发展对全球劳动力市场结构、就业结构及产业结构具有重要影响（赵秀丽、张成，2010）。中国政府对于生产行为应采取在劳动法和公共政策允许的范围内有条件地接受的策略，防止生产行为守则负面影响的根本措施乃至于提高我国的劳动标准（周长征，2003）。

三资企业人力资源管理文献重点为本土化及外派员工管理。组织管理 226 篇文献关键词分析显示,关键词共计 348 个,连线 861 条。词频排列依次为本土化(53)、外派员工(39)、跨文化(23),以及文化差异、文化融合、薪酬管理、知识转移、人力资源外包等。人力资源本土化可以解决文化冲突并降低成本,最终决定子公司人力资源本土化管理程度的因素主要是子公司是否能够在当地创造出其特定的竞争优势(陶向南、赵曙明,2003)。跨国公司利用当地人力资本旨在利用多元文化的互补优势加强知识创新(刘永强、赵曙明,2005)。文化制度环境对人力资源管理与企业绩效间的关系起着调节作用,并且这种调节作用在人力资源管理的不同侧面表现有所差异(范秀成、英格玛·比约克曼,2003)。为进一步提高本地化策略实施效果,应以国际水准为目标提高本地员工的管理水平,给予本地员工真正的归属感(陈凌宇、魏立群,2003)。各国跨国公司在不同国家、不同管理层上对外派人员的使用不同(邱立成、成泽宇,1999)。要重视对外派人员的职业生涯管理,制订外派人员回国后的职业综合发展计划(李华、张湄,2004)。

三资企业技术研发管理文献突出中国技术获取和创新。技术研发管理 254 篇文献关键词分析显示,关键词共计 329 个,连线 847 条。词频排列依次为技术溢出(39)、技术创新(34)、技术转移(23),以及研发国际化、自主创新、技术进口、国家创新体系、知识产权、研发外包、研发本地化、技术依赖等。三资企业技术溢出和技术转移是中国技术获取的重要途径,跨国公司具有技术创新全球化的趋势,在我国的创新主要基于成本优势、市场优势、人力资源的争夺和储备等(孙靖,2004)。跨国公司在华设立研发机构主要影响因素是人才供给、本土化市场规模和需要,充分利用中国与母国之间的配合和协调来提高全球研发效率(薛澜、王书贵、沈群红,2001)。跨国公司在华投资产生一定的技术溢出效应,对我国国家创新系统的形成具有促进作用(蒋殿春,2004)。跨国公司技术转移还对我国制造业绿色创新绩效具有积极影响,跨国公司技术溢出、绿色创新系统社会资本和绿色创新系统吸收能力,以跨国公司技术溢出的影响最为显著（隋俊、毕克新、杨朝均等，2015）。跨国公司在中国汽车工业的投资对促进产业结构升级具有积极作用，汽车工业产业、产品内部结构得到了很大改变，优化了进出口结构，促进了汽车工业产业组织结构合理化（张雪倩，2003）。通过改善影响类型决策的区位变量可以吸收更多跨国公司全球创新性研发中心（崔新健，2007）。

二 中国企业跨国经营管理的理论研究

（一）跨国经营管理文献计量分析与概貌

跨国经营管理文献的规模及其各维度的结构分析表明，外向国际化跨国经营管理理论引进和学术研究刚刚起步。

（1）按照跨国经营管理文献数量统计（见图15—1），文献总量434篇，引用率为80.65%，涉及265种期刊，608位作者，文献总体数量相对有限；文献数量总体波动起伏抬升，2016年达到峰值35篇。由此推断，随着中国企业"走出去"实践步伐的变化，跨国经营管理学术研究有所波动，尚处于热点形成时期。

（2）按照各类主题发表数量来看，数量差距悬殊，研究主要倾向于战略管理和"走出去"方式，有的主题研究则刚刚开始，反映了学者跨国经营知识的局限及其研究水平。战略管理165篇、"走出去"方式106篇、技术研发管理73篇、人力资源管理28篇、财务管理19篇、公司治理18篇、生产运营管理9篇、营销管理8篇、供应链管理5篇、组织管理3篇。

（3）按照各类主题首次出现年份（见图15—9），排序依次为战略管理（1988年）、"走出去"方式（1991年）、财务管理（1994年）、组织管理（1996年）、公司治理（1996年）、技术研发管理（2000年）、人力资源管理（2001年）、营销管理（2003年）、供应链管理（2004年）和生产运营管理（2012年），与内向国际化三资企业管理相比，多数主题出现的时间要晚10年左右，生产运营管理出现时差最大为25年，战略管理、方式、财务管理都是出现时间前三的主题。

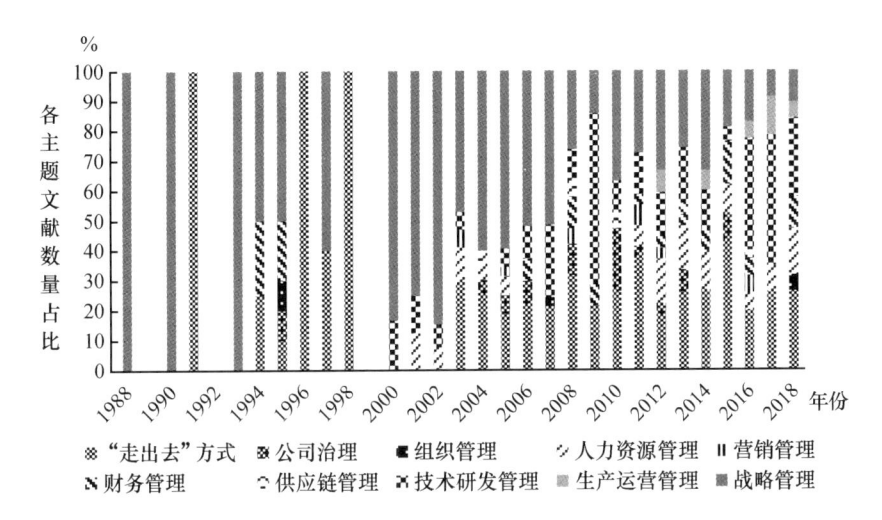

图15—9　1979—2018年跨国经营管理文献各主题所占比例变化情况

资料来源：根据中国知网（CNKI）检索结果整理。

（4）按照各类主题文献发表集中时间而言，前两年战略管理独占，战略管理研究文献数量最多，2007年前的多数年份占比超过一半；"走出去"方式占比亦比较突出；技术研发管理和人力资源管理分布于多年且占有一定比重，技术研发管理有增加的趋势，组织管理只有2007年和2018年出现。这反映了不同时期的现实需求和研究热点。

（5）按照每年出现的主题类型数量观察，研究主题类型数量不断增加，1988—1993年战略管理或"走出去"方式为1个主题，1994年为3个主题，1995年为5个主题，2005年为6个主题，2011年为7个主题，研究主题逐渐丰富化，但有所波动，与内向国际化三资企业管理相比，现实需求理论知识范围扩展速度慢、落后10余年，同样表明跨国经营管理知识和理论尚在起步。

从跨国经营管理文献的关键词及其词频分析，展示出外向国际化跨国经营管理理论学习和学术研究的热点及其相关性。运用

CiteSpace 进行关键词分析，得到关键词共现图（见图 15—10），关键词共计 584 个，连线 1489 条。限于篇幅可视性，此处仅标注 49 个词频大于 2 的关键词，连线 141 条。词频前列的有跨国并购、进入模式、战略选择、投资模式、绿地投资、发展战略、战略联盟等，高词频关键词反映了跨国经营管理面临的主要问题以及各主题学术研究的焦点。以关键词视角看，进入模式是企业对外直接投资的首要问题，一方面说明对外直接投资增长迅速，跨国经营管理实践刚刚起步；另一方面意味着学术研究适应实践的聚焦，跨国经营管理理论和实践处于学习探究阶段。

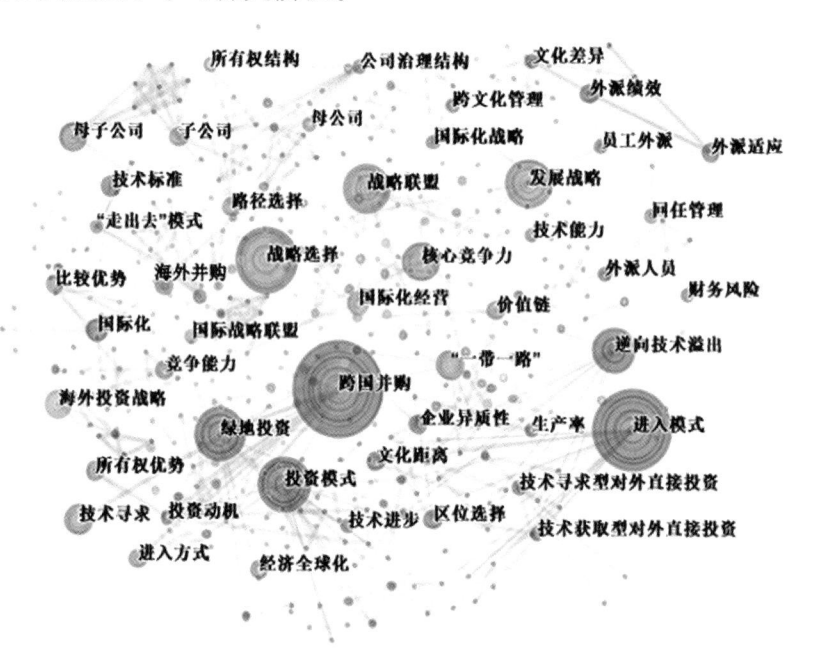

图 15—10　1979—2018 年跨国经营管理文献关键词共现示意

资料来源：根据中国知网（CNKI）检索结果通过 CiteSpace 分析输出。

（二）跨国经营管理文献的重点分析

从"走出去"方式、战略管理、公司治理、组织管理、人力资源管理、营销管理、财务管理、供应链管理、技术研发管理和生产运营管理 10 个维度，对中国企业跨国经营管理文献各主题研究焦点和关键词进行定量化分析，选择各主题范围内被引量前列对文献和高水平期刊对文献重点分析，由此可以总体归纳和深入探求跨国经营管理各主题的理论研究状况。

中国跨国公司"走出去"方式理论集中探索进入模式，尤其是绿地投资和跨国并购。中国企业"走出去"方式与利用外资方式类似，都属于领域普通性研究主题。"走出去"方式文献 106 篇关键词分析显示，关键词共计 214 个，连线 529 条。词频排列依次为进入模式（48）、绿地投资（29）、跨国并购（23），以及企业异质性、文化距离、交易成本、制度距离、非股权安排、制度环境、东道国因素等。中国企业"走出去"的进入模式包括建立海外营销渠道、境外加工贸易、海外创立自主品牌、海外并购品牌、海外品牌输出、海外资产并购、海外股权并购、国家战略主导投资模式和海外研发投资模式（卢进勇、闫实强，2005）。中国企业以子公司和分支机构为主，占比超过90%。渐进型内部化表现为逐步深入或者循序渐进的海外扩张模式，急进型内部化则表现出跳跃的特点（周长辉、张一弛、俞达，2005）。中国企业主要通过所有权模式的调整来应对文化距离等非正式制度因素的影响（吴先明，2011）。制度因素和企业异质性是跨国并购或者绿地投资决策的影响因素（阎大颖、任兵、赵奇伟，2010）。生产率高、资本密集、规模大、研发密度高且流动资产比重高的中国企业选择跨国并购方式的可能性大（蒋冠宏、蒋殿春，2017）。

跨国经营公司治理文献聚焦于中国跨国公司母子公司的公司治理结构。公司治理 18 篇文献关键词分析显示，关键词共计 45 个，连线 94 条。词频排列依次为母子公司（6）、治理结构（5）、所有权优势（3），以及所有权结构、高管权力、制度平台、委托代理、治理文化等。中国跨国公司母子公司关系尚未理顺。母公司尚未按照法律要求建立起法人治理结构，对海外子公司还是以管理代替治理，"内部人控制"致使其公司治理结构仅形似而不得精髓，忽视了当地化企业治理机制以及适应性公司治理文化的塑造（徐伟，2005；

周新军，2008）。委托代理链能否形成有效传导机制以及各级委托链的委托人和代理人是否明确，是完善国有跨国公司境外企业公司治理的关键。改变原有国有企业的企业治理文化，逐步形成董事会主导的公司治理文化（宋光辉、王晓晖、秦全德，2010）。民营企业具有技术优势、营销优势、管理优势，以及自主性、灵活性等（周英，2004）。

跨国经营战略管理文献重视企业走出去的战略选择和发展战略。战略管理165篇文献关键词分析显示，关键词共计305个，连线931条。词频排列依次为战略选择（29）、发展战略（19）和战略联盟（16），以及核心竞争力、本外币、对外工程承包、外汇监管、高铁项目等。由于经营环境和国际化诱因的不同，发展中国家跨国公司的国际化战略选择，尽管基本遵循跨国公司实施国际化战略的一般原则，并不能照搬发达市场环境下的经验和做法（李卓、刘杨、陈永清，2006）。海尔集团的先难后易战略与TCL集团的先易后难战略的实践，共同点是在国际市场开拓中强调自有品牌的建设，重视对国际市场拓展的整体布局，都经历了由出口到直接投资的过程，逐渐由单一产品发展到多元产品，重视本地化的经营管理（何志毅，2002）。境外经贸合作区是中国企业走出去发展战略的特色（洪联英、张云，2011）。有条件的中国企业应与跨国公司建立契约式战略联盟，扶持与培育我国的大企业集团，引进技术与自主知识产权的创新相结合（袁开坤，2001）。

跨国经营组织管理文献关切适合的组织模式。组织管理3篇文献关键词分析显示，关键词共计6个，连线9条。词频排列依次为组织模式、国际业务部、制度创新等。跨国公司组织模式与企业的战略密切相关，全球性企业战略和全球协同战略使得公司侧重于采用控制程度较高的模式（邝祺纶，2018）。中国跨国公司刚刚起步，适合采用国际业务部组织模式，国际业务部的组织形式既可使母公司有效地了解管理海外子公司的经营活动，又为促进国内外经营活动的结合创造了条件（裴琦，1995）。

跨国经营供应链管理文献关注供应链管理及其成效。供应链管理5篇文献关键词分析显示，关键词共计16个，连线21条。词频排列依次为价值网络、信息共享、国际供应链、物流供应链、转换成本和逆杠杆效应等。对中国跨国公司效率相对低下的物流供应链进行整体或局部的价值网络化改造，可增加中国企业的竞争能力和对外部环境的适应能力（魏明亮、李斌，2008）。随着中国跨国企业的增多，东盟国家逐渐成为我国供应链下游的重要销售市场，欧盟国家逐渐成为我国供应链上游的技术提供方（李剑、姜宝、邢晓丹，2016）。供应链信息共享是解决跨国公司尤为突出的牛鞭效应的有效方式（何继昌，2010）。逆杠杆操作是深度嵌入国际供应链、参与国际竞争的一种重要策略，逆杠杆深度嵌入国际供应链的过程也是同供应链内外竞争对手竞争获胜的过程（方琳，2004）。

跨国经营财务管理文献的重点是风险管理及母子公司关系。财务管理19篇文献关键词分析显示，关键词共计59个，连线111条。词频排列依次为财务风险（5）、母子公司（4）、国际避税（4），以及财务策略、现行汇率法、国际会计、现金池等词汇。国际避税与三资企业比较反差突出。由于浮动汇率体系增加了跨国公司经营环境的不稳定性，国际金融市场的变化和发展为跨国公司投融资活动提供了更多的机会，国际财务管理越发重要（成宏斌，2006）。跨国公司要加强外汇风险管理，以尽量减少外汇风险造成的损失（尹承政，1994）。母公司对子公司财务人员的控制通常可采取委派制、指导制和监督制三种方式（孙丽，2015）。税收动因是我国跨国公司转让定价操纵行为的重要因素（赵忠良、杨少刚、何隽，2006）。企业财务管理模式分为集权式、分权式以及综合性的管理模式（陶春涛、李咏梅，2011）。海尔公司在财务管理上遵循集中管理模式（应樱，2014）。

跨国经营营销管理文献锁定于营销战略及本土化与标准化这一营销普遍性问题。营销管理8篇文献关键词分析显示，关键词共计22个，连线29条。关键词围绕营销战略（4）和本土化（3）两类。

中国跨国公司应在出口战略、多国战略和初步全球化战略的基础上，树立全球导向和渐进式思路，发挥后发展优势，不断渗透全球战略的思维理念和管理要素，强调发挥每个阶段战略优势，同时也要考虑向最终全球战略的过渡和升级（吴晓云、邓竹箐，2008）。应在眼界视野、技术标准、语言、营销渠道、合作伙伴方面增强本土化，从而有利于跨越文化差异障碍（程春丽，2012）。中国能源企业可以采取低成本或差异化市场竞争战略（郭国庆、姚亚男、贾森磊，2011）。通过海外直接投资实现中国品牌国际化，加快制度创新，加强品牌战略实施力度（宋永高，2003）。

跨国经营生产运营管理文献以铁路行业和适应市场为主展开。生产运营管理9篇文献关键词分析显示，关键词共计27个，连线38条。词频排列依次为铁路运营（7）、适应市场经济（5），以及麦加轻轨、境外铁路、坦赞铁路、盈利模式、成长机制、国际生产经营网络、全球生产网络等。

海外铁路运营要融合国内外标准、规章、维修、安全、能力、绩效评价等管理体系，因地制宜制定海外运营管理模式并形成适用于海外运营的规章体系（高峰、刘东、李文杰等，2017）。运营项目盈利模式有"纯运输收入""运输收入+资源开发""总价包干"3种（方明华、魏玉光，2016）。在企业构建全球生产网络的格局下，企业资源、网络构建与企业成长之间存在协同演化机制（孙立锋、徐明棋，2018）。制造型企业对外直接投资，分别通过技术专利的转移反馈于新产品开发，品牌声誉的利用反馈于供应链管理，技术专利的转移和管理经验的获取反馈于生产管理，管理经验的获取还反馈于质量管理（吴晓波、杜荣军，2012）。中国企业主导的国际生产经营网络同发达国家相比还有一定差距（温丽琴、卢进勇，2012）。

跨国经营人力资源管理文献关注外派员工管理。人力资源管理28篇文献关键词分析显示，关键词共计62个，连线126条。词频排列依次为外派适应（12）、外派绩效（5）和回任管理（4），还涉及外派失败、跨文化管理、文化冲突、文化距离等。外派人员的跨文化管理有效性是中国跨国经营成功与否的关键因素（张洪烈、潘雪冬，2011）。外派人员和东道国居民的社会网络在外派适应中具有不同的功效（周燕华、崔新健，2012）。我国跨国公司中普遍存在的外派人员高离职现象，原因在于外派人员回任遭遇逆文化休克（吴雨才，2012）。从跨国公司人力资源管理风险看，中国企业须建立一套国际人力资源管理风险预警机制（林新奇、王富祥，2017）。

跨国经营技术研发管理文献关切实现技术创新。技术研发管理73篇文献关键词分析显示，关键词共计164个，连线375条。词频排列依次为技术创新（15）、逆向技术溢出（13）和技术寻求（11），还涉及技术能力、技术整合、技术转移、技术获取、吸管模式、技术传播等问题。对外直接投资有助于提高中国企业的技术创新能力，国有企业、综合型对外投资企业并投资到发达国家（地区）的企业，提升作用更大（赵宸宇、李雪松，2017）。逆向技术转移/溢出均能使受益方提升技术创新能力，但二者在行为主体和流向、行为预期性、行为性质、技术特点以及发生渠道均存在差异（崔新健、章东明，2016）。国有企业对外直接投资的逆向技术外溢效应主要表现为物化技术溢出（常玉春，2011）。中国高新技术企业的创新产品很少销回母国（徐卫武、王河流，2005）。我国企业本身技术水平有限，影响了海外技术寻求的吸收能力；而政府对海外投资企业也缺乏有效的扶持机制（白洁，2009）。

第三节　总结与展望

70年来中国国际企业管理实践历经国际化探索、内向国际化和外向国际化三个阶段，各阶段国际企业管理特点突出。国际企业管理领域高等教育同样经历一个发展过程，从全面引进苏联相关学科的教育体系，到改革开放初期基于需求设立国际企业管理专业，再到逐步学习借鉴发达国家相关学科高等教育体系，在世界高等教育领域广泛交流确立了相应的地位。1949—1978 年为国际化探索阶段，中国在利用外资、外国援助、国际贸易和技术引进方面进行了社会主义实践探索，总体上讲，一方面改造处理遗留的外资企业、国际贸易体系等以适合社会主义发展方向；另一方面尝试与苏联等社会主义国家建立合资企业、国际贸易、外国援助、技术引进等国际交流合作关系。中国企业国际企业管理方面有了初步的接触和实践。1979—2005 年为内向国际化阶段，以利用外资为主，三资企业经营管理实践取得长足发展，对推进中国企业国际企业管理水平发挥了重要作用。合资企业是中国利用外资的重要方式，合资企业经营管理创新成果成为亮点。三资企业经营管理实践水平与行业、地区利用外资关系密切，行业需求特色各异，沿海地区表现尤为突出。三资企业经营管理集中于破解三资企业管理所遇到的短板——影响企业经营绩效的关键因素，更为关注解决面临的技术性或短期见效的问题。三资企业引进相关的先进国际企业管理知识和经验，已融入中国国际企业管理实践之中且取得了显著的成效，在国际企业管理人才培养和相关知识积累方面都有所体现。三资企业经营管理实践的突出特点是，以适应中国国情和市场为方向，进行企业战略调整、组织重塑、供应链管理创新、品牌建设、生产运营体系改造和再造、知识型人才培养和技术引进创新。2006—2018 年为外向国际化阶段，中国实现"引进来"到"走出去"的转变，跨国经营管理实践快速发展。跨国经营管理的实践水平快速提高，跨国经营管理实践代表中国企业国际企业管理的领先水平。跨国经营管理实践以制造业为主，主题丰富多样，各行业跨国经营管理水平与对外直接投资存在显著的关联。各省市区分布广泛。跨国经营管理关注的焦点，除了内外向国际化存在许多普遍共性问题，在市场和风险意识方面更为突出，凸显中国企业适应国际市场竞争规则方面面临的挑战。跨国经营管理创新成果实践的突出特点是：以应对国际市场规则和竞争为方向，强调战略导向的并购及其整合；以资金为纽带推动公司治理；从组织管理层面积极应对海外经营管理风险；利用信息化手段进行供应链管理创新；以品牌建设为核心开展国际营销；应用现代技术改造和再造生产运营管理体系；通过知识型人才培养和管理提高企业创新能力；开展自主创新及其自主创新体系建设。三个阶段逐步推进、相互关联，国际化探索为内向国际化探寻适宜的国际化路径；内向国际化为外向国际化构建国际化优势和基础。这不仅符合跨国公司理论的内在逻辑和规律，而且走出一条具有中国特色的国际企业管理实践之路。

中国国际企业管理理论主要包括三资企业经营管理和跨国经营管理两部分，前者是以中国内向国际化实践为基础，后者是以中国外向国际化实践为基础。内向国际化国际企业管理理论引进和学术研究提高显著，已经形成特色。三资企业经营管理学术研究由弱到强，又随着外向国际化兴起而热点转移，各主题理论现实需求不同，热度不一，出现顺序先后有别，聚焦时间长短差距明显，主题逐步丰富化。理论研究与实践密切相关，国际企业管理经典理论的聚焦点"全球化"与"本土化"也是中国三资企业经营管理实践和理论中心，中国利用外资方式的创新在理论上得到体现。理论研究突出特点是：适合国情的利用外资方式创新及其变化规律；适合国情的三资企业公司治理结构和模式；融入东道国的本土化战略；服务于企业战略的组织结构；适合发展趋势的全球供应链构建；母子公司财务关系及风险控制；营销策略和战略的本土化；全球生产网络的建设；人力资源的本土化及外派员工管理；技术获取和创新。中国内向国际化国际企业管理实践和学术研究不仅具有普遍性而且表现出特殊性。外向国际化跨国经营管理理论引进和学术研究刚刚起步，逐渐形成特色。跨国经营管理学术研究正处于上升期，各类主题数量差距悬殊、依次出现，与三资企业经营管理相比，多数比三资企业经营管理同类主题滞后10年左右。国际企业管理经典理论难点之一——进入模式，是中国企业"走出去"实践的首遇问题，也是理论研究的焦点。理论研究的初步特点是，探索中国企业适合的进入模式、公司治理结构、"走出去"战略、组织模式、供应链管理、财务风险管理、本土化营销、工程生产运营、外派员工管理和技术创新。国际企业管理学术文献客观反映了实践的重点需求，以现实热点为方向的实践引导型学术研究为主，世界普遍性和领先性研究明显不足，学术研究相对滞后于实践，但是实践和学术研究都出现逐步与国际接轨的趋势。

70年中国国际企业管理实践和理论的发展，推动了中国社会经济前行和中国企业管理实践和理论的构建。当今面临全球百年之大变局、"一带一路"倡议的落地、经济全球化趋势的变化，中国国际企业管理实践和理论必将迎来新使命和新挑战。基于70年实践和理论回顾，展望中国国际企业管理实践和理论未来走向，需要特别关注以下几点：一是在中国企业"走出去"的大趋势下，跨国经营管理实践和理论都亟待加强。中国仍然处于内向国际化向外向国际化转轨的进程中，跨国经营管理的实践经验、资源及国际化人才匮乏，跨国经营管理理论研究刚刚起步。政府推进"一带一路"倡议，需要以企业跨国经营管理为抓手，出台相适应的配套支持政策。二是重视三资企业经营管理实践和理论的基础性，强化学习推广先进的国际企业管理经验和知识。利用外资是对外投资的基础，三资企业经营管理奠定了中国企业对外投资的基石，无论从国际化经验、资源、人才，还是国际化网络、交流、竞争上讲，继续扩大利用外资，提高国际企业管理水平都非常重要。三是注重推进前瞻性和基础性国际企业管理理论研究，以服务于跨国经营管理实践。国际企业管理学术文献客观反映了实践的重点需求，学术研究相对滞后于实践，以现实热点为方向的实践引导型学术研究为主，前瞻性和基础性研究明显不足。理论服务于实践，理论超越和引领实践的前提是由基础理论所决定的。四是统筹国际企业管理理论系统性和全局性研究，以加快国际企业管理实践和理论发展。国际企业管理理论各主题文献研究呈现明显的不均衡现状，各主题内部关键词差异显著，这不利于加强国际企业管理实践和理论的科学发展。五是重点突破性和原创性国际企业管理理论研究，以提高跨国经营管理实践和理论水平。国际企业管理文献研究仍然处于国外理论知识引进应用阶段，原创性理论和知识明显匮乏。在充分理解国际市场竞争规则前提下，中国要完善国际市场竞争规则就需要具备相应的理论基础，中国声音的理论基础只有来源于中国原创性国际企业管理理论。六是突出国际化和学理性国际企业管理理论研究，以对国际企业管理理论和实践具有普遍指导意义。起步于适应中国国情和本土化的国际企业管理实践和理论，具有客观性和必然性，国际企业管理实践和理论都出现逐步与国际接轨的趋势，国际化和学理性将有助于推动国际企业管理实践和理论进一步发展。

参考文献

一 中文文献

[美] 巴里·诺顿：《中国经济：转型与增长》，安佳译，上海人民出版社2010年版。

[美] 克里斯托弗·巴特利特、[英] 休曼特拉·戈歇尔、[加] 保罗·比米什：《跨国管理：教程、案例和阅读材料》，赵曙明译，东北财经大学出版社2010年版。

[美] 弗雷德·卢森斯、乔纳森·P. 多：《国际企业管理：文化、战略与行为》，赵曙明、程德俊译，机械工业出版社2009年版。

[美] 司马贺：《人工科学》，武夷山译，上海科技教育出版社2004年版。

[美] 理查德·L. 达夫特：《组织理论与设计》，王凤彬、石云鸣、张秀萍、刘松博等译，清华大学出版社2017年版。

[美] 约翰·卡伦、普拉文·帕博蒂阿：《国际企业管理》，崔新健、闫书颖等译校，中国人民大学出版社2018年版。

[苏] 阿·毕尔曼：《苏联国民经济各部门财务》，万颐庵等译，中国人民大学出版社1956年版。

Alastair Morrison、邵隽、陈映臻：《目的地管理与目的地营销：打造优质旅游目的地平台》，《旅游学刊》2013年第1期。

《当代中国的计划工作》办公室：《中华人民共和国国民经济和社会发展计划大事辑要1949—1985》，红旗出版社1986年版。

《齐齐哈尔车辆工厂财务管理制度》，《铁道车辆》1969年第12期。

《中国社会主义国营工业企业管理》编写小组：《中国社会主义国营工业企业管理》（上、下册），人民出版社1964年版。

白长虹：《西方的顾客价值研究及其实践启示》，《南开管理评论》2001年第2期。

白洁：《中国企业的技术寻求型海外投资战略分析》，《中国科技论坛》2009年第4期。

包国宪、曹惠民、王学军：《地方政府绩效研究视角的转变：从管理到治理》，《东北大学学报》（社会科学版）2012年第5期。

包国宪、王学军：《以公共价值为基础的政府绩效治理——源起、架构与研究问题》，《公共管理学报》2012年第2期。

宝贡敏：《孤波寻租多角化：转型背景下的企业成长战略》，《管理世界》2002年第9期。

保继刚：《中国旅游发展笔谈——旅游管理一级学科建设》，《旅游学刊》2016年第10期。

保继刚：《建设旅游管理一级学科，加快旅游人才培养》，《旅游学刊》2015年第9期。

保继刚：《理论—实践—再理论—再实践》，《旅游学刊》2017年第12期。

保继刚、赖坤：《旅游管理学科内涵及其升级必要性》，《旅游学刊》2016年第10期。

保继刚、谢彦君、王宁、马波、肖洪根：《"旅游学纵横：学界五人对话录（续）"之"旅游教育40年：不惑之惑"》，《旅游论坛》2019年第2期。

鲍光前、郭靖编：《袁宝华访谈录》，人民出版社1991年版。

毕亚军：《务实与创新缔造基业长青传奇——追忆鲁冠球》，《中国中小企业》2017年第12期。

邴綨纶：《中西方企业跨国公司组织模式影响因素及路径选择》，《河南社会科学》2018年第2期。

卜永祥：《跨国公司的全球一体化战略》，《外国经济与管理》1994

年第 4 期。

蔡宁、吴结兵：《企业集群的竞争优势：资源的结构性整合》，《中国工业经济》2002 年第 7 期。

曹凤岐：《试论社会主义条件下的股份制度》，《北京大学学报》1985 年第 1 期。

曹建军：《大型企业体制改革初探——试论事业部制在我国大型企业中的建立》，《管理世界》1985 年第 2 期。

曹岚、崔秀梅、翁甲波：《上市公司环境投资的影响因素研究》，《中国注册会计师》2014 年第 2 期。

曹莉莉、陈向东：《外资在华制药企业技术战略分析》，《中国软科学》2007 年第 11 期。

曹丽莉、杨婷婷：《跨国公司在华供应链延伸的路径研究》，《国际贸易》2014 年第 8 期。

曹曼、席猛、赵曙明：《高绩效工作系统对员工幸福感的影响——基于自我决定理论的跨层次模型》，《南开管理评论》2019 年第 2 期。

曹堂哲、孙智慧：《公共管理研究的技术设计范式：方法论、议题和逻辑》，《天津行政学院学报》2015 年第 1 期。

曹侠、王俊霞：《社会主义财务学学科体系的若干问题》，《浙江财经学院学报》1989 年第 2 期。

曹燕：《劳动合同制度的政策基础与功能冲突》，《政法论丛》2007 年第 3 期。

柴进、朱庆衍：《关于加强财务控制的几点意见》，《会计之友》1987 年第 5 期。

常玉春：《我国对外直接投资的逆向技术外溢——以国有大型企业为例的实证》，《经济管理》2011 年第 1 期。

常裕如：《进一步加强炼钢车间的班组经济核算制》，《财经科学》1958 年第 2 期。

陈传明、刘海建：《企业战略变革：内涵与测量方法论探析》，《科研管理》2006 年第 3 期。

陈春花：《企业文化的改造与创新》，《北京大学学报》（哲学社会科学版）1999 年第 3 期。

陈春花、刘祯：《水样组织：一个新的组织概念》，《外国经济与管理》2017 年第 7 期。

陈德球、陈运森：《政府治理、终极产权与公司投资同步性》，《管理评论》2013 年第 1 期。

陈德球、金鑫、刘馨：《政府质量、社会资本与金字塔结构》，《中国工业经济》2011 年第 7 期。

陈德球、李思飞、雷光勇：《政府治理、控制权结构与投资决策——基于家族上市公司的经验证据》，《金融研究》2012 年第 3 期。

陈德球、魏刚、肖泽忠：《法律制度效率、金融深化与家族控制权偏好》，《经济研究》2013 年第 10 期。

陈冬、顾培亮：《供应链管理若干问题研究与进展评述》，《系统工程理论与实践》2003 年第 10 期。

陈冬华、陈富生、沈永建、尤海峰：《高管继任、职工薪酬与隐性契约——基于中国上市公司的经验证据》，《经济研究》2011 年第 S2 期。

陈冬华、胡晓莉、梁上坤、新夫：《宗教传统与公司治理》，《经济研究》2013 年第 9 期。

陈国权：《面向时空发展的组织学习理论》，《管理学报》2017 年第 7 期。

陈国权：《学习型组织的过程模型、本质特征和设计原则》，《中国管理科学》2002 年第 4 期。

陈佳贵：《新中国管理学 60 年》，中国财政经济出版社 2009 年版。

陈佳贵：《简论发展外向型企业集团》，《中国工业经济研究》1990 年第 6 期。

陈佳贵、黄群慧：《新中国管理学 60 年的探索与发展》，《光明日报》2009 年 11 月 3 日。

陈佳贵、黄群慧：《跨国公司在华投资及其对我国企业的并购》，《管理评论》2002 年第 12 期。

陈家华：《略论财务预测原理》，《会计研究》1989 年第 2 期。

陈建新：《当代中国科学技术发展史》，湖北教育出版社 1994 年版。

陈劲、邱嘉铭、沈海华：《技术学习对企业创新绩效的影响因素分析》，《科学学研究》2007 年第 6 期。

陈劲、吴航、刘文澜：《中关村：未来全球第一的创新集群》，《科学学研究》2014 年第 1 期。

陈劲、郑刚：《企业技术创新管理：国内外研究现状与展望》，《经济管理》2004 年第 12 期。

陈浪南、姚正春：《我国股利政策信号传递作用的实证研究》，《金融研究》2000 年第 10 期。

陈凌宇、魏立群：《跨国公司人力资源本地化策略》，《中国人力资源开发》2003 年第 5 期。

陈明淑、李佳雯、陆擎涛：《高绩效工作系统与企业创新绩效——人力资源柔性的中介作用》，《财经理论与实践》（双月刊）2018 年第 6 期。

陈强远、周灵芝：《东道国市场还是母国市场：中国企业对外投资动机分析》，《江西社会科学》2018 年第 9 期。

陈清泰：《加入 WTO 后的中国：战略与改革》，《中国软科学》2002 年第 7 期。

陈少晖、朱珍：《国有上市公司利润分配与国有资本经营预算的建构——以钢铁行业为例》，《东南学术》2011 年第 6 期。

陈少强：《国企财务管理发展变迁》，《国有资产管理》2009 年第 10 期。

陈仕华、卢昌崇、姜广省、王雅茹：《国企高管政治晋升对企业并购行为的影响——基于企业成长压力理论的实证研究》，《管理世界》2015 年第 9 期。

陈舜：《跨国公司一体化国际生产的发展》，《国际贸易问题》1994 年第 9 期。

陈文郁：《工业企业技术工作的"三结合"》，载《工业企业管理问题：论文集》，中国人民大学，1959 年。

陈夕：《156 项工程与中国工业的现代化》，《党的文献》1999 年第 5 期。

陈小洪：《企业制度改革的几个基本问题》，《管理世界》1994 年第 2 期。

陈晓红、徐戈、冯项楠、贾建民：《公众对于"两型社会"建设的态度—意愿—行为分析》，《管理世界》2016 年第 12 期。

陈笑雪：《管理层股权激励对公司绩效影响的实证研究》，《经济管理》2009 年第 2 期。

陈信康、史伟、高维和：《顾客公民行为研究述评与展望》，《经济管理》2013 年第 9 期。

陈信元、黄俊：《政府干预、多元化经营与公司业绩》，《管理世界》2007 年第 1 期。

陈玉罡、傅豪：《控股股东影响了控制权市场的作用吗？》，《财经研究》2012 年第 4 期。

陈毓圭：《财务管理与会计管理的本质区别与现实联系》，《会计研究》1989 年第 2 期。

陈悦、陈超美、刘则渊等：《CiteSpace 知识图谱的方法论功能》，《科学学研究》2015 年第 2 期。

陈运森、黄健峤、韩慧云：《股票市场开放提高现金股利水平了吗？——基于"沪港通"的准自然实验》，《会计研究》2019 年第 3 期。

陈振明：《公共管理学》，中国人民大学出版社 2017 年版。

陈振明：《中国公共管理学 40 年——创建一个中国特色世界一流的公共管理学科》，《国家行政学院学报》2018 年第 4 期。

陈子干：《互联网时代下的县域旅游目的地营销：以浙江神仙居景区为例》，《旅游学刊》2018 年第 4 期。

成宏斌：《加强我国跨国公司国际财务管理的必要性》，《西部财会》

2006 年第 11 期。

成思危:《钱学森与管理科学》,《中国工程科学》2001 年第 12 期。

成中英:《C 理论:中国管理哲学》,东方出版社 2011 年版。

成中英、晁罡、申传泉、岳磊:《美德的有效领导:基于儒家视角的政治领导力分析》,《管理学报》2014 年第 11 期。

程春丽:《中国影视节目走出去的本土化营销策略探讨》,《电视研究》2012 年第 4 期。

程德俊、宋哲、王蓓蓓:《认知信任还是情感信任:高参与工作系统对组织创新绩效的影响》,《经济管理》2010 年第 11 期。

程德俊、王蓓蓓:《高绩效工作系统、人际信任和组织公民行为的关系——分配公平的调节作用》,《管理学报》2011 年第 5 期。

程德俊、赵曙明:《高参与工作系统与企业绩效:人力资本专用性和环境动态性的影响》,《管理世界》2006 年第 3 期。

程德俊、赵曙明:《资源基础理论视角下的战略人力资源管理》,《科研管理》2004 年第 5 期。

程德俊、赵勇:《高绩效工作系统对企业绩效的作用机制研究:组织信任的中介作用》,《软科学》2011 年第 4 期。

程国定:《关于我国企业文化的思考》,《经济管理》1989 年第 5 期。

程平、王晓江:《大数据、云会计时代的企业财务决策研究》,《会计之友》2015 年第 2 期。

程新生:《公司治理、内部控制、组织结构互动关系研究》,《会计研究》2004 年第 4 期。

储珊珊:《国有企业利润分配模式研究》,《中国管理信息化》2016 年第 4 期。

春雨、小群、中理、书晨、益三、福忠:《一面不断革命的红旗——记马恒昌小组的先进事迹》,《金属加工:冷加工》1964 年第 2 期。

丛聪、徐枞巍:《基于知识的跨国公司治理模式研究》,《科学学研究》2011 年第 2 期。

醋卫华、李培功：《媒体监督公司治理的实证研究》，《南开管理评论》2012 年第 1 期。

崔新健：《东西部地区利用外资方式的实证分析与比较》，《国际经贸探索》2003 年第 5 期。

崔新健：《跨国公司在华设立研发中心类型的决策模型》，《经济管理》2007 年第 16 期。

崔新健：《外商对华直接投资方式的决策模型》，《经济管理》2001 年第 20 期。

崔新健：《中国利用外资三十年》，中国财政经济出版社 2008 年版。

崔新健、章东明：《逆向技术转移和逆向技术溢出的内涵研究》，《中国科技论坛》2016 年第 12 期。

崔艳娟、李延喜、陈克兢：《外部治理环境对盈余质量的影响：自然资源禀赋是"诅咒"吗？》，《南开管理评论》2018 年第 2 期。

崔之元：《鞍钢宪法与后福特主义》，《读书》1996 年第 3 期。

达庆利：《供应链管理研究的新动向（专辑的序言）》，《系统工程学报》2008 年第 6 期。

戴金平、安蕾：《汇率波动与对外直接投资：基于面板门限模型的分析》，《世界经济研究》2018 年第 5 期。

戴璐：《国有企业与外资合作的联盟特征、学习演进与变革过程》，《管理学报》2013 年第 8 期。

戴茂林：《鞍钢宪法研究》，《中共党史研究》1999 年第 6 期。

戴亦一、陈冠霖、潘健平：《独立董事辞职、政治关系与公司治理缺陷》，《会计研究》2014 年第 11 期。

戴亦一、肖金利、潘越：《"乡音"能否降低公司代理成本？——基于方言视角的研究》，《经济研究》2016 年第 12 期。

戴亦一、余威、宁博、潘越：《民营企业董事长的党员身份与公司财务违规》，《会计研究》2017 年第 6 期。

邓光军、曾勇、李强、何佳：《外资银行与中资银行的战略合作决策研究》，《管理科学学报》2012 年第 2 期。

邓力群、马洪、孙尚清、吴家俊：《访日归来的思索》，中国社会科学出版社1979年版。

邓路、王化成：《我国企业集团的内部资本市场》，《财务与会计》2009年第24期。

邓涛涛、王丹丹、刘璧如：《"资源诅咒"理论在旅游研究中的应用：综述与启示》，《旅游学刊》2017年第11期。

狄保荣：《突破与重构：中国旅游职业教育体系创新》，《旅游学刊》2015年第10期。

丁洁兰等：《管理科学十年：中国与世界——基于2004—2013年WoS论文的文献计量分析》，《科学观察》2016年第5期。

丁俊发：《寻求中国供应链突破的十大建议》，2017年，https：//www.iyiou.com/p/39145.html。

丁玲、吴金希：《核心企业与商业生态系统的案例研究：互利共生与捕食共生战略》，《管理评论》2017年第7期。

丁履枢：《黑龙江省国营农场实行总额控制、单位包干、条条监督的财务管理制度》，《中国农垦》1957年第5期。

董大海、金玉芳：《消费者行为倾向前因研究》，《南开管理评论》2003年第6期。

董广茂、简兆权、王毅：《企业间知识转移创新性质的分析——知识结构的视角》，《研究与发展管理》2010年第6期。

董克用：《关于公共管理学科体系与专业设置的思考》，《中国行政管理》2005年第11期。

董克用、谢佳宏：《改革开放以来我国MPA教育发展历程与公共部门人力资源提升》，《中国人力资源开发》2018年第11期。

董晓冬：《上市公司资本结构趋势分析》，《财会月刊》2018年第11期。

董晓莉、吴必虎、钟栎娜：《基于〈旅游学刊〉关键词分析的中国旅游研究知识体系解析》，《旅游学刊》2011年第8期。

杜旌、李难难、龙立荣：《基于自我效能中介作用的高绩效工作系统与员工幸福感研究》,《管理学报》2014 年第 2 期。

杜旌、姚菊花:《中庸结构内涵及其与集体主义关系的研究》,《管理学报》2015 年第 5 期。

杜慕群:《资源、能力、外部环境、战略与竞争优势的整合研究》,《管理世界》2003 年第 10 期。

杜晓玲:《中国传统文化对国有企业文化创新的影响——以华润集团为例》,《中国管理信息化》2012 年第 10 期。

杜一力:《中小企业和价值创新》,《旅游学刊》2018 年第 2 期。

杜运周、贾良定:《组态视角与定性比较分析（QCA）：管理学研究的一条新道路》,《管理世界》2017 年第 6 期。

段君亮:《积极推进业财融合，助力公司转型升级》,《财经界》（学术版）2015 年第 4 期。

范从来、袁静:《成长性、成熟性和衰退期产业上市公司并购绩效的实证分析》,《中国工业经济》2002 年第 8 期。

范黎波、施屹舟:《理性看待和正确应对逆全球化现象》,《光明日报》2017 年 4 月 2 日。

范秀成:《品牌权益及其测评体系分析》,《南开管理评论》2000 年第 1 期。

范秀成、罗海成:《基于顾客感知价值的服务企业竞争力探析》,《南开管理评论》2003 年第 6 期。

范秀成、英格玛·比约克曼:《外商投资企业人力资源管理与绩效关系研究》,《管理科学学报》2003 年第 2 期。

范徵:《培养无国界管理人才》,企业管理出版社 2015 年版。

方琳:《逆杠杆操作嵌入国际供应链——中国加工制造业企业"走出去"参与国际竞争》,《价值工程》2004 年第 1 期。

方明华、魏玉光:《麦加轻轨运营经验对中国铁路"走出去"的启示》,《中国铁路》2016 年第 12 期。

房宏君:《基于 SSCI 和 CSSCI 的人力资源管理研究热点计量比较》,《科技管理研究》2013 年第 7 期。

冯海龙:《基本竞争优势模型的构建与应用》,《中国工业经济》2003年第10期。

冯米、路江涌、林道谧:《战略与结构匹配的影响因素——以我国台湾地区企业集团为例》,《管理世界》2012年第2期。

冯巧根:《股份公司财务管理初探》,《广西会计》1993年第11期。

冯芷艳:《我国工商管理基础研究十年回顾》,《南开管理评论》2010年第6期。

冯芷艳、郭迅华、曾大军等:《大数据背景下商务管理研究若干前沿课题》,《管理科学学报》2013年第1期。

付强、扈文秀、康华:《股权激励能提高上市公司信息透明度吗?——基于未来盈余反应系数的分析》,《经济管理》2019年第3期。

傅颀、汪祥耀、路军:《管理层权力、高管薪酬变动与公司并购行为分析》,《会计研究》2014年第11期。

Geoffrey Wall:《对中国旅游规划之看法》,《社会科学家》2013年第S1期。

干胜道:《所有者财务:一个全新的领域》,《会计研究》1995年第6期。

甘碧群:《关系营销:传统营销理论的新发展》,《商业经济与管理》2002年第9期。

甘丽、王彪:《世纪之交的长江三角洲地区产业结构调整》,《经济管理》2000年第2期。

高充彦、贾建民、赵平:《考虑不确定性影响的银行服务质量评价》,《南开管理评论》2006年第4期。

高定基:《农夫山泉的品牌战略》,《经济管理》2003年第13期。

高峰、刘东、李文杰等:《中国铁路运营"走出去"发展策略研究》,《中国工程科学》2017年第5期。

高良谋、郭英、胡国栋:《鞍钢宪法的批判与解放意蕴》,《中国工业经济》2010年第10期。

高良谋、胡国栋:《管理移植与创新的演化分析——基于鞍钢宪法的研究》,《中国工业经济》2011 年第 11 期。

高明华:《公司治理:理论演进与实证分析——兼论中国公司治理改革》,经济科学出版社 2001 年版。

高明华、马守莉:《独立董事制度与公司绩效关系的实证分析——兼论中国独立董事制度有效行权的制度环境》,《南开经济研究》2002 年第 2 期。

高茜、徐蕾:《跨国公司网络组织结构与知识流动过程分析》,《经济问题探索》2004 年第 11 期。

高小平:《行政体制改革方法论要创新》,《行政管理改革》2015 年第 8 期。

葛顺奇、罗伟:《中国制造业企业对外直接投资和母公司竞争优势》,《管理世界》2013 年第 6 期。

葛致达:《谈谈农村人民公社的财务管理和经济核算》,《经济研究》1960 年第 Z1 期。

龚丽敏、江诗松、魏江:《产业集群创新平台的治理模式与战略定位:基于浙江两个产业集群的比较案例研究》,《南开管理评论》2012 年第 2 期。

古志辉:《全球化情境中的儒家伦理与代理成本》,《管理世界》2015 年第 3 期。

谷书堂、李维安、高明华:《中国上市公司内部治理的实证分析——中国上市公司内部治理问卷调查报告》,《管理世界》1999 年第 6 期。

顾明远:《教育大辞典》,上海教育出版社 1998 年版。

关涛、薛求知:《跨国公司"结构追随战略"研究脉络梳理与基于知识基础论的框架重构》,《外国经济与管理》2012 年第 2 期。

管理科学与工程学会,http://www.glkxygc.cn/index.php。

贵燕丽:《企业家社会关系网络与战略投资动机的激发》,《中国集体经济》2012 年第 9 期。

郭复初:《财务理论研究与发展》,《会计研究》1996年第2期。

郭复初:《公司高级财务》,立信会计出版社2001年版。

郭复初:《新经济体制建立与财务基础理论更新》,《财经科学》1994年第2期。

郭复初:《中国财务改革实践与理论发展》,《会计研究》2000年第5期。

郭复初:《中国财务理论形成与前沿》,《财务研究》2015年第5期。

郭复初:《中国特色财务理论的发展》,《财务研究》2015年第6期。

郭根龙、李婕:《政治关联、官员晋升与企业环境投资——来自中国上市公司的证据》,《会计之友》2018年第18期。

郭国庆、杨学成、张杨:《口碑传播对消费者态度的影响:一个理论模型》,《管理评论》2007年第3期。

郭国庆、姚亚男、贾淼磊:《中国能源企业"走出去"市场营销策略分析》,《当代经济管理》2011年第7期。

郭京京、周丹、李强:《知识属性、技术学习惯例与企业创新绩效:规模的调节效应》,《科研管理》2017年第12期。

郭菊娥、席酉民:《我国管理科学研究的回顾与发展展望》,《管理工程学报》2004年第3期。

郭菊娥、席酉民:《中国管理科学发展若干趋势分析》,《预测》2004年第5期。

郭晓凌、王永贵:《消费者的全球消费导向与全球品牌态度——主效应、调节效应及中美差异》,《南开管理评论》2013年第6期。

郭跃进:《多元化经营的误区与防范》,《经济管理》1997年第10期。

国家经贸委企改司调研组:《许继集团三项制度改革的调查报告》,《中国经贸导刊》2001年第10期。

国务院办公厅:《国务院办公厅关于积极推进供应链创新与应用的指导意见》,2017年,http://www.gov.cn/zhengce/content/2017-10/13/content_5231524.htm。

国务院学位委员会第六届学科评议组:《学位授予和人才培养一级学科简介》,高等教育出版社 2013 年版。

国务院学位委员会第六届学科评议组:《一级学科博士、硕士学位基本要求》(下册),高等教育出版社 2014 年版。

过聚荣、周三多:《中小企业成长战略的探讨——江苏通润集团成长的个案分析》,《南开管理评论》2004 年第 2 期。

韩顺平、王永贵:《顾客资产管理视角下的顾客忠诚及其驱动因素研究》,《经济管理》2006 年第 4 期。

韩巍、张含宇:《论中国营销(学)的处境和出路》,《当代经济科学》2000 年第 2 期。

韩燕、崔鑫、郭艳:《中国上市公司股票投资的动机研究》,《管理科学》2015 年第 4 期。

韩莹、陈国宏、梁娟:《基于网络权力的产业集群二元式创新下知识闭环系统知识定价、收益与协调研究》,《中国管理科学》2017 年第 3 期。

韩颖慧:《公司治理与外资并购研究》,《当代财经》2005 年第 10 期。

郝斌、任浩、Anne-Marie GUERIN:《组织模块化设计:基本原理与理论架构》,《中国工业经济》2007 年第 6 期。

郝康理:《新常态下旅游规划理念创新》,《旅游学刊》2015 年第 4 期。

郝阳、龚六堂:《国有、民营混合参股与公司绩效改进》,《经济研究》2017 年第 3 期。

何光:《加快劳动合同制的步伐》,载晓亮《中国经济科学年鉴(1986)》,经济科学出版社 1986 年版。

何继昌:《跨国公司供应链中的信息共享:以中国台湾 T 公司为例》,《物流技术》2010 年第 5 期。

何佳讯:《品牌关系质量本土化模型的建立与验证》,《华东师范大学学报》(哲学社会科学版)2006 年第 3 期。

何佳讯、秦翕嫣、杨清云、王莹:《创新还是怀旧？长期品牌管理

"悖论"与老品牌市场细分取向———一项来自中国三城市的实证研究》,《管理世界》2007年第11期。

何建民:《科学的旅游理论研究与实践的关系———基于诺贝尔经济学奖获得者研究与成长的视角》,《旅游学刊》2017年第12期。

何清波:《论社会主义市场经济体制下企业财务管理的目标》,《中央财政金融学院学报》1993年第11期。

何韧、王维诚、王军:《管理者背景与企业绩效:基于中国经验的实证研究》,《财贸研究》2010年第2期。

何威风、刘启亮:《我国上市公司高管背景特征与财务重述行为研究》,《管理世界》2010年第7期。

何威风、刘巍:《公司为什么选择法律背景的独立董事?》,《会计研究》2017年第4期。

何贤杰、孙淑伟、朱红军、牛建军:《证券背景独立董事、信息优势与券商持股》,《管理世界》2014年第3期。

何晓明:《新政"种豆"辛亥"得瓜"》,《武汉文史资料》2009年第10期。

何志毅:《中国企业国际化途径选择———海尔与TCL海外投资战略的比较》,《世界经济研究》2002年第6期。

河北钢铁集团有限公司:《从"邯钢经验"到精细化全成本管控》,《企业管理》2014年第11期。

贺劲松:《简析企业财务战略管理》,《中国总会计师》2010年第9期。

贺俊、吕铁、黄阳华、江鸿:《技术赶超的激励结构与能力积累:中国高铁经验及其政策启示》,《管理世界》2018年第10期。

贺小刚:《企业可持续竞争优势》,《经济管理》2002年第14期。

洪基军:《旅游规划已步入创意时代》,《旅游学刊》2013年第10期。

洪联英、张云:《我国境外经贸合作区建设与企业"走出去"战略》,《国际经贸探索》2011年第3期。

胡芬、吴南:《基于生态属性的旅游企业管理策略》,《商业时代》

2006 年第 33 期。

胡抚生:《新时代的目的地形象提升要以优质旅游发展为支撑》,《旅游学刊》2018 年第 4 期。

胡国栋、韵江:《鞍钢宪法的后现代管理思想解读》,《财经科学》2011 年第 12 期。

胡梅玲:《构建国有企业利润分配框架的路径选择——基于社会分红的理论视角》,《闽西职业技术学院学报》2018 年第 2 期。

胡明勇、周寄中:《政府资助对技术创新的作用:理论分析与政策工具选择》,《科研管理》2001 年第 1 期。

胡文君:《两种体制下财务管理模式的特征比较》,《西南民族大学学报》2001 年第 3 期。

胡文龙:《国有资本经营预算与财务管理制度改革四十年经验与启示》,《中国流通经济》2018 年第 11 期。

胡元木、刘佩、纪端:《技术独立董事能有效抑制真实盈余管理吗?基于可操控 R&D 费用视角》,《会计研究》2016 年第 3 期。

黄晨晨:《后现代主义视角下旅游目的地选择行为的解读》,《旅游学刊》2014 年第 7 期。

黄发明:《重温"扁担电机精神"》,《闵兴报》2015 年 8 月 21 日。

黄海杰、吕长江、丁慧:《独立董事声誉与盈余质量——会计专业独董的视角》,《管理世界》2016 年第 3 期。

黄还春、尤海峰:《南存辉——承担社会责任也是生产力》,《中国民营科技与经济》2008 年第 11 期。

黄继承、盛明泉:《高管背景特征具有信息含量吗?》,《管理世界》2013 年第 9 期。

黄江圳、谭力文:《从能力到动态能力:企业战略观的转变》,《经济管理》2002 年第 22 期。

黄菊波:《新中国企业财务管理发展史》,经济科学出版社 1996 年版。

黄鲁成、滕旭东、苗红等:《创新政策中创新激励与负责任创新平衡态评估研究》,《中国软科学》2018年第5期。

黄曼行、任家华、严娱:《我国中小企业R&D投资与企业财务风险——基于分位数回归方法》,《科技管理研究》2014年第14期。

黄群慧:《论中国工业的供给侧结构性改革》,《中国工业经济》2016年第9期。

黄群慧、贺俊:《中国制造业的核心能力、功能定位与发展战略——兼评〈中国制造2025〉》,《中国工业经济》2015年第6期。

黄群慧:《管理学发展的历史逻辑》,《社会科学管理与评论》2005年第4期。

黄群慧:《"新常态"、工业化后期与工业增长新动力》,《中国工业经济》2014年第10期。

黄群慧:《从高速度工业化向高质量工业化转变》,《人民日报》2017年11月26日。

黄群慧（2018a）:《改革开放四十年中国企业管理学的发展——情境、历程、经验与使命》,《管理世界》2018年第10期。

黄群慧（2018b）:《改革开放40年中国的产业发展与工业化进程》,《中国工业经济》2018年第9期。

黄群慧、黄速建:《中国管理学年鉴2016》,中国社会科学出版社2017年版。

黄群慧、余菁、王涛:《培育世界一流企业:国际经验与中国情境》,《中国工业经济》2017年第11期。

黄群慧、张蒽:《企业、政府与非营利组织的管理比较研究》,中国社会科学出版社2014年版。

黄速建、黄群慧:《管理科学化与管理学方法论》,经济管理出版社2005年版。

黄速建、黄群慧:《企业管理科学化及其方法论问题研究（上）》,《经济管理》2005年第20期。

黄速建、黄群慧等:《中国管理学发展研究报告》,经济管理出版社2007年版。

黄速建、刘建丽:《中国企业海外市场进入模式选择研究》,《中国工业经济》2009 年第 1 期。

黄速建、王钦:《战略演进、能力提升与文化协同——尖峰集团可持续成长的分析》,《中国工业经济》2007 年第 11 期。

黄速建、余菁:《我国企业组织结构调整三十年》,《经济管理》2008 年第 13 期。

黄随生:《中广核集团战略财务管理模式探索与实践》,《会计师》2017 年第 3 期。

黄崴、陈武林:《中国公共管理学科沿革与现状审视》,《国家教育行政学院学报》2011 年第 3 期。

黄伟彬:《中国上市公司融资偏好问题的重新审视》,《当代财经》2006 年第 11 期。

黄文:《马胜利与石家庄造纸厂的"承包路"》,《工会信息》2014 年第 14 期。

黄岩、李元旭:《上市公司财务失败预测实证研究》,《系统工程理论与方法应用》2001 年第 3 期。

黄颖华:《后现代视角下的旅游者社交网络行为研究》,《旅游学刊》2014 年第 8 期。

黄永春、郑江淮、杨以文、祝吕静:《中国"去工业化"与美国"再工业化"冲突之谜解析——来自服务业与制造业交互外部性的分析》,《中国工业经济》2013 年第 3 期。

黄蕴洁、刘建秋:《科技型中小企业财务风险评价探析》,《财经问题研究》2009 年第 6 期。

纪南:《倪志福和倪志福钻头》,《金属加工:冷加工》1965 年第 1 期。

贾根良:《"鞍钢宪法"的历史教训与我国跨越式发展战略》,《南开学报》(哲学社会科学版) 2002 年第 4 期。

贾根良:《网络组织:超越市场与企业两分法》,《经济社会体制比较》1998 年第 4 期。

贾良定、刘德鹏、郑祎、李珏兴、尤树洋：《构建中国管理学理论自信之路——从个体、团队到学术社区的跨层次对话过程理论》，《管理世界》2015 年第 1 期。

简兆权、刘晓彦、李雷：《基于海尔的服务型制造企业"平台＋小微企业"型组织结构案例研究》，《管理学报》2017 年第 11 期。

简兆权、刘晓彦、李雷：《制造业服务化组织设计研究述评与展望》，《经济管理》2017 年第 8 期。

江崇梅：《郝建秀小组的生产管理》，《经济管理》1979 年第 4 期。

江诗松、龚丽敏、魏江：《转型经济背景下的企业政治战略：国有企业和民营企业的比较》，《南开管理评论》2011 年第 3 期。

江轩宇：《政府放权与国有企业创新——基于地方国企金字塔结构视角的研究》，《管理世界》2016 年第 9 期。

姜付秀、蔡欣妮、朱冰：《多个大股东与股价崩盘风险》，《会计研究》2018 年第 1 期。

姜付秀、王运通、田园、吴恺：《多个大股东与企业融资约束——基于文本分析的经验证据》，《管理世界》2017 年第 12 期。

姜付秀、朱冰、王运通：《国有企业的经理激励契约更不看重绩效吗?》，《管理世界》2014 年第 9 期。

姜永林：《浅谈财务监督问题》，《财务与会计》1980 年第 5 期。

蒋春燕、赵曙明：《企业特征、人力资源管理与绩效：香港企业的实证研究》，《管理评论》2004 年第 10 期。

蒋殿春：《跨国公司对我国企业研发能力的影响：一个模型分析》，《南开经济研究》2004 年第 4 期。

蒋冠宏：《企业异质性和对外直接投资——基于中国企业的检验证据》，《金融研究》2015 年第 12 期。

蒋冠宏、蒋殿春：《绿地投资还是跨国并购：中国企业对外直接投资方式的选择》，《世界经济》2017 年第 7 期。

蒋建武、赵曙明：《战略人力资源管理与组织绩效关系研究的新框架：理论整合的视角》，《管理学报》2007 年第 6 期。

蒋荣、陈丽蓉：《产品市场竞争治理效应的实证研究：基于 CEO 变更视角》，《经济科学》2007 年第 2 期。

蒋一苇：《蒋一苇文集》（第一卷），经济管理出版社 2013 年版。

蒋一苇：《所有职工都实行合同制，不符合企业的社会主义性质》，载晓亮《中国经济科学年鉴（1986）》，经济科学出版社 1986 年版。

焦冠哲、王永贵：《进一步优化营商环境是中国继续扩大对外开放的奠基石》，中国社会科学网（http://econ.cssn.cn/jjx/jjx_shzyjjllysj/201811/t20181126_4781626.shtml?from=timeline），2018 年 11 月 26 日。

焦豪、魏江、崔瑜：《企业动态能力构建路径分析：基于创业导向和组织学习的视角》，《管理世界》2008 年第 4 期。

解晓晴、刘汉民、齐宇：《层级结构与网络结构的混合：复杂情境下的组织结构设计》，《天津财经大学学报》2018 年第 5 期。

解学梅、刘丝雨：《协同创新模式对协同效应与创新绩效的影响机理》，《管理科学》2015 年第 2 期。

金占明：《企业组织结构和管理模式的选择》，《中国工业经济》1996 年第 4 期。

康灿华、黄韵玲、姜辉：《跨国公司在华汽车营销模式研究》，《武汉理工大学学报》（社会科学版）2004 年第 3 期。

康伟、周建波、齐中英：《欧美跨国公司在华企业文化战略研究》，《中国软科学》2005 年第 10 期。

康勇军、王霄、彭坚：《组织结构影响管家行为的双路径模型：观点采择和情感承诺的中介作用》，《南开管理评论》2018 年第 4 期。

柯江林、张必武、孙健敏：《上市公司总经理更换、高管团队重组与企业绩效改进》，《南开管理评论》2007 年第 4 期。

孔瑞：《跨国公司全球生产网络的形成——基于国际分工角度的理论探讨》，《云南财经大学学报》2009 年第 6 期。

寇跃、贾志永：《战略人力资源管理"黑箱"机理研究溯源、现状述评与未来展望》,《外国经济与管理》2013年第7期。

赖宝君:《国企利润分配制度的历史嬗变与模式探索》,《天津商业大学学报》2014年第4期。

赖永添、吴子云:《究财务管理之本 济企业发展之实——我国企业财务管理改革30年回顾与展望》,《财务与会计》2008年第19期。

蓝海林:《企业战略管理:"静态模式"与"动态模式"》,《南开管理评论》2007年第5期。

蓝海林、宋铁波、曾萍:《情境理论化:基于中国企业战略管理实践的探讨》,《管理学报》2012年第1期。

蓝志勇等:《党政综合体制改革过程中公务员行政动力问题》,《中国行政管理》2018年第11期。

劳汉生、许康:《"双法"推广:中国管理科学化的一个里程碑》,《科学学研究》2000年第2期。

乐云、刘明强、胡毅:《组织学习的研究脉络与前沿热点分析》,《科技管理研究》2018年第5期。

雷家骕、刘影、戚耀元、张庆芝:《中国技术创新40年:四阶爬坡轨迹述评》,《科技进步与对策》2019年第1期。

雷振华、张雨洁、肖梦迪:《共生视角下制造企业营运资金管理探讨》,《财会通讯》2019年第11期。

黎红雷:《科学与人性:当代中国企业文化的两难选择》,《管理世界》1989年第6期。

黎绍凯、张广来:《我国对"一带一路"沿线国家直接投资布局与优化选择:兼顾投资动机与风险规避》,《经济问题探索》2018年第9期。

黎文靖、岑永嗣、胡玉明:《外部薪酬差距激励了高管吗——基于中国上市公司经理人市场与产权性质的经验研究》,《南开管理评论》2014年第4期。

李长娥、谢永珍:《董事会权力层级、创新战略与民营企业成长》,《外国经济与管理》2017年第12期。

李飞、陈浩、曹鸿星、马宝龙:《中国百货商店如何进行服务创新——基于北京当代商城的案例研究》,《管理世界》2010 年第 2 期。

李飞、刘茜:《市场定位战略的综合模型研究》,《南开管理评论》2004 年第 5 期。

李光明:《关于营运资金预测方法的研究》,《中国资产评估》2012 年第 4 期。

李光耀、雷默:《李光耀谈中国模式》,《招商周刊》2004 年第 27 期。

李贵硕:《企业多角经营和多角化经营》,《管理世界》1986 年第 5 期。

李海舰、聂辉华:《企业的竞争优势来源及其战略选择》,《中国工业经济》2002 年第 9 期。

李红霞、魏艳艳:《中国财务管理热点研究分析》,《商业经济》2017 年第 9 期。

李华、张湄:《外派人员：跨国公司专业化管理的核心环节》,《国际经济合作》2004 年第 12 期。

李华业、张雪茜:《新时代背景下公共管理类专业本科人才培养的路径探索》,《劳动保障世界》2018 年第 7 期。

李怀勇:《跨国经营战略的国际比较》,《外国经济与管理》1995 年第 5 期。

李建标、王高阳、李帅琦、殷西乐:《混合所有制改革中国有与非国有资本的行为博弈——实验室实验的证据》,《中国工业经济》2016 年第 6 期。

李剑、姜宝、邢晓丹:《全球供应链视角下我国"走出去"战略的新常态》,《华东经济管理》2016 年第 11 期。

李杰、陈超美:《CiteSpace 科技文本挖掘及可视化》,首都经济贸易大学出版社 2016 年版。

李金元、张元刚、汪涛、白斌:《强化财务管理提高企业经济效益——中国水电七局认真开展财务管理年活动》,《四川会计》2000 年第 8 期。

李靖华、葛朝阳、吴晓波:《追赶和学习的创新型式》,《科研管理》2002年第4期。

李军鹏:《发展非政府组织与构建和谐社会》,《天津行政学院学报》2016年第3期。

李扣庆:《"大数据"重塑会计行业》,大数据重塑财务与审计论坛,2016年9月12日。

李扣庆:《互联网+:关于企业发展的几点思考》,"互联网+企业赢在数字化转型"高峰论坛,2016年8月17日。

李扣庆:《中国企业大数据应用报告》,全球发布会主题演讲,2018年1月29日。

李培功、沈艺峰:《媒体的公司治理作用——中国的经验证据》,《经济研究》2010年第4期。

李鹏飞:《营运资金管理策略选择研究》,《财会通讯》2016年第14期。

李鹏飞、席酉民、韩巍:《和谐管理理论视角下战略领导力分析》,《管理学报》2013年第1期。

李卅立、王永贵、郑孝莹:《新5P,开启国际化战略之门的金钥匙》,《清华管理评论》2017年第5期。

李善民、李昶:《跨国并购还是绿地投资?——FDI进入模式选择的影响因素研究》,《经济研究》2013年第12期。

李尚昆、连燕华:《中国印钞造币(集团)总公司技术创新体系的研究》,《科研管理》2000年第6期。

李胜楠、牛建波:《高管权力研究的述评与基本框架构建》,《外国经济与管理》2014年第7期。

李书福:《全球型企业文化指引吉利沃尔沃协同发展》,《科技日报》2014年3月13日。

李姝、翟士运、古朴:《非控股股东参与决策的积极性与企业技术创新》,《中国工业经济》2018年第6期。

李天元:《市场定位还是形象定位——旅游企业市场营销中的定位问

题》,《旅游学刊》2001年第2期。

李铁城等编著:《工业企业管理纲要》,中国工业出版社1963年版。

李威:《经济疲软下国有企业筹资问题透析》,《中国证券期货》2012年第9期。

李巍、席小涛:《大数据时代营销创新研究的价值、基础与方向》,《科技管理研究》2014年第18期。

李巍、许晖:《组织能力视野下的企业国际化模式研究——以四川长虹为例》,《管理案例研究与评论》2010年第5期。

李维安:《对计划经济制度下企业治理制度的考察》,《三田商学研究》1996年第2期。

李维安:《分类治理:国企深化改革之基础》,《南开管理评论》2014年第5期。

李维安:《改革实践的呼唤:中国公司治理原则》,《中国改革》2000年第10期。

李维安:《公司治理的焦点问题与突破方略》,《光明日报》2000年11月7日。

李维安:《股份制的安定性研究》,陕西人民出版社1995年版。

李维安:《顺应绿色发展需要制定绿色治理准则》,《南开管理评论》2017年第5期。

李维安:《推进全面深化改革的关键:树立现代治理理念》,《光明日报》2013年11月29日。

李维安:《中国公司治理:从事件推动到规则引领》,《南开管理评论》2017年第3期。

李维安、陈小洪、袁庆宏:《中国公司治理:转型与完善之路》,机械工业出版社2013年版。

李维安、韩忠雪:《民营企业金字塔结构与产品市场竞争》,《中国工业经济》2013年第1期。

李维安、李宝权:《跨国公司在华独资倾向成因分析:基于股权结构战略的视角》,《管理世界》2003年第1期。

李维安、李元祯:《国企治理改革:从企业治理到公司治理》,《经济参考报》2018年12月10日。

李维安、林润辉、范建红:《网络治理研究前沿与述评》,《南开管理评论》2014年第5期。

李维安、刘振杰、顾亮:《董事会异质性、断裂带与跨国并购》,《管理科学》2014年第4期。

李维安、邱艾超、牛建波、徐业坤:《公司治理研究的新进展:国际经验与中国模式》,《南开管理评论》2010年第6期。

李维安、徐建:《董事会独立性、总经理继任与战略变化幅度——独立董事有效性的实证研究》,《南开管理评论》2014年第1期。

李维安、徐建:《国家治理体系与分类治理》,《中国高校科技》2015年第Z1期。

李维安、徐建、姜广省:《绿色治理准则:实现人与自然的包容性发展》,《南开管理评论》2017年第5期。

李维安、张耀伟、郑敏娜、李晓琳、崔光耀、李惠:《中国上市公司绿色治理及其评价研究》,《管理世界》2019年第5期。

李维安、周建:《面向新经济的企业战略转型:网络治理的视角》,《当代财经》2002年第10期。

李维安、朱光华:《社会主义股份经济探索》,河北人民出版社1988年版。

李维安等:《〈绿色治理准则〉及其解说》,《南开管理评论》2017年第5期。

李维安等:《公司治理》,南开大学出版社2001年版。

李维安等:《网络组织:组织发展新趋势》,经济科学出版社2003年版。

李蔚:《工业企业营销安全预警指标体系的理论研究》,《中国工业经济》2002年第8期。

李文博:《集群情景下小微企业进化创业行为的驱动机理——话语分析方法的一项探索性研究》,《科学学研究》2014年第3期。

李文钊:《变革时代公共管理学科的新整合——中国公共管理学科的再思考》,《江苏行政学院学报》2016 年第 6 期。

李翔宇、刘茜雯:《马钢宪法探析》,《广西师范大学学报》(哲学社会科学版)2015 年第 5 期。

李小青、周建:《董事会群体断裂带的内涵、来源以及对决策行为的影响——文献综述与理论研究框架构建》,《外国经济与管理》2014 年第 3 期。

李小青、周建:《董事会群体断裂带对企业战略绩效的影响研究——董事长职能背景和董事会持股比例的调节作用》,《外国经济与管理》2015 年第 11 期。

李晓春:《70 年代以来组织结构理论的发展趋势》,《中国工业经济》1998 年第 10 期。

李晓春、黄鲁成:《我国技术创新政策研究的文献述评与分析:主线、焦点和展望》,《科学学与科学技术管理》2010 年第 12 期。

李心合:《利益相关者财务论——新制度主义与财务学的互动和发展》,中国财政经济出版社 2003 年版。

李心合、朱立教:《利益相关者产权与利益相关者财务》,《财会讯》1999 年第 12 期。

李新春、顾宝炎、李善民:《中外企业合作的战略联盟特征与技术学习》,《管理科学学报》1998 年第 4 期。

李鑫:《中国本土管理研究的 X 整合主义》,《管理学报》2015 年第 2 期。

李兴尧:《财务战略管理研究文献综述》,《中国管理信息化》2011 年第 5 期。

李迅雷:《企业间国际合作的新趋势——"跨国战略联盟"剖析》,《外国经济与管理》1991 年第 7 期。

李延喜、陈克兢、刘伶、张敏:《外部治理环境、行业管制与过度投资》,《管理科学》2013 年第 1 期。

李延喜、曾伟强、马壮、陈克兢:《外部治理环境、产权性质与上市公司投资效率》，《南开管理评论》2015 年第 1 期。

李晏墅、陈晓东：《基于全球战略的组织结构变迁》，《中国工业经济》2004 年第 2 期。

李焰、陈才东、黄磊：《集团化运作、融资约束与财务风险——基于上海复星集团案例研究》，《管理世界》2007 年第 12 期。

李焰、秦义虎、张肖飞：《企业产权、管理者背景特征与投资效率》，《管理世界》2011 年第 1 期。

李燕：《论建立我国国有资本经营预算制度》，《中央财经大学学报》2004 年第 2 期。

李燕、唐卓：《国有企业利润分配与完善国有资本经营预算——基于公共资源收益全民共享的分析》，《中央财经大学学报》2013 年第 6 期。

李燕萍、刘宗华（2015a）：《高承诺人力资源实践就能提高组织绩效吗?》，《经济与管理研究》2015 年第 9 期。

李燕萍、刘宗华（2015b）：《高承诺人力资源管理实践对知识分享的影响机制》，《南京大学学报》（哲学·人文科学·社会科学）2015 年第 4 期。

李燕萍、龙玎：《国内外高承诺人力资源管理理论综述及其运用研究》，《科技进步与对策》2014 年第 4 期。

李燕萍、熊峻：《跨国公司在中国本土化战略中的文化管理研究》，《科技进步与对策》2003 年第 5 期。

李毅鹏、马士华、袁开福：《广义 ATO 下基于多种团购模型的供应链协调》，《中国管理科学》2018 年第 6 期。

李永杰、杨体仁：《中国的劳动关系及其制度创新》，载赵履宽、杨体仁、姚先国、王建新主编《劳动经济学》，中国劳动出版社 1998 年版。

李勇：《股权融资偏好、最优资本结构与偏好融资——中国上市公司融资行为特征分析》，《武汉金融》2013 年第 4 期。

李瑜、武常岐：《全球战略：一个文献综述》，《南开管理评论》2010

年第 2 期。

李玉剑、宣国良：《专利联盟：战略联盟研究的新领域》，《中国工业经济》2004 年第 2 期。

李玥、吴育华、沈琛：《环境变化与中小型跨国公司的组织结构变迁》，《东南亚纵横》2008 年第 12 期。

李增福、张淑芳：《股利所得税减免能提高上市公司的现金股利支付吗——基于财税〔2005〕102 号文的研究》，《财贸经济》2010 年第 5 期。

李卓、刘杨、陈永清：《发展中国家跨国公司的国际化战略选择：针对中国企业实施"走出去"战略的模型分析》，《世界经济》2006 年第 11 期。

厉以京、温国辉、丁安华：《我国企业国际化经营的战略研究》，《管理工程学报》1991 年第 1 期。

厉以宁：《我国股份制改革的设想》，《人民日报》1986 年 9 月 26 日。

连燕华：《技术创新政策体系的目标与结构》，《科学学研究》1999 年第 3 期。

练岑：《改革企业工资制度调查论证简介》，载晓亮《中国经济科学年鉴（1986）》，经济科学出版社 1986 年版。

梁华：《抓好财务管理为提高企业经济效益服务》，《财务与会计》1993 年第 12 期。

梁娟、陈国宏、蔡彬清：《基于知识权力和知识交互行为的产业集群多重知识网络演化分析》，《技术经济》2017 年第 5 期。

梁世彬、张烈：《试论珠三角外经贸定位、战略与跨国经营》，《中国软科学》1995 年第 6 期。

梁伟：《基于工业互联与智能制造的"互联网＋"对工业企业财务管理的影响——以德州亚太集团有限公司为例》，《财会学习》2017 年第 23 期。

梁文、张问敏：《按劳分配与工资制度改革》，载晓亮《中国经济科学年鉴（1986）》，经济科学出版社 1986 年版。

梁西章:《跨国公司全球营销策略与在华营销活动研究》,《商业研究》2007年第3期。

梁勇:《企业文化开创了管理思想的新时代》,《经济管理》1989年第5期。

梁运文、谭力文:《商业生态系统价值结构、企业角色与战略选择》,《南开管理评论》2005年第1期。

梁正:《从科技政策到科技与创新政策——创新驱动发展战略下的政策范式转型与思考》,《科学学研究》2017年第2期。

廖珂、崔宸瑜、谢德仁:《控股股东股权质押与上市公司股利政策选择》,《金融研究》2018年第4期。

林柏:《从技术引进导向技术创新的一段跋涉——1960年代前半期中国在引进技术基础上的技术创新》,《清华大学学报》(哲学社会科学版)2007年第6期。

林德荣、郭晓琳:《时空压缩与致敬传统:后现代旅游消费行为特征》,《旅游学刊》2014年第7期。

林冬萍:《股份公司财务管理探索》,《浙江财税与会计》1999年第10期。

林海芬、苏敬勤:《中国企业管理情境的形成根源、构成及内化机理》,《管理学报》2017年第2期。

林浩:《跨国公司全球战略的分析》,《外国经济与管理》1992年第6期。

林靖、夕颜:《中国第一商贩年广久》,《中国市场》2012年第38期。

林浚清、黄祖辉、孙永祥:《高管团队内薪酬差距、公司绩效和治理结构》,《经济研究》2003年第4期。

林玲、余娟娟:《我国外商直接投资企业技术外溢效应的实证研究——基于合资、合作、独资模式的比较分析》,《经济与管理》2012年第10期。

林闽钢:《社会学视野中的组织间网络及其治理结构》,《社会学研究》2002年第2期。

林润辉、李维安:《网络组织——更具环境适应能力的新型组织模式》,《南开管理评论》2000 年第 3 期。

林伟:《中国上市公司融资结构及行为分析》,《中央财经大学学报》2006 年第 4 期。

林新奇、王富祥:《中国企业"走出去"的人力资源风险及其预警机制》,《中国人力资源开发》2017 年第 2 期。

林毅夫:《坚持实事求是的理论创新科学应对新挑战》,《人民日报》2011 年 6 月 12 日。

林毅夫、李周:《现代企业制度的内涵与国有企业改革方向》,《经济研究》1997 年第 3 期。

林志扬:《从治理结构与组织结构互动的角度看企业的组织变革》,《中国工业经济》2003 年第 2 期。

刘本祥:《加强企业财务管理,作好财会工作》,《商业研究》1980 年第 4 期。

刘春波、韩丽:《基于公平的国有企业利润分配问题研究》,《上海商学院学报》2008 年第 1 期。

刘菲、王永贵:《中国企业高质量发展之路——基于战略逻辑的系统思考》,《清华管理评论》2018 年第 12 期。

刘锋:《旅游规划要讲科学有艺术》,《旅游学刊》2013 年第 9 期。

刘凤朝、孙玉涛:《我国科技政策向创新政策演变的过程、趋势与建议——基于我国 289 项创新政策的实证分析》,《中国软科学》2007 年第 5 期。

刘凤军、雷丙寅、王艳霞:《体验经济时代的消费需求及营销战略》,《中国工业经济》2002 年第 8 期。

刘凤艳:《企业财务战略管理概述》,《经济研究导刊》2013 年第 32 期。

刘刚:《中国传统文化与企业管理:基于利益相关者理论的视角》,中国人民大学出版社 2010 年版。

刘刚、李峰:《跨国公司在华竞争战略演变驱动力及实现路径——基于供应链管理的视角》,《中国工业经济》2008 年第 6 期。

刘贯学:《中国劳动社会保障史话》,中国劳动社会保障出版社 2004 年版。

刘国良:《中国工业史现代卷》,江苏科学技术出版社 2003 年版。

刘国亮、王加胜:《上市公司股权结构、激励制度及绩效的实证研究》,《经济理论与经济管理》2000 年第 5 期。

刘浩、唐松、楼俊:《独立董事:监督还是咨询?——银行背景独立董事对企业信贷融资影响研究》,《管理世界》2012 年第 1 期。

刘慧龙、王成方、吴联生:《决策权配置、盈余管理与投资效率》,《经济研究》2014 年第 8 期。

刘戒骄、张小筠:《改革开放 40 年我国产业技术政策回顾与创新》,《经济问题》2018 年第 12 期。

刘巨钦等:《现代企业组织设计》,上海三联书店 2006 年版。

刘凯、张文文:《中国对外直接投资存在制度偏好吗——基于投资动机异质视角》,《宏观经济研究》2018 年第 7 期。

刘立、庄妍:《电信设备制造商全球价值链升级路径分析——以华为技术有限公司为例》,《南京邮电大学学报》(社会科学版) 2013 年第 1 期。

刘丽文:《供应链管理思想及其理论和方法的发展过程》,《管理科学学报》2003 年第 2 期。

刘梦华、易顺:《从旅游管理到旅游治理——中国旅游管理体制改革与政府角色扮演逻辑》,《技术经济与管理研究》2017 年第 5 期。

刘慕勤:《基于业财融合的财务共享平台建设研究》,《中国商论》2019 年第 8 期。

刘启亮、李祎、张建平:《媒体负面报道、诉讼风险与审计契约稳定性——基于外部治理视角的研究》,《管理世界》2013 年第 11 期。

刘启亮、李增泉、姚易伟:《投资者保护、控制权私利与金字塔结构——以格林柯尔为例》,《管理世界》2008 年第 12 期。

刘青、侯静茹:《企业筹资风险影响因素及预测方法改进》,《财会通讯》2015年第8期。

刘青山、刘汉章:《国企改革"邯钢经验"的创造者》,《国资报告》2019年第1期。

刘青松、肖星:《败也业绩,成也业绩?——国企高管变更的实证研究》,《管理世界》2015年第3期。

刘庆余:《从"旅游管理"到"旅游治理"——旅游管理体制改革的新视野》,《旅游学刊》2014年第9期。

刘善仕、周巧笑:《高绩效工作系统与绩效关系研究》,《外国经济与管理》2004年第7期。

刘善仕、周巧笑:《企业战略、人力资源管理系统与企业绩效系统研究》,《中国管理科学》2008年第3期。

刘善仕、周巧笑、晁罡:《高绩效工作系统与组织绩效:中国连锁行业的实证研究》,《中国管理科学》2005年第1期。

刘芍佳、孙霈、刘乃全:《终极产权论、股权结构及公司绩效》,《经济研究》2003年第4期。

刘世锦、杨建龙:《核心竞争力:企业重组中的一个新概念》,《中国工业经济》1999年第2期。

刘守刚:《敌意接管与公司治理结构:对百隆股份与爱使股份的案例分析》,《管理世界》1999年第9期。

刘松博、胡威:《国内组织设计研究的发展与现状》,《经济理论与经济管理》2006年第9期。

刘文彬:《我国旅游价格规制失灵与制度创新研究》,《价格月刊》2014年第8期。

刘稀朕:《中国旅游学科发展研究文献综述》,《文教资料》2018年第12期。

刘翔宇、李新建、魏海波:《基于人力资源管理战略匹配性和双元柔性的柔性组织创建过程——海尔集团的纵向案例研究》,《软科学》2018年第7期。

刘新梅、王文隆:《战略人力资源管理实践与组织创造力关系研究:

组织学习能力的中介作用》,《科技进步与对策》2013 年第 11 期。

刘新民、王垒:《上市公司高管更替模式对企业绩效的影响》,《南开管理评论》2012 年第 2 期。

刘学、王红丽:《新常态下的新探索——第 4 届中国人力资源管理论坛观点综述》,《管理学报》2016 年第 5 期。

刘雪松:《积极推进业财融合　助力公司价值创造》,《中国总会计师》2014 年第 1 期。

刘永强、赵曙明:《跨国公司组织文化与人力资源管理协同研究:知识创新视角》,《中国工业经济》2005 年第 6 期。

刘玉平、池睿:《企业价值评估收益法中营运资金预测的改进》,《会计之友》2014 年第 1 期。

刘云山:《充分认识哲学社会科学面临的形势任务,充分发挥国家社科基金的重要作用》,《求是》2005 年第 10 期。

刘志彪、张杰:《全球代工体系下发展中国家俘获型网络的形成、突破与对策——基于 GVC 与 NVC 的比较视角》,《中国工业经济》2007 年第 5 期。

刘宗华、李燕萍、郑馨怡:《高承诺工作系统与知识分享的关系:内部人身份感知和工作嵌入的作用》,《当代经济管理》2017 年第 7 期。

刘作仪:《我国供应链管理研究进展与分析——基于自然科学基金项目》,《中国管理科学》2009 年第 2 期。

柳标:《三十年来我国企业财务管理体制的演变》,《财务与会计》1979 年第 10 期。

柳光强、孔高文:《高管海外经历是否提升了薪酬差距?》,《管理世界》2018 年第 8 期。

柳卸林、丁雪辰、高雨辰:《从创新生态系统看中国如何建成世界科技强国》,《科学学与科学技术管理》2018 年第 3 期。

柳卸林、高雨辰、丁雪辰:《寻找创新驱动发展的新理论思维——基于新熊彼特增长理论的思考》,《管理世界》2017 年第 12 期。

柳艺:《基于渠道的营运资金需求预测》,《商业会计》2013 年第 5 期。

龙跃、顾新、张莉:《产业技术创新联盟知识交互的生态关系及演化分析》,《科学学研究》2016 年第 10 期。

龙真:《联想的"家"文化》,《当代经理人》2009 年第 5 期。

卢昌崇:《公司治理机构及新、老三会关系论》,《经济研究》1994 年第 11 期。

卢昌崇:《企业治理结构——一个组织制度的演进与设计》,东北财经大学出版社 1999 年版。

卢进勇、闫实强:《中国企业海外投资模式比较分析》,《国际经济合作》2005 年第 3 期。

卢泰宏、谢飙:《品牌延伸的评估模型》,《中山大学学报》(社会科学版)1997 年第 6 期。

卢馨、方睿孜、郑阳飞:《外部治理环境能够抑制企业高管腐败吗?》,《经济与管理研究》2015 年第 3 期。

卢馨、何雨晴、吴婷:《国企高管政治晋升激励是长久之计吗?》,《经济管理》2016 年第 7 期。

卢馨、吴婷、张小芬:《管理层权力对企业投资的影响》,《管理评论》2014 年第 8 期。

卢馨、张乐乐、李慧敏、丁艳平:《高管团队背景特征与投资效率——基于高管激励的调节效应研究》,《审计与经济研究》2017 年第 2 期。

鲁桐、钟继银、孔杰:《公司治理董事与经理指南》,中国发展出版社 2008 年版。

鲁兆、许汉邦:《扩大企业财权问题的探讨》,《社会科学研究》1979 年第 5 期。

陆锋:《新媒体时代的旅游目的地宣传和营销》,《旅游学刊》2018 年第 4 期。

陆亚东、符正平:《"水"隐喻在中国特色管理理论中的运用》,《外国经济与管理》2016 年第 1 期。

陆亚东、孙金云:《中国企业成长战略新视角:复合基础观的概念、内涵与方法》,《管理世界》2013 年第 10 期。

陆亚东、孙金云、武亚军:《"合"理论——基于东方文化背景的战略理论新范式》,《外国经济与管理》2015 年第 6 期。

陆正飞、高强:《中国上市公司融资行为研究——基于问卷调查的分析》,《会计研究》2003 年第 10 期。

逯东、王运陈、付鹏:《CEO 激励提高了内部控制有效型吗?——来自国有上市公司的经验证据》,《会计研究》2014 年第 6 期。

逯东、谢璇、杨丹:《独立董事官员背景类型与上市公司违规研究》,《会计研究》2017 年第 8 期。

路明:《市场生命周期与成熟市场的开拓》,《管理世界》1987 年第 2 期

吕长江、王克敏:《上市公司股利政策的实证分析》,《经济研究》1999 年第 12 期。

吕鸿江、刘洪:《转型背景下企业有效应对组织复杂性的机理研究》,《南开管理评论》2009 年第 6 期。

吕佳龄、张书军:《创新政策演化:框架、转型和中国的政策议程》,《中国软科学》2019 年第 2 期。

吕力:《"中国管理学"发展中的范式问题》,《管理学报》2009 年第 8 期。

吕文栋、张辉:《全球价值链下的地方产业集群战略研究》,《中国软科学》2005 年第 2 期。

吕兴洋:《目的地形象的感官营销思考》,《旅游学刊》2018 年第 3 期。

吕源、姚俊、蓝海林:《企业集团的理论综述与探讨》,《南开管理评论》2005 年第 4 期。

罗福凯:《公司营运资本日常管理的改进——来自海信集团的管理实践和经验》,《财会通讯》2006 年第 7 期。

罗国萍:《企业财务管理创新模式初探》,《财会通讯》2014 年第 32 期。

罗海滨、刘善仕、王红椿、吴坤津:《内控导向人力资源管理实践与组织绩效研究》,《管理学报》2015 年第 8 期。

罗宏、黄文华:《国企分红、在职消费与公司业绩》,《管理世界》2008 年第 9 期。

罗珉:《评合资企业的以产顶进》,《外国经济与管理》1988 年第 5 期。

罗珉:《再评合资企业的"以产顶进"》,《外国经济与管理》1991 年第 1 期。

罗珉:《组织设计思想演变与发展轨迹探析》,《外国经济与管理》2010 年第 4 期。

罗珉、杜华勇:《平台领导的实质选择权》,《中国工业经济》2018 年第 2 期。

罗珉、高强:《中国网络组织:网络封闭和结构洞的悖论》,《中国工业经济》2011 年第 11 期。

罗伟、连燕华、方新:《技术创新与政府政策》,中国人民大学出版社 1996 年版。

罗永泰、卢政营:《需求解析与隐性需求的界定》,《南开管理评论》2006 年第 3 期。

罗仲伟:《我国企业国际化历程与实施"走出去"战略的基本经验》,《经济管理》2008 年第 14 期。

罗仲伟、李先军、宋翔、李亚光:《从"赋权"到"赋能"的企业组织结构演进——基于韩都衣舍案例的研究》,《中国工业经济》2017 年第 9 期。

罗仲伟、任国良、焦豪、蔡宏波、许扬帆:《动态能力、技术范式转变与创新战略——基于腾讯微信"整合"与"迭代"微创新的纵向案例分析》,《管理世界》2014 年第 8 期。

Mark Harrison、金世胜:《科艺共舞,神与物游——旅游规划中的科学与艺术》,《旅游学刊》2013 年第 10 期。

马镔:《也谈按劳分配的"劳"》,载晓亮《中国经济科学年鉴 (1986)》,经济科学出版社 1986 年版。

马波:《旅游学科升格的理路探析》,《旅游学刊》2016 年第 10 期。

马波:《新常态下中国旅游产业政策调整略论》,《旅游学刊》2015 年第 7 期。

马波:《中国旅游理论研究的现实问题》,《旅游学刊》2017 年第 11 期。

马贵兰:《基于大数据思维的"业财融合"管理会计体系应用——以通信行业为例》,《财会月刊》2015 年第 32 期。

马海鹰、吴宁:《法定旅游规划如何"落地"与"开花"》,《旅游学刊》2013 年第 10 期。

马浩:《战略管理学 50 年:发展脉络与主导范式》,《外国经济与管理》2017 年第 7 期。

马连福、高塬、杜博:《隐性的秩序:董事会非正式层级研究述评及展望》,《外国经济与管理》2019 年第 4 期。

马青山:《乡镇企业国际化经营的战略取向》,《经济管理》2001 年第 23 期。

马如静、唐雪松:《学者背景独立董事、公司业绩与 CEO 变更》,《财经科学》2016 年第 9 期。

马双、王永贵、赵宏文:《组织顾客参与的双刃剑效果及治理机制研究——基于服务主导逻辑和交易成本理论的实证分析》,《外国经济与管理》2015 年第 7 期。

马源:《加快信息化建设支撑"放管服"改革发展》,《紫光阁》2018 年第 8 期。

马中骏:《充分发挥企业的主动性》,《光明日报》1978 年 9 月 9 日。

毛基业、苏芳:《案例研究的理论贡献——中国企业管理案例与质性研究论坛(2015)综述》,《管理世界》2016 年第 2 期。

毛蕴诗、王婕、郑奇志:《重构全球价值链:中国管理研究的前沿领域——基于 SSCI 和 CSSCI（2002—2015 年）的文献研究》，《学术研究》2015 年第 11 期。

毛蕴诗、郑奇志：《基于微笑曲线的企业升级路径选择模型——理论框架的构建与案例研究》，《中山大学学报》（社会科学版）2012 年第 3 期。

梅亮、陈劲：《责任式创新：源起、归因解析与理论框架》，《管理世界》2015 年第 8 期。

梅世强、齐二石、王雪青：《管理科学与工程学科概念及其体系研究》，《工业工程》2006 年第 2 期。

孟浩：《财会工作的回顾与体会》，《财务与会计》1979 年第 10 期。

孟晓斌、王重鸣、杨建锋：《企业动态能力理论模型研究综述》，《外国经济与管理》2007 年第 10 期。

苗仁涛、周文霞、刘军、李天：《高绩效工作系统对员工的影响：一个社会交换视角及程序公平的调节作用》，《南开管理评论》2013 年第 5 期。

苗仁涛、周文霞、刘丽、潘静洲、刘军：《高绩效工作系统有助于员工建言？一个被中介的调节作用模型》，《管理评论》2015 年第 7 期。

苗文斌、吴晓波、兰建平：《技术赶超与能力重构》，《研究与发展管理》2007 年第 4 期。

倪义芳、吴晓波：《论企业战略管理思想的演变》，《经济管理》2001 年第 6 期。

聂鸣、杨大进：《从目标导向到能力导向：我国技术创新政策的演进方向》，《科学学与科学技术管理》2003 年第 10 期。

聂婷、孙艳伟：《中国人力资源管理的多元化发展——第 6 届中国人力资源管理论坛述评》，《管理学报》2018 年第 3 期。

聂正安：《从战略高度认识国有企业的组织创新》，《中国软科学》1999 年第 5 期。

聂正安：《国企集团组织结构中市场成分的培育——湖南华菱钢铁集

团个案分析》,《经济管理》2004 年第 23 期。

宁骚:《公共管理类学科的案例研究、案例教学与案例写作》,《公共管理科学》2006 年第 1 期。

宁向东:《公司治理理论》,中国发展出版社 2006 年版。

牛建波、李维安:《产品市场竞争和公司治理的交互关系研究——基于中国制造业上市公司 1998—2003 年数据的实证分析》,《南大商学评论》2007 年第 1 期。

欧伟辉、姚晓华:《搭建业财融合财务共享中心创新特大项目财务管理模式——以中交香港国际机场项目为例》,《财务与会计》2019 年第 1 期。

欧阳桃花:《中国企业的高起点经营:基于海尔的案例分析》,《管理世界》2003 年第 2 期。

欧阳桃花、胡京波、李洋、周宁、国辉:《DFH 小卫星复杂产品创新生态系统的动态演化研究:战略逻辑和组织合作适配性视角》,《管理学报》2015 年第 4 期。

欧阳桃花、曾德麟、崔争艳、翟宇宏:《基于能力重塑的互联网企业战略转型研究:百度案例》,《管理学报》2016 年第 12 期。

欧阳文彬、刘晓红、汪兴元:《改革企业财务管理的若干思考》,《武汉财会》1989 年第 5 期。

潘爱玲、刘昕、邱金龙、申宇:《媒体压力下的绿色并购能否促使重污染企业实现实质性转型》,《中国工业经济》2019 年第 1 期。

潘峰华、王缉慈:《从"被动嵌入"到供应链园区投资:外商直接投资的新模式?》,《中国软科学》2010 年第 3 期。

潘懋元、刘海峰:《中国近代教育史资料汇编·高等教育》,上海教育出版社 1993 年版。

潘攀、许志勇、粟立钟:《私募股权投资对创业板上市公司现金股利政策研究》,《中国软科学》2019 年第 6 期。

潘松挺、姚春序:《基于复杂系统理论的企业网络组织演化分析》,《企业经济》2011 年第 3 期。

潘越、戴亦一、李财喜：《政治关联与财务困境公司的政府补助——来自中国 ST 公司的经验证据》，《南开管理评论》2009 年第 5 期。

潘镇、鲁明泓：《在华外商直接投资进入模式选择的文化解释》，《世界经济》2006 年第 2 期。

潘镇、鲁明泓：《中小企业成长战略选择的路径依赖》，《经济管理》2003 年第 16 期。

裴琦：《跨国公司的组织模式与我国跨国公司组织模式的选择》，《黑龙江对外经贸》1995 年第 4 期。

彭长桂、吕源：《制度如何选择：谷歌与苹果案例的话语分析》，《管理世界》2016 年第 2 期。

彭富国：《中国地方技术创新政策效果分析》，《研究与发展管理》2003 年第 3 期。

彭高亮：《公共管理中定性研究方法的认识及规范研究分析》，《品牌研究》2018 年第 5 期。

彭剑锋：《战略性人力资源管理》，《企业管理》2003 年第 10 期。

彭剑锋：《中国人力资源管理实践研究回顾——〈中国人力资源开发〉编辑部专访彭剑锋教授》，《中国人力资源开发》2018 年第 11 期。

彭正银：《网络治理理论探析》，《中国软科学》2002 年第 3 期。

彭正银等：《中国网络平台治理研究报告（2018）》，2018 年。

彭中文、李力、文磊：《宏观调控、公司治理与财务风险——基于房地产上市公司的面板数据》，《中央财经大学学报》2014 年第 5 期。

戚聿东、肖旭：《国有企业利润分配的制度变迁：1979—2015 年》，《经济与管理研究》2017 年第 7 期。

齐昶：《马恒昌小组的管理经验》，《经济管理》1979 年第 1 期。

齐飞：《旅游消费者行为：后现代主义下的趋同与分化》，《旅游学刊》2014 年第 7 期。

齐永钦、王续琨:《市场营销学在中国：发展历程、学科结构和衍生趋势》,《东岳论丛》2016 年第 10 期。

祁春凌、黄晓玲、樊瑛:《技术寻求、对华技术出口限制与我国的对外直接投资动机》,《国际贸易问题》2013 年第 4 期。

钱世明、董源轵:《论职工工资同企业经济效益想联系》,载晓亮《中国经济科学年鉴（1986）》,经济科学出版社 1986 年版。

钱轶、毛成银:《高职院校财务管理变迁研究——以南京工业职业技术学院为例》,《南京工业职业技术学院学报》2018 年第 3 期。

钱颖一:《企业的治理结构改革和融资结构改革》,《经济研究》1995 年第 1 期。

秦海庆、李兴祥、陈林飞:《步鑫生："剪开了中国城镇企业改革的帷幕"——听步鑫生故旧与其子步爱群讲述他的创业故事》,《中国档案报》2018 年 11 月 30 日。

秦惠民:《培养中国式工商管理硕士应注意的几个问题》,《学位与研究生教育》1991 年第 5 期。

秦升:《全球价值链治理理论：回顾与展望》,《国外理论动态》2014 年第 12 期。

邱伏生:《面向智能制造的智慧供应链建设》,《物流技术与应用》2017 年第 3 期。

邱立成:《国际竞争中的跨国公司战略联盟》,《国际贸易问题》1997 年第 9 期。

邱立成、成泽宇:《跨国公司外派人员管理》,《南开管理评论》1999 年第 5 期。

邱立成、于李娜:《跨国公司进入中国市场模式及影响因素分析》,《南开经济研究》2003 年第 4 期。

邱庆芳:《加工贸易拉升深圳高新技术产业发展》,《中国外资》1999 年第 8 期。

邱杨茜、叶展:《高管股权激励对公司债定价的影响研究》,《厦门大学学报》(哲学社会科学版) 2019 年第 3 期。

邱永辉、石先进：《企业最优资本结构的影响因素研究》，《经济与管理研究》2017年第8期。

曲婉、冯海红、侯沁江：《创新政策评估方法及应用研究：以高新技术企业税收优惠政策为例》，《科研管理》2017年第1期。

权小锋、吴世农：《CEO权力强度、信息披露质量与公司业绩的波动性——基于深交所上市公司的实证研究》，《南开管理评论》2010年第4期。

权小锋、吴世农、文芳：《管理层权力、私有收益与薪酬操纵》，《经济研究》2010年第11期。

冉奥博、何朋、刘云、王蒲生：《中国高速铁路"走出去"战略下的专利策略》，《科学学研究》2017年第4期。

任浩、李信民、陶向京、李建华：《企业组织设计》，学术出版社2005年版。

任浩、刘石兰：《基于战略的组织结构设计》，《科学学与科学技术管理》2005年第8期。

任琦峰：《财务管理》，企业管理出版社1981年版。

任文侠、白成琦：《略论战后日本企业管理问题》，《吉林大学学报》（社会科学版）1978年第Z1期。

芮明杰：《对企业多元化发展战略的再认识》，《中国工业经济》1998年第11期。

塞风：《开展技术革新运动，把劳动竞赛向前推进一步》，《教学与研究》1954年第11期。

山今：《外资外贸：浦东产业升级的新亮点》，《浦东开发》2001年第10期。

商务部市场体系建设司：《商务部等8部门关于开展供应链创新与应用试点的通知》，2018年，http://www.mofcom.gov.cn/article/h/redht/201804/20180402733336.shtml。

尚航标、黄培伦、田国双、李卫宁：《企业管理认知变革的微观过程：两大国有森工集团的跟踪性案例分析》，《管理世界》2014年第 6 期。

尚智丛：《1886—1894 年间近代科学在晚清知识分子中的影响上海格致书院格致类课艺分析》，《清史研究》2001 年第 3 期。

沈灏：《转型经济环境下社会资本和组织学习对企业战略变化的影响——基于国有企业和民营企业的对比分析》，《经济管理》2017 年第 6 期。

沈俊：《基于互联网 + 智能制造环境的财务管理》，《新会计》2016 年第 2 期。

沈艺峰、王夫乐、黄娟娟、纪荣嵘：《高管之"人"的先天特征在 IPO 市场中起作用吗?》，《管理世界》2017 年第 9 期。

沈艺峰、肖珉、林涛：《投资者保护与上市公司资本结构》，《经济研究》2009 年第 7 期。

沈志渔：《对国家控股公司和大集团战略的思考》，《中国工业经济》1996 年第 4 期。

盛明泉、张春强、王烨：《高管股权激励与资本结构动态调整》，《会计研究》2016 年第 2 期。

盛懿、孙萍、欧七斤编著：《三个世纪的跨越——从南洋公学到上海交通大学》，上海交通大学出版社 2006 年版。

施东晖：《股权结构、公司治理与绩效表现》，《世界经济》2000 年第 12 期。

施建军、张文红、杨静、孟源：《绿色创新战略中的利益相关者管理——基于江苏紫荆花公司的案例研究》，《中国工业经济》2012 年第 11 期。

施杨、李南：《国内人力资源管理实践与企业绩效研究述评》，《科技管理研究》2009 年第 9 期。

石丹、张瑞敏：《突破经典管理，海尔"人单合一"创世界级物联网模式》，《商学院》2018 年第 12 期。

石磊、张寒莉：《战略性人力资源管理的特征、内容及实践》，《四川大学学报》（哲学社会科学版）2006 年第 1 期。

石耀东:《摩托罗拉的中国本土化战略》,《中国工业经济》1998 年第 10 期。

石咏梅:《浅议我国企业集团财务战略管理》,《财经界》(学术版) 2014 年第 23 期。

时勘:《我国员工培训心理学研究及其症结》,《劳动与人事》1990 年第 6 期。

时岩:《企业网络组织与我国传统陶瓷产业的发展——以景德镇艺术陶瓷为例》,《江西社会科学》2008 年第 1 期。

史丹:《整合传统产业——以德隆公司为例》,《经济管理》2001 年第 17 期。

史恩义、张瀚文:《OFDI 动机、金融发展差异与出口贸易》,《世界经济研究》2018 年第 8 期。

寿志钢、王峰、贾建民:《顾客累积满意度的测量——基于动态顾客期望的解析模型》,《南开管理评论》2011 年第 3 期。

司林波:《公共管理案例库开发的流程设计、质量标准及使用研究》,《佳木斯大学社会科学学报》2015 年第 5 期。

司林波、李雪婷、孟卫东:《近十年中国公共管理研究的热点领域和前沿主题——基于八种公共管理研究期刊 2006—2015 年刊载文献的可视化分析》,《上海行政学院学报》2017 年第 2 期。

宋彪、朱建明、李煦:《基于大数据的企业财务预警研究》,《中央财经大学学报》2015 年第 6 期。

宋栋:《我国区域经济转型发展的制度创新分析——以珠江三角洲为例》,《管理世界》1999 年第 3 期。

宋福铁、屈文洲:《基于企业生命周期理论的现金股利分配实证研究》,《中国工业经济》2010 年第 2 期。

宋光辉、王晓晖、秦全德:《国有跨国公司境外企业公司治理研究——基于双重型、叠加式委托代理的视角》,《财经研究》2010 年第 11 期。

宋华:《国际战略联盟:我们如何借鉴》,《外国经济与管理》1991

年第 11 期。

宋连生:《工业学大庆始末》,湖北人民出版社 2005 年版。

宋瑞:《旅游创新:产业演化与学术展望》,《中国旅游评论》2015 年第 4 期。

宋瑞:《旅游行政管理体制改革的背景与重点》,《旅游学刊》2014 年第 9 期。

宋永高:《中国品牌国际化:出口模式与海外投资模式比较》,《经济师》2003 年第 4 期。

宋玉华、姚建农:《跨国公司组织结构与战略的互动关系——从组织的关联性维度谈起》,《亚太经济》2004 年第 3 期。

宋玉玲、赵哲:《大庆精神科学内涵的时代价值探析》,《大庆社会科学》2012 年第 6 期。

宋渊洋、黄礼伟:《为什么中国企业难以国内跨地区经营?》,《管理世界》2014 年第 12 期。

苏东水:《东方管理学说的创新与实践》,《广西经济管理干部学院学报》2014 年第 1 期。

苏飞:《从旅游产业市场失灵看政府公共旅游管理制度的创新》,《商业时代》2014 年第 26 期。

苏海林、陈信康:《中国市场营销研究热点的演变——基于市场营销主流期刊(1979—2008)的统计分析》,《华东经济管理》2010 年第 12 期。

苏慧文:《海尔管理革命:市场链与业务流程再造》,《南开管理评论》2001 年第 1 期。

苏敬勤、刘畅:《中国情境架构及作用机理—基于中国企业战略变革案例的质化研究》,《管理评论》2015 年第 10 期。

苏敬勤、张琳琳:《情境内涵、分类与情境化研究现状》,《管理学报》2016 年第 4 期。

苏坤:《国有金字塔层级对公司风险承担的影响——基于政府控制级别差异的分析》,《中国工业经济》2016 年第 6 期。

苏勇、顾倩妮：《国际顶级管理学期刊对中国管理学关注热点分析——基于6种国际顶级管理学期刊2000—2009年所刊论文的研读与统计》，《经济管理》2011年第3期。

苏勇、刘国华：《中国管理学发展进程：1977—2006》，《华东经济管理》2008年第12期。

苏中兴（2010a）：《转型期中国企业的高绩效人力资源管理系统：一个本土化的实证研究》，《南开管理评论》2010年第4期。

苏中兴（2010b）：《中国情境下人力资源管理与企业绩效的中介机制研究——激励员工的角色外行为还是规范员工的角色内行为?》，《管理评论》2010年第8期。

隋俊、毕克新、杨朝均等：《跨国公司技术转移对我国制造业绿色创新系统绿色创新绩效的影响机理研究》，《中国软科学》2015年第1期。

孙国强：《网络组织的内涵、特征与构成要素》，《南开管理评论》2001年第4期。

孙国强：《网络组织理论与治理研究》，经济科学出版社2016年版。

孙和福：《国有上市企业筹资风险管理与防范》，《学术交流》2012年第9期。

孙坚：《站在精度和温度之上——探索中国酒店业的未来发展之路》，《旅游学刊》2018年第1期。

孙健、王丹、崔柏烈：《中韩大型跨国公司人力资源管理比较——以海尔和LG为例的研究》，《太平洋学报》2004年第7期。

孙健敏、邢璐、尹奎、杨烨娣：《高绩效工作系统何时带来幸福感?——核心自我评价与成就动机的作用》，《首都经济贸易大学学报》（双月刊）2018年第11期。

孙瑾、王永贵：《是"只见树木"还是"整片森林"——性别对消费者比较信息处理过程的调节作用》，《南开管理评论》2016年第3期。

孙靖：《跨国公司技术创新全球化趋势及我国的对策》，《经济体制改革》2004 年第 2 期。

孙九霞、王学基、王心蕊：《从"多元"到"贯通"：跨学科旅游研究之路》，《旅游论坛》2018 年第 2 期。

孙立锋、徐明棋：《全球生产网络构建下的中国民营跨国公司成长机制——基于吉利集团的案例分析》，《财会月刊》2018 年第 11 期。

孙丽：《简论跨国公司对境外子企业的财务管控》，《中国远洋航务》2015 年第 7 期。

孙丽红：《思想政治教育学科边界研究》，硕士学位论文，南京师范大学，2018 年。

孙锐：《战略人力资源管理、组织创新氛围与研发人员创新》，《科研管理》2014 年第 8 期。

孙锐、李树文、顾琴轩：《双元环境下战略人力资源管理影响组织创新的中介机制：企业生命周期视角》，《南开管理评论》2018 年第 5 期。

孙晓燕、席酉民：《工商管理研究热点与发展趋势的国内外比较》，《科学学研究》2002 年第 6 期。

孙耀君：《对行为科学研究讨论的述评》，载刘国光《中国经济建设的若干理论问题》，江苏人民出版社 1986 年版。

孙永祥、黄祖辉：《上市公司的股权结构与绩效》，《经济研究》1999 年第 12 期。

孙周兴：《哲学批判与创新思维——以德国哲学为主要考察背景》，《中国社会科学报》2015 年 8 月 17 日。

谭劲松、李敏仪、黎文靖、郑珩、吴剑琳、梁羽：《我国上市公司独立董事制度若干特征分析》，《管理世界》2003 年第 10 期。

谭力文、丁靖坤：《21 世纪以来战略管理理论的前沿与演进——基于 SMJ（2001ASD2012）文献的科学计量分析》，《南开管理评论》2014 年第 2 期。

谭力文、彭志军、罗韵轩：《现代企业战略调整的成本与效益——从核心能力跃迁和持续竞争优势动态演化的视角》，《经济管理》

2007 年第 17 期。

谭力文、伊真真、效俊央:《21 世纪以来国内组织行为学研究现状与趋势——基于 CSSCI（2000—2013）文献的科学计量分析》,《科技进步与对策》2016 年第 1 期。

谭庆美、陈欣、张娜、董小芳:《管理层权力、外部治理机制与过度投资》,《管理科学》2015 年第 4 期。

汤谷良:《经营者财务论——兼论现代企业财务分层管理架构》,《会计研究》1997 年第 5 期。

汤谷良:《我国财务管理理论世纪回眸》,《财务与会计》2000 年第 2 期。

汤谷良、夏怡斐:《企业"业财融合"的理论框架与实操要领》,《财务研究》2018 年第 2 期。

汤敏、茅于轼:《现代经济学前沿专题》（第一集），商务印书馆 1989 年版。

汤业国:《中西方企业财务管理比较研究》,中国人民大学出版社 1998 年版。

汤正如:《改革开放 30 年市场营销学在中国传播应用的发展变化》,《市场营销导刊》2008 年第 6 期。

唐贵瑶、陈扬、于冰洁、魏立群:《战略人力资源管理与新产品开发绩效的关系研究》,《科研管理》2016 年第 11 期。

唐厚兴:《市场竞争结构对"市场换技术"战略的影响研究》,《科学学研究》2017 年第 4 期。

唐维霞:《论跨国公司财务报表的会计处理》,《南开经济研究》1994 年第 6 期。

唐小飞、贾建民、周庭锐、尹洪娟:《遭遇员工态度问题和不公平价格的顾客满意度补救研究——基于顾客赢回管理的一个动态纵向评估模型》,《管理世界》2009 年第 5 期。

唐旭东:《论权变学派——创建权变学派基本理论框架的三维模型》,《管理世界》1987 年第 6 期。

陶春涛、李咏梅:《我国跨国公司的财务管理体制探析》,《中国市场》2011 年第 40 期。

陶锋:《吸收能力、价值链类型与创新绩效——基于国际代工联盟知识溢出的视角》,《中国工业经济》2011 年第 1 期。

陶锋、李诗田:《全球价值链代工过程中的产品开发知识溢出和学习效应——基于东莞电子信息制造业的实证研究》,《管理世界》2008 年第 1 期。

陶锋、李霆、陈和:《基于全球价值链知识溢出效应的代工制造业升级模式——以电子信息制造业为例》,《科学学与科学技术管理》2011 年第 6 期。

陶向南、赵曙明:《子公司角色、绩效表现对跨国公司人力资源本土化配置影响的实证研究》,《管理世界》2003 年第 8 期。

田国强:《中国改革:历史、逻辑和未来:振兴中华变革论》,中信出版社 2014 年版。

田里:《旅游管理学》,东北财经大学出版社 2015 年版。

田立法:《高承诺工作系统驱动知识共享:信任关系的中介作用及性别的调节作用》,《管理评论》2015 年第 6 期。

仝志敏:《中国人力资源开发与管理系统工程》,《黑龙江社会科学》1999 年第 4 期。

汪纯孝、韩小芸、温碧燕:《顾客满意感与忠诚感关系的实证研究》,《南开管理评论》2003 年第 4 期。

汪海波:《新中国工业经济史》,经济管理出版社 1986 年版。

汪海波、董志凯等:《新中国工业经济史 (1958—1965)》,经济管理出版社 1995 年版。

汪佩霞、贾敬全:《异质型机构投资者对上市公司投资效率的影响研究——基于 A 股上市公司的经验数据》,《会计之友》2019 年第 10 期。

汪涛、崔国华:《经济形态演进背景下体验营销的解读和构建》,《经济管理》2003 年第 20 期。

汪晓梦：《区域性技术创新政策绩效评价的实证研究——基于相关性和灰色关联分析的视角》，《科研管理》2014年第5期。

汪旭晖、李飞：《跨国零售商在华战略及本土零售商的应对》，《中国工业经济》2006年第2期。

汪玉凯：《中国电子政务十年回顾和发展展望》，《信息化建设》2009年第11期。

汪玉凯、高新民、吴昊：《国外信息化推进体制及其对我国的启示》，《行政管理改革》2010年第6期。

王操红、邹湘湘：《高绩效工作系统内涵及组成研究述评与展望》，《统计与决策》2009年第9期。

王聪、冯琰、刘慧敏、陈晨：《高新技术企业智力资本对资本结构的影响研究》，《会计之友》2017年第7期。

王凤彬、陈公海、李东红：《模块化组织模式的构建与运作——基于海尔"市场链"再造案例的研究》，《管理世界》2008年第4期。

王凤彬、刘松博：《联想集团"波形"轨迹下的组织演变——"试误式学习"惯例与组织可塑性的交互作用》，《中国工业经济》2012年第3期。

王凤彬、王骁鹏、张驰：《超模块平台组织结构与客制化创业支持——基于海尔向平台组织转型的嵌入式案例研究》，《管理世界》2019年第2期。

王福胜、朱志标：《财务报告质量、资产抵押能力与投资效率分析》，《商业研究》2016年第3期。

王海军：《外资企业财务内部控制规范化管理评价之我见》，《中国总会计师》2011年第3期。

王海忠、于春玲、赵平：《品牌资产的消费者模式与产品市场产出模式的关系》，《管理世界》2006年第1期。

王海忠、赵平：《品牌原产地效应及其市场策略建议——基于欧、美、日、中四地品牌形象调查分析》，《中国工业经济》2004年第1期。

王红椿、陈盛均、刘小浪、刘善仕：《人力资源构型与企业组织结构的研究：中国情境下的匹配》，《华南师范大学学报》（社会科学版）2015年第4期。

王红蕾、孙健敏：《高绩效工作系统与创新行为的关系研究：一个有调节的中介模型》，《科学学与科学技术管理》2017年第12期。

王宏伟：《中国特色应急管理体制的构建与应急管理部的未来发展》，《中国安全生产》2018年第6期。

王虹：《中国企业背景下高绩效工作系统的结构维度研究》，《科学学与科学技术管理》2010年第9期。

王化成：《论财务管理的理论结构》，《财会月刊》2000年第4期。

王化成：《现代西方财务管理》，人民邮电出版社1993年版。

王化成、李志华、卿小权、于悦、张伟华、黄欣然：《中国财务管理理论研究的历史沿革与未来展望——〈会计研究〉三十年中刊载的财务理论文献述评》，《会计研究》2010年第12期。

王化成、佟岩、卢闯、刘亭立、黎来芳：《关于开展我国财务管理理论研究的若干建议》，《会计研究》2006年第8期。

王化成、佟岩等：《关于开展我国财务管理理论研究的若干建议》，《会计研究》2006年第8期。

王建明、贺爱忠：《消费者低碳消费行为的心理归因和政策干预路径：一个基于扎根理论的探索性研究》，《南开管理评论》2011年第4期。

王金伟：《一级学科建设背景下的旅游管理专业认同——来自高校专业学生视角的实证研究》，《旅游导刊》2018年第2期。

王京传、李天元：《公众参与：旅游公共管理的新趋势》，《旅游学刊》2014年第10期。

王竞春：《大数据背景下业财融合在企业中的应用》，《智库时代》2019年第18期。

王昆欣：《向西方旅游职业教育学习什么？》，《旅游学刊》2015年第10期。

王兰云、苏磊：《战略人力资源管理一致性与组织绩效的关系研究——双元创新能力的中介作用》，《科技管理研究》2015年第9期。

王澜明：《政府体制改革研究》，《中国行政管理》2011年第12期。

王黎：《试论我国企业财务管理目标演变的内在动因》，《林区教学》2010年第12期。

王立新：《跨国公司组织结构模式变化及其对我国企业的启示》，《中山大学学报》（社会科学版）2002年第6期。

王鲁捷：《工商管理专业创新型管理人才培养模式实践研究》，《中国高教研究》2003年第3期。

王满、于浩洋、马影、马勇：《改革开放40年中国管理会计理论研究的回顾与展望》，《会计研究》2019年第1期。

王茂林、何玉润、林慧婷：《管理层权力、现金股利与企业投资效率》，《南开管理评论》2014年第2期。

王钦：《改革开放三十年中国企业战略的发展：复杂环境下的"协同演进"》，《清华学报》（哲学社会科学版）2008年第S2期。

王钦、张雀：《中国工业企业技术创新40年：制度环境与企业行为的共同演进》，《经济管理》2018年第11期。

王钦、赵剑波：《价值观引领与资源再组合：以海尔网络化战略变革为例》，《中国工业经济》2014年第11期。

王庆成、王建英：《关于行政单位会计改革的思考》，《财会月刊》1996年第7期。

王庆德、乔夫：《央企"走出去"——海外并购公司的管理模式研究》，《管理评论》2017年第10期。

王全胜、王永贵、陈传明：《第三方信任服务对在线购物意愿的作用机理》，《经济管理》2009年第7期。

王山、张慧慧、李义良、奉公：《众创背景下企业集群创新的案例研究——以荣事达集团为例》，《管理学报》2019年第5期。

王盛勇、李晓华：《新工业革命与中国产业全球价值链升级》，《改革与战略》2018年第2期。

王世俊、符庆如:《完善财务管理强化"统"的功能》,《财会通讯》1993年第11期。

王韬、吕明、顾新华:《发挥国有大企业的特殊作用——南京伯乐电器(集团)公司实施"森林战略"的调查》,《中国软科学》1996年第11期。

王铁民、周捷:《跨国经营海外子公司业务发展中企业的战略选择——辉瑞制药中国公司在华生产范围发展路径(1993—2002年)的启示》,《管理世界》2005年第10期。

王卫星:《基于多学科视角的企业财务管理拓展与创新探讨》,《会计研究》2016年第11期。

王小勇:《浦东加工贸易路在何方》,《上海综合经济》2000年第2期。

王晓华、白凯:《新媒体时代目的地形象的解构与重构》,《旅游学刊》2018年第3期。

王晓玲:《企业高绩效工作系统:组织承诺中介作用的实证研究》,《中国软科学增刊(上)》2019年第8期。

王新建、郑向敏:《国内旅游危机研究述评》,《旅游论坛》2011年第4期。

王新平、吴艳文:《商业上市公司营运资金管理策略分析》,《财会月刊》2010年第21期。

王信章:《也谈我国旅游企业的发展方向》,《旅游学刊》2018年第2期。

王雄元、何捷:《行政垄断、公司规模与CEO权力薪酬》,《会计研究》2012年第11期。

王雅洁、戴景新、高素英、张金:《战略人力资源管理、企业特征与企业绩效——基于中国企业的经验数据》,《科技管理研究》2014年第4期。

王雅洁、马树强、高素英:《基于中国情境的战略人力资源管理选择动因研究》,《管理学报》2013 年第 4 期。

王益民:《深刻领会规划精神推动政务信息化创新发展——〈"十三五"国家政务信息化工程建设规划〉解读》,《中国政府采购报》2017 年 9 月 12 日。

王毅:《企业核心能力动态演化分析:东信、长虹与海尔》,《科研管理》2002 年第 6 期。

王毅、陈劲、许庆瑞:《企业核心能力:理论溯源与逻辑结构剖析》,《管理科学学报》2000 年第 3 期。

王印红:《公共管理价值取向的重新审视》,《重庆大学学报》(社会科学版)2014 年第 4 期。

王永贵:《服务质量、顾客满意与顾客价值的关系剖析——基于电信产业的整合框架》,《武汉理工大学学报》(社会科学版)2002 年第 6 期。

王永贵:《顾客资产管理研究——背景、现状与问题》,《经济管理》2004 年第 16 期。

王永贵:《市场营销》,中国人民大学出版社 2019 年版。

王永贵、马剑虹:《发达国家企业多角化经营的误区与启示》,《南开管理评论》1998 年第 6 期。

王永贵、司方来、姚山季:《顾客创新研究回顾、整合框架与展望》,《南京社会科学》2009 年第 5 期。

王永贵、姚山季、瞿燕舞:《消费者参与创新体验的理论探索——对操作说明、感知复杂性、胜任感和自治感关系的实验研究》,《管理学报》2011 年第 7 期。

王永贵、姚山季、司方来等:《组织顾客创新、供应商反应性与项目绩效的关系研究:基于组织服务市场的实证分析》,《南开管理评论》2011 年第 2 期。

王永贵、张玉利、杨永恒等:《对组织学习、核心竞争能力、战略柔性与企业竞争绩效的理论剖析与实证研究——探索中国企业增强动态竞争优势之路》,《南开管理评论》2003 年第 4 期。

王永贵、赵春霞、赵宏文:《服务外包情境下供应商创新的形成机制——对顾客创新性、供应商依赖与两种组织学习角色的实证研究》,《经济管理》2016年第12期。

王又庄:《构建适应社会主义市场经济要求的企业财务分析和评价指标体系》,《会计研究》1993年第6期。

王媛:《管理科学与工程类学科专业本科教育教学发展战略若干问题研究》,博士学位论文,天津大学,2007年。

王越:《论战略型财务管理》,《金融经济》2006年第14期。

王运通、姜付秀:《多个大股东能否降低公司债务融资成本》,《世界经济》2017年第10期。

王载珏:《二汽企业文化评介》,《管理世界》1991年第4期。

王钊、黄旭、吴念芝:《大数据背景下财务共享服务模式建构的途径》,《中国管理信息化》2016年第1期。

王兆峰、田官平:《面向21世纪的工商管理人才培养模式的探讨》,《机械工业高教研究》1999年第3期。

王贞洁、王竹泉:《基于营运资金的财务风险应对——以纺织服装业上市公司为例》,《财务与会计》(理财版)2013年第7期。

王振耀、田小红:《慈善法与公共伦理转型》,《行政管理改革》2016年第7期。

王志强:《税收影响我国上市公司股利政策的实证研究》,《税务研究》2004年第7期。

王治中、李莉:《密切干群关系提高管理水平——兼谈大庆精神的现实意义》,《理论导刊》1990年第10期。

王重明:《劳动人事心理学》,浙江教育出版社1988年版。

王竹泉、李文妍、修小圆:《基于营运资金需求保障能力的企业财务风险评估》,《财务与会计》(理财版)2013年第7期。

王竹泉、马广林:《分销渠道控制:跨区分销企业营运资金管理的重心》,《会计研究》2005年第6期。

王竹泉、逄咏梅、孙建强:《国内外营运资金管理研究的回顾与展望》,《会计研究》2007 年第 2 期。

王祖敏:《引进先进技术和利用外资》,北京出版社 1979 年版。

王左:《国有经济的战略重组与券商的战略调整》,《外国经济与管理》1998 年第 7 期。

卫菁华:《浅谈基于财务共享中心的会计管理模式设计》,《中国商论》2019 年第 9 期。

魏刚:《高级管理层激励与上市公司经营绩效》,《经济研究》2000 年第 3 期。

魏刚、蒋义宏:《中国上市公司股利分配问卷调查报告》,《经济科学》2001 年第 4 期。

魏江、冯军政、王海军:《制度转型期中国本土企业适应性成长路径——基于海尔不连续创新的经验研究》,《管理学报》2011 年第 4 期。

魏江、邬爱其、彭雪蓉:《中国战略管理研究:情境问题与理论前沿》,《管理世界》2014 年第 12 期。

魏立群、王智慧:《我国上市公司高管特征与企业绩效的实证研究》,《南开管理评论》2002 年第 4 期。

魏明海、柳建华:《国企分红、治理因素与过度投资》,《管理世界》2007 年第 4 期。

魏明亮、李斌:《价值网络理论在中国跨国公司物流供应链中的应用研究》,《中国市场》2008 年第 45 期。

魏守华、石碧华:《论企业集群的竞争优势》,《中国工业经济》2002 年第 1 期。

魏哲海:《管理者过度自信、资本结构与公司绩效》,《工业技术经济》2018 年第 6 期。

魏志华、李常青、吴育辉、黄佳佳:《半强制分红政策、再融资动机与经典股利理论——基于股利代理理论与信号理论视角的实证研究》,《会计研究》2017 年第 7 期。

温丽琴、卢进勇:《中国跨国公司构建自主国际生产经营网络研究》,

《亚太经济》2012年第6期。

文嫮、曾刚：《全球价值链治理与地方产业网络升级研究——以上海浦东集成电路产业网络为例》，《中国工业经济》2005年第7期。

邬爱其：《超集群学习与集群企业转型成长——基于浙江卡森的案例研究》，《管理世界》2009年第8期。

吴冰、王重鸣、唐宁玉：《高绩效工作时间及系统研究述评》，《中国人力资源开发》2008年第11期。

吴超鹏、薛南枝、张琦、吴世农：《家族主义文化、"去家族化"治理改革与公司绩效》，《经济研究》2019年第2期。

吴超鹏、叶小杰、吴世农：《并购败绩后撤换CEO吗？——我国上市公司内外部治理机制有效性检验》，《经济管理》2011年第5期。

吴承明：《吴承明全集》第二卷，社会科学文献出版社2018年版。

吴登生、李建平、蔡晨：《管理科学与工程学科现状与发展趋势》，《2012—2013管理科学与工程学科发展报告》，长江文艺出版社2014年版。

吴敬琏：《大中型企业改革：建立现代企业制度》，天津人民出版社1993年版。

吴敬琏：《论现代企业制度》，《财经研究》1994年第2期。

吴敬琏、钱颖一：《关于公司化》，《经济日报》1993年8月24日。

吴培良、郑明身、王凤彬：《组织理论与设计》，中国人民大学出版社1998年版。

吴巧红：《旅游研究的国际化与本土化》，《旅游学刊》2017年第11期。

吴清军、李贞：《分享经济下的劳动控制与工作自主性——关于网约车司机工作的混合研究》，《社会学研究》2018年第4期。

吴让波：《企业战略财务管理的内容模块分析》，《现代商业》2013年第23期。

吴世农、仝允桓：《中国MBA教育：实践与探索》，机械工业出版社2001年版。

吴淑琨:《股权结构与公司绩效的 U 型关系研究——1997—2000 年上市公司的实证研究》,《中国工业经济》2002 年第 1 期。

吴先明:《制度环境与我国企业海外投资进入模式》,《经济管理》2011 年第 4 期。

吴晓波、丁婉玲、高钰:《企业能力、竞争强度与对外直接投资动机——基于重庆摩托车企业的多案例研究》,《南开管理评论》2010 年第 6 期。

吴晓波、窦伟、高钰、黄芳俪:《基于核心—辅助技术匹配的二次创新及其演化路径研究》,《管理工程学报》2011 年第 4 期。

吴晓波、杜荣军:《我国制造型企业对外直接投资对其生产运营管理的反馈机制研究》,《华东经济管理》2012 年第 3 期。

吴晓波、付亚男、吴东、雷李楠:《后发企业如何从追赶到超越?——基于机会窗口视角的双案例纵向对比分析》,《管理世界》2019 年第 2 期。

吴晓波、吴东:《中国企业技术创新与发展》,《科学学研究》2018 年第 12 期。

吴晓波、朱培忠、吴东、姚明明:《后发者如何实现快速追赶?——一个二次商业模式创新和技术创新的共演模型》,《科学学研究》2013 年第 11 期。

吴晓红:《我国国有企业利润分配制度的历史、现状及其完善》,《学术界》2015 年第 5 期。

吴晓云、邓竹箐:《中国跨国公司"全球导向—渐进式"国际经营战略思考——以 97 家中国跨国公司营销战略的实证资料为依据》,《财经论丛》2008 年第 3 期。

吴晓云、袁磊:《中国家电行业的发展态势及营销战略选择——兼论跨国公司在中国家电市场的竞争战略与我国家电企业的营销战略》,《管理世界》2003 年第 10 期。

吴晓云、张峰:《关系资源对营销能力的影响机制:顾客导向和创新导向的中介效应》,《管理评论》2014 年第 2 期。

吴义爽、盛亚、蔡宁:《基于互联网+的大规模智能定制研究——青岛红领服饰与佛山维尚家具案例》,《中国工业经济》2016年第4期。

吴雨才:《跨国公司外派人员回任管理研究》,《中国人力资源开发》2012年第2期。

吴照云、郭英:《从心态维度看中国管理研究》,《管理学报》2019年第4期。

吴照云、李晶:《中国古代管理思想的形成轨迹和发展路径》,《经济管理》2012年第7期。

武立东、江津、王凯:《董事会成员地位差异、环境不确定性与企业投资行为》,《管理科学》2016年第2期。

武立东、王凯:《独立董事制度从"规制"到"认知"的变迁,来自主板上市公司的证据》,《管理评论》2014年第7期。

武立东、薛坤坤、王凯:《非正式层级对董事会决策过程的影响:政治行为还是程序理性》,《管理世界》2018年第11期。

武立东、薛坤坤、王凯:《制度逻辑、金字塔层级与国有企业决策偏好》,《经济与管理研究》2017年第2期。

武亚军:《90年代企业战略管理理论的发展与研究趋势》,《南开管理评论》1999年第2期。

武亚军:《"战略框架式思考"、"悖论整合"与企业竞争优势——任正非的认知模式分析及管理启示》,《管理世界》2013年第4期。

武亚军:《基于理论发展的管理研究范式选择与中国管理学者定位》,《管理学报》2015年第5期。

武亚军:《战略规划如何成为竞争优势:联想的实践及启示》,《外国经济与管理》2007年第12期。

武亚军:《中国本土新兴企业的战略双重性:基于华为、联想和海尔实践的理论探索》,《管理世界》2009年第12期。

武亚军:《中国战略管理学的近期发展:一种本土视角的回顾与前瞻》,《管理学报》2010年第11期。

武亚军、高旭东、李明芳:《国际化背景下的中国本土企业战略:一个理论框架与应用分析》,《管理世界》2005 年第 11 期。

武亚军、唐箭云:《海信扩张战略的竞争优势分析》,《中国工业经济》1999 年第 5 期。

习近平:《习近平谈治国理政》(第二卷),外文出版社 2017 年版。

席酉民、葛京:《和谐管理理论案例及应用》,西安交通大学出版社 2006 年版。

夏乐书:《国际财务管理》,中国财政经济出版社 1990 年版。

夏友富:《正确对待跨国公司在华投资控股问题》,《管理世界》1997 年第 6 期。

冼国明:《跨国公司在华投资的战略调整及其影响》,《国际经济合作》2002 年第 12 期。

冼国明、崔新健:《跨国公司在华股权战略的变化趋势》,《国际经济合作》2005 年第 3 期。

项安波:《重启新一轮实质性、有力度的国企改革——纪念国企改革 40 年》,《管理世界》2018 年第 10 期。

项保华、周亚庆:《战略与文化的匹配:以万向集团为例》,《南开管理评论》2002 年第 2 期。

项兵:《中国的三代企业家》,《中国企业家》2007 年第 8 期。

项瑞华:《强化财务管理提高经济效益》,《浙江财税与会计》1999 年第 10 期。

晓亮:《劳动合同制与职工的主人翁地位》,载晓亮《中国经济科学年鉴(1986)》,经济科学出版社 1986 年版。

晓亮:《中国经济科学年鉴(1986)》,经济科学出版社 1986 年版。

肖海林、彭星闾、王方华:《企业持续成长的生成机理模型:基于海尔案例的分析》,《管理世界》2004 年第 8 期。

肖洪根:《谈对旅游学科理论体系研究的几点认识》,《旅游学刊》1998 年第 6 期。

肖唤元、戴玉琴:《改革开放 40 年马克思主义意识形态话语权的演进》,《当代世界与社会主义》2019 年第 1 期。

肖建强、孙黎、罗肖侬:《"战略即实践"学派述评——兼与"知行合一"观对话》,《外国经济与管理》2018 年第 3 期。

肖曙光、杨洁:《高管股权激励促进企业升级了吗?——来自中国上市公司的经验证据》,《南开管理评论》2018 年第 3 期。

肖勇波、陈冰瑶、荣立松:《基于移动商务平台的供应链优化与协调研究》,《中国管理科学》2015 年第 11 期。

肖泽忠、邹宏:《中国上市公司资本结构的影响因素和股权融资偏好》,《经济研究》2008 年第 6 期。

谢春山、赵莹莹:《中外旅游人才培养模式的比较分析》,《嘉应学院学报》2014 年第 10 期。

谢矜、王有强:《清华大学公共管理学院的人才培养模式探索》,《中国大学教育》2018 年第 7 期。

谢泗薪、王迎军:《国有企业系统变革战略思索》,《南开管理评论》2000 年第 2 期。

谢伟:《技术学习过程的新模式》,《科研管理》1999 年第 4 期。

谢彦君:《中国旅游发展笔谈——旅游研究的理论与实践关系(一)》,《旅游学刊》2017 年第 11 期。

谢彦君、李拉扬:《旅游学的逻辑:在有关旅游学科问题的纷纭争论背后》,《旅游学刊》2013 年第 1 期。

谢永珍、张雅萌、吴龙吟、董斐然:《董事地位差异、决策行为强度对民营上市公司财务绩效的影响研究》,《管理学报》2017 年第 12 期。

谢志华:《财务管理的集权与分权》,《北京经济了望》2000 年第 9 期。

谢志华:《财务管理目标的历史演进及其成因》,《财务研究》2015 年第 1 期。

谢志华:《财务管理主体:体系与边界》,《财务与会计》(理财版) 2014 年第 10 期。

谢志华:《出资者财务论》,《会计研究》1997 年第 5 期。

谢志华:《出资者财务与收入分配控制(上)》,《财务与会计》2017 年第 18 期。

谢志华:《出资者财务与收入分配控制(下)》,《财务与会计》2017 年第 19 期。

谢志华、凌思远、敖小波:《新时代背景下我国财务管理的发展趋势》,《财务研究》2018 年第 1 期。

邢天才、黄阳洋:《生命周期、财务杠杆与现金股利政策》,《财经问题研究》2018 年第 8 期。

邢小兰:《改革开放 40 周年——1978—2018 中国企业文化回顾与展望》,《中外企业文化》2018 年第 10 期。

邢宗江:《正确发挥财务监督的作用》,《前线》1962 年第 15 期。

邢宗江等编著:《工业企业财务》,中国财政经济出版社 1964 年版。

熊罴:《国外工业企业市场简介》,《湖北机械》1980 年第 4 期。

徐棣华:《工业企业大搞群众运动的基本经验》,载《工业企业管理问题论文集》,中国人民大学,1959 年。

徐二明、李维光:《中国企业战略管理四十年(1978—2018):回顾、总结与展望》,《经济与管理研究》2018 年第 9 期。

徐飞、徐立敏:《战略联盟理论研究综述》,《管理评论》2003 年第 6 期。

徐剑明:《论跨国公司在华的整合营销渠道策略》,《国际贸易问题》2000 年第 5 期。

徐节文(1986a):《我国的工资改革》,载刘国光《中国经济建设的若干理论问题》,江苏人民出版社 1986 年版。

徐节文(1986b):《我国的劳动就业初探》,载刘国光《中国经济建设的若干理论问题》,江苏人民出版社 1986 年版。

徐莉萍、辛宇:《媒体治理与中小投资者保护》,《南开管理评论》2011 年第 6 期。

徐莉萍、辛宇、陈工孟:《股权集中度和股权制衡及其对公司经营绩效的影响》,《经济研究》2006 年第 1 期。

徐尚昆:《中国企业文化概念范畴的本土构建》,《管理评论》2012 年第 6 期。

徐淑英、吕力:《中国本土管理研究的理论与实践问题:对徐淑英的访谈》,《管理学报》2015 年第 3 期。

徐淑英、张志学:《管理问题与理论建立:开展中国本土管理研究的策略》,《南大商学评论》2005 年第 7 期。

徐卫武、王河流:《中国高新技术企业对外直接投资的动因分析》,《经济与管理》2005 年第 2 期。

徐伟:《跨国公司治理机制与中国跨国企业改制》,《云南社会科学》2005 年第 5 期。

徐伟宣、张玲玲、李建平、林则夫、郑秀榆:《管理科学与工程学科发展现状与前景展望》,《2007—2008 管理科学与工程学科发展报告》,中国科学技术出版社 2008 年版。

徐文雄:《旅游发展与产业融合"四化"》,《旅游学刊》2011 年第 4 期。

徐文秀:《国有企业利润分配体制的历史变迁与基本特征——基于制度变迁理论的分析视角》,《大连海事大学学报》(社会科学版)2010 年第 3 期。

徐细雄、刘星:《放权改革、薪酬管制与企业高管腐败》,《管理世界》2013 年第 3 期。

徐晓玲:《企业营运资金风险管理策略探讨》,《现代商业》2011 年第 9 期。

徐之河、李令德:《中国公有制企业管理发展史续篇(1966—1992)》,上海社会科学院出版社 1996 年版。

徐之河、徐建中:《中国公有制企业管理发展史(1927—1965)》,上海社会科学院出版社 1992 年版。

许陈生、夏洪胜:《试论在华跨国公司进入模式的独资倾向及我国的对策》,《国际贸易问题》2005 年第 3 期。

许陈生、夏洪胜:《中国外商直接投资的进入模式——对独资倾向影响因素的实证分析》,《财贸经济》2004 年第 10 期。

许德音、周长辉:《中国战略管理学研究现状评估》,《管理世界》2004 年第 5 期。

许国艺:《论财务管理的发展趋势——战略财务管理》,《财会月刊》2006 年第 33 期。

许浩然、廖冠民:《股利的公司治理功用:基于央企强制分红的实证检验》,《中央财经大学学报》2018 年第 4 期。

许晖、郭净:《中国国际化企业能力——战略匹配关系研究:管理者国际注意力的调节作用》,《南开管理评论》2013 年第 4 期。

许金柜:《论我国国有企业利润分配制度 60 年变迁》,《安徽工业大学学报》(社会科学版)2009 年第 6 期。

许康、劳汉生:《中国管理科学化的历程》,湖南科学技术出版社 2001 年版。

许年行、李哲:《高管贫困经历与企业慈善捐赠》,《经济研究》2016 年第 12 期。

许强、陈劲:《基于网络结构的母子公司组织关系》,《外国经济与管理》2001 年第 3 期。

许庆瑞、顾良丰:《中美企业全面创新管理模式比较——海尔模式与惠普模式》,《科学学研究》2004 年第 6 期。

许庆瑞、吴志岩、陈力田:《转型经济中企业自主创新能力演化路径及驱动因素分析——海尔集团 1984—2013 年的纵向案例研究》,《管理世界》2013 年第 4 期。

许庆瑞、张素平、金露:《中国技术进步历程回溯及启示——从自行设计到自主创新》,《中国科技论坛》2012 年第 2 期。

薛澜:《社会转型期——应该特别重视危机管理》,《国际关系》2015 年第 1 期。

薛澜、梁正、杨列勋:《公共管理学科发展战略——暨公共管理"十三五"优先资助领域研究》,科学出版社 2017 年版。

薛澜、彭宗超、张强:《公共管理与中国发展——公共管理学科发展的回顾与前瞻》,《管理世界》2002年第2期。

薛澜、王书贵、沈群红:《跨国公司在中国设立研发机构影响因素分析》,《科研管理》2001年第4期。

薛澜、周玲、朱琴:《风险治理:完善与提升国家公共安全管理的基石》,《江苏社会科学》2008年第6期。

薛求知、韩冰洁:《东道国腐败对跨国公司进入模式的影响研究》,《经济研究》2008年第4期。

薛求知、夏科家:《跨国公司在华营销渠道策略的新理念》,《国际贸易问题》1999年第10期。

闫华红、詹泽玉、荆宝森、李森:《中国石油天然气集团有限公司财务管理体系创新实践》,《财务与会计》2018年第22期。

严建援:《对网络化组织战略规划与策略选择问题的思考》,《南开管理评论》1999年第5期。

严良、李淑雯、蒋梦婷、熊英楠:《基于CA的DE-SVM资源型企业财务风险识别模式研究》,《会计之友》2019年第4期。

阎达五、王俊生:《改革开放的发展与财务改革的思考》,《财贸济》1993年第6期。

阎大颖、任兵、赵奇伟:《跨国并购抑或合资新建——基于制度视角的中国企业对外直接投资模式决策分析》,《山西财经大学学报》2010年第12期。

颜建军、杨晓辉、游达明:《企业低碳技术创新政策工具及其比较研究》,《科研管理》2016年第9期。

颜世富、马喜芳:《中国管理学如何为世界管理学做出新贡献——"第21届世界管理论坛暨东方管理论坛"学术思想述要》,《管理世界》2018年第5期。

杨斌、陈坤:《面向中国管理实践的组织与人力资源管理:反思与探索》,《管理学报》2012年第9期。

杨德才:《中国经济史新论(1949—2009)》,经济科学出版社2009

年版。

杨德林、李志军、李平:《技术管理与技术创新学科前沿研究报告》,经济管理出版社 2013 年版。

杨德明、赵璨:《媒体监督、媒体治理与高管薪酬》,《经济研究》2012 年第 6 期。

杨桂菊:《战略创业视角的老字号企业持续成长路径——基于恒源祥的探索性案例分析》,《经济管理》2013 年第 5 期。

杨汉明:《寿命周期、股利支付与企业价值》,《管理世界》2008 年第 4 期。

杨河清、王欣:《回望改革开放:人力资源管理专业在中国大学的诞生及其初期发展》,《中国人力资源开发》2018 年第 11 期。

杨河清、张琪:《大中型国有企业经营者薪酬决定与调整机制研究》,载邱小平《企业薪酬体系建设》,中国劳动社会保障出版社 2005 年版。

杨晶、沈艺峰、李培功:《网络负面舆论对高管薪酬公平与效率的影响》,《经济管理》2017 年第 2 期。

杨理强、陈少华、陈爱华:《内部资本市场提升企业创新能力了吗?——作用机理与路径分析》,《经济管理》2019 年第 4 期。

杨龙、王永贵:《顾客价值及其驱动因素剖析》,《管理世界》2002 年第 6 期。

杨明洪:《论国有经济布局的战略性调整》,《中国工业经济》1998 年第 2 期。

杨瑞龙、王元、聂辉华:《"准官员"的晋升机制:来自中国央企的证据》,《管理世界》2013 年第 3 期。

杨瑞龙、周业安:《论利益相关者合作逻辑下的企业共同治理机制》,《中国工业经济》1998 年第 1 期。

杨书怀:《监管环境、公允价值计量与现金股利——来自中国上市公司数据的经验证据》,《当代财经》2016 年第 4 期。

杨树滋:《工业企业财务管理》,机械工业出版社 1981 年版。

杨体仁:《绪论》,载赵履宽、杨体仁、姚先国、王建新主编《劳动经济学》,中国劳动出版社1998年版。

杨薪燕、许婕:《中小企业债务融资风险分析》,《财会通讯》2017年第14期。

杨亚斌:《市场需求视角下对我国旅游管理本科学科建设的思考》,《文教资料》2009年第15期。

杨园园:《"格力"渠道变革的启示——以从企业文化角度分析》,《中国集体经济》2018年第17期。

姚海鑫、刘志杰:《外资并购国有企业股权定价财务影响因素的实证分析》,《中国软科学》2009年第10期。

姚军:《以游客为中心以技术为抓手——新时代中国旅游景区发展之路探讨》,《旅游学刊》2018年第1期。

姚时卫:《海尔的差异化战略》,《经济管理》2002年第21期。

姚雁雁:《我国中小企业财务风险大的成因及其防范》,《财会研究》2010年第7期。

叶青、迟巍:《面对共同供应商时的市场进入决策》,《管理科学学报》2012年第2期。

叶青、赵良玉、刘思辰:《独立董事"政商旋转门"之考察:一项基于自然实验的研究》,《经济研究》2016年第6期。

叶颐山、汤谷良:《中国传统百货零售企业的财务战略转型——以北京王府井与上海百联股份为例》,《财会月刊》2017年第1期。

伊志宏、姜付秀、秦义虎:《产品市场竞争、公司治理与信息披露质量》,《管理世界》2010年第1期。

仪德刚、李海静、赵新力:《新中国技术引进的历程与成效分析》,《科技管理研究》2007年第4期。

殷起宏、胡懿:《VBM框架下价值型财务管理模式中业财融合的分析体系研究》,《商业会计》2015年第2期。

殷雄:《企业执行力》,新华出版社2015年版。

尹承政:《优化我国海外投资企业财务管理的几个问题》,《国际经贸探索》1994 年第 3 期。

应樱:《跨国公司财务管理水平分析——以海尔集团为例》,《财会通讯》2014 年第 17 期。

尤树洋、贾良定、蔡亚华:《中国管理与组织研究 30 年:论文作者、风格与主题的分布及其演变》,《华南师范大学学报》(社会科学版) 2011 年第 4 期。

于富生、张敏、姜付秀、任梦杰:《公司治理影响公司财务风险吗?》,《会计研究》2008 年第 10 期。

于亢亢、宋华:《物流供应链管理学科前沿研究报告》,经济管理出版社 2016 年版。

余构雄、戴光全:《基于〈旅游学刊〉关键词计量分析的旅游学科创新力及知识体系构建》,《旅游学刊》2017 年第 1 期。

余绪缨:《企业理财学》,辽宁人民出版社 1995 年版。

俞可平:《治理与善治引论》,《马克思主义与现实》1999 年第 5 期。

俞可平:《中国的治理改革(1978—2018)》,《武汉大学学报》(哲学社会科学版) 2018 年第 3 期。

俞乔、程滢:《我国公司红利政策与股市波动》,《经济研究》2001 年第 4 期。

雨木:《李东生的"鹰"文化》,《中国企业家》2006 年第 13 期。

袁恒常:《洞察华为——华为文化如何"生生不息"?》,《中外企业文化》2017 年第 1 期。

袁杰:《论财务管理环境及其变迁》,《内蒙古水利》2007 年第 3 期。

袁开坤:《论我国企业与跨国公司联盟的战略转移》,《国际贸易问题》2001 年第 8 期。

袁木:《关于邯钢经验的调查与思考》,《管理现代化》2003 年第 2 期。

袁媛:《中国旅游人培养模式研究》,博士学位论文,中国社会科学院研究生院,2013 年。

袁振兴:《财务目标:最大化还是均衡——基于利益相关者财务框

架》,《会计研究》2004 年第 11 期。

约翰·班森、朱迎:《中国制造业企业人力资源管理案例分析》,《中国工业经济》2000 年第 4 期。

韵江:《战略过程的研究进路与论争:一个回溯与检视》,《管理世界》2011 年第 11 期。

韵江、鞠蕾:《转型背景下中国企业战略研究:特征、方法及主题分析——基于英文文献的探讨》,《南开管理评论》2010 年第 5 期。

韵江、刘立:《创新变迁与能力演化:企业自主创新战略——以中国路明集团为案例》,《管理世界》2006 年第 12 期。

曾博伟:《新时期旅游政策优化的思路和方向》,《旅游学刊》2015 年第 8 期。

曾仕强:《中国式管理》,中国社会科学出版社 2005 年版。

曾伟强、李延喜、张婷婷、马壮:《行业竞争是外部治理机制还是外部诱导因素——基于中国上市公司盈余管理的经验证据》,《南开管理评论》2016 年第 4 期。

曾湘泉、苏中兴:《改革开放 30 年回顾:人力资源管理在中国的探索、发展和展望》,《中国人才》2009 年第 2 期。

翟伟、康世瀛:《基于动态能力的战略人力资源更新》,《商业研究》2008 年第 1 期。

詹晓宁、欧阳永福:《数字经济下全球投资的新趋势与中国利用外资的新战略》,《管理世界》2018 年第 3 期。

张爱民、刘文月、陈涛琴:《女性 CFO、终极产权与上市公司融资行为》,《财会通讯》2016 年第 36 期。

张保中:《浅论中外合资企业的发展战略和外汇收支平衡——兼与罗珉同志商榷》,《外国经济与管理》1988 年第 9 期。

张超、尤培培、李有华:《集团财务公司角色承担与内部资本市场配置效率》,《财会通讯》2019 年第 5 期。

张闯、庄贵军、周南:《如何从中国情境中创新营销理论?——本土营销理论的建构路径、方法及其挑战》,《管理世界》2013 年第

12 期。

张诚:《跨国公司财务管理的特殊性》,《国际贸易问题》1995 年第 2 期。

张大力:《基于层级结构的企业组织学习模式》,《社会科学家》2013 年第 4 期。

张德:《社会心理学》,劳动人事出版社 1990 年版。

张峰:《基于顾客的品牌资产构成研究述评与模型重构》,《管理学报》2011 年第 4 期。

张峰、陈怀超:《母国国家文化影响跨国公司营销标准化战略的关系模型》,《经济问题探索》2009 年第 12 期。

张钢、沈丞:《技术追赶的迂回模式:基于探索与利用的拓展分析框架》,《技术经济》2017 年第 1 期。

张功富、宋献中:《财务困境企业资本投资行为的实证研究——来自中国上市公司的经验证据》,《财经理论与实践》2007 年第 3 期。

张广海、张朝枝:《旅游管理学科的二级学科设置与学科发展前景》,《旅游学刊》2016 年第 10 期。

张昊宇、房宏君:《21 世纪我国人力资源研究的基本情况、主题热点及其演进历程——基于〈中国人力资源开发〉的文献计量与可视分析》,《中国人力资源开发》2015 年第 6 期。

张颢瀚、张鸿雁:《长江三角洲经济协调联动发展的战略选择》,《管理世界》1999 年第 4 期。

张宏亮、王靖宇:《公司层面的投资者保护能降低股价崩盘风险吗?》,《会计研究》2018 年第 10 期。

张洪烈、潘雪冬:《中国跨国公司外派人员跨文化管理有效性指标体系构建研究——以云南省外派至东南亚国家为例》,《经济问题探索》2011 年第 8 期。

张辉、成英文:《中国旅游政策供需矛盾及未来重点领域》,《旅游学刊》2015 年第 7 期。

张辉、岳燕祥、赫玉玮:《我国旅游学科研究的再审视》,《旅游导刊》2018 年第 4 期。

张徽燕、姚秦、吴继红、何楠:《高绩效工作系统、组织学习能力与企业绩效的关系研究》,《中国管理科学》2015 年第 5 期。

张继德、郑丽娜:《企业集团资金安全预警体系研究》,《会计研究》2013 年第 2 期。

张建君、李宏伟:《私营企业的企业家背景、多元化战略与企业业绩》,《南开管理评论》2007 年第 5 期。

张建君、张志学:《中国民营企业家的政治战略》,《管理世界》2005 年第 7 期。

张剑、张菊亮:《供应不确定条件下多周期库存博弈》,《中国管理科学》2018 年第 4 期。

张金贵、侯宇:《基于 Logit 模型的中小企业信贷风险实证分析》,《会计之友》2014 年第 10 期。

张菊亮、章祥荪:《供应商和销售商拥有部分信息的信息共享》,《中国管理科学》2012 年第 1 期。

张军:《产权结构、所有制和社会主义企业制度》,《经济研究》1989 年第 8 期。

张军伟、龙立荣、王桃林:《高绩效工作系统对员工工作绩效的影响:自我概念的视角》,《管理评论》2017 年第 3 期。

张俊芳、雷家骕:《国家创新体系研究:理论与政策并行》,《科研管理》2009 年第 4 期。

张玲玲、房勇、杨涛等:《管理科学与工程热点研究领域的文献计量分析》,《管理学报》2005 年第 4 期。

张凌云:《旅游产业融合的基础和前提》,《旅游学刊》2011 年第 4 期。

张凌云:《我国旅游高等教育的缘起和早期发展》,《中国旅游报》2017 年 10 月 10 日第 3 版。

张凌云、兰超英、齐飞、吴平:《近十年我国旅游学术共同体的发展格局与分类评价——基于旅游学术期刊论文大数据的视角》,《旅游学刊》2013年第10期。

张凌云、齐飞、黄晓波、黄玉婷、张雅坤:《2003—2014年我国旅游学术期刊和学术论文评价》,《旅游学刊》2015年第12期。

张凌云、齐飞、吴平:《近十年我国旅游学术共同体成果的h指数测度与评价》,《旅游学刊》2014年第6期。

张凌云、汪才静、张丹、韩兰、张燕雪:《2003—2016年我国旅游学术共同体学术评价》,《旅游学刊》2017年第12期。

张敏、陈传明:《战略调整视角下的企业文化理论演进》,《外国经济与管理》2005年第3期。

张鸣等:《企业财务预警研究前沿》,中国财政经济出版社2004年版。

张培刚:《农业与工业化》,华中工学院出版社1984年版。

张其仔、李俊:《中小企业的国际化经营战略》,《经济管理》2002年第3期。

张庆龙:《财务共享服务中心现实问题与未来何去何从》,《商业会计》2017年第19期。

张申:《"鞍钢宪法"的管理思想:成因、机理与价值》,《上海经济研究》2018年第5期。

张世贤:《品牌国际化战略要领》,《经济管理》2002年第21期。

张述存:《"一带一路"战略下优化中国对外直接投资布局的思路与对策》,《管理世界》2017年第4期。

张铁刚、吴凯:《信贷波动与资本结构:A股市场2003—2015年的经验证据》,《华侨大学学报》(哲学社会科学版)2017年第2期。

张维迎:《所有制、治理结构及委托—代理关系——兼评崔之元和周其仁的一些观点》,《经济研究》1996年第9期。

张炜、费小燕、肖云等:《基于多维度评价模型的区域创新政策评估——以江浙沪三省为例》,《科研管理》2016年第S1期。

张文魁:《大型企业集团管理体制研究:组织结构、管理控制与公司治理》,《改革》2003年第1期。

张小济、王子先、曲建:《参与高新技术产业国际分工——深圳利用加工贸易发展高新技术产业调查》,《国际贸易》1999年第11期。

张小宁:《平台战略研究评述及展望》,《经济管理》2014年第3期。

张晓华:《主动本土化——跨国公司在中国经营战略的转变》,《国际贸易》2001年第7期。

张晓萍、孔庆景:《我国房地产企业财务风险产生环节及防范措施思考》,《中国证券期货》2012年第11期。

张新新:《〈中国人力资源开发〉杂志2016年度学术会议综述——传承与发展:中国情境下的人力资源管理理论与实践创新》,《中国人力资源开发》2016年第12期。

张雪倩:《跨国公司在中国的技术溢出效应分析:以汽车工业为例》,《世界经济研究》2003年第4期。

张耀梁、郭礼华:《掏粪与采访》,《新闻业务》1965年第Z1期。

张耀伟、陈世山、李维安:《董事会非正式层级的绩效效应及其影响机制研究》,《管理科学》2015年第1期。

张一驰:《人力资源管理:中国经济发展的新边疆》,《市场与人口分析》1997年第1期。

张艺、陈凯华、朱桂龙:《产学研合作与后发国家创新主体能力演变——以中国高铁产业为例》,《科学学研究》2018年第10期。

张毅、刘志学:《跨国公司在华投资战略演进路径分析》,《管理世界》2008年第11期。

张翼、马光:《法律、公司治理与公司丑闻》,《管理世界》2005年第10期。

张英:《权衡财务风险与收益优化企业营运资金管理》,《江苏商论》2007年第21期。

张友棠:《财务预警系统管理研究》,中国人民大学出版社2004年版。

张友棠、黄阳:《基于行业环境风险识别的企业财务预警控制系统研究》,《会计研究》2011年第3期。

张佑才:《抓好企业内部财务管理带动企业全面科学管理》,《财务与会计》1995 年第 6 期。

张玉利:《战略适应与中小企业成长:香港的例子》,《南开管理评论》1999 年第 2 期。

张元萍:《国有工业企业管理现状调查》,《经济管理》1998 年第 2 期。

张泽元:《企业固定资产的财务管理》,《财政》1963 年第 9 期。

张兆国、曹丹婷、张弛:《高管团队稳定性会影响企业技术创新绩效吗——基于薪酬激励和社会关系的调节作用研究》,《会计研究》2018 年第 12 期。

张兆国、何威风、闫炳乾:《资本结构与代理成本——来自中国国有控股上市公司和民营上市公司的经验证据》,《南开管理评论》2008 年第 1 期。

张兆国、靳小翠、李庚秦:《企业社会责任与财务绩效之间交互跨期影响实证研究》,《会计研究》2013 年第 8 期。

张兆国、刘亚伟、亓小林:《管理者背景特征、晋升激励与过度投资研究》,《南开管理评论》2013 年第 4 期。

张兆国、张庆:《我国上市公司资本结构治理效应的实证分析》,《管理世界》2006 年第 3 期。

张兆国、张旺峰、杨清香:《目标导向下的内部控制评价体系构建及实证检验》,《南开管理评论》2011 年第 1 期。

张兆国、赵颖川、桂志斌:《论审计理论体系的构造》,《审计研究》1999 年第 5 期。

张兆国、郑宝红、李明:《公司治理、税收规避和现金持有价值——来自我国上市公司的经验证据》,《南开管理评论》2015 年第 1 期。

张正华、杨先明:《西部地区与跨国公司产业投资战略匹配性分析》,《中国软科学》2007 年第 8 期。

张正堂:《战略人力资源管理的理论模式》,《南开管理评论》2004

年第 5 期。

张正堂、李瑞:《企业高绩效工作系统的内容结构与测量》,《管理世界》2015 年第 5 期。

张正堂、刘宁:《人力资源管理与企业绩效关联性的研究》,《中国人力资源开发》2005 年第 5 期。

张志刚:《公共管理学》,大连理工大学出版社 2013 年版。

张卓元:《中国经济学六十年》,中国社会科学出版社 2011 年版。

章建英:《浅谈我国海外直接投资的战略选择》,《外国经济与管理》1992 年第 1 期。

章锦河:《社会记忆与旅游规划的创意》,《旅游学刊》2014 年第 5 期。

赵宸宇、李雪松:《对外直接投资与企业技术创新——基于中国上市公司微观数据的实证研究》,《国际贸易问题》2017 年第 6 期。

赵德鑫:《中华人民共和国经济史(1949—1966)》,河南人民出版社 1988 年版。

赵富强、陈耘、杨淑媛:《工作家庭平衡型人力资源实践研究——中国情境下的结构与测量》,《经济管理》2018 年第 2 期。

赵景华:《跨国公司在华子公司成长与发展战略的实证研究》,《管理世界》2002 年第 10 期。

赵莉晓:《创新政策评估理论方法研究——基于公共政策评估逻辑框架的视角》,《科学学研究》2014 年第 2 期。

赵立龙、魏江:《制造企业服务创新战略与技术能力的匹配——华为案例研究》,《科研管理》2015 年第 5 期。

赵丽丽、张金山:《移动互联新时代的旅游目的地形象塑造》,《旅游学刊》2018 年第 3 期。

赵民杰、姜飞:《跨国公司组织结构演化研究》,《经济经纬》2005 年第 2 期。

赵曙明:《时代巨变中的中国人力资源管理研究——〈中国人力资源开发〉编辑部专访赵曙明教授》,《中国人力资源开发》2018 年第

11 期。

赵曙明:《员工素质、协作性、积极性与绩效的关系:三种资本整合的视角》,《管理世界》2012 年第 10 期。

赵曙明:《中国企业人力资源管理与开发》,《世界经济与政治》1996 年第 11 期。

赵曙明:《中国人力资源管理三十年的转变历程与展望》,《南京社会科学》2009 年第 1 期。

赵曙明、倪炜:《中国国有企业人力资源管理与开发》,《世界经济与政治》1996 年第 11 期。

赵曙明、孙秀丽:《中小企业 CEO 变革型领导行为、战略人力资源管理与企业绩效——HRM 能力的调节作用》,《南开管理评论》2016 年第 5 期。

赵曙明、覃友茂、翟俊生、黄胜端:《中国三资企业人力资源管理战略研究(上)》,《人力资源管理》1998 年第 9 期。

赵曙明、覃友茂、翟俊生、黄胜端:《中国三资企业人力资源管理战略研究(下)》,《人力资源管理》1998 年第 10 期。

赵息、许宁宁:《管理层权力、机会主义动机与内部控制缺陷信息披露》,《审计研究》2013 年第 4 期。

赵息、张西栓:《内部控制、高管权力与并购绩效研究——来自中国证券市场的经验证据》,《南开管理评论》2013 年第 2 期。

赵晓雷:《中国工业化思想及发展战略研究》,上海财经大学出版社 2010 年版。

赵晓庆、许庆瑞:《技术能力积累途径的螺旋运动过程研究》,《科研管理》2006 年第 1 期。

赵兴庐、张建琦:《资源拼凑与企业绩效——组织结构和文化的权变影响》,《经济管理》2016 年第 5 期。

赵秀丽、张成:《跨国公司生产网络与生产性服务业网络的嵌入性分析——以物流网络与金融网络为例》,《上海经济研究》2010 年第 3 期。

赵源:《中国人力资源管理问题研究进程——基于引文分析的可视化分析》,《软科学》2015年第11期。

赵忠良、杨少刚、何隽:《对我国跨国公司转让定价避税模式——"逆向避税"的新诠释》,《桂林电子科技大学学报》2006年第5期。

浙江省总会计师工作研究会课题组:《走向市场经济的企业财务管理(上)——镇海炼油化工股份公司的调查报告》,《浙江财税与会计》1998年第1期。

甄源泰:《〈华侨城宪章〉为个人价值正名》,《中外管理》2001年第2期。

郑国坚、蔡贵龙、马新啸:《政府干预、国有集团结构动态演化与配置效率》,《管理科学学报》2017年第10期。

郑海航:《关于企业组织学的学科体系探讨》,《中国工业经济研究》1990年第4期。

郑海航:《企业改革论》,经济管理出版社2014年版。

郑海航、徐炜:《行为科学的演进与发展》,《经济管理》2001年第24期。

郑锐洪、郭国庆:《中国营销学主题研究的发展趋势——来自两大基金资助项目的证据》,《企业经济》2010年第8期。

郑沃林、郑荣宝、李爽、张春慧:《我国战略管理研究的回顾与进展》,《科技管理研究》2017年第4期。

郑新立、李量:《论我国的大企业集团战略》,《中国工业经济》1995年第11期。

郑兴山、王莉:《企业网络组织治理机制研究综述》,《学术月刊》2004年第6期。

郑志刚、李东旭、许荣、林仁韬、赵锡军:《国企高管的政治晋升与形象工程——基于N省A公司的案例研究》,《管理世界》2012年第10期。

中共中央党史研究室:《正确看待改革开放前后两个历史时期——学

习习近平总书记关于"两个不能否定"的重要论述》,《人民日报》2013年11月8日。

中共中央马克思恩格斯列宁斯大林著作编译局:《马克思恩格斯文集》(第10卷),人民出版社2009年版。

中共中央文献研究室:《毛泽东文集》(第一卷),人民出版社1999年版。

中国工业科技管理大连培训中心:《高级财务》,企业管理出版社1983年版。

中国机械工会全国委员会工作组、齐齐哈尔第二机床厂工会:《保持十二年荣誉的马恒昌小组》,载《工业企业管理文选》(第1辑),中国工业出版社1961年版。

中国教育年鉴编辑部:《中国教育年鉴》(历年),人民教育出版社。

中国经济体制改革研究所综合调查组:《改革:我们面临的挑战与选择——城市体制改革调查综合报告》,载晓亮《中国经济科学年鉴(1986)》,经济科学出版社1986年版。

中国企业管理百科全书编辑委员会:《中国企业管理百科全书》(增补卷),企业管理出版社1990年版。

中国企业管理百科全书编辑委员会:《中国企业管理百科全书》(合订本),企业管理出版社1990年版。

中国企业家调查系统:《中国企业创新动向指数:创新的环境、战略与未来——2017中国企业家成长与发展专题调查报告》,《管理世界》2017年第6期。

中国企业家协会、中国企业联合会:《中国500强企业发展报告》2011—2018各年,企业管理出版社。

中国企业联合会管理现代化工作委员会:《全国企业管理现代化创新成果》第1—25届,企业管理出版社。

中国社会科学院、中央档案馆:《中华人民共和国经济档案资料选编:1949—1952》(工商体制卷),中国社会科学出版社1993年版。

中国系统工程学会，http：//www.sesc.org.cn/htm/index.htm。

中国优选法统筹法与经济数学研究会，http：//www.scope.org.cn：83/default.aspx。

中国运筹学会，http：//www.orsc.org.cn/default.php。

中华人民共和国国家经济贸易委员会：《中国工业五十年》（第二部社会主义工业化初步基础建立时期的工业），中国经济出版社2000年版。

中华人民共和国商务部：《中国外商投资报告2018》，北京，2018年。

钟邦秀：《跨国公司财务共享服务中心体系设计与实现》，《会计之友》2012年第20期。

钟继银：《董事会与公司治理》，中国发展出版社2009年版。

仲为国、彭纪生、孙文祥：《政策测量、政策协同与技术绩效：基于中国创新政策的实证研究（1978—2006）》，《科学学与科学技术管理》2009年第3期。

周长辉、张一弛、俞达：《中国企业对外直接投资驱动力与进入模式研究的理论探索：一个整合性框架》，《南大商学评论》2005年第4期。

周长征：《跨国公司生产行为守则与中国劳动标准》，《武大国际法评论》2003年。

周建、李小青、杨帅：《任务导向董事会群体断裂带、努力程度与企业价值》，《管理学报》2015年第1期。

周建波：《海尔如何激活休克鱼》，《经济管理》1998年第7期。

周经、赵晔、张利敏：《投资风险是否影响了中国对非洲直接投资——基于投资动机视角》，《经济问题》2017年第11期。

周开国、应千伟、钟畅：《媒体监督能够起到外部治理的作用吗？——来自中国上市公司违规的证据》，《金融研究》2016年第6期。

周楷唐、麻志明、吴联生：《高管学术经历与公司债务融资成本》，《经济研究》2017年第7期。

周铭山、张倩倩:《"面子工程"还是"真才实干"?——基于政治晋升激励下的国有企业创新研究》,《管理世界》2016 年第 12 期。

周强:《公共管理中的规范研究探析》,《中国行政管理》2014 年第 2 期。

周叔莲:《中国的经济改革和企业改革》,经济管理出版社 1989 年版。

周小虎:《基于社会资本理论的中小企业国际化战略研究综述》,《外国经济与管理》2006 年第 5 期。

周新军:《公司治理:中国企业走出去的制度平台》,《当代经济管理》2008 年第 7 期。

周新军:《跨国公司多层委托代理下的公司治理》,《管理科学》2006 年第 1 期。

周新军:《跨国公司境外企业公司治理机制探析》,《南开管理评论》2001 年第 4 期。

周煊:《中国国有企业境外资产监管问题研究——基于内部控制整体框架的视角》,《中国工业经济》2012 年第 1 期。

周燕华、崔新健:《员工社会网络对外派适应的影响及文化距离的调节效应——基于中国跨国公司外派人员的实证研究》,《河北经贸大学学报》2012 年第 5 期。

周英:《我国民营企业实施"走出去"战略的所有权优势》,《国际商务》(对外经济贸易大学学报)2004 年第 4 期。

周永博、蔡元:《从内容到叙事:旅游目的地营销传播研究》,《旅游学刊》2018 年第 4 期。

朱朝晖、陈劲:《探索性学习和挖掘性学习的协同与动态:实证研究》,《科研管理》2008 年第 6 期。

朱大鹏:《基于利益相关者视角的企业营运资金管理策略研究》,《财会通讯》2015 年第 8 期。

朱方伟、孙秀霞、侯剑华:《国内组织设计理论的研究热点初探》,《现代情报》2013 年第 2 期。

朱飞、赵康：《战略人力资源管理研究在中国：二十年回顾》，《中国人力资源开发》2013年第12期。

朱建芳：《企业"业财融合"的现状趋势分析及对策措施研究》，《中国总会计师》2019年第3期。

朱珺：《基于渠道的流动资金需求测算方法的改进——以江西水泥为例》，《会计之友》2012年第17期。

朱立南：《我国加工贸易现象剖析》，《国际贸易》1994年第12期。

朱敏、杨慧、袁海东：《人才国际化与中国企业"走出去"》，《科学学研究》2019年第2期。

朱明皓、窦水海、贾冀：《中国汽车产业技术创新政策效果分析》，《科研管理》2017年第7期。

朱起铎：《北京市灰石厂开展班组竞赛的经验》，《建筑材料工业》1963年第7期。

朱镕基：《管理现代化》，企业管理出版社1985年版。

朱晓红、陈寒松、张腾：《知识经济背景下平台型企业构建过程中的迭代创新模式——基于动态能力视角的双案例研究》，《管理世界》2019年第3期。

朱晓辉、符继红：《现代治理体系下旅游管理体制改革的创新研究》，《管理世界》2015年第3期。

竹邻：《邯钢人新论邯钢经验》，《企业管理》1999年第6期。

祝慈寿：《中国现代工业史》，重庆出版社1990年版。

庄贵军、席西民：《关系营销在中国的文化基础》，《管理世界》2003年第10期。

庄学敏：《基于华为的战略转型分析》，《科研管理》2017年第2期。

卓越：《全球价值链治理、升级与本土企业的绩效——基于中国制造业企业的问卷调查与实证分析》，《财贸经济》2009年第8期。

卓越、张珉：《全球价值链中的收益分配与"悲惨增长"——基于中国纺织服装业的分析》，《中国工业经济》2008年第7期。

邹雄智：《中小企业民间融资现状、风险与路径选择》，《企业经济》

2018 年第 5 期。

左冰:《西方旅游研究范式的转变:从交叉学科、多学科到后学科》,《旅游论坛》2009 年第 4 期。

左冰、林德荣:《交叉与融合:旅游管理一级学科与其他学科之间的关系》,《旅游学刊》2016 年第 10 期。

二 英文文献

Ballou, R. H., "The Evolution and Future of Logistics and Supply Chain Management", *European Business Review*, 2007, 19 (4): 332 – 348.

Barry Naughton, *The Chinese Economy: Transitions and Growth*, MIT Press, 2007.

Bayraktar, E., Jothishankar, M. C., Tatoglu, E., Wu, T., "Evolution of Operations Management: Past, Present and Future", *Management Research News*, 2007, 30 (11): 843 – 871.

Birnbaum, P. H., Wong, G. Y. Y., "Organizational Structure of Multinational Banks in Hong Kong from a Culture-Free Perspective", *Administrative Science Quarterly*, 1985, 30 (2): 262 – 277.

Boyne, G. A., Walker, R. M., "Strategy Content and Public Service Organizations", *Journal of Public Administration Research and Theory*, 2004, 14 (2): 231 – 252.

Branzei, O., Ursacki-Bryant, T., Vertinsky, I., and Zhang, W., "The Formation of Green Strategies in Chinese Firms: Matching Corporate Environmental Responses and Individual Principles", *Strategic Management Journal*, 2004, 25 (11): 1075 – 1095.

Buffa, E. S., "Research in Operations Management", *Journal of Operations Management*, 1980, 1 (1): 1 – 8.

Cabinet Office, *Report on the 5th Science and Technology Basic Plan*, Tokyo: Cabinet Office of Japan, 2015.

Carl M. Sandberg, Wilbur G. Lewellen, Kenneth L. Stanley, "Financial

Strategy: Planning and Managing the Corporate Leverage Position", *Strategic Management Journal*, 1987, 8 (1): 15 – 24.

Carl M. Sandberg, "Empirical Strategies in Contract Economics: Information and Boundary of the Firm", *American Economic Review*, 1987, 91 (2): 189 – 194.

Chase, R. B., Prentis, E. L., "Operations Management: A Field Rediscovered", *Journal of Management*, 1987, 13 (2): 351 – 366.

Chen, C., "CiteSpace II: Detecting and Visualizing Emerging Trends and Transient Patterns in Scientific Literature", *Journal of the American Society for Information Science & Technology*, 2006, 57 (3): 359 – 377.

Chen, C. C., Choi, J., Chi, S. -C., "Making Justice Sense of Local-Expatriate Compensation Disparity: Mitigation by Local Referents, Ideological Explanations, and Interpersonal Sensitivity in China-Foreign Joint Ventures", *Academy of Management Journal*, 2002, 45: 807 – 817.

Chen, C. C., "Yin-Yang Dialectics and Communitarianism in Cross-Cultural Management Research", *Cross Cultural & Strategic Management*, 2017, 25: 492 – 500.

Chen, G., Tjosvold, D., "Cooperative Goals and Constructive Controversy for Promoting Innovation in Student Groups in China", *Journal of Education for Business*, 2002, 78 (1): 46 – 50.

Chen, G., Tjosvold, D., "Leader Productivity and People Orientations for Cooperative Goals and Effective Teams in China", *The International Journal of Human Resource Management*, 2014, 25 (15): 2129 – 2145.

Chen, I. J., Paulraj, A., "Towards a Theory of Supply Chain Management: The Constructs and Measurements", *Journal of Operations Management*, 2004, 22 (2): 119 – 150.

Child, J., "Theorizing about Organization Cross-Nationality", in Cheng, J. L., Peterson, R. B., eds., *Advances in International Comparative*

Management, Greenwich, CT: JAI Press, 2000.

Child, J., Möllering, G., "Contextual Confidence and Active Trust Development in the Chinese Business Environment", *Organization Science*, 2003, 14 (1): 69-80.

Christopher, M. G., *Logistics and Supply Chain Management: Strategies for Reducing Costs and Improving Services*, London: Pitman Publishing, 1992.

Conseil National de l'Industrie, "The New Face of Industry in France", Paris: French National Industry Council, 2013.

Cooper, M. C., Ellram, L. M., "Characteristics of Supply Chain Management and the Implications for Purchasing and Logistics Strategy", *International Journal of Logistics Management*, 1993, 4 (2): 1-10.

Cooper, M. C., Lambert, D. M., Pagh, J. D., "Supply Chain Management: More Than a New Name for Logistics", *The International Journal of Logistics Management*, 1997, 8 (1): 1-14.

Croom, S. R., Romano, P., Giannakis, M., "Supply Chain Management: An Analytical Framework for Critical Literature Review", *European Journal of Purchasing and Supply Management*, 2000, 6 (1): 67-83.

CSCMP, "CSCMP Supply Chain Management Definitions and Glossary", 2019, https://cscmp.org/CSCMP/Educate/SCM_Definitions_and_Glossary_of_Terms/CSCMP/Educate/SCM_Definitions_and_Glossary_of_Terms.aspx?hkey=60879588-f65f-4ab5-8c4b-6878815ef921.

Davies, H., Walters, P., "Emergent Patterns of Strategy, Environment and Performance in a Transition Economy", *Strategic Management Journal*, 2004, 25 (4): 347-364.

Deal, T. E., and Kennedy, A. A., *Corporate Cultures: The Rites and Rituals of Organizational Life*, New Jersey: Addison-Wesley, 1982.

Dow, G. K., "Configurational and Coactivational Views of Organizational

Structure", *Academy of Management Review*, 1988, 13 (1): 53 – 64.

Dunning, J. H., *The Multinational Enterprise*, London: George Allen & Unwin Ltd, 1971.

Duray, R., Ward, P. T., Milligan, G. W., Berry, W. L., "Approaches to Mass Customization: Configurations and Empirical Validation", *Journal of Operations Management*, 2000, 18 (6): 605 – 625.

Edmondson, A., McManus, S., "Methodological Fit in Organizational Field Research", *Academy of Management Review*, 2007, 32: 1155 – 1179.

Ellram, L. M., "Supply Chain Management: The Industrial Organisation Perspective", *International Journal of Physical Distribution and Logistics Management*, 1991, 21 (1): 13 – 22.

Ellram, L. M., "The Supplier Selection Decision in Strategic Partnerships", *International Journal of Purchasing and Materials Management*, 1990, 26 (4): 8 – 14.

Ellram, L. M., Cooper, M. C., "Supply Chain Management, Partnership, and the Shipper-Third Party Relationship", *International Journal of Logistics Management*, 1990, 1 (2): 1 – 10.

Ellram, L. M., Cooper, M. C., "Supply Chain Management: It's All About the Journey, Not the Destination", *Journal of Supply Chain Management*, 2014, 50 (1): 8 – 20.

Fan, J. P. H., Wong, T. J., Zhang, T., "Politically-Connected CEOs, Corporate Governance and Post-IPO Performance of China's Newly Partially Privatized Firms", *Journal of Financial Economics*, 2007, 84 (2): 330 – 357.

Fan, J. P. H., Wong, T. J., Zhang, T., "Institutions and Organizational Structure: The Case of State-Owned Corporate Pyramids", *Journal of Law, Economics, and Organization*, 2013, 29 (6): 1217 – 1252.

Finkelstein, S., "Power in Top Management Teams: Dimensions, Measurement, and Validation", *Academy of Management Journal*,

1992, 35 (3): 505-538.

Fischer, G. W., Jia, J., Luce, M. F., "Attribute Conflict and Preference Uncertainty: The *RandMAU* Model", *Management Science*, 2000, 46 (5): 669-684.

Foresight, "The Future of Manufacturing: A New Era of Opportunity and Challenge for the UK", London: UK Government Office for Science, 2013.

Franke, R. H., Edlund, T. W., Oster, F., "The Development of Strategic Management: Journal Quality and Article Impact", *Strategic Management Journal*, 1990, 11 (3): 243-253.

Frankel, R., Bolumole, Y. A., Eltantawy, R. A., Paulraj, A., Gundlach, G. T., "The Domain and Scope of SCM's Foundational Disciplines-Insights and Issues to Advance Research", *Journal of Business Logistics*, 2008, 29 (1): 1-30.

Gereffi, G., "International Trade and Industrial Upgrading in the Apparel Commodity Chain", *Journal of International Economics*, 1999, 48 (1): 37-70.

Gereffi, G., Humphrey, J., Sturgeon, T., "The Governance of Global Value Chains", *Review of International Political Economy*, 2005, 12 (1): 78-104.

Giannakis, M., Croom, S. R., "Toward the Development of a Supply Chain Management Paradigm: A Conceptual Framework", *Journal of Supply Chain Management*, 2004, 40 (1): 27-37.

Gibson, B. J., Mentzer, J. T., Cook, R. L., "Supply Chain Management: The Pursuit of a Consensus Definition", *Journal of Business Logistics*, 2005, 26 (2): 17-25.

Giuliani, E., Pietrobelli, C., Rabellotti, R., "Upgrading in Global Value Chains: Lessons from Latin American Clusters", *World Development*, 2005, 33 (4): 549-573.

Greenwood, Royston and Danny Miller, "Tackling Design Anew: Getting Back to the Heart of Organizational Theory", *Academy of Management Perspectives*, 2011 (11): 78 – 88.

Gunasekaran, A., Ngai, E. W. T., "The Future of Operations Management: An Outlook and Analysis", *International Journal of Production Economics*, 2012, 135 (2): 687 – 701.

Hambrick, D. C., Mason, P. A., "Upper Echelons: The Organization as A Reflection of Its Top Managers", *Academy of Management Review*, 1984, 9 (2): 193 – 206.

Hammer, M., Champy, J., *Reengineering the Corporation*, New York: Harper Business, 1993.

Harland, C. M., "Supply Chain Management: Relationships, Chains and Networks", *British Journal of Management*, 1996, 7 (S1): 63 – 80.

Hart, S. L., "An Integrative Framework for Strategy-Making Processes", *Academy of Management Review*, 1992, 17 (2): 327 – 351.

He, Weifeng, Zhang, Zhaoguo, Zhu, Shasha, "Ownership Structure and the Private Benefits of Control: An Analysis of Chinese Firms", *Corporate Governance*, 2008, 8 (3): 286 – 298.

Heineke, J., Davis, M. M., "The Emergence of Service Operations Management as an Academic Discipline", *Journal of Operations Management*, 2007, 25 (2): 364 – 374.

Heizer, J., Render, B., *Operations Management*, NJ: Prentice Hall, Upper Saddle River, 2006.

Hitt, M. A., Ahlstrom, D., Dacin, M. T., Levitas, E., Svobodina, L., "The Institutional Effects on Strategic Alliance Partner Selection in Transition Economies: China vs. Russia", *Organization Science*, 2004, 15 (2): 173 – 185.

Hofstede, G., *Cultures Consequences: Comparing Values, Behaviors, Institutions and Organizations across Nations*, Shanghai: Shanghai Foreign Language Education Press, 2008.

Hoskisson, R. E., Eden, L., Lau, C. M., Wright, M., "Strategy in Emerging Economies", *Academy of Management Journal*, 2000, 43 (3): 249 – 267.

Houlihan, J. B., "International Supply Chain Management", *International Journal of Physical Distribution and Materials Management*, 1985, 15 (1): 22 – 39.

Houlihan, J. B., "International Supply Chains: A New Approach", *Management Decision*, 1988, 26 (3): 13 – 19.

Huang, K. G., Geng, X., Wang, H. C., "Institutional Regime Shift in Intellectual Property Rights and Innovation Strategies of Firms in China", *Organization Science*, 2017, 28: 355 – 377.

Huang, Y. T., Kao, J. J., "Inefficiency Countervailed DEA (IC-DEA) Method for Assessing Corporate Environmental Performance", *Journal of the Operational Research Society*, 2012, 63 (4): 470 – 477.

Huff, A. S., Reger, R. K., "A Review of Strategic Process Research", *Journal of Management*, 1987, 13 (2): 211 – 236.

Humphrey, J., Schmitz, H., "Chain Governance and Upgrading: Taking Stock", in Schmitz, H., ed., *Local Enterprises in the Global Economy: Issues of Governance and Upgrading*, Cheltenham: Edward Elgar, 2004.

Humphrey, J., Schmitz, H., "How Does Insertion in Global Value Chains Affect Upgrading in Industrial Clusters", *Regional Studies*, 2002, 36 (9): 1017 – 1027.

Jacobs, F. R., Weston Jr., F. C., "Enterprise Resource Planning (ERP) —A Brief History", *Journal of Operations Management*, 2007, 25 (2): 357 – 363.

Ji, J., Tong, Q., Khan, F., et al., "Risk-Based Domino Effect Analysis for Fire and Explosion Accidents Considering Uncertainty in Processing Facilities", *Industrial & Engineering Chemistry Research*, 2018, 57 (11): 3990 – 4006.

Jiang, G. H., Lee, C. M. C., Yue, H., "Tunneling through Intercorporate Loans: The China Experience", *Journal of Financial Economics*, 2010, 98 (1): 1 – 20.

Jiao, J., Tseng, M. M., "A Methodology of Developing Product Family Architecture for Mass Customization", *Journal of Intelligent Manufacturing*, 1999, 10 (1): 3 – 20.

Juliang Zhang, Jian Chen, Chung-Yee Lee, "Coordinating Pricing and Inventory Control with the Demand Influenced by Promotional Decisions", *International Journal of Production Economics*, 2008, 116: 190 – 198.

Kagermann, H., Wahlster, W., Helbig, J., "Recommendations for Implementing the Strategic Initiative INDUSTRIE 4.0", Berlin: Industrie 4.0 Working Group of Acatech, 2013.

Kang, H. S., Lee, J. Y., Choi, S. S., Kim, H., Park, J. H., Son, J. Y., "Smart Manufacturing: Past Research, Present Findings, and Future Directions", *International Journal of Precision Engineering and Manufacturing-Green Technology*, 2016, 3 (1): 111 – 128.

Kang, M., Wu, X., Hong, P., et al., "The Role of Organizational Control in Outsourcing Practices: An Empirical Study", *Journal of Purchasing & Supply Management*, 2014, 20 (3): 177 – 185.

Kotabe, M., Jiang, C. X., Murray, J. Y., "Examining the Complementary Effect of Political Networking Capability with Absorptive Capacity on the Innovative Performance of Emerging-Market Firms", *Journal of Management*, 2014, 43 (4): 1131 – 1156.

Krajewski, L. J., Ritzman, L. P., Malhotra, M. K., *Operations Management: Processes and Value Chains*, NJ: Prentice Hall, 2006.

Lambert, D. M., Cooper, M. C., Pagh, J. D., "Supply Chain Management: Implementation Issues and Research Opportunities", *International Journal of Logistics Management, 1998, 9 (2): 1 – 19.

Lambert, D. M., García-Dastugue, S. J., Croxton, K. L., "An Evaluation of Process Oriented Supply Chain Management Frameworks", *Journal of Business Logistics*, 2005, 26 (1): 25 – 51.

Leiper, N., "An Emerging Discipline", *Annals of Tourism Research*, 2000, 27 (3): 805 – 809.

LeMay, S., Helms, M. M., Kimball, B., McMahon, D., "Supply Chain Management: The Elusive Concept and Definition", *The International Journal of Logistics Management*, 2017, 28 (4): 1425 – 1453.

Leung, K., Chen, T., Chen, G., "Learning Goal Orientation and Creative Performance: The Differential Mediating Roles of Challenge and Enjoyment Intrinsic Motivations", *Asia Pacific Journal of Management*, 2014, 31 (3): 811 – 834.

Levitt, T., "Production-Line Approach to Service", *Harvard Business Review*, 1972, 50 (5): 41 – 52.

Li, J., Tang, Y., "CEO Hubris and Firm Risk Taking in China: The Moderating Role of Managerial Discretion", *Academy of Management Journal*, 2010, 43: 45 – 68.

Li, K., *Made in China 2025*, Beijing: State Council of China, 2015.

Li, W., Xu, J., Zheng, M., "Green Governance: New Perspective from Open Innovation", *Sustainability*, 2018 (10): 3845.

Li, Y., Yang, F., Liang, L., et al., "Allocating the Fixed Cost as a Complement of Other Cost Inputs: A DEA Approach", *European Journal of Operational Research*, 2009, 197 (1): 389 – 401.

Liang, H., Ren, B., Sun, S. L., "An Anatomy of State Control in the Globalization of State-Owned Enterprises", *Journal of International Business Studies*, 2015, 46 (2): 223 – 240.

Liang, X., Marler, J. H., and Cui, Z., "Strategic Human Resource Management in China: East Meets West", *Academy of Management*

Perspectives, 2012, 26 (2): 55 – 70.

Lin, X., Germain, R., "Organizational Structure, Context, Customer Orientation, and Performance: Lessons from Chinese State-Owned Enterprises", *Strategic Management Journal*, 2003, 24 (11): 1131 – 1151.

Liu, X., McKinnon, A. C., "Practical Relevance of Theory-Driven Supply Chain Management Research: Evidence from China", *The International Journal of Logistics Management*, 2019, 30 (1): 76 – 95.

Liu, X., McKinnon, A. C., "Theory Development in China-Based Supply Chain Management Research: A Literature Review", *The International Journal of Logistics Management*, 2016, 27 (3): 972 – 1001.

Liu, X., R. S. White, "The Relative Contributions of Foreign Technology and Domestic Inputs to Innovation in Chinese Manufacturing Industries", *Technovation*, 1997, 17 (3): 119 – 125.

Lu, J. W., Xu, Dean, "Growth and Survival of International Joint Ventures: An External-Internal Legitimacy Perspective", *Journal of Management*, 2006, 32 (3): 426 – 448.

Luce, M. F., Jia, J., Fischer, G. W., "How Much Do You Like It? Within-Alternative Conflict and Subjective Confidence in Consumer Judgments", *Journal of Consumer Research*, 2003, 30 (3): 464 – 472.

Lukas, B. A., Tan, J. J., Hult, G. T. M., "Strategic Fit in Transitional Economies: The Case of China's Electronics Industry", *Journal of Management*, 2001, 27: 409 – 429.

Lummus, R. R., Krumwlede, D. W., Vokurka, R. J., "The Relationship of Logistics to Supply Chain Management: Developing a Common Industry Definition", *Industrial Management & Data Systems*, 2001, 101 (8): 426 – 431.

Lummus, R. R., Vokurka, R. J., "Defining Supply Chain Management: A Historical Perspective and Practical Guidelines", *Industrial Management & Data Systems*, 1999, 99 (1): 11 – 17.

Luo, X. R., Wang, D., Zhang, J., "Whose Call to Answer Institutional Complexity and Firms' CSR Reporting", *Academy of Management Journal*, 2017, 60: 321-344.

Luo, Yadong, Park, S. H., "Strategic Alignment and Performance of Market-Seeking MNCs in China", *Strategic Management Journal*, 2001, 22 (2): 141-155.

Luo, Yadong, "Determinants of Local Responsiveness: Perspectives from Foreign Subsidiaries in an Emerging Market", *Journal of Management*, 2001, 27 (4): 451-477.

Luo, Yadong, "Industrial Dynamics and Managerial Networking in an Emerging Market: The Case of China", *Strategic Management Journal*, 2003, 24 (13): 1315-1327.

Luo, Y., "Product Diversification in International Joint Ventures: Performance Implications in an Emerging Market", *Strategic Management Journal*, 2002, 23 (1): 1-20.

Lynch, R., *Corporate Strategy*, London: Prentice Hall/Financial Times, Harlow, 2003.

Mentzer, J. T., Dewitt, W., Keebler, J. S., Min, S., Nix, N. W., Smith, C. D., Zacharia, Z. G., "Defining Supply Chain Management", *Journal of Business Logistics*, 2001, 22 (2): 1-25.

Mentzer, J. T., Stank, T. P., Esper, T. L., "Supply Chain Management and Its Relationship to Logistics, Marketing, Production, and Operations Management", *Journal of Business Logistics*, 2008, 29 (1): 31-46.

Meredith, J. R., "Hopes for the Future of Operations Management", *Journal of Operations Management*, 2001, 19 (4): 397-402.

Miller, J. G., Graham, M. B. W., "Production/Operations Management: Agenda for the '80's", *Decision Science*, 1981, 12 (4): 547-571.

Miller, J. G., Sprague, L. G., "Behind the Growth in Material Requirements Planning", *Harvard Business Review*, 1975, 53 (5): 83 –91.

Murray, J. Y., Kotabe, M., Zhou, J. N., "Strategic Alliance-Based Sourcing and Market Performance: Evidence from Foreign Firms Operating in China", *Journal of International Business Studies*, 2005, 36 (2): 187 –208.

Myers, S. C., "The Capital Structure Puzzle", *The Journal of Finance*, 1984, 39 (3): 575 –592.

Oliver, R. K., Weber, M. D., "Supply-Chain Management: Logistics Catches up with Strategy", in Christopher, M. L., ed., *Logistics: The Strategic Issues*, London: Chapman & Hall, 1982.

Orlicky, J., *Material Requirements Planning*, New York: McGraw-Hill, 1975.

Pan, Y., "The Formation of Japanese and U. S. Equity Joint Ventures in China", *Strategic Management Journal*, 1997, 18 (3): 247 –254.

Park, S. H., Gordon, M. E., "Publication Records and Tenure Decisions in the Field of Strategic Management", *Strategic Management Journal*, 1996, 17 (2): 109 –128.

Park, S. H., Luo Yadong, "Guanxi and Organizational Dynamics: Organizational Networking in Chinese Firms", *Strategic Management Journal*, 2001, 22 (5): 455 –477.

Peng, M. W., Heath, P. S., "The Growth of the Firm in Planned Economies in Transition: Institutions, Organizations, and Strategic Choice", *Academy of Management Review*, 1996, 21 (2): 492 –528.

Pine, B. J., *Mass Customization: The New Frontier in Business Competition*, Boston: Harvard Business School Press, 1993.

Quinn, J. B., *Strategies for Change: Logical Incrementalism*, Homewood: Irwin, 1980.

Rafael, R., Jackson, S. A., Liveris, A., *Report to the President Accelerating U. S. Advanced Manufacturing*, Washington, D. C.: The

President's Council of Advisors on Science and Technology, 2014.

Ralston, D., Terpstra-Tong, J., Terpstra, R., Wang, X., Egri, C., "Today's State-Owned Enterprises of China: Are They Dying Dinosaurs or Dynamic Dynamos?", *Strategic Management Journal*, 2006, 27 (9): 825 – 843.

Rumelt, R. P., Schendel, D. E., Teece, D. J., *Fundamental Issues in Strategy*, Harvard Business School Press, 1994.

Rust, R. T., Inman, J. J., Zahorik, J. A., "What You Don't Know about Customer-Perceived Quality: The Role of Customer Expectation Distributions", *Marketing Science*, 1999, 18 (1): 77 – 92.

Schein, E. H., *Organizational Culture and Leadership*, New York: Jossey-Bass, 2010.

Schmitz, H., "Local Upgrading in Global Chains: Recent Findings", Paper to be Presented at the DRUID Summer Conference, 2004.

Singhal, K., Singhal, J., Starr, M. K., "The Domain of Production and Operations Management and the Role of Elwood Buffa in Its Delineation", *Journal of Operations Management*, 2007, 25 (2): 310 – 327.

Skinner, W., "Manufacturing Strategy: The Story of Its Evolution", *Journal of Operations Management*, 2007, 25 (2): 328 – 335.

Skinner, W., "The Taming of Lions: How Manufacturing Leadership Evolved, 1780 – 1984", in Clark, K. B., Hayes, R. H., Lorenz, C., eds., *The Uneasy Alliance: Managing the Productivity-Technology Dilemma*, Boston: Harvard Business School, 1985.

Skjoett-Larsen, T., "Supply Chain Management: A New Challenge for Researchers and Managers in Logistics", *International Journal of Logistics Management*, 1999, 10 (2): 41 – 53.

Snell, R., Chak, A. A. -K., "The Learning Organization: Learning and Empowerment for Whom", *Management Learning*, 1998, 29 (3): 337 – 364.

Stevens, G. C., "Integrating the Supply Chain", *International Journal of Physical Distribution and Materials Management*, 1989, 19 (8): 3 – 8.

Tahai, A., Meyer, M. J., "A Revealed Preference Study of Management Journals' Direct Influences", *Strategic Management Journal*, 1999, 20 (3): 279 – 296.

Tan, J. J., Litschert, R. J., "Environment-Strategy Relationship and Its Performance Implications: An Empirical Study of the Chinese Electronics Industry", *Strategic Management Journal*, 1994, 15 (1): 1 – 20.

Tan, J. J., Tan, D., "Environment-Strategy Co-Evolution and Co-Alignment: A Staged Model of Chinese SOEs under Transition", *Strategic Management Journal*, 2005, 26 (2): 141 – 157.

Tang, Z., Rongqiu, C., Ji, X., "Operational Tactics and Tenets of a New Manufacturing Paradigm 'Instant Customerisation'", *International Journal of Production Research*, 2005, 43 (14): 2873 – 2894.

Tang, Z., Rongqiu, C., Ji, X., "An Innovation Process Model for Identifying Manufacturing Paradigms", *International Journal of Production Research*, 2005, 43 (13): 2725 – 2742.

Tomlin, B., "Industry 4.0", Presentation at MOSM Supply Chain Management Special Interest Group Conference, 2017.

Tsui, A., Möllering, G., "Wary Managers: Unfavorable Environments, Perceived Vulnerability, and the Development of Trust in Foreign Enterprises in China", *Journal of International Business Studies*, 2009, 41 (6): 1016 – 1035.

Tsui, A., "Contributing to Global Management Knowledge: A Case for High Quality Indigenous Research", *Asia Pacific Journal of Management*, 2004, 21: 491 – 513.

Wang, Y., Lee, J., Fang, E., et al., "Project Customization and the Supplier Revenue-Cost Dilemmas: The Critical Roles of Supplier-Customer Coordination", *Journal of Marketing*, 2017, 81 (1): 136-154.

Wang, J. B., Sun, L., Sun, L., "Single Machine Scheduling with a Learning Effect and Discounted Costs", *The International Journal of Advanced Manufacturing Technology*, 2010, 49 (9): 1141-1149.

Wang, L., and Juslin, H., "The Impact of Chinese Culture on Corporate Social Responsibility: The Harmony Approach", *Journal of Business Ethics*, 2009, 88 (3): 433-451.

Ward, P. T., McCreey, J. K., Ritzman, L. P., Sharma, D., "Competitive Priorities in Operations Management", *Decision Sciences*, 1998, 29 (4): 1035-1046.

Weber, M., *The Theory of Social and Economic Organization*, New York: Free Press, 1964.

Wei, L., Liu, J., and Zhang, Y., "The Role of Corporate Culture in the Process of Strategic Human Resource Management: Evidence from Chinese Enterprises", *Human Resource Management*, 2008, 47 (4): 777-794.

Wen, B. J., B. W. Zhi, F. S. Hou, "Group Technology Application in China", *Technovation*, 1992, 12 (8): 509-514.

White, S., "Competition, Capabilities, and the Make, Buy, or Ally Decisions of Chinese State-Owned Firms", *Academy of Management Journal*, 2000, 43 (3): 324-341.

Williamson, O. E., *Markets and Hierarchies: Analysis and Antitrust Implications*, New York: Free Press, 1975.

Wilson, J. M., "Deconstructing the Reinvention of Operations Managemen", *Journal of Management History*, 2018, 24 (2): 128-155.

Wright, P. Mand, McMahan, G. C., "Theoretical Perspectives for Strategic Human Resource Management", *Journal of Management*, 1992, 18 (2): 295-320.

Wu, L., Yue, X., Jin, A., Yen, D. C., "Smart Supply Chain

Management: A Review and Implications for Future Research", *The International Journal of Logistics Management*, 2016, 27 (2): 395 – 417.

Wu, X., Chen, Q., Zhou, W., et al., "A Review of Mobile Commerce Consumers' Behaviour Research: Consumer Acceptance, Loyalty and Continuance (2000 – 2009)", *International Journal of Mobile Communications*, 2010, 8 (5): 528 – 560.

Wu, X., Dou, W., Du, J., et al., "Production Network Positions, Innovation Orientation and Environmental Dynamics: An Empirical Analysis of Chinese Firms", *International Journal of Technology Management*, 2015, 67 (1): 77.

Xu, H., Shi, N., Ma, S. H., et al., "Contracting with an Urgent Supplier under Cost Information Asymmetry", *European Journal of Operational Research*, 2010, 206 (2): 374 – 383.

Xu, W., Wang, R., "Applications and Development of Industrial Engineering in China", *Computers & Industrial Engineering*, 1996, 31 (3 – 4): 537 – 542.

Yang, G., Shen, W., Zhang, D., et al., "Extended Utility and DEA Models without Explicit Input", *Journal of the Operational Research Society*, 2014, 65 (8): 1212 – 1220.

Yuan, K. F., Ma, S. H., He, B., et al., "Inventory Decision-Making Models for a Closed-Loop Supply Chain System with Different Decision-Making Structures", *International Journal of Production Research*, 2015, 53 (1): 183 – 219.

Zhang, S., Chen, G., Chen, X. P., et al., "Relational Versus Collective Identification Within Workgroups: Conceptualization, Measurement Development, and Nomological Network Building", *Journal of Management*, 2014, 40 (6): 1700 – 1731.

Zhang, Z., Jin, X., Yang, Q., et al., "An Empirical Study on the

Institutional Factors of Energy Conservation and Emissions Reduction: Evidence from Listed Companies in China", *Energy Policy*, 2013, 57: 36 – 42.

Zhao, Shuming, "Application of Human Capital Theory in China in the Context of the Knowledge Economy", *The International Journal of Human Resource Management*, 2008, 19 (5): 802 – 817.

Zhao, S., Du, J., "Thirty-Two Years of Development of Human Resource Management in China: Review and Prospects", *Human Resources Management Review*, 2012, 22 (3): 179 – 188.

Zhao, S., Zhang, J., Zhao, W., et al., "Changing Employment Relations in China: A Comparative Study of the Auto and Banking Industries", *The International Journal of Human Resource Management*, 2012, 23 (10): 2051 – 2064.

Zhou Kevin Zheng, Gao Gerald Yong, Zhao Hongxin, "State Ownership and Firm Innovation in China: An Integrated View of Institutional and Efficiency Logics", *Administrative Science Quarterly*, 2017, 62: 375 – 404.

Zhou, L., Wu, W., Luo, X., "Internationalization and the Performance of Born-Global SMEs: The Mediating Role of Social Networks", *Journal of International Business Studies*, 2007, 38 (4): 673 – 690.

Zou, H., Adams, M. B., "Corporate Ownership, Equity Risk and Returns in the People's Republic of China", *Journal of International Business Studies*, 2008, 39 (7): 1149 – 1168.

后　　记

　　2019 年我们迎来了新中国成立 70 周年，新中国经历辉煌发展的 70 年，社会主义现代化建设取得了伟大的成就，各项事业蓬勃发展、欣欣向荣。根植于新中国的 70 年管理实践，中国的管理学从一个幼苗成长为一棵参天大树，已经是一门具有庞大知识体系、多个分支学科的复杂的学科门类。值此新中国成立 70 年之际，回顾新中国管理学发展 70 年的历程，总结新中国管理学发展的成就和经验，分析管理学研究和教育的状况，无疑是管理学者义不容辞的责任。这份责任感促使我们数十位管理学学者共同努力完成了这本《新中国管理学研究 70 年》。

　　本书主体共有十五章，涵盖了管理学门类的主要一级和二级学科。第一章试图回顾总结新中国 70 年管理学发展的阶段、逻辑以及取得的经验，并对未来中国管理学发展进行了展望。虽然管理学现在已经成为内容复杂、分支学科林立的学科体系，但是此章研究还是以企业的管理为主线。第二章、第三章和第四章主要分别论述了管理科学与工程、工商管理和公共管理三个一级学科的发展，而第五章到第十三章分别围绕工商管理中一些主要分支进行了进一步的研究，包括战略管理、公司治理、组织管理、企业文化、技术创新管理、营销管理、财务管理、人力资源管理、生产运营与供应链管理等，另外也单独研究了旅游管理和国际企业管理。我们试图分析每个学科的发展历程，并对学科的研究文献进行了文献计量和主题内容的详细分析研究，最后对未来每个学科的发展进行了展望。

本书得到了中国社会科学院"登峰战略"企业管理优势学科的经费资助。本书的完成得益于中国企业管理研究会的组织网络，本书各章作者都是来自中国企业管理研究会的理事单位。具体各章作者及单位情况是：第一章，黄群慧（中国社会科学院经济研究所）；第二章，黄鲁成、李欣（北京工业大学）；第三章，吴照云、余焕新（江西财经大学）；第四章，唐任伍、李楚翘（北京师范大学）；第五章，韵江、暴莹、贾慧婷、贾静楠（东北财经大学）；第六章，李维安（南开大学/天津财经大学中国公司治理研究院）、徐建（天津财经大学商学院）；第七章，李晓春（北京工业大学）；第八章，刘刚、殷建瓴（中国人民大学），刘静（内蒙古大学）；第九章，王育晓、杨德林（清华大学）；第十章，王永贵（首都经济贸易大学），胡宇、王帅（对外经济贸易大学）；第十一章，李扣庆、李颖琦、佟成生、叶小杰（上海国家会计学院）；第十二章，刘湘丽（中国社会科学院工业经济研究所）；第十三章，陈金亮（中央财经大学）；第十四章，宋瑞、周功梅（中国社会科学院财经战略研究院）；第十五章，崔新健、欧阳惠敏（中央财经大学）。本书 2019 年 2 月在北京、7 月在济南分别召开了写作和审稿的研讨会。

本书初稿提纲是由我和中国社会科学院工业经济研究所余菁共同提出的，中国社会科学院工业经济研究所邵婧婷担当了繁重的协调工作，全书由我最终统稿定稿。没有余菁和邵婧婷的组织协调，本书难以完成，这里对她们表示衷心感谢。

总结研究新中国 70 年管理学的学术研究和学科发展，是一项十分艰巨的任务，甚至要做到全面系统准确深入分析，几乎是无法完成的任务。限于时间和能力，本书一定会有不完善的地方，各章水平可能也参差不齐，诚恳希望读者批评指正！

黄群慧

2019 年 8 月 6 日